Hans Flierl

Freie und öffentliche Wohlfahrtspflege

Freie und öffentliche Wohlfahrtspflege

Aufbau · Finanzierung · Geschichte · Verbände

Von Hans Flierl, Diakon, Leiter der Außenstelle
des Diakonischen Werks, Bayern
und
Geschäftsführer der öffentlichen und freien
Wohlfahrtspflege in Bayern

2., überarbeitete Auflage, 1992

Jehle
Verlagsgruppe
Jehle - Rehm

Die Deutsche Bibliothek – CIP-Einheitsaufnahme

Flierl, Hans:
Freie und öffentliche Wohlfahrtspflege: Aufbau, Finanzierung, Geschichte, Verbände / Hans Flierl. – 2. Aufl. – München: Kommunalschr.-Verl. Jehle, 1992

1992
ISBN 3-7825-0310-4
Kommunalschriften-Verlag J. Jehle München GmbH
in der
Verlagsgruppe Jehle-Rehm
Vogelweideplatz 10, 8000 München 80

Jeremias Gotthelf vor 150 Jahren:

„Das Wort ‚zentralisieren' ist heutzutage ein beliebtes Wort . . . Es tötet alles allgemeine Interesse am allgemeinen Wohl; das sei Regierungssache, heißt es; es hemmt alles Heranbilden vom Kleineren zum Bedeutenderen; es rottet am Ende alle tüchtigen Bürger aus und stiftet eine eigene Regierungskaste, deren Mitglieder sich dann vorkommen wie Eichen unter niederem Gestrüpp. . . ."

(Die Armennot 45, zit. nach Liese I, S. 390.)

Geleitwort

Freie Wohlfahrtspflege hat in Deutschland eine segensreiche Tradition. Lange bevor es eine staatliche Sozialpolitik gab, wußten sich Christen und Humanisten für ihre notleidenden Mitmenschen verantwortlich.

Unter der Herrschaft der Nationalsozialisten wurde diese Tradition gewaltsam unterbrochen. Während aber die Wohlfahrtsverbände im Westen Deutschlands nach 1945 an die Zeit vor 1933 anknüpfen und ihre Arbeit organisch weiterentwickeln konnten, blieben im Osten nur Restbestände am Leben. Sie konnten nur unter dem Dach der Kirchen und der Kirchengemeinden existieren. Das änderte aber nichts an ihrer offiziellen Nichtexistenz.

Erst mit der Wende vom November 1989 und den ersten freien Wahlen zur Volkskammer vom März 1990 wurde freie Wohlfahrtspflege wieder ein Thema in diesem Teil Deutschlands. Vorher war das Gesundheits- und Sozialwesen (und mit ihm das Wohlfahrtswesen) eine rein staatliche Angelegenheit. Das Staatsmonopol war nur scheinbar durchbrochen durch zwei Verbände, die heute zur freien Wohlfahrtspflege zählen, damals aber in allen Organisationsebenen vom Staat, das heißt von der Partei, kontrolliert waren.

Schon während der Verhandlungen über den Einigungsvertrag war mir die Entmonopolisierung des Wohlfahrtswesens ein wichtiges Anliegen. Für mich ist es ein ordnungspolitisch hochrangiges Ziel, auch in den neuen Bundesländern Strukturen zu schaffen, die aus dem sozialen Leben der alten Länder nicht mehr wegzudenken sind. Einfach war es allerdings nicht, im Einigungsvertrag eine entsprechende Bestimmung über die Förderung der freien Wohlfahrtspflege unterzubringen, denn im Westen war die Existenz der freien Verbände und im Osten ihre Nichtexistenz so selbstverständlich, daß es einiger Anstrengung bedurfte, dieses Thema überhaupt in die Verhandlungen einzuführen.

Aufgabe des Einigungsvertrages und der Politik in den neuen Ländern bis zur Herstellung gleichwertiger Lebensverhältnisse ist die Gestaltung des Übergangs. Dazu gehört es auch, den Aufbau der freien Wohlfahrtsverbände und der Vielfalt der Verbände besonders zu fördern, dies also nicht dem freien Spiel der Kräfte zu überlassen. Gerade diejenigen Organisationen, die vor der Wende staatlich nicht gefördert wurden (Arbeiterwohlfahrt, Diakonie, Caritas), benötigen diese Aufbauhilfe. Aufbauhilfe besteht nicht nur in materieller Unterstützung der Verbandsarbeit, nicht nur in der Förderung der Verbände zur Gründung und Einrichtung ihrer Geschäftsstellen. Auch ideelle Hilfe ist nötig, und hier sehe ich den besonderen Stellenwert des Standardwerks von Hans Flierl, dessen Neuauflage uns in den neuen Ländern wie gerufen kommt.

Das Buch bietet sich dar als ein Kompendium für vielfältige Fragen aus dem Bereich der freien und öffentlichen Wohlfahrtspflege. Es vermittelt Praktikern sowie Kommunal- und Landespolitikern eine Fülle von Fakten und eine Detailkenntnis, die beim Aufbau der neuen Strukturen im Bereich der Wohlfahrtspflege in den fünf östlichen Bundesländern hilfreich und notwendig sind.

Ich wünsche dem Buch engagierte Leser und eine weite Verbreitung des Geistes, den es ausstrahlt.

Dresden, im März 1992 Dr. Hans Geisler

Vorwort zur zweiten Auflage

Schneller als erwartet war die erste Auflage vergriffen. Sie war zunächst gedacht als Nachschlagewerk für Praktiker in der Sozialarbeit, die mehr interessiert als nur ihr unmittelbares Sachgebiet. Innerhalb eines Jahrzehnts war mehr daraus geworden: In den sozialen Ausbildungsstätten gehörte das Buch zur unverzichtbaren Standardliteratur ebenso wie in der Fortbildung. Wissenschaftlern unterschiedlicher Fachbereiche diente es als Nachschlagewerk und Basisinformation. So fand es Eingang in nationale und internationale wissenschaftliche Bibliotheken.

Obwohl das Buch viele ungeplante und teilweise überraschende Wege ging, habe ich lange gezögert, mit der Überarbeitung zu beginnen, weil ich weiß, welche Belastungen es mit sich bringt, eine solche Arbeit „so nebenher" zu bewältigen. Doch da gab es im Laufe des letzten Jahres zwei sehr unterschiedliche Ereignisse:

Eine neue Sozialamtsleiterin aus Thüringen schrieb mir: „Die ersten Sätze Ihres Vorwortes treffen genau meine Erfahrungen. Allerdings muß man die Zeiträume deutlich raffen. . .! Vor kurzem war ich zu einer Versammlung einer dem Diakonischen Werk angehörenden Stiftung eingeladen. Es ging um Trägerschaft und Zusammenarbeit. Dank Ihres Buches war ich gut in der Lage, zu verstehen, um was es geht und habe dadurch gar keine so schlechte Figur gemacht."

Im Sommer besuchte mich der Mitarbeiter einer großen internationalen Unternehmensberatungsfirma. Er wollte sich über die Strukturen des „sozialen Marktes" informieren.

Diese, zunächst alltäglichen, Begebenheiten weisen hin auf die Gründe, die mich bewogen haben, mich auf eine zweite Auflage einzulassen:

- Durch die deutsche Einigung wurden fünf neue Bundesländer in das System einbezogen, das in der alten Bundesrepublik in 40 Jahren gewachsen ist. Den Verantwortlichen und Mitarbeitern soll die zweite aktualisierte Auflage helfen, sich über das System und seine Strukturen zu informieren.

- Das gemeinsame Europa wird ab 1993 neue Herausforderungen bringen. Wir sollten unsere Erfahrungen und Vorstellungen sehr bewußt einbringen und vertreten.

  Subsidiarität in ihren verschiedenen Ausprägungen (im bedingten Vorrang freier Wohlfahrtspflege ebenso wie in der kommunalen Selbstverwaltung) geben der kleinen überschaubaren Einheit den Vorrang vor unpersönlichen staatlichen Großstrukturen. Um dies zu verwirklichen, ist es nötig, das „eigene Haus" zu kennen.

Trotz dieser weitausgreifenden Ziele sind gegenwärtig noch Beschränkungen bei der Darstellung nötig:

Die Zeit ist zu kurz, um die Entwicklung des Sozialwesens in der ehemaligen Deutschen Demokratischen Republik mit dem nötigen Abstand zu beschreiben.

Die Finanzierungssituation einzelner Aufgaben ist nicht nur in den alten Bundesländern differenzierter geworden; für die neuen Bundesländer läßt sich, trotz verbindlicher gesetzlicher Regelungen, für die nächsten Jahre noch kein einigermaßen überschaubares Bild gewinnen.

Im Blick auf Europa sind zwar deutliche Anfragen zu erkennen. Die tatsächliche Entwicklung läßt sich aber (trotz mancher, manchmal etwas voreiligen Vermutungen) nicht eindeutig erkennen. Im übrigen sollte Europa nicht als Schicksal ertragen, sondern als neue Aufgabe gestaltet werden.

Mit der zweiten Auflage wird trotz dieser notwendigen Begrenzungen nicht nur eine kurze Übergangsphase beschrieben. Sie soll vielmehr die Ausgangssituation darstellen, von der aus das Sozialwesen in Deutschland und in Europa sachgerecht weiterentwickelt werden soll.

München, im März 1992 — Hans Flierl

Vorwort zur ersten Auflage

(Auszug)

Vor einiger Zeit hat mir ein Mitarbeiter in der Wohlfahrtspflege, dem eine leitende Aufgabe auf Landesebene übertragen wurde, seine Ausgangssituation so beschrieben: „Als ich angefangen habe, wußte ich im ersten Jahr oft nicht, wovon ihr redet; im zweiten getraute ich mich nicht mehr zu fragen, um was es geht; im dritten Jahr habe ich dann angefangen wirklich zu verstehen, was ich von Anfang an hätte wissen müssen."

Er steht sicher für viele Berufsanfänger und berufliche Umsteiger, zu denen auch die Beamten gehören, die von irgend einem anderen Sachgebiet in das Sozial- oder Jugendamt versetzt werden. Ebenso wie sie stehen auch Mitarbeiter in der Arbeitsverwaltung, den Krankenkassen, der staatlichen Heimaufsicht und vieler anderer Institutionen manchmal etwas ratlos vor der bunten Vielfalt von Trägern, Verbänden und Arbeitsgemeinschaften. Nicht zuletzt gibt es viele Schüler und Studierende an Fachakademien, Fachoberschulen und Fachhochschulen, die z. B. wissen möchten, ob Innere Mission etwas mit Diakonie zu tun habe, warum die Spitzenverbände der freien Wohlfahrtspflege sich in alles einmischen müssen und weshalb der „Staat" deren Aufgaben nicht gleich selber übernehme, wenn er sowieso alles bezahlen müsse. Überhaupt, was das eigentlich sei: „Wohlfahrtspflege" – eine leere Formel etwa der Ewig-Gestrigen, die allenfalls den Zweck haben könne, alte Formen zu hüten, um neue Entwicklungen zu verhindern?

Ich will versuchen, wenigstens einen Teil dieser Fragen und einige, die gar nicht (mehr?) gestellt werden, mit dem vorliegenden Buch zu beantworten.

Weil ich durch die Arbeit daraus für mich selbst so viel Neues entdeckt und mancherlei Verbindungen anders sehen gelernt habe, darf ich annehmen, daß nicht nur „Neulinge", sondern auch erfahrene Praktiker so manches über das differenzierte Gefüge der Wohlfahrtspflege finden können, das ihnen bisher so nicht gegenwärtig war.

Aufgrund meiner Erfahrungen in der Diakonie wurde für mich „Wohlfahrtspflege" in doppelter Hinsicht so etwas wie ein Programm für die Zukunft:

- Die heute notwendige Spezialisierung in der Sozialarbeit, aber auch im Gesundheits- und Bildungswesen, birgt die Gefahr in sich, daß der Mensch nur noch in verschiedenen Teilfunktionen gesehen wird. Wohlfahrtspflege beinhaltet funktionale und institutionelle Möglichkeiten für eine notwendige Gegenbewegung, die den Menschen als Ganzes sieht und deshalb die verschiedenen Lebensbereiche und die inneren Zusammenhänge seiner Probleme und Schwierigkeiten im Auge haben kann.
- Wohlfahrtspflege bringt zugleich zum Ausdruck, daß Aufgaben und Probleme im Leben des einzelnen und im Zusammenleben der Menschen untereinander nur gemeinsam gelöst werden können. Dabei müssen Selbsthilfe, Selbstverantwortung und Selbstverwaltung ebenso gestärkt werden wie Hilfsbereitschaft und Verantwortung für den Mitmenschen. Deshalb habe ich mich nicht darauf beschränkt, nur die freie Wohlfahrtspflege darzustellen, sondern beziehe die öffentliche mit ein.

Mit den folgenden neun Kapiteln möchte ich vor allem Informationen geben. Dabei ist mir aber klar, daß es einen neutralen Standort für eine solche Beschreibung nicht gibt. Der Erfahrungshintergrund und damit der Ausgangspunkt für die vorliegende Arbeit ist meine Tätigkeit in der Diakonie der evangelischen Kirche und eine damit verbundene enge Zusammenarbeit mit kommunalen und staatlichen Stellen. Um dem Thema des Buches einigermaßen gerecht zu werden, habe ich in den grundsätzlichen Kapiteln vielfach auf unterschiedliche oder gegensätzliche Stellungnahmen zurückgegriffen. Dies sollte nicht zuletzt dazu dienen, die angeschnittenen Themen von verschiedenen Positionen her zu beschreiben oder in Frage zu stellen. Damit sollen dem Leser Informationen, Anregungen und Fragen angeboten werden, mit denen er sich seine eigene Meinung bilden kann.

Bei der Auswahl der Themen und Schwerpunkte habe ich mich auf die Institutionen und ihre vielgestaltige Zusammenarbeit sowie auf geschichtliche Zusammenhänge beschränkt. Daneben bilden Fragen der Finanzierung einen besonderen Schwerpunkt. Auf die Ausgestaltung der verschiedenen Arbeitsfelder in der Wohlfahrtspflege sowie auf Fragen der Ausbildung und des Einsatzes der Mitarbeiter konnte ich mit Rücksicht auf den Umfang des Buches nicht eingehen.

Andererseits wiederholen sich einzelne Aussagen und gesetzliche Grundlagen an verschiedenen Stellen, weil etwa Bestimmungen über die Zusammenarbeit zwischen den verschiedenen Trägergruppen in mehreren Zusammenhängen wichtig sind. Dadurch sollen Verweisungen vermieden und so das Lesen erleichtert werden.

Allen, die mit großem Einsatz und persönlicher Hingabe die Grundlage für unsere soziale Sicherheit und für unsere Freiheit geschaffen haben, soll dieses Buch gewidmet sein, unter ihnen meinem inzwischen verstorbenen Vorgänger Arthur Krumm. – Uns, den Nachgeborenen, verbleibt die Aufgabe, auf diesen Grundlagen weiterzubauen; um auch für die Zukunft „Glück, Heil und Wohlergehen“ der Menschen zu ermöglichen.

München, im Dezember 1981 *Hans Flierl*

Inhaltsübersicht

Kapitel 2

Kapitel 3

Kapitel 5

Kapitel 8

Ebenen der Zusammenarbeit . . . 377

Kapitel 9

Institutionen zur Förderung der Wohlfahrtspflege

Abkürzungsverzeichnis

AFG	Arbeitsförderungsgesetz vom 25. 6. 1969 (BGBl I, S. 582, zuletzt geändert durch Art. 2 § 7 G. v. 25. 7. 1978 (BGBl I, S. 1089)
AO	Abgabenordnung (AO 1977) vom 16. 3. 1976 (BGBl I, S. 613, berichtigt 1977 S. 269), zuletzt geändert durch G vom 20. 8. 1980 BGBl I, S. 1545
A Reha	Anordnung des Verwaltungsrates der BA über die Arbeits- und Berufsförderung Behinderter vom 31. 7. 1975
Art.	Artikel
Aufl.	Auflage
AW	Arbeiterwohlfahrt
BA	Bundesanstalt für Arbeit in Nürnberg
BAnZ	Bundesanzeiger
BAT	Bundesangestelltentarif
Bek.	Bekanntmachung
BGBl I	Bundesgesetzblatt Teil I
BSHG	Bundessozialhilfegesetz i. d. F. vom 10. 1. 1991 (BGBl I, S. 94)
BVerfGE	Bundesverfassungsgerichtsentscheidung
DC	Deutscher Caritasverband
DPWV	Deutscher Paritätischer Wohlfahrtsverband
DRK	Deutsches Rotes Kreuz
DW	Diakonisches Werk
EKD	Evangelische Kirche in Deutschland
G	Gesetz
GG	Grundgesetz für die Bundesrepublik Deutschland vom 23. 5. 1949 (BGBl I, S. 1), zuletzt geändert durch G vom 23. 8. 1976 (BGBl I, S. 2383)
GVBl	Gesetz- und Verordnungsblatt
i. d. F.	in der Fassung
i. V. m.	in Verbindung mit
JWG	Jugendwohlfahrtsgesetz i. d. F. vom 6. 8. 1970 BGBl I, S. 1197
Kap.	Kapitel
KHG	Gesetz zur wirtschaftlichen Sicherung der Krankenhäuser und zur Regelung der Krankenhauspflegesätze vom 20. 12. 1984 (BGBl I, S. 1716) i. d. F. d. Bek. vom 23. 12. 1985 (BGBl I, S. 33)
KJHG	Kinder- und Jugendhilfegesetz vom 26. 6. 1990 (BGBl I, S. 1163)
NDV	Nachrichtendienst des Deutschen Vereins
NSDAP	Nationalsozialistische Arbeiterpartei
NSV (NSVW)	Nationalsozialistische Volkswohlfahrt

Reha	Rehabilitation
RGBl I	Reichsblattgesetz
RVO	Reichsversicherungsordnung
S.	Seite
SGB	Sozialgesetzbuch (die beigestellten römischen Ziffern geben das jeweilige Buch an)
SPD	Sozialdemokratische Partei Deutschlands
StGB	Strafgesetzbuch i. d. F. d. Bek. v. 2. 1. 1975 (BGBl I, S. 1)
s. u.	siehe unter
V	Verordnung
VdK	Verband der Kriegs- und Wehrdienstopfer, Behinderten und Sozialrentner Deutschlands e. V.
Vorl. Richtl.	Vorläufige Richtlinien
VV	Verwaltungsvorschriften
WHW	Winterhilfswerk
WRV	Verfassung des Deutschen Reichs vom 11. 8. 1919 (Weimarer)
zit. n.	zitiert nach
ZWST	Zentralwohlfahrtsstelle der Juden in Deutschland e. V.

KAPITEL 1

Was ist Wohlfahrtspflege?

A. Wohlfahrtspflege im System der sozialen Sicherung

I. Einführung

„Wohlfahrtspflege – das ist ein veralteter Begriff für Sozial- und Jugendhilfe!“ Diese Auffassung findet sich nicht nur in Fachbüchern und Lexika, sie scheint sich auch in der sozialpolitischen Diskussion durchzusetzen. Demnach wird „Wohlfahrtspflege“ gemeinsam mit „Fürsorge“ – gewissermaßen als Formel für ein überholtes Verständnis sozialer Arbeit – verdrängt und teilweise durch andere Begriffe ersetzt. Demgegenüber stellt eine Untersuchung des Instituts für Demoskopie Allensbach über die Stellung der freien Wohlfahrtspflege aus dem Jahre 1979 fest, daß der Begriff „Freie Wohlfahrtsverbände“ geläufiger geworden ist; während ihn 1973 48 Prozent kannten, war er 1979 56 Prozent der Bevölkerung geläufig.

„Wohlfahrtspflege“ erfaßte von jeher nicht nur Aufgaben der Sozial- und Jugendhilfe, sondern ebenso die ambulante Krankenpflege, das Krankenhauswesen sowie wichtige Bereiche des Bildungswesens und der beruflichen Ausbildung, aber auch Katastrophenhilfen u. a. Mit „Wohlfahrtspflege“ wurden dabei vor allem Dienste, Maßnahmen und Einrichtungen erfaßt, in denen die Leistungen erbracht bzw. gewährt wurden – von freien Trägern ebenso wie von öffentlichen. Mit Wohlfahrtspflege wird daher vor allem die praktische Seite, gewissermaßen der Vollzug der Hilfen, angesprochen. „Wohlfahrt“ stammt aus dem 16. Jahrhundert und geht auf die althochdeutschen Wörter „wola“ und „faran“ zurück – Glück, Heil, Wohlergehen (D. Ehrlich, Die rechtliche Stellung der Wohlfahrtsverbände . . . S. 37).

Mit „Fürsorge“ wurden bis zum Erlaß der Sozialgesetze der 60er Jahre (BSHG, JWG, AFG) die sozialen Leistungen der öffentlichen Hand beschrieben, soweit sie nicht der Versorgung oder der Versicherung zuzuordnen waren. „Fürsorge“ wurde dabei mehr und mehr zu einem Negativsymbol für das Abhängigkeitsverhältnis des „Fürsorgeempfängers“ von seinen öffentlichen und privaten Wohltätern.

Die Rechtsprechung hat erstmals 1954 einen Anspruch auf Fürsorge aus dem Grundgesetz und den seinerzeit geltenden rechtlichen Regelungen hergeleitet. Dieser wurde 1961 schließlich in das BSHG aufgenommen. Damit wurde es notwendig, für das Verhältnis zwischen Leistungsträger und Hilfeempfänger einen neuen Begriff zu verwenden, der die veränderten Rechtsbeziehungen deutlich macht: Aus der Fürsorge wurde die Sozialhilfe. Sie umfaßt (wie auch die Jugendhilfe nach dem Jugendwohlfahrtsgesetz) vor allem das Verhältnis zwischen Hilfeempfänger und öffentlichen Trägern sowie die damit verbundenen Aufgaben und Pflichten. Die Rehabilitationsleistungen der Arbeitsverwaltung, die im AFG und dem Schwerbehindertenrecht festgelegt sind, wurden zu einem weiteren Schwerpunkt sozialer Leistungen, die aus der „Fürsorge" entwickelt wurden.

Die Begriffe „Wohlfahrtspflege" und „Fürsorge" sind demnach nicht identisch. Sie können aber auch nicht klar gegeneinander abgegrenzt werden. Sie hatten darüberhinaus im Lauf der Geschichte auch eine unterschiedliche Bedeutung. Daß Wohlfahrtspflege einen wesentlich weiteren Bereich umschrieb als Fürsorge, zeigt eine Definition, die in der dritten Verordnung zur Durchführung des Gesetzes über die Ablösung öffentlicher Anleihen vom 4. 12. 1926 (RGBl I S. 494) enthalten ist:

„Wohlfahrtspflege ist die planmäßige, zum Wohle der Allgemeinheit und nicht des Erwerbes wegen ausgeübte Sorge für notleidende oder gefährdete Mitmenschen. Die Sorge kann sich auf das gesundheitliche, sittliche oder wirtschaftliche Wohl erstrecken und Vorbeugung oder Abhilfe bezwecken.

Die Ausübung der Sorge zum Wohle der Allgemeinheit wird nicht dadurch ausgeschlossen, daß sich die Sorge nur auf die Personen erstreckt, die örtlich, beruflich, nach Stand, Religionsbekenntnis oder mehreren dieser Merkmale abgegrenzt sind, es sei denn, daß sie sich beschränkt auf

a) die Angehörigen eines bestimmten Berufs- oder Standesverbandes, einer Selbsthilfeeinrichtung oder einer Familie oder
b) auf Personen, die mit dem Begründer der Einrichtung der Wohlfahrtspflege, seinem Rechtsnachfolger oder ihrem Träger wirtschaftlich oder rechtlich verbunden sind oder waren.

Die Wohlfahrtspflege wird insbesondere ausgeübt durch

a) Bereitstellung der zur Fürsorge erforderlichen Kräfte und Mittel,
b) unmittelbare Hilfeleistung,
c) wissenschaftliche Erforschung der Notstände und der Wege zu ihrer Abhilfe,
d) Ordnung und Leitung der in der Wohlfahrtspflege wirkenden Kräfte."

Diese rechtliche Begriffsbestimmung hat den damaligen Stand der Verhältnisse beschrieben und zunächst auch die weitere Entwicklung beeinflußt. In dem Handwörterbuch der Wohlfahrtspflege aus dem Jahre 1929 wird hierzu u. a. folgendes ausgeführt:

„Die im Laufe der Zeit vorgenommenen Versuche, zu einer einheitlichen Begriffsbestimmung zu gelangen, zeitigen stark voneinander abweichende Ergebnisse. Ganz allgemein kann gesagt werden, daß die Begriffsbestimmungen entweder zu eng oder zu umfassend waren. Zu eng begrenzt sind diejenigen, die das Tätigkeitsgebiet der Wohlfahrtspflege nur auf einzelne bestimmte Aufgaben oder bestimmte Volksschichten abstellen, oder die unter Wohlfahrtspflege lediglich die Tätigkeit der freien Wohlfahrtspflege verstehen.

Zu umfassend sind die Begriffsbestimmungen, die Wohlfahrtspflege inhaltlich mit Volkswohlfahrt im weitesten Sinne gleichsetzen und hierunter alle Maßnahmen zur Hebung der Lebenshaltung oder zur Erleichterung der Entwicklung des Volkes verstehen und insbesondere die Maßnahmen zur Weckung und Befriedigung der jeweiligen Kulturbedürfnisse einbeziehen."

Die Verordnung grenzt im übrigen die Wohlfahrtspflege auch gegenüber Versicherung und Versorgung ab:

„Versicherung und Versorgung gewähren ihre Hilfe einem bestimmt umgrenzten Personenkreis, die Wohlfahrtspflege hat dagegen für jeden Volksgenossen einzutreten, der hilfsbedürftig wird; sie hat die Versicherung und Versorgung zu ergänzen, wo deren Hilfe nicht ausreicht oder nicht rechtzeitig einsetzen kann.

Von der Reichsversorgung und der Sozialversicherung unterscheidet sich die Wohlfahrtspflege insbesondere dadurch, daß sie nicht eine Gegenleistung für der Allgemeinheit geleistete Dienste oder für im Arbeitsverhältnis entrichtete öffentlich-rechtliche Zwangsbeiträge darstellt, daß sie keinen Rechtsanspruch auf festumgrenzte Leistungen gewährt und nur ergänzend nach Maßgabe des jeweiligen Bedürfnisses eintritt" (J. Dünner, Handwörterbuch der Wohlfahrtspflege, S. 774).

Vor allem in folgenden drei Punkten unterscheidet sich diese Begriffsbestimmung von der gegenwärtigen Situation:

- Sie kannte keinen Anspruch auf Leistungen.
- Der Grundsatz der vorbeugenden Hilfe kommt in ihr nicht vor.
- Die Hilfe zur Selbsthilfe wird nur negativ angesprochen – durch die Beschränkung der „freiwilligen" öffentlichen Leistungen auf das Existenzminimum.

Während der Rechtsanspruch vor allem durch die Rechtsprechung herausgearbeitet wurde, wurden die Prinzipien der vorbeugenden Hilfe und der Hilfe zur Selbsthilfe weitgehend in der Praxis der Wohlfahrtspflege entwickelt.

Dieser kurze Rückblick zeigt, daß ein gesellschaftlicher Bereich, wie ihn die Wohlfahrtspflege darstellt, nicht mit einer Definition vollständig und abschließend umschrieben werden kann. Er könnte allenfalls einen bestimmten Entwicklungsstand aufzeigen, über den die Sache selbst schnell hinauswächst oder bereits hinausgewachsen ist. So wurde in der Gesetzgebung der Bundesrepublik Deutschland nur für das Steuerrecht eine Definition der Wohlfahrtspflege festgelegt (§ 66 Abs. 2 AO), die § 2 Abs. 1 der o. a. Verordnung von 1926 übernimmt.

Warum wird das Wort „Wohlfahrtspflege" eigentlich aus der fachlichen und sozialpolitischen Diskussion verdrängt, während es in der Bevölkerung immer mehr aufgenommen wird? Ein entscheidender Grund ist sicher, daß dieser „fließende" Begriff, der sich den Bedürfnissen des einzelnen und der Gesellschaft anpaßt, für „computergerechte" Strukturen des Sozial-, Gesundheits- und Bildungswesens nicht geeignet erscheint. Gerade dies aber wäre Grund genug, ihm wieder mehr Bedeutung zu schenken, weil in einer verwalteten Industriegesellschaft nicht verloren gehen darf, was Wohlfahrtspflege leisten kann: Den Menschen bei sozialen Leistungen, in Bildung und Ausbildung, in gesellschaftlichen und persönlichen Problemsituationen immer als Ganzes zu sehen. Damit könnte sie verhindern helfen, daß die Lebenssituation des einzelnen, aber auch von Familien und Gruppen, immer mehr in Rollen oder spezielle Funktionen aufgeteilt wird, die nicht mehr in Beziehung zueinander gebracht werden und so zur psychischen, sozialen und gesellschaftlichen Schizophrenie führen.

(Eine umfassende Zusammenstellung der verschiedenen Definitionen von „Wohlfahrtspflege" hat D. Ehrlich in seiner Dissertation über „Die rechtliche Stellung der freien Wohlfahrtsverbände unter besonderer Berücksichtigung sammlungsrechtlicher Vorschriften" vorgelegt: Julius-Maximilians-Universität Würzburg 1971.)

II. Zum System der sozialen Sicherung

Wohlfahrtspflege ist ein Teil des Systems der sozialen Sicherung in der Bundesrepublik Deutschland. Sie greift funktional und institutionell über die einzelnen abgegrenzten Bereiche hinaus bzw. führt sie zusammen.

Dieses System hat sich im Laufe der letzten 100 Jahre in drei Schwerpunkten (sog. Säulen) entwickelt:

1. Die Versicherung

Die Versicherung ist die persönliche Vorsorge des einzelnen für bestimmte Lebensrisiken (Krankheit, Berufsunfähigkeit, Erwerbsunfähigkeit, Alter, Arbeitslosigkeit u. ä.). Durch die Beiträge der „Versicherungsgemeinschaft" werden die Mittel für die Leistungen bereitgestellt.

Die Entscheidungsmöglichkeiten des einzelnen sind hierbei jedoch erheblich eingeschränkt, weil für die meisten Risiken eine Versicherungspflicht gesetzlich normiert ist. Die „Leistungstatbestände" sind dabei genau beschrieben, so daß Ermessensentscheidungen nur ausnahmsweise möglich sind.

Die Sozialversicherung besteht vor allem aus folgenden Zweigen:

- Krankenversicherung
- Unfallversicherung
- Rentenversicherung
- Arbeitslosenversicherung
- Altershilfe für Landwirte.

2. Die Versorgung

Die Versorgung umfaßt alle Leistungen des Staates an Personen, die im Dienst für die staatliche Gemeinschaft einen besonderen Personen- oder Vermögensschaden erlitten haben („Sonderopfer"). Dazu gehören vor allem die Kriegsopferversorgung, die Kriegsopferfürsorge, die Versorgung der Soldaten und Zivildienstleistenden. Hinzu kommen weiter die Entschädigungen für Opfer der nationalsozialistischen Verfolgung, die vor allem im Bundesentschädigungsgesetz und im Häftlingshilfegesetz geregelt sind. Auch der Ausgleich von Kriegsfolgelasten ist hier einbezogen.

Zur Versorgung werden daneben auch die staatlichen Leistungen gezählt, bei denen ein besonderer Aufopferungsanspruch gegen den Staat auf einer gesetzlichen Grundlage besteht. Dies sind vor allem Entschädigungen nach dem Bundesseuchengesetz und dem Gesetz über die Entschädigung für Opfer von Gewalttaten.

Einen wichtigen Schwerpunkt bildet die Beamtenversorgung – wegen des „lebenslangen besonderen Dienst- und Treueverhältnisses“, in dem sich der Beamte befindet.

Die Kosten für die Versorgung werden aus Steuermitteln finanziert.

3. Die Fürsorge (Sozialhilfe)

„Die Fürsorge unterscheidet sich von der Versicherung und Versorgung vor allem dadurch, daß sie keine im voraus festgelegten Leistungsfälle und Leistungsarten kennt. Die Individualisierung, die die Fürsorge vornimmt und die das ihr eigentümliche Charakteristikum ist, besteht nämlich in nichts anderem, als daß in jedem einzelnen Fall genau die soziale, berufliche, wirtschaftliche, gesundheitliche, familiäre, also die gesamte Lebenssituation der einzelnen Person und ihrer Familie untersucht und erst auf Grund dieser Analyse der individuellen Schicksalslage und der in ihr angelegten und verborgenen Entwicklungsmöglichkeiten entschieden wird, ob irgendeine Hilfe erforderlich ist, welcher Art sie am zweckmäßigsten sein und in welchem Umfang sie angesetzt werden sollte, und welche Kombination der verschiedensten Arten und Methoden von Hilfeleistungen den größten und nachhaltigsten Erfolg verspricht. Die für die Fürsorge typische und ihr Wesen erst als ein besonderes definierende Leistung besteht also in eben dieser umfassenden Erforschung der Lebenslage und der sozialen Beziehungen der einzelnen Person“ (D. Schäfer, Die Rolle der Fürsorge im System sozialer Sicherung, S. 278).

Die Fürsorgeleistungen der Kommunen und des Staates werden aus Steuern finanziert.

Dieses „gegliederte System der sozialen Sicherung“ ist das Ergebnis einer etwa hundertjährigen Geschichte. Die Wurzeln aller drei Schwerpunkte reichen jedoch weit bis in das Mittelalter zurück (s. dazu z. B. A. Richter, Grundlagen der sozialen Sicherung). Sie stellen jeweils auf ganz bestimmte persönliche, soziale, gesellschaftliche, wirtschaftliche oder politische Grundtatbestände ab, die sich „wesentlich“ unterscheiden und deshalb nicht austauschbar sind. Eine zu starke Vereinheitlichung oder gar Zusammenfassung in einem einheitlichen System müßte zwangsläufig diese Grundvoraussetzungen weitgehend ignorieren und daher in der letzten Konsequenz zu einer Gleichbehandlung ungleicher Tatbestände führen. Trotz dieser grundsätzlichen Position ist festzustellen, daß die

Übergänge zwischen den einzelnen Schwerpunkten teilweise fließend sind und deshalb die Zuordnung zum einen oder anderen nur bedingt möglich ist. Sowohl in der Finanzierung als auch bei der Gewährung der Leistungen sind die Grundprinzipien der drei Säulen verschiedentlich durchbrochen. So benötigen z. B. die Renten- und die Arbeitslosenversicherung in größerem Umfange Zuschüsse aus Steuermitteln. Den Kommunen müssen als Trägern der Sozialhilfe Mittel aus Steuereinnahmen des Staates über den kommunalen Finanzausgleich zugewiesen werden. Die Hilfe zur Pflege nach § 68 ff. BSHG ist wegen ihrer überdurchschnittlichen Kostensteigerung zu einem „besonderen Lebensrisiko" geworden; diese Hilfeart durchbricht damit praktisch das Prinzip des Nachranges der Sozialhilfe. Durch die Maßnahmen zur Rehabilitation Behinderter nach dem Arbeitsförderungsgesetz wurden der Versichertengemeinschaft der Arbeitnehmer zusätzliche finanzielle Leistungen auferlegt, die teilweise aus Steuermitteln ersetzt werden. Hinzu kommt, daß bedeutende soziale Leistungen wie die Jugendhilfe, die Ausbildungsförderung, das Kindergeld und das Wohngeld nur mit großen Einschränkungen einer der drei klassischen Säulen der sozialen Sicherung zugeordnet werden können. In der sozialpolitischen und sozialrechtlichen Diskussion werden diese teilweise durch neue Begriffe ersetzt:

- Vorsorgesysteme (Sozialversicherung, dienstrechtliche Vorsorge)
- Entschädigungssysteme (Kriegsopferversorgung, Lastenausgleich, Aufopferungsansprüche usw.)
- Ausgleichssysteme (Sozialhilfe, Wohngeld, Kindergeld usw.) (H. F. Zacher, Das Vorhaben Sozialgesetzbuch, S. 19).

Diese neuen Begriffe werden der gegenwärtigen Situation in der Sozialgesetzgebung mehr gerecht als die bisherigen, obwohl auch weiterhin Fragen offen bleiben, wie die einzelnen Schwerpunkte einander zugeordnet oder gegeneinander abgegrenzt werden können. Die ihnen zugrunde liegenden Prinzipien sind jedoch auch weiterhin geeignet, als Grundsätze für Zuordnung und Regelung bestimmter Lebensrisiken und Notsituationen zu dienen.

III. Zur Funktion der Wohlfahrtspflege im System der sozialen Sicherung

Der Auf- und Ausbau der sozialen Sicherung und des Bildungswesens wurde durch umfangreiche und detaillierte gesetzliche Regelungen begleitet. Die Rechtsansprüche des einzelnen Bürgers richten sich daher heute gegen immer mehr Behörden und Institutionen, die jeweils nur für einen Teilbereich seiner gesamten Lebenssituation zuständig sind. So kommt es, daß sich mancher, trotz mehrerer Ansprüche auf Versicherungs- und Versorgungsleistung sowie dem Recht auf Bildung und Ausbildung, schließlich doch im untersten Netz der sozialen Sicherung – der Sozialhilfe – wiederfindet.

Der Gesetzgeber selbst hat versucht, die negativen Begleiterscheinungen beim Auf- und Ausbau des gegliederten Systems der Sozialsicherung schrittweise abzubauen. Mit dem Gesetz über die Angleichung der Leistungen zur Rehabilitation vom 7. 8. 1974 wurden z. B. die Rehabilitationsträger verpflichtet, im Interesse einer raschen und dauerhaften Eingliederung der Behinderten eng zusammenzuarbeiten (§ 5 Abs. 1). Diese Regelung gilt für die gesetzliche Krankenversicherung, die gesetzliche Unfallversicherung, die gesetzliche Rentenversicherung, die Altershilfe für Landwirte, die Kriegsopferversorgung und die Arbeitsförderung nach dem Arbeitsförderungsgesetz – die Sozialhilfe wurde nicht mit einbezogen. Voraussetzungen, Art und Umfang der Leistungen eines Rehabilitationsträgers und deren Sicherstellung richten sich auch weiterhin nach den für den einzelnen Rehabilitationsträger geltenden besonderen Rechtsvorschriften. Trotz dieser sehr einschränkenden Bestimmung ist dieses Gesetz ein erster Schritt hin zu einer größeren Gemeinsamkeit in der Rehabilitation Behinderter – wenn auch der erwartete „Erfolg" vergleichsweise gering ausgefallen ist.

In größerem Umfang dient das gesetzgeberische Unternehmen „Sozialgesetzbuch" dem gleichen Zweck. „Je mehr die Teilbereiche des Sozialrechts dem Fortgang der rechtlichen und sozialpolitischen Entwicklung angepaßt wurden, desto mehr wurde der Mangel spürbar, daß die Ordnungen des allgemeinen und gemeinsamen, ja das systematische Ganze des Sozialrechts gesetzgeberisch unbeachtet geblieben waren. Der Versuch der Kodifikation des Sozialrechts in einem Sozialgesetzbuch soll deshalb dem Teilhaften und Speziellen, das die bisherige Entwicklung beherrscht, die allgemeine Ordnung entgegensetzen; und er soll der sich ständig wandelnden Masse des Sozialrechts einen Rahmen geben, der Bestand haben kann. Die Arbeit am Sozialgesetzbuch kann so mit dem Versuch verglichen werden, Fließendes zu regulieren und zu kanalisieren, vielleicht auch zu modellieren" (H. F. Zacher, Das Vorhaben Sozialgesetzbuch S. 14). Ein gemeinsamer Rahmen für das gegliederte System der sozialen Sicherung mit seinen verteilten Aufgaben und Zuständigkeiten wird angestrebt.

Die ungleichen Tatbestände der einzelnen Lebensrisiken und -umstände setzen hier jedoch die Grenze. Aber selbst wenn manche Leistungen noch besser aufeinander abgestimmt werden – der Versicherte ist ja nicht nur Leistungsempfänger, sondern auch gleichzeitig Schüler oder Auszubildender, Arbeitnehmer oder Arbeitgeber, Ausländer oder Deutscher im Sinne des Grundgesetzes, glücklicher Partner oder enttäuschter Einzelgänger, selbstbewußt oder resigniert . . . eben Mensch! Damit er durch die verschiedenen Instanzen und Institutionen nicht in einzelne Rollen und Funktionen zerteilt wird, muß es Kräfte und Institutionen geben, die ihn als ganzen Menschen sehen und ernst nehmen und dabei seine Individualität achten. Wohlfahrtspflege umschreibt solche Funktionen und Institutionen, die das versucht haben und sich weiterhin darum bemühen.

Um es im Bild deutlich zu machen: Die gegenwärtigen Systeme der sozialen, gesellschaftlichen und finanziellen Sicherung und das Bildungswesen erwecken weithin den Eindruck, als gäbe es in diesem Netz fast nur Längsfäden, die zwar ganz nah, aber doch ziemlich beziehungslos nebeneinander herlaufen. In diesem System hat u. a. die Wohlfahrtspflege die Aufgaben der querlaufenden Schußfäden zu übernehmen, damit ein tragfähiges Netz daraus entsteht – aus der „Sorge um das Wohlergehen“ der Menschen.

IV. Wohlfahrtspflege zwischen Sozialpolitik und Finanzpolitik

Der Staat hat die Aufgabe, Bedingungen und Voraussetzungen für die soziale Sicherung zu schaffen. Die Träger der sozialen Sicherung und der Wohlfahrtspflege sind dafür verantwortlich, daß der einzelne seine sozialen Rechte verwirklichen kann. So hat der Staat vor allem eine „ordnende“ Funktion, während sich die der Leistungs- und Einrichtungsträger eher „gestaltend“ vollzieht. Die staatliche Sozialpolitik ist jedoch eingebunden in die übrigen Schwerpunkte seiner Politik (vor allem mit der allgemeinen Gesellschaftspolitik, der Wirtschafts- und der Finanzpolitik aufs engste verbunden). Die damit zusammenhängenden Wechselwirkungen beinhalten eine besondere Schwierigkeit: Während in günstigen Konjunkturverhältnissen die sozialen Probleme eher sinken, steigen die Aufgaben bei einer Verschlechterung der Wirtschaftslage; die (auch für soziale Aufgaben) zur Verfügung stehenden Mittel entwickeln sich jedoch in der entgegengesetzten Weise.

Seit dem Jahr 1969 gibt die Bundesregierung in periodischen Abständen einen Überblick über die sozialen Leistungen in der Bundesrepublik Deutschland und über deren Finanzierung (Sozialberichte). Sie informiert dabei über die aktuellen sozialpolitischen Leistungen einer Legislaturperiode und deren weitere sozialpolitischen Vorhaben (Teil A). Mit dem Sozialbudget (Teil B) wird nicht nur dargestellt, wie sich die Leistungen und deren Finanzierung in der Vergangenheit entwickelt haben, sondern auch wie sie sich in den nächsten 4–5 Jahren voraussichtlich weiter entwickeln werden (der letzte Sozialbericht stammt vom 29. 6. 1990, Drucksache 11/7527). Aus den umfangreichen Daten und Fakten ist zu ersehen, daß durch den Ausbau und die Verbesserung der Leistungen des Sozialwesens dessen Kosten in den letzten zwei Jahrzehnten überproportional gestiegen sind – von 62,8 Mrd. im Jahre 1960 auf 425 Mrd. im Jahre 1980. Das Bruttosozialprodukt (der Wert der im Inland erzeugten Güter und erbrachten Dienstleistungen) hat sich in der gleichen Zeit von 303 Mrd. auf 1494 Mrd. gesteigert. Die Sozialleistungsquote (Anteil der Sozialleistungen am Bruttosozialprodukt) ist dadurch von 20,7 % im Jahre 1960 auf 30,1 % im Jahre 1980 gestiegen. 1978 hat sie mit 31,3 % ihren Höhepunkt überschritten. 1984 betrug sie 31,5 % und hat bis 1990 auf 30,0 % abgenommen (Sozialbericht 1990, S. 132). Der Zusammenhang von Sozialpolitik und Wirtschafts- bzw. Finanzpolitik wird gerade mit diesen Zahlen besonders deutlich. Die Kosten für die soziale Sicherung werden fast ausschließlich über Zwangsbeiträge (Steuern oder gesetzlich geregelte Versicherungsbeiträge) erbracht. Deshalb ist mit der Frage der Sozialleistungsquote zugleich auch die andere verbunden: Ob die persönliche Entscheidungsfreiheit über das Einkommen für den einzelnen Bürger durch weitere Verbesserungen der Sozialleistungen weiter eingeschränkt werden darf oder muß. Verschärft wird diese Frage u. a. dadurch, daß der Anteil der Erwerbstätigen an der Gesamtbevölkerung durch die niedrigen Geburtenraten und die steigende Lebenserwartung weiter zurückgeht.

B. Arbeitsgebiete

I. Grundsätzliches

Da Wohlfahrtspflege in ihrer funktionalen und institutionellen Bedeutung begrifflich nicht voll erfaßt und dargestellt werden kann, ist es notwendig, sich ihre Aufgabenfelder zu vergegenwärtigen, um ihr Wesen, ihre Zielsetzung und ihre Bedeutung zu verstehen.

Diese Felder geben all die Lebenssituationen wieder, in denen Menschen (Einzelne, Familien oder Gruppen) besonders belastet, behindert oder gefährdet sind. Sie beschreiben zugleich Mittel und Möglichkeiten, diese Situationen durch eigene und fremde Hilfe zu verhindern, abzubauen oder wenigstens zu mildern. Dabei geht es sowohl um die Ursachen, als auch um die Folgen. Die Arbeitsbereiche wurden fast ausnahmslos von einzelnen Bürgern oder Gruppen der Gesellschaft erkannt und aufgegriffen. Im Laufe der Zeit wurden diese Initiativen und Maßnahmen weitgehend rechtlich und finanziell in das System der sozialen Sicherung eingeordnet. Dies geschah jedoch in sehr unterschiedlicher Weise. Dabei spielen die Kosten, die durch (Rechts-) Ansprüche entstehen oder entstehen könnten, sicher eine bedeutende Rolle. Bei genauerer Betrachtung stellt sich jedoch heraus, daß emotionale, moralische und politische Gründe dabei oft wesentlich mehr Einfluß auf die Entwicklung haben als die Finanzen. Besonders deutlich wird dies am Beispiel der Behinderten: Für Blinde und Körperbehinderte werden seit Jahrzehnten erhebliche Leistungen erbracht. Dagegen blieben geistig Behinderte bis vor wenigen Jahren im Abseits. Die Lage der psychisch Kranken ist bis heute weithin von Unsicherheit, Angst und Ablehnung durch die Gesellschaft gekennzeichnet. Entsprechend groß ist auch der Nachholbedarf in den psychiatrischen Kliniken sowie in den Rehabilitationseinrichtungen und den Maßnahmen zur sozialen Integration für psychisch Kranke und Behinderte.

Besonders schwer wiegen etwa moralische Gründe (oder Verdrängungsmechanismen) bei Maßnahmen für Nichtseßhafte, Strafentlassene und Suchtkranke. Von sehr unterschiedlichen politischen Problemen sind die Hilfen für Aussiedler oder ausländische Arbeitnehmer gekennzeichnet. Vielfach (wie bei den sog. „flankierenden“ Maßnahmen zu § 218 StGB) vereinigen sich psychologische und moralische Kräfte zu einem kaum mehr entwirrbaren Knäuel. Darin sind alle gefangen – der Hilfesuchende, der Helfende ebenso wie Behörden und Institutionen, die sich mit der jeweiligen Aufgabe befassen, nicht zuletzt die Politiker und parlamentarischen Organe. Diese Einflüsse aufzudecken und ihre hemmenden und diskriminierenden Wirkungen in den einzelnen Aufgabenbereichen abzubauen, ist eine der wesentlichen Aufgaben der Wohlfahrtspflege – sowohl gegenüber den Betroffenen als auch gegenüber der Öffentlichkeit. Dabei muß sie ihre eigene Haltung ebenfalls ständig kritisch überprüfen. In dieser Spannung liegt die doppelte Aufgabe der Wohlfahrtspflege:

- Folgen von gesundheitlichen, sozialen und gesellschaftlichen Notlagen und Mißständen zu heilen oder wenigstens zu mildern und zugleich
- deren Ursachen zu erkennen und zu beseitigen helfen.

II. Übersicht über die Arbeitsgebiete

Diese doppelte Aufgabe wird vor allem auf folgenden Arbeitsgebieten aufgegriffen bzw. erfüllt:

1. Hilfe für Kinder und Jugendliche durch Bildung, Beratung, pflegerische und sozialpädagogische Dienste (Heime für Mutter und Kind, Kinderkrippen, Kindertagesstätten, Kindergärten und -horte, Kinderheime, Erziehungsheime, Jugendwohnheime), durch Erziehungsberatung und Erholungsmaßnahmen.
2. Hilfe für Mütter, Ehe und Familie durch Ehe- und Schwangerschaftsberatung, Lebensberatung, Mütter- und Erwachsenenbildung, Erholungsmaßnahmen (Familienerholung, Kurfürsorge, Müttergenesung, Haus- und Familienpflege) und Familienfürsorge (Vermittlung von Hilfen für Familien in besonderen Lebenslagen).
3. Hilfe für Alte durch Beratung, Altenclubs, Stadtranderholung für alte Menschen, Mahlzeitendienst, Altenerholung, Altentagesstätten, Altenwohnungen, Altenwohnheime, Altenheime, Altenpflegeheime, Altenbildung, Besuchsdienste, geriatrische Kliniken, Tagespflegeheime, Telefonketten.
4. Hilfe für Behinderte durch pädagogische, seelsorgerliche, medizinische und psychologische Hilfen in Heimen, Sonderschulen, Sonderkindergärten, Ambulatorien, Anstalten, Fachkrankenhäusern, Tagesstätten, Therapiezentren, Werkstätten, Wohnheimen, Übergangseinrichtungen, Beratungsstellen im Bereich der Frühförderung, der schulischen, beruflichen und sozialen Rehabilitation geistig, körperlich und seelisch behinderter Menschen.
5. Hilfen für Kranke durch Pflege in Haus und Familie, im Rahmen von Gemeindepflegestationen, Krankenhäusern, Spezialkliniken, Tag- oder Nachtkliniken, Kurheimen, Sanatorien, Heilstätten, Übergangseinrichtungen, Beratungsstellen, ambulanter und offener Arbeit.
6. Hilfen für Sozialbehinderte durch Beratung, sozialpädagogische, seelsorgerliche und sozialfürsorgerische Maßnahmen zur Wiedereingliederung von Gefährdeten, Straffälligen und Nichtseßhaften (Beratung, ambulante und stationäre Hilfen).
7. Hilfe für Arbeitslose durch berufsvorbereitende Angebote für Jugendliche ohne Arbeit, Projekte für schwer vermittelbare Arbeitslose, psychosozial/seelsorgerische Beratung der Arbeitslosen und deren Angehörigen, Hilfen zur Weiterbildung.
8. Hilfen für Menschen aus der Fremde durch Beratung und Maßnahmen zur Integration von ausländischen Arbeitnehmern und deren Familien, Umsiedlern und Asylsuchenden (Hilfen beim Umgang mit Behörden, bei der Arbeitsplatzsuche, bei der beruflichen Umschulung, bei Sprachkursen).

9. Dienste am Menschen unterwegs durch Bahnhofsmission, Binnenschiffermission, Seemannsmission, Gästehäuser.
10. Ausbildung, Fort- und Weiterbildung durch Berufsausbildung in Fach- und Fachhochschulen sowie Fort- und Weiterbildungskurse, die der beruflichen Qualifizierung dienen oder Zusatzqualifizierung ermöglichen.
(Nach Evang. Soziallexikon, Spalte 251 und 252.)

III. Zusammenfassung

Auf den ersten Blick wird in einer solchen schwerpunktmäßigen Zusammenstellung der Aufgaben der Wohlfahrtspflege eine äußere Systemtik vermißt. Dies trifft auch zu, denn vieles ist im Laufe der Geschichte zufällig im Bereich (vor allem der freien) Wohlfahrtspflege angesiedelt worden – es ist ihr „zugefallen".

Es gibt aber so etwas wie ein inneres Kriterium für die Zuordnung: Immer dort, wo sozialen Notständen im ganzen oder Problemsituationen im Leben eines einzelnen nicht nur mit Geld abgeholfen werden kann, sind einzelne Bürger, Gruppen, Vereinigungen oder sonstige Träger gefragt, neben der wirtschaftlichen Schwierigkeit auch die damit verbundenen persönlichen Probleme zu klären und lösen zu helfen. Dies spricht in der Tendenz für die freie Wohlfahrtspflege – da in ihren verschiedenen Verbänden und Organisationen sich Bürger engagieren, die aus unterschiedlichen Werthaltungen und Motivationen sich um das „Wohlergehen" der Menschen sorgen. (Es gibt eine einzige große Ausnahme: Die ambulante medizinische Versorgung wird auch nicht im weitesten Sinne der Wohlfahrtspflege zugerechnet.)

Das Gesagte gilt aber auch für die kommunale Wohlfahrtspflege: Sie hat in ihrer langen Geschichte aus der unmittelbaren Nähe zum Bürger seine gesamte Situation sehen gelernt. Hinzu kommt, daß in der Selbstverwaltung der Gedanke der Eigeninitiative und der Eigenverantwortung immer eine besondere Rolle gespielt hat.

C. Grundprinzipien der sozialen Sicherung und der Wohlfahrtspflege

I. Selbstverwaltung

Das Recht von (öffentlich-rechtlichen) Körperschaften, bestimmte Aufgaben innerhalb eines Staatswesens in eigener Verantwortung wahrzunehmen, ist eines der wesentlichen Merkmale der Demokratie. Es ist kein Zufall, sondern eine logische Konsequenz geschichtlicher Entwicklung, daß in Deutschland der Gedanke der (kommunalen) Selbstverwaltung zur gleichen Zeit an Boden gewinnt, zu der die Leibeigenschaft beseitigt und im Anschluß an die Verkündung der Menschenrechte in den Vereinigten Staaten und die Französische Revolution auch in Deutschland die demokratische Bewegung in ersten Ansätzen erkennbar wird.

„Selbstverwaltung im allgemeinen Sinne ist die Mitwirkung der Staatbürger bei der Wahrnehmung öffentlicher Aufgaben. Im Rechtssinne spricht man von S., wenn öffentliche Verwaltungsaufgaben durch Träger der mittelbaren Staatsverwaltung eigenverantwortlich wahrgenommen werden (sog. eigener Wirkungskreis). Das Recht der Selbstverwaltung steht vor allem weitgehend den Körperschaften des öffentlichen Rechts zu, insbes. den Gemeinden und Gemeindeverbänden.“ (Creifelds, Rechtswörterbuch, 5. Aufl. S. 1011).

1. Kommunale Selbstverwaltung

Am weitesten ausgebaut ist die Selbstverwaltung der Kommunen.

Sie ist das durch Art. 28 GG garantierte Recht der Gemeinden und Gemeindeverbände, Angelegenheiten der örtlichen bzw. überörtlichen Gemeinschaft in eigener Verantwortung im Rahmen der geltenden Gesetze wahrzunehmen.

„Die kommunale Selbstverwaltung dient der Sicherung staatsbürgerlicher Freiheit durch Dezentralisierung. Mit der Aufteilung staatlicher Gewalt auf verschiedene weisungsunabhängige Verwaltungsträger wird die klassische Teilung der drei Gewalten Gesetzgebung, Verwaltung und Gerichtsbarkeit ergänzt durch ein gestuftes System der Demokratie. Selbstverwaltung auf der Kreisebene ist damit ebensowenig wie Selbstverwaltung auf der Gemeindeebene nur mittelbare Staatsverwaltung, sondern ihrem Wesen nach eigenständige Erledigung eigener Angelegenheiten. Andererseits bilden aber Staatsverwaltung und Selbstverwaltung keinen Gegensatz und schließen sich nicht aus. Die Selbstverwaltung auf der Kreisebene ist zusammen mit der gemeindlichen Selbstverwaltung das unterste demokratische Element im stufenförmigen Aufbau des demokratischen Staates“ (Die bayerischen Landkreise und ihr Verband, 2. Aufl. S. 14).

2. Selbstverwaltung der Kranken-, Renten- und Arbeitslosenversicherung

„Durch die Selbstverwaltung wirken die Arbeitnehmer und Arbeitgeber als Beteiligte bei der Willensbildung des Versicherungsträgers und dem Vollzug seiner gesetzlichen Aufgabe mit. Sie wählen ihre Vertreter.

Die der Sozialversicherung angehörenden Personengruppen (die Versicherten, die Arbeitgeber, die Rentner und – als Ausnahme – in der landwirtschaftlichen Unfallversicherung bestimmte Selbständige) wählen alle 6 Jahre die Personen, die der Vertreterversammlung als Mitglieder angehören sollen; in der Knappschaftsversicherung werden von den Wahlberechtigten Versichertenälteste gewählt, die dann ihrerseits die Mitglieder der Vertreterversammlung wählen. Die Wahlen sind frei und geheim; sie erfahren allerdings dadurch eine starke Vereinfachung, daß sich die Gruppen, zum Beispiel die Gewerkschaften, die zur Einreichung von Vorschlagslisten berechtigt sind, im Regelfall auf einen

Vorschlag einigen, der eine Wahlhandlung unnötig macht, weil die Vorgeschlagenen als gewählt gelten.

Organe der Selbstverwaltung sind die Vertreterversammlung und der Vorstand. Sie bestehen bei jedem Sozialversicherungsträger und sind im allgemeinen mit der gleichen Zahl von Arbeitnehmervertretern und Arbeitgebervertretern besetzt.

Der Vorstand wird von der Vertreterversammlung, der Vorsitzende vom Vorstand gewählt. Der Vorstand vertritt den Versicherungsträger gerichtlich und außergerichtlich; er hat die Stellung eines gesetzlichen Vertreters. Der Vorstand bestimmt die Richtlinien für die Arbeit des Versicherungsträgers, trifft Entscheidungen dringlicher Art und ist für ihre ordnungsgemäße Durchführung verantwortlich.

Die Vertreterversammlung beschließt die Satzung und wählt den Vorstand. Sie beschließt den Haushalt des Sozialversicherungsträgers, erteilt dem Vorstand Entlastung, bewilligt Leistungen, die über die Pflichtleistungen hinausgehen, und setzt den Beitragssatz fest, soweit dies nicht durch Gesetz geschehen ist.

An der Spitze der Verwaltung steht die Geschäftsführung. Sie besteht im allgemeinen aus einem Geschäftsführer und seinem Stellvertreter. Bei den Landesversicherungsanstalten und der Bundesversicherungsanstalt für Angestellte ist eine dreiköpfige Geschäftsführung eingesetzt. Die Geschäftsführer gehören dem Vorstand mit beratenden Stimmen an.

Die Selbstverwaltung der Bundesanstalt für Arbeit weicht in wesentlichen Punkten von dem für die Sozialversicherung geltenden Recht ab. Ihre Organe sind Vorstand (9 Vertreter) und Verwaltungsrat (39 Vertreter) der Bundesanstalt für Arbeit und Verwaltungsausschüsse bei den Landesarbeitsämtern und Arbeitsämtern. Sie setzen sich paritätisch aus Vertretern der Arbeitnehmer, der Arbeitgeber und der öffentlichen Körperschaften zusammen. Diese Vertreter werden nicht unmittelbar durch die Versicherten gewählt, sondern von bestimmten Stellen vorgeschlagen. Bei den Vertretern der Arbeitnehmer liegt das Vorschlagsrecht bei den Gewerkschaften, bei den Arbeitgebern bei deren Verbänden. Die Vertreter der öffentlichen Körperschaften bei den Verwaltungsausschüssen werden von den Gemeinden gestellt und von deren Aufsichtsbehörde vorgeschlagen; bei Vorstand und Verwaltungsrat liegt in bestimmtem Umfang ein Vorschlagsrecht bei der Bundesregierung, dem Bundesrat und den Spitzenvereinigungen der kommunalen Selbstverwaltungskörperschaften." (Auszugsweise aus: Bundesminister für Arbeit und Sozialordnung, Übersicht über die soziale Sicherung, 8. Aufl., S. 260 ff.)

3. Das Selbstbestimmungsrecht freier Träger

Es gehört zu den wesentlichen Merkmalen der demokratischen Staats- bzw. Gesellschaftsordnung in der Bundesrepublik Deutschland, daß freie Träger in eigener Verantwortung öffentliche Aufgaben wahrnehmen können. Dieses Recht umfaßt vor allem die Selbstbestimmung in Inhalten, Zielen und Methoden der Arbeit. Es schließt die dafür erforderliche Haushalts-, Personal- und Organisationshoheit ein. Auch für Privatpersonen hat sich im 19. Jahrhundert das Recht ausgebildet, selbständige Organisationen zu bilden und deren Aufgaben eigenständig wahrzunehmen. Nach vielerlei Ansätzen wurde das Vereinsrecht im Bürgerlichen Gesetzbuch von 1900 die wesentliche rechtliche Grundlage, die bis heute fast unverändert geblieben ist. Mit Art. 2 und Art. 9 GG ist dieses Recht verfassungsrechtlich geschützt. Für die Kirchen und die ihnen angehörigen Organisationen gilt darüber hinaus die Sonderregelung des Art. 140 GG i. V. m. Art. 137 WRV.

Die Selbständigkeit in Zielsetzung und Durchführung von freien Trägern der Sozial- und Jugendhilfe ist insbesondere in § 17 Abs. 2 SGB I sowie § 10 Abs. 1 und 2 BSHG und § 4 KJHG gesetzlich geschützt.

4. Selbstverwaltung als Selbstorganisation

Der Begriff Selbstverwaltung wird vor allem bei Basisgruppen und einem Teil der Bürgerinitiativen im sozialen Bereich in anderer Weise verstanden. Aus grundsätzlichen gesellschaftspolitischen und staatsrechtlichen Ansätzen heraus werden die „bürgerlichen" Formen des Vereinsrechts ebenso abgelehnt wie die Aufsichts- und Kontrollrechte der öffentlichen Hand. Es wird von „Selbstorganisation" gesprochen.

„Selbstorganisation bezeichnet die freiwillige, planvolle, gemeinsame Regelung der eigenen Lebenspraxis: Arbeit, Wohnung, Verpflegung, Gesundheit, Qualifikation und Freizeit. Sie ist eine Absage an anonyme und undurchschaubare Interessendelegation und bürokratische Fremdbestimmung. Ihre Basisnormen sind Gleichheit der Mitglieder, Solidarität und Selbstbestimmung. Die Binnenstruktur selbstorganisierter Gruppen ist egalitär und demokratisch. Hinsichtlich ihrer gesellschaftlichen Ursachen, Erscheinungsformen und Bedeutung ist Selbstorganisation ein Merkmal aller Selbsthilfe- und Bürgerinitiativen. Wie diese Initiativen erstreckt sie sich von der Bearbeitung punktueller Probleme bis hin zur Erprobung und Propagierung weitreichender Alternativen menschlichen Zusammenlebens" (Wörterbuch Soziale Arbeit, herausgegeben von D. Kreft und J. Mielenz, 1. Aufl., S. 380).

Der wesentliche Unterschied zu den oben genannten Bereichen liegt insbesondere darin, daß die klassische Drei-Gliederung

- verantwortliche Gremien bzw. Organe der Träger
- weisungsgebundene Mitarbeiter und
- „Klient"

strikt abgelehnt wird zugunsten eines kollektiven Systems.

II. Selbsthilfe und Selbstverantwortung

Das Prinzip der Selbstverwaltung bezieht sich vor allem auf die Träger. Auf seiten der Leistungsempfänger bzw. „Klienten" gehört hierzu der Gedanke der

Selbsthilfe und Selbstverantwortung. In der Sozialversicherung (etwa der mittelalterlichen Zünfte und Genossenschaften) war dies geradezu die tragende Idee: Durch Selbsthilfemaßnahmen Verantwortung für sich und die Mitglieder der eigenen Gruppe wahrzunehmen (s. dazu A. Richter, Grundlagen der sozialen Sicherung).

Die „Versicherungsgemeinschaft", die gemeinsam die Kosten für die Leistungen aufbringt, ist die logische Folge davon. Je mehr den einzelnen Versicherungen Aufgaben zugeteilt werden, die ihrem Wesen oder ihrer Zielsetzung fremd sind, desto mehr wird auch der Gedanke der Selbsthilfe und der Selbstverantwortung in der Sozialversicherung geschwächt.

Dagegen war die Armenfürsorge, als Vorläufer der Sozial- und Jugendhilfe, in den Kommunen bis weit in das 20. Jahrhundert als Angelegenheit der öffentlichen Sicherheit und Ordnung polizei- bzw. obrigkeitsstaatlich geprägt.

Selbsthilfe und Selbstverantwortung der Hilfsbedürftigen und Sozialleistungsempfänger haben ihre Grundlage in den Menschenrechten des Grundgesetzes (u. a. Schutz der Menschenwürde, Grundrecht auf freie Entfaltung der Persönlichkeit, Grundrecht auf allgemeine Handlungsfreiheit). Wieweit das Recht und die Pflicht zur Selbsthilfe und zur Selbstverantwortung entfaltet sind, ist damit ein wichtiger Gradmesser dafür, wieweit in der öffentlichen Verwaltung und im allgemeinen gesellschaftlichen Handeln die demokratischen Grundprinzipien verwirklicht sind.

Daraus wurde die klassische Formulierung des Selbsthilfeprinzips in § 1 Abs. 2 und § 2 BSHG abgeleitet, wonach die Sozialhilfe den Empfänger soweit als möglich befähigen soll, möglichst unabhängig von ihr zu leben.

Die neue Entdeckung von ambulanten Diensten, die es dem Hilfesuchenden gestatten, möglichst lange in der eigenen Familie und im gewohnten Lebensbereich zu verbleiben, hängt unmittelbar mit dem Gedanken der Selbsthilfe und Selbstverantwortung zusammen. Aber auch in den stationären Hilfen fanden diese Prinzipien Eingang. Die Eltern- und Bürgerinitiativen (z. B. für Behinderte) haben wesentlich dazu beigetragen, daß Selbsthilfe und Selbstverantwortung heute eine wesentlich größere Rolle spielen als noch vor 20 Jahren.

Auf eine detaillierte Darstellung muß hier aus Platzgründen verzichtet werden, da zu dieser Thematik umfangreiche Literatur vorliegt. Sie wurde vor allem ausgelöst durch die Grundsatzdiskussionen im Zusammenhang mit dem Erlaß des Bundessozialhilfegesetzes sowie durch die emanzipatorischen Bestrebungen in der Sozialarbeit der 70er Jahre.

III. Die Selbstfindung in einer wertorientierten Wohlfahrtspflege

„Eine Wohlfahrtspflege, die von vorgegebenen weltanschaulichen Positionen ausgeht, ist insofern unfrei, als sie Interessen und Bedürfnisse Hilfsbedürftiger nicht aus ihrem Lebenszusammenhang erfüllen kann, zumindest soweit sie diesen anders interpretiert als die Betroffenen selbst" (U. Lüers in „Jahrbuch der Sozialarbeit" 1978 S. 272).

Solche Feststellungen und Forderungen tendieren hin zu einer kommunalen und staatlichen Wohlfahrtspflege, die allein Neutralität gewährleisten und damit vor ideologischer Fremdbestimmung schützen soll.

Die konfessionell bzw. religiös motivierten und orientierten Initiativen, Träger und Trägergruppen stehen daher konsequenterweise im Mittelpunkt dieser Kritik.

Beziehungen unter Menschen, vor allem jedoch menschliche Zuwendung in der Beratung, Erziehung und Pflege sind jedoch immer in irgendeiner Weise mit der Frage nach dem Sinn und Ziel menschlicher Existenz verbunden. Diese erfordert zwangsläufig eine „Gesinnung", die wiederum Wertvorstellungen zur Voraussetzung hat. H. Reinke-Dieker weist in diesem Zusammenhang darauf hin, daß allgemein gültiges objektives Erkennen der Umwelt selbst für die Wissenschaft nicht zu verwirklichen sei. „Objektivität als rein sachliches Erkennen, als wertfreie Beurteilung ist an sich nicht möglich; denn jeder Mensch ist sozialisiert, damit eingebunden in einen bestimmten Kulturkreis und wird ohne seine (!) Werturteile einschließlich Selektion und Prioritäten-Bildung zunächst gar nicht bewußt wahrnehmen." (Die Illusion methodischer Objektivität, Archiv für Wissenschaft und Praxis der sozialen Arbeit Nr. 3/79.) Diese Aussage für die Wissenschaft ist zwar umstritten (s. dazu W. Blass in Archiv für Wissenschaft und Praxis der sozialen Arbeit 3/80), sie gilt jedoch sicher für die unmittelbare Arbeit mit und für den Menschen. Viele von ihnen sind deshalb Hilfesuchende geworden, weil jene Fragen, die den Grund ihrer Existenz berühren, unbeantwortet geblieben sind. Die immer größere Zahl von psychisch Kranken und Suchtabhängigen mag als Beweis hierfür ausreichen. Manche Fehlentwicklungen im Krankenhauswesen, bei denen die objektiven Daten der Geräte und die Faszination der technischen Möglichkeit die Oberhand in der Medizin gewinnen, zeigen, wohin die Forderung nach einer wertfreien Sozialarbeit letztlich führen würde, wo Rat- und Hilfesuchende zum „Klientel", kranke Menschen zum „Patientengut" werden.

Könnte es sie wirklich geben – die „wertfreie Sozialarbeit" – sie wäre „wertlos" und daher „unmenschlich".

Wenn die Behauptung zutrifft, daß es wertfreie Sozial-, Gesundheits- und Bildungspolitik gar nicht geben kann, ist jedoch die Frage nach den Konsequenzen für die Praxis gestellt:

- Wer Humanität ernst nimmt, wird die Frage nach einer wertorientierten Sozialarbeit bejahen. Dies bedeutet jedoch nicht zwangsläufig, sich herkömmlichen Wertvorstellungen und ihren Strukturen unterzuordnen.
- Die Träger müssen sich mehr als in den vergangenen beiden Jahrzehnten dazu bekennen, von welchen Vorstellungen und Zielen sie in ihren Konzepten und in ihrer konkreten Arbeit ausgehen. Dies bedeutet nicht zwangsläufig „ideo-

logisieren“ oder „missionieren“, sondern ist allein ein Gebot der Wahrhaftigkeit gegenüber den Partnern.

- Fachlichkeit und Regionalisierung sind die überragenden Leitprinzipien der Sozialplanung geworden. Die Pluralität der Träger muß als weiteres Kritcrium gleichberechtigt erhalten bleiben oder wieder hinzukommen, damit das Grundrecht der freien Entfaltung der Persönlichkeit nicht geschmälert wird.
- Der Hang und der Drang zu großen Diensten und Einrichtungen (von der Beratungsstelle über die Sozialstation bis zum Altenzentrum) stehen damit tendenziell im Widerspruch zur Situation einer pluralistischen Gesellschaft.
- Bei einer „flächendeckenden“ Planung und Versorgung mit sozialen Einrichtungen werden bei allen Planungskriterien, so auch bei der Pluralität der Träger, Kompromisse notwendig. Deshalb ist gegenüber jenen Mitbürgern Zurückhaltung in weltanschaulichen Positionen geboten, denen eine Einrichtung nach ihren eigenen Vorstellungen nicht zur Verfügung steht.
- Den kommunalen und staatlichen Trägern ist eine besondere Zurückhaltung in Fragen der Weltanschauung in ihren Diensten und Einrichtungen auferlegt. Trotzdem können auch sie nicht wertneutral sein. Die Entscheidungen der politischen Gremien und der Verwaltung für die Planung, die Konzepte und den Betrieb von Diensten und Einrichtungen sind wesentlich von weltanschaulichen Grundpositionen her bestimmt, auch wenn sie nicht als solche in Erscheinung treten oder treten wollen und dabei die vielfältigen Bedürfnisse und Interessen der Bürger zu berücksichtigen sind. Darüber hinaus hängt bei diesen Trägern der „Geist“ der Einrichtung in hohem Maße von dem einzelnen Mitarbeiter oder den Mitarbeitern insgesamt ab.

So geht es gar nicht um die Frage, ob Sozialarbeit ohne religiöse oder andere weltanschauliche Grundhaltungen möglich ist. Die einzelnen Gruppierungen unterscheiden sich nur darin, inwieweit sie ihre Grundhaltung nach außen hin erkennen lassen und bewußt in ihre Konzepte einbeziehen. Daraus ergeben sich zweifellos in der Praxis erhebliche Unterschiede zwischen den Trägergruppen und auch den einzelnen Trägern der Wohlfahrtspflege bis hin zu verfassungsrechtlichen Konsequenzen. Gerade der Bürger in einer pluralistischen Gesellschaft hat ein Recht darauf, daß bei sozialen Leistungen nicht nur seine materiellen Bedürfnisse befriedigt werden; er kann auch erwarten, daß seine existenziellen Fragen ernst genommen werden. Soziale Arbeit, die bewußt ihre christlichen oder weltanschaulichen Ansätze zu erkennen gibt, kann daher nicht als rückständig oder minderwertig angesehen werden – ebensowenig wie jene als „gesinnungslos“ verurteilt werden darf, die in diesen Fragen zurückhaltender ist.

KAPITEL 2

Die Trägergruppen und ihr Verhältnis zueinander

Durch die Aufgabenteilung im gegliederten System der sozialen Sicherung sind Möglichkeiten für Selbstverantwortung und Selbstentfaltung des Bürgers auch in seiner Rolle als Leistungsempfänger gegeben. Zwei negative Begleiterscheinungen sind dabei jedoch nicht zu übersehen:

- Das System ist für den einzelnen z. T. unübersichtlich. Dadurch wird es für ihn oft schwierig, seine sozialen Rechte wahrzunehmen. Deshalb hat der Gesetzgeber im allgemeinen Teil des Sozialgesetzbuches folgendes bestimmt: „Die Leistungsträger, ihre Verbände und die sonstigen in diesem Gesetzbuch genannten öffentlich-rechtlichen Vereinigungen sind verpflichtet, bei der Erfüllung ihrer Aufgaben eng zusammenzuarbeiten.
  In der Zusammenarbeit mit gemeinnützigen und freien Einrichtungen und Organisationen wirken die Leistungsträger darauf hin, daß sich ihre Tätigkeit und die der genannten Einrichtungen und Organisationen zum Wohle der Leistungsempfänger wirksam ergänzen. Sie haben dabei deren Selbständigkeit in Zielsetzung und Durchführung ihrer Aufgaben zu achten. Die Nachprüfung zweckentsprechender Verwendung bei der Inanspruchnahme öffentlicher Mittel bleibt unberührt. Im übrigen ergibt sich ihr Verhältnis zueinander aus den besonderen Teilen dieses Gesetzbuches." (§ 17 Abs. 2 und 3 SGB I)
- Den Sozialleistungsträgern ist das Recht auf Selbstverwaltung und den freien Trägern das Recht auf eigenverantwortliche Betätigung eingeräumt. Dabei stellt sich die Frage, wie diese aufeinander abgestimmt oder gegeneinander abgegrenzt werden können oder müssen. Die Diskussion über diese Frage wird seit Jahren mit großem Nachdruck geführt. Sie beschränkt sich dabei vor allem auf die Frage des Verhältnisses zwischen den freien und den kommunalen Trägern in der Sozial- und Jugendhilfe (s. Urteil des Bundesverfassungsgerichts vom 18. 7. 1967). Die öffentliche Diskussion über das Verhältnis der freien Träger untereinander ist dabei stark in den Hintergrund getreten. Erst durch die flächendeckende Sozialplanung der öffentlichen Hand (die das Wahlrecht des Hilfesuchenden ebenso wie das plurale Angebot an Maßnahmen und Einrichtungen berührt) sind die konkurrierenden Interessen der freien Träger untereinander wieder deutlich geworden. Die zunehmende Rückbesinnung der Träger und ihrer Verbände auf ihre religiösen bzw. weltanschaulichen Grundlagen verstärkt dies.

Auch eine z. T. sehr grundsätzliche Auseinandersetzung zwischen der kommunalen Selbstverwaltung und dem Staat hat eingesetzt. Dies wird, obwohl wesentliche Elemente der freiheitlich-demokratischen Grundordnung der Bundesrepublik davon berührt sind, von der allgemeinen Öffentlichkeit nur wenig beachtet. (Warum der Bürger z. B. so wenig zwischen Staatsverwaltung und kommunaler Selbstverwaltung unterscheidet, wäre ohnehin einer eigenen

Untersuchung und Darstellung wert.) Da wesentliche Kernbereiche der Wohlfahrtspflege für die Kommunen Angelegenheiten des eigenen Wirkungskreises sind, werden davon auch die freien Träger berührt.

Damit das vielseitige System durchschaubarer und verständlicher wird, sollen Selbstverständnis, Zielsetzung und Aufgabenstellung der einzelnen Beteiligten zunächst kurz beschrieben werden.

A. Trägergruppen

I. Freie Wohlfahrtspflege

Die Träger der freien Wohlfahrtspflege und ihre Verbände sind Initiativen von Bürgern und für Bürger, die sich die Beseitigung oder Linderung der Folgen von gesundheitlichen und sozialen Notlagen und deren Ursachen zum Ziel gesetzt haben. Darunter werden alle Initiativen, Träger und Trägergruppen verstanden, die aufgrund religiöser, weltanschaulicher, humanitärer oder anderer sozialpolitischer Zielsetzung in der Wohlfahrtspflege tätig sind. Von der privaten Wohlfahrtspflege unterscheiden sie sich dadurch, daß ihre Träger und ihre Aufgaben ausschließlich und unmittelbar gemeinnützige, mildtätige oder kirchliche Zwecke (steuerbegünstigte Zwecke) im Sinne von § 51 AO erfüllen. Im Schulrecht werden (unter Bezug auf Art. 7 Abs. 4 GG) auch die steuerbegünstigten Träger im Sinne der AO als „private" Schulträger bezeichnet.

Der Begriff „freie" Wohlfahrtspflege besagt, daß sie nicht Bestandteil der kommunalen Selbstverwaltung oder der Staatsverwaltung ist. Sie nimmt deshalb keine hoheitlichen Aufgaben wahr. Von daher unterscheidet sich die Beziehung zwischen dem freien Träger und dem Rat- bzw. Hilfesuchenden sehr wesentlich von denen kommunaler und staatlicher Behörden.

Die freie Wohlfahrtspflege hat ihre verfassungsgemäße Grundlage in den Freiheitsrechten der Bürger, die sich in der Wohlfahrtspflege engagieren. Dies gilt in zweifacher Hinsicht: Sowohl für die Freiheit des einzelnen als auch in den kollektiven Freiheitsrechten der Vereinigungen (Art. 2 Abs. 1 und Art. 9 Abs. 1 GG) sowie für die Kirchen (Art. 4 und Art. 140 GG) – nach R. Wegener, Staat und Verbände im Sachbereich Wohlfahrtspflege, S. 146.

„Die ‚freien' Vereinigungen wirken in der Öffentlichkeit zum einen für den Bürger, indem sie jedermann ihre Hilfe gewähren, der dieser bedarf, gleichgültig, welcher Nationalität, Rasse, Religion oder Weltanschauung er sich zuordne. Diese Charakteristik als Fremdhilfeverbände gilt nicht nur für die ‚neutralen' dem Deutschen Roten Kreuz oder dem Deutschen Paritätischen Wohlfahrtsverband angeschlossenen Organisationen, sie trifft auch und in immer stärkerem Maße zu für die Arbeiterwohlfahrt und die konfessionellen Verbände, die nach der anfänglichen Konzentration auf bestimmte Bevölkerungsgruppen inzwischen ebenfalls die Hilfe gegenüber dem Hilfesuchenden schlechthin zu ihrer

Aufgabe gemacht haben. Zum anderen wirken sie in einer mehr indirekten Weise in der Öffentlichkeit: in dem Maße, wie die Gemeinden sich im Zuge der Gebiets- und Verwaltungsreform zu großräumigen und hierarchischen Verwaltungsorganisationen wandeln, wächst den ‚freien' Vereinigungen auf lokaler Ebene die Aufgabe der Vermittlung zwischen Verwaltung und Bürger im Sachbereich Wohlfahrtspflege zu; dies gilt insbesondere für die Planung und Aufgabenverteilung, aber auch für die Durchführung persönlicher Hilfen, wo die Verwaltung auf die Mitwirkung und die Mitarbeit ihrer Bürger angewiesen ist. Diese Vermittlungsaufgabe kann im Sammeln und der Weitergabe von Informationen, im Gewinnen von Unterstützung für bestimmte Projekte, in der Initiierung neuer Ideen, im Ganzen in der Mehrung des Vertrauens zwischen Verwaltung und Bürger durch Pflege und Schaffung von Kontakten bestehen.

Konkrete Anhalte für die Aufnahme und Umsetzung dieser Rollen zeigen sich etwa in dem in den Verbänden vorgetragenen Postulat, die ‚sozialanwaltliche' Tätigkeit für den hilfesuchenden Bürger durch dessen Beratung und Vertretung bei der Verfolgung sozialrechtlicher Ansprüche gegenüber der Behörde zu intensivieren. Sie werden ferner deutlich in der Geltendmachung einer ‚Animateur-Funktion' gegenüber Gesetzgeber und Verwaltung, welche insbesondere seit der Entdeckung der ‚neuen sozialen Frage' von Randgruppen der Gesellschaft eine spezifische Bedeutung für die Interessenvertretung sozialer Randgruppen wie der ausländischen Arbeitnehmer, der Nichtseßhaften, der Alkoholiker und Drogensüchtigen in der Sozialpolitik gewonnen hat. Sie schlägt sich nieder in dem wachsenden Bemühen um eine stärkere Teilnahme der Öffentlichkeit an der Arbeit der Wohlfahrtsverbände, sei es in der Förderung des Engagements ihrer Mitglieder, zum Beispiel durch Satzungsreformen, die den Einfluß der Basis stärken, sei es in dem Versuch, ein erhöhtes Vertrauen der Bürger durch eine verbesserte Transparenz ihrer Arbeit zu gewinnen, wie vielfältige Publikationen, umfassende Rechenschaftsberichte und eine wachsende Informationsbereitschaft erweisen" (R. Wegener, Staat und Verbände . . . S. 157 und 158).

Insgesamt umfaßt die freie Wohlfahrtspflege folgende Gruppen:

1. Spitzenverbände der freien Wohlfahrtspflege

Der Begriff hat sich im Laufe der letzten 70 Jahre entwickelt. Er ist nicht abschließend gesetzlich geregelt. Es wird davon ausgegangen, daß sich ein Spitzenverband der freien Wohlfahrtspflege mit seinen Untergliederungen und Mitgliedern in allen wesentlichen Aufgaben der Wohlfahrtspflege betätigt. Dabei erfüllt er Beratungs-, Planungs- und Koordinationsaufgaben, sowohl innerhalb des eigenen Verbandes als auch gegenüber anderen Verbänden, Organisationen und Gruppierungen sowie gegenüber den Kommunen und den staatlichen Stellen und der allgemeinen Öffentlichkeit (s. dazu Kap. 6).

Die Spitzenverbände der freien Wohlfahrtspflege im einzelnen:

a) Die Arbeiterwohlfahrt

„Die Arbeiterwohlfahrt betont bewußt, daß ihre Arbeit ‚auf den humanitären und ethischen Grundlagen des freiheitlichen und demokratischen Sozialismus‘ beruht; entsprechend hebt sie ab auf das Ziel einer ‚zeitgemäßen und gerechten Sozialordnung‘, ihre Repräsentanten weisen in besonderem Maße auf die gesellschaftspolitischen Aufgaben der Arbeiterwohlfahrt hin“ (R. Wegener, Staat und Verbände . . . S. 150).

b) Der Deutsche Caritasverband

„Der Deutsche Caritasverband, nach seiner Satzung ‚die von den deutschen Bischöfen anerkannte Zusammenfassung und Vertretung der katholischen Caritas in Deutschland’, versteht sich in dieser weltlichen Form, ‚wie auch immer im einzelnen das Beziehungsverhältnis (zur Amtskirche) gestaltet sein mag, . . . als sichtbarer Ausdruck kirchlichen Liebeswirkens‘ und wird auch seitens der Amtskirche in dieser Eigenschaft anerkannt und gefördert“ (R. Wegener, Staat und Verbände . . . S. 171 und 172).

c) Das Deutsche Rote Kreuz

„Das Deutsche Rote Kreuz, vertritt in Wort, Schrift und Tat die Ideen der Nächstenliebe, der Völkerverständigung und des Friedens‘; seine Arbeit ist geprägt durch die internationalen Aufgaben im Dienste der Humanität, die ihm eine unbedingte Neutralität gegenüber religiösen, weltanschaulichen, aber auch politischen und sozialen Bindungen auferlegen” (R. Wegener, Staat und Verbände . . . S. 150).

d) Der Deutsche Paritätische Wohlfahrtsverband

„Der Deutsche Paritätische Wohlfahrtsverband hat sich eine ‚sachkundige und zeitgerechte Sozialarbeit zum Wohl der Gesellschaft und des einzelnen Menschen‘ zur Aufgabe gestellt; er arbeitet aus christlicher oder humanitärer Verantwortung, und zwar ohne konfessionelle und parteipolitische Bindungen, wobei allerdings das humanitäre Element im Vordergrund steht“ (R. Wegener, Staat und Verbände . . . S. 150).

e) Das Diakonische Werk

„Das Diakonische Werk nimmt als Werk der Evangelischen Kirche in Deutschland (EKD) diakonische und volksmissionarische Aufgaben im Sinne der Grundordnung der Evangelischen Kirche in Deutschland wahr“ (R. Wegener, Staat und Verbände . . . S. 172).

f) Die Zentrale Wohlfahrtsstelle der Juden

Die Zentrale Wohlfahrtsstelle der Juden beschränkt ihre Tätigkeit auf die Angehörigen der Israelitischen Kultusgemeinde.

2. Kirchen und sonstige religiöse Gemeinschaften

Die Diakonie (Dienst des Christen an anderen und für andere aus seiner Beziehung zu Jesus Christus) hat in den ersten Jahrhunderten des Christentums eine besonders bedeutsame Rolle gespielt – sowohl für die Solidarität untereinander, als auch in den z. T. großangelegten Maßnahmen im Zerfall des Römischen Reiches. Sie hat dann zunehmend eine organisatorische Eigenständigkeit innerhalb (manchmal auch neben oder gar außerhalb) der „offiziellen" Kirche entwickelt. Dies vollzog sich in verschiedenen Phasen bis ins 19. Jahrhundert.

Die kirchlich bzw. religiös ausgerichtete Sozialarbeit setzt sich in der gleichen Weise wie andere Träger der Wohlfahrtspflege für eine Veränderung und Verbesserung der menschlichen Lebenssituation ein. Dabei bleibt aber trotzdem die Überzeugung, daß Unzulänglichkeit, Bedrängnis, Krankheit und Hinfälligkeit ein „wesentliches" Element menschlicher Existenz sind.

a) Die beiden großen Kirchen

Die Neubesinnung auf den Diakonat kam sowohl in der evangelischen als auch in der katholischen Kirche mehr oder weniger von „außen": Johann Hinrich Wichern war evangelischer Theologe. Er hatte jedoch kein kirchenleitendes Amt. Sein leidenschaftlicher Aufruf an die Kirche („Die Liebe gehört mir wie der Glaube!") erfolgte 1848 auf dem Kirchentag in Wittenberg – eine Veranstaltung der evangelischen Kirchen zwar, aber doch ohne offizielle Funktion. Eine ähnliche Situation bestand für den Gründer des Deutschen Caritasverbandes, Lorenz Werthmann. Er war zwar der „Hauskaplan" des Bischofs von Freiburg und hatte damit wesentlich engere Beziehungen zu seiner Kirche als der Gründer der Inneren Mission. Aber auch er und seine Freunde hatten erhebliche Mühe, den deutschen Katholizismus und damit in erster Linie die deutschen Bischöfe dafür zu gewinnen, daß sie Caritas in der von ihm für nötig erkannten Weise als eine unmittelbare und zentrale Angelegenheit der Kirche erkannten (s. dazu Karl Buchheim in „75 Jahre Deutscher Caritasverband"). Die Entwicklung bis zum Ende des 1. Weltkrieges hat jedoch das Bewußtsein in beiden Kirchen so verändert, daß Diakonie bzw. Caritas wieder als konstitutive Merkmale der Kirche selbst verstanden und anerkannt wurden. Wenn Art. 137 der Weimarer Reichsverfassung bestimmte, daß „jede Religionsgemeinschaft ihre Angelegenheiten selbständig innerhalb der Schranken des für alle geltenden Gesetzes ordnet und verwaltet", dann waren damit Caritas und Diakonie einbezogen. Durch Art. 140 GG ist diese Bestimmung der Weimarer Reichsverfassung neben den anderen dort genannten Regelungen Bestandteil des Grundgesetzes.

Die Verantwortung für den Mitmenschen aus dem Glauben hat sich seither wesentlich vertieft. Sie ist damit auch zu einer politischen Aufgabe (im eigentlichen Sinne des Wortes) für die Kirchen geworden – im Anschluß an die Aufforderung des Propheten: „Suchet der Stadt Bestes!" (Jeremia 29 Vers 7). Sie nehmen diese Aufgabe z. T. als „offizielle" bzw. „verfaßte" Kirchen wahr – durch den Dienst ihrer Gemeindemitglieder und Mitarbeiter. Beide Kirchen haben jedoch die „organisierte Nächstenliebe" zur selbständigen Wahrnehmung dieser

Aufgabe an das Diakonische Werk der Evangelischen Kirche in Deutschland bzw. den Deutschen Caritasverband übertragen. Dabei wurden die organisatorischen und inhaltlichen Verbindungen, die zwischen der Kirche und den genannten Verbänden bestehen, inhaltlich und rechtlich geregelt. Damit erfüllen das Diakonische Werk der Evangelischen Kirche in Deutschland und der Deutsche Caritasverband eine Doppelfunktion: als Werk der Kirche und als Spitzenverband der freien Wohlfahrtspflege (s. dazu Näheres in Kap. 6).

Das Bundesverfassungsgericht hat sich in der Vergangenheit mehrfach mit dem Verhältnis von Diakonie bzw. Caritas zur verfaßten Kirche befaßt (Beschlüsse vom 16. 10. 1968 „Aktion Rumpelkammer“, vom 21. 9. 1976 „Bremer Kirchengesetz“ und vom 11. 10. 1977 „Stiftungskrankenhaus Goch“). In seinem Beschluß vom 25. 3. 1980 (in dem Verfahren über die Verfassungsbeschwerde gegen einige Bestimmungen des Krankenhausgesetzes des Landes Nordrhein-Westfalen) kommt u. a. folgendes zum Ausdruck:

- Diakonie und Caritas sind praktische Religionsausübungen im Sinne von Art. 4 GG. Nach allgemeinem Verständnis ist Religionsausübung heute nicht mehr nur auf kultische Handlung sowie Beachtung religiöser Gebräuche beschränkt.
- Diakonie und Caritas sind nach kirchlichem Selbstverständnis Grundfunktion der Kirche. Aus dem Wort „Selbstverständnis“ ergibt sich, daß die Kirche selbst bestimmt, was Diakonie und Caritas inhaltlich ist.
- Der verfassungsrechtliche Schutz der Kirchen erstreckt sich nicht nur auf die Amtskirche und deren rechtlich selbständige Teile (Kirchengemeinden, Kirchenkreise), sondern auch auf die caritativen/diakonischen Einrichtungen ohne Rücksicht auf deren Rechtsform, sofern diese in bestimmter Weise der Kirche zugeordnet sind und nach kirchlichem Selbstverständnis einen kirchlichen Auftrag erfüllen.
- Die Kirchen und die ihnen zuzuordnenden diakonischen bzw. caritativen Einrichtungen regeln ihre eigenen Angelegenheiten selbst. Zu den eigenen Angelegenheiten zählen u. a. die Gestaltung der Struktur, das Einsetzen von Organen und Gremien sowie das Procedere im kirchlich-diakonischen Bereich oder, wie es im 3. Leitsatz der Entscheidung des Bundesverfassungsgerichts heißt, die „Freiheit der Bestimmung über Organisation, Normsetzung und Verwaltung“. Hier hat sich der Staat jeglicher Eingriffe zu enthalten.
- Mit der Frage des kirchlichen Selbstbestimmungsrechtes, das Diakonie und Caritas einschließt, befaßt sich auch das Urteil des Bundesverfassungsgerichtes vom 17. 2. 1981 zur Frage gewerkschaftlicher Zutrittsrechte zu kirchlichen Einrichtungen.

Diese Urteile gelten für alle Kirchen und religiösen Gemeinschaften, soweit bei ihnen die rechtlichen und tatsächlichen Verhältnisse vorhanden sind, die den genannten Urteilen zugrundeliegen.

b) Die Freikirchen

Neben den beiden großen Konfessionen besteht in der Bundesrepublik Deutschland eine Reihe von sog. Freikirchen (wie Baptisten, Methodisten u. ä.). Da es sich meist um kleinere Gruppen mit einem starken Zusammengehörigkeitsgefühl handelt, spielen hier die unmittelbare Hilfe und Verantwortung eine besondere Rolle. Sie unterhalten jedoch auch verschiedene soziale Einrichtungen, wie Mutterhäuser für Schwestern, Krankenhäuser, Altenheime und Einrichtungen der Erholungshilfe. Mit diesen speziellen Diensten sind sie in der Regel einem Spitzenverband der freien Wohlfahrtspflege angeschlossen (im wesentlichen als außerordentliche Mitglieder dem Diakonischen Werk, vereinzelt auch dem Deutschen Paritätischen Wohlfahrtsverband).

c) Die orthodoxen Kirchen

In der orthodoxen Kirche spielt dagegen die organisierte Diakonie, aufgrund ihrer Tradition und ihres Selbstverständnisses, keine so bedeutende Rolle wie bei den anderen Kirchen und religiösen Glaubensgemeinschaften, die stärker vom Denken der abendländischen Kultur und Zivilisation geprägt sind. Die Klöster waren jedoch auch in den sogenannten Ostkirchen Schwerpunkte praktizierter Nächstenliebe bzw. Armenfürsorge.

d) Sonstige religiöse Gemeinschaften

Die sonstigen religiösen Gemeinschaften (wie Adventisten, Zeugen Jehovas, Pfingstbewegung u. ä.) nehmen als Gruppierungen mit einem ausgeprägten Gemeinschaftsbewußtsein soziale Aufgaben wahr. Ihre sozialen Aktivitäten beschränken sich jedoch weitgehend auf die jeweiligen Mitglieder ihrer Gemeinschaft. Mit den organisierten Diensten und Einrichtungen sind sie überwiegend dem Deutschen Paritätischen Wohlfahrtsverband angeschlossen.

3. Selbsthilfeorganisationen

a) Grundsätzliches

Die Hilfe zur Selbsthilfe ist immer mehr zu einem bestimmenden Merkmal sozialer Arbeit geworden. Nach § 1 Abs. 1 BSHG soll der Sozialhilfeempfänger soweit als möglich befähigt werden, unabhängig von ihr zu leben und hierbei nach seinen Kräften mitzuwirken. Seit der Deutsche Bundestag im Jahr 1961 diesen Satz verabschiedet hat, ist der Gedanke zur Selbsthilfe und damit die Stärkung der Eigenverantwortung zu einem wichtigen Arbeitsprinzip für soziale Dienste, Maßnahmen und Einrichtungen geworden. Dies gilt nicht nur für die Sozialhilfe, sondern auch für die anderen Aufgaben der freien Wohlfahrtspflege. Von den „Armenunterstützungsvereinen" des 19. Jahrhunderts bis zu den Selbsthilfegruppen Behinderter führte ein langer und oft mühseliger Weg. Er ist eng verbunden mit der Entfaltung und Verwirklichung demokratischer Grundrechte.

Die vorhandenen Institutionen der freien und auch der öffentlichen Wohlfahrtspflege haben zwar den Gedanken der Selbstverantwortung in ihren Diensten bzw. Einrichtungen und in ihren Leistungen auch zunehmend berücksichtigt. Es war jedoch zwangsläufig, daß mit und neben ihnen zugleich einzelne Gruppen in der Bevölkerung selbst tätig geworden sind, um ihre eigenen Probleme zu lösen und damit ihre Lebenssituation zu verbessern.

Die Selbsthilfebewegung hat in den letzten Jahrzehnten erheblich an Bedeutung gewonnen. Sie ist Ausdruck eines größeren Selbstbewußtseins Hilfebedürftiger. Zum Teil versteht sie sich als kritische Anfrage an die Arbeitsweise und Organisationsformen der Spitzenverbände der freien Wohlfahrtspflege wie der öffentlichen Wohlfahrtspflege. In vielen Arbeitsbereichen (z. B. der Behindertenhilfe) ist sie nicht nur zu einer Ergänzung bestehender Maßnahmen geworden, sondern hat eine eigenständige Aufgabe für die Emanzipation und die Rehabilitation Betroffener. Vielfach haben sich die Selbsthilfegruppen einem Spitzenverband der freien Wohlfahrtspflege (vor allem dem DPWV) angeschlossen. Die sehr autonom und gesellschaftskritisch ausgerichteten Gruppierungen lehnen diesen Weg jedoch ab (näheres zur Selbsthilfebewegung s. u. a. in Moeller 1978).

b) Die Lebenshilfe für geistig Behinderte

Als eines der bedeutendsten Beispiele für die Selbsthilfe kann die Lebenshilfe für geistig Behinderte gelten: „Sie ist ein Zusammenschluß geistig behinderter Menschen, ihrer Eltern sowie von Fachleuten und Freunden. Sie wurde 1958 in Marburg von Eltern und Fachleuten gegründet.

Seit 1989 erfolgt in den neuen Bundesländern ein rascher Aufbau von Lebenshilfeorganisationen auf allen Ebenen.

Übergeordnetes Ziel der Lebenshilfe ist, für die geistig Behinderten und ihre Familien verbesserte Lebensbedingungen zu schaffen und auf die Integration dieser Bevölkerungsgruppe in Leben und Gesellschaft hinzuwirken. Dies bedingt folgende Betätigungsfelder:

- Vorbeugen und Vorsorgen, Diagnostik und Behandlung
- Beratung, frühe Hilfen
- Kindergarten bzw. schulvorbereitende Einrichtungen
- Schule für geistig Behinderte
- Werkstatt für Behinderte
- Wohnstätten
- Freizeit, Erholung und Kur
- besondere Hilfen für Familie
- Daseinsvorsorge und Altenhilfe
- Öffentlichkeitsarbeit."

(Selbstdarstellung)

Ihre Forderungen und Anstöße für die Habilitation und Rehabiliationen haben entscheidend dazu beigetragen, die Lebenssituation Behinderter in schulischer, beruflicher, finanzieller und sozialer Hinsicht entscheidend zu verbessern. Ihr Grundprinzip, daß die Lebenssituation Behinderter soweit als irgend möglich der Nichtbehinderter entsprechen müsse, hat auch die Vorstellungen der vorhandenen Einrichtungen und Träger wesentlich beeinflußt.

Die Lebenshilfe mit ihren Untergliederungen hat nicht nur neue Einrichtungen angeregt oder die Verbesserung der vorhandenen gefordert, sondern in großem Umfange eigene geschaffen (wie Frühförderstellen, Tagesstätten, Sonderschulen, Werkstätten, Wohngemeinschaften und Wohnheime).

Sie erfüllt deshalb eine doppelte Funktion: Sie ist einerseits Vertretung der Behinderten und ihrer Angehörigen, andererseits ist sie Träger von Diensten und Einrichtungen. Die einzelnen Verbände und Vereine sind vielfach Mitglieder in den Spitzenverbänden der freien Wohlfahrtspflege (vor allem im Deutschen Caritasverband, im Deutschen Paritätischen Wohlfahrtsverband und im Diakonischen Werk).

c) Bundesverband für spastisch Gelähmte und andere Körperbehinderte, Brehmstr. 5 – 7, 4000 Düsseldorf 1

Der Bundesverband für spastisch Gelähmte und andere Körperbehinderte ist eine Selbsthilfeorganisation der ersten Stunde. Er wurde 1959 von Eltern behinderter Kinder gegründet. In ganz Deutschland arbeiten über 180 Ortsvereine und 50 angeschlossene Clubs und Jugendgruppen. Zu den alten 11 Landesverbänden kommen die im Aufbau befindlichen Landesverbände in Ostdeutschland hinzu. Der Selbsthilfegedanke ist dabei bis heute zentral geblieben. Der Verband vertritt seine Mitglieder in den Gremien anderer Organisationen der Wohlfahrtspflege und der Behindertenhilfe. Er ist Mitglied internationaler Organisationen und arbeitet mit Verbänden gleicher Zielsetzung in anderen Ländern zusammen.

Das Spektrum der Menschen, die sich im Bundesverband zusammengeschlossen haben und die er vertritt, reicht von behinderten Menschen, die ein Leben führen, das sich kaum von dem nichtbehinderter Menschen unterscheidet, bis hin zu Menschen, die dauerhaft und in hohem Maße auf unsere Zuwendung, Hilfe und Pflege angewiesen sind. In 30 Jahren wurde ein breites Hilfsangebot zur Lebensbewältigung und Lebensgestaltung körper- und mehrfachbehinderter Menschen geschaffen.

Im rasanten Prozeß der Vereinigung Deutschlands schlossen sich in den neuen Bundesländern überall Eltern, Betroffene und Mitarbeiter von Einrichtungen zu Selbsthilfevereinen zusammen. Der Verband wird gegenwärtig auch in den neuen Bundesländern aufgebaut.

d) Der VdK

Der Gedanke der Selbsthilfe ist jedoch nicht erst vor 30 Jahren entdeckt worden. Dies zeigen die vielen Verbände und Organisationen, die schon vor Jahrzehnten gegründet wurden, wie etwa Verbände und Vereinigungen von Blinden, Schwerhörigen, Gehörlosen, Kriegsopfern u. ä. Sie haben durch persönliche Kontakte viel dazu beigetragen, das persönliche Lebensschicksal des einzelnen wesentlich zu erleichtern. Dabei wurden spezielle Dienste und Einrichtungen geschaffen und entwickelt (wie z. B. Blindenbüchereien). Andererseits haben sie die Öffentlichkeit auf ihre Lebenslage aufmerksam gemacht und so auch vielfach eine Verbesserung ihrer persönlichen Lebensumstände sowie ihrer finanziellen Situation erreicht.

Der zahlenmäßig größte unter ihnen ist der 1947 gegründete Verband der Kriegs- und Wehrdienstopfer, Behinderten- und Sozialrentner Deutschlands (VdK Deutschland): „Er ist die größte Kriegsopfer- und Behindertenorganisation der Welt. Nach Zusammenlegung vieler Verbandsgliederungen im Rahmen der in den Bundesländern durchgeführten Gebietsreform waren die Mitglieder des VdK am 1. Januar 1980 in zehn Landesverbänden, 364 Bezirks- und Kreisverbänden (unter ihnen die VdK-Kreisgruppe Schweiz) und in 10.362 Ortsgruppen (unter ihnen fünf Ortsgruppen in Frankreich) organisiert" (nach einer Selbstdarstellung).

e) Sonstige Selbsthilfegruppen und Interessenvertretungen

In den vergangenen Jahren hat sich eine große Zahl von Selbsthilfegruppen bzw. Interessenvertretungen von Sozialleistungsempfängern gebildet. Hinzuweisen ist neben den mehr oder weniger „klassischen" Organisationen (insbesondere für Behinderte und Versehrte) vor allem auf zwei Bewegungen, die in ihrem Ansatz mit der gesellschafts- und sozialpolitischen Situation der letzten 20 Jahre eng verbunden sind:

- Das sind zunächst die Bewegungen, die unter dem Begriff „Bürgerinitiativen" zusammengefaßt werden. Während einige von ihnen, wie etwa die Frauenemanzipationsbewegungen, bundesweit arbeiten, beschränken sich andere auf ganz begrenzte örtliche und sachliche Anliegen im unmittelbaren Lebensbereich ihrer Mitglieder. Soweit derartige Initiativen auf Dauer angelegt sind und deshalb auch festere organisatorische Formen annehmen, sind sie teilweise Mitglied in den Spitzenverbänden der freien Wohlfahrtspflege (in der überwiegenden Zahl im Deutschen Paritätischen Wohlfahrtsverband).
- Daneben haben sich sog. Basisgruppen verschiedenster Art gebildet, die u. a. die sozialen Belange und Bedürfnisse ihrer Mitglieder befriedigen und vertreten. Ihre meist sehr offensiv politisch motivierten Vorstellungen unterscheiden sie wesentlich von den anderen genannten Gruppierungen. Wegen ihres Selbstverständnisses sind sie nur in Ausnahmefällen einem der Spitzenverbände angeschlossen oder solchen zuzurechnen.

Es ist nicht möglich, im Rahmen dieses Buches die unterschiedlichen Ansätze, Zielsetzungen und Arbeitsweisen dieser Gruppierungen im sozialen und kulturellen Bereich darzustellen. Gerade aber die spontanen Aktionen zeigen, wieviel Bürger sich für (und nicht nur gegen!) eine Aufgabe gewinnen lassen. So sind Selbsthilfegruppen und Bürgerinitiativen eine notwendige kritische Rückfrage und Ergänzung zum Selbstverständnis und zur Arbeitsweise der großen Trägerbereiche und damit ein wesentliches Element der Wohlfahrtspflege überhaupt.

II. Kommunale Wohlfahrtspflege

1. Kommunen als Träger in der Wohlfahrtspflege

Die Wohlfahrtspflege ist einer der Kernbereiche kommunaler Selbstverwaltung. Die Kommunalgesetze der Länder enthalten (mit Ausnahme der bayerischen) keine näheren Bestimmungen darüber, um welche Aufgaben es sich bei der Selbstverwaltung handelt. Nach dem allgemeinen Verständnis wird davon ausgegangen, daß es sich um alle Angelegenheiten der örtlichen bzw. überörtlichen Gemeinschaft handelt (Aufgaben der Gemeinden und Städte bzw. Kreise sowie der höheren Kommunalbehörden). In der Frage, ob die allgemeinen Selbstverwaltungsbestimmungen in den Kommunalgesetzen unmittelbare Zuständigkeiten begründen oder ob es dazu einer besonderen gesetzlichen Regelung bedarf, gibt es unterschiedliche Auffassungen. So wird daraus teilweise die „Gewährleistungsverpflichtung der Kommunen für die Krankenhausversorgung" abgeleitet; andererseits wird nicht selten bestritten, daß sie eine unmittelbare Verpflichtung zur Vorhaltung sozialer, gesundheitlicher oder kultureller Einrichtungen begründen. Gesetzlich festgelegt ist jedoch, daß die Jugendhilfe und die Sozialhilfe Selbstverwaltungsangelegenheiten sind. Deshalb sind die Kommunen in der Regel örtliche bzw. überörtliche Träger der Sozial- und Jugendhilfe. In Niedersachsen, Rheinland-Pfalz, Schleswig-Holstein und im Saarland ist das Land selbst überörtlicher Träger der Sozialhilfe.

Da jedoch die freien Träger nach dem Subsidaritätsgrundsatz in der Jugend- und Sozialhilfe einen „bedingten" Vorrang haben, ist bei der Durchführung von Maßnahmen hier die kommunale Selbstverwaltung eingeschränkt. Gleichzeitig ist den Kommunen jedoch die grundsätzliche Verpflichtung zur Förderung der betreffenden Träger auferlegt (§ 93 BSHG, §§ 4 und 74 KJHG).

Das Krankenhauswesen ist ebenfalls eine Angelegenheit der kommunalen Selbstverwaltung. Durch das Krankenhausfinanzierungsgesetz wurden jedoch sowohl bei der Planung als auch bei der Finanzierung des Baues und des Betriebes erhebliche staatliche Mitwirkungs- und Kontrollmöglichkeiten geschaffen. – Die Kommunen haben schließlich grundsätzlich die Möglichkeit, eigene Schulen zu errichten. Sie unterstehen nach Art. 7 des GG der Aufsicht des Staates. Für ihre Personal- und Sachkosten erhalten sie in diesem Falle Zuschüsse aus dem Staatshaushalt. Da jedoch die eigenen Gestaltungsmöglichkeiten der Schulträger im Schulwesen sehr begrenzt sind und die Finanzierung sie vor erhebliche Probleme stellt, ist seit längerem ein zunehmender Trend zu beobachten, kommunale Schulen zu verstaatlichen.

Die Möglichkeit, im Rahmen der kommunalen Selbstverwaltung freiwillige Aufgaben im Sozial-, Gesundheits- und Bildungswesen zu übernehmen, wird nicht sehr intensiv genützt. Dies hängt zum einen damit zusammen, daß die wesentlichen Bereiche gesetzlich geregelt sind und zum anderen, daß sich die Kommunen nicht in der Lage sehen, größere finanzielle Aufwendungen für freiwillige Aufgaben von sich aus aufzubringen. Wenn sich die Kommunen in der Selbstverwaltung immer mehr auf gesetzlich eindeutig festgelegte Aufgaben zurückziehen (müssen), wird dies auf Dauer die Bereitschaft der Bürger zur Selbstverantwortung und zum Engagement beeinträchtigen.

2. Die kommunalen „Ebenen“

Die kommunale Selbstverwaltung ist auf folgenden drei Ebenen ausgestaltet:

- kreisangehörige Gemeinden
- Landkreise und kreisfreie Städte
- höhere Kommunalverbände.

Dazwischen sind vor allem noch folgende Sonderformen zu beachten:

Stadtbezirke
sind meist rechtlich unselbständige Teilgebiete in Städten bzw. Stadtstaaten. Sie dienen im wesentlichen der Dezentralisierung der Verwaltung. Durch entsprechende Ausschüsse ist ihnen ein gewisses Mitberatungsrecht in der Gemeinde eingeräumt.

Große Kreisstädte
sind in der Regel frühere kreisfreie Städte, die im Zuge der kommunalen Gebietsreform wieder zu kreisangehörigen Gemeinden herabgestuft wurden. Dabei haben sie gewisse Sonderrechte gegenüber kreisangehörigen Städten behalten. Ihnen werden vor allem Aufgaben der unteren staatlichen Verwaltungsbehörde zugewiesen.

Verwaltungsgemeinschaften
sind Zusammenschlüsse von rechtlich selbständigen Gemeinden, die aufgrund von kommunalrechtlichen Vorschriften der Bundesländer einzelne Aufgaben der Gemeinden gemeinsam wahrnehmen.

3. Kommunale Aufsicht

Zwischen den einzelnen kommunalen Ebenen gibt es kein Über- bzw. Unterordnungsverhältnis. Jede nimmt ihre Aufgaben in eigener Verantwortung wahr und untersteht nur der staatlichen Aufsicht. Diese wird von der staatlichen Verwaltung (in der Regel von den mittleren staatlichen Verwaltungsebenen – Regierungen, Regierungspräsidien) ausgeübt. Da die Landkreise jedoch nicht nur kommunale Selbstverwaltungskörperschaften, sondern zugleich auch untere staatliche Verwaltungsbehörden sind, üben sie in der letztgenannten Eigenschaft die staatliche Aufsicht über die kreisangehörigen Gemeinden aus.

Dabei sind zwei Arten der kommunalen Aufsicht zu unterscheiden:

- In Angelegenheiten des eigenen Wirkungskreises gibt es nur eine Rechtsaufsicht. Dabei wird nur die Rechtmäßigkeit einer Entscheidung nachgeprüft.

Bei Ermessensentscheidungen, die in der Sozial- und Jugendhilfe eine große Rolle spielen, ist also nur zu prüfen, ob der Ermessensspielraum nicht überschritten oder mißbraucht wurde. Die Zweckmäßigkeit der Entscheidungen wird nicht geprüft.

- Bei Angelegenheiten des übertragenen Wirkungskreises und bei der Erfüllung staatlicher Aufgaben kann im Rahmen der Fachaufsicht auch die Zweckmäßigkeit einer Entscheidung nachgeprüft werden. Dabei können auch Weisungen erteilt werden.

Bei der Aufsicht über Träger und Einrichtungen der freien und der privaten Wohlfahrtspflege (KJHG, Heimgesetz u. ä.) handelt es sich um staatliche Aufgaben, die entweder die Landkreise als untere Verwaltungsbehörde wahrnehmen oder die den Kommunen übertragen wurden.

III. Staatliche Wohlfahrtspflege

Aufgabe des Staates (Bund und Länder) in der Wohlfahrtspflege ist es vor allem, im Rahmen der verfassungsmäßigen Ordnung Gesetze zu erlassen, soweit als nötig die erforderlichen Steuermittel zur Verfügung zu stellen und die jeweils gesetzlich festgelegte Aufsicht auszuüben. Daneben werden durch Initiativ- und Förderprogramme einzelne Bereiche (wie Jugendhilfe, Altenhilfe, Psychiatrie) gefördert und entwickelt. (Näheres über die Aufteilung der Gesetzgebungskompetenz zwischen Bund und Ländern sowie über die Zuständigkeit bei deren Vollzug s. in Kap. 3.)

Die Aufgaben des Bundes und der Länder werden zutreffender als „Sozial-, Gesundheits- bzw. Bildungspolitik" bezeichnet. Teilweise reichen sie auch unmittelbar in jene hinein, die mit „Wohlfahrtspflege" beschrieben werden.

1. Der Bund

Der Bund selbst ist kein Leistungsträger in der Wohlfahrtspflege. Er ist auch nicht Träger von Einrichtungen. Seine unmittelbaren Mitgestaltungsmöglichkeiten beschränken sich insbesondere auf die Förderung von Modellen und die Beteiligung an den Kosten bestimmter Ausgaben, wie der Krankenhausfinanzierung.

2. Die Länder

Die Länder sind vor allem für folgende Aufgaben zuständig:

a) Erlaß von Gesetzen und Vorschriften, soweit der Bund nicht ausschließlich zuständig ist oder von seiner vorrangigen Gesetzgebungskompetenz keinen Gebrauch gemacht hat. Die Länder haben heute kaum noch eine Möglichkeit, selbständig materiellrechtliche Regelungen in der Wohlfahrtspflege zu treffen. Deshalb sind sie weitgehend auf Ausführungsgesetze (wie z. B. zum BSHG, KJHG, KHG u. ä.) beschränkt.
Darin sind meist nur Verfahrens- und Zuständigkeitsregelungen festzulegen.

b) Sie haben für die Aufgaben, die ihnen nach der Verfassung und den einzelnen Bundesgesetzen zustehen, die entsprechenden Mittel bereitzustellen (Krankenhausfinanzierung, staatliches Schulwesen, u. ä.). Außerdem stellen sie den Kommunen und sonstigen Trägern die Mittel zur Verfügung, die diese für ihre gesetzlichen Aufgaben benötigen (soweit diese nicht aus kommunalen Steuern oder durch Umlagen finanziert werden können).

c) Im Gegensatz zum Bund können die Länder im Rahmen von freiwilligen Leistungen Initiativen, Maßnahmen und Einrichtungen der Wohlfahrtspflege fördern. Dies geschieht meist im Rahmen von sogenannten Programmen oder Plänen (Altenhilfe, Jugendhilfe, Behindertenhilfe u. ä.). In diesen Plänen sind jedoch meist auch inhaltliche Regelungen über die Ausgestaltung der einzelnen Förderbereiche enthalten. Damit beeinflußt der Staat z. T. ganz erheblich die Aufgaben, für die aufgrund verfassungsrechtlicher und gesetzlicher Bestimmungen die freien Träger bzw. die Kommunen in eigener Verantwortung zuständig sind. Durch die allgemeinen Verwaltungsvorschriften zu Art. 44 der jeweiligen Landeshaushaltsordnungen sind weitere Kontroll- und Einflußmöglichkeiten geschaffen.

d) Die Länder unterhalten nur in Ausnahmefällen eigene Einrichtungen (wie Kliniken im Zusammenhang mit Universitäten, Heime der Jugendfürsorge, staatliche Bildungs- und Ausbildungsstätten für Behinderte). Hier gibt es jedoch erhebliche Unterschiede zwischen einzelnen Bundesländern.

e) Wesentlich bestimmt ist die Mitwirkung der Länder in der freien und der kommunalen Wohlfahrtspflege durch die staatliche Aufsicht (Jugendhilfe, Heimgesetz, Kommunalaufsicht). Auch wenn staatliche Aufsichtsorgane heute mehr und mehr von Beratungen sprechen, bleibt diese Form der „verbindlichen" Beratung letztlich doch eine hoheitliche Aufgabe. Dadurch, daß die klare Unterscheidung zwischen Beratung und Aufsicht oft verwischt wird, entstehen z. T. neue Probleme.

f) Neben den Stadtstaaten sind z. B. vier alte und die fünf neuen Bundesländer überörtliche Träger der Sozialhilfe (s. Anhang zum BSHG i. d. F. d. Bek v. 10. 1. 1991, Abs. 1).

IV. Stiftungen

Stiftungen aus religiösen, sozialen oder kulturellen Motiven haben das Wohlfahrtswesen ganz entscheidend beeinflußt. Ab dem späten Mittelalter bis weit in die Neuzeit hinein waren sie sogar wesentliche Träger des Sozialwesens. Mit der Änderung der politischen, gesellschaftlichen und weltanschaulichen Lage haben sie ihre herausragende Bedeutung verloren. Die mit den beiden Weltkriegen zusammenhängenden Wirtschaftskrisen bzw. Währungsumstellungen haben sie in ihrem Bestand und ihrer Leistungskraft wesentlich beeinträchtigt. Viele soziale Einrichtungen gehen auf Stiftungen zurück. Manche von ihnen verdanken ihren relativen Reichtum und damit eine gewisse finanzielle Unabhängigkeit den Grundstücken, die meist zu einer Stiftung gehörten.

Stiftungen sind von ihrem „Zweck" her auf Dauer angelegt und in ihren Aufgaben meist klar begrenzt. Eine Änderung des Stiftungszwecks oder die Anpassung an veränderte Situationen ist damit sehr erschwert. Dabei zeigt sich, daß in Norddeutschland hierbei weniger strenge Maßstäbe angelegt werden als in süddeutschen Bundesländern.

Im Jahr 1948 wurde die Arbeitsgemeinschaft Deutscher Stiftungen e. V. und 1953 der Verband Deutscher Wohltätigkeitsstiftungen e. V. gegründet. Hinter diesen beiden Gründungen standen vor allem folgende Absichten:

- Die Mitglieder wollten sich zunächst wechselseitig bei Behebung der Kriegsschäden mit Rat und Tat beistehen, um damit den dauernden Untergang zahlreicher, durch Jahrhunderte bewährter religiöser, sozialer und kultureller Einrichtungen zu verhüten.
- Ferner sollte diese Anfangssituation der mehr gelegentlichen Beratung umgebaut werden zu einer Dauereinrichtung von eigentlichen juristischen und finanziellen – vorwiegend steuerlichen – Beratungsstellen für die einzelnen, nach wie vor in sich selbständigen Stiftungen.
- Darüber hinaus galt es, durch umsichtige Fühlungnahme mit den zuständigen parlamentarischen und Regierungsstellen diese über stiftische Anliegen und Nöte zu unterrichten, ihre Aufmerksamkeit für eine angemessene Berücksichtigung – nicht nur Schonung, sondern Förderung – der Stiftungen bei der Gesetzgebung in Bund und Ländern zu gewinnen.
- Schließlich war, wenn diese von den öffentlichen Stellen verständnisvoll aufgenommenen Bestrebungen nachhaltigen Erfolg erringen sollten, die Wiederbelebung des Stiftungsgedankens und der Stiftungsfreudigkeit innerhalb unseres Volkes mit allen dafür würdigen Mitteln zu bewirken (s. dazu H. Liermann, Handbuch des Stiftungsrechts, I. Band, Geleitwort).

Die Stiftungen im Bereich des Wohlfahrtswesens sind zu einem erheblichen Teil entweder kommunal verwaltet (und werden deshalb meist dem kommunalen Bereich zugerechnet) oder sind Mitglieder von Spitzenverbänden der freien Wohlfahrtspflege. In dem Verband Deutscher Wohltätigkeitsstiftungen sind ausschließlich Stiftungen der freien Wohlfahrtspflege zusammengefaßt, die keinem Spitzenverband angehören, mit dem Zweck, „ihre Interessen zu wahren, zu sichern und zu vertreten, insbesondere auch in steuerrechtlicher Hinsicht (Gemeinnützigkeit)" (s. dazu Präambel und § 1 der Satzung).

Insgesamt sind die Stiftungen in der Wohlfahrtspflege in das Organisationsgefüge des Sozialwesens eingeordnet. Wieweit dabei ihre innere und äußere Selbständigkeit erhalten bleibt, hängt von den jeweiligen landesrechtlichen Regelungen und den tatsächlichen Gegebenheiten im Einzelfall ab.

V. Private Träger der Wohlfahrtspflege

Private Träger sind Einzelpersonen oder privatwirtschaftliche Vereinigungen bzw. Körperschaften, die Einrichtungen der Wohlfahrtspflege, wie z. B. Kinderheime, Behinderteneinrichtungen, Altenheime und Krankenhäuser betreiben. Soweit sie staatliche Förderleistungen (z. B. im Krankenhauswesen) in Anspruch nehmen, ist es erforderlich, daß die Einrichtung als solche gemeinnützig betrieben wird, der Träger (und damit der Empfänger öffentlicher Leistungen) ist jedoch die Privatperson oder die privatwirtschaftliche juristische Person.

Die einzelnen Bereiche sind meist in Landes- und Bundesverbänden zusammengeschlossen, wie z. B. dem Verband der privaten Kinderheime, dem Verband der privaten Krankenanstalten und dem Verband privater Altenheime. Diese Verbände vertreten nach außen die Interessen ihrer Mitglieder. Im Innenverhältnis nehmen sie Beratungsaufgaben wahr. Sie legen bei der Aufnahme von Mitgliedern vielfach strenge Kriterien an. Dadurch wird die Mitgliedschaft in einem solchen Verband vielfach als „Gütezeichen“ für private Träger angesehen.

Es ist davon auszugehen, daß die private Wohlfahrtspflege im Zusammenhang mit dem gemeinsamen europäischen Markt (ab 1993) an Bedeutung gewinnt – zumindest für die Bereiche, für die eine kostendeckende Finanzierung gewährleistet ist.

B. Das Verhältnis der Trägerbereiche zueinander bzw. untereinander

I. „Zusammenfassen“ oder „Zusammenarbeiten“

Das gegliederte System der sozialen Sicherung ist nicht nur für Anspruchsberechtigte und Hilfeempfänger, sondern auch für viele Mitarbeiter der Träger und für politische Mandatsträger unübersichtlich und damit nicht selten fragwürdig. „Doch ich sehe keine andere Wahl als diese: Entweder man vereinheitlicht die Wohlfahrtseinrichtungen auf eine einzige gigantische Organisation hin und nimmt damit die Bürokratie und die Bürokraten, den Verlust der personalen Bindung und wahrscheinlich auch eine Minderung der privaten Hilfsbereitschaft in Kauf, oder man beläßt es bei einer Organisation der Wohlfahrtspflege, die den Bedürfnissen leidender Menschen (und das sind eben nicht Einheitsbedürfnisse) dient.“ (P. Noack bei der Mitgliederversammlung 1971 des Deutschen Paritätischen Wohlfahrtsverbandes, Landesverband Bayern, zit. nach Bayer. Wohlfahrtsdienst 6/1971.) Die hier gestellte Frage berührt grundsätzliche verfassungsrechtliche und gesellschaftspolitische Fragen, deren Bedeutung weit über den Bereich der Wohlfahrtspflege und der allgemeinen Daseinsvorsorge hinausreicht.

1. Stellungnahmen

Aus der äußerst umfangreichen Literatur sollen drei Stellungnahmen übernommen werden, die sich mit dieser Grundsatzfrage im Hinblick auf die Wohlfahrtspflege befassen:

a) „Im Spannungsbogen zwischen der sozialen Vielgestaltigkeit der Gesellschaft und der politischen Einheit des Staates lebt die Willensbildung und Willensdurchführung des Gemeinwesens von dem ständigen Gegensatz und der ständigen Auseinandersetzung der Interessen. Partikularinteresse und Gemeinwohl stehen nicht unverbunden nebeneinander, sondern werden durch den Kreislauf von Konflikt, Kompromiß und Konsens ständig vermittelt; Konflikt, Kompromiß und Konsens sind nicht Schwächesymptome, sondern Organisationsprinzipien einer demokratischen Ordnung, die das Gemeinwohl nicht inhaltlich a priori den Partikularinteressen gegenüberstellt, sondern prozessual aus diesen a posteriori ermittelt.

Die Dynamik des demokratischen Prinzips ist allerdings eingebunden in rechtsstaatliche und grundrechtliche Sicherungen, die durch die Unabänderlichkeitsklausel (Art. 79 Abs. 3 GG) besonders geschützt sind.

Im Sachbereich ‚Wohlfahrtspflege‘ ist diese Prioritätsfrage seit dem Verfassungsstreit der Jahre 1962 bis 1967 mit dem Etikett ‚Vorrang oder Partnerschaft‘ versehen: einem ‚Vorrang der freien Träger‘ wird die gleichrangige ‚Partnerschaft zwischen öffentlichen Trägern und freien Vereinigungen‘ entgegengestellt. Beide Positionen stehen stellvertretend für zwei den Rahmen der Wohlfahrtspflege weit überschreitende Konzeptionen der Aufgabenverteilung zwischen Staat und Gesellschaft: Die Konzeption des ‚Leistungsstaates‘ und das ‚Subsidiaritätsprinzip‘. Die vergangenen Jahre scheinen vor allem von der – auf dem ‚Leistungsstaats‘-Gedanken beruhenden – Forderung geprägt zu sein, die auf allen Gebieten bestehende, teilweise sogar überwiegende Präsenz von ‚freien‘ Diensten und Einrichtungen bei der Durchführung sozialer Aufgaben durch die verstärkte Expansion der öffentlichen Dienste und Einrichtungen auf den Stand nur mehr ergänzender, auf spezifische Gebiete beschränkter ‚Pionieraufgaben‘ zurückzuführen.

Diese Forderung stützt sich im wesentlichen auf drei verfassungsrechtliche Argumente: (1) Aufgrund der ‚strukturellen und rechtlichen Wesensverschiedenheit‘ der öffentlichen und freien Wohlfahrtspflege sei ein Funktionsverzicht der öffentlichen Träger zugunsten ‚freier‘ Vereinigungen unzulässig; (2) der egalitäre Aspekt des Sozialstaatsprinzips verpflichte die öffentlichen Träger zu einer gleichmäßigen Versorgung von Stadt und Land, die nur durch öffentliche Dienste und Einrichtungen gewährleistet werden könne; (3) die Einräumung individueller Rechtsansprüche auf soziale Leistungen müsse eine entsprechende Ausdehnung des Tätigkeitsbereichs der öffentlichen Träger auslösen, da nur sie, nicht aber die ‚freien‘ Vereinigungen durch Verfassung und Gesetz zur Gewährung von Leistungen verpflichtet werden könnten.

Der gemeinsame Grund dieser Argumente liegt in der generellen Gleichsetzung der Kategorien der Verantwortlichkeit und der Zuständigkeit des Staates: Aufgabenverantwortung und Durchführungszuständigkeit von Gesetzgebung und Verwaltung werden letztlich zu einem staatlichen Monopol für die sozialen Aufgaben des Gemeinwesens verschmolzen.

Dieser Gleichsetzung ist allerdings entgegenzuhalten, daß sie ein Verständnis des Gemeinwesens voraussetzt, in dem die Gesellschaft mit dem Staat identisch oder doch in ihrer Struktur homogen ist; allein in einem solchen Denkschema geht die Gemeinwohlverantwortung freilich stufenlos in dessen Gemeinwohlmonopol über. In einem Gemeinwesen, das durch die Symbiose des demokratischen Staates und der pluralistischen Gesellschaft geformt und geprägt ist, ist das Gemeinwohl hingegen kein Omnipotenz verleihender fester Besitz, sondern ein auf öffentliche Diskussion angewiesener kritischer Maßstab. Gemeinwohlverwirklichung schließt Pluralität der Initiativen nicht aus, wenn sie diese auch nicht unbefragt läßt“ (R. Wegener, Staat und Verbände im Sachbereich Wohlfahrtspflege, S. 130 ff.).

b) „Es gehört zum Bild einer freiheitlichen Sozialpolitik, daß ihre Einrichtungen möglichst bürgernah und unbürokratisch organisiert sind.

Daraus ergeben sich für mich zwei Folgerungen:

- Wir müssen in der Sozialpolitik eine möglichst weitgehende Selbstverwaltung und Mitbestimmung der Betroffenen erreichen. Gerade hier müssen wir überlegen, wie die vorhandenen Mitgestaltungsrechte noch unmittelbarer für die Mitglieder wirksam werden können. Wir müssen deshalb die Bereitschaft zur Mitarbeit und das Interesse zur Mitwirkung wieder neu beleben. Man kann Mitbestimmung am wirksamsten dadurch aushöhlen, daß man ihre Entscheidungsspielräume auf Null reduziert. Damit degradiert man Mitbestimmung zur Beruhigungspille für die Betroffenen und zum Spielzeug für Betriebsamkeit. Mitbestimmung dieser Art erinnert an jene kleinen Kinder, denen ihre Väter ein Spiellenkrad ins Familienauto eingebaut haben, um den Kindern die Illusion zu geben, sie lenkten selbst. Deshalb müssen wir überlegen, wie wir die Mitbestimmung in der sozialen Selbstverwaltung aufwerten können, damit sie ernst genommen wird. Wir müssen prüfen, ob wir echte Entscheidungsspielräume erhalten oder auch wieder neu schaffen können.
- Aus dem Bemühen um freiheitliche Organisationsformen folgt auch ein sinnvoll abgestimmtes Verhältnis zwischen Staat und freien Trägern. Dort, wo die Aufgaben durch freie Träger ebenso sachgerecht erfüllt werden können, muß der Staat bei der Aufgabenerfüllung zurücktreten. Diese Zurückhaltung des Staates gilt beispielsweise für Kindergärten, Krankenhäuser und Einrichtungen der Altenhilfe.
  Der Staat muß zwar die Planungsverantwortung behalten, die Durchführung kann er jedoch weitgehend freien und kommunalen Trägern überlassen. Diese Verteilung auf viele Träger schafft überschaubare Einheiten, und das führt zu einer unbürokratischen und bürgernäheren Erfüllung der fraglichen Aufga-

ben" (W. Fartmann in Helfen und Gestalten, Beiträge und Daten zur Geschichte der Arbeiterwohlfahrt, S. 178).

c) „Der Sache nach gibt es in der Fürsorge nur den Vorrang des Menschen und die ihm zu leistende Hilfe. Diese Hilfeleistung ist keine staatliche und keine hoheitliche, sondern eine gesellschaftliche Funktion. Sie gehört dem vorstaatlichen Bereich an. Es handelt sich hier letzten Endes auch um keinen Rechts- und Verwaltungstatbestand, sondern um eine Grundform des menschlichen Zusammenlebens. Hilfe ist eine Urfunktion des Daseins, und nicht nur der Kampf um das Dasein bestimmt das Zusammenleben der Menschen, maßgeblicher ist die Hilfe in allen ihren Formen. Jede Gruppe entwikkelt je nach dem Grad der in ihr vorhandenen gemeinschaftlichen Bindungen entsprechende Hilfs- und Schutzfunktionen. Man kann geradezu an den in einer Gruppe vorhandenen Hilfsfunktionen ablesen, ob und in welchem Ausmaß Gemeinschaft in ihr vorhanden ist.

Diese Korrelation zwischen Gemeinschaft und Hilfe gilt nicht nur für die unmittelbare Hilfeleistung, sondern auch für die institutionell entwickelten Hilfsformen. In der pluralistisch bestimmten Gesellschaft hat jede Gruppe ein Recht zur fürsorgerischen Hilfe für ihre Glieder. Wenn dieser Tatbestand in einem Gesetz behandelt wird, dann kann diese Hilfstätigkeit nicht als solche, sondern nur ihr Verhältnis zur staatsgesetzlich geregelten Hilfstätigkeit zur Dikussion stehen. Alle diese Hilfe geschieht im gesellschaftlichen Raum, d. h. im öffentlichen Raum. Deshalb ist auch die Hilfstätigkeit dieser Gruppen ebenso öffentliche Hilfe wie die von staatlichen Behörden geleistete Hilfstätigkeit. Es geht deshalb um das rechte Zuordnungsverhältnis aller Fürsorgeträger, wobei die Bejahung der verschiedenen Standorte auch einschließt, sich in der gemeinsamen Aufgabe der zu leistenden Hilfe zusammenzufinden" (P. Collmer in Sozialhilfe, Diakonie, Sozialpolitik, S. 214).

2. *Zusammenfassung*

Es zeigt sich, daß unter denen, die die freiheitlich demokratische Grundordnung der Bundesrepublik Deutschland bejahen, eine breite Übereinstimmung über die Grundlagen vorhanden ist. Es gibt jedoch unterschiedliche und z. T. gegensätzliche Auffassungen darüber, wie die Sozialstaatsklausel des Art. 20 GG im einzelnen zu verwirklichen ist. Das wirkt sich u. a. auch auf die Zusammenarbeit der Verbände und Organisationen im System der sozialen Sicherung aus und berührt damit entscheidend das Verhältnis untereinander.

Nach § 17 Abs. 2 und Abs. 3 SGB I sind die Leistungsträger, ihre Verbände und die sonstigen in diesem Gesetzbuch genannten öffentlich-rechtlichen Vereinigungen verpflichtet, bei der Erfüllung ihrer Aufgaben nach § 17 Abs. 1 eng zusammenzuarbeiten. In der Zusammenarbeit mit den gemeinnützigen und freien Einrichtungen und Organisationen wirken die Leistungsträger darauf hin, daß sich ihre Tätigkeit und die der genannten Einrichtungen und Organisationen zum Wohl der Leistungsempfänger wirksam ergänzen. Sie haben dabei deren Selbständigkeit in Zielsetzung und Durchführung ihrer Aufgaben zu achten.

Der Begriff Partnerschaft, der in diesem Zusammenhang vielfach verwendet wird, setzt in allen wesentlichen Merkmalen der Partner gleiche Gegebenheiten voraus. Dies trifft jedoch für die freie und die öffentliche Wohlfahrtspflege nicht in so großem Umfang zu, daß von Partnerschaft im eigentlichen Sinne gesprochen werden kann: Der Staat und die kommunalen Träger sind für die Planung zuständig und verfügen im Rahmen der Steuerhoheit auch über die entsprechenden Mittel. Die „private" Organisationsform der freien Wohlfahrtspflege, die ihren Ursprung im persönlichen und finanziellen Engagement der Bürger hat, unterscheidet sich hiervon ganz wesentlich. Deshalb ist „Zusammenwirken" oder „Zusammenarbeit" für das Verhältnis zueinander zutreffender und sachgemäßer als „Partnerschaft".

II. Schwerpunkte der Zusammenarbeit

Die Beziehungen der Organisationen und Institutionen in der Wohlfahrtspflege gestalten sich vor allem in folgenden Bereichen:

1. Planung

Jede Überlegung oder Entscheidung für die Zukunft ist Planung. Geplant wird deshalb schon so lange, wie Menschen für ihre Zukunft sorgen – und sei dies nur der nächste Tag. In einer differenzierten Industriegesellschaft kann dies jedoch nicht dem einzelnen oder einzelnen Gruppen und Institutionen allein oder gar dem Zufall überlassen bleiben. Es muß gewissermaßen „planvoll geplant" werden. Der Staat ist verantwortlich dafür, daß durch die Abstimmung der Lebensinteressen aller die Zukunft (soweit diese von ihm selbst gestaltet werden kann) gesichert ist. Dabei stellt sich die Aufgabe, eine gleichmäßige Entwicklung für alle Teile des Landes für die verschiedenen Aufgaben und alle Schichten der Bevölkerung sicherzustellen – ohne dabei die natürliche Vielfalt des Lebens zu beseitigen. Jede Planung wird durch das Grundrecht auf die freie Entfaltung der Persönlichkeit begrenzt. Die grundsätzliche Verantwortung für die Planung liegt beim Staat. Die kommunale Selbstverwaltung hat innerhalb der Planung eigene Zuständigkeiten (wie etwa im Bauwesen, in der Sozial- und Jugendhilfe). Ihr Mitwirkung in der öffentlichen Planung ist in entsprechenden Gesetzen und Verordnungen gesichert.

Eine Beteiligung der Bürger und damit auch der verschiedenen Gruppen und Organisationen, mit denen sie ihre Vorstellungen und Bedürfnisse artikulieren, ist notwendig und angebracht. Diese Mitwirkung ist zwar nur für einzelne Aufgaben gesetzlich normiert. Ganz allgemein ergibt sie sich jedoch für alle Bereiche aus dem Grundverständnis einer demokratischen Staats- und Gesellschaftsordnung. Entfaltungsmöglichkeiten und Entwicklungschancen der Bürger und der von ihnen gebildeten „freien" Organisationen werden von der Zielplanung ebenso berührt wie von konkreten Einzelvorhaben.

2. Durchführung von Vorhaben und Aufgaben

An der Frage, ob freie Träger bei der Durchführung bzw. Ausführung von Maßnahmen in der Sozial- und Jugendhilfe Vorrang vor den Kommunen bzw. dem Staat haben sollen, hat sich der Verfassungsstreit um das „Subsidiaritätsprinzip" entzündet. Das Bundesverfassungsgericht hat mit Urteil vom 18. 7. 1967 u. a. erklärt, daß die Bestimmungen des § 5 Abs. 1–3, 7 und 8 JWG sowie die des § 8 Abs. 2 Satz 2 und des § 10 Abs. 3 Satz 2 und Abs. 4 BSHG mit dem Grundgesetz vereinbar sind.

In den amtlichen Leitsätzen hat es dazu u. a. ausgeführt: „Das Sozialstaatsprinzip verpflichtet den Staat für eine gerechte Sozialordnung zu sorgen. Es besagt jedoch nicht, daß der Gesetzgeber für die Verwirklichung dieses Zieles nur behördliche Maßnahmen vorsehen darf. Es steht ihm frei, dafür auch die Mithilfe privater Wohlfahrtsorganisationen vorzusehen" (zit. nach Kleine Schriften des Deutschen Vereins Nr. 27, S. 5).

Die verfassungsrechtliche und sozialpolitische Diskussion der letzten 20 Jahre hat sich im wesentlichen auf diese Bestimmungen, die zweifellos einen Kernbereich der Wohlfahrtspflege darstellen, beschränkt. Andere, ebenso wesentliche Fragen, wie etwa die sog. Gewährleistungspflicht bei der Krankenhausversorgung durch die Kommunen, das Verhältnis freier Träger zu den Sozialversicherungsträgern u. ä., sind dabei vergleichsweise wenig behandelt worden.

3. Finanzierung

Die Regelungen für die Finanzierung von Diensten, Maßnahmen und Einrichtungen der Wohlfahrtspflege beeinflussen entscheidend die Beziehungen der verschiedenen Trägergruppen untereinander. Deshalb sind sie unter diesem Gesichtspunkt hier kurz darzustellen.

Bei der Finanzierung sind im wesentlichen folgende Schwerpunkte zu unterscheiden:

a) Kosten für Maßnahmen und Leistungen (wie häusliche Krankenpflege, Heim- oder Krankenhausunterbringung), auf die der einzelne einen Rechtsanspruch hat. Anspruchsberechtigter ist der jeweilige Hilfe- bzw. Leistungsempfänger und nicht der Träger der Einrichtung. Für die Leistungen werden Gebühren festgelegt oder Pflegesätze zwischen den Leistungsträgern und den Einrichtungsträgern vereinbart.
b) Grundsätzliche Verpflichtung zur Förderung von Einrichtungen freier Wohlfahrtspflege nach §§ 4 und 74 KJHG sowie § 10 Abs. 3 Satz 2 und § 93 Abs. 1 BSHG. Diese betreffen nur die Zuwendungen für den Bau und die Ausstattung von Einrichtungen sowie den Betrieb von Maßnahmen, bei denen ein individueller Leistungsanspruch nicht besteht oder im Einzelfall betragsmäßig nicht nachgewiesen (d. h. in der Regel: nicht berechnet) werden kann.
c) Pflichtleistung der öffentlichen Hand auf gesetzlicher Grundlage für den Betrieb von Maßnahmen und Einrichtungen (z. B. gesetzlich geregelte Perso-

nalkostenzuschüsse im Schulwesen) oder für Baumaßnahmen (z. B. Krankenhäuser).

d) „Leistungen an Stellen außerhalb der Staatsverwaltung zur Erfüllung bestimmter Zwecke (Zuwendungen)" – nach § 23 mit § 44 der Bundeshaushaltsordnung bzw. den jeweiligen Landeshaushaltsordnungen. Dabei handelt es sich um freiwillige Leistungen, die in der Regel im Zusammenhang mit den sog. Förderprogrammen (Jugendplänen, Behindertenplänen, Altenplänen u. ä.) gewährt werden.

Durch die Voraussetzungen, Bedingungen und Auflagen bei der Kostenerstattung, der Finanzierung und der Förderung von Maßnahmen in der Wohlfahrtspflege werden die Zielsetzung und die Durchführung sowohl der freien als auch der kommunalen Träger wesentlich berührt.

4. Aufsicht

In den folgenden Bereichen ist die staatliche Aufsicht über Einrichtungen der Wohlfahrtspflege gesetzlich festgelegt:

a) Nach § 78 JWG führte das Landesjugendamt die Aufsicht über Heime und andere Einrichtungen, in denen Minderjährige dauernd oder zeitweise ganztägig oder für einen Teil des Tages, jedoch regelmäßig, betreut werden oder Unterkunft erhalten. In §§ 45 ff. KJHG wurde die „zuständige Behörde" für Betriebserlaubnis und Überprüfung von Einrichtungen nicht einheitlich festgelegt, sondern den Länderausführungsgesetzen überlassen.

b) Mit dem Heimgesetz vom 7. 8. 1974 wurde die staatliche Aufsicht über Altenheime, Altenwohnheime, Pflegeheime und gleichartige Einrichtungen gesetzlich geregelt.

c) Das staatliche Schulwesen steht nach Art. 7 GG unter der Aufsicht des Staates. Näheres hierzu ist wegen der Kulturhoheit der Länder in Landesgesetzen geregelt.

Auf die sonstigen aufsichtsrechtlichen Regelungen, wie z. B. nach dem Bundesseuchengesetz, im Rahmen der Unfallverhütungsvorschriften und des Feuerschutzes, wird hier nicht eingegangen, da sie nicht speziell für die Wohlfahrtspflege geschaffen wurden.

5. Zusammenfassung

Die Beziehungen der Institutionen und Gruppierungen innerhalb des Sozialleistungssystems sind sehr differenziert. Teilweise sind die Interessen und Bestrebungen sogar gegenläufig. So z. B. legen die freie Wohlfahrtspflege und die kommunalen Träger bei der Vereinbarung von Pflegesätzen in der Sozial- und Jugendhilfe großen Wert darauf, daß es sich hier um Selbstverwaltungsangelegenheiten handelt, die zwischen Partnern abzuwickeln sind. Bei der Pflegesatzregelung für die Krankenhäuser treten die gleichen Organisationen jedoch dafür ein, daß bei Streitfragen letztlich der Staat entscheiden solle (Festsetzungsverfahren nach § 18 KHG). Der Bund und die Länder betonen ausnahmslos die Bedeutung der freien Wohlfahrtspflege und der kommunalen Selbstverwaltung. Die Kontrollmechanismen staatlicher Verwaltung überlagern derartige politische Grundsatzaussagen teilweise so sehr, daß in der Praxis oft nur noch wenig von Freiheit und Eigenverantwortung zu spüren ist. Solche „administrativen Eigengesetzlichkeiten" sind weitgehend unabhängig von Parteiprogrammen und parteipolitischen Mehrheiten. – Freie Träger betonen in der Auseinandersetzung mit den Kommunen und dem Staat, daß ein „plurales Angebot" bei den sozialen Leistungen unabdingbar sei für einen freiheitlich demokratischen Staat. Wenn jedoch die finanziellen, politischen und sonstigen Verhältnisse günstig sind, kann der eine oder andere doch der Versuchung nicht widerstehen, seine Möglichkeiten voll auszuschöpfen, auch wenn das zu Lasten anderer Interessen und Bedürfnisse gehen sollte.

III. Beziehungsfelder der Zusammenarbeit

Im folgenden soll versucht werden, einige der wichtigsten Beziehungsfelder und die damit zusammenhängenden Probleme darzustellen:

1. Freie Träger und Kommunen

„Eine Kommune hat in der Verantwortung für das Wohlergehen ihrer Bürger auch die Verantwortung dafür, daß für ihre Bürger in ausreichendem Maße soziale Einrichtungen und Dienste vorhanden sind. Dieser Verantwortung, die auch als Verantwortung für die soziale Infrastruktur bezeichnet wird, kann sie sich nicht entziehen, auch nicht in der Argumentation mit dem Subsidiaritätsprinzip" (P. Motsch, Die Kommune als Träger der Sozialarbeit, in: Möglichkeiten und Grenzen der Sozialarbeit im sozialen Rechtsstaat, S. 55 ff.).

„Wo sonst noch in der Gesellschaft, insbesondere in irgendeiner Form der Selbstverwaltung, wird als Akt bürgerlicher Verantwortung die Mitwirkung breiter Bevölkerungsschichten und die praktische Durchführung der sozialen Hilfen und das unmittelbare Wirken von Mensch zu Mensch im gleichen Maße erreicht, wie in der freien Wohlfahrtspflege" (K. Partzsch, Freie Wohlfahrtspflege im System sozialer Sicherung in: Schriften der Arbeiterwohlfahrt Nr. 24 S. 8).

Rechtsverstandene kommunale Selbstverwaltung zielt ebenso auf das Wohl des Bürgers ab, wie die Initiativen und Aktivitäten der freien Wohlfahrtspflege. Dieser gemeinsame Ansatz ist bei den grundsätzlichen Diskussionen zur Neuordnung der Fürsorge und bei dem „Verfassungsstreit" meist nur von der negativen Seite her bewertet oder überhaupt verdrängt worden.

a) Aufgabenteilung zwischen freien und öffentlichen Trägern

Der Bundesgesetzgeber stand bei der Verabschiedung des BSHG und der Novelle zum Reichsjugendwohlfahrtsgesetz im Jahr 1961 vor der Aufgabe, die Zuständigkeiten zwischen freier Wohlfahrtspflege und kommunaler Selbstverwaltung so zu verteilen, daß sie sich „zum Wohle des Hilfesuchenden wirksam ergänzen" können (§ 10 Abs. 3 BSHG). Es galt daher zunächst einmal festzustellen, daß „die Stellung der Kirchen und Religionsgemeinschaften des öffentlichen Rechts sowie die Verbände der freien Wohlfahrtspflege als Träger eigener sozialer Aufgaben und ihre Tätigkeit zur Erfüllung dieser Aufgaben durch dieses Gesetz nicht berührt werden." Konsequenterweise wurde deshalb den Trägern der Sozialhilfe auferlegt, „bei der Durchführung des Gesetzes mit den Kirchen und Religionsgemeinschaften des öffentlichen Rechts sowie den Verbänden der freien Wohlfahrtspflege zusammenzuarbeiten und dabei deren Selbständigkeit in Zielsetzung und Durchführung ihrer Aufgaben zu achten". Darüber hinaus wurde schließlich bestimmt, daß „die Träger der Sozialhilfe von der Durchführung eigener Maßnahmen absehen sollen, wenn die Hilfe im Einzelfall durch die freie Wohlfahrtspflege gewährleistet ist. Dies gilt nicht für Gewährung von Geldleistungen" (§ 10 As. 1, 2 und 4 BSHG). Der Vorrang freier Träger bei den Hilfen im Einzelfall wurde schließlich auch auf die Schaffung von Einrichtungen ausgedehnt (§ 93 BSHG).

Bei den Kommunen wurde dies teilweise als eine „Funktionssperre" empfungen, die die Gefahr in sich berge, daß in einem Kernbereich die kommunale Selbstverwaltung sinnentleert werde (s. dazu W. Auerbach, Kommunale Verantwortung im sozialen Bereich, S. 14 ff.). Selbst wenn die Folgen nicht so drastisch bewertet werden, wird doch auch noch heute auf negative Konsequenzen für die kommunale Sozialarbeit hingewiesen:

- Undankbare und unangenehme soziale Aufgaben verblieben der kommunalen Sozialarbeit.
- Kommunale Einrichtungen seien grundsätzlich öffentlich und müßten jeden aufnehmen, während der freie Träger entscheiden könne, wer seine Dienste und Einrichtungen in Anspruch nehmen könne.
- Kommuale Sozialarbeit unterliege der Verantwortung der gemeindlichen Organe. Dies sei zwar in der freien Wohlfahrtspflege durch die entsprechenden Gremien auch gegeben, die Mitwirkung kommunaler Gremien sei jedoch wesentlich intensiver;
- Öffentliche Wohlfahrtspflege sei stets öffentlich darzustellen und dort auch zu verantworten. Sie müsse ihre Nichtöffentlichkeit immer begründen (auch wenn dies die notwendige Vertraulichkeit berühre), die freie Wohlfahrtspflege habe hier einen wesentlich größeren Entscheidungsspielraum.
- Aufgrund ihrer Gesamtverantwortung würden die Kommunen schließlich auch verantwortlich gemacht für Mißerfolge und Mißstände bei den freien Trägern (s. dazu P. Motsch, Die Kommune als Träger der Sozialarbeit).

b) Urteil des Bundesverfassungsgerichtes vom 18. 7. 1967

Trotz dieser sehr grundsätzlichen und auch verständlichen Bedenken von kommunaler Seite hat das Bundesverfassungsgericht u. a. die Bestimmungen der §§ 10 und 93 BSHG (und die entsprechenden Bestimmungen des JWG) mit seinem Urteil vom 18. 7. 1967 für verfassungsgemäß erklärt. Es hat jedoch nicht festgestellt (was in der Diskussion gelegentlich behauptet wird), daß andere Regelungen vom Grundgesetz her unzulässig seien. Aus der Begründung des Urteils kann jedoch entnommen werden, daß nach der Auffassung des Gerichts die entsprechenden Gesetzesregelungen in einer besonderen Weise den Zielsetzungen des Grundgesetzes entsprechen. Bei der Entscheidung über diesen „positiven Kompetenzkonflikt" zwischen freier Wohlfahrtspflege und kommunaler Selbstverwaltung waren neben grundsätzlichen verfassungsrechtlichen Fragen vor allem folgende Tatsachen ausschlaggebend:

- Die Gesamtverantwortung für die Planung von Maßnahmen und Einrichtungen sowie für die Hilfen im Einzelfall bleiben weiter bei dem zuständigen öffentlichen Träger. Es wird jedoch davon ausgegangen, daß dieser auch die freien Träger beteiligt.
- Durch die Steuerhoheit verfügt der öffentliche Träger über die Mittel, die nötig sind, um die Einzelplanung zu verwirklichen und die Hilfen im Einzelfall zu leisten. Daneben wird ihm eine grundsätzliche Förderverpflichtung für die Einrichtungen der freien Wohlfahrtspflege auferlegt. Ein Förderanspruch der Höhe nach wird nicht festgelegt – im Gegenteil: Grundsätzlich wird davon ausgegangen, daß der freie Träger eigene Mittel aufbringt, wenn er Einrichtungen schafft. Keinesfalls aber wird der öffentliche Träger verpflichtet, Einrichtungen zu fördern, die er nicht für notwendig oder zweckentsprechend hält.
- Erst im dritten Schritt – bei der Durchführung der Maßnahmen – erhalten freie Träger den Vorrang. Dies war einerseits nötig, um den gerechten Ausgleich zwischen den Beteiligten zu erzielen; zum anderen ist den öffentlichen Trägern in weltanschaulichen Fragen (und damit in existenziellen Lebensfragen) eine besondere Zurückhaltung auferlegt. Da jedoch persönliche Hilfen immer von Wertvorstellungen bzw. -haltungen geprägt sind, mußte hier zwangsläufig der freie Träger den Vorrang erhalten.

Im Verlauf der weiteren Diskussion wurde der (z. T. stark mit Ideologie und Vorurteilen befrachtete) Begriff „Subsidiarität" vielfach durch den des „bedingten Vorranges" freier Träger ersetzt – weil dieser eben nur unter bestimmten Voraussetzungen und Bedingungen zum Zuge kommt.

Das Urteil des Bundesverfassungsgerichts hat in seinen verfassungsrechtlichen und gesellschaftspolitischen Zielsetzungen eine Bedeutung erlangt, die weit über die Sozial- und Jugendhilfe hinaus reicht. Es hat aber zugleich dazu beigetragen, daß sich die z. T. sehr massiven Kontroversen verringert haben, ohne daß damit die verbundenen Fragen ein für allemal erledigt sind (wie die Diskussion und dem Entwurf eines Jugendhilfegesetzes gezeigt hat).

Die Leistungen der Sozial- und Jugendhilfe sind in der Regel (zumindest soweit es sich um teilstationäre und stationäre Maßnahmen handelt) an Einkommensgrenzen gebunden. Dagegen reicht die Verpflichtung der Kommunen, im Rahmen der Selbstverwaltung die erforderlichen sozialen und gesundheitlichen Einrichtungen (jedoch im Rahmen ihrer finanziellen Leistungsfähigkeit) zu schaffen, über das Bundessozialhilfegesetz hinaus. Dabei gilt der bedingte Vorrang der freien Träger nicht. Da jedoch besondere Einrichtungen für Hilfsbedürftige höherer Einkommensgruppen nicht wünschenswert sind, ist auch hier eine Zusammenarbeit und Abstimmung mit den freien Trägern angebracht.

c) Eine Zwischenbilanz

Sieben Jahre nach dem Inkrafttreten des Bundessozialhilfegesetzes und zwei Jahre nach dem Urteil von Karlsruhe stellte P. Steffen die Zusammenarbeit zwischen öffentlicher und freier Wohlfahrtspflege in folgenden Thesen dar:

- „Nur die öffentlichen Träger werden gesetzlich zur Zusammenarbeit mit den freien Trägern verpflichtet. Ihrem Wesen nach muß jede Zusammenarbeit aber von beiden Teilen getragen werden. Der Gesetzgeber geht daher offensichtlich davon aus, daß Bereitschaft und Fähigkeit zur Kooperation auch auf Seiten der freien Träger besteht.
- Die vom Gesetz geforderte Zusammenarbeit ist zweckgerichtet. Sie dient dem Wohl des Hilfesuchenden und der Wohlfahrt der Jugend. Unter diesem Aspekt fordert Zusammenarbeit: gegenseitiges Vertrauen, Information über beiderseitige Vorhaben, ständigen Gedankenaustausch über Grundsatzfragen, ein Planen in Gemeinschaft sowie Gemeinsamkeit in der letzten Zielsetzung; ferner: Freisein von Prestigegedanken wie von Behörden- und Verbandsegoismus.
- Zusammenarbeit im Bereich der Sozial- und Jugendhilfe geht von der bestehenden Ungleichheit beider Trägergruppen aus, die sich ihren unterschiedlichen Möglichkeiten zum Wohle des Hilfesuchenden ergänzen sollen. Der Begriff ‚Partnerschaft' kann dieses Verhältnis nicht zutreffend kennzeichnen; ebenso wenig ist der Begriff Subsidiarität angemessen, weil ein echtes Vorrangverhältnis der freien Träger nicht besteht.
- Zusammenarbeit darf nicht zur Verwässerung der beiderseitigen Positionen und zur Beeinträchtigung der Eigenständigkeit des freien Trägers führen. Es ist zu beachten, daß der freie Träger – von seltenen Ausnahmen abgesehen – seine eigenen Aufgaben durchführt – nicht als beliehener Träger öffentlicher Verwaltung, nicht als Erfüllungshilfe und nicht als Schuldner aus einem Vertragsverhältnis zugunsten Dritter tätig wird.
- Zusammenarbeit bedeutet zugleich sinnvolle Arbeitsteilung nach den Voraussetzungen und Möglichkeiten der beiden Träger im Einzelfall und damit eine Verbesserung der Arbeitsergebnisse zugunsten des Hilfesuchenden.
- Die dem freien Träger in der Gestaltung seiner Arbeit zustehende Freiheit findet ihre Grenze in den Erfordernissen einer sinnvollen und für den Hilfesuchenden fruchtbaren Zusammenarbeit sowie der daraus resultierenden Mitverantwortung des freien Trägers.
- In der gemeinsamen Planung erfährt die Zusammenarbeit ihre Bewährung. Die Einschaltung der freien Träger schon im ersten Planungsstadium entspricht dem Wesen der Zusammenarbeit, der Interessenlage und der praktischen Erwägung, daß damit die Planungen wirklichkeitsnäher werden können.

- Das Gesetz der Zusammenarbeit und die dem öffentlichen Träger obliegende Gesamtverantwortung für die Deckung des Bedarfs an öffentlichen und freien Einrichtungen und Veranstaltungen setzen die Maßstäbe für den erforderlichen Umfang und die Art der Förderung. Auflagen und Bedingungen bei Hergabe von Förderungsmitteln sind auf das notwendige Maß zu beschränken. Sie sind insbesondere dann zu vermeiden, wenn die die Entscheidungs- und Handlungsfreiheit des freien Trägers auf Zeit oder auf Dauer aufheben.
- Das Angebot einer hohen Förderung darf nicht zur Übernahme eines übergroßen wirtschaftlichen Risikos verleiten. Den öffentlichen Träger trifft insoweit eine Mitverantwortung. ‚Anregen' heißt nicht zu einem finanziellen und wirtschaftlichen Abenteuer verleiten.
- Soweit das Land die wesentliche Förderung von sozialen Einrichtungen übernimmt, muß es sich gleichfalls nach den Maximen einer vertrauensvollen Zusammenarbeit mit den Verbänden der freien Wohlfahrts- und Jugendpflege richten. Die Landeshilfe ist nur als übergreifende Förderung, nicht als Ersatz für die Förderung des örtlichen Trägers anzusehen" (zit. nach: Die Fürsorge im sozialen Rechtsstaat, Gesamtbericht über den 66. Deutschen Fürsorgetag 1969 in Essen, S. 167 ff.).

d) Pflegesätze in der Sozial- und Jugendhilfe

Wesentlich bestimmt wird das Verhältnis zwischen freien Trägern und Kommunen auch durch die Pflegesatzregelungen nach § 93 Abs. 2 BSHG. Das öffentlich-rechtliche Verhältnis zwischen dem Hilfeempfänger und dem Sozialhilfeträger bei der Gewährung von Sozialhilfe bildet die Grundlage. Mittelbar entsteht daraus (wegen der im Einzelfall anfallenden Kosten für die Leistungen) ein Rechtsverhältnis zwischen dem Sozialhilfeträger und dem Heimträger. Dies wird in der Regel ausgefüllt durch sog. „Pflegesatzvereinbarungen" – also nicht durch hoheitliche Regelungen, sondern durch Verträge. Dabei ist für das Verhältnis zwischen freien Trägern und Kommunen entscheidend, ob der Staat sich daran beteiligt bzw. welche Funktion er dabei übernimmt. Allerdings ist hier die Sondersituation der Stadtstaaten ebenso zu berücksichtigen wie die Tatsache, daß in einzelnen Bundesländern, wie z. B. in Niedersachsen, Rheinland-Pfalz, Schleswig-Holstein und Saarland, zunächst auch in den fünf neuen Bundesländern, die Bundesländer überörtlicher Träger der Sozialhilfe sind. Noch bedeutender als diese organisatorischen Fragen ist der Spielraum, den die jeweiligen Vereinbarungen für die Beteiligten lassen und die Atmosphäre, in der die Vereinbarungen vollzogen werden (näheres dazu s. unter Kap.4).

e) Krankenhausplanung und Finanzierung

Das Gesetz zur wirtschaftlichen Sicherung der Krankenhäuser und zur Regelung der Krankenhauspflegesätze vom 20. 12. 1984 sagt nichts über die verschiedenen Trägergruppen und ihr Verhältnis zueinander aus. Lediglich in § 7 Abs. 1 ist bestimmt, daß bei der Krankenhausplanung „einvernehmliche Regelungen mit den unmittelbar Beteiligten anzustreben sind".

Für die Kommunen wird aus den kommunalrechtlichen Vorschriften über die Selbstverwaltungsangelegenheiten ein sog. „Sicherstellungsauftrag" abgeleitet, der die Kommunen verpflichtet, die notwendigen Betten in den entsprechenden Fachrichtungen vorzuhalten – auch in den Fällen, in denen ein freigemeinnütziger oder privater Träger seine bisherige Aufgabe nicht mehr erfüllen kann oder will. Daraus wird vielfach ein gewisses Mitspracherecht der Kommunen auch bei freigemeinnützigen und privaten Planungen abgeleitet.

Schließlich werden bei der staatlichen Krankenhausförderung von verschiedenen Seiten Kostenpauschalen gefordert, die die Verwaltung vereinfachen sollen. Wenn derartige Pauschalen jedoch nicht die vollen Kosten abdecken sollten, werden sie praktisch die freigemeinnützigen Träger aus dem Krankenhauswesen verdrängen, da diese nicht über Steuermittel verfügen, mit denen Finanzierungslücken abgedeckt werden können.

Die bisherige Entwicklung im Krankenhauswesen ist ein geradezu klassisches Beispiel dafür, wie durch staatliche Gesetzgebung und die damit festgelegten Planungsverfahren und Finanzierungsmechanismen das Verhältnis zwischen freier Wohlfahrtspflege und kommunaler Selbstverwaltung entscheidend berührt und beeinträchtigt werden kann.

2. Freie Träger und Staat

a) Der Bund

Da der Bund in der Wohlfahrtspflege seine Gesetzgebungskompetenzen voll in Anspruch nimmt und andererseits die Praxis kaum unmittelbar mitgestalten kann, bezieht sich das Verhältnis freier Träger zu ihm im wesentlichen auf die Mitwirkungsmöglichkeiten und Beratung bei der Gesetzgebung. Dabei spielen die jeweiligen gesellschaftspolitischen Wertvorstellungen, die über Gesetze in die Praxis umgesetzt werden sollen, eine wesentliche Rolle. So sind die Arbeitsbeziehungen zwischen der freien Wohlfahrtspflege und den Organen des Bundes von grundsätzlichen Auseinandersetzungen über sozial- und gesellschaftspolitische Fragen gekennzeichnet – auch wenn über Grundfragen oft eine größere gemeinsame Basis vorhanden ist, als gelegentlich vermutet werden könnte. Dabei spielen auch ideologische, partei- und verbandspolitische Interessen eine Rolle.

b) Die Länder

Auch im Verhältnis zu den Ländern geht es vielfach um sehr grundsätzliche Fragen, bei denen die jeweiligen parteipolitischen Mehrheiten im Lande die Beziehungen wesentlich beeinflussen. Viel stärker jedoch schlagen die sogenannten „Sachzwänge" durch, die sich aus der Planungshoheit, den haushaltsrechtlichen

Bestimmungen bei Zuwendungen und der staatlichen Aufsicht ergeben. In einzelnen Bereichen kann dies dazu führen, daß dise „Eigengesetzlichkeiten“ der Verwaltung die offizielle Politik in Frage stellen oder fast völlig verdecken – dies muß sich jedoch nicht immer negativ auf die freien Träger auswirken! Nur in einigen wenigen Beispielen kann das Verhältnis zwischen den Ländern und der freien Wohlfahrtspflege und die damit verbundenen Fragen dargestellt werden.

aa) Planung

Grundsätzliche ist festzustellen, daß eine große Bereitschaft der staatlichen Stellen vorhanden ist, in die Planung u. a. auch die Träger und Verbände der freien Wohlfahrtspflege einzubeziehen. Dabei werden jedoch von staatlicher Seite die Planungsziele meist vorgegeben, so daß es dann darum geht, einen mehr oder weniger festen Rahmen auszufüllen. Außerdem sind staatliche Planungsvorstellungen vielfach im eigenen Bereich (z. B. dem beteiligten Ministerien) abgeklärt, so daß für ein grundsätzliches Gespräch zu Konzepten und Zielvorstellungen nur verhältnismäßig wenig Raum bleibt.

Freie Träger verfügen andererseits oft nicht über die notwendigen Mitarbeiter (und gelegentlich auch nicht über die notwendige Sachkenntnis) um sich neben ihrer alltäglichen Arbeit auch noch mit grundsätzlichen oder sehr detaillierten Planungsvorstellungen intensiv zu befassen. Sie können deshalb teilweise die vorhandenen Mitsprachemöglichkeiten in der staatlichen Planung gar nicht ausschöpfen. Erschwert wird ihre Situation jedoch dadurch, daß die staatlichen Planungsstäbe aus sehr unterschiedlichen Gründen oft außerordentlich kurze Fristen für Gespräche und Stellungnahme setzen. So besteht die Gefahr, daß die Beteiligung an der staatlichen Planung mehr und mehr zu einer Alibifunktion für die politische Optik wird und die Bedürfnisse und Interessen der Bevölkerung und ihrer verschiedenen Gruppen mehr und mehr zurücktreten – je perfekter der Staat plant, desto stärker ist der Trend.

bb) Aufsicht

Der Staat trägt die Verantwortung dafür, daß die in den einzelnen Gesetzen festgelegten Hilfen und Maßnahmen in der vorgesehenen Weise vollzogen werden. Damit aber „gemeinnütziger Eigensinn“ nicht durch staatliche Willkür ersetzt wird, ist im einzelnen genau bestimmt, auf welche Weise die staatlichen Organe sich informieren und welche Maßnahmen sie ggf. ergreifen können.

Der Begriff „Aufsicht“ wird von vielen Vertretern staatlicher Verwaltung nicht mehr gerne verwendet. Sie möchten ihre Aufgabe eher als „Beratung“ verstehen. Damit soll zunächst ausgedrückt werden, daß sie sich nicht als Vertreter hoheitlicher Verwaltung, sondern als Partner der Träger und Einrichtungen verstehen. Diese an sich erfreuliche und positive Veränderung in den gegenseitigen Beziehungen birgt jedoch eine Gefahr in sich: Für hoheitliche Maßnahmen in der Heimaufsicht sind klare Grenzen gesetzt. Ein entsprechender Verwaltungsakt muß rechtlich genügend abgesichert sein. Dies gilt für die Beratung nicht, da sie im rechtlichen Sinne unverbindlich ist. Die Grenze aber, wo Aufsicht aufhört und Beratung beginnt, wird durch den Verzicht auf den Begriff „Aufsicht" verwischt. Für Heimleiter und Heimträger, die diese klaren Abgrenzungen so genau nicht kennen, wird damit vielfach auch die Beratung verbindlich oder sie verkennen, daß eine verbindliche Auflage (vor allem, wenn sie nicht schriftlich erfolgt) mehr als nur ein guter Rat ist. Möglicherweise wird hier auch etwas deutlich von den unterschiedlichen Denkansätzen und den damit verbundenen Problemen zwischen Verwaltungsfachkräften und sozial-pädagogischen Fachkräften in der öffentlichen Verwaltung, auf die u. a. P. Motsch sehr deutlich hinweist (Die Kommune als Träger der Sozialarbeit, S. 60 ff.).

c) Begleiterscheinungen staatlicher Förderungspolitik (Haushaltsrecht)

Freie Wohlfahrtspflege „hat es im Prinzip immer abgelehnt, den Ersatz sämtlicher Aufwendungen in allen Aufgaben zu beanspruchen, weil die Arbeit der freien Wohlfahrtsverbände sich gerade dadurch auszeichnet, daß sie ihre eigentlichen Aufgaben frei wählen und aus den Mitteln finanzieren, die aus der Opferbereitschaft ihrer Mitglieder und Förderer und aus freiwilligen Spenden stammen" (K. Partzsch, Freie Wohlfahrtspflege im System sozialer Sicherung, S. 9).

Durch die Verbesserung des Sozial- und Gesundheitswesens sind die Aufgaben der freien Wohlfahrtspflege jedoch so sehr gewachsen, daß sie in großem Umfange auf öffentliche (vor allem auch staatliche) Zuwendungen angewiesen ist. Da sie „öffentliche Aufgaben" wahrnimmt, handelt es sich hierbei nicht um „Almosen", sondern um eine finanzielle Beteiligung des Staates an Aufgaben, an denen in der Regel ein „erhebliches Staatsinteresse" besteht (§ 23 der Haushaltsordnung). Dies sind „Zuwendungen an Stellen außerhalb der Staatsverwaltung". Deshalb sind auch die Art. 44 und 44 a Haushaltsordnung anzuwenden. Danach ist zu bestimmen, wie die zweckentsprechende Verwendung nachgewiesen wird. Dazu kommen in der Regel noch Vorschriften über die Voraussetzungen für die Bewilligung, die von den zuständigen Fachministerien und sonst zuständigen Stellen erlassen werden.

Derartige Bestimmungen sind erforderlich, damit die Steuermittel für die vorgesehenen Programme nach einheitlichen Grundsätzen verteilt und für den vorgesehenen Zweck verwendet werden. Wer Steuermittel in Anspruch nimmt, muß sich auch verpflichten, darüber gegenüber der Öffentlichkeit Rechenschaft abzulegen, in diesem Fall: sich der staatlichen Prüfung durch Bewilligungsstellen und Rechnungshöfe zu unterziehen.

Jedoch haben diese Richtlinien weitreichende Konsequenzen für die Aufgaben der freien Wohlfahrtspflege und damit die soziale Arbeit überhaupt. Nicht selten führen die „haushaltsrechtlichen Sachzwänge" zu Schwierigkeiten und Spannungen. Diese Feststellung wird mit folgenden Stichworten begründet:

- Durch staatliche Förderungsrichtlinien werden notwendigerweise Bewilligungsvoraussetzungen festgelegt, die in organisatorische und konzeptionelle Bereiche des Trägers hineinreichen. So wirkt der Staat über die Bewilligung und die Nachweisprüfung in die Zielsetzung und Durchführung der Zuwendungsempfänger hinein.

- Der Nachweis der Personalkosten bereitet im Verwendungsnachweis verhältnismäßig wenig Schwierigkeiten, da in der Regel entsprechende Personalkostenblätter vorzulegen sind. Es bleibt jedoch die bisher nicht befriedigend gelöste Frage, ob ein Arbeitgeber berechtigt ist, allein wegen staatlicher Förderung persönliche Daten seiner Mitarbeiter an Dritte weiterzugeben.
- Sachkosten setzen sich dagegen meist aus vielen kleineren Beträgen zusammen. Der „zahlenmäßige Nachweis" und seine Prüfung bereiten daher oft erhebliche Mühe. Deshalb werden in vielen Programmen nur noch Personalkosten gefördert.
  Es ist jedoch ein vorrangiges Anliegen der freien Wohlfahrtspflege, mit ehrenamtlichen und nebenamtlichen Kräften (gelegentlich auch als „freie Mitarbeiter" bezeichnet) zu arbeiten. Hierbei fallen jedoch meist Sachkosten an. Wenn diese nicht gefördert werden, wirkt die staatliche tendenzielle Förderung gegen das ehrenamtliche Engagement.
- In der Finanzierung werden in der Regel nur Geldbeträge und ggf. noch Sachleistungen berücksichtigt. Dagegen werden persönliche Leistungen ehrenamtlich Tätiger praktisch nicht erfaßt. Auch dies verstärkt noch einmal den Trend zur Professionalisierung sozialer Arbeit.
- Die freie Wohlfahrtspflege hat weitgehend die kaufmännische Buchhaltung eingeführt und arbeitet in großem Umfang mit elektronischer Datenverarbeitung. In nicht wenigen Fällen müssen die gesamten Abrechnungsunterlagen allein für den zahlenmäßigen Nachweis noch einmal umgestellt und neu geschrieben werden.
- Bei staatlichen Förderleistungen handelt es sich meist um freiwillige Leistungen, die davon abhängen, wieweit das Geld reicht (offiziell: „nach Maßgabe des Haushaltes"). Das Risiko aus dieser Situation trägt allein der freie Träger.

Wegen der hier nur in Stichworten angedeuteten Probleme wird immer wieder gefordert, den Trägern oder ihren Verbänden in größerem Umfange Pauschalen zu geben. Damit sind sicherlich manche Probleme zu lösen. Insgesamt würden damit jedoch neue und z. T. noch schwierigere aufgeworfen: Nach welchen Kriterien sollen die Pauschalen verteilt werden, wenn nicht konkrete „Projekte" dargestellt werden. Die Nachweisprüfung im Rahmen einer „institutionellen Förderung" beschränkt sich nicht allein auf die staatlich geförderten Aufgaben, sondern bezieht den gesamten Haushalt und damit alle Aufgaben des Zuwendungsempfängers ein.

Gelöst können die anstehenden Probleme deshalb nur mit grundlegenden Vereinfachungen im gesamten Zuwendungswesen werden – vielleicht in manchen Bereichen nur dadurch, daß auf einen „zahlenmäßigen Nachweis" völlig verzichtet wird und lediglich detaillierte Sachberichte gefordert werden.

Auch wenn das Recht und die Pflicht staatlicher Organe anerkannt werden, die zweckentsprechende Verwendung von staatlichen Zuwendungen (d. h.

Steuermitteln) zu prüfen, ist doch festzustellen: die staatliche Förderung hat sich als das zuverlässigste Mittel erwiesen, freie Wohlfahrtspflege (wie auch andere Förderbereiche) zu steuern und zu kontrollieren. Diese Kontrolle unterliegt ihren eigenen Gesetzmäßigkeiten und ist weitgehend unabhängig von jeweiligen parteipolitischen Mehrheiten. Nur durch eine ganz bewußte und gezielte Politik in diesen differenzierten und diffizilen Fragen staatlicher Verwaltung durch die Parlament können hier auf politischem Wege Änderungen erreicht werden.

d) Privatschulwesen

Neben den mehr formalen Beispielen sollen die Privatschulen als ein selbständiger Fachbereich noch kurz in die Überlegungen einbezogen werden. – Das Bildungswesen ist, wie bereits ein flüchtiger Blick in die Geschichte zeigt, von der freien Wohlfahrtspflege entwickelt worden. Da Bildung und Ausbildung jedoch wesentlich über die Zukunftschancen eines Menschen entscheiden, hat der Staat das Schulwesen seiner Aufsicht unterstellt. Verblieben ist für freie Träger noch das Recht, Privatschulen zu errichten (Art. 7 Abs. 4 GG).

Was ist inszwischen daraus geworden? „Ohne staatliche Förderung ist eine Privatschule praktisch nicht zu betreiben. Diese Förderung hängt jedoch davon ab, daß die Schule staatlich anerkannt ist. Dies ist jedoch umso leichter zu erlangen und zu bewahren, je enger sich die Ersatzschule an den ihr entsprechenden Schultyp des öffentlichen Schulwesens anlehnt. Um es auf eine knappe Formel zu bringen: Ein Höchstmaß an Gleichartigkeit garantiert die staatliche Anerkennung; Abweichungen setzen sie aufs Spiel.

Das vor diesem Hintergrund nur allzu verständliche Bestreben des freien Schulträgers, eine möglichst gleichartige Schule anzubieten, bedeutet indessen Verzicht auf das Kernstück der Privatschulfreiheit, nämlich das Recht auf den eigenen pädagogischen Weg, auf die Vermittlung eines eigenen Erziehungsziels. Damit ist das Spektrum der schulrechtlichen Situation der Freien Schule nach zwei Seiten hin abgesteckt: Einerseits totale Gleichstellung der Privatschule mit den entsprechenden öffentlichen Schulen bei angemessener Subventionierung, aber eben unter tiefgreifendem Verzicht auf Selbstbestimmung. Andererseits umfassende Selbstbestimmung unter Verzicht auf jegliche Gleichstellung mit entsprechenden öffentlichen Schulen und auf jegliche staatliche Unterstützung.

Es liegt auf der Hand, daß das Privatschulwesen je stärker es sich zu diesen beiden Entpunkten hin entwickelt oder dahin entwickeln wird, zum Erliegen kommen muß“ (H.-U. Gallwas, in „zur debatte“, Themen der Katholischen Akademie in Bayern, Juli/August 1980).

Wenn damit tatsächlich die gegenwärtige Situation des Privatschulwesens einigermaßen zutreffend beschrieben ist, dann bleibt die Frage, wie es dazu kommen konnte. Diese läßt sich sicher nicht allein mit dem Hinweis auf die „allmächtige Kultusbürokratie“ beantworten. Allein die Entwicklung seit den sechziger Jahren, in denen G. Picht den „Bildungsnotstand“ ausgerufen hat, zeigt, daß freie Träger sich in dieser Aufbruchsituation sehr stark an der „offiziellen

Linie" orientiert haben; sie waren gar nicht so „frei"! Eine stärkere Profilierung und ein größerer Freiraum für private Schulen wäre ein Gewinn – für das Bildungswesen allgemein, für ihre „freien" Träger, am allermeisten wohl aber für die Schüler selbst.

3. Freie bzw. kommunale Träger und Arbeitsverwaltung

Seitdem im Arbeitsförderungsgesetz (vom 25. 6. 1969) die Rehabilitation Behinderter einen besonderen Schwerpunkt in der Arbeitsverwaltung bildet und das Schwerbehindertengesetz (vom 29. 4. 1974) entsprechende Beschäftigungsmöglichkeiten für Schwerbehinderte sichert, ist die Arbeitsverwaltung zu einem wichtigen Partner für die Wohlfahrtspflege geworden. Schwerpunkte der Zusammenarbeit bilden dabei vor allem

- die Planung von Maßnahmen und Einrichtungen der beruflichen Rehabilitation
- die Anerkennung von Werkstätten für Behinderte
- die institutionelle Förderung von Trägern für die Errichtung von Einrichtungen
- die Kostenerstattung im Rahmen der individuellen Förderung von Behinderten.

Da die freie Wohlfahrtspflege überwiegend Träger der entsprechenden Einrichtung ist, steht sie bei den folgenden Überlegungen im Mittelpunkt. Kommunale Träger sind von dieser Fragestellung jedoch ebenso betroffen.

Da das Arbeitsförderungsgesetz Teil des Sozialgesetzbuches ist, gilt für die Arbeitsverwaltung u. a. auch der § 17 Abs. 3 SGB I, wonach „in der Zusammenarbeit mit gemeinnützigen und freien Einrichtungen und Organisationen die Leistungsträger darauf hinwirken, daß sich ihre Tätigkeit und die der genannten Einrichtungen und Organisationen zum Wohl der Leistungsempfänger wirksam ergänzen. Sie haben dabei deren Selbständigkeit in Zielsetzung und Durchführung ihrer Aufgaben zu achten". – Diese Bestimmung ist materielles Recht und nicht nur eine sozial- und gesellschaftspolitische Willenserklärung des Gesetzgebers!

a) Planung

Als Einrichtungen für die berufliche Rehabilitation wurden seit 1970 vor allem Werkstätten für Behinderte, Berufsbildungswerke und Berufsförderungswerke sowie Förderlehrgänge geschaffen oder ausgebaut. Da alle Behinderten grundsätzlich einen Anspruch auf berufliche Rehabilitation haben, war es notwendig, ein entsprechendes Netz von Einrichtungen für das ganze Land zu schaffen. Diese Aufgabe wurde in enger und weitgehender partnerschaftlicher Zusammenarbeit zwischen allen Beteiligten (Arbeitsverwaltung und Trägerverbände, Träger der Sozialhilfe und Staat) durchgeführt. Es gab und gibt jedoch zum Teil unterschiedliche Auffassungen über die Kapazität der verschiedenen Einrichtungen und ihre Einzugsbereiche. Für die freien Träger und das Wahlrecht der Behinderten ergeben sich durch die flächendeckende Planung Probleme, die sowohl das Selbstverständnis der Träger als auch die freie Entscheidung der Behinderten berühren. Trotz aller Schwierigkeiten wurden Kompromisse gefunden, die von allen Beteiligten gemeinsam getragen und verantwortet werden.

b) Anerkennung von Einrichtungen

„Werkstätten für Behinderte, die eine Vergünstigung im Sinne dieses Abschnitts in Anspruch nehmen wollen, bedürfen der Anerkennung. Die Entscheidung über die Anerkennung trifft auf Antrag die Bundesanstalt für Arbeit im Einvernehmen mit dem überörtlichen Träger der Sozialhilfe" (§ 55 Abs. 1 Schwerbehindertengesetz).

Nach einer jahrelangen und äußerst kontroversen Diskussion mit den Trägern der Werkstätten, ihren Verbänden und den Behindertenorganisationen hat die Bundesregierung die in § 55 Abs. 3 vorgesehene Verordnung über die fachlichen Anforderungen und das Verfahren zur Anerkennung von Werkstätten für Behinderte erlassen (Werkstättenverordnung vom 13. 8. 1980, BGBl I S. 1649). Einige immer wieder vorgebrachte Vorstellungen der Werkstatt-Träger insbesondere im Blick auf ihre organisatorische und institutionelle Selbständigkeit, Unabhängigkeit und Eigenverantwortung wurden durch die Bundesregierung nicht berücksichtigt.

c) Institutionelle Förderung von Rehabilitationseinrichtungen

Die Arbeitsverwaltung hat 1977 für die Förderung des Baues von Werkstätten für Behinderte (institutionelle Förderung durch Investitionszuschüsse) „Vorläufige Durchführungsanweisungen" erlassen, die u. a. folgende Zustimmungsvorbehalte gegenüber den Trägern enthalten:

„1. Im Hinblick auf den bedeutenden Anteil der Verpflichtung der Bundesanstalt behält sich die Bundesanstalt die Zustimmung zu folgenden Fragenkomplexen und Maßnahmen des Trägers vor:

- Grundsätzliche Fragen der Ausbildung (Programm, Inhalt, Methoden, Dauer), soweit nicht die zuständigen Stellen nach dem Berufsbildungsgesetz Regelungen treffen und überwachen müssen,
- Erweiterung oder Verringerung der Zahl der Plätze für Ausbildung, Unterbringung usw.,
- Festlegung und Änderung der Aufnahmekriterien und Aufnahme von Behinderten,
- Aufstellung und Änderung des Organisations-, des Geschäftsverteilungs- und des Stellenplanes,
- Bestellung und Abberufung des Leiters der Einrichtung (Geschäftsführer), seines Vertreters (in der Regel Ausbildungsleiter) und des übrigen leitenden Personals unter Beachtung fachlicher Eignungskriterien, wobei die personelle Entscheidung beim Träger liegt,
- Festsetzung des Haushaltsplanes und der Kostensätze,

– sonstige Angelegenheiten, die für den Bestand und die Fortentwicklung der Einrichtung von Bedeutung sind.
2. Um die Wahrnehmung der Rechte zu ermöglichen, hat der Träger die Pflicht, über Art, Umfang, Auswirkungen und Erfolg aller in Nr. 1 genannten Maßnahmen Auskunft zu geben sowie der Bundesanstalt das Recht einzuräumen, in alle entsprechenden Unterlagen Einsicht zu nehmen.
3. Die Zuständigkeit für die Konzipierung der in Nr. 1 genannten Maßnahmen und die Durchführung nach Erteilen der Zustimmung liegt in vollem Umfang beim Träger der Einrichtung, der damit die fachliche Arbeit gewährleistet. Die Bundesanstalt übt durch die Wahrnehmung der Rechte keine Leitungsfunktionen aus.
4. Auf die eigenständige Ausübung der Zustimmungsrechte der Bundesanstalt kann verzichtet werden, wenn durch Satzung, Gesellschaftsvertrag o. ä. ein Gremium gebildet wird, dem nur die öffentlich-rechtlichen Geldgeber und Kostenträger, die unmittelbare fachliche Mitverantwortung tragen, angehören, ihm entsprechende Befugnisse zustehen und eine Beschlußfassung gegen die Stimmen des Bundesministeriums für Arbeit und Sozialordnung und der Bundesanstalt ausgeschlossen ist."

Der Bundesminister für Arbeit und Sozialordnung hat in den vergangenen Jahren in die Bewilligungsbescheide für Berufsbildungswerke fast gleichlautende Bewilligungsbedingungen aufgenommen.

Ein Rechtsgutachten, das das Diakonische Werk der Evangelischen Kirche in Deutschland und der Deutsche Caritasverband im Jahr 1980 dazu haben erstellen lassen, kommt zu folgenden Ergebnis:

„1. § 60 Abs. 5 A Reha v. 31. 7. 1975 (ANBA 1975, 994) überschreitet den durch die §§ 61, 50 AFG gezogenen Ermächtigungsrahmen und ist daher rechtswidrig.
2. Die vorläufigen Durchführungsanweisungen (DA) zu § 60 Abs. 5 A Reha sind, wenn sie als Nebenbestimmungen in Bewilligungsbescheide der Bundesanstalt für Arbeit aufgenommen werden, unvereinbar mit dem Gebot des § 17 Abs. 3 S. 2 SGB I, die Selbständigkeit der freien Träger zu achten. Dies betrifft sowohl die Inanspruchnahme von Zustimmungsrechten zu den internen Angelegenheiten der freien Träger als auch den Oktroi eines Beratungsgremiums.
3. Die diakonischen Einrichtungen der Kirchen sind in ihrer Selbständigkeit in besonderer Weise durch Art. 4, 140 GG i. V. m. 137 Abs. 3 WRV geschützt. Auch gegen diese Normen würden Nebenbestimmungen der genannten Art verstoßen.
4. Die Bundesanstalt für Arbeit und das Bundesministerium für Arbeit und Sozialordnung dürfen die Unterstützung von Behindertenwerkstätten (§ 61 AFG) nicht zur Durchsetzung weitergehender Ziele, die zu einer Beeinträchtigung der Selbständigkeit der freien Träger führen, mißbrauchen. Insoweit besteht eine Parallele zu den vom BVerfG entwickelten Grundsätzen zu Art. 104 a Abs. 4 GG (BVerfGE 39, 96). Zulässig sind Nebenbestim-

mungen, die die Nachprüfung zweckentsprechender Verwendung bei der Inanspruchnahme öffentlicher Mittel garantieren sollen (§ 17 Abs. 3 Satz 3 SGB I)". (M. Stolleis, Behindertenwerkstätten zwischen freier Wohlfahrtspflege und staatlicher Arbeitsverwaltung.)

Bei dieser institutionellen Förderung handelt es sich um Zuwendungen i. S. von § 44 der Bundeshaushaltsordnung. Daneben sichert nach § 17 Abs. 3 Satz 3 SGB I den Sozialleistungsträgern das Recht zu, auch bei freien und gemeinnützigen Trägern die zweckentsprechende Verwendung derartiger Zuwendungen zu prüfen. Dieses Recht darf aber nicht dazu verwendet werden, dem Träger bei der Förderung von Baumaßnahmen Auflagen zu erteilen und Pflichten aufzuerlegen, die die Grundlagen seiner institutionellen, finanziellen und organisatiorischen Selbständigkeit beeinträchtigen. Eingriffs- und Weisungsrechte für den Betrieb der Einrichtung, wie sie die Arbeitsverwaltung gefordert und festgelegt hatte, können aus der Förderung nach §§ 23 und 44 der Bundeshaushaltsordnung nicht hergeleitet werden. Die Grenze zwischen institutioneller Förderung für den Bau von Einrichtungen durch den Träger und individueller Förderung an den einzelenen Behinderten dürfen nicht verwischt werden, weil die Rechtslage in den beiden Bereichen völlig verschieden ist.

d) Individuelle Förderung von Behinderten in Rehabilitationseinrichtungen

Anspruch auf individuelle Förderung nach dem Arbeitsförderungsgesetz hat ausschließlich der Behinderte. Die Leistungen der Bundesanstalt für Arbeit zu den Kosten der Maßnahmen der Rehabilitation sind grundsätzlich gegenüber dem Behinderten (Berechtigter) zu erbringen. (Ob aus Gründen der Verwaltungsvereinfachung die individuelle Förderung nach § 58 A Reha direkt an den Träger ausbezahlt wird, spielt dabei keine Rolle.)

Der Behinderte tritt, wenn er auf Vermittlung der Bundesanstalt eine für ihn geeignete Maßnahme der beruflichen Eingliederung in Anspruch nimmt, in ein Vertragsverhältnis zum Träger der Maßnahme. Dieses ist nach dem Vertragsgegenstand privatrechtlicher Natur. Der Träger erbringt in eigener Verantwortung eine Leistung, für deren Kosten der Behinderte als Leistungempfänger vertragsgemäß ein Entgelt zu entrichten hat.

Die Rechtsbeziehungen zwischen der Arbeitsverwaltung und dem Träger der Maßnahme treten zu dem Rechtsverhältnis zwischen Rehabilitanden und Arbeitsverwaltung hinzu.

Eindeutig ist, daß die Leistungen der Bundesanstalt nach A – Reha auf der Grundlage des Kostenerstattungsprinzips abzurechnen sind. Es handelt sich also nicht um Zuwendungen im Sinne des Haushaltsrechts. Demzufolge trifft auch nicht § 17 Abs. 3 Satz 3 Sozialgesetzbuch Allgemeiner Teil zu, wonach die Nachprüfung zweckentsprechender Verwendung bei der Inanspruchnahme öffentlicher Mittel zulässig ist. Die Selbstkostenermittlung ist kein Verwendungsnachweis im Sinne der haushaltsrechtlichen Vorschriften. Sie steht auch in keinem Zusammenhang mit dem Preisrecht. Die Angemessenheit der Lehrgangsgebühren und Ausbildungskosten ist nach § 29 A Reha Abs. 2 vom zuständigen Landesarbeitsamt festzustellen. Die hierzu erforderlichen Informationen und Begründungen über die Selbstkostenermittlung und das Leistungsangebot können vom zuständigen Landesarbeitsamt angefordert werden. Sie sind zusammen mit dem Selbstkostenblatt Grundlage für die Kostenfeststellung. Das zuständige Landesarbeitsamt muß bei der Feststellung der Angemessenheit der Lehrgangsgebühren und Ausbildungskosten die Selbstkosten der Träger der Maßnahmen berücksichtigen. Auf der anderen Seite kann der Träger der Maßnahme nicht die Erstattung unangemessener und nicht erforderlicher Kosten verlangen. Beide Seiten müssen demnach einen Interessenausgleich durch Einigung anstreben. Dieser erfolgt im Wege der Vereinbarung. Sie schützt den Träger der Maßnahme und die Bundesanstalt vor der Durchsetzung ungerechtfertigter Forderungen. Auch über die individuelle Förderung kann damit kein Weisungsrecht gegenüber den Trägern der Einrichtungen begründet werden. Die Arbeitsverwaltung hat jedoch selbstverständlich das Recht zu prüfen, ob Maßnahmen der beruflichen Rehabilitationen, die von freien und kommunalen Trägern durchgeführt werden, den gesetzlichen Anforderungen genügen, und nur in diesen Fällen kann sie dann die Kosten der individuellen Förderung Behinderter dort jeweils übernehmen. Hierfür sind jedoch keine umfassenden Mitwirkungs- und Eingriffsrechte erforderlich. Ebensowenig können aus der Kostenübernahme für die individuelle Förderung umfassende Kontroll- und Weisungsrechte für die Wirtschaftsführung einer Einrichtung der beruflichen Rehabilitation abgeleitet werden.

Bereits diese wenigen Hinweise auf die Rechtslage machen deutlich, daß die Beziehungen der Arbeitsverwaltung und der Maßnahmeträger bei der individuellen Förderung von anderen rechtlichen und tatsächlichen Voraussetzungen ausgehen als bei der institutionellen Förderung. Die Probleme in der Zusammenarbeit, die sich in den vergangen Jahren teilweise ergeben haben, kamen zu einem erheblichen Teil daher, daß diese Unterschiede nicht genügend beachtet wurden.

4. Sonstige Beziehungsebenen

Eine ganze Reihe von wichtigen Beziehungsebenen innerhalb der Wohlfahrtspflege kann hier nicht näher ausgeführt werden, wo etwa das Verhältnis zwischen kommunaler Selbstverwaltung und staatlichen Organen und Behörden, das Verhältnis freier und öffentlicher Träger zur Selbstverwaltung der Krankenkassen u. a.

Hinzuweisen ist aber noch darauf, daß auch innerhalb der einzelnen Trägergruppen unterschiedliche Interessen und z. T. gegensätzliche Entwicklungen zu beobachten sind:

a) Die kommunalen Ebenen müssen sich untereinander z. T. durch sog. Umlagen finanzieren. Deshalb wird bei denen, die aus ihren Steuereinnahmen für andere etwas abgeben müssen, immer mehr darauf geachtet, welche Aufgaben der Empfänger damit erfüllt. So ist eine heftige Diskussion darüber entstanden, ob z. B. die Landkreise aus Mitteln, die sie über Umlagen von den Gemeinden erhalten, sog. „freiwillige" Leistungen finanzieren dürfen. Dabei wurde nicht genügend unterschieden, ob es sich um tatsächlich freiwillige Leistungen oder um sog. „subsidiäre Pflichtleistungen" etwa nach §§ 10 und 93 BSHG handelt. Die entscheidende Tatsache, daß kommunale Selbstverwaltung ihrem Wesen nach freiwillige Leistungen für ihr Bürger, deren Einrichtungen und Organisationen braucht, ist dabei erfreulicherweise wieder stärker ins Bewußtsein gerückt worden.

b) Es gibt in den gesellschafts- und sozialpolitischen Zielvorstellungen auch unter den Verbänden der freien Wohlfahrtspflege erhebliche Unterschiede: Wenn der damalige Vorsitzende der bayerischen Arbeiterwohlfahrt im Jahr 1954 den Vorrang staatlicher Wohlfahrtspflege vor der freien Wohlfahrtspflege herausgestellt hat (H. Weinberger in Bayerischer Wohlfahrtsdienst 1954 S. 113) und andererseits der Justitiar des Deutschen Caritasverbandes im Jahr 1957 festgestellt hat, daß der behördliche Fürsorgeträger keine Hilfe leisten könne, die über Geld- und Sachleistungen hinausgehe (F. Klein in Grundfragen der Fürsorge, S. 27), so sind dies keinesfalls nur überholte sozialpolitische Positionen; von ihnen wird auch heute noch das Selbstverständnis und die Zielsetzung der Verbände wesentlich mitbestimmt.

5. *Zusammenfassung*

Mit den hier angesprochenen Beispielen sollte deutlich gemacht werden, wie vielschichtig das Gefüge der sozialen Sicherung in der Bundesrepublik Deutschland ist. Aus den kritischen Anmerkungen kann und soll jedoch nicht die Forderung abgeleitet werden, daß eine grundlegende „Flurbereinigung" nötig ist, um das „Verbandsgezänk" aus der Welt zu schaffen. Alle wesentlichen Fragen, die hier angesprochen sind, hängen nicht vorrangig mit der Organisation des Systems zusammen, sondern mit Interessen und Bedürfnissen von Bürgern und gesamtgesellschaftlichen Grundbedürfnissen, die weitgehend unabhängig von der Organisationsstruktur sind. Eine straffere Gliederung kann vorhandene Schwierigkeiten kaum beseitigen, sondern lediglich verdecken. Mit dem Hinweis auf diese Feststellung können jedoch kleinkarierte oder egoistische Interessen und Kräfte weder entschuldigt noch gerechtfertigt werden.

Vielfach wird beklagt, daß alle Lebensbereiche verrechtlicht sind. Dabei wird jedoch vergessen, daß die relative Sicherheit des einzelnen in unserem Land vor allem auf seinen Rechtsansprüchen beruht. Wenn aber diese Ansprüche rücksichtslos ausgeschöpt werden, wird der Lebensnerv einer freiheitlich-demokratischen Grundordnung ebenso getroffen, wie wenn nur das gewährt wird, was nicht verweigert werden kann.

Ein freier Staat braucht das Engagement seiner Bürger. Deshalb sind alle Kräfte und Institutionen zu stärken, die in besonderer Weise geeignet sind, den Gedanken der Selbstverwaltung, der Selbstverantwortung, der Selbsthilfe und der Selbstfindung zu wecken und zu fördern.

Bei allem notwendigen Streben, die Lebenschancen gleichmäßig zu verteilen, gilt doch auch das andere: „Wer die Freiheit bewahren will, muß ein gewisses Maß an Ungleichheit in Kauf nehmen.“ (Graf Baudissin auf der Tagung des Politischen Clubs der Evangelischen Akademie Tutzing im Juli 1980.)

KAPITEL 3

Rechtliche Grundlagen

Im folgenden sollen die wichtigsten Rechtsgrundlagen zusammengestellt werden, die das Recht auf eigenverantwortliche Tätigkeit, den institutionellen und organisatorischen Bestand sowie die eigene finanzielle Basis der freien und öffentlichen Wohlfahrtspflege sicherstellen sollen. Deshalb werden die Bestimmungen nicht fortlaufend abgedruckt, sondern gegebenenfalls absatzweise auf die Abschnitte B bis D verteilt. Soweit eine textliche Aufteilung nicht möglich ist, wird auf vorangehende Zitate verwiesen. Im Blick auf die Verantwortung des Staates für den Erlaß von Rechtsvorschriften und für den Vollzug wird auch noch kurz darauf eingegangen, wie hierbei die Kompetenzen zwischen Bund und Ländern verfassungsrechtlich verteilt sind.

A. Grundsätzliches

Das Recht und die Verpflichtung, für den Mitbürger verantwortlich zu sein, und die Möglichkeit, Hilfe von der Gemeinschaft anzunehmen, ist untrennbar verbunden mit den Grundrechten des Grundgesetzes der Bundesrepublik Deutschland. Hierbei ist die Achtung vor der Menschenwürde sowie die allgemeine Handlungsfreiheit ebenso bedeutsam wie das Recht auf freie Entfaltung der Persönlichkeit und der Grundsatz der Gleichheit aller vor dem Gesetz. Für die Gesellschaftspolitik ist darüber hinaus der besondere Schutz der Familie von grundlegender Bedeutung:

Grundgesetz

Art. 1
Schutz der Menschenwürde

(1) Die Würde des Menschen ist unantastbar. Sie zu achten und zu schützen, ist Verpflichtung aller staatlichen Gewalt.

(2) Das Deutsche Volk bekennt sich darum zu unverletzlichen und unveräußerlichen Menschenrechten als Grundlage jeder menschlichen Gemeinschaft, des Friedens und der Gerechtigkeit in der Welt.

(3) Die nachfolgenden Grundrechte binden Gesetzgebung, vollziehende Gewalt und Rechtsprechung als unmittelbar geltendes Recht.

Art. 2
Persönliche Freiheitsrechte

(1) Jeder hat das Recht auf die freie Entfaltung seiner Persönlichkeit, soweit er nicht die Rechte anderer verletzt und nicht gegen die verfassungsmäßige Ordnung oder das Sittengesetz verstößt.

(2) Jeder hat das Recht auf Leben und körperliche Unversehrtheit. Die Freiheit der Person ist unverletzlich. In diese Rechte darf nur auf Grund eines Gesetzes eingegriffen werden.

Art. 3
Gleichheit vor dem Gesetz

(1) Alle Menschen sind vor dem Gesetz gleich.
(2) Männer und Frauen sind gleichberechtigt.
(3) Niemand darf wegen seines Geschlechts, seiner Abstammung, seiner Rasse, seiner Sprache, seiner Heimat und Herkunft, seines Glaubens, seiner religiösen oder politischen Anschauungen benachteiligt oder bevorzugt werden.

Art. 6
Ehe, Familie, nichteheliche Kinder

(1) Ehe und Familie stehen unter dem besonderen Schutze der staatlichen Ordnung.
(2) Pflege und Erziehung der Kinder sind das natürliche Recht der Eltern und die zuvörderst ihnen obliegende Pflicht. Über ihre Betätigung wacht die staatliche Gemeinschaft.
(3) Gegen den Willen der Erziehungsberechtigten dürfen Kinder nur auf Grund eines Gesetzes von der Familie getrennt werden, wenn die Erziehungsberechtigten versagen oder wenn die Kinder aus anderen Gründen zu verwahrlosen drohen.
(4) Jede Mutter hat Anspruch auf den Schutz und die Fürsorge der Gemeinschaft.
(5) Den unehelichen Kindern sind durch die Gesetzgebung die gleichen Bedingungen für ihre leibliche und seelische Entwicklung und ihre Stellung in der Gesellschaft zu schaffen wie den ehelichen Kindern.

Die Grundrechte gelten nicht nur für natürliche sondern, soweit dies von der Natur der Sache her möglich ist, auch für juristische Personen (z. B. Vereine, Stiftungen, Gesellschaften und Körperschaften des öffentlichen Rechts).

B. Bestandsgarantien

- Für die freie Wohlfahrtspflege ist vor allem die Vereinigungsfreiheit nach Art. 9 GG von entscheidender Bedeutung. Ihre institutionelle Ausgestaltung ist im Bürgerlichen Gesetzbuch (Vereinsrechtliche Bestimmungen der §§ 21–79, Stiftungsrecht der §§ 80–88, rechtliche Bestimmungen über die Gesellschaften nach den §§ 705–770), in handelsrechtlichen Bestimmungen (z. B. GmbH-Gesetz – insbesondere für den Bereich Werkstätten für Behinderte und Krankenhäuser u. a.) konkretisiert. Besonders hinzuweisen ist schließlich auf § 10 BSHG, sowei auf § 4 KJHG und § 17 SGB I (letzere abgedruckt unter Buchst. C).
- Für die Kirchen und im Zusammenhang damit auch für das Diakonische Werk und den Deutschen Caritasverband sind dabei noch die Verfassungsartikel

über die Glaubens- und Gewissensfreiheit sowie über die Stellung der Kirchen im Staat zu berücksichtigen.

- Für die kommunale Wohlfahrtspflege ist die Selbstverwaltungsgarantie nach Art. 28 GG von grundlegender Bedeutung. Diese ist in den Kommunalgesetzen der Länder näher ausgeformt.
- Hinzuweisen ist auch auf die Privatschulgarantie nach Art. 7 GG (s. Buchst. C).

Die institutionellen Bestandsgarantien für die freie Wohlfahrtspflege und die kommunale Selbstverwaltung sollen dazu dienen, die Sozialstaatsklausel des Art. 20 GG zu verwirklichen:

I. Grundgesetz einschließlich WRV

Art. 4
Glaubens-, Gewissens- und Bekenntnisfreiheit

(1) Die Freiheit des Glaubens, des Gewissens und die Freiheit des religiösen und weltanschaulichen Bekenntnisses sind unverletzlich.

(2) Die ungestörte Religionsausübung wird gewährleistet.

(3) Niemand darf gegen sein Gewissen zum Kriegsdienst mit der Waffe gezwungen werden. Das Nähere regelt ein Bundesgesetz.

Art. 9
Vereinigungsfreiheit

(1) Alle Deutschen haben das Recht, Vereine und Gesellschaften zu bilden.

(2) Vereinigungen, deren Zwecke oder deren Tätigkeit den Strafgesetzen zuwiderlaufen oder die sich gegen die verfassungsmäßige Ordnung oder gegen den Gedanken der Völkerverständigung richten, sind verboten.

(3) Das Recht, zur Wahrung und Förderung der Arbeits- und Wirtschaftsbedingungen Vereinigungen zu bilden, ist für jedermann und für alle Berufe gewährleistet. Abreden, die dieses Recht einschränken oder zu behindern suchen, sind nichtig, hierauf gerichtete Maßnahmen sind rechtswidrig. Maßnahmen nach den Art. 12a, 35 Abs. 2 und 3, Art. 87a Abs. 4 und Art. 91 dürfen sich nicht gegen Arbeitskämpfe richten, die zur Wahrung und Förderung der Arbeits- und Wirtschaftsbedingungen von Vereinigungen im Sinne des Satzes 1 geführt werden.

Art. 20
Bundesstaatliche Verfassung
(Auszug)

(1) Die Bundesrepublik Deutschland ist ein demokratischer und sozialer Bundesstaat.

Art. 28
Verfassung der Länder
(Auszug)

(1) Die verfassungsmäßige Ordnung in den Ländern muß den Grundsätzen des republikanischen, demokratischen und sozialen Rechtsstaates im Sinne dieses

Grundgesetzes entsprechen. In den Ländern, Kreisen und Gemeinden muß das Volk eine Vertretung haben, die aus allgemeinen, unmittelbaren, freien, gleichen und geheimen Wahlen hervorgegangen ist. In Gemeinden kann an die Stelle einer gewählten Körperschaft die Gemeindeversammlung treten.

Art. 140
Geltung von Artikeln der Weimarer Verfassung

Die Bestimmungen der Artikel 136, 137, 138, 139 und 141 der deutschen Verfassung vom 11. 8. 1919 sind Bestandteil dieses Grundgesetzes.

Art. 137 WRV

(1) Es besteht keine Staatskirche.

(2) Die Freiheit der Vereinigung zu Religionsgesellschaften wird gewährleistet. Der Zusammenschluß von Religionsgesellschaften innerhalb des Reichsgebiets unterliegt keinen Beschränkungen.

(3) Jede Religionsgesellschaft ordnet und verwaltet ihre Angelegenheiten selbständig innerhalb der Schranken des für alle geltenden Gesetzes. Sie verleiht ihre Ämter ohne Mitwirkung des Staates oder der bürgerlichen Gemeinde.

(4) Religionsgesellschaften erwerben die Rechtsfähigkeit nach den allgemeinen Vorschriften des bürgerlichen Rechtes.

(5) Die Religionsgesellschaften bleiben Körperschaften des öffentlichen Rechtes, soweit sie solche bisher waren. Anderen Religionsgesellschaften sind auf ihren Antrag gleiche Rechte zu gewähren, wenn sie durch ihre Verfassung und die Zahl ihrer Mitglieder die Gewähr der Dauer bieten. Schließen sich mehrere derartige öffentlich-rechtliche Religionsgesellschaften zu einem Verbande zusammen, so ist auch dieser Verband eine öffentlich-rechtliche Körperschaft.

(6) Die Religionsgesellschaften, welche Körperschaften des öffentlichen Rechtes sind, sind berechtigt, auf Grund der bürgerlichen Steuerlisten nach Maßgabe der landesrechtlichen Bestimmungen Steuern zu erheben.

(7) Den Religionsgesellschaften werden die Vereinigungen gleichgestellt, die sich die gemeinschaftliche Pflege einer Weltanschauung zur Aufgabe machen.

(8) Soweit die Durchführung dieser Bestimmungen eine weitere Regelung erfordert, liegt diese der Landesgesetzgebung ob.

II. Bundessozialhilfegesetz

§ 10
Verhältnis zur freien Wohlfahrtspflege
(Auszug)

(1) Die Stellung der Kirchen und Religionsgesellschaften des öffentlichen Rechts sowie der Verbände der freien Wohlfahrtspflege als Träger eigener sozialer Aufgaben und ihre Tätigkeit zur Erfüllung dieser Aufgaben werden durch dieses Gesetz nicht berührt.

C. Funktionsgarantien und Mitwirkungsrechte

Durch die umfassende Funktionsgarantie nach Art. 28 Abs. 2 GG sind für die kommunale Selbstverwaltung alle wesentlichen Aufgaben erfaßt. Mitwirkungsrechte an staatlicher Planung und Aufsicht für die Kommunen sind in verschiedenen Einzelgesetzen (so z. B. Heimgesetz, Kinder- und Jugendhilfegesetz, Krankenhausplanung) festgelegt. Für die freien Träger waren Funktionsgarantien und Mitwirkungsrechte in Spezialgesetzen näher zu sichern. Von grundlegender Bedeutung sind die Bestimmungen des Allgemeinen Teils des Sozialgesetzbuchs (auf die spezielle Problematik des Verfahrensrechtes im 10. Buch wird in Kap. 1 Abschnitt D eingegangen), des Bundessozialhilfegesetzes und des Kinder- und Jugendhilfegesetzes. Schließlich ist auf die Privatschulgarantie des Art. 7 GG sowie Art. 137 WRV (s. Buchst. B) hinzuweisen:

I. Grundgesetz

Art. 7
Schulwesen

(1) Das gesamte Schulwesen steht unter der Aufsicht des Staates.

(2) Die Erziehungsberechtigten haben das Recht, über die Teilnahme des Kindes am Religionsunterricht zu bestimmen.

(3) Der Religionsunterricht ist in den öffentlichen Schulen mit Ausnahme der bekenntnisfreien Schulen ordentliches Lehrfach. Unbeschadet des staatlichen Aufsichtsrechtes wird der Religionsunterricht in Übereinstimmung mit den Grundsätzen der Religionsgemeinschaften erteilt. Kein Lehrer darf gegen seinen Willen verpflichtet werden, Religionsunterricht zu erteilen.

(4) Das Recht zur Errichtung von privaten Schulen wird gewährleistet. Private Schulen als Ersatz für öffentliche Schulen bedürfen der Genehmigung des Staates und unterstehen den Landesgesetzen. Die Genehmigung ist zu erteilen, wenn die privaten Schulen in ihren Lehrzielen und Einrichtungen sowie in der wissenschaftlichen Ausbildung ihrer Lehrkräfte nicht hinter den öffentlichen Schulen zurückstehen und eine Sonderung der Schüler nach den Besitzverhältnissen der Eltern nicht gefördert wird. Die Genehmigung ist zu versagen, wenn die wirtschaftliche und rechtliche Stellung der Lehrkräfte nicht genügend gesichert ist.

(5) Eine private Volksschule ist nur zuzulassen, wenn die Unterrichtsverwaltung ein besonderes pädagogisches Interesse anerkennt oder, auf Antrag von Erziehungsberechtigten, wenn sie als Gemeinschaftsschule, als Bekenntnis- oder Weltanschauungsschule errichtet werden soll und eine öffentliche Volksschule dieser Art in der Gemeinde nicht besteht.

(6) Vorschulen bleiben aufgehoben.

Art. 28
Verfassung der Länder
(Auszug)

Den Gemeinden muß das Recht gewährleistet sein, alle Angelegenheiten der örtlichen Gemeinschaft im Rahmen der Gesetze in eigener Verantwortung zu regeln.

Auch die Gemeindeverbände haben im Rahmen ihres gesetzlichen Aufgabenbereiches nach Maßgabe der Gesetze das Recht der Selbstverwaltung.

II. Sozialgesetzbuch

§ 17
Ausführung der Sozialleistungen

(1) Die Leistungsträger sind verpflichtet, darauf hinzuwirken, daß
1. jeder Berechtigte die zustehenden Sozialleistungen in zeitgemäßer Weise, umfassend und schnell erhält,
2. die zur Ausführung von Sozialleistungen erforderlichen sozialen Dienste und Einrichtungen rechtzeitig und ausreichend zur Verfügung stehen und
3. der Zugang zu den Sozialleistungen möglichst einfach gestaltet wird, insbesondere durch Verwendung allgemein verständlicher Antragsvordrucke.
(2) (aufgehoben)
(3) In der Zusammenarbeit mit gemeinnützigen und freien Einrichtungen und Organisationen wirken die Leistungsträger darauf hin, daß sich ihre Tätigkeit und die der genannten Einrichtungen und Organisationen zum Wohl der Leistungsempfänger wirksam ergänzen. Sie haben dabei deren Selbständigkeit in Zielsetzung und Durchführung ihrer Aufgaben zu achten. Die Nachprüfung zweckentsprechender Verwendung bei der Inanspruchnahme öffentlicher Mittel bleibt unberührt. Im übrigen ergibt sich ihr Verhältnis zueinander aus den besonderen Teilen dieses Gesetzbuchs; § 97 Abs. 2 des Zehnten Buches findet keine Anwendung.

III. Bundessozialhilfegesetz

§ 10
Verhältnis zur freien Wohlfahrtspflege
(Auszug)

(2) Die Träger der Sozialhilfe sollen bei der Durchführung dieses Gesetzes mit den Kirchen und Religionsgesellschaften des öffentlichen Rechts sowie den Verbänden der freien Wohlfahrtspflege zusammenarbeiten und dabei deren Selbständigkeit in Zielsetzung und Durchführung ihrer Aufgaben achten.
(3) Die Zusammenarbeit soll darauf gerichtet sein, daß sich die Sozialhilfe und die Tätigkeit der freien Wohlfahrtspflege zum Wohle des Hilfesuchenden wirksam ergänzen. Die Träger der Sozialhilfe sollen die Verbände der freien Wohlfahrtspflege in ihrer Tätigkeit auf dem Gebiet der Sozialhilfe unterstützen.
(4) Wird die Hilfe im Einzelfall durch die freie Wohlfahrtspflege gewährleistet, sollen die Träger der Sozialhilfe von der Durchführung eigener Maßnahmen absehen; dies gilt nicht für die Gewährung von Geldleistungen.
(5) Die Träger der Sozialhilfe können allgemein an der Durchführung ihrer Aufgaben nach diesem Gesetz die Verbände der freien Wohlfahrtspflege beteiligen oder ihnen die Durchführung solcher Aufgaben übertragen, wenn die Verbände

mit der Beteiligung oder Übertragung einverstanden sind. Die Träger der Sozialhilfe bleiben den Hilfesuchenden gegenüber verantwortlich.

§ 93
Einrichtungen
(Auszug)

(1) Zur Gewährung von Sozialhilfe sollen die Träger der Sozialhilfe eigene Einrichtungen nicht neu schaffen, soweit geeignete Einrichtungen der in § 10 Abs. 2 genannten Träger der freien Wohlfahrtspflege vorhanden sind, ausgebaut oder geschaffen werden können.

§ 95
Arbeitsgemeinschaften

(1) Die Träger der Sozialhilfe sollen die Bildung von Arbeitsgemeinschaften anstreben, wenn es geboten ist, die gleichmäßige oder gemeinsame Durchführung von Maßnahmen zu beraten oder zu sichern. In den Arbeitsgemeinschaften sollen vor allem die Stellen vertreten sein, deren gesetzliche Aufgaben dem gleichen Ziel dienen oder die an der Durchführung der Maßnahmen beteiligt sind, besonders die Verbände der freien Wohlfahrtspflege.

IV. Kinder- und Jugendhilfegesetz

§ 4
Zusammenarbeit der öffentlichen Jugendhilfe mit der freien Jugendhilfe

(1) Die öffentliche Jugendhilfe soll mit der freien Jugendhilfe zum Wohl junger Menschen und ihrer Familien partnerschaftlich zusammenarbeiten. Sie hat dabei die Selbständigkeit der freien Jugendhilfe in Zielsetzung und Durchführung ihrer Aufgaben sowie in der Gestaltung ihrer Organisationsstruktur zu achten.

(2) Soweit geeignete Einrichtungen, Dienste und Veranstaltungen von anerkannten Trägern der freien Jugendhilfe betrieben oder rechtzeitig geschaffen werden können, soll die öffentliche Jugendhilfe von eigenen Maßnahmen absehen.

(3) Die öffentliche Jugendhilfe soll die freie Jugendhilfe nach Maßgabe dieses Buches fördern und dabei die verschiedenen Formen der Selbsthilfe stärken.

V. Heimgesetz

§ 10
Beteiligung an der Überwachung

(1) Die Landesverbände der Freien Wohlfahrtspflege im Sinne des § 10 Abs. 1 des Bundessozialhilfegesetzes, die Kommunalen Spitzenverbände und sonstige Vereinigungen auf Landesebene sind auf Antrag an der behördlichen Überwa-

chung der ihnen angehörenden Träger angemessen zu beteiligen, wenn der jeweilige Träger zustimmt.

(2) Der Bundesminister für Jugend, Familie und Gesundheit kann durch Rechtsverordnung mit Zustimmung des Bundesrates Vorschriften über die Beteiligung an der Überwachung erlassen.

VI. Krankenhausfinanzierungsgesetz

Aufgrund von § 7 Abs. 1 KHG sind neben den Krankenhausgesellschaften und den Spitzenverbänden der gesetzlichen Krankenkassen auch die sonstigen wesentlichen Beteiligten im Land bei der Aufstellung der Krankenhausbedarfspläne zu beteiligen. Nähere Regelungen blieben den Ländern vorbehalten.

D. Finanzgarantien

Die wichtigsten eigenständigen Finanzgarantien für die Kommunen sind die Beteiligung an der Einkommensteuer und die Realsteuergarantie und der kommunale Finanzausgleich nach Art. 106 GG.

Für die Kirchen ist die wichtigste Finanzgarantie, das Recht aufgrund der bürgerlichen Steuerlisten Steuern zu erheben (Art. 137 WRV – s. Buchst. B).

Für die Träger der freien Wohlfahrtspflege und ihre gemeinnützige Tätigkeit sind die entsprechenden Bestimmungen der Abgabenordnung von existenzieller Bedeutung. Auch die Bestimmungen des Umsatzsteuerrechtes sind in Teilbereichen von Bedeutung (§ 4 Umsatzsteuergesetz und § 23 Umsatzsteuerdurchführungsverordnung).

Ihr Förderanspruch gegenüber den Trägern der Sozial- und Jugendhilfe nach dem BSHG bzw. KJHG ist ebenso wichtig wie z. B. die Förderverpflichtung der Arbeitsverwaltung für Maßnahmen der Rehabilitation. Insgesamt ist bei diesen Förderverpflichtungen zu beachten, daß die verfassungs- und sozialrechtlichen Bestandsgarantien für die Zielsetzung und Durchführung der Aufgaben der freien Wohlfahrtspflege auch durch Auflagen und Anordnungen bei der Gewährung von Zuwendungen nicht verletzt werden dürfen.

I. Grundgesetz

Art. 106
Verteilung des Steueraufkommens
(Auszug)

(5) Die Gemeinden erhalten einen Anteil an dem Aufkommen der Einkommensteuer, der von den Ländern an ihre Gemeinden auf der Grundlage der Einkommensteuerleistungen ihrer Einwohner weiterzuleiten ist. Das Nähere bestimmt ein

Bundesgesetz, das der Zustimmung des Bundesrates bedarf. Es kann bestimmen, daß die Gemeinden Hebesätze für den Gemeindeanteil festsetzen.

(6) Das Aufkommen der Realsteuern steht den Gemeinden, das Aufkommen der örtlichen Verbrauch- und Aufwandsteuern steht den Gemeinden oder nach maßgabe der Landesgesetzgebung den Gemeindeverbänden zu. Den Gemeinden ist das Recht einzuräumen, die Hebesätze der Realsteuern im Rahmen der Gesetze festzusetzen. Bestehen in einem Land keine Gemeinden, so steht das Aufkommen der Realsteuern und der örtlichen Verbrauch- und Aufwandsteuern dem Land zu. Bund und Länder können durch eine Umlage an dem Aufkommen der Gewerbesteuer beteiligt werden. Das Nähere über die Umlage bestimmt ein Bundesgesetz, das der Zustimmung des Bundesrates bedarf. Nach Maßgabe der Landesgesetzgebung können die Realsteuern und der Gemeindeanteil vom Aufkommen der Einkommensteuer als Bemessungsgrundlagen für Umlagen zugrunde gelegt werden.

(7) Von dem Länderanteil am Gesamtaufkommen der Gemeinschaftsteuern fließt den Gemeinden und Gemeindeverbänden insgesamt ein von der Landesgesetzgebung zu bestimmender Hundertsatz zu. Im übrigen bestimmt die Landesgesetzgebung, ob und inwieweit das Aufkommen der Landessteuern den Gemeinden (Gemeindeverbänden) zufließt.

(8) Veranlaßt der Bund in einzelnen Ländern oder Gemeinden (Gemeindeverbänden) besondere Einrichtungen, die diesen Ländern oder Gemeinden (Gemeindeverbänden) unmittelbar Mehrausgaben oder Mindereinnahmen (Sonderbelastungen) verursachen, gewährt der Bund den erforderlichen Ausgleich, wenn und soweit den Ländern oder Gemeinden (Gemeindeverbänden) nicht zugemutet werden kann, die Sonderbelastungen zu tragen. Entschädigungsleistungen Dritter und finanzielle Vorteile, die diesen Ländern oder Gemeinden (Gemeindeverbänden) als Folge der Einrichtungen erwachsen, werden bei dem Ausgleich berücksichtigt.

II. Bundessozialhilfegesetz

§ 10
(s. Buchst. C)

(2) Der Träger der Sozialhilfe ist zur Übernahme der Kosten der Hilfe in einer Einrichtung eines anderen Trägers nur verpflichtet, wenn mit dem Träger der Einrichtung oder seinem Verband eine Vereinbarung über die Höhe der zu übernehmenden Kosten besteht; in anderen Fällen soll er die Kosten übernehmen, wenn dies nach der Besonderheit des Einzelfalles geboten ist, um angemessenen Wünschen des Hilfeempfängers (§ 3 Abs. 2 und 3) zu entsprechen. Die Vereinbarungen und die Kostenübernahme müssen den Grundsätzen der Wirtschaftlichkeit, Sparsamkeit und Leistungsfähigkeit Rechnung tragen. Sind sowohl Einrichtungen der in § 10 genannten Träger als auch anderer Träger vorhanden, die zur Gewährung von Sozialhilfe in gleichem Maße geeignet sind, soll der Träger der Sozialhilfe Vereinbarungen nach Satz 1 vorrangig mit den in § 10 genannten Trägern abschließen. § 95 des Zehnten Buches Sozialgesetzbuch und landesrechtliche Vorschriften über die zu übernehmenden Kosten bleiben unberührt.

III. Kinder- und Jugendhilfegesetz

§ 74
Förderung der freien Jugendhilfe
(Auszug)

(1) Die Träger der öffentlichen Jugendhilfe sollen die freiwillige Tätigkeit auf dem Gebiet der Jugendhilfe anregen; sie sollen sie fördern, wenn der jeweilige Träger
1. die fachlichen Voraussetzungen für die geplante Maßnahme erfüllt,
2. die Gewähr für eine zweckentsprechende und wirtschaftliche Verwendung der Mittel bietet,
3. gemeinnützige Ziele verfolgt,
4. eine angemessene Eigenleistung erbringt und
5. die Gewähr für eine den Zielen des Grundgesetzes förderliche Arbeit bietet. Eine auf Dauer angelegte Förderung setzt in der Regel die Anerkennung als Träger der freien Jugendhilfe nach § 75 voraus.

(2) Soweit von der freien Jugendhilfe Einrichtungen, Dienste und Veranstaltungen geschaffen werden, um die Gewährung von Leistungen nach diesem Buch zu ermöglichen, kann die Förderung von der Bereitschaft abhängig gemacht werden, diese Einrichtungen, Dienste und Veranstaltungen nach Maßgabe der Jugendhilfeplanung und unter Beachtung der in § 9 genannten Grundsätze anzubieten. § 4 Abs. 1 bleibt unberührt.

(3) Über die Art und Höhe der Förderung entscheidet der Träger der öffentlichen Jugendhilfe im Rahmen der verfügbaren Haushaltsmittel nach pflichtgemäßem Ermessen. Entsprechendes gilt, wenn mehrere Antragsteller die Förderungsvoraussetzungen erfüllen und die von ihnen vorgesehenen Maßnahmen gleich geeignet sind, zur Befriedigung des Bedarfs jedoch nur eine Maßnahme notwendig ist. Bei der Bemessung der Eigenleistung sind die unterschiedliche Finanzkraft und die sonstigen Verhältnisse zu berücksichtigen.

(4) Bei sonst gleich geeigneten Maßnahmen soll solchen der Vorzug gegeben werden, die stärker an den Interessen der Betroffenen orientiert sind und ihre Einflußnahme auf die Ausgestaltung der Maßnahme gewährleisten.

IV. Abgabenordnung

§ 51
Allgemeines

Gewährt das Gesetz eine Steuervergünstigung, weil eine Körperschaft ausschließlich und unmittelbar gemeinnützige, mildtätige oder kirchliche Zwecke (steuerbegünstigte Zwecke) verfolgt, so gelten die folgenden Vorschriften. Unter Körperschaften sind die Körperschaften, Personenvereinigungen und Vermögensmassen im Sinne des Körperschaftsteuergesetzes zu verstehen. Funktionale Untergliederungen (Abteilungen) von Körperschaften gelten nicht als selbständige Steuersubjekte.

§ 52
Gemeinnützige Zwecke
(Auszug)

(1) Eine Körperschaft verfolgt gemeinnützige Zwecke, wenn ihre Tätigkeit darauf gerichtet ist, die Allgemeinheit auf materiellem, geistigem oder sittlichem Gebiet selbstlos zu fördern. Eine Förderung der Allgemeinheit ist nicht gegeben, wenn der Kreis der Personen, dem die Förderung zugute kommt, fest abgeschlossen ist, zum Beispiel Zugehörigkeit zu einer Familie oder zur Belegschaft eines Unternehmens, oder infolge seiner Abgrenzung, insbesondere nach räumlichen oder beruflichen Merkmalen, dauernd nur klein sein kann. Eine Förderung der Allgemeinheit liegt nicht allein deswegen vor, weil eine Körperschaft ihre Mittel einer Körperschaft des öffentlichen Rechts zuführt.

(2) Unter den Voraussetzungen des Absatzes 1 sind als Förderung der Allgemeinheit anzuerkennen insbesondere:

1. *die Förderung von Wissenschaft und Forschung, Bildung und Erziehung, Kunst und Kultur, der Religion, der Völkerverständigung, der Entwicklungshilfe, des Umwelt-, Landschafts- und Denkmalschutzes, des Heimatgedankens,*
2. *die Förderung der Jugendhilfe, der Altenhilfe, des öffentlichen Gesundheitswesens, des Wohlfahrtswesens und des Sports. Schach gilt als Sport.*

. . .

§ 53
Mildtätige Zwecke

Eine Körperschaft verfolgt mildtätige Zwecke, wenn ihre Tätigkeit darauf gerichtet ist, Personen selbstlos zu unterstützen,

1. *die infolge ihres körperlichen, geistigen oder seelischen Zustandes auf die Hilfe anderer angewiesen sind oder*
2. *deren Bezüge nicht höher sind als das Vierfache des Regelsatzes der Sozialhilfe im Sinne des § 22 des Bundessozialhilfegesetzes; beim Alleinstehenden oder Haushaltsvorstand tritt an die Stelle des Vierfachen das Fünffache des Regelsatzes. Dies gilt nicht für Personen, deren Vermögen zur nachhaltigen Verbesserung ihres Unterhalts ausreicht und denen zugemutet werden kann, es dafür zu verwenden. Bei Personen, deren wirtschaftliche Lage aus besonderen Gründen zu einer Notlage geworden ist, dürfen die Bezüge oder das Vermögen die genannten Grenzen übersteigen. Bezüge im Sinne dieser Vorschrift sind*
   a) *Einkünfte im Sinne des § 2 Abs. 1 des Einkommensteuergesetzes und*
   b) *andere zur Bestreitung des Unterhalts bestimmte oder geeignete Bezüge, die der Alleinstehende oder der Haushaltsvorstand und die sonstigen Haushaltsangehörigen haben. Zu den Bezügen zählen nicht Leistungen der Sozialhilfe und bis zur Höhe der Leistungen der Sozialhilfe Unterhaltsleistungen an Personen, die ohne die Unterhaltsleistungen sozialhilfeberechtigt wären. Unterhaltsansprüche sind zu berücksichtigen.*

§ 54
Kirchliche Zwecke

(1) Eine Körperschaft verfolgt kirchliche Zecke, wenn ihre Tätigkeit darauf gerichtet ist, eine Religionsgemeinschaft, die Körperschaft des öffentlichen Rechts ist, selbstlos zu fördern.

(2) Zu diesen Zwecken gehören insbesondere die Errichtung, Ausschmückung und Unterhaltung von Gotteshäusern und kirchlichen Gemeindehäusern, die Abhaltung von Gottesdiensten, die Ausbildung von Geistlichen, die Erteilung von Religionsunterricht, die Beerdigung und die Pflege des Andenkens der Toten, ferner die Verwaltung des Kirchenvermögens, die Besoldung der Geistlichen, Kirchenbeamten aund Kirchendiener, die Alters- und Behindertenversorgung für diese Personen und die Versorgung ihrer Witwen und Waisen.

§ 55
Selbstlosigkeit

(1) Eine Förderung oder Unterstützung geschieht selbstlos, wenn dadurch nicht in erster Linie eigenwirtschaftliche Zwecke – zum Beispiel gewerbliche Zwecke oder sonstige Erwerbszwecke – verfolgt werden und wenn die folgenden Voraussetzungen gegeben sind:

1. *Mittel der Körperschaft dürfen nur für die satzungsmäßigen Zwecke verwendet werden. Die Mitglieder oder Gesellschafter (Mitglieder im Sinne dieser Vorschriften) dürfen keine Gewinnanteile und in ihrer Eigenschaft als Mitglieder auch keine sonstigen Zuwendungen aus Mitteln der Körperschaft erhalten. Die Körperschaft darf ihre Mittel weder für die unmittelbare noch für die mittelbare Unterstützung oder Förderung politischer Parteien verwenden.*
2. *Die Mitglieder dürfen bei ihrem Ausscheiden oder bei Auflösung oder Aufhebung der Körperschaft nicht mehr als ihre eingezahlten Kapitalanteile und den gemeinen Wert ihrer geleisteten Sacheinlagen zurückerhalten.*
3. *Die Körperschaft darf keine Person durch Ausgaben, die dem Zweck der Körperschaft fremd sind, oder durch unverhältnismäßig hohe Vergütungen begünstigen.*
4. *Bei Auflösung oder Aufhebung der Körperschaft oder bei Wegfall ihres bisherigen Zwecks darf das Vermögen der Körperschaft, soweit es die eingezahlten Kapitalanteile der Mitglieder und den gemeinen Wert der von den Mitgliedern geleisteten Sacheinlagen übersteigt, nur für steuerbegünstigte Zwecke verwendet werden (Grundsatz der Vermögensbindung). Diese Voraussetzung ist auch erfüllt, wenn das Vermögen einer anderen steuerbegünstigten Körperschaft oder einer Körperschaft des öffentlichen Rechts für steuerbegünstigte Zwecke übertragen werden soll.*

(2) Bei der Ermittlung des gemeinen Werts (Absatz 1 Nr. 2 und 4) kommt es auf die Verhältnisse zu dem Zeitpunkt an, in dem die Sacheinlagen geleistet worden sind.

(3) Die Vorschriften, die die Mitglieder der Körperschaft betreffen (Absatz 1 Nr. 2 und 4), gelten bei Stiftungen für die Stifter und ihre Erben, bei Betrieben gewerblicher Art von Körperschaften des öffentlichen Rechts für die Körperschaft sinngemäß, jedoch mit der Maßgabe, daß bei Wirtschaftsgütern, die nach § 6

Abs. 1 Ziff. 4 Sätze 2 und 3 des Einkommensteuergesetzes aus einem Betriebsvermögen zum Buchwert entnommen worden sind, an die Stelle des gemeinen Werts der Buchwert der Entnahme tritt.

§ 56
Ausschließlichkeit

Ausschließlichkeit liegt vor, wenn eine Körperschaft nur ihre steuerbegünstigten satzungsmäßigen Zwecke verfolgt.

§ 57
Unmittelbarkeit

(1) Eine Körperschaft verfolgt unmittelbar ihre steuerbegünstigten satzungsmäßigen Zwecke, wenn sie selbst diese Zwecke verwirklicht. Das kann auch durch Hilfspersonen geschehen, wenn nach den Umständen des Falles, insbesondere nach den rechtlichen und tatsächlichen Beziehungen, die zwischen der Körperschaft und der Hilfsperson bestehen, das Wirken der Hilfsperson wie eigenes Wirken der Körperschaft anzusehen ist.

(2) Eine Körperschaft, in der steuerbegünstigte Körperschaften zusammengefaßt sind, wird einer Körperschaft, die unmittelbar steuerbegünstigte Zwecke verfolgt, gleichgestellt.

(S. auch die §§ 58–68 AO.)

Hinzuweisen ist dabei auf den Leitfaden zum Gemeinnützigkeitsrecht der Abgabenordnung 1977, herausgegeben von der Bundesarbeitsgemeinschaft der freien Wohlfahrtspflege e. V., Franz-Lohe-Str. 19, 5300 Bonn.

E. Gesetzgebungskompetenz und Zuständigkeit für den Vollzug

Das GG geht grundsätzlich davon aus, daß Gesetze durch die Länder erlassen werden. Deshalb ist es nötig, die Zuständigkeiten des Bundes in der Legislative ausdrücklich verfassungsrechtlich zu regeln. In den Art. 70 ff. GG sind die verschiedenen Formen der Gesetzgebungskompetenzen des Bundes und die davon jeweils betroffenen Rechtsgebiete abschließend aufgezählt (vor allem der Katalog in der konkurrierenden Gesetzgebung wurde in der Zeit seit dem Bestehen der Bundesrepublik Deutschland ständig erweitert). In diesen Fällen bricht das Bundesrecht im evtl. entgegenstehendes Landesrecht.

Die Länder führen die Bundesgesetze als eigene Angelegenheit aus, soweit das Grundgesetz nicht etwas anderes bestimmt oder zuläßt:

Grundgesetz

Art. 30
Funktionen der Länder

Die Ausübung der staatlichen Befugnisse und die Erfüllung der staatlichen Aufgaben ist Sache der Länder, soweit dieses Grundgesetz keine andere Regelung trifft oder zuläßt.

Art. 31
Vorrang des Bundesrechts

Bundesrecht bricht Landesrecht.

Art. 70
Gesetzgebung des Bundes und der Länder

(1) Die Länder haben das Recht der Gesetzgebung, soweit dieses Grundgesetz nicht dem Bunde Gesetzgebungsbefugnisse verleiht.

(2) Die Abgrenzung der Zuständigkeit zwischen Bund und Ländern bemißt sich nach den Vorschriften dieses Grundgesetzes über die ausschließliche und die konkurrierende Gesetzgebung.

Art. 71
Ausschließliche Gesetzgebung

Im Bereiche der ausschließlichen Gesetzgebung des Bundes haben die Länder die Befugnis zur Gesetzgebung nur, wenn und soweit sie hierzu in einem Bundesgesetze ausdrücklich ermächtigt werden.

Art. 72
Konkurrierende Gesetzgebung

(1) Im Bereiche der konkurrierenden Gesetzgebung haben die Länder die Befugnis zur Gesetzgebung, solange und soweit der Bund von seinem Gesetzgebungsrechte keinen Gebrauch macht.

(2) Der Bund hat in diesem Bereiche das Gesetzgebungsrecht, soweit ein Bedürfnis nach bundesgesetzlicher Regelung besteht, weil

1. *eine Angelegenheit durch die Gesetzgebung einzelner Länder nicht wirksam geregelt werden kann oder*
2. *die Regelung einer Angelegenheit durch ein Landesgesetz die Interessen anderer Länder oder der Gesamtheit beeinträchtigen könnte oder*
3. *die Wahrung der Rechts- oder Wirtschaftseinheit, insbesondere die Wahrung der Einheitlichkeit der Lebensverhältnisse über das Gebiet eines Landes hinaus sie erfordert.*

Art. 73
Gegenstände der ausschließlichen Gesetzgebung

Der Bund hat die ausschließliche Gesetzgebung über:

1. *die auswärtigen Angelegenheiten sowie die Verteidigung einschließlich des Schutzes der Zivilbevölkerung;*
2. *die Staatsangehörigkeit im Bunde;*
3. *die Freizügigkeit, das Paßwesen, die Ein- und Auswanderung und die Auslieferung;*
4. *das Währungs-, Geld- und Münzwesen, Maße und Gewichte sowie die Zeitbestimmung;*
5. *die Einheit des Zoll- und Handelsgebietes, die Handels- und Schiffahrtsverträge, die Freizügigkeit des Warenverkehrs und den Waren- und Zahlungsverkehr mit dem Auslande einschließlich des Zoll- und Grenzschutzes;*
6. *die Bundeseisenbahnen und den Luftverkehr;*
7. *das Post- und Fernmeldewesen;*
8. *die Rechtsverhältnisse der im Dienste des Bundes und der bundesunmittelbaren Körperschaften des öffentlichen Rechtes stehenden Personen;*
9. *den gewerblichen Rechtsschutz, das Urheberrecht und das Verlagsrecht;*
10. *die Zusammenarbeit des Bundes und der Länder*
    a) in der Kriminalpolizei,
    b) zum Schutze der freiheitlichen demokratischen Grundordnung, des Bestandes und der Sicherheit des Bundes oder eines Landes (Verfassungsschutz) und
    c) zum Schutze gegen Bestrebungen im Bundesgebiet, die durch Anwendung von Gewalt oder darauf gerichtete Vorbereitungshandlungen auswärtige Belange der Bundesrepublik Deutschland gefährden,
    sowie die Einrichtung eines Bundeskriminalpolizeiamtes und die internationale Verbrechensbekämpfung;
11. *die Statistik für Bundeszwecke.*

Art. 74
Gegenstände der konkurrierenden Gesetzgebung

Die konkurrierende Gesetzgebung erstreckt sich auf folgende Gebiete:

1\. *das bürgerliche Recht, das Strafrecht und den Strafvollzug, die Gerichtsverfassung, das gerichtliche Verfahren, die Rechtsanwaltschaft, das Notariat und die Rechtsberatung;*
2\. *das Personenstandswesen;*
3\. *das Vereins- und Versammlungsrecht;*
4\. *das Aufenthalts- und Niederlassungsrecht der Ausländer;*
4a. *das Waffen- und das Sprengstoffrecht;*
5\. *den Schutz deutschen Kulturgutes gegen Abwanderung in das Ausland;*
6\. *die Angelegenheiten der Flüchtlinge und Vertriebenen;*
7\. *die öffentliche Fürsorge;*
8\. *die Staatsangehörigkeit in den Ländern;*

9. die Kriegsschäden und die Wiedergutmachung;
10. die Versorgung der Kriegsbeschädigten und Kriegshinterbliebenen und die Fürsorge für die ehemaligen Kriegsgefangenen;
10a. die Kriegsgräber und Gräber anderer Opfer des Krieges und Opfer von Gewaltherrschaft;
11. das Recht der Wirtschaft (Bergbau, Industrie, Energiewirtschaft, Handwerk, Gewerbe, Handel, Bank- und Börsenwesen, privatrechtliches Versicherungswesen);
11a. die Erzeugung und Nutzung der Kernenergie zu friedlichen Zwecken, die Errichtung und den Betrieb von Anlagen, die diesen Zwecken dienen, den Schutz gegen Gefahren, die bei Freiwerden von Kernenergie oder durch ionisierende Strahlen entstehen, und die Beseitigung radioaktiver Stoffe;
12. das Arbeitsrecht einschließlich der Betriebsverfassung, des Arbeitsschutzes und der Arbeitsvermittlung sowie die Sozialversicherung einschließlich der Arbeitslosenversicherung;
13. die Regelung der Ausbildungsbeihilfen und die Förderung der wissenschaftlichen Forschung;
14. das Recht der Enteignung, soweit sie auf den Sachgebieten der Artikel 73 und 74 in Betracht kommt;
15. die Überführung von Grund und Boden, von Naturschätzen und Produktionsmitteln in Gemeineigentum oder in andere Formen der Gemeinwirtschaft;
16. die Verhütung des Mißbrauchs wirtschaftlicher Machtstellung;
17. die Förderung der land- und forstwirtschaftlichen Erzeugung, die Sicherung der Ernährung, die Ein- und Ausfuhr land- und forstwirtschaftlicher Erzeugnisse, die Hochsee- und Küstenfischerei und den Küstenschutz;
18. den Grundstücksverkehr, das Bodenrecht und das landwirtschaftliche Pachtwesen, das Wohnungswesen, das Siedlungs- und Heimstättenwesen;
19. die Maßnahmen gegen gemeingefährliche und übertragbare Krankheiten bei Menschen und Tieren, die Zulassung zu ärztlichen und anderen Heilberufen und zum Heilgewerbe, den Verkehr mit Arzneien, Heil- und Betäubungsmitteln und Giften;
19a. die wirtschaftliche Sicherung der Krankenhäuser und die Regelung der Krankenhauspflegesätze;
20. den Schutz beim Verkehr mit Lebens- und Genußmitteln, Bedarfsgegenständen, Futtermitteln und land- und forstwirtschaftlichem Saat- und Pflanzgut, den Schutz der Pflanzen gegen Krankheiten und Schädlinge sowie den Tierschutz;
21. die Hochsee- und Küstenschiffahrt sowie die Seezeichen, die Binnenschiffahrt, den Wetterdienst, die Seewasserstraßen und die dem allgemeinen Verkehr dienenden Binnenwasserstraßen;
22. den Straßenverkehr, das Kraftfahrwesen, den Bau und die Unterhaltung von Landstraßen für den Fernverkehr sowie die Erhebung und Verteilung von Gebühren für die Benützung öffentlicher Straßen mit Fahrzeugen;
23. die Schienenbahnen, die nicht Bundeseisenbahnen sind, mit Ausnahme der Bergbahnen;
24. die Abfallbeseitigung, die Luftreinhaltung und die Lärmbekämpfung.

Art. 75
Rahmenvorschriften

Der Bund hat das Recht, unter den Voraussetzungen des Artikels 72 Rahmenvorschriften zu erlassen über:

1. die Rechtsverhältnisse der im öffentlichen Dienste der Länder, Gemeinden und anderen Körperschaften des öffentlichen Rechtes stehenden Personen, soweit Artikel 74a nichts anderes bestimmt;
1a. die allgemeinen Grundsätze des Hochschulwesens;
2. die allgemeinen Rechtsverhältnisse der Presse und des Films;
3. das Jagdwesen, den Naturschutz und die Landschaftspflege;
4. die Bodenverteilung, die Raumordnung und den Wasserhaushalt;
5. das Melde- und Ausweiswesen.

Art. 80
Erlaß von Rechtsverordnungen

(1) Durch Gesetz können die Bundesregierung, ein Bundesminister oder die Landesregierungen ermächtigt werden, Rechtsverordnungen zu erlassen. Dabei müssen Inhalt, Zweck und Ausmaß der erteilten Ermächtigung im Gesetz bestimmt werden. Die Rechtsgrundlage ist in der Verordnung anzugeben. Ist durch Gesetz vorgesehen, daß eine Ermächtigung weiter übertragen werden kann, so bedarf es zur Übertragung der Ermächtigung einer Rechtsverordnung.

(2) Der Zustimmung des Bundesrates bedürfen, vorbehaltlich anderweitiger bundesgesetzlicher Regelung, Rechtsverordnungen der Bundesregierung oder eines Bundesministers über Grundsätze und Gebühren für die Benützung der Einrichtungen der Bundeseisenbahnen und des Post- und Fernmeldewesens, über den Bau und Betrieb der Eisenbahnen, sowie Rechtsverordnungen auf Grund von Bundesgesetzen, die der Zustimmung des Bundesrates bedürfen oder die von den Ländern im Auftrage des Bundes oder als eigene Angelegenheit ausgeführt werden.

Art. 83
Grundsatz der Landesexekutive

Die Länder führen die Bundesgesetze als eigene Angelegenheit aus, soweit dieses Grundgesetz nichts anderes bestimmt oder zuläßt.

Art. 84
Landesverwaltung und Bundesaufsicht

(1) Führen die Länder die Bundesgesetze als eigene Angelegenheit aus, so regeln sie die Einrichtung der Behörden und das Verwaltungsverfahren, soweit nicht Bundesgesetze mit Zustimmung des Bundesrates etwas anderes bestimmen.

(2) Die Bundesregierung kann mit Zustimmung des Bundesrates allgemeine Verwaltungsvorschriften erlassen.

(3) Die Bundesregierung übt die Aufsicht darüber aus, daß die Länder die Bundesgesetze dem geltenden Rechte gemäß ausführen. Die Bundesregierung kann zu

diesem Zwecke Beauftragte zu den Landesbehörden entsenden, mit deren Zustimmung und, falls diese Zustimmung versagt wird, mit Zustimmung des Bundesrates auch zu den nachgeordneten Behörden.

(4) Werden Mängel, die die Bundesregierung bei der Ausführung der Bundesgesetze in den Ländern festgestellt hat, nicht beseitigt, so beschließt auf Antrag der Bundesregierung oder des Landes der Bundesrat, ob das Land das Recht verletzt hat. Gegen den Beschluß des Bundesrates kann das Bundesverfassungsgericht angerufen werden.

(5) Der Bundesregierung kann durch Bundesgesetz, das der Zustimmung des Bundesrates bedarf, zur Ausführung von Bundesgesetzen die Befugnis verliehen werden, für besondere Fälle Einzelweisungen zu erteilen. Sie sind, außer wenn die Bundesregierung den Fall für dringlich erachtet, an die obersten Landesbehörden zu richten.

Art. 85
Bundesauftragsverwaltung der Länder

(1) Führen die Länder die Bundesgesetze im Auftrage des Bundes aus, so bleibt die Einrichtung der Behörden Angelegenheit der Länder, soweit nicht Bundesgesetze mit Zustimmung des Bundesrates etwas anderes bestimmen.

(2) Die Bundesregierung kann mit Zustimmung des Bundesrates allgemeine Verwaltungsvorschriften erlassen. Sie kann die einheitliche Ausbildung der Beamten und Angestellten regeln. Die Leiter der Mittelbehörden sind mit ihrem Einvernehmen zu bestellen.

(3) Die Landesbehörden unterstehen den Weisungen der zuständigen obersten Bundesbehörden. Die Weisungen sind, außer wenn die Bundesregierung es für dringlich erachtet, an die obersten Landesbehörden zu richten. Der Vollzug der Weisung ist durch die obersten Landesbehörden sicherzustellen.

(4) Die Bundesaufsicht erstreckt sich auf Gesetzmäßigkeit und Zweckmäßigkeit der Ausführung. Die Bundesregierung kann zu diesem Zwecke Bericht und Vorlage der Akten verlangen und Beauftragte zu allen Behörden entsenden.

Art. 86
Bundeseigene Verwaltung

Führt der Bund die Gesetze durch bundeseigene Verwaltung oder durch bundesunmittelbare Körperschaften oder Anstalten des öffentlichen Rechtes aus, so erläßt die Bundesregierung, soweit nicht das Gesetz Besonderes vorschreibt, die allgemeinen Verwaltungsvorschriften. Sie regelt, soweit das Gesetz nichts anderes bestimmt, die Einrichtung der Behörden. (S. auch Art. 87.)

KAPITEL 4

Finanzierung

Die Vielfalt der freien und öffentlichen Wohlfahrtspflege spiegelt sich auch in ihrer Finanzierung wieder. Die Situation scheint nicht nur unübersichtlich, sondern beinahe undurchschaubar zu sein. Um den Überblick zu erleichtern, soll das Finanzwesen der Wohlfahrtspflege sowohl von der theoretischen Seite (A+B) als auch im Blick auf einzelne Arbeitsgebiete (C+D) dargestellt werden.

Der Umfang der finanziellen Leistungen sowie die damit verbundenen Wünsche und Vorstellungen bzw. Auflagen, Kontrollen und sonstigen „Bewilligungsbedingungen" zeigen, ob und in welcher Weise die vielstrapazierte Partnerschaft zwischen den Beteiligten tatsächlich verwirklicht wird.

A. Finanzmittel der freien Wohlfahrtspflege

I. Eigenmittel

1. Ehrenamtliche Mitarbeiter

Zu den wichtigsten Eigenmitteln freier Wohlfahrtspflege gehören jene, die überhaupt nicht in der Buchhaltung erscheinen: eingesparte Personalkosten durch ehrenamtliche Mitarbeit.

Durch die freien Träger werden Hunderttausende für ehrenamtliche Tätigkeit in der Wohlfahrtspflege gewonnen und eingesetzt (Nachbarschaftshilfe, Beratungsdienste, Besuchsdienste bei Alten und Kranken, Clubarbeit u. ä.). Neben den unmittelbar eingesparten Kosten bewirken sie finanziell noch etwas anderes: Sie sind geradezu das klassische Beispiel der Hilfe zur Selbsthilfe und wirken damit gegen ein Anspruchsdenken, das in einem ausgebauten Sozialwesen leicht um sich greift.

Finanziell und ideell sind hier auch all jene neben- und hauptamtlichen Mitarbeiter zu nennen, die entweder keine volle tarifliche Bezahlung in Anspruch nehmen (wie etwa Angehörige von geistlichen Gemeinschaften oder anderen Dienstgemeinschaften) und jene Mitarbeiter, die über die tarifliche Arbeitszeit hinaus tätig sind, ohne in jedem Fall ihre Überstunden bis auf die letzte Minute abzurechnen. – Bestrebungen, die Arbeitszeitordnung zu ändern und die zulässige Höchstarbeitszeit der tariflichen Arbeitszeit anzupassen, würden sich daher in zweifacher Weise negativ auswirken:

- Jene Mitarbeiter, die bewußt länger an ihrem Arbeitsplatz (d. h. bei Kindern, Behinderten, Kranken, Alten, Gefährdeten!) bleiben wollen, wären in ihrer Hilfsbereitschaft und damit in der Entfaltung ihrer Persönlichkeit beschnitten.

- Ein wesentlicher Beitrag freier Wohlfahrtspflege würde durch solche Regelungen beseitigt. Die entsprechenden Kosten müßten von der Allgemeinheit über Steuern oder Versicherungen aufgebracht werden.

Die negativen Folgen immer kürzerer Schichtdienstwechsel für hilfsbedürftige Menschen wiegen dabei jedoch noch schwerer als die zusätzlichen finanziellen Belastungen.

2. Spenden

Freie Wohlfahrtspflege ist für ein demokratisches Staatswesen u. a. auch deshalb notwendig, weil sie einerseits Menschen zur Verantwortung und Hilfe für andere motiviert und andererseits viele dafür gewinnen kann, freiwillig vom Eigenen etwas für andere abzugeben. Geld und Sachspenden gehören damit nicht nur zu den „althergebrachten" Einnahmen freier Wohlfahrtspflege, sondern sind mit ihrem Selbstverständnis untrennbar verbunden. Die Empfänger solcher Spenden sind bei der Verwendung der Mittel insbesondere an folgendes gebunden:

- Da alle Träger der freien Wohlfahrtspflege gemeinnützig sind, müssen die Bestimmungen über steuerbegünstigte Zwecke der Abgabenordnung (AO 1977) beachtet werden.
- Ebenso müssen die ihnen so anvertrauten Mittel für Aufgaben verwendet werden, die in der Satzung des Empfängers festgelegt sind.
- Wenn der Spender einen bestimmten Zweck festgelegt hat, ist der Empfänger an seinen Willen gebunden. Wenn dies nicht möglich ist oder der Spenderwille gegen gesetzliche Vorschriften verstößt, dürfen diese Spenden nicht angenommen werden.

Eine besondere Form freiwilliger Spenden sind die regelmäßigen Beiträge aus Freundeskreisen und die Mitgliedsbeiträge für Vereine u. ä. Organisationen.

3. Sammlungen

Sammlungen unterscheiden sich von allgemeinen Spenden dadurch, daß einzelne Organisationen oder Verbände auf örtlicher Ebene oder landesweit zu Spenden aufrufen. Dabei wird zwischen Haussammlungen (mit Listen) und Straßensammlungen (mit Büchsen u. ä.) unterschieden. Für die freie Wohlfahrtspflege sind hierbei besonders bedeutsam die Frühjahrs- und Herbstsammlungen der einzelnen Wohlfahrtsverbände sowie die großen Sammlungsaktionen für die Dritte Welt, die durch das Diakonische Werk und die evangelischen Kirchen (Brot für die Welt) sowie die katholische Kirche (Adveniat und Misereor) jährlich durchgeführt werden.

In gewisser Weise knüpfen die großen Haus- und Straßensammlungen nach 1945 an Erfahrungen des „Winterhilfswerkes" von 1931/32 an. (Näheres dazu s. E. Orthbandt, Der Deutsche Verein . . ., S. 258 ff.)

Aus den Erträgen der Haus- und Straßensammlungen nach 1945 hat die freie Wohlfahrtspflege vielfache Maßnahmen finanziert, die erst später zu einer allgemein anerkannten öffentlichen Aufgabe wurden. Derzeit werden die Erträge (ebenso wie die oben genannten Spenden) vor allem für folgende Schwerpunkte benötigt:

- Notwendiger Eigenanteil bei öffentlicher Förderung von Maßnahmen und Einrichtungen,
- Finanzierung notwendiger Aufwendungen, die im Rahmen öffentlicher Förderung „nicht zuwendungsfähig" sind,
- Finanzierung von Maßnahmen, für die eine öffentliche Förderung nicht gewährt wird.

Verwaltungskosten von Verbänden werden aus den Sammlungen nicht finanziert. Lediglich für das Material für die Sammlungen und für die Öffentlichkeitsarbeit im Zusammenhang mit Sammlungen werden Einnahmen daraus verwendet. Der Anteil liegt hier zwischen drei und fünf Prozent. Die Durchführung der Sammlungen wird durch die staatliche Verwaltung genehmigt und überwacht.

Diese wichtige Einnahmequelle freier Wohlfahrtspflege ist in den vergangenen zwei Jahrzehnten durch die Liberalisierung des Sammlungsrechtes immer mehr gefährdet worden. Der „Sammlungskalender" wird in den einzelnen Bundesländern immer umfangreicher. – Bei der Erlaubnis einer entsprechenden Sammlung sind weitgehend nur formale rechtliche Voraussetzungen zu prüfen. Dagegen spielt die Frage, welche Bedeutung für die Allgemeinheit der jeweilige Sammlungszweck hat, kaum eine Rolle.

Mit den landesweit organisierten öffentlichen Sammlungen der freien Wohlfahrtspflege sind umfangreiche Informationen und sonstige Maßnahmen der Öffentlichkeitsarbeit verbunden. Damit soll der Gemeinsinn der Bürger im Sozialstaat geweckt und gefördert werden. Diese Maßnahmen haben neben dem finanziellen Ertrag auch einen zahlenmäßig nicht faßbaren ideellen Wert für die freie Wohlfahrtspflege und damit für das gesamte Sozialwesen.

4. Schenkungen, Vermächtnisse und Stiftungen

Schenkungen und Stiftungen aus religiösen, sozialen und sonstigen persönlichen Motiven bildeten über Jahrhunderte die wichtigste finanzielle Grundlage für die freie Wohlfahrtspflege (und zumindest mittelbar damit auch für die öffentliche Wohlfahrtspflege). Auch wenn sie zahlenmäßig sehr zurückgegangen sind, spielen sie doch noch immer eine wichtige Rolle. Die damit verbundenen Geld- oder Vermögenswerte werden vor allem auf folgende Weise eingesetzt bzw. verwaltet:

- Durch rechtsfähige Stiftungen
  Diese selbständige rechtsfähige Organisation soll dazu dienen, die vom Stifter bestimmten Zwecke mit Hilfe des gewidmeten Vermögens dauernd zu fördern. §§ 80–88 BGB sowie die Stiftungsgesetze der Länder bilden die Rechtsgrundlagen.

– Bei der nicht rechtsfähigen (fiduziarischen) Stiftung wird das Vermögen Personen oder Organisationen treuhänderisch als Sondervermögen, jedoch ohne eigene selbständige Rechtspersönlichkeit zur Verfügung gestellt. Eine Anwendung des Stiftungsrechts ist nicht möglich. – Gestiftete Sammelvermögen, die z. B. bei genehmigten öffentlichen Sammlungen erzielt werden; sind keine Stiftungen im Rechtssinn, sie sind zweckbestimmtes treuhänderisches Eigentum der Sammlungsorganisationen. Das gleiche gilt für zweckbestimmte größere Zuwendungen, für Nachlässe und Erbschaften, soweit nicht ausdrücklich eine der oben genannten Alternativen ausdrücklich durch den Stifter oder Erblasser verlangt wird (s. dazu Evang. Soziallexikon 7. Auflage, 1980, Spalte 1283).

§ 14 des Heimgesetzes untersagt den Trägern von Einrichtungen (insbesondere Alten- und Pflegeheimen), sich über das für die Unterbringung, Beköstigung und Pflege der Bewohner vereinbarte Entgelt hinaus Vermögensvorteile versprechen oder gewähren zu lassen, soweit es sich nicht um geringwertige Aufmerksamkeiten handelt. Die zuständige Behörde kann Ausnahmen zulassen, wenn der Vermögensvorteil ausschließlich für gemeinnützige Zwecke oder in Erfüllung einer sittlichen Verpflichtung versprochen oder gewährt wird. Hierbei handelt es sich um eine Schutzvorschrift für die Heimbewohner. Zugleich werden diese damit jedoch in ihrer freien Entscheidung über ihr Vermögen eingeschränkt. Dadurch ergibt sich ein Spannungsverhältnis zwischen dem Heimgesetz und dem Erbrecht des Bürgerlichen Gesetzbuches. Der Gesetzesgeber hat, wie auch die Begründung zum Gesetz zeigt, sich mit dieser Frage kaum befaßt. Deshalb muß im Gesetzesvollzug im Einzelfall entschieden werden, ob die Schutzvorschrift oder die freie Entscheidung eines Heimbewohners für sein Vermögen im konkreten Fall den Vorrang hat.

5. Zuwendungen von „nahestehenden" Organisationen

Das Diakonische Werk und die Caritas sind Verbände der freien Wohlfahrtspflege und „Lebensäußerung" der Kirche zugleich. Deshalb erhalten sie auch Zuwendungen aus den Kirchensteuereinnahmen. Haushaltsrechtlich sind dies freiwillige Leistungen. Soweit die Kirchen durch ihre Beschlußgremien Haushalte aufstellen, die auch der Öffentlichkeit zugänglich sind (wie etwa durch die Synoden der evangelischen Kirchen), sind die entsprechenden Beträge bekannt.

Über die Frage, ob und in welcher Höhe auch andere Träger der freien Wohlfahrtspflege durch ihnen nahestehende Organisationen und Institutionen direkt oder indirekt finanziell gefördert werden, gibt es keine allgemein zugänglichen Informationen.

6. Lotterien

Auch Einnahmen aus Lotterien verschiedenster Art dienen dazu, für die Aufgaben der freien Wohlfahrtspflege die notwendigen Eigenmittel bereitzustellen. Neben örtlich und sachlich begrenzten Lotterien und Tombola-Veranstaltungen sind hier vor allem folgende zu nennen:

a) Deutsche Behindertenhilfe (Aktion Sorgenkind e. V.)

„Die Aktion Sorgenkind ist ein eingetragener gemeinnütziger Verein (Franz-Lohe-Str. 19, 5300 Bonn 1, gegründet 1964). Lotteriereinerlöse und Spenden ermöglichten es der Aktion Sorgenkind, mit weit über 5500 Zuschüssen schnelle Hilfe zu leisten. Durch intensive Berichterstattung über Spendenaktionen wird die Bevölkerung zunehmend mit den Problemen der Behinderten vertraut gemacht und angeregt, selbst Spendenaktionen oder Veranstaltungen zugunsten der Aktion Sorgenkind durchzuführen. Gleichzeitig wird erreicht, daß die Behinderten nicht in Vergessenheit geraten. Die Unkosten der Aktion Sorgenkind trägt die Bundesarbeitsgemeinschaft der Freien Wohlfahrtspflege. In den Jahren 1964 bis 1979 konnten durch das Kuratorium der Aktion Sorgenkind 450 463 058,75 DM verteilt werden“ (H.-J. Zieger in: Das Recht im Dienst einer Diakonischen Kirche, S. 265 ff.). Gefördert werden grundsätzlich nur Einrichtungen und Maßnahmen freier gemeinnütziger Träger, die ausschließlich oder zu einem wesentlichen Teil für schwerbehinderte Kinder und Jugendliche bestimmt sind (z. B. stationäre Einrichtungen, Tageseinrichtungen, ambulante Maßnahmen und spezielle Fahrzeuge).

„Vergißmeinnicht“, „Drei mal neun“ und „Der große Preis“ waren die Titel der Sendungen, um die sich neben vielen anderen der Fernsehmoderator H. Mohl mit stillem, aber zielstrebigem Engagement seit der Gründung der Aktion Sorgenkind besonders verdient gemacht hat.

b) Stiftung „Hilfswerk Berlin“ und Stiftung „Deutsches Hilfswerk“

Am 17. 7. 1948 wurde das „Hilfswerk Berlin“ gegründet. Hinter ihm standen neben den kommunalen Spitzenverbänden die Arbeiterwohlfahrt, der Deutsche Caritasverband und das Hilfswerk der Evangelischen Kirche Deutschlands. Es sollte die Not in der Inselstadt Berlin lindern. Jahr für Jahr ermöglichte das „Hilfswerk Berlin“ gesundheitsgefährdeten und bedürftigen Berliner Kindern einen Ferienaufenthalt in der Bundesrepublik. Als dann 1956 die erste Fernsehlotterie („Ein Platz an der Sonne“) zugunsten des „Hilfswerks Berlin“ gesendet wurde, konnte dank dieser zusätzliche Mittel auch der Alten und der Behinderten gedacht werden.

Am 23. 2. 1967 wurde das „Deutsche Hilfswerk“ (Harvestehuder Weg 88, 2000 Hamburg 13) als Stiftung gegründet. Es möchte alten Menschen helfen, die trotz des Wirtschaftswunders auf die Hilfe anderer angewiesen sind. Außerdem werden u. a. die Rundfunkhilfe und das Kuratorium Deutsche Altershilfe daraus finanziert. Von 1956 bis 1979 standen ca. 612 Millionen DM zur Verfügung (nach H.-J. Zieger in: Das Recht . . . S. 263 ff.).

c) Glücksspirale

Die Bundesarbeitsgemeinschaft der freien Wohlfahrtspflege erhält neben dem deutschen Sport und der Denkmalpflege in den neuen Bundesländern Erträge aus der vom Deutschen Lottoblock durchgeführten Lotterie „Glücksspirale".

„Gefördert werden u. a. Einrichtungen und Maßnahmen für die Gesundheit und Rehabilitation freier gemeinnütziger Träger, die als Gliederung oder Einrichtung einem Spitzenverband der freien Wohlfahrtspflege angeschlossen sind. Berücksichtigt werden insbesondere Hilfen zur Entwicklung sozialpflegerischer Dienste, mobile Beratungs- und Betreuungsdienste, Hilfen für Schwerbehinderte, insbesondere im Bereich der gesellschaftlichen Rehabilitation, Hilfen für psychisch Behinderte und Verhaltensgestörte, Ausbau der Altengymnastik und anderer aktivierender Maßnahmen, Schaffung von Hilfszentren für Sanitätsdienste, Aktivierung der ehrenamtlichen Mitarbeit, zentrale Aus- und Fortbildung." (Richtlinien für die Glücksspirale.)

d) Allgemeine Wohlfahrtslotterien

Seit Jahrzehnten führen die Verbände der freien Wohlfahrtspflege im Rahmen der Lotteriegesetze der Länder Wohlfahrtslotterien durch. Während in vielen Bundesländern die daraus erzielten Einnahmen keine wesentliche finanzielle Rolle mehr spielen, erhalten zum Beispiel die Verbände der freien Wohlfahrtspflege in Niedersachsen erhebliche Beträge. § 12 des Gesetzes über das Zahlenlotto bestimmt folgendes:

„Verwendung der Konzessionsabgabe

(1) Die Konzessionsabgaben, die aufgrund dieses Gesetzes und des Gesetzes über Sportwetten in der Fassung vom 19. 8. 1970 (Nieders. GVBl S. 309) eingehen, werden zusammengefaßt. Die Hälfte dieses gemeinsamen Aufkommens ist wie folgt zu verwenden:

1. Vorab sind $^{2}/_{18}$ für Zuwendungen an Gemeinden nach Richtlinien der Landesregierung zu verwenden; hierbei sind insbesondere finanzschwache Gemeinden zu berücksichtigen.
2. Von dem danach verbleibenden Betrag sind
   a) $^{7}/_{10}$ den Verbänden, die in der Landesarbeitsgemeinschaft der freien Wohlfahrtspflege zusammengeschlossen sind, zur Erfüllung wohlfahrtspflegerischer Aufgaben nach Richtlinien der Landesregierung zur Verfügung zu stellen,
   b) $^{2}/_{10}$ zur Förderung der Forschung und
   c) $^{1}/_{10}$ für Zwecke der Jugendpflege zu verwenden." (Nieders. GVBl Nr. 28/1970.)

   Die Wohlfahrtsverbände verteilen die Konzessionsabgabe, die ihnen monatlich zugewiesen wird, unter sich nach einem untereinander vor Jahren festgelegten Schlüssel, der die Größe und Leistungskraft der Verbände berücksichtigt. Die den Wohlfahrtsverbänden zufließenden Mittel aus der Konzessionsabgabe erscheinen jeweils im Haushaltsplan des Niedersächsischen Sozialministeriums."

7. Sonderbriefmarken

a) Wohlfahrtsbriefmarken

„Wohlfahrtsbriefmarken sind wertvoll gestaltete Sondermarken mit einem Zuschlag von 50 % des postalischen Wertes.

Wohlfahrtsbriefmarken sind die einzigen Briefmarken, die nicht nur von der Post verkauft werden, sondern auch von den sechs Spitzenverbänden der freien Wohlfahrtspflege und allen ihnen angeschlossenen Organisationen und Einrichtungen. Die Zuschlagserlöse der Verbände verbleiben überwiegend bei den örtlichen Verkaufsstellen und sind frei verfügbare Mittel für soziale Aufgaben am Ort.

1897 wurden zum ersten Mal in Großbritannien aus Anlaß des 60jährigen Regierungsjubiläums der Königin Viktoria Wohlfahrtsbriefmarken herausgegeben. Es waren Zuschlagsmarken, deren Reinerlös für die Erbauung eines Hospitals und eines Heimes für Schwindsüchtige bestimmt war. 1912 erschienen in der Schweiz die ‚Pro-Juventute-Marken', bei denen es sich um Briefmarken mit Zuschlägen handelte. In Deutschland wurden erstmalig 1919 durch Aufdruck ‚5 Pfennig für Kriegsbeschädigte' auf der Germania-Marke Wohlfahrtsbriefmarken verkauft. Weitere Wohlfahrtsbriefmarken erschienen dann sporadisch 1922 und 1923 und ab 1924 bis 1936 in jährlicher Folge unter dem Namen ‚Deutsche Nothilfenmarken'. Wohlfahrtsbriefmarken-Serien gibt es seit 1949." (Aus: „Porto mit Herz" 1980/81.)

b) Jugendmarken

Seit 1962 werden von der Deutschen Bundespost jährlich Sonderpostwertzeichen mit 50 %igen Zuschlägen „Für die Jugend" herausgegeben. Die Mittel wurden zunächst vom Bundesminister für Familie und Jugend verwaltet. Am 5. März 1965 wurde die „Stiftung Deutsche Jugendmarke e. V." (Kennedy-Allee 105–107, 5300 Bonn 2) gegründet. Sie hat nach ihrer Satzung die Aufgabe, mit den Zuschlagerlösen aus den jährlichen Sonderpostwertzeichen „Für die Jugend" und sonstigen ihr zufließenden Mitteln, Maßnahmen zum Wohle der deutschen Jugend zu fördern. Für die Zuschüsse gelten derzeit vor allem folgende allgemeine Grundsätze: Die Maßnahmen müssen überregionale Bedeutung haben. Die Maßnahmen müssen zukunftsorientiert und beispielgebend für die weitere Entwicklung auf dem jeweiligen fachlichen Sektor wie auch für vergleichbare Maßnahmen in anderen Bereichen sein. Die Maßnahme muß fachlich einwandfrei konzipiert sein und wissenschaftliche und praktische Erkenntnisse berücksichtigen. Bei der Planung der Maßnahme sind fachlich kompetente Stellen einzuschalten. Entsprechende gutachtliche Stellungnahmen sind mit dem Antrag einzureichen. Die Stiftung Deutsche Jugendmarke e. V. behält sich vor, gegebenenfalls selbst Stellungnahmen einzuholen.

II. Pflichtleistungen der Kommunen an die freie Wohlfahrtspflege

1. Kostenerstattung

Wenn durch einen Sozial- oder Jugendhilfeträger eine Einrichtung der freien Wohlfahrtspflege in Anspruch genommen wird, sind dem Träger die entsprechenden Selbstkosten zu erstatten. Dieser Pflichtleistung liegt ein Rechtsanspruch des jeweiligen Hilfeempfängers zugrunde. Nach § 10 Abs. 5 BSHG können den Verbänden der freien Wohlfahrtspflege Aufgaben des öffentlichen Trägers der Sozialhilfe übertragen werden. In diesem Falle sind dem freien Träger die Kosten zu erstatten. Dabei kann es sich um Leistungen an einzelne Hilfeempfänger (wie etwa in der Nichtseßhaftenhilfe) oder um die Übernahme einzelner Aufgaben handeln (allgemeiner Sozialdienst, Familienfürsorge u. ä.). Im Gegensatz zu den Vereinbarungen nach § 93 BSHG kommt hier ein besonderes öffentlich-rechtliches Vertragsverhältnis zustande.

Daneben können auch andere Pflichtleistungen der Kommune an die freie Wohlfahrtspflege gesetzlich festgelegt werden – so z. B. durch bestimmte Förderquoten für den Bau und den Betrieb von Kindergärten. Bei all diesen Leistungen besteht sowohl dem Grunde als auch der Höhe nach ein Anspruch des freien Trägers gegenüber den Sozialhilfeträgern bzw. Kommunen.

2. Pflichtleistungen dem Grunde nach

Nach § 10 Abs. 3 Satz 2 BSHG und §§ 4 und 74 KJHG sollen die Träger der Sozial- bzw. Jugendhilfe die freien Träger angemessen unterstützen. Deren Selbständigkeit in Zielsetzung und Durchführung ihrer Aufgaben ist dabei zu beachten. Die öffentlichen Träger sind jedoch nur verpflichtet, jene Maßnahmen zu fördern, die erforderlich und für die jeweilige Aufgabe geeignet sind. Schließlich ist die Höhe der Förderung nicht festgelegt. Deshalb handelt es sich nur um eine Verpflichtung dem Grunde nach (gebundene freiwillige Leistungen, subsidiäre Pflichtleistungen u. ä.). Aus dem Gesetzestext selbst lassen sich jedoch zwei Anhaltspunkte für die Höhe ableiten:

- Ein voller Kostenersatz ist mit den Begriffen „Fördern“ bzw. „Unterstützen“ prinzipiell nicht gemeint. Er wird aber nicht ausgeschlossen.
- „Angemessen“ unterstützen besagt jedoch andererseits, daß es sich um eine spürbare Hilfe von einiger (finanzieller) Bedeutung handeln muß.

In erster Linie kommen hier finanzielle Leistungen (wie Zuschüsse, zinsverbilligte Darlehen, Schuldendienstbeihilfen und Bürgschaften) in Frage, doch kann es sich auch um andere Formen handeln (Beratung bei Baumaßnahmen, Übernahme von Planungsaufgaben, Benutzung kommunaler Einrichtungen u. ä.). Dagegen erscheint es zweifelhaft, ob der Träger seiner Verpflichtung nach § 10 BSHG bzw. § 4 KJHG auch dadurch nachkommen kann, daß er den freien Träger auf die Möglichkeit hinweist, den Kapitaldienst für eine an sich notwendige

Förderung in den Pflegesatz einzubeziehen und damit den Betrieb der Einrichtung über den ohnehin erforderlichen Kapitaldienst hinaus auf Dauer finanziell belastet.

Der jeweilige öffentliche Träger hat über die Pflichtleistungen dem Grunde nach nach „pflichtgemäßem" Ermessen zu entscheiden. Dieses unterliegt, wie alle derartigen Entscheidungen, der staatlichen Kommunalaufsicht bzw. den zuständigen staatlichen Organen (Parlament und Rechnungshof), soweit das Land überörtlicher Träger der Sozial- bzw. Jugendhilfe ist.

III. Freiwillige Leistungen der Kommunen

Im Rahmen ihrer jeweiligen Aufgaben sind die Kommunen verpflichtet, Maßnahmen der Wohlfahrtspflege, des Gesundheitswesens, der Bildung usw. zu schaffen. Es handelt sich hierbei u. a. um Aufgaben, die nicht im BSHG oder KJHG enthalten sind.

Die „Kannleistungen" des Bundessozialhilfegesetzes (z. B. Hilfen für eine ausreichende wirtschaftliche Lebensgrundlage nach § 30 oder Eingliederungshilfe mit anderen körperlichen, geistigen oder seelischen Behinderungen nach § 39 Abs. 1 Satz 2) fallen nicht darunter. Die Freiwilligkeit dieser Leistungen bezieht sich auf das Verhältnis zwischen Hilfesuchenden und Sozialhilfeträgern. Erfaßt sind z. B. Maßnahmen und Einrichtungen, die Personen zugute kommen, deren Einkommen die sozialhilferechtlichen Grenzen überschreitet oder die aus anderen Gründen Leistungen der Sozial- bzw. Jugendhilfe nicht erhalten.

Die Gewährleistungsverpflichtung der Kommune im Rahmen ihrer finanziellen Möglichkeiten besagt jedoch nicht, daß derartige Einrichtungen von der Kommune selbst vorzuhalten sind. Deshalb können sie u. a. auch von Trägern der freien Wohlfahrtspflege übernommen und durchgeführt werden. Bei kommunalen Zuschüssen für derartige Aufgaben handelt es sich um echte freiwillige Leistungen – sowohl dem Grunde als auch der Höhe nach.

IV. Pflichtleistungen des Staates an die freie Wohlfahrtspflege

Pflichtleistungen des Staates, die sowohl dem Grunde als auch der Höhe nach gesetzlich geregelt sind, betreffen fast ausschließlich die Länder – vor allem den Kostenersatz für den Bau und den Betrieb von Schulen und außerschulischen Bildungseinrichtungen (z. B. Kindergärten, Erwachsenenbildung u. ä.) Einen besonderen Schwerpunkt bildet bei den Pflichtleistungen des Staates der Ersatz der Investitionskosten bei Krankenhäusern. Der Bund gewährte bis 1984 den Ländern Finanzhilfen für die Investitionen in Krankenhäusern (§ 21 Satz 1 KHG). Für die Träger war dies nur eine mittelbare Leistung; ihr Anspruch richte sich, wenn die sonstigen gesetzlichen Voraussetzungen für die Förderung erfüllt waren, ausschließlich gegen das Land.

Soweit einzelne Bundesländer überörtliche Träger der Sozialhilfe sind (wie z. B. Saarland, Rheinland-Pfalz, Niedersachsen, Schleswig-Holstein und die Stadtstaaten), besteht für sie die gleiche Förderverpflichtung wie für die kommunalen Träger aufgrund des BSHG.

V. Freiwillige Leistungen des Staates

In den Staatshaushalten dürfen nach § 23 der jeweiligen Haushaltsordnungen Ausgaben und Verpflichtungsermächtigungen für Leistungen an Stellen außerhalb der Staatsverwaltung zur Erfüllung bestimmter Zwecke (Zuwendungen) nur veranschlagt werden, wenn der Staat an der Erfüllung durch solche Stellen ein erhebliches Interesse hat, das ohne die Zuwendungen nicht oder nicht im notwendigen Umfang befriedigt werden kann. Dabei ist nach § 44 zu bestimmen, wie die zweckentsprechende Verwendung der Zuwendungen nachzuweisen ist; außerdem ist ein Prüfungsrecht der zuständigen Dienststelle oder ihrer Beauftragten festzulegen. Durch umfangreiche Verwaltungsvorschriften und Vollzugsanweisungen wurde diese Regelung bis ins einzelne konkretisiert (s. dazu auch Kapitel 2, Abschnitt B III Ziffer 2 Buchst. C).

Der 1979 neu eingefügte § 44 a stellt schließlich klar, daß es sich bei den hoheitlichen Entscheidungen in diesem Bereich (Bewilligungen, Rückforderungen u. ä.) um Verwaltungsakte handelt. Demnach sind die entsprechenden Verwaltungsverfahrensgesetze anzuwenden. Für das gerichtliche Verfahren gilt die Verwaltungsgerichtsordnung. Die Antragsteller haben deshalb einen Anspruch auf einen rechtsmittelfähigen Bescheid – jedoch nicht einen Anspruch auf Förderung.

Diese freiwilligen Leistungen sind der wesentliche Teil in den Staatshaushalten, über die die Parlamente noch weitgehend frei entscheiden und damit „Politik machen“ können.

Das in § 23 genannte Staatsinteresse beruht insbesondere auf folgenden Gesichtspunkten:

- Mit staatlicher Hilfe sollen bestimmte sozial-, kultur- und gesundheitspolitische Aufgaben (wie etwa Sozialstationen, Maßnahmen für psychisch Kranke, Erziehungs- und Familienberatungsstellen u. a.) schneller verwirklicht und besser ausgestattet werden.
- Durch die staatliche (Mit-)Finanzierung soll sichergestellt werden, daß die entsprechenden Aufgaben im ganzen Land, wenn nicht einheitlich, so doch gleichmäßig verwirklicht werden. Ganz nebenbei werden über „Bewilligungsbedingungen und -voraussetzungen“ auch die Formen und Inhalte der Maßnahmen beeinflußt.
- Örtliche Träger (vor allem Kommunen) kommen für die Förderung nicht in Frage, weil sich z. B. der Einzugsbereich über ein größeres Gebiet erstreckt

oder örtliche Träger nicht in der Lage sind, die notwendige öffentliche Förderung zu gewähren.

Insgesamt handelt es sich bei den freiwilligen Leistungen des Staates fast ausschließlich um Mittel aus den Länderhaushalten, da der Bund aus verfassungsrechtlichen Gründen nur Modelleinrichtungen mit bundesweitem Einzugsbereich oder im Rahmen der Zonenrandförderung unmittelbar mitfinanzieren kann.

Die Zuwendungen aus den Staatshaushalten werden fast ausschließlich für konkrete „Projekte" (laufende Maßnahmen oder Baumaßnahmen) und nur in Ausnahmefällen für die gesamten Aufwendungen einer „Institution" gewährt.

VI. Kostenersatz durch Sozialleistungsträger

Der laufende Betrieb von stationären und teilstationären Einrichtungen (im Einzelfall auch von ambulanten Maßnahmen) wird weitgehend durch Pflegesätze, Leistungsentgelte oder Gebühren finanziert.

Dabei entstehen drei verschiedene Rechtsbeziehungen:

- Bei einer Heimunterbringung schuldet der Heimbewohner dem Träger die Kosten für die Leistungen der Einrichtung (privatrechtliches Vertragsverhältnis).
- Wenn der Heimbewohner die Kosten nicht oder nicht voll aufbringen kann und dafür Leistungen eines öffentlichen Kostenträgers erhält, entsteht zwischen dem Hilfeempfänger und dem Leistungsträger ein öffentlich-rechtliches Verhältnis.
- Der Träger der Sozialhilfe tritt nach § 93 diesem Rechtsverhältnis bei, indem er die Verpflichtung zur Zahlung eines angemessenen Entgeltes erfüllt. Deshalb ergibt sich auch zwischen dem Träger der Einrichtung und dem Sozialhilfeträger ein privatrechtliches Vertragsverhältnis und nicht etwa eine hoheitliche Beziehung, die von Über- und Unterordnung gekennzeichnet wäre. – Ob der Kostenträger seine Leistungen an den Hilfeempfänger auszahlt oder direkt der Einrichtung zuleitet, ist z. B. auf der Grundlage von § 90 Abs. 1 BSHG (Überleitung von Ansprüchen) zu entscheiden. Das Vertragsverhältnis nach § 93 BSHG wird davon nicht berührt.

Die dabei verwendeten Begriffe wie etwa „Pflegesätze" haben jedoch sehr unterschiedliche Bedeutung. Dies hängt zunächst mit den jeweiligen Rechtsgrundlagen zusammen. Darüber hinaus haben sich die Beziehungen der Beteiligten untereinander sehr unterschiedlich entwickelt – partnerschaftlich oder schlichtweg nach dem Prinzip „wer zahlt, schafft an"! Dabei geht es doch allein darum, was ein Sozialleistungsträger im Einzelfall dem Hilfeempfänger oder Versicherten zu gewähren verpflichtet ist und nicht etwa darum, wie großzügig die Kostenträger gegenüber den Einrichtungsträgern sein können und wollen. Von dieser Binsenweisheit ist eine zweite nicht zu trennen: Da die Kosten aus Steuern oder

Versicherungsbeiträgen aufgebracht werden, sind die Träger verpflichtet, wirtschaftlich und sparsam damit umzugehen.

1. Pflegesätze in der Sozial- und Jugendhilfe

Die Pflegesatzvereinbarungen bzw. -regelungen für die Sozial- und Jugendhilfe in den einzelnen Bundesländern sind unter Abschnitt D näher dargestellt.

2. Krankenhauspflegesätze

Die sog. Vorhaltekosten eines Krankenhauses sind durch den Staat aufzubringen. Dagegen sind für die Kosten des laufenden Betriebes („Benutzerkosten") Pflegesätze festzusetzen. „Die Pflegesätze sind auf der Grundlage der vorauskalkulierten Selbstkosten eines sparsam wirtschaftenden und leistungsfähigen Krankenhauses für alle Benutzer nach einheitlichen Grundsätzen zu bemessen. Sie müssen gewährleisten, daß das Krankenhaus bei sparsamer und wirtschaftlicher Betriebsführung seine stationären und teilstationären Leistungen im medizinisch zweckmäßigen und erforderlichen Umfang erbringen kann. Bei der Bemessung der Pflegesätze sind auch die Kosten und Leistungen vergleichbarer Krankenhäuser sowie die Empfehlungen nach § 19 angemessen zu berücksichtigen. Überschüsse, die bei wirtschaftlicher Betriebsführung entstehen, sollen dem Krankenhaus verbleiben; vom Krankenhaus zu vertretende Verluste sind von ihm zu tragen" (§ 17 Abs. 1).

Die Krankenhauspflegesätze sind somit vor allem dadurch gekennzeichnet, daß

- sie keine direkten oder indirekten Investitionsaufwendungen enthalten und
- von staatlichen Behörden festgesetzt werden, wenn sich der Krankenhausträger und die Krankenversicherung in vorangehenden Verhandlungen nicht geeinigt haben.

Dieses Festsetzungsverfahren hängt zum einen damit zusammen, daß der Staat die Vorhaltekosten übernimmt; andererseits ist das staatliche Festetzungsverfahren auch ein Ausdruck dafür, daß sich die Beziehungen zwischen der Krankenversicherung und den Krankenhausträgern anders entwickelt haben und gestalten, wie zwischen der freien Wohlfahrtspflege und der kommunalen Selbstverwaltung. Nur so ist es auch zu erklären, daß die freigemeinnützigen Krankenhausträger (wie die kommunalen Träger) nachhaltig fordern, daß auch bei einer Novellierung des Krankenhausfinanzierungsgesetzes zu ihrem Schutz das Festsetzungsverfahren beibehalten wird.

3. Kostenersatz durch die Arbeitsverwaltung

Für Maßnahmen der beruflichen Rehabilitation (insbesondere Berufsbildungswerke, Berufsförderungswerke, Förderlehrgänge und Arbeitstrainingsmaßnahmen in Werkstätten für Behinderte) sind die Lehrgangsgebühren und Ausbildungskosten von der Bundesanstalt zu tragen, soweit sie den erforderlichen Sach- und Personalaufwand umfassen, der den Trägern und Einrichtungen, die

Maßnahmen nach §§ 15 bis 17 und 19 A Reha durchführen, entsteht. Das Landesarbeitsamt, in dessen Bezirk die Maßnahme durchgeführt wird, hat die Angemessenheit der Lehrgangsgebühren und Ausbildungskosten in der Regel jährlich im voraus festzustellen. Die Kosten nach Absatz 1 werden mit Zustimmung des Berechtigten unmittelbar zwischen dem Arbeitsamt und dem Träger der Maßnahmen abgerechnet. Abschlagszahlungen können geleistet werden (§ 29 A Reha). Dies gilt auch für die Kosten der Unterkunft und Verpflegung und sonstige Aufwendungen nach § 28 A Reha.

Obwohl § 17 SGB I auch die Arbeitsverwaltung zu einer engen und vertrauensvollen Zusammenarbeit mit den Trägern der freien Wohlfahrtspflege verpflichtet, entscheidet sie über derartige grundsätzliche Fragen vielfach ohne entsprechende Beteiligung der freigemeinnützigen Träger. Dies wird vor allem aus der Satzungsgewalt der Bundesanstalt abgeleitet. Hier wirkt sich nicht zuletzt auch die Tatsache aus, daß die Bundesanstalt für Arbeit weniger eine Selbstverwaltungskörperschaft, sondern eher eine mittelbare Bundesverwaltung darstellt.

Auch die Tatsache, daß der Vollzug weitgehend durch interne Weisungen, die den übrigen Beteiligten nur in Ausnahmefällen zugänglich sind, an die nachgeordneten Dienststellen geregelt wird, beeinträchtigt nicht nur das allgemeine Klima, sondern führt in der Praxis zu Schwierigkeiten und Mißverständnissen.

Für die Kostenregelung ist zu beachten, daß in § 29 A Reha nicht ausdrücklich „Vereinbarungen“ festgelegt sind, bei denen auf kalkulatorischer Grundlage Pflegesätze vereinbart werden können. Nach Absatz 3 sind die Kosten „abzurechnen“. Vor allem in den Bereichen, in denen die Arbeitsverwaltung nur für einen (meist) kleineren Teil der Hilfeempfänger bzw. Rehabilitanden (vor allem in den Werkstätten für Behinderte) Kostenträger ist, ist es erforderlich, daß sie sich mehr und mehr an die Praxis der übrigen Kostenträger anpaßt, wenn unnötige Schwierigkeiten vermieden werden sollen. Dieses Ziel ist mit den „Kostengrundsätzen“ von 1983 weitgehend erreicht worden.

4. Kostenersatz der Rentenversicherungsträger

Auch die Rentenversicherungsträger sind in einzelnen Aufgabengebieten der freien Wohlfahrtspflege (z. B. in Einrichtungen für die Rehabilitation Suchtkranker, Kur- und Erholungsmaßnahmen) im Einzelfall Kostenträger. Die Kostenerstattung wurde in den vergangenen Jahren z. T. in Vereinbarungen auf Bundesebene geregelt.

Wegen des vergleichsweise geringen Umfangs im Blick auf die Gesamtaufgaben der freien Wohlfahrtspflege muß hier auf eine nähere Darstellung verzichtet werden.

VII. Freiwillige Leistungen der Sozialleistungsträger

Neben den freiwilligen Leistungen der Kommunen und des Staates (s. o.) sind hier vor allem die Zuwendungen der Arbeitsverwaltung für Rehabilitationseinrichtungen anzusprechen. Nach § 60 A Reha kann die Bundesanstalt Zuwendungen für den Aufbau, die Erweiterung, die Ausstattung, in besonderen Ausnahmefällen auch die Unterhaltung von Einrichtungen oder Teilen von Einrichtungen gewähren, die der beruflichen Rehabilitation dienen. Die Zuwendungen sollen dem Anteil der Verpflichtung der Bundesanstalt im jeweiligen Bereich entsprechen.

Ein Rechtsanspruch auf Förderung besteht nicht. Zuwendungen können nur im Rahmen der verfügbaren Haushaltsmittel bewilligt werden. Die Förderung setzt voraus, daß sich der Träger einer Einrichtung in angemessenem Umfange mit eigenen Mitteln an den Kosten beteiligt.

Über die Form und den Umfang des „hinreichenden Einflusses" ist im Zusammenhang mit dem Entwurf einer Durchführungsanordnung zu § 60 (die als eine interne Weisung vorgesehen war) eine sehr grundsätzliche und intensive Auseinandersetzung zwischen den freigemeinnützigen Trägern und der Bundesanstalt entstanden, die weit über die unmittelbaren Fragen der Förderung hinausreichen (näheres s. hierzu Kapitel 2 Abschnitt B Nr. 3).

Kannleistungen gegenüber Anspruchsberechtigten sind auch bei den Sozialversicherungsträgern nur gegenüber diesen „freiwillig". Wenn eine derartige Leistung im Einzelfall gewährt wird, gilt für die Einrichtung, die die Hilfe erbringt, die gleiche Regelung wie für Pflichtleistungen und die damit verbundene Kostenerstattung.

B. Finanzmittel der Kommunen

Da die Wohlfahrtspflege in die kommunale Selbstverwaltung integriert ist, soll im folgenden ein Überblick über die wichtigsten Finanzquellen der Kommunen gegeben werden. Auf die Besonderheiten der Stadtstaaten kann dabei ebensowenig eingegangen werden, wie auf jene, in denen die Länder und damit der Staat überörtliche Träger der Sozialhilfe sind.

Die kommunalen Finanzen unterscheiden sich von denen der freien Wohlfahrtspflege vor allem dadurch, daß die „Eigenmittel" zwangsweise (durch Steuern und Abgaben) und nicht auf freiwilliger Basis erbracht werden. Dies hängt wesentlich damit zusammen, daß auch für die damit zu finanzierenden Aufgaben gesetzliche Verpflichtungen bestehen und die Freiwilligkeit insgesamt sehr eingeschränkt wird. Bei zweckgebundenen Mitteln (vor allem Stiftungen), freiwilligen staatlichen Leistungen und gegenüber Sozialleistungsträgern sind die Verhältnisse weitgehend mit denen freier Träger identisch.

I. Steuern

Steuern sind Geldleistungen, die nicht eine Gegenleistung für eine besondere Leistung darstellen und von einem öffentlich-rechtlichen Gemeinwesen zur Erzielung von Einkünften allen auferlegt werden, bei denen der Tatbestand zutrifft, an den das Gesetz die Leistungspflicht knüpft (s. § 3 AO 1977).

Sie werden aufgrund von Steuertatbeständen erhoben. Nach Art. 106 Abs. 6 GG steht den (kreisangehörigen und kreisfreien) Gemeinden das Aufkommen aus den Realsteuern (Grundsteuer und Gewerbesteuer) zu, sie erhalten auch einen Anteil an der Einkommensteuer sowie das Aufkommen aus den örtlichen Verbrauchs- und Aufwandsteuern.

1. Realsteuern

a) Gewerbesteuer

Der Gewerbesteuer unterliegt jede selbständige, nachhaltige, in der Absicht der Gewinnerzielung unternommene Betätigung, die sich als Beteiligung am allgemeinen wirtschaftlichen Verkehr darstellt. Ausgenommen davon sind die Land- und Forstwirtschaft, die Ausübung eines freien Berufes (wissenschaftliche, künstlerische, schriftstellerische, unterrichtende oder erzieherische Tätigkeit, sowie Ärzte, Rechtsanwälte, Notare, Wirtschaftsprüfer und ähnliches) und sonstige selbstände Arbeit im Sinne des § 18 Einkommensteuergesetz (z. B. Vermögensverwalter, Konkursverwalter usw.). Darüber hinaus sind von der Gewerbesteuer solche Unternehmen befreit, die ausschließlich und unmittelbar gemeinnützigen, mildtätigen oder kirchlichen Zwecken dienen, soweit sie nicht einen über den Rahmen einer Vermögensverwaltung hinausgehenden wirtschaftlichen Geschäftsbetrieb unterhalten. Außerdem sind Einrichtungen der Altenhilfe und Krankenhäuser befreit, wenn sie

- von juristischen Personen des öffentlichen Rechts betrieben werden, oder
- als Einrichtung der Altenhilfe (Altenwohnheime, Altenheime, Altenpflegeheime) im Erhebungszeitraum mindestens $^2/_3$ den in § 53 Nr. 2 AO 1977 genannten Personen zugute kommen, oder
- als Krankenhäuser die in § 67 Abs. 1 oder 2 AO 1977 bezeichneten Voraussetzungen erfüllen.

Näheres zu Steuerbefreiungen für die Wohlfahrtspflege in Kapitel 3.

Die Gewerbesteuer wird aus dem Gewinn des jeweiligen Kalenderjahres sowie aus dem Gewerbekapital ermittelt. Auf der Grundlage dieser beiden Beträge ermittelt das Finanzamt den Steuermeßbetrag.

Die steuerberechtigte Gemeinde legt daneben einen Vom-Hundert-Satz fest (Hebesatz), mit dem die Höhe der jeweiligen Steuer berechnet wird. Der Hebesatz muß für alle in der Gemeinde vorhandenen Unternehmen gleich sein.

b) Grundsteuer

Grundsteuer wird auf den Grundbesitz erhoben. Von der Grundsteuer befreit ist nach § 3–8 Grundsteuergesetz u. a.
- Grundbesitz, der von einer inländischen juristischen Person des öffentlichen Rechts für einen öffentlichen Dienst oder Gebrauch benutzt wird, oder
- für gemeinnützige und mildtätige Zwecke benutzt wird.

Grundlage der Besteuerung bildet der sog. Einheitswert. Für die verschiedenen Arten von Grundstücken (land- und forstwirtschaftliche Betriebe, Wohngrundstücke und ähnliches) werden für die Berechnungen unterschiedliche Steuermeßzahlen verwendet, mit denen der Steuermeßbetrag durch die Finanzämter ermittelt wird.
Soweit eine Gemeinde Grundsteuer erheben will, legt sie entsprechende Hebesätze fest.

2. Gemeindeanteil an der Einkommensteuer

Die Gemeinden erhalten einen Anteil an dem Aufkommen der Einkommensteuer, der von den Ländern an ihre Gemeinden auf der Grundlage der Einkommensteuerleistungen ihrer Bewohner weiterzuleiten ist (Art. 106 Abs. 5 Satz 1 GG). Aufgrund des Steueränderungsgesetzes 1977 erhalten die Gemeinden ab 1. 1. 1980 15 Prozent (vorher 14 Prozent) der Lohnsteuer und der veranlagten Einkommensteuer.

3. Örtliche Verbrauchs- und Aufwandsteuern

Nach Art. 106 Abs. 6 GG steht das Aufkommen aus den örtlichen Verbrauchs- und Aufwandsteuern den Gemeinden oder, nach Maßgabe der Landesgesetzgebung, den Gemeindeverbänden zu (z. B. Vergnügungssteuer, Jagdsteuer, Hundesteuer).

Im Rahmen ihres Steuerfindungsrechtes können die Gemeinden weitere Steuern „erfinden". Da diese jedoch Bundes- oder Landessteuern nicht berühren dürfen, handelt es sich hierbei nur noch um eine rein rechtstheoretische Möglichkeit. Schließlich sind diese „Bagatellsteuern" wegen ihrer geringen Bedeutung sehr umstritten, so daß die bestehenden eher abgebaut als daß neue erfunden werden.

II. Beiträge und Gebühren

Beiträge und Gebühren sind Einnahmen, die aufgrund von Kostengesetzen und gemeindlichen Satzungen erhoben werden können. Sie unterscheiden sich von den Steuern dadurch, daß der finanziellen Leistung des Bürgers eine Leistung der Kommunen gegenüber steht. Sie soll den Kosten entsprechen, die der einzelne Bürger bei der Kommune verursacht (Äquivalenzprinzip). Bei den Beiträgen kommt es nicht darauf an, ob der Bürger die Gegenleistung tatsächlich in Anspruch nimmt (z. B. ob er die Straße an seinem Grundstück jemals benutzt oder nicht). Gebühren sind dagegen vor allem jene Kosten, bei denen im Einzelfall eine konkrete Gegenleistung der Kommune angenommen wird.

Auch die Kosten für die Benützung sozialer Einrichtungen werden weitgehend als Gebühren festgesetzt (Kindergartenbeiträge, Einrichtungen der Altenhilfe und ähnliches – nicht dagegen für Krankenhäuser). Obwohl die Kosten für den Einzelfall genau berechnet werden können, liegen diese Gebühren oft wesentlich unter den tatsächlichen Aufwendungen. Deshalb verstoßen derartige Regelungen gegen das Äquivalenzprinzip. Dies führt nicht nur zu Einnahmeverlusten, sondern auch zu Ungleichheiten und Ungerechtigkeiten gegenüber anderen Trägern.

III. Kommunaler Finanzausgleich

Die Ausgaben der Gemeinden und Gemeindeverbände sind in den Jahrzehnten wesentlich stärker gestiegen als die Einnahmen, die sie aus ihren Steuern, Beiträgen und Gebühren erzielen konnten. Die Steuerdeckungsquote (Anteil der Einnahmen aus Steuern und steuerähnlichen Abgaben) ist daher ständig gesunken. Bei den Landkreisen, bei denen die Realsteuergarantie der Gemeinden nur über die Umlagen wirksam wird (siehe unten), sank die Steuerdeckungsquote von 1928 bis 1978 von 30 Prozent auf 3 Prozent (siehe dazu u. a. H. Tiedeken in Der Landkreis 8–9/80, S. 393).

Um die Finanzkraft der Kommunen und damit die kommunale Selbstverwaltung überhaupt zu erhalten und zu stärken, wurde ein Finanzausgleich zwischen Ländern und Kommunen eingeführt. Er ist gewissermaßen ein Ersatz für vorenthaltene eigene Steuereinnahmen.

Für den (horizontalen) Finanzausgleich zwischen den Ländern und den Kommunen gibt es im Prinzip zwei Grundmodelle:

- Die einzelne Kommune erhält aus dem Staatshaushalt des Landes allgemeine „Schlüsselzuweisungen“. Diese werden vor allem aufgrund der Steuerkraft und der Bevölkerungszahl berechnet.
- Für einzelne abgegrenzte Aufgaben (wie Schulbauten, Straßenbau, Abwasseranlagen, Aufwendungen in der Sozialhilfe u. ä.) werden gezielte Hilfen gewährt, die sich vor allem an den tatsächlichen Kosten orientieren.

Rechtsgrundlage für den kommunalen Finanzausgleich bildet Art. 106 Abs. 7 GG.

Durch die Umlagen zwischen den verschiedenen kommunalen Ebenen erfolgt darüber hinaus mittelbar ein vertikaler Finanzausgleich zwischen den Gemeinden und Gemeindeverbänden.

Auch wenn die Summen aus den beiden Modellen zusammengezogen werden, können die Leistungen der einzelnen Ländern nicht miteinander verglichen werden. Dabei müßten auch die Aufgaben berücksichtigt werden, die die Kommunen aus den Mitteln des Finanzausgleiches (insbesondere aus den allgemeinen Deckungsmitteln) finanzieren müssen.

IV. Umlagen

Soweit der notwendige Finanzbedarf der Landkreise und der höheren Kommunalverbände nicht anderweitig gedeckt wird, können sie bei der nächsten unteren kommunalen Ebene Umlagen erheben. Die Landkreise decken auf diese Weise derzeit etwa 38 Prozent ihrer Ausgaben (siehe dazu E. Schmidt-Jortzig in Der Landkreis 8–9/1980, S. 388). Die höheren Kommunalverbände sind überwiegend auf Umlagen angewiesen.

Bei der kommunalen Gebietsreform und der Funktionalreform wurde die Aufgabenverteilung zwischen den kommunalen Ebenen teils sehr heftig diskutiert (Erweiterung der Aufgaben kreisangehöriger Gemeinden, Bestandssicherung der höheren Kommunalverbände und Übertragung weiterer Aufgaben auf diese Ebene). Diese Situation wird durch das Umlagewesen und die damit verbundenen finanziellen Verpflichtungen und Abhängigkeiten noch wesentlich verstärkt. Daraus ergibt sich im Verhältnis der verschiedenen kommunalen Ebenen untereinander die doppelte Frage: Auf welcher Ebene müssen kommunale Aufgaben wahrgenommen werden und wie „großzügig" darf der Umlageempfänger bei freiwilligen Leistungen sein. Für die Sozial- und Jugendhilfe ist das Problem der „freiwilligen" Leistungen dadurch entschärft, daß eine Förderverpflichtung gegenüber der freien Wohlfahrtspflege nach § 93 BSHG und §§ 4 und 74 KJHG dem Grunde nach besteht.

V. Einnahmen aus Eigenbetrieben und Stiftungen

a) Die Einnahmen aus kommunalen Eigenbetrieben, die nicht als Sondervermögen geführt werden oder überhaupt rechtlich selbständig sind, fließen in den allgemeinen Kommunalhaushalt. Somit werden daraus u. a. auch Aufgaben der Wohlfahrtspflege finanziert.
b) Die Kommunen (insbesondere Städte) verfügen über eine Reihe von Stiftungen, deren Erlös ihnen für Aufgaben der Wohlfahrtspflege zur Verfügung stehen. Dabei spielen derzeit die Einnahmen aus Grundbesitz (z. B. durch Erbpachtverträge) eine wichtige Rolle. Die Stiftungen, deren Erlös unmittelbar einem genau abgegrenzten Personenkreis (Stiftlinge) zugeteilt werden müssen, haben in den letzten Jahrzehnten an Bedeutung verloren.

VI. Pflichtleistungen des Staates

Der kommunale Finanzausgleich bildet die wichtigste gesetzliche Pflichtleistung des Staates an die Kommunen. Bei speziellen Pflichtleistungen, wie etwa nach dem Krankenhausfinanzierungsgesetz, entsprechen die Regelungen in finanzieller Hinsicht weitgehend denen für die freie Wohlfahrtspflege.

VII. Freiwillige Leistungen des Staates

Kommunen können, ebenso wie die freie Wohlfahrtspflege, aus verschiedenen Förderprogrammen des Staates Zuwendungen (nach §§ 23 und 44 der jeweiligen Haushaltsordnung) erhalten. Da es sich bei den Kommunen um Körperschaften des öffentlichen Rechts handelt, die einer allgemeinen Rechts- und Fachaufsicht des Staates unterliegen, werden für sie teilweise abweichende Regelungen von den allgemeinen Verwaltungsbestimmungen zu den Haushaltsordnungen getroffen. Bei der Gewährung von Zuwendungen stellen sich, gerade für die kommunalen Selbstverwaltungen, im Hinblick auf die Verfassungsgarantie nach Art. 28 Abs. 2 GG sehr grundsätzliche Fragen, z. B. in welchem Umfange muß oder darf der Staat durch finanzielle Leistungen die Eigenverantwortung und die Selbständigkeit der Zuwendungsempfänger beschränken und kontrollieren.

VIII. Leistungen anderer Sozialleistungsträger

Wenn Kommunen soziale Einrichtungen oder Krankenhäuser unterhalten und betreiben, ergeben sich für sie die gleichen Aufgaben und Probleme wie für die freie Wohlfahrtspflege (siehe Abschnitt A Nr. VI Ziffer 2). Das gilt insbesondere für Krankenhauspflegesätze, für Maßnahmen im Rahmen der Rehabilitation und für Kosten im Rahmen der Sozial- und Jugendhilfe, bei denen eine andere Kommune oder der Staat Kostenträger ist.

C. Finanzierung einzelner Arbeitsgebiete

Die mehr theoretischen und allgemeinen Ausführungen der Abschnitte A und B sollen im folgenden exemplarisch in einige Arbeitsfelder übersetzt werden. Dabei wird von den Gegebenheiten der freien Träger ausgegangen. Soweit es sich um gesetzliche Leistungen des Staates oder der Sozialversicherungsträger handelt, gelten diese grundsätzlich auch für kommunale Träger bzw. Benutzer kommunaler Einrichtungen.

Prinzipiell ist zu beachten, daß bei stationären und teilstationären Maßnahmen die Betriebskosten für den Einzelfall berechnet und ggf. nachgewiesen werden können. Auch die individuellen Ansprüche des einzelnen gegenüber Sozialleistungsträgern sind in diesen Fällen verhältnismäßig einfach zu ermitteln.

Bei ambulanten Maßnahmen lassen sich nur in einzelnen Bereichen (wie bei häuslicher Krankenpflege, der Familienpflege, bei therapeutischen Behandlungen und unter gewissen Bedingungen auch bei der Frühförderung Behinderter) die Leistungen und Kosten für den Einzelfall errechnen. Deshalb wird auch nur in diesen Fällen von einem individuellen Leistungsanspruch ausgegangen bzw. dem Benutzer der auf ihn entfallende finanzielle Aufwand in Rechnung gestellt. Dagegen lassen sich z. B. in den verschiedenen Beratungsbereichen die Kosten kaum konkret für den Einzelfall berechnen. Auch ein individueller Leistungsanspruch ist daher nur vereinzelt üblich oder anerkannt. Soweit freie Träger derartige Einrichtungen betreiben, haben sie zwar einen grundsätzlichen Förderanspruch gegenüber den Trägern der Sozial- und Jugendhilfe (z. B. nach § 4 KJHG oder § 10 Abs. 3 Satz 2 BSHG). Ein Anspruch in einer bestimmten Höhe kann daraus jedoch nicht abgeleitet werden. Für die öffentlichen Träger handelt es sich bei entsprechenden Zuschüssen um gebundene oder subsidiäre Pflichtleistungen, bei denen ihnen im Blick auf die Höhe ein Ermessensspielraum zusteht. Die freien Träger müssen dabei einen entsprechenden Eigenanteil aufbringen.

Als eine gewisse Zwischen- oder Kompromißlösung werden da und dort bei ambulanten Maßnahmen die individuellen Ansprüche Hilfeberechtigter (z. B. in der Behindertenhilfe) pauschaliert und den Trägern der Maßnahmen als Betriebskostenzuschuß oder Kostenersatz gewährt.

Diese Finanzierungsunterschiede haben sich in den letzten Jahrzehnten insgesamt nachteilig auf den Ausbau ambulanter Hilfen ausgewirkt, weil die freien Träger vielfach das entsprechende Finanzierungsrisiko nicht übernehmen bzw. den entsprechenden Eigenanteil nicht erbringen konnten.

Generell muß zu diesem Abschnitt, der gegenüber der ersten Auflage kürzer ausgefallen ist, auf folgendes hingewiesen werden:

- Es war allgemein sehr schwierig, aussage- und beweiskräftige Unterlagen über Regelungen in den einzelnen Bundesländern zu bekommen.
- Auch in den alten Bundesländern haben sich in den letzten Jahren die Förderungen und Finanzierungen freigemeinnütziger Einrichtungen verschlechtert. Die Finanzierungsregelungen sind weitgehend allgemein, d. h. sehr flexibel formuliert, so daß selbst allgemein verbindliche Aussagen nur begrenzt möglich sind.
- Förderanteile und Festbeträge ergeben im übrigen nur dann einen Sinn, wenn ihnen die jeweiligen Durchschnittskosten pro Einheit gegenübergestellt werden könnten. Derartige Unterlagen liegen nicht vor.
- Die Finanzierungsregelungen für die neuen Bundesländer sind weitgehend ungeklärt bzw. noch offen.

Lediglich für die Leistungen der Krankenkassen für ambulante sozialpflegerische Dienste gibt es einheitliche und eindeutige bundesgesetzliche Regelungen. Ihre Darstellung nimmt daher im folgenden einen breiteren Raum ein. Im übrigen muß es dem interessierten Leser überlassen bleiben, sich Finanzierungsregelungen in den einzelnen Bundesländern (die auch weiterhin erheblich voneinander abweichen) über die Spitzenverbände der freien Wohlfahrtspflege, die kommunalen Spitzenverbände und die Ministerien selbst zu erfragen.

I. Ambulante Hilfen

1. Beratungsstellen

Erziehungsberatungsstellen sind Einrichtungen nach § 16 Abs. 2 Nr. 2 KJHG, Beratungsstellen für Behinderte, Suchtgefährdete und -abhängige sowie Einrichtungen bzw. Maßnahmen der Eingliederungshilfe nach § 39 ff. BSHG. In der Sozialhilfe spielen darüberhinaus vor allem Beratungsstellen für Personen mit besonderen sozialen Schwierigkeiten nach § 72 BSHG eine besondere Rolle.

In allen Fällen besteht ein grundsätzlicher Förderanspruch des freien Trägers gegen den zuständigen Träger der Jugendhilfe bzw. Sozialhilfe. Über die Förderleistungen wurden vielfach formale Vereinbarungen zwischen öffentlichen Trägern und den Maßnahmeträgern abgeschlossen. Zum Teil bestehen auch nur (mehr oder weniger verbindliche) Absprachen zwischen den Spitzenverbänden auf Landesebene. Auch in den Ländern oder Trägergruppen, in denen keinerlei Anhaltspunkte für die Höhe der Förderung vereinbart ist, hat sich eine gewisse allgemeine Praxis herausgebildet, die jedoch von der jeweiligen Haushaltssituation der öffentlichen Träger verhältnismäßig stark abhängig ist; partei- bzw. verbandspolitische Entscheidungen spielen dabei immer wieder eine Rolle.

Eine Reihe von Bundesländern beteiligt sich über Initiativ- oder Förderprogramme an den Ausstattungs- und Betriebskosten derartiger Einrichtungen. Ihre Leistungen sind jedoch meist nachrangig, da die Förderung und ggf. der Betrieb solcher Einrichtungen zu den Pflichtaufgaben der zuständigen öffentlichen Träger gehört. Die (freien) Träger selbst müssen in allen Fällen erhebliche Eigenmittel für den Betrieb aufbringen.

Die Eheberatung wird bisher nicht zu den Pflichtaufgaben der Jugendhilfeträger gezählt. Ihre Förderung ist daher eine echte freiwillige Leistung für die Kommunen. Auch die Ländern beteiligen sich meist nur in beschränktem Umfang an den Kosten. Eheberatungsstellen, die vielfach gemeinsam mit Erziehungs- und Familienberatungsstellen geführt werden, erfordern daher ein weitaus höheres finanzielles Engagement der freien Träger als die o. a. Beratungseinrichtungen.

Einen Sonderfall stellen in der Beratung die Schwangeren-Beratungsstellen in Bayern dar, für deren Betriebskosten der Staat 80 % (der förderungsfähigen!) Kosten übernimmt. Dies ist in einem eigenen Ausführungsgesetz zu § 218 StGB ausdrücklich festgelegt.

2. Häusliche Krankenpflege und Haushaltshilfe (Familienpflege)

Soweit keine Krankenversicherung besteht, ist der „Benutzer" verpflichtet, die Kosten selbst zu übernehmen. Wenn die entsprechenden Voraussetzungen gegeben sind, tritt die Sozialhilfe ein (für die häusliche Krankenpflege mit Leistungen der Krankenhilfe nach § 37 BSHG, für die Haushaltshilfe mit der Hilfe zur Weiterführung des Haushalts nach §§ 70 und 71 BSHG, teilweise kommt auch Hilfe zur Pflege nach § 68 ff. BSHG in Frage).

Im Zusammenhang mit dem Rückgang von Mutterhausschwestern kam es etwa zwischen 1965 und 1975 zu teilweise erheblichen Versorgungsschwierigkeiten bei diesen ambulanten Diensten. Deshalb hat eine Reihe von Bundesländern Förderprogramme für Sozialstationen bzw. ambulante pflegerische Dienste aufgelegt. Auch die Kommunen beteiligen sich da und dort an der Förderung dieser Einrichtungen für die „örtliche Gemeinschaft“.

Trotz dieser positiven finanziellen Entwicklung seit etwa 1970 müssen die Träger zum Teil erhebliche Eigenleistungen erbringen, weil die vereinbarten Pauschalsätze vielfach nicht kostendeckend sind und auch die sonstigen Einnahmen die Betriebskosten nicht abdecken. Insbesondere hat die Umstellung von Mutterhausschwestern auf freie tarifmäßig bezahlte Mitarbeiter die Kosten- und Finanzierungssituation völlig verändert. Schließlich ist dabei zu berücksichtigen, daß durch diese Dienste z. T. Leistungen mit erbracht werden, die für die betreffenden Kranken, Alten oder Behinderten zwar erforderlich, aber z. B. im Leistungskatalog der Krankenversicherung nicht vorgesehen sind. Ein erheblicher Teil dieser Mittel wird über Mitgliedsbeiträge bei den Trägern oder Fördervereinen erbracht.

3. Leistungen der Krankenkassen für ambulante sozialpflegerische Dienste

Mit dem Gesetz zur Strukturreform im Gesundheitswesen (GRG) wurde am 20. 12. 1988 die im **SGB V** gesetzlich geordnete Krankenversicherung neu geregelt. Dabei wurden auch die Bestimmungen über die häusliche Krankenpflege und die Haushaltshilfe in §§ 185 und 185 b RVO durch neue gesetzliche Grundlagen ersetzt. Darüber hinaus wurden in das betreffende 3. Kapitel weitere Leistungen der Krankenkassen aufgenommen.

Im einzelnen bilden folgende Bestimmungen die **Grundlagen für Leistungen** der Krankenkassen für ihre Versicherten bzw. für die Dienste und Einrichtungen der freien und öffentlichen Wohlfahrtsverbände und im Einzelfall auch privater Anbieter verschiedener Leistungen:

§ 37
Häusliche Krankenpflege

(1) Versicherte erhalten in ihrem Haushalt oder ihrer Familie neben der ärztlichen Behandlung häusliche Krankenpflege durch geeignete Pflegekräfte, wenn Krankenhausbehandlung geboten, aber nicht ausführbar ist, oder wenn sie durch die häusliche Krankenpflege vermieden oder verkürzt wird. Die häusliche Krankenpflege umfaßt die im Einzelfall erforderliche Grund- und Behandlungspflege sowie hauswirtschaftliche Versorgung. Der Anspruch besteht bis zu vier Wochen je Krankheitsfall. In begründeten Ausnahmefällen kann die Krankenkasse die häusliche Krankenpflege für einen längeren Zeitraum bewilligen, wenn der medizinische Dienst (§ 275) festgestellt hat, daß dies aus den in Satz 1 genannten Gründen erforderlich ist.

(2) Versicherte erhalten in ihrem Haushalt oder ihrer Familie als häusliche Krankenpflege Behandlungspflege, wenn sie zur Sicherung des Ziels der ärztlichen Behandlung erforderlich ist. Die Satzung kann bestimmen, daß die Krankenkasse zusätzlich zur Behandlungspflege nach Satz 1 als häusliche Krankenpflege auch Grundpflege und hauswirtschaftliche Versorgung erbringt. Die Satzung

kann dabei Dauer und Umfang der Grundpflege und der hauswirtschaftlichen Versorgung nach Satz 2 bestimmen.

(3) Der Anspruch auf häusliche Krankenpflege besteht nur, soweit eine im Haushalt lebende Person den Kranken in dem erforderlichen Umfang nicht pflegen und versorgen kann.

(4) Kann die Krankenkasse keine Kraft für die häusliche Krankenpflege stellen oder besteht Grund, davon abzusehen, sind den Versicherten die Kosten für eine selbstbeschaffte Kraft in angemessener Höhe zu erstatten.

§ 38
Haushaltshilfe
(Auszug)

(1) Versicherte erhalten Haushaltshilfe, wenn ihnen wegen Krankenhausbehandlung oder wegen einer Leistung nach § 23 Abs. 2 oder §§ 24, 37, 40 oder § 41 die Weiterführung des Haushalts nicht möglich ist. Voraussetzung ist ferner, daß im Haushalt ein Kind lebt, das bei Beginn der Haushaltshilfe das achte Lebensjahr noch nicht vollendet hat oder das behindert und auf Hilfe angewiesen ist.

(2) Die Satzung kann bestimmen, daß die Krankenkasse in anderen als den in Absatz 1 genannten Fällen Haushaltshilfe erbringt, wenn Versicherten wegen Krankheit die Weiterführung des Haushalts nicht möglich ist. Sie kann dabei von Absatz 1 Satz 2 abweichen sowie Umfang und Dauer der Leistung bestimmen.

(3) Der Anspruch auf Haushaltshilfe besteht nur, soweit eine im Haushalt lebende Person den Haushalt nicht weiterführen kann.

(4) Kann die Krankenkasse keine Haushaltshilfe stellen oder besteht Grund, davon abzusehen, sind den Versicherten die Kosten für eine selbstbeschaffte Haushaltshilfe in angemessener Höhe zu erstatten.

Bei Schwerpflegebedürftigkeit gelten folgende Leistungen:

§ 53
Personenkreis
(Auszug)

(1) Versicherte, die nach ärztlicher Feststellung wegen einer Krankheit oder Behinderung so hilflos sind, daß sie für die gewöhnlichen und regelmäßig wiederkehrenden Verrichtungen im Ablauf des täglichen Lebens auf Dauer in sehr hohem Maße der Hilfe bedürfen (Schwerpflegebedürftige), erhalten häusliche Pflegehilfe.

(2) Der Anspruch nach Absatz 1 entfällt, soweit ein Anspruch nach § 37 besteht.

(3) Die Spitzenverbände der Krankenkassen beschließen gemeinsam und einheitlich Richtlinien zur Abgrenzung des Personenkreises der Schwerpflegebedürftigen. Sie haben die Kassenärztliche Bundesvereinigung, die Bundesverbände der Pflegeberufe sowie der Behinderten zu beteiligen.

§ 55
Inhalt der Leistung
(Auszug)

(1) Die häusliche Pflegehilfe soll die Pflege und Versorgung schwerpflegebedürftiger Versicherter in ihrem Haushalt oder dem ihrer Familie ergänzen. Sie ist darauf auszurichten, daß Pflegebedürftige möglichst dort verbleiben können und stationäre Pflege vermieden wird. Sie umfaßt die im Einzelfall notwendige Grundpflege und hauswirtschaftliche Versorgung bis zu einer Stunde je Pflegeeinsatz und bis zu fünfundzwanzig Pflegeeinsätzen je Kalendermonat. An einem Tag können mehrere Pflegeeinsätze in Anspruch genommen werden. Die Aufwendungen der Krankenkasse für die Leistung nach Satz 1 bis 4 dürfen im Einzelfall 750 Deutsche Mark je Kalendermonat nicht übersteigen.

§ 56
Urlaub oder Verhinderung der Pflegeperson

Kann die Pflege und Versorgung schwerpflegebedürftiger Versicherter wegen Erholung oder anderweitiger Verhinderung der Pflegeperson zeitweise nicht erbracht werden, wird die häusliche Pflegehilfe über den Rahmen des § 55 hinaus im erforderlichen Umfang für längstens vier Wochen je Kalenderjahr erbracht, wenn die Pflegeperson den Schwerpflegebedürftigen vor der Verhinderung mindestens zwölf Monate gepflegt hat. Die Aufwendungen der Krankenkasse für die Leistung nach Satz 1 dürfen im Einzelfall 1800 Deutsche Mark nicht überschreiten. Werden die Versicherten während dieser Zeit außerhalb ihres Haushalts oder ihrer Familie gepflegt, übernimmt die Krankenkasse die dadurch entstehenden Kosten bis zur Höhe des Betrages, den sie bei Pflege und Versorgung der Versicherten in ihrem Haushalt oder ihrer Familie aufzuwenden hätte.

§ 57
Geldleistung
(Auszug)

(1) Auf Antrag der schwerpflegebedürftigen Versicherten kann die Krankenkasse ihnen anstelle der häuslichen Pflegehilfe einen Geldbetrag von 400 Deutsche Mark je Kalendermonat zahlen, wenn die Schwerpflegebedürftigen die Pflege durch eine Pflegeperson in geeigneter Weise und in ausreichendem Umfang selbst sicherstellen können.

Die im GRG an verschiedenen Stellen erfolgte Pauschalierung oder Begrenzung von Leistungen hat sich auch in den genannten Bestimmungen niedergeschlagen. Dies hat zur Folge, daß trotz der Pflichtleistungen der Krankenkassen in Einzelfällen die Sozialhilfe weiterhin eintreten muß, wenn die Krankenversicherung an ihre zeitlichen oder betragsmäßigen Grenzen stößt.

Besonders hinzuweisen ist in diesem Zusammenhang auf § 37 Abs. 2 SGB V. Verschiedene Krankenkassen haben auf dieser Grundlage mit Satzungsbestimmungen – im eigenen Interesse und im Interesse ihrer Versicherten – die 4-Wochen-Grenze für häusliche Krankenpflege aufgehoben. Allerdings muß dann damit gerechnet werden, daß unter Umständen nur ein Teil der Patienten, die durch Sozialstationen versorgt werden, in den Genuß dieser Leistungen kommt, während andere Kassen (z. B. bundesweit organisierte Kassen oder Kassen mit sehr begrenztem Kreis von Versicherten) nicht in den Genuß dieser Leistungen kommen.

Die wichtige sozial- und gesundheitspolitische Leistung – die Absicherung des Risikos der Pflegebedürftigkeit – wurde weder im GRG gelöst noch wurde in den Koalitionsverhandlungen Ende 1990/Anfang 1991 darüber unter den Parteien eine Einigung erzielt. Als Zeitpunkt für die Lösung dieser Aufgabe wurde der 1. 7. 1993 in Aussicht genommen.

II. Teilstationäre Einrichtungen

1. Kindergärten

Die Finanzierung von Kindergärten ist landesrechtlich geregelt – durch Ausführungsgesetze zum JWG bzw. KJHG. Kindergartengesetze gibt es als landesrechtliche Regelungen im Rahmen der außerschulischen Bildung (z. B. in Bayern). In der Finanzierung gibt es dadurch erhebliche Unterschiede.

2. Werkstätten für Behinderte

a) Betriebskosten

In eine Werkstatt für Behinderte dürfen grundsätzlich nur solche Behinderte aufgenommen werden, die eine wirtschaftlich verwertbare Arbeit leisten. Es wird deshalb davon ausgegangen, daß die Werkstatt ihre normalen Produktionskosten selbst erwirtschaftet und darüber hinaus dem Behinderten einen seiner Leistung entsprechenden Lohn gewährt.

Neben den produktionsbedingten Kosten fallen jedoch erhebliche Aufwendungen an, die durch die Behinderungen bedingt sind. Diese können und sollen durch die Behinderten nicht selbst erwirtschaftet werden. Deshalb werden hierfür Pflegesätze vereinbart, die im Arbeitsbereich der Träger der Sozialhilfe zu übernehmen hat.

Die Kosten des Arbeitstrainingsbereiches, in dem die Fähigkeiten des Behinderten erprobt und gefördert werden, übernimmt dagegen die Arbeitsverwaltung.

Insgesamt ist davon auszugehen, daß der Betrieb der Werkstatt für Behinderte kostendeckend finanziert ist. Jedoch gibt es noch erhebliche Schwierigkeiten in der Frage, wie die behinderungsbedingten Kosten von den produktionsbedingten abgegrenzt werden können. Diese Frage beeinflußt vor allem die Höhe des Leistungslohnes, der an die Behinderten zu zahlen ist.

b) Baukosten

Da sowohl die Arbeitsverwaltung als auch die Sozialhilfe Kostenträger für den laufenden Betrieb sind, sind prinzipiell beide zur Förderung des Baues verpflichtet. Darüber hinaus beteiligen sich die Länder und der Bund an den Baukosten der Werkstätten für Behinderte. Den Trägern verbleibt ein Eigenanteil von rund 20 Prozent.

Die staatlichen Mittel werden überwiegend aus der Ausgleichsabgabe nach § 8 Schwerbehindertengesetz (finanzieller Ausgleich von Betrieben für nichtbesetzte Pflichtarbeitsplätze für Behinderte) erbracht. In einem Verfahren vor dem Bundesverfassungsgericht wurde die Frage geprüft, ob diese Ausgleichsleistung mit dem Grundgesetz vereinbar sei. In seinem Urteil vom 26. 5. 1981 hat das Gericht folgendes festgestellt: „Die Vorschriften des Schwerbehindertengesetzes über die Pflichtplatzquote sowie über die Ausgestaltung und Verwendung der Ausgleichsabgabe sind mit dem Grundgesetz vereinbar“ (Leitsatz).

III. Stationäre Einrichtungen

1. Krankenhäuser

Mit dem Gesetz zur wirtschaftlichen Sicherung der Krankenhäuser und zur Regelung der Krankenhauspflegesätze – KHG – vom 29. 6. 1972, BGBl I S. 109, wurde für die Krankenhäuser das sog. duale Finanzierungssystem eingeführt. Danach muß die öffentliche Hand für die sog. Vorhaltekosten (Baumaßnahmen sowie die Wiederbeschaffung von kurz- und mittelfristigen Anlagegütern), die Krankenkasse, ersatzweise Selbstzahler oder die Sozialhilfe nach § 37 BSHG, für die Benutzerkosten aufkommen.

a) Betriebskosten

Unter Berücksichtigung dieser Grundsatzentscheidung enthält der 3. Abschnitt des KHG (§ 16 ff.) sowie die Pflegesatzverordnung detaillierte Regelungen für die Bestandteile der Pflegesätze und das Verfahren bei deren Festsetzung. Die Pflegesätze werden zunächst zwischen dem Krankenhausträger und den Kassen ausgehandelt. In jedem Fall werden sie aber, auch wenn eine Einigung erzielt wurde, nach § 18 KHG durch eine staatliche Behörde festgesetzt.

b) Baukosten

Die Baukosten sowie die Wiederbeschaffung von kurz- und mittelfristigen Anlagegütern werden (nur bei solchen Krankenhäusern, die in einen Krankenhausbedarfsplan und in die Jahres-Bauprogramme aufgenommen sind) durch die öffentliche Hand getragen.

An den Investitionskosten werden auch die Kommunen durch eine an den Staat zu entrichtende Krankenhausumlage beteiligt. Diese ist in den Ausführungsgesetzen der Länder näher geregelt.

Bei finanziellen Schwierigkeiten der öffentlichen Haushalte, weil eine Refinanzierung von Kapitalkosten über den Pflegesatz nicht möglich ist (duale Finanzierung!), ergeben sich durch das System erhebliche Schwierigkeiten für den Bau und die Sanierung von Krankenhäusern.

2. Heime der Erziehungshilfe

a) Betriebskosten

Für die Betriebskosten werden Pflegesätze vereinbart. Diese haben die Träger der Jugendhilfe aufzubringen. Soweit im Einzelfall die gesetzlichen Voraussetzungen gegeben sind, müssen die Unterhaltsverpflichteten zu den Kosten beitragen.

b) Baukosten

Grundsätzlich ist der Träger der Einrichtung selbst verpflichtet, für die Kosten von Baumaßnahmen aufzukommen. Bei den freien Trägern besteht jedoch eine grundsätzliche Förderverpflichtung der öffentlichen Träger nach § 4 KJHG. Die Bundesländer beteiligen sich (im Einzelfall bis zu 80 Prozent) an den Kosten von Neubauten oder grundlegenden Sanierungen. Es handelt sich hierbei um freiwillige Leistungen, die nach den Bestimmungen der Länderhaushaltsordnung (§§ 23 und 44) mit entsprechenden Auflagen und Bedingungen gewährt werden.

3. Altenheime und Altenpflegeheime

a) Betriebskosten

Prinzipiell ist der Bewohner selbst verpflichtet, die Kosten aufzubringen. Ersatzweise tritt die Sozialhilfe ein.

Für Selbstzahler (aber auch für Sozialhilfeempfänger!) ist zu berücksichtigen, daß zwischen dem Entgelt und der Leistung der Einrichtung kein Mißverhältnis bestehen darf (§ 4 Abs. 3 Heimgesetz).

In den Fällen, in denen die Sozialhilfe eintritt, werden die Pflegesätze nach § 93 Abs. 2 BSHG vereinbart. In der Praxis ist davon auszugehen, daß bei gleichen Leistungen für Sozialhilfeempfänger und Selbstzahler die gleichen Kosten berechnet werden.

In diesem Zusammenhang ist auf die besondere Problematik zur Sicherung des Pflegekostenrisikos hinzuweisen, bei der eine versicherungsrechtliche Lösung angestrebt wird.

b) Baukosten

Grundsätzlich liegt es in der Verantwortung der Träger, die Kosten für Neu- und Umbauten sicherzustellen. Jedoch gilt bei freien Trägern auch hier die Förderverpflichtung der Sozialhilfeträger nach § 10 Abs. 3 Satz 2 BSHG, soweit Sozialhilfeempfänger untergebracht werden. Für Personen, deren Einkommen darüber hinausgeht, handelt es sich bei kommunaler Förderung um echte freiwillige Leistungen.

Im Rahmen von Landesaltenplänen beteiligen sich auch die Bundesländer (in z. T. sehr unterschiedlicher Höhe) an Investitionskosten.

Soweit die Altenheimplätze durch die Länder aus Mitteln des sozialen Wohnungsbaues gefördert werden, erhalten die Träger einen Aufwendungszuschuß, mit dem die Miete nach gestaffelten Sätzen für die ersten zehn Jahre nach der Bezugsfertigkeit gesenkt wird.

IV. Schulen und Schülerheime in freier Trägerschaft

1. Privatschulen

a) Betriebskosten

Die staatliche Förderung von Schulen in freier Trägerschaft (im Blick auf Art. 7 GG meist „Privat"-schulen genannt) erfolgt vor allem in folgenden Formen:

- allgemeine Pauschalbeträge, die z. B. nach „notwendigen" Lehrerplanstellen, Klassen- oder Schülerzahlen berechnet werden,
- Berechnung des Zuschußbedarfs aufgrund der jeweiligen wirtschaftlichen Situation bzw. „Ertragslage",
- Beurlaubung von beamteten Lehrkräften unter Fortzahlung der Dienstbezüge durch den Staat,
- Ersatz von Schulgeld.

In verschiedenen Bundesländern erhalten einzelne Schultypen (vor allem Sonderschulen und Weltanschauungsschulen) einen Kostenersatz, der 100 Prozent der anerkannten Kosten bzw. der Berechnungsgrundlagen erreicht (so z. B. in Baden-Württemberg, Bayern, Berlin, Niedersachsen, Nordrhein-Westfalen).

Insgesamt ist festzustellen, daß Sonderschulen und Schulen mit besonderer weltanschaulicher Ausprägung (z. B. Schulen kirchlicher bzw. konfessioneller Träger und Waldorfschulen) verhältnismäßig günstig oder theoretisch sogar voll aus staatlichen Mitteln finanziert werden. Auf der anderen Seite erfordern insbesondere Ausbildungsstätten für soziale Berufe, die zum beruflichen Schulwesen gehören, im Durchschnitt einen sehr viel höheren Aufwand an Eigenmitteln durch den Träger.

b) Baukosten

Staatliche Zuschüsse zu den Baukosten für Schulen werden weithin als echte freiwillige staatliche Leistungen ohne Rechtsanspruch gewährt. Dabei gelten neben allgemeinen fachlichen Anforderungen der Fachbehörden die formalen Vorschriften der Haushaltsordnungen der Länder. In Einzelfällen, wie etwa im Bayerischen Sonderschulgesetz, ist eine volle Erstattung der (erstattungsfähigen!) Kosten vorgesehen.

Eine detaillierte Darstellung der staatlichen Finanzhilfen für Privatschulen findet sich bei J. P. Vogel, „Alternative Schulen“, Band III. Darin werden zugleich die Fragen und Probleme angesprochen, die sich aus der derzeitigen Förderpraxis für die Privatschulgarantie des Art. 7 GG ergeben. Es erscheint jedoch zweifelhaft, ob der dort empfohlene „Bildungsgutschein“ tatsächlich zu einer Verbesserung der Gesamtsituation führt, ohne neue, möglicherweise schwerwiegendere Fragen für die Finanzierung freier Schulen und ihre Stellung im gesamten Bildungswesen aufzuwerfen.

2. Schülerheime

Soweit aus staatlichen Mitteln die Baukosten gefördert werden, handelt es sich dabei um freiwillige Leistungen ohne Rechtsanspruch. Betriebskostenzuschüsse, etwa entsprechend den Schulen, sind nicht üblich. Hierbei wird auf die Ausbildungsförderung und bei Sonderschulen auf die Leistungen der Sozial- bzw. Jugendhilfe verwiesen. Während letztere weithin die kostendeckenden Pflegesätze bezahlen, reichen die Sätze der Ausbildungsförderung längst nicht mehr, um die tatsächlichen Kosten in den Internaten abzudecken, in vielen Fällen kommt staatliche Ausbildungsförderung gar nicht in Betracht. So müssen entweder die Unterhaltsverpflichteten noch erheblich zuzahlen oder der Träger muß aus eigenen oder Ersatzeigenmitteln den Betrieb ständig subventionieren. Hinzu kommt, daß die Gebühren staatlicher Internate meist nur einen Bruchteil der tatsächlichen Kosten betragen; der Rest wird aus Steuermitteln übernommen. Dies führt dazu, daß sie nicht selten zu einer existenzbedrohenden Konkurrenz für die Internate in freier Trägerschaft werden, denen Zuschüsse aus Steuermitteln verwehrt werden. Andererseits ist zu berücksichtigen, daß die (Personal-)Kosten ständig steigen – nicht nur linear, sondern weil der Anteil der verhaltensauffälligen oder verhaltensgestörten Kinder, deren Schwierigkeiten sich in Schulproblemen zeigen, immer mehr anwächst. Selbst wenn im Einzelfall Leistungen der Jugendhilfe in Frage kämen, können nur die nichtkostendeckenden Pensionssätze verlangt werden, weil die öffentlichen Kostenträger nicht mehr bezahlen, als von Privatzahlern verlangt wird – entsprechende Regelungen enthalten die jeweiligen Pflegesatzvereinbarungen (s. Abschnitt D). Näheres über die Heimschulen und Schülerheime in freier Trägerschaft s. „Denkschrift der Arbeitsgemeinschaft freier Schulen“ aus dem Jahr 1974 sowie „Materialien zur Schulpolitik Nr. 2/1976 – Antworten auf die Heimschuldenkschrift“.

D. Pflegesätze in Einrichtungen der Sozial- und Jugendhilfe

Wenn ein Träger der Sozialhilfe im Einzelfall Einrichtungen anderer Träger in Anspruch nimmt, so sind Vereinbarungen über die zu erstattenden Kosten anzustreben, soweit darüber keine landesrechtlichen Vorschriften bestehen (§ 93 Abs. 2 BSHG). Die Bundesregierung kann in diesem Fall durch Rechtsverordnung mit Zustimmung des Bundestages festlegen, welche Kostenbestandteile bei den zu erstattenden Kosten zu berücksichtigen sind (§ 93 Abs. 3 BSHG). Dies ist bisher nicht geschehen. Es erscheint auch für die Praxis nicht mehr erforderlich, da über die Kostenbestandteile weitgehend Übereinstimmung zwischen den Vertragspartnern besteht. Außerdem gibt es zwischen den einzelnen Bundesländern keine so wesentlichen Unterschiede, daß der Bund hier vereinheitlichen müßte. Bei den Abschreibungen weichen jedoch die Berechnungsgrundlagen und damit auch die Höhe wesentlich voneinander ab. Dies hängt aber zum Teil mit unterschiedlichen rechtlichen und tatsächlichen Gegebenheiten zusammen.

§ 77 KJHG ist die Rechtsgrundlage für die Pflegesätze in der Jugendhilfe. Näheres ist dem Landesgesetzgeber vorbehalten.

Die vorhandenen Schwierigkeiten in der Vereinbarung oder „Festsetzung" von Pflegesätzen bestehen demnach nicht innerhalb der Regelungskompetenz des Bundes. Sie liegen in den Fragen des Umfanges der Selbstkostennachweise und der Intensität, mit denen diese durch die Kostenträger geprüft werden sowie bei sonstigen Verfahrensregelungen. Hierfür ist jedoch der Bund nicht zuständig.

Auf der Grundlage des § 93 Abs. 2 BSHG wurden in fast allen Bundesländern – mit Ausnahme von Berlin – (Pflegesatz-)Vereinbarungen zwischen den Kostenträgerverbänden und den Spitzenverbänden der freien Wohlfahrtspflege abgeschlossen bzw. entsprechende Grundsätze vereinbart.

Die Pflegesatzvereinbarungen spiegeln das Verhältnis der öffentlichen zur freien Wohlfahrtspflege in den einzelnen Bundesländern wider. Da es sich um ein Vertragsverhältnis handelt, dessen Partner gleichgestellt sind, widersprechen „Genehmigungen", „Festsetzungen" u. ä. dem Geist und dem Buchstaben des Sozial- und Jugendhilferechts. – Der Vergleich der einzelnen Texte zeigt, daß trotz aller Unterschiede und mancher Gegensätze im wesentlichen die gleichen Fragen geregelt sind. Mit den folgenden Ausführungen soll zweierlei versucht werden:

- Einerseits sollen die wesentlichen Schwerpunkte der Pflegesatzvereinbarungen dargestellt werden,
- andererseits soll der Vergleich wenigstens beispielhaft die verschiedenen Regelungen und Lösungsmöglichkeiten aufzeigen.

I. Geltungsbereich

Gegenstand der Vereinbarungen sind Kosten für die Einrichtungen der Sozial- und Jugendhilfe, soweit sie von Spitzenverbänden der freien Wohlfahrtspflege sowie den ihnen angeschlossenen Organisationen betrieben werden. Für andere gemeinnützige und auch für private Träger werden sie teilweise entsprechend angewendet. In Baden-Württemberg, Bayern und Bremen sind auch die Einrichtungen der Kriegsopferfürsorge einbezogen.

Partner sind demnach die Spitzenverbände der freien Wohlfahrtspflege für die Träger der Einrichtungen und die kommunalen Spitzenverbände, soweit sie Kostenträger im Bereich der Sozial- bzw. Jugendhilfe sind. Soweit das Land die Aufgabe als überörtlicher Träger der Sozialhilfe wahrnimmt (Niedersachsen, Rheinland/Pfalz, Hamburg, Schleswig/Holstein, Saarland und Bremen) ist (auch) das Land Vertragspartner.

Räumlich gilt die Vereinbarung für die Einrichtungen, die in dem jeweiligen Bundesland ihren Sitz haben. Nach den Hamburger „Grundsätzen" können jedoch auch Sätze für Einrichtungen außerhalb des Staatsgebiets vereinbart werden, wenn diese ganz oder überwiegend vom Sozialhilfeträger Hamburg belegt werden und das für die Einrichtung zuständige Land zustimmt.

II. Beratungs- und Entscheidungsgremien

Für die Entscheidungen über grundsätzliche Fragen zur Pflegesatzgestaltung, zur Auslegung der Vereinbarung sowie für die Vereinbarung von Richtzahlen, Gruppenpflegesätzen, Mindest- und Höchstsätzen sowie Einzel- bzw. Sonderpflegesätzen sind Pflegesatzkommissionen gebildet. Diese sind teilweise paritätisch durch Einrichtungs- und Kostenträgervertreter besetzt (Rheinland/Pfalz, Baden-Württemberg – für Sonderpflegesätze –). In Nordrhein-Westfalen und Bayern sind dagegen alle Vertragspartner (d. h. Kostenträgerverbände und Spitzenverbände der freien Wohlfahrtspflege) in den Kommissionen vertreten. Gegen die Auffassung der Kostenträger können Pflegesätze grundsätzlich nicht vereinbart werden. In Nordrhein-Westfalen, Rheinland/Pfalz und Niedersachsen sind z. B. Beschlüsse einstimmig zu fassen, während die bayerische Vereinbarung vorsieht, daß gegen die Stimme eines Kostenträgervertreters eine Vereinbarung nicht möglich ist. Eine ähnliche Regelung gilt für Baden-Württemberg.

Vor allem in den Ländern, in denen das Land überörtlicher Träger der Sozialhilfe ist, nimmt der Staat eine mehr oder weniger dominierende Stellung im Pflegesatzwesen ein (z. B. Sitz der Geschäftsstelle, gewisse eigenständige Entscheidungsbefugnis u. ä.). Aber auch in Baden-Württemberg ist das Land durch den Vorsitz und die Führung der Geschäftsstelle wesentlich beteiligt. In Hamburg und Hessen sind keine Pflegesatzkommissionen vorgesehen. In Hessen gibt es lediglich eine sog. Vermittlungsstelle, wenn zwischen dem Heimträger und dem zuständigen Kostenträger keine Einigung zustande kommt. Sie ist, ähnlich wie der zentrale Arbeitskreis in Schleswig/Holstein, eine Art Schiedsstelle. Ansonsten gibt es keine „Berufungsinstanzen" bei der Vereinbarung von Pflegesätzen. Die Partner stehen damit praktisch unter dem Zwang zur Einigung. Die Entscheidungen sind damit weitgehend von dem Verhältnis zwischen der freien und der öffentlichen Wohlfahrtspflege abhängig sowie von der Funktion, die dabei die Länder wahrnehmen.

III. Verfahren

Die Verfahren zur Vereinbarung von Pflegesätzen sind vor allem davon abhängig, ob Pflegesatzkommissionen eingerichtet sind und welche Rolle die sog. Gruppen- oder Basispflegesätze spielen. Während in Hessen z. B. die einzelnen Träger unmittelbar mit dem jeweiligen Hauptkostenträger verhandeln, sieht die bayerische Vereinbarung vor, daß alle Pflegesätze von den zuständigen Spitzenverbänden der freien Wohlfahrtspflege überprüft und von diesen in der Pflegesatzkommission vertreten werden. Dazwischen gibt es die verschiedensten Varianten für die Beteiligung der Spitzenverbände der freien Wohlfahrtspflege.

IV. Kostendeckungsprinzip und Selbstkostenberechnung

1. Grundsätzliches

„In den Bestimmungen der §§ 93 Abs. 2 BSHG und 77 KJHG hat der betriebswirtschaftliche Kostenbegriff und nicht der Begriff der ‚kameralistischen Ausgabe' seinen Niederschlag gefunden. Der betriebswirtschaftliche Kostenbegriff umfaßt alle Selbstkosten, die bei einer sachgerechten und wirtschaftlichen Betriebsführung entstehen. Ihm steht das Leistungsangebot der Einrichtung gegenüber. Der Kostenbegriff erfährt auf der Grundlage des Leistungsangebotes seine Konkretisierung.

Die Selbstkosten können Personal- oder Sachkosten sein. Der betriebswirtschaftliche Kostenbegriff umfaßt auch die Kosten der Substanzerhaltung, d. h. die Kosten für die laufende Instandhaltung, für den kurzlebigen Ersatz und für die Abschreibungen von Sachanlagen.

Die Beurteilung der selbstkostendeckenden Pflegesätze richtet sich nach deren Angemessenheit und Erforderlichkeit. Erforderlich ist ein Pflegesatz zur Deckung der Kosten, die auf Grund der erbrachten Leistungen unter Berücksichtigung der besonderen Verhältnisse der jeweiligen Einrichtung für die Förderung, Erziehung, Pflege und Versorgung der in der Einrichtung untergebrachten Hilfeempfänger entstehen. Angemessen sind die Kosten, wenn sie der Höhe nach diesen Grundsätzen entsprechen. Es handelt sich um unbestimmte Rechtsbegriffe, die der Auslegung bedürfen. Dies kann nur nach dem Sachverhalt im Einzelfall erfolgen. Die hierfür in Betracht kommenden Gesichtspunkte müssen in einem Zusammenhang gesehen werden. Es kann nicht angehen, daß einzelne Gesichtspunkte einseitig in den Vordergrund gestellt werden. Auch darf die Beurteilung der Angemessenheit und Erforderlichkeit nicht nur von fiskalischen Notwendigkeiten bestimmt sein" (M. Gutmann, Grundsatzfragen der Pflegesatzvereinbarung).

Für Sonder- oder Einzelpflegesätze sind die Kosten der jeweiligen Einrichtung in „Selbstkostenblättern" darzustellen. Grundlage sind dabei meist die im abgelaufenen Jahr angefallenen Kosten und die für den folgenden Vereinbarungszeitraum zu erwartenden Veränderungen. Die Selbstkostenberechnungen enthalten weitgehend die gleichen Positionen.

Im Pflegesatzwesen gilt trotz z. T. umfangreicher Prüfungsmöglichkeiten der Kostenträger das Kalkulationsprinzip und nicht das Abrechnungs- und Nachweisverfahren. Damit hängt auch zusammen, daß es einen Gewinn- bzw. Verlustausgleich nicht gibt. In einzelnen Bundesländern gehen jedoch die generellen Prüfungs- und Zustimmungsrechte der Kostenträger so weit, daß hiervon zumindest im Grundsatz das gleichwertige Verhältnis zweier Vertragspartner berührt wird.

In die Selbstkostenberechnung werden in der Regel all jene Leistungen der Kostenträger nicht aufgenommen, auf die Hilfeempfänger neben der Heimunterbringung einen gesonderten Rechtsanspruch haben (z. B. Maßnahmen der vorbeugenden Gesundheitshilfe, Krankenhilfe und vor allem das persönliche Taschengeld). Aber auch einmalige Leistungen im Rahmen der jeweiligen Hilfe werden gesondert erbracht (vor allem Bekleidungshilfen). Generell besteht jedoch das Ziel, möglichst alle mit der Unterbringung in einer stationären oder teilstationären Einrichtung zusammenhängenden Kosten des Trägers in einen umfassenden Pflegesatz einzubeziehen. Trotzdem lassen sich Nebenkosten und Zuschläge nicht ganz vermeiden, wie etwa bei Pflegebedürftigkeit bzw. erhöhter Pflegebedürftigkeit, Diätzuschläge u. ä. Daneben sehen alle Vereinbarungen ein sog. Bettengeld bzw. eine Platzfreihaltegebühr des Kostenträgers an den Heimträger für Urlaub, Krankheit und sonstige Abwesenheit des Heimbewohners vor.

Einnahmen und Ausgaben, die nicht unmittelbar mit dem Betrieb der jeweiligen Einrichtung zusammenhängen, bleiben bei der Selbstkostenberechnung unberücksichtigt. Dagegen sind selbstverständlich Leistungen Dritter (etwa staatliche Personalkostenzuschüsse, aber auch Rückerstattung für freie Station u. ä.) von den Brutto-Selbstkosten abzusetzen.

Über die einzelnen Positionen geben die Vereinbarungen und vor allem die entsprechenden Selbstkostenblätter näher Aufschluß. Über verschiedene Positionen des Selbstkostennachweises wurden in den vergangenen Jahren zum Teil heftige Diskussionen geführt. Wenigstens auf einige dieser Fragen soll hier eingegangen werden.

2. Personalkosten

Die Personalkosten sind zum Hauptkostenfaktor in den Pflegesätzen geworden. (Anfang der 50er Jahre bildeten die Kosten für Nahrungsmittel noch vielfach den größten Einzelposten). Sie stehen deshalb auch im Mittelpunkt des Interesses. Grundsätzlich wird davon ausgegangen, daß die Mitarbeiter in Einrichtungen der freien Wohlfahrtspflege nicht besser vergütet werden dürfen als vergleichbare Mitarbeiter im öffentlichen Dienst. Die notwendige berufliche Qualifikation und die Zahl der Planstellen werden weitgehend durch die Heimaufsicht (nach KJHG oder Heimgesetz) beeinflußt oder in zusätzlichen Vereinbarungen geregelt. Damit sind die Träger in ihrer Personalentscheidung entweder durch hoheitliche Maßnahmen oder durch vertragliche Selbstbindung bereits wesentlich eingeschränkt. Deshalb berühren darüber hinausgehende Zustimmungsvorbehalte der Kostenträger für Veränderungen im Stellenplan die Selbständigkeit eines freien Trägers in der Durchführung seiner Aufgaben (§ 10 Abs. 2 BSHG). In diesem Zusammenhang spielt auch die Frage, inwieweit ein Arbeitgeber persönliche Daten seiner Mitarbeiter herausgeben darf, eine wichtige Rolle.

3. Abschreibungen und Instandhaltungsaufwendungen

Rücklagen für die Substanzerhaltung und für Ersatzbauten sind für den ordnungsgemäßen Betrieb und für den Bestand der Einrichtungen notwendig. Als Berechnungsgrundlage sehen die Vereinbarungen zwei Möglichkeiten vor:

Den Herstellungswert oder
den Wiederbeschaffungswert.

Der Herstellungswert ist, soweit es sich nicht um ältere Häuser handelt, verhältnismäßig einfach zu ermitteln. Der Wiederbeschaffungswert ist dagegen schwierig und vielfach nur mit statistischen oder fiktiven Ansätzen zu berechnen. In Bayern und Hamburg gibt es jedoch eine Sondersituation: Die bayerischen Brandversicherungsämter legen bisher für jedes einzelne Gebäude eine amtliche Stammversicherungssumme fest, mit der (unter Verwendung der ebenfalls amtlichen Baukostenrichtzahl) der Wiederbeschaffungswert ermittelt wird. Dieser bildet die Grundlage für die Gebäudeinstandhaltungskosten und Gebäudeabschreibung. In Hamburg spielt die „Feuerkassenrichtzahl" eine ähnliche Rolle. In den übrigen Ländern werden die Baukosten, die fiktiven Wiederherstellungskosten oder sog. „Basiswerte" zur Berechnung der Abschreibung verwendet. Wegen der unterschiedlichen Berechnungsgrundlagen für die Abschreibung können deshalb die dabei angewandten Prozentzahlen nicht verglichen werden.

Von der Abschreibungsgrundlage sind öffentliche Zuschüsse für den Bau abzusetzen. Hierfür werden entweder die jeweiligen Summen für die einzelne Einrichtung berücksichtigt oder es werden pauschalierende Regelungen getroffen.

V. Pflegesatzarten

Nach § 93 Abs. 2 BSHG sind die für die jeweilige Einrichtung anfallenden Kosten zu erstatten. Demnach ist im Prinzip für jede einzelne Einrichtung ein eigener Pflegesatz zu vereinbaren. Dies ist in der Bayerischen Pflegesatzvereinbarung von 1983, die aber inzwischen gekündigt ist (abgesehen von einigen pauschalierenden Regelungen für Ersatzbeschaffung und Instandhaltung), voll verwirklicht. In allen übrigen Vereinbarungen sind allgemeine Pflegesätze, Gruppenpflegesätze, Basispflegesätze, Mindest- bzw. Höchstpflegesätze und pauschalierte bzw. erhöhte pauschalierte Pflegesätze enthalten. Vielfach liegen diesen Sätzen oder einzelnen Positionen in diesen Sätzen statistisch oder kalkulatorisch ermittelte Beträge zugrunde, die fortgeschrieben werden (z. B. aufgrund von tariflichen Personalkostenentwicklungen, Preisindizes o. ä.), zum Teil wird jedoch eine bestimmte Anzahl typischer Heime ausgewählt, deren Selbstkostenberechnungen diesen allgemeinen Sätzen zugrunde gelegt werden. Soweit einzelne Einrichtungen diese allgemeinen Sätze anwenden, müssen sie normalerweise keine weiteren Nachweise für die Neuvereinbarung von Pflegesätzen erbringen. Insgesamt soll mit diesen allgemeinen Regelungen erreicht werden, daß der Verwaltungsaufwand für die Fortschreibung der Pflegesätze möglichst niedrig gehalten wird.

Alle Vereinbarungen sehen jedoch Abweichungen von diesen Pauschalsätzen vor. Hierfür sind in der Regel detaillierte Unterlagen für die einzelnen Einrichtungen erforderlich. – Es zeigt sich, daß immer mehr Einrichtungen (u. a. wegen der unterschiedlichen Kostenentwicklung, aber auch wegen der Spezialisierung) individuelle Pflegesätze beantragen.

Schließlich ist noch darauf hinzuweisen, daß fast alle Vereinbarungen die Träger verpflichten, bei Selbstzahlern für die gleiche Leistung die gleichen Sätze zu fordern bzw. Mindereinnahmen aus Preisnachlässen gegenüber Selbstzahlern nicht auf die Pflegesätze der öffentlichen Kostenträger umgerechnet werden dürfen. Auch in den Ländern, in denen eine solche Bestimmung nicht ausdrücklich vorgesehen ist, wird in der Praxis so verfahren.

VI. Pflegesatzwesen und Heimaufsicht

Die Pflegesatzgestaltung wird wesentlich beeinflußt von den Wünschen und Forderungen der Heimaufsicht nach dem Kinder- und Jugendhilfegesetz bzw. dem Heimgesetz. Deshalb wird vielfach gefordert, die Heimaufsicht in das Pflegesatzwesen (vor allem auch in die Kommissionen) einzubeziehen, damit sie dort ihre Vorstellungen (vor allem gegenüber den Kostenträgern) vertreten können. Dies ist mit folgenden Gründen bisher weitgehend abgelehnt worden:

a) Bei der Heimaufsicht handelt es sich um eine hoheitliche Maßnahme staatlicher Verwaltung. Das Pflegesatzwesen ist dagegen ein Vertragsverhältnis zwischen freier Wohlfahrtspflege und den Trägern der Sozial- und Jugendhilfe. Deshalb ist auch darauf zu achten, daß Informationen, die der Heimaufsicht aus ihrer hoheitlichen Tätigkeit zugänglich sind, nicht im Wege der „Selbstbedienung" oder der „Amtshilfe" von dem einen in den anderen Bereich fließen (s. dazu u. a. E. Kunz bzw. M. Gutmann in Bayerischer Wohlfahrtsdienst Nr. 10/80).
b) Die verbindlichen Entscheidungen der Heimaufsicht auf entsprechender rechtlicher Grundlage müssen zwangsläufig in den Pflegesatz eingehen. Diese müssen jedoch schon nach der Natur der Sache vor der Pflegesatzverhandlung ergehen, damit die damit verbundenen Kosten in die Selbstkostenberechnung einfließen können. – Dies schließt jedoch nicht aus, daß von Zeit zu Zeit grundsätzliche Gespräche zwischen den Kostenträgern, den Trä-

gern der Einrichtungen und den Verantwortlichen der Heimaufsicht geführt werden, in denen anstehende allgemeine oder spezielle Probleme geklärt werden können.

c) Schließlich ist bei den Anforderungen nach dem Heimgesetz zu beachten, daß dies nur „Mindestregelungen" enthält, die gewissermaßen die Untergrenze zu Ordnungswidrigkeiten markieren. Bei der Pflegesatzvereinbarung für diesen Bereich geht es jedoch um Anforderungen, die im Hinblick auf die Zielsetzungen des BSHG zweifellos darüber liegen.

VII. Pflegesätze in den neuen Bundesländern

In den neuen Bundesländern gibt es noch keine Pflegesatzvereinbarungen. Das Pflegesatzwesen wird dort vorerst von den Landkreisen und Städten vollzogen (obwohl zunächst die Länder überörtliche Träger der Sozialhilfe sind – s. Anhang zum BSHG i. d. F. d. Bek. vom 10. 1. 1991, BGBl I S. 94).

KAPITEL 5

Geistige Grundlagen und Entwicklungsstufen der Wohlfahrtspflege

„Nur wer die Vergangenheit kennt, kann die Zukunft beherrschen."

Dieses Wort von Golo Mann gilt sinngemäß auch für die freie und öffentliche Wohlfahrtspflege. Wer sie vollständig darstellen und richtig verstehen will, steht damit vor der Frage: Woher kommt sie? Dabei wird sehr schnell deutlich, daß die Kräfte, die sie bewegen und tragen, über längere Zeit wirken, als mancherlei „Modetrends" in der sozialen Arbeit vermuten lassen.

W. Wolfensberger von der Syracuse-University New York hat die „Langzeitwirkungen" von geistigen Grundlagen, Konzepten, (Vor-)Urteilen und Organisationsformen in der mitmenschlichen Hilfe untersucht. Auf eine bedrängende und manchmal geradezu beängstigende Weise macht er deutlich, wie bestimmte Grundmuster selbst in der Perversion noch erkennbar bleiben.

Das folgende Kapitel ist keine „Geschichte der Wohlfahrtspflege". Es kann nur der Versuch sein, in Stichworten einige wichtige Personen, Institutionen und geistige Kräfte aufzuzeigen, die die Entwicklung der Wohlfahrtspflege in den letzten 2000 Jahren gestaltet und so die Grundlagen für die gegenwärtigen Verhältnisse gelegt haben.

A. Frühe geschichtliche Wurzeln und geistige Grundlagen

Bis in das 19. Jahrhundert ist die Geschichte der Wohlfahrtspflege untrennbar mit der Geschichte der Kirche verbunden. Aber auch in den beiden letzten Jahrhunderten bestanden enge Verbindungen und Wechselwirkungen, auch wenn die geistigen Ansätze und die Konzepte in der Praxis sich immer mehr aufgefächert haben. Selbst jene sozialen und kulturellen Kräfte in Europa, die eine innere Beziehung zum Christentum verneinen, sind zumindest von der Auseinandersetzung mit ihm geprägt.

So ist es nicht nur berechtigt, sondern sogar notwendig, auf die Grundlagen der christlichen Gemeinde zurückzugreifen. Mit ihr begann vor knapp 2000 Jahren eine neue Epoche in der Geschichte der Menschheit. Dieser Neuanfang hatte jedoch Wurzeln in den alten Kulturen des Mittelmeerraumes. Die sog. „Sieben Werke der Barmherzigkeit" aus dem Neuen Testament (Hungrige speisen, Durstige tränken, Gäste beherbergen, Nackte kleiden, Kranke und Gefangene besuchen sowie Tote bestatten – Matthäus-Evangelium Kap. 25) sind teilweise schon in den alten Kulturen Ägyptens zu finden.

„Ich war voll Liebe für meine Brüder: ich gab Brot den Hungrigen, Kleidung den Nackten, Trank den Durstigen" (Grabinschrift eines Fürsten der VI. Dynastie, zit. nach W. Liese, Geschichte der Caritas, Band 1, S. 18).

Sehr viel stärker ist das Neue Testament und die erste christliche Gemeinde jedoch von der jüdischen Tradition des Alten Testamentes bestimmt, etwa nach dem Grundsatz:

„Der Nächste ist Gottes Geschöpf, darum sollst du ihn lieben wie dich selbst, der du auch ein Geschöpf Gottes bist" (H. Vonhoff – H. J. Hofmann, Samariter der Menschheit, S. 17).

Dieser Ansatz war jedoch zur Zeit Jesu weitgehend in sehr gesetzlichen Verhaltensnormen erstarrt, die mit der (lebensnotwendigen) Absonderung des jüdischen Volkes von seiner Umgebung zusammenhing.

Nachdem sich das Römische Reich von seiner bäuerlichen Struktur zu einer „Stadtkultur" entwickelt hatte, gab es auch dort eine ausgeprägte „Armenfürsorge". Allein in Rom lebten während der Kaiserzeit ca. 100 000 bis 150 000 Familien ausschließlich von den Unterstützungen der Behörden (Vonhoff – Hofmann, S. 17). Diese Hilfe entsprang jedoch nicht vorrangig dem menschlichen Mitgefühl, sondern hing vor allem mit nüchternen staatspolitischen Überlegungen zusammen – wer das Volk mit „Brot und Spielen" bei guter Laune hält, brauchte sich (schon damals) nicht vor ihm zu fürchten.

In der griechischen Kultur wurden Arme und Schwache als störend empfunden. Deshalb wurden sie vielfach vertrieben und sogar beseitigt. Wer trotzdem half, tat dies nicht dem anderen zuliebe, sondern um durch Güte und Milde der eigenen Vollkommenheit zu dienen.

In dieser politischen, gesellschaftlichen und sozialen Lage war das Christentum ein Neuanfang. In dem sog. „Doppelgebot der Liebe" war die Sinnerfüllung des menschlichen Lebens mit dem Verhältnis der Menschen untereinander auf das engste verbunden: „Du sollst Gott, Deinen Herren lieben, von ganzem Herzen, von ganzer Seele und von ganzem Gemüte, das ist das vornehmste und größte Gebot. Das andere aber ist ihm gleich: Du sollst Deinen Nächsten lieben wie Dich selbst."

Dieser programmatische Satz ist sehr einprägsam dargestellt in der Geschichte vom „Barmherzigen Samariter", die Jesus von Nazareth einem kritischen jüdischen Gesetzeslehrer erzählt hat:

„Es war ein Mensch, der ging von Jerusalem hinab nach Jericho und fiel unter die Räuber; die zogen ihn aus und schlugen ihn und gingen davon und ließen ihn halbtot liegen. Es begab sich aber von ungefähr, daß ein Priester dieselbe Straße hinabzog; und da er ihn sah, ging er vorüber. Desgleichen auch ein Levit; da er kam zu der Stätte und sah ihn, ging er vorüber. Ein Samariter aber reiste und kam dahin; und da er ihn sah, jammerte ihn sein, ging zu ihm, goß Öl und Wein auf seine Wunden und verband sie ihm und hob ihn auf sein Tier und führte ihn in eine Herberge und pflegte sein. Des andern Tages zog er heraus zwei Silbergroschen und gab sie dem Wirte und sprach zu ihm: Pflege sein, und so du was mehr wirst dartun, will ich dir's bezahlen, wenn ich wiederkomme. Welcher dünkt dich, der unter diesen dreien der Nächste sei gewesen dem, der unter die Räuber gefallen war? Er sprach: Der die Barmherzigkeit an ihm tat. Da sprach Jesus zu ihm: So gehe hin und tue desgleichen" (Neues Testament, Lukas-Evangelium Kap. 10).

B. Der Anfang und die erste große Bewährung

Die Diakonie (d. h. der Dienst und die Verantwortung für den Nächsten aus der Verbindung zu Gott) der ersten Christen war eine Angelegenheit aller Gemeindemitglieder. In der Verantwortung für andere und in der Hilfeleistung gab es für den einzelnen zunächst keine Stellvertretung. Nachdem die Gemeinden jedoch größer und unübersichtlicher wurden, mußte darauf geachtet werden, daß vor allem die Alleinstehenden das Notwendige erhielten. Deshalb wurden Diakone für diese Aufgabe eingesetzt – eine Notlösung gewissermaßen, die die Verhältnisse erforderten. Trotzdem blieb die Diakonie weiterhin eine Angelegenheit der ganzen Gemeinde, bis im 3. und vor allem 4. Jahrhundert allmählich Hospitäler als besondere Institution gegründet wurden. – Der Diakon unterstand unmittelbar dem Bischof als dem Leiter der Gemeinde, bis aus seinem Dienst allmählich eine Weihestufe in der priesterlichen Laufbahn wurde. Auch Diakoninnen (meist jüngere Witwen) haben in dieser Zeit wichtige Aufgaben in der Diakonie der jungen Gemeinde erfüllt.

Die erste Gemeinde hat sich nicht als eine revolutionäre Elitetruppe im heutigen Sinn verstanden. Sie hat auch in ihren eigenen Reihen zunächst kaum etwas für die Änderung der äußeren sozialen Verhältnisse unternommen. Nicht nur, weil sie zu klein und zu schwach war, sondern weil durch die Bindung an Gott auch die unterschiedlichen Beziehungen der Menschen untereinander zweitrangig wurden (s. z. B. den Begleitbrief für den entlaufenen Sklaven Onesimus an seinen Herrn Philemon, den Apostel Paulus verfaßte – Neues Testament). Langfristig wurde mit dieser religiösen Gleichwertigkeit jedoch eine Änderung der sozialen Verhältnisse eingeleitet und der Grund für die Befreiung des Menschen vom Menschen gelegt, weil die Unterschiede von Freien und Unfreien, von Männern und Frauen, Armen und Reichen nicht mehr das Entscheidende in den Beziehungen untereinander waren. Eine rasche Entwicklung dieser Ansätze wurde jedoch zunächst unterbrochen und verstärkt zugleich: Da die Christen den Kaiserkult verweigerten, wurden sie zu Staatsfeinden. Aus einer unbedeutenden Gruppe verachteter Außenseiter wurde ein Sündenbock für Seuchen und Katastrophen. Sie wurden für den Brand in Rom unter Kaiser Nero im Jahr 66 ebenso verantwortlich gemacht wie für die Pestepidemie im 3. Jahrhundert. Es kam zunächst zu spontanen und lokalen, später zu den systematischen Verfolgungen, die sich in mehreren Wellen vom 1. Jahrhundert bis zum Jahr 311 vollzogen.

Diese haben die junge Gemeinde nicht nur enger zusammengeführt, sondern zugleich vor neue Aufgaben gestellt: die Sorge und Hilfe für all jene, die bei Zirkusspielen gehetzt, in Bergwerke verschleppt oder als Sklaven verkauft wurden, und für deren Angehörige.

Obwohl diese Hilfe in größter äußerster Bedrängnis geschah und die Gemeinden eher aus „kleinen Leuten" bestanden, wurde sie sorgfältig geplant und nach geradezu modernen Grundsätzen (sozusagen nach der „Besonderheit des Einzelfalles") gewährt.

„. . . Es soll nämlich nicht schlechthin einfach vom Kirchenvermögen gegeben werden, und wir wollen dies eine beachten, damit wir nicht das Gut der Armen verschlingen oder daran einen Diebstahl begehen; sondern daß wir klug die Ursachen der Bedürftigen erkennen, deretwegen sie bedürftig sind. Und zwar für jeden einzelnen dessen Würdigkeit, wie er erzogen wurde, wieviel er benötigt, oder weswegen er bedürftig ist.

Es ist also nicht in der gleichen Weise bei denen zu verfahren, die von Kindheit an hart und knapp aufgezogen wurden wie bei denen, die üppig und überreich aufgezogen wurden und nachher fielen. Auch soll nicht Männern und Frauen mit dem Gleichen gedient werden oder in bezug auf die Menge den Greisen und den Jungen, oder den Jünglingen und den Schwächlichen, weswegen sie sich nicht Essen selbst beschaffen können oder denen, die sich zum Teil selber helfen können. Es ist auch nachzuforschen, ob sie viele Kinder haben, indem wir nicht (diese) vernachlässigen, . . . Und um mehr zu sagen, es bedarf großer Weisheit, der das Kirchenvermögen gut verteilen will, damit er auch in diesem als ein treuer und kluger Verteiler erfunden, glücklich (selig) wird." (Origenes, Kommentar zum Matthäus-Evangelium, um 200, zit. nach Quellen zur Geschichte der Diakonie, Band I herausgegeben von H. Krimm S. 49/50.)

Das Christentum war in der Verfolgung trotz aller Gefahren für viele zu einer Möglichkeit geworden, Orientierung für das eigene Leben in einer Zeit zu finden, in der alte Vorstellungen und Werte immer brüchiger wurden. Die Art, wie sie füreinander sorgten, hat dazu wesentlich beigetragen. Dies hat aber zugleich den Haß ihrer Gegner gestärkt. Dies wird deutlich an einer Verteidigungsschrift des Tertullian (150–225), der zunächst berichtet, wie die notwendigen Gelder zusammenkommen und wie sie gerecht verwendet werden sollen. Er schließt mit dem Satz: „Gerade derartige Liebestätigkeit brandmarkt uns in den Augen gewisser Leute am meisten" (Tertullian, Verteidigungsschrift 39, zit. nach Krimm I, S. 53).

Daß in dieser Zeit der „ersten Liebe" neben allem Menschlichen auch das Allzu-Menschliche nicht verschwunden war, beweist ein Schreiben des Bischofs Cyprian von Karthago an den römischen Papst Cornelius im Jahre 251:

„Wir haben erfahren, daß auch Nicostratus sein heiliges Amt als Diakon verlor, nachdem er kirchliche Gelder wie ein Tempelräuber betrügerisch unterschlagen und die für Witwen und Waisen hinterlegten Summen abgeleugnet hat, und daß er dann nicht so sehr nach Afrika zu kommen als vielmehr im Bewußtsein seiner ruchlosen Räubereien und Verbrechen aus eurer Hauptstadt (Rom) zu entfliehen beabsichtigt hat. Und als ob man in einer anderen Gegend auch ein anderer Mensch würde, rühmt und brüstet sich der von der Kirche abtrünnige Flüchtling auch noch als Bekennner, obwohl doch einer, der die Kirche Christi verleugnet hat, ein Bekenner Christ weder heißen noch sein kann." (Cyprian, Briefe 52, zit. nach Krimm I, S. 55).

Es wäre zu vermuten, daß die verfolgten Christen sich ausschließlich auf sich selbst zurückzogen und für ihre eigenen Brüder sorgten, etwa nach dem oft falsch verstandenen und mißbrauchten Satz des Apostels Paulus: „Tut Gutes an jedermann, allermeist aber an des Glaubens Genossen." Eines der vielen Beispiele für das Gegenteil ist der eben zitierte Bischof Cyprian selbst. Nachdem die Pestseuche Nordafrikas im Jahre 253 Karthago erreicht hatte, wurden wieder einmal die Christen dafür verantwortlich gemacht: Ihr Unglaube sei schuld an dem Strafgericht der beleidigten Götter. Er und seine Mitchristen blieben in der Stadt bei den Kranken und Sterbenden, trösteten, pflegten und beerdigten nicht nur ihre Glaubensgenossen, sondern auch jene, von denen sie vorher noch bis aufs Blut verfolgt worden waren. Deren Freunde und Angehörige hatten die Stadt fluchtartig verlassen.

Die große Freiheit, die durch das Christentum in die absterbenden Kulturen des Mittelmeerraumes gebracht wurde, war noch nicht besetzt von dem Gedanken an den Lohn im Jenseits, der im Laufe der weiteren Geschichte die „guten Werke" immer mehr belastete – bis er geradezu ein Negativsymbol wurde.

Am Schluß dieses ersten Abschnittes soll ein Urteil eines Gegners der Christen stehen, das jene Epoche noch einmal beschreibt. Nachdem Kaiser Konstantin ab 313 und seine Nachfolger das Christentum anerkannt hatten, versuchte Julian von 361 bis 363 die alte Religion wieder herzustellen. Er schreibt an den Priester Arsakios in Galatien:

„Aber wir bemerken nicht, was die Religion hauptsächlich gefördert hat, nämlich ihre Menschenfreundlichkeit gegen Fremde, ihre rege Sorgfalt bei Bestattung der Toten und ihr vorgeblicher sittlicher Ernst. Dies alles muß nach meiner Meinung auch von uns ernstlich geübt werden. Es genügt nicht, daß du allein so bist, sondern alle Priester in Galatien müssen so sein . . . Ferner warne die einzelnen Priester, ins Theater zu gehen, im Wirtshaus zu zechen oder irgendeine Kunst oder ein schimpfliches und schändliches Handwerk auszuüben . . .

In jeder Stadt errichte zahlreiche Herbergen, damit die Fremden – nicht allein aus den unserigen, sondern auch andere – wenn sie zufällig Geldmittel brauchen, unsere Menschenliebe genießen. Sodann, woher dir die Mittel zu Gebote stehen sollen, dafür ist schon von mir vorgesorgt. Denn ich habe angeordnet, daß jährlich 30 000 Scheffel Weizen in ganz Galatien geliefert werden sollen und 60 000 Schoppen Wein. Davon soll – denke ich – der 5. Teil für die Armen verwandt werden, die den Priestern dienen. Das Übrige soll von euch an die Fremden und Bettler verteilt werden. Denn es ist eine Schande, wenn von den Juden niemand bettelt, wenn vielmehr die gottlosen Galiläer außer ihren Armen auch die unserigen ernähren . . ." (Briefe des Kaisers Julian, zit. nach Krimm I, S. 77).

C. Die Befreiung oder „Diakonie als Instrument der großen Politik"

„Als zu Beginn des 4. Jahrhunderts Kaiser Konstantin als Sieger über seine Mitregenten den Thron einnahm und Christ wurde, begann eine neue Zeit für das morsche römische Weltreich und auch für die Kirche, die bisher der Staat niemals offiziell anerkannt, sondern nur zu oft wütend bekämpft hatte. Die Verarmung blieb, der Steuerdruck und mit ihm die Rechtlosigkeit des einzelnen innerhalb einer Beamtenbürokratie wuchsen. Die Kirche, fest organisiert, ein Staat im Staate, glänzend geführt und dargestellt von einem in den Verfolgungen gestählten und disziplinierten Kern, mit einem ausgedehnten und gut eingespielten diakonischen Dienst, wurde nunmehr von dem neuen christlichen Staat in den Dienst gestellt, um das wankende Reich wieder auf die Füße zu stellen.

Welche Institution hätte auch den Wohlfahrtsdienst an dem unübersehbaren Heer der Armen und Kranken, der Sklaven, der Freigelassenen, der Gefangenen, der Dirnen leisten können? Er wurde der Reichskirche mit ihrem glänzenden diakonischen Apparat zugeschoben. Sie hatte nunmehr für die Opfer der staatlichen und wirtschaftlichen Verhältnisse zu sorgen.

Die Reichskirche hat sich diesem Ruf nicht entzogen. Sie wußte bald, daß alle Hilfe angesichts einer steigenden Flut an Nöten die Katastrophe des Reiches nicht abwenden konnte. Sie hat auch nicht an dem eigentlichen Krebsschaden des Reiches, ungeachtet aller Verarmung die Steuerschraube immer rücksichtsloser anzuziehen und dadurch das Elend zu steigern, eine grundsätzliche Kritik geübt oder neue Wege gewiesen, den sozialpolitischen Teufelskreis zu überwinden" (E. Beyreuther, Geschichte der Diakonie und Inneren Mission in der Neuzeit, S. 15 und 16).

Ihre Schwäche war, daß sie nicht mit ganzer Kraft den Ursachen der Armut entgegentrat. Ihre Verdienste bestehen jedoch darin, daß sie innerhalb des politischen Systems versucht hat, soviel als möglich zu ändern und zu verbessern:

„Insbesondere waren viele Bischöfe bemüht, gegen die Härte der Gesetze und Beamten Schutz zu gewähren, besonders gegen die Steuerheber und die bestechlichen Richter; vor allem halfen sie gern armen Schuldnern, die in Gefahr standen, von Wucherern ausgepreßt zu werden. Ihr Verdienst war es, wenn allmählich viele gesetzliche Milderungen eintraten. Schon Konstantin schaffte die Tortur für Schuldner ab und verbot, die Leiche eines verstorbenen Schuldners festzuhalten als Pfand gegenüber den Angehörigen. Justinian verbot, eine Familienmutter wegen öffentlicher Schulden einzukerkern. Konstantin verbot unter schwerer Strafe die Tötung und Aussetzung neugeborener Kinder, ebenso den Verkauf von Kindern, wofür er im Falle der Not staatliche Unterstützung zusagte. Justinian gibt allen ausgesetzten Kindern die Freiheit; ihre Eltern verlieren alle Rechte zugunsten derer, welche die Kinder aufnehmen usw. Um den Armen zu ihrem Recht zu verhelfen, wurden besondere procuratores pauperum (Armenanwälte) bestellt; wichtiger war noch die Bestimmung, daß die Bischöfe amtlich als ihre Schützer anerkannt wurden, deren Einspruch die Richter beachten mußten.

Von großem Wert bei der Härte der Rechtspflege war besonders das Asylrecht (Unantastbarkeit von Verfolgten, die in eine Kirche flohen), das seit Konstantin mit einigen Ausnahmen für die schwersten Verbrechen auch vom Staate anerkannt und allmählich auf weitere kirchliche Gebäude und ihren Umkreis ausgedehnt wurde (so von Kaiser Leo 466 auf die Spitäler)" (Liese I, S. 102 und 103).

So hatten sich die Lage der Kirche und damit die Möglichkeiten für ihre Diakonie entscheidend gebessert. Aber die politischen, wirtschaftlichen und vor allem die finanziellen Verhältnisse im Reich blieben die alten. Immer mehr Menschen wurden wegen ihrer Steuerschuld unfrei oder verließen Handel und Gewerbe. Auch mit ihrem „glänzend organisierten Apparat" war die Kirche der Armut und dem Elend nicht gewachsen.

Schließlich war es Mode geworden, Christ zu werden. Deshalb waren der Wille und die Fähigkeit, sich voll und ganz für andere einzusetzen, längst nicht mehr so vorhanden, wie in den vorangegangenen Jahrhunderten der Verfolgung. Es fehlte aber nicht an einzelnen engagierten Christen und Bürgern, die auch in dieser Zeit ihr Letztes gaben, um Bedrängten und Armen zu helfen.

Nicht nur innerlich, sondern auch äußerlich veränderte sich die Kirche. Sie war zu einer Institution geworden, mit der die Staatsmacht die Mißstände der Zeit bewältigen wollte. Hatte das Amt der Diakone in den ersten drei Jahrhunderten wesentlich dazu beigetragen, daß die Gemeindeglieder ihre unmittelbare Verantwortung untereinander und füreinander wahrnehmen konnten, so beginnt es sich nun allmählich zu teilen: Einerseits wird es immer stärker zu einer Vorstufe für das Priester- bzw. Bischofsamt, andererseits werden Diakone immer mehr zu „Funktionären der Diakonie", die das kirchliche Vermögen für die Armen verwalten (Ökonomen).

Auch die großen und bedeutenden Persönlichkeiten jener Zeit, wie Basilius der Große, haben für die Diakonie die große Institution gesucht und weniger auf die unmittelbaren Kräfte und Fähigkeiten der (Stadt-) Gemeinden gebaut. Als Bischof von Cäsarea in Kappadozien ließ er um 370 vor der Stadt eine Stadt der Barmherzigkeit bauen. Um das Hauptgebäude gruppiert sich eine Kolonie von Einzelhäusern für Fremde, Kranke und Arme. Selbst für die Aussätzigen, denen man zu allen Zeiten gern aus dem Weg ging, wird ein eigenes Haus errichtet. Basilius bestellt Ärzte, Pfleger und Pflegerinnen. Selbst Handwerker, die für die Unterhaltung der Gebäude sorgen, werden von ihm angestellt. So entsteht eine ganze Stadt, eine Stadt der Barmherzigkeit, ein frühes „Bethel". „Basilias" wird sie nach ihrem Gründer genannt.

Basilius geht überall mit gutem Beispiel voran. Er legt selbst Hand an bei der Pflege der Kranken und Siechen, ordnet, berät und ist überall zur Stelle, wo man ihn braucht. Darüber hinaus ist er stets um die seelsorgerliche Betreuung der ihm Anvertrauten bemüht (Vonhoff – Hofmann S. 27).

Sein Freund Gregor von Nazianz sagte über ihn:

„Aber er hat am besten unter allen uns gesagt, daß wir Menschen sind und deshalb Menschen nicht verachten und Christo nicht Schmach antun dürfen . . . Der Edle und Sprößling eines edlen Geschlechts und Hochberühmte (Basilius) verschmähte es darum nicht, selbst mit den Lippen der Kranken zu ehren, sondern er umarmte sie wie Brüder, nicht wie man glauben möchte, aus Sucht nach eitlem Ruhm, sondern um durch sein frommes Verhalten zu lehren, daß man sich den Kranken nähern müsse, um sie zu heilen.

Und nicht, daß die Stadt es so hielt, das Land aber und die Ferne (seines Bistums) anders; sondern allen Vorstehern der Gläubigen stellte er die Liebe zu den Armen und die Mildherzigkeit als Gegenstand gemeinsamen Wetteifers hin.

Mögen anderen Köche, glänzende Tische, ausgesuchte Delikatessen und Lekkerbissen der Zuckerbäcker, prächtige Wagen und jede mögliche weiche und wallende Kleidung am Herzen liegen; dem Basilius liegen am Herzen die Kranken und die Heilung der Wunden und die Nachfolge Christi, indem er nicht mit dem Wort, aber mit der Tat den Aussatz reinigt" (aus der Trauerrede des Gregor von Nazianz, zit. nach Krimm I, S. 81).

Die Schlußbemerkung wirft nebenbei ein interessantes Licht auf die damaligen Verhältnisse, wohl auch in der Kirche und ihrer Diakonie.

Etwa zur gleichen Zeit wurden in Rom durch Pammachius und Fabiola die ersten Krankenhäuser errichtet.

Die sog. „Reichskirche" hat in der letzten Epoche des Weströmischen Reiches praktisch die Armenfürsorge getragen. Die staatlichen und kirchlichen Organisationen und Kräfte haben sich immer mehr verbunden. Auch in ihren Hilfeformen mußte sich die Diakonie vielfach den neuen Gegebenheiten anpassen. Trotzdem blieb sie zugleich auch kritisch gegenüber den politischen Verhältnissen, wie das Beispiel des Bischofs Ambrosius von Mailand (340–397) zeigt:

„Als man in einer Notzeit plante, alle dürftigen Fremden einfach aus der Stadt zu verweisen, da widersetzte er sich mit Erfolg. Man dürfe doch nicht grausamer sein als die wilden Tiere. Die Bestien betrachten Nahrung, welche die Erde bietet, als allen gemeinsam. Sie sind auch hilfreich gegen ihresgleichen. Der Mensch aber will feindselig sein" (W. Liese I, S. 116).

D. Zeit der Auflösung – Stunde großer Persönlichkeiten

Die politischen, wirtschaftlichen und sozialen Verhältnisse trieben das Weströmische Reich im 4. und 5. Jahrhundert immer schneller an den Abgrund, bis 476 der letzte weströmische Kaiser durch den rugischen Heerführer Odoaker gestürzt wurde. Die nord- und ostgermanischen Völker haben durch ihren Druck auf das morsche Reich diesen Prozeß wesentlich beschleunigt. Mit dem Staat brach auch zugleich die einheitliche Organisation der Kirche und der Diakonie zusammen. Der wichtigste Faktor staatlicher Sozialpolitik und Wohlfahrtspflege war damit entscheidend geschwächt. In dieser Zeit wurden die ersten selbständigen Pfarreien (zunächst in Gallien) gegründet. Damit wurde die Gesamtverantwortung des Bischofs für die Armenpflege und des ihm unterstellten Diakons weiter beeinträchtigt. Eine einheitliche Verwaltung des Kirchenvermögens für die Armen wurde schwieriger und uneinheitlicher.

In dieser Zeit der Auflösung, der Zerstörung und des Umbruchs lebten jedoch einzelne, die durch die Kraft ihrer Persönlichkeit und ihres Glaubens nicht nur für ihre Zeit, sondern für viele Jahrhunderte richtungsweisend und beispielgebend wurden:

I. Severinus

Eine der überragenden und „unfaßbaren" Persönlichkeiten jener Zeit waren Severinus (gest. 482) – der „erste Flüchtlingskommissar" (R. Pörtner). – Die Nordgrenze des Römischen Reiches war zerbrochen und die germanischen Völker überfielen zunächst die Vorposten, später auch die Hauptstützpunkte der römischen Nordgrenze am Limes und vor allen in Norikum. Planlos und ohne rechtes Ziel flüchteten römische Bürger, die sich um die Garnisonstädte herum angesiedelt hatten. Bei diesen verzweifelten „Elendszügen in den Untergang" tritt plötzlich ein Mann auf, von dem niemand wußte, wer er war und woher er kam. Aber bald wurde erkennbar, woher er seine Geduld, seine Ausdauer und seine Zuversicht nahm, die den Flüchtenden wieder Hoffnung und Vertrauen gab:

„An solchen Gaben also war der heilige Severin reich durch Christi Gnade. Er hatte aber bei der ihm angeborenen Herzensgüte auch die Sorge für die Gefangenen und Bedürftigen so sehr zu seiner Pflicht gemacht, daß beinahe alle Armen in den sämtlichen Städten und Kastellen durch seine Bemühungen gespeist wurden. Ihnen diente er mit so freudiger Hingebung, daß er meinte, er werde nur dann gesättigt, habe Überfluß an allen Gütern, wenn er sah, daß die Leiber der Bedürftigen gepflegt wurden" (aus Eugippius, Vita sancti Severini, zit. nach Krimm I, S. 101).

„Die Legende schreibt ihm zahllose Wunder zu, die der Historiker als Erfolg eines hellsichtigen Realisten und Meisters der harten politischen Praxis zu erklären vermag. Mit Bedacht wählte er Mautern als ständigen Wohnsitz, denn auf der anderen Seite des Stroms lag die Residenz der Rugier-Könige, deren Vertrauen er bald erwarb. Überhaupt fand er gerade unter den germanischen Völkerschaften nördlich der Donau manchen Bewunderer. Zu den Männern, die sich Rat und Segen von ihm holten, gehörte beispielsweise auch jener Odoaker, der 476 n. Chr. als germanischer Heerkönig den letzten weströmischen Kaiser Romulus Augustulus stürzte.

Severins Hauptsorge galt vom ersten Tage an dem Weiterbestand der norischen Christenheit. So zog es ihn immer wieder aus der gesicherten Stille seiner Mauterner Klause zu den gefährdeten Außenposten der Gemeinden draußen im Land. Barfüßig selbst im härtesten Winter, so berichtet Eugippius, wanderte er zu seinen Schutzbefohlenen, hager, asketisch, doch von unausschöpflicher Heiterkeit des Gemüts. Er predigte in Salzburg, in Passau, in Künzing – wo damals im Überschwemmungsgebiet der Donau ein Holzkirchlein auf Pfählen stand – und bewährte sich mehrfach als Retter aus höchster Not, indem er Getreidelieferungen organisierte oder rechtzeitig vor feindlichen Überfällen warnte.

Seine größte Tat aber war die Evakuierung der Donau-Romanen aus den alemannischen Grenzgebieten. Von Passau und Künzing führt er sie zunächst nach Lorch, von dort ins rugische Hoheitsgebiet. In der Umgebung von Mautern fand der große Treck noch einmal Zeit zum Atemholen.

Am 8. 1. 482 starb der Apostel Noricums in seiner Zelle in Favianae. Die Nachricht verbreitete sich mit Windeseile und weckte in den Herzen der Donau-Romanen das Gefühl tiefster Vereinsamung. Wie recht sie damit hatten, mußten sie bereits nach kurzer Zeit am eigenen Leibe erfahren. Die Rugier erklärten sich aller Versprechungen und Zusagen ledig, überfielen das Kloster Severins und raubten es bis auf die nackten Mauern aus" (R. Pörtner, Mit dem Fahrstuhl in die Römerzeit, S. 232).

II. Benedikt von Nursia

Benedikt von Nursia (480–542) hat durch seine Ordensgründung nicht nur neue Kräfte für das geistige und kulturelle Leben gesammelt und geformt, sondern seine Ordensangehörigen auch verpflichtet, für Arme und Hilfsbedürftige zu sorgen:

„Von den kranken Brüdern: Um die Kranken soll man vor allem und über alles besorgt sein. Man diene ihnen wirklich wie Christus, denn er hat gesagt: ‚Ich war krank und ihr habt mich besucht' und ‚Was ihr einem dieser Geringsten getan, habt ihr mir getan.' Doch sollen auch die Kranken bedenken, daß man ihnen Gott zu Ehren dient, und nicht durch anspruchsvolles Wesen die Brüder, die ihnen dienen, unwillig machen.

Von den Greisen und Kindern: Obwohl die menschliche Natur schon von selbst zur Nachsicht neigt gegen diese beiden Altersstufen, die Greise nämlich und die Kinder, soll doch auch das Ansehen der Regel für sie eintreten. Man berücksichtige stets ihre Schwächlichkeit. Es sei für sie, was die Nahrung betrifft, nicht die Strenge der Regel maßgebend, vielmehr nehme man liebevoll Rücksicht auf sie und lasse sie schon vor den festgesetzten Zeiten essen.

Von der Aufnahme der Gäste: Alle ankommenden Gäste sollen wie Christus aufgenommen werden; er wird ja einmal sprechen: ‚Ich war Fremdling, und ihr habt mich aufgenommen.' Es werde dem Gaste zur Erbauung aus der Heiligen Schrift vorgelesen, hierauf erweise man ihm jegliche Freundlichkeit. Der Abt reiche den Gästen Wasser zum Waschen der Hände; die Füße wasche allen Gästen sowohl der Abt wie die ganze Klostergemeinde. Nach der Waschung sprechen sie den Vers: ‚Wir haben deine Barmherzigkeit, o Gott, aufgenommen inmitten deines Tempels.‘ Der Aufnahme der Armen und Pilger widme man ganz besondere, gewissenhafte Sorge, denn in ihrer Person wird noch mehr Christus aufgenommen“ (Benedikt von Nursia, Klosterregel, zit. nach Krimm I, S. 104 und 105).

Über viele Jahrhunderte haben die Grundsätze des Heiligen Benedikt das abendländische Mönchtum und damit die Spitäler entscheidend geprägt. Sein Einfluß reichte und reicht weit über den eigenen Orden hinaus.

III. Gregor der Große

Papst Gregor der Große (540–604) hat sich nicht nur für die Reform der Kirche, sondern auch für die Erhaltung der Diakonie eingesetzt. Die unübersichtlichen politischen Verhältnisse ließen ihn in den Methoden zwar zurückhaltend, in der Sache aber klar und zielstrebig vorgehen.

„Nach Kräften muß der Bischof für die Armen und Bedrückten eintreten, wenn es auch in manchen Fällen nichts nützen würde. Gott nimmt den guten Willen an. Die Verteidigung der Armen sei bei allem Ernst aber besonnen, damit die Menschen uns nicht jugendliches Ungestüm vorwerfen. Sie sei so, daß die Armen Hilfe erfahren, ihre Unterdrücker aber nicht klagen können“ (Liese I, S. 128).

Ebenso hat er sich auch darum bemüht, daß in dieser stürmischen Zeit die kirchliche Armenpflege nicht zu sehr in den allgemeinen Strudel hineingerissen wurde:

„Unserem Bruder und Mitbischof Vergilius sagt, daß er bestrebt sein soll, die Gelder, die sein Vorgänger mehrere Jahre lang aus unserem Erbgut bezog und bei sich zurückbehielt, an uns abzuführen, weil sie den Armen gehören. Wenn er sich etwa – was ich nicht glaube – irgendwie herausreden will, so setzt ihr, die ihr den wahren Sachverhalt genauer kennt, die ihr ja in demselben Sprengel gerade damals stellvertretend die Leitung hattet, ihm auseinander, wie sich die Sache verhält, und macht ihm ernstlich klar, daß er das Eigentum des hl. Petrus und seiner Armen nicht bei sich zurückbehalten darf. Wenn es aber etwa für unsere Leute nötig werden sollte, so verweigert nicht euer Zeugnis in der Angelegenheit, damit der selige Apostel Petrus, dem zuliebe ihr das tut, der Wahrheit gemäß und entsprechend eurer willigen Ergebenheit mit seiner Fürsprache hier und im künftigen Leben das vergelte.“ (Aus einem Brief Papst Gegors an den Bischof Protasius von Aquae Galliae, zit. nach Krimm I, S. 106.)

IV. Zusammenfassung

Große Theorien und richtungsweisende Konzepte wurden in dieser Zeit nicht entwickelt. Es fehlten dazu die geistigen, finanziellen, politischen und organisatorischen Voraussetzungen. Das Beispiel weniger einzelner hat jedoch bewirkt, daß eine für die Menschheit so bedeutende Sache, wie die Barmherzigkeit, nicht unterging.

E. Karl der Große oder „Die zweite öffentliche Anerkennung"

Durch das Chaos des 6. und 7. Jahrhunderts verlagerte sich die politische Macht allmählich nach West- und Mitteleuropa. Die Karolinger haben zielstrebig und mit geschickter Machtpolitik allmählich die Führung übernommen. Karl der Große (742–814) baute ein stabiles Staatswesen aus. Bereits vor ihm war durch Bonifatius, den „Apostel der Deutschen", die Kirche in Ostfranken neu organisiert worden. So war die Voraussetzung dafür gegeben, daß die Kirche und ihre Wohltätigkeit wieder als Instrument staatlicher Sozialpolitik eingesetzt werden konnte. Denn trotz allem Machtstreben und dem damit verbundenen ungeheuren Blutvergießen kann Karl der Große auch als der erste Sozialpolitiker Mitteleuropas bezeichnet werden. – Die römische Stadtkultur war längst verfallen. Damit waren die Möglichkeiten der Stadtbischöfe für den diakonischen Dienst viel geringer geworden. Die Gründung von Klöstern schuf neue Lebenszentren der Liebestätigkeit. Neben der kirchlichen Aufbauarbeit des Bonifatius haben letztlich auch kaiserliche Ordnungen die äußeren Voraussetzungen für einen Neubeginn geschaffen, wie eine Verordnung Karls des Großen über die Aufnahme und Pflege von Fremdlingen in seinem fränkischen Universalreich zeigt.

In seiner Antrittsrede im März 802 in Aachen hat er u. a. folgende Grundsätze seiner Politik verkündet:

„Liebet eure Nächsten wie euch selbst und gebt Armen Almosen nach euren Kräften. Nehmt die Fremden in eure Häuser auf, besucht die Kranken und beweist gegen die, die in Kerkern sind, Mitleid . . . Kauft die Gefangenen los, steht den ungerecht Unterdrückten bei und verteidigt die Witwen und Waisen. – Die Frauen sollen ihre Söhne in Gottesfurcht aufziehen und Almosen geben und zwar in einem Maße, wie sie (dabei) heiteren Sinn und guten Willen haben."

Auch wenn man davon ausgeht, daß die folgende Beschreibung seiner Wohltätigkeit von dem Hofberichterstatter Einhart stammt, macht sie doch deutlich, daß er bemüht war, seine „Wahlversprechen" einzulösen:

„In der Pflege der Armen und ihrer Unterstützung durch Almosen bewies Karl viel frommen Eifer, und das nicht bloß in seinem Land und Reich (dem damaligen Deutschland, Frankreich und Italien), sondern auch weit über das Meer pflegte er Geld zu schicken, nach Syrien, Ägypten und Afrika, nach Jerusalem, Alexandria und Karthago, wenn er hörte, daß Christen dort in Dürftigkeit lebten, und sprang ihnen so in ihrer Not bei. Deswegen vornehmlich bewarb er sich auch um die Freundschaft der Könige jenseits des Meeres, damit er den unter ihrer Herrschaft lebenden Christen Erleichterung und Hilfe zufließen lassen konnte" (beide zit. nach Krimm I, S. 111).

Da das Armenwesen offensichtlich für ihn ein wesentlicher Bestandteil seiner Politik war, kann man annehmen, daß seine kaiserlichen Sendboten auch darauf zu achten hatten, daß seine Weisungen eingehalten wurden. Nicht die Bischöfe, sondern der Kaiser (der sich als oberster Herr und Steuermann der Kirche fühlte) entschied, welche Aufgaben die christliche Nächstenliebe als Instrument staatlicher Politik zu erfüllen hatte.

F. Klöster und Spitäler

Die ersten Anfänge des Klosterwesens reichen bis in die ersten Jahrhunderte des Christentums zurück. Pachomius bzw. Basilius der Große und Benedikt von Nursia gelten als die Väter des Mönchtums der Ost- bzw. Weströmischen Kirche. Ihre Regeln gelten, wenn auch vielfach verändert, bis in die heutige Zeit.

Viele Menschen haben in Zeiten der Auflösung und des Neubeginns dort durch Meditation und Gebet zu Gott und zu sich selbst gefunden. Im abendländischen Mönchtum blieb es nicht bei dieser „geistlichen Selbstfindung". Aus der neuen inneren Feiheit waren Mönchen und Nonnen frei, für die „Welt" und für ihre Menschen zu leben und zu sterben. So waren Klöster von Anfang an Stätten der Hilfe und der Barmherzigkeit. Sie blieben jedoch vor den stürmischen Bewegungen der Völkerwanderung und den späteren allgemeinen Verfallserscheinungnen des 10. Jahrhunderts nicht verschont. Verschiedene Klosterreformen, so vor allem die burgundische (Cluny), haben sie wieder auf ihren ursprünglichen Ansatz zurückgeführt. Dabei entstanden auch die Laienbruderschaften, die vor allem für die diakonischen Aufgaben zuständig wurden.

Bereits im 4. Jahrhundert waren (vor allem im Zusammenhang mit den städtischen Bischofsitzen) christliche Hospitäler (Haus für den Gast) entstanden. Sie knüpfen an das Xenodicheum (Karawanserei) der alten Welt an. „Das war sozusagen ein Gasthaus, in dem man essen und übernachten konnte. Hierher kamen nicht nur Einzelpersonen, sondern ganze Karawanen. Daraus wurde später der Gasthof, ein bezahlter, „gekaufter" Dienst am Menschen. Die heutige Form des Xenodicheums ist das Hotel oder Motel.

Für unseren Zusammenhang ist dabei die Tatsache wichtig, daß damals Beherbergung und Pflege dicht beieinander lagen. Reisen bargen damals immer die Gefahr, krank zu werden oder Unfällen zum Opfer zu fallen. Das Reisen war meist unerhört beschwerlich und gefahrvoll, viele Straßen waren unsicher. So war das Xenodicheum weit über unsere heutigen Vorstellungen hinaus nicht nur Gasthof, sondern zugleich auch eine Stätte der Zuflucht und der Krankenpflege (W. Wolfensberger, Reflexionen zur Geschichte des Wohlfahrtswesens . . .).

Immer stärker wurde von den Klöstern der Gedanke des Hospitals aufgenommen. – Ebenso wie die Klöster hatten jedoch auch die Hospitäler am Ende des 1. Jahrtausends weitgehend „abgewirtschaftet". Die verschiedenen Klosterreformen haben sich jedoch auch positiv auf diese Einrichtungen ausgewirkt, so daß im 11. Jahrhundert noch einmal eine umfassende klösterliche „Hospital-Bewegung" einsetzt – bis im 13. und 14. Jahrhundert neben die klösterlichen Spitäler allmählich die in den Städten treten. Neben den alten Orden bildeten sich eigene Spitalorden und Genossenschaften mit religiöser Zielsetzung, die die Spitäler unterhielten oder zummindest die notwendigen Mitarbeiter stellten.

Die Spitäler lebten weitgehend von Gaben und Spenden. Reiche Stiftungen und Schenkungen meist aus religiösen, später auch standesbedingten Motiven, flossen ihnen zu. Für die ausgeweiteten Hilfen reichten die Mittel oft nicht aus, deshalb wurden etwa ab dem 13. Jahrhundert verschiedentlich auch städtische Armensteuern eingeführt (s. dazu: Caritas und kommunale Wohlfahrtspflege, herausgegeben vom Deutschen Caritasverband).

Die Spitäler des Mittelalters waren geistliche Lebenszentren, die in mancher Hinsicht den heutigen Ansätzen und Konzepten weit voraus waren. W. Wolfensberger schildert dies so:

„Bis ins hohe Mittelalter hinein waren fast alle Einrichtungen der Nächstenhilfe sehr klein und total normalisiert. In der Regel konnten in den Hospizen 1 bis 14 Personen untergebracht werden. 12 war die typische Bettenzahl für ein Hospiz; auch in Anspielung auf die Zahl der Apostel, dann zählte man den Meister hinzu und vielleicht noch einen weiteren Apostel, so kam man auf 14 Plätze. Hospize waren entweder wie ein kleines Kloster angelegt oder auch wie ein typischer Haushalt oder Hof der Zeit, die damals eine große Familie, Verwandte und Gesinde umfaßten.

Aber auch ein guter Dienst am Menschen ist immer der Versuchung ausgesetzt."

Als eine wesentliche Versuchung für diese „Gotteshäuser" (das französische Krankenhaus hat von daher bis heute seinen Namen – „Hotel Dieu") sieht er die Vergrößerung der Einrichtung und fährt fort:

„So bringt Vergrößerung immer Absonderung. Der Satz ist nicht umkehrbar, aber trotzdem universell gültig. Die Motive für die Vergrößerung, der die Absonderung folgt, lassen sich etwa so nachvollziehen: Wenn man 12 Leuten sehr christlich und gut in einem Kirchenschiff dienen kann, warum denn dann nicht 15 oder 20, oder 40 Menschen? Könnte man denn nicht einfach das Schiff etwas verlängern? Wie dieser Gedanke, der vergißt, daß Veränderungen niemals nur die Bausubstanz betreffen, architektonische Gestalt annahm, läßt sich an vielen Beispielen belegen. Nach der Vergrößerung war es oft schon ein Problem, die Messe noch überall zu hören und zu sehen. Darin liegt eine Kollision mit dem Grundgedanken des christlichen Dienstes in der Nähe und der Verkörperung Gottes im notleidenden Menschen. Auch geht die innige Verbindung zwischen sakralem und profanem Bereich, die auch räumlich erfahrbar war, dabei verloren, nicht ohne tiefgreifende Veränderung in der Auffassung dessen, was Heil und Heilung meint. Die Grenze des Vermögens, an der Messe mit Auge und Ohr teilzunehmen, wurde erstmals eindeutig überschritten im Heiligen-Geist-Spital in Lübeck um 1300 n. Chr.

Der christlichen Forderung, daß der Gast nahe beim Altar sein sollte, wurde damit Gewalt getan. Man wußte das aber zumindest noch und suchte deshalb nach neuen Lösungen. Ein naheliegender Gedanke war, das Kirchenschiff nicht nur zu verlängern, sondern auch zu verbreitern: Wenn zwei Reihen gut sind, warum nicht dann drei oder vier Bettenreihen für die Betreuten einrichten, oder noch mehr Reihen? Aber die Architektur war noch nicht so weit entwickelt. Darin lag eine technische, aber keine ideelle Begrenzung.“

Nach diesem Prozeß der Selbstentfremdung, für den auch andere Faktoren mit maßgebend waren, wie etwa die allgemeine Entwicklung des Klosterwesens, waren die von der Bürgerschaft und den städtischen Magistraten verwalteten Heime später immer mehr säkularen Tendenzen ausgeliefert. Was sich dabei eigentlich verändert hatte, wurde gar nicht ohne weiteres erkennbar, weil auch die bürgerlichen Spitäler weitgehend von kirchlichen Kräften geführt wurden.

G. Bettel, Almosen und die „guten Werke“

Die Geschichte der Wohlfahrtspflege ist mindestens bis in das 19. Jahrhundert begleitet und bestimmt von Bettel und Almosen. Als Bettler wurden alle bezeichnet, die nicht durch eigenes Einkommen für ihren Lebensunterhalt sorgen konnten und deshalb auf die Hilfe ihrer Mitmenschen angewiesen waren. Es waren dies in der Zeit des Mittelalters insbesondere folgende Gruppen:

Spielleute und fahrende Schüler
Opfer von Seuchen, Hungersnöten und Unglücksfällen
Flüchtlinge und entlassene Soldaten ohne Einkommen
„Gezeichnete“, d. h. im Zusammenhang mit „Gerichtsurteilen“ verstümmelte Menschen
Pilger und Wallfahrer
Bettelmönche und Geißlerbrüder.

Gauner und Arbeitslose haben, meist in der Rolle einer der genannten Gruppen, die Zahl der Bettler erheblich vergrößert. Der Bettel war auch von wirtschaftlichen und politischen Veränderungen mitbestimmt. So verloren viele Menschen ihre Lebensgrundlage, als sich im Mittelalter Naturalwirtschaft auf Geldwirtschaft umstellte. In wirtschaftlichen Schwierigkeiten haben sich die Zünfte des Mittelalters sehr stark abgeschlossen und viele daran gehindert, einen Beruf zu erlernen oder den erlernten auszuüben. Ein entscheidender Grund lag im Mittelalter schließlich noch auf der Seite der „Helfer“: Das Almosen war eine gute und willkommene Möglichkeit, sich den Himmel zu erkaufen.

Dabei wird Franz von Assisi, der wohl bekannteste „Aussteiger“ aus einer genußsüchtigen Wohlstandsgesellschaft, meist als die Leitfigur aller Bettler hingestellt. Seine Geschichte und seine Absicht werden dabei völlig verkannt: Als Sohn eines reichen Tuchhändlers wurde er 1192 in Assisi geboren. In vollen Zügen genoß er das Leben mit dem Geld seines Vaters. Nach Krieg, Gefangenschaft und körperlichem Leiden vollzog sich bei ihm ein Wandel. Er gab all seinen Besitz den Armen. Der Vater verklagte ihn und sagte sich schließlich von ihm los. Bei einer Gerichtsverhandlung wirft ihm Franziskus auch noch seine Kleider vor die Füße. Er lebt als frommer Eremit, der bald Freunde und Anhänger hat. Ihre Regel hat zur Grundlage:

„Gehet hin und traget keinen Beutel noch Tasche noch Schuhe und wo ihr in ein Haus kommt, da sprecht zuerst ‚Friede sei in diesem Haus‘ und das andere: ‚Wer mir nachfolgen will, der verleugne sich selbst und nehme sein Kreuz auf sich und folge mir nach.‘“(Vonhoff – Hofmann, Samariter der Menschheit, S. 49).

Aus dieser Gruppe entstanden die „ Minderbrüder“ (Franziskaner). Die franziskanische Bewegung war in Zeiten der Verschwendung bei Staat, Gesellschaft und Kirche für viele so etwas wie eine religiöse und soziale Alternative. Jedoch ist es Franziskus selbst nicht gelungen, die durch ihn ausgelöste Bewegung so zu gestalten, daß sie vor Auswüchsen und Fehlentwicklungen sicher war.

Über viele Jahrhunderte hinweg war für unzählige Menschen das Almosen die einzig spürbare Hilfe in aussichtslosen Situationen. Daß sie dabei zugleich zum Mittel wurden, mit dem die Besitzenden Schätze sammeln wollten, die über das irdische Leben hinausreichen, belastet diese Situation. Darüber wird vielfach vergessen, daß nicht nur der Hilfesuchende vom Helfer, sondern auch der Helfer vom Hilfesuchenden abhängig war: Er brauchte den Armen und Notleidenden, um sein eigenes Leben zu retten. So werden Bettler, Kranke, Sieche und andere vielfach als die Herren bezeichnet, während der Helfer eine absolut dienende Funktion einnimmt. Mancherlei Erscheinungen, die uns heute unverständlich sind oder abstoßen (wie etwa das Auslecken von Pestbeulen durch Pfleger), sind nur aus dieser Haltung zu verstehen.

Einer war auf den anderen angewiesen. Da war im Prinzip kein Raum für eine gönnerhafte Herablassung des Spenders, noch für die fachliche Überlegenheit des Spezialisten.

H. Die mittelalterliche Stadt und ihre Bürger

Im 11. Jahrhundert setzten gesellschaftliche Bewegung und geistiges schöpferisches Erwachen, eine neue Dynamik und ein neuer Drang nach Expansion unter den Völkern Europas ein. In drei Bewegungen bildete sich ein neues Selbstbewußtsein: In der Distanz der Menschen

- von sich selbst
- von den anderen Menschen und schließlich
- von den Sachen und Realitäten.

Die eigene Arbeit und die stelbständige Leistung erhielten einen positiven Wert, während bis in das 12. Jahrhundert „Arbeit“ sozial diffamierte und unfrei machte. Seit der Zeit um 1150 entfaltete sich eine neue Gesellschaft mit weltlichen Leitbildern, die neben die alten geistlichen Ideale traten.

Diese neuen Kräfte prägten ein Jahrhundert lang die geistige, wirtschaftliche und soziale Entwicklung. Wenn Krisen im Wirtschaftswachstum eintraten, waren davon am allerersten die sozial, wirtschaftlich und gesundheitlich Abhängigen betroffen. – Am Ende der Aufbauphase hat die Bürgerschaft selbst soziale Einrichtungen und Maßnahmen, wie Spitäler und öffentliche Stiftungen gegründet, um ihre soziale Frage (die Bettelei) zu lösen.

So wurden z. B. zwischen 1250 und 1350 im Bereich der Städte Hannover, Hamburg, der Gebiete Mecklenburg, Pommern, Sachsen und der Mark allein 92 Spitäler gegründet, fast durchweg aus freien Stiftungen von Bürgern und durch Bruderschaften und Genossenschaften frommer Laien (Caritas und kommunale Wohlfahrtspflege S. 16 und 17). Die Hilfe für den „Mitbürger" und das Ansehen der Stadt durch soziale Leistungen, mit denen nicht zuletzt der eigene Wohlstand bewiesen werden konnte, waren die entscheidenden Triebfedern – weniger das allgemeine Mitleid mit dem Elendsheer der Bettler. Durch die besseren Lebensbedingungen für Freie und Abhängige wurde die Stadt immer mehr zum Anziehungspunkt für alle Gruppen.

Die Städte waren nur Inseln des Wohlstandes und der Mildtätigkeit. Auf dem Land aber geschah, wie Jahrhunderte vor- und nachher, nichts oder kaum etwas. Deshalb wurde bei der Hilfe bald zwischen „Ortsarmen" und „Ortsfremden" unterschieden. Bis hierhin reichen die Wurzeln für das „Heimatrecht" in der Armenfürsorge und für den „gewöhnlichen Aufenthalt" im Bundessozialhilfegesetz. „Das Konzil zu Vienne von 1311 erklärt hierzu, daß die Spitäler verwahrlosen, weil die Kleriker die ihnen in den Spitälern zugewiesenen Benefizien nicht in der rechten Weise wahrnehmen und darum rechtschaffene Laien einzusetzen sind. Deren Einfluß in der Leitung der Spitäler nimmt im 13. und 14. Jahrhundert immer mehr zu" (siehe dazu: Caritas und kommunale Wohlfahrtspflege, S. 16 und 17).

Daneben hatte sich auch ein innerer Wandel vollzogen, der sich u. a. in der Bauweise ausdrückte (s. Buchst. z. F.).

Durch die Selbstentfremdung der christlichen Nächstenliebe war die kirchliche Wohlfahrtspflege austauschbar geworden.

So ist die Entwicklungsphase, in der neben die klösterliche Wohlfahrtspflege die der Städte tritt, nicht etwa ein vordergründig politischer Kampf zwischen „öffentlicher und freier Wohlfahrtspflege", er ist vielmehr Ausdruck einer tiefgreifenden geistigen und religiösen Wandlung, in der die Aufgabe des (frommen) Bürgers von der des (verweltlichten) kirchlichen Amtsträgers kaum noch unterschieden werden kann.

Die gesamte Entwicklung vollzog sich in drei Schwerpunkten:

a) Die Städte suchten und gewannen Einfluß bei den Kloster-Einrichtungen. In dem „kommunalisierten" Hospital behielt sich die Stadtverwaltung die äußere Leitung der Anstalten und die Aufsicht über sie vor. Sie setzte hierfür sog. Provisoren ein. Die geistliche Betreuung der Hospitalinsassen verblieb weiterhin dem Klerus, während die Verwaltung an die Kommune überging. Die Kirche hat diese Entwicklung nicht gestört; wo sie gefragt wurde, hat sie sogar zugestimmt. Weil die inneren Kräfte nachließen und das Interesse im ganzen sehr stark auf die große Politik ausgerichtet war, waren auch die finanziellen Mittel nicht vorhanden, entscheidend zu helfen (s. Liese I, S. 231 ff. und Stiftung Hospitäler zum Heiligen Geist und St. Georg in Berlin-Wedding, S. 14).

b) Die Städte und ihre reichen Bürger stifteten selbst Spitäler und führten soziale Hilfsprogramme (Armenspeisungen, Lebensmittelspenden u. ä.) durch. Religiöse Motive spielten dabei eine wichtige Rolle. Aber die Bindung zu den Institutionen der Kirche war doch soweit gelockert, daß die Stiftung im eigenen Namen geführt wurde und der entscheidende Einfluß der Stifter erhalten blieb.
„Wir, die Bürger des Rates von Heilbronn, tun allen denen, die diesen Brief gesehen oder gehört haben, kund, daß wir mit dem gemeinen Rat und mit guter Überlegung übereingekommen sind, um unseres (ewigen) Heiles und aller Verhältnisse willen, die uns dazu ihre Gunst, Hilfe und Rat geben, für armer Leute und elender kranker Menschen Pflege und Ernährung zur Ehre der heiligen Katharina (als der Schutzpatronin dieses Spitals) in unserer Stadt Heilbronn ein Spital zu diesem Zweck und Recht zu errichten.
(Wir haben beschlossen), daß wir unsere Nachkommen. . . Bürger im vorgenannten Rat zu Heilbronn, dieses Spital mit Amtleuten und anderen Rechten, die dieses Spital haben soll, besetzen und entsetzen ohne allgemeine Widerrede." (Stiftungsurkunde über das Städtische Spital Heilbronn von 23. April 1306, zit. nach Krimm I, S. 128.)

c) „In Freiheit besser leben" – diese Hoffnung hat immer mehr Menschen vom Land in die Stadt gezogen. Als jedoch um 1350 ein wirtschaftlicher „Abschwung" einsetzte, entstand daraus ein doppeltes Problem: Mit immer weniger öffentlichen und privaten Mitteln müssen immer mehr Menschen versorgt werden. Da der wirtschaftliche Rückgang auch die Landwirtschaft erfaßt, wird diese Situation auch nicht durch einen Rückzug der städtischen „Neubürger" auf das Land entlastet.
Einheitliche Regelungen für das ganze Land waren nicht zu erwarten, da die Möglichkeit der kaiserlichen Gewalt erheblich beschnitten und die jeweiligen Machthaber mit „wichtigeren" Aufgaben beschäftigt waren. So kommt es, daß jede kleine und selbständige Einheit des Reiches, so auch jede Stadt, selbst sehen muß, wie sie ihre Probleme löst.
So wie die Städte zunächst soziale Einrichtungen für ihre Bürger unterstützt und geschaffen haben, so sind sie jetzt bemüht, diese gegen andere zu schützen oder ihnen zu versperren. Der Unterschied zwischen Ortsarmen und Ortsfremdenarmen beginnt sich voll auszuwirken. Da selbst hierfür die Mittel nicht ausreichen, wird die Bettelei öffentlich geregelt und die Bettler zu einem eigenen Stand. An die Stelle des Almosens (Barmherzigkeit) tritt die „öffentliche Ordnung".

Die Nürnberger Bettelordnung (um 1370, nicht zu verwechseln mit der Armenordnung von 1522!) war richtungsweisend für viele andere und ist daher typisch für jene Zeit:

1. „Man ist übereingekommen wegen der Fahrenden, der Abbettler und aller Bettler, deren Ordnung hernach geschrieben steht.
2. Zum ersten soll niemand vor den Kirchen noch in der Stadt bitten und soll auch niemand in den Kirchen noch in der Stadt betteln, außer er habe der Stadt Zeichen (städtisches Bettel- oder Almosenschild; aus Weißblech – wie in der Sammlung des Archivs des Germanischen Museums in Nürnberg), und dasselbe Zeichen soll Pignot Weigel (Senator in Nürnberg, † 1373) von Rats wegen geben.
3. Auch soll man niemand ein Zeichen geben noch betteln noch bitten lassen vor den Kirchen, er bringe denn zum mindesten zwei oder drei Mann zu dem vorgenannten Pignot, die ihm auf ihren Eid sagen, daß für ihn das Almosen notwendig sei; wo aber dem vorgenannten Pignot deucht, es handele sich um Leute, die wohl wandern oder arbeiten möchten und die des Almosens nicht bedürftig seien, denen soll man nicht erlauben zu betteln noch ein Zeichen zu geben.
4. Wo Leute sind, die betteln ohne des Pignot Weigels Wort, die (also) kein (Bettel-)Zeichen haben, die sollen die vier (Stadt-)Knechte und die Büttel zur Stunde zu Pignot Weigel bringen.
5. Es sollen die Bettler in allen Kirchen an den beiden Seiten sitzen oder stehen (und zwar) an der Tür, wo man zumeist in und aus den Kirchen geht und es sollen auch die Bettler nicht an den Altären noch sonst in der Kirche betteln; die Mesner in den Kirchen und die Büttel sollen darauf achten, wo sie es übertreten. Da sollen sie es ihnen wehren.
6. Pignot Weigel soll immer auf St.-Michaelis- und St.-Walpurgis-Tag die Bettler aufsuchen lassen und wer Not hat und zwei oder drei zu vorgenanntem Pignot bringt, die auf Eid sagen, daß er es notwendig brauche, dem soll er das Zeichen geben. Wer aber ein halbes Jahr nicht notdürftig ist, dem soll er das Zeichen nehmen und es sich eidesstattlich von ihm geben lassen, daß er ein Jahr außerhalb der Stadt sei und danach in der Stadt nicht ohne sein (des Weigels) Wort bettele.
7. Wem der Pignot Weigel ein Zeichen gibt, dessen Namen soll er in ein Buch schreiben.
8. Die zwei oder drei, die über den Bettler auf ihren Eid (aus)sagen, das sollen wohl glaubhafte Leute (glaubwürdige Bürger der Reichsstadt Nürnberg) sein.
9. Wo fremde Fahrende oder Abbettler kommen, die hier länger als drei Tage waren, die soll man vom Betteln abhalten und zur Strafe ein Jahr lang aus der Stadt verweisen.
10. Wäre aber jemand, der aus dem Rate (der Stadt) erfährt, daß den armen Leuten mit den obigen Gesetzen und Ordnungen die Nahrung abginge, der soll das den Rat wissen lassen und man soll es dann anders richten – je nachdem es der Rat beschließt, damit es für die armen Leute nicht zu schwer sei“ (zit. nach Krimm I, S. 133 und 134).

Daß auch sehr reiche Städte weniger differenzierte Mittel anwenden, zeigt das Beispiel der Stadt Augsburg: „Sie sieht sich gezwungen, vor Anbruch des Winters jedes Jahr unter dem Geläut sämtlicher Sturmglocken alle ortsfremden Bettler aus den Stadtmauern zu vertreiben“ (E. Beyreuther, S. 23).

So wie sich im Hochmittelalter der einzelne in seinen verschiedenen Rollen als Bürger und Christ vorfindet, so entwickeln sich auch verschiedene bürgerliche und kirchliche Institutionen. In dieser Zeit sind die Gründe für jene Entwicklung zu suchen, die im 16. Jahrhundert zur Auflösung der kirchlichen Einheit in Mitteleuropa führt und im 18. und 19. Jahrhundert weitere geistige und soziale Kräfte freimacht, die schließlich zu den vielfältigen Kräften und Institutionen der gegenwärtigen geistigen, gesellschaftlichen und sozialen Situation führen.

I. Die Zünfte – ein geschlossenes System sozialer Sicherung

Seit der Mitte des 13. Jahrhunderts traten auffallende Veränderungen und Umschichtungen ein. Es begann sich die europäische Ständegesellschaft auszubilden. In den Städten des Westens differenzierte sich das Bürgertum in ein Patriziat der Verwaltung, des Handels und des Bankgeschäfts, in die Handwerkerberufsgruppen der Zünfte und in eine handwerkliche Unterschicht der Gesellen- und Lohnarbeiter, die erst allmählich ein Proletariat wurde und in der Armut versank. Im Bauerntum setzte ein Rückschlag ein und es bildete sich eine neue wirtschaftliche Ober- und Unterschicht in den Dörfern und ländlichen Gemeinschaften heraus. Im 14. Jahrhundert ging es nicht mehr um Bauernfreiheit, sondern um den Preis der Lohnarbeit. Das Nachlassen der bäuerlichen Kaufkraft hemmte das Wachstum der städtischen Wirtschaft. In den Städten fand der unzufriedene Überschuß der Landbevölkerung keine Aufnahme mehr und die stadtnahen Bauerndörfer konnten ihren Überschuß an Agrarprodukten nicht mehr auf dem Markt der bislang wachsenden Städte absetzen. Der soziale Aufstieg und die steigende Kurve des Lebensstandards kamen in Stadt und Land zum Stillstand (nach K. Bosl, Europa im Mittelalter, S. 187 ff.).

Auf diesem sozialen, gesellschaftlichen und wirtschaftlichen Hintergrund sollen die Zünfte als eine einflußreiche gesellschaftliche Erscheinung jener Zeit kurz betrachtet werden: Das Handwerk hatte wesentlich zum wirtschaftlichen und politischen Aufstieg der mittelalterlichen Städte beigetragen. Die Ausbildung des Nachwuchses, die Zulassung von neuen Betrieben, wirtschaftliche Fragen und andere berufsständische Interessen (bis hin zur Pflege der Kunst – „Meistersinger“) wurden in den „Zünften“ geregelt. Durch den eigenen Gewerbebetrieb bzw. durch den Lehr- oder Gesellenvertrag war die eigene Existenz gesichert. Damit war die wichtigste Voraussetzung für soziale Sicherung und Vorsorge gegeben. Damit jedoch den Mitgliedern des Berufsstandes, die in Not geraten waren, geholfen werden konnte, wurden eigene (genossenschaftliche) Versorgungseinrichtungen geschaffen. In seiner Dissertation über „Die soziale Sicherung bei den Handwerkszünften in Bremen“ führt F. Strube hierzu folgendes aus:

„Außerhalb Bremens ist schon in der Zeit, die als Blütezeit der Zünfte angesehen wird, der Beginn von Versorgungseinrichtungen zu erkennen, die eine Versorgung Notleidender allein im Kreise der Zunftgenossen ohne Hilfe von außen zum Ziel hatten. Der Beginn bestand darin, daß in Notfällen aus der Zunftlade, also der gemeinsamen Kasse der Zunft, Unterstützungen verteilt wurden. Anfangs wurden Leistungen in der Regel als Darlehen gegeben. Später fiel die damit verbundene Rückzahlungspflicht für den Empfänger meist weg. Zum ersten Mal war in der Rolle der Küfer von Frankfurt von 1355 bestimmt, daß verwundete Gesellen aus der Kasse eine Unterstützung erhalten sollten. Die Beiträge zu dieser Kasse sollten von Meistern und Gesellen geleistet werden. Nach einem Zusatz aus dem Jahre 1377 sollte die Unterstützung als Leihe „gelten" – möglich, daß nach den ersten Erfahrungen die Kasse sonst bald erschöpft war.

Die Bildung einer Krankenkasse ist erstmals von der Kürschnergesellen in Stendal aus dem Jahre 1372 und von dem Wollenwebern zu Konstanz aus dem Jahre 1386 überliefert. Hier sollte ein kranker Knecht von den Meistern gegen Pfand einen bestimmten Betrag – auch mehrmals – aus der Büchse erhalten. Die Meister sicherten sich also durch das Pfand auf sehr energische Weise die Rückzahlung.

Im 15. Jahrhundert mehrten sich solche Bestimmungen. Aus Bremen ist ähnliches allerdings erstmals im Jahre 1532 von den Kürschnergesellen berichtet. Die meisten Unterstützungskassen in Bremen sind jedoch erst im 17. Jahrhundert entstanden.

In allen bisher genannten Zünften, auch bei den Kürschnern in Bremen, waren Adressaten der Unterstützungsleistungen ausschließlich die Gesellen bzw. – wie sie anfangs noch in Anlehnung an die Bauernfamilie genannt wurden – die Knechte. Unterstützungsleistungen für Meister waren auch später sehr selten. Hierzu bestand ja auch in der Regel keine Veranlassung, da die Meister, wenn sie krank waren, immer noch ihre Gesellen hatten, die für sie arbeiteten.

Die erforderlichen Beiträge für Unterstützungsleistungen wurden teils von den Meistern, teils von den Gesellen, teils von beiden aufgebracht. Die aufgeführten Beispiele belegen alle drei Möglichkeiten. Während die Wollenweber-Gesellen in Konstanz die Unterstützung aus der Kasse der Meister erhielten, wurde die Kasse der Küfer in Frankfurt von Meistern und Gesellen gemeinsam unterhalten, und die Krankenkasse der Kürschnergesellen in Stendal war eine Kasse ausschließlich der Gesellen.

Es muß angenommen werden, daß durch die Gründung dieser Kassen bzw. die Verwendung des Ladenvermögens für Notleidende die bisherige Verpflichtung der Meister, ihre Gesellen auch bei Krankheit zu unterhalten, aufgehoben oder zumindest leichter erträglich gestaltet werden sollte.

Nach den Versorgungsbedürfnissen, die bei den Zünften entstanden, lassen sich verschiedene Gruppen von Versorgungseinrichtungen unterscheiden. Die Gesellen hatten meist weder Vermögen noch, wie die Meister, Rückhalt bei anderen, die für sie arbeiteten, so daß sie schon durch Krankheit in Not gerieten.

Die meisten Krankenkassen sind deshalb Kassen der Gesellen. Dabei wurde meist auch eine Vorsorge für den Todesfall getroffen.

Auch die wandernden Gesellen wurden mit gewissen Leistungen bedacht, die unterschiedlich von Meistern, Gesellen oder beiden gewährt wurden.

Durch den Tod des Meisters gerieten nicht selten auch die Witwen in Not, wenn nämlich kein Sohn die Werkstatt fortführen konnte. Hier hatten die meisten Zünfte für die Witwe das Recht vorgesehen, die Werkstatt des Meisters durch einen Gesellen fortführen zu lassen. Später wurden auch Witwenkassen eingeführt."

Diese Einrichtungen und ihre Strukturen knüpfen an frühgermanische Genossenschaftssysteme an und haben andererseits noch die Sozialversicherungsregelungen des 19. und 20. Jahrhunderts wesentlich beeinflußt. Sie sind gewissermaßen Modelle der heutigen „Versicherten-Gemeinschaft". Mit dem Niedergang des Handwerks wurden jedoch auch die Schattenseiten dieses Systems immer deutlicher erkennbar: Die Zunft, d. h. die bereits zugelassenen und ansässigen Meister, entschieden, ob weitere Betriebe (und damit Konkurrenz) zugelassen wurden. In wirtschaftlich schwierigen Zeiten wurden so Handwerker von der Berufsausübung ausgeschlossen. Die sozialen Leistungen der Zünfte blieben ihnen damit auch vorenthalten.

J. Renaissance und Reformation – Zeit des Umbruchs und des Aufbruchs

Glanz und Reichtum einer kleinen Oberschicht aus Adel, Kirchenfürsten und Patriziern und unvorstellbare Armut und Abhängigkeit ergeben das äußere Bild der gesellschaftlichen Situation im 14. und 15. Jahrhundert. Ein kritischer Geist jener Zeit, Eberlin von Günzburg, schildert sie so:

„Der Bauer will es dem Edelmann, der Edelmann dem Grafen, der Graf dem Fürsten an Pracht zuvor tun. Es will sich jeder mit keiner oder kleiner Arbeit nähren, das nimmt kein gutes Ende. Das seltsamste Ding ist, daß ein Mensch für fünfzehn muß arbeiten, die andern gehen müßig. Vier sind zu jung, vier zu alt. Dazu die Kranken, die Müßiggänger, die Pfaffen, Mönche, Nonnen, Hochbuhler, will ich sagen, Hochschüler und andere Schützen und Bacchanten, dann die vielen Gassenjunker, die von Zinsen und Wucher leben, von allerlei Vorteil und Büberei, die vielen unnützen Arbeiter, Briefmaler, Kartenmacher, Krämer, welche in schändlichem Müßiggang und schändlichem Locken dasitzen, den Leuten das Geld aus der Tasche zu locken" (zit. nach Vonhoff – Hofmann, S. 71).

Dies alles kann jedoch nicht die elementaren Fragen nach Ziel und Sinn menschlicher Existenz verdecken oder verdrängen, die immer mehr zum Vorschein kommen. Franz von Assisi ist der bekannteste Vertreter jener Kräfte, die die innere Schwäche der äußeren Pracht und Macht erkannten.

Die radikale Abkehr von ihrer Umgebung hat sie in äußere und innere Bedrängnis gebracht und schwach erscheinen lassen. Aber ihr Vorbild und ihre Kraft haben noch lange gewirkt, als Bürgerstolz und Fürstenherrschaft des Mittelalters längst vergessen waren. Aus der Musik jener Tage, die ebenso spontan und unbeherrscht ist wie die unserer Tage, wird auch nach Jahrhunderten noch etwas hörbar von der überschäumenden Freude und der tiefen Trauer, die die Menschen jener Zeit hin- und hergerissen haben. Am Übergang vom 15. ins 16. Jahrhundert trugen die alten Ordnungen nicht mehr und die neue Welt, die durch Entdeckungen und Erfindungen nach außen hin in Erscheinung trat, war innerlich noch nicht bewältigt. Diese „unbeherrschten" neuen Möglichkeiten haben jene Zeit so unruhig und anfällig gemacht.

Für die Entwicklung der Wohlfahrtspflege sind dabei vor allem drei Gesichtspunkte besonders bedeutungsvoll:

- Die politischen und wirtschaftlichen Ordnungen des Mittelalters erstarrten zu unbeweglichen Formen.
- Die sozialen und gesellschaftlichen Kräfte, wie etwa Klöster und Bruderschaften, verloren mit ihrer geistigen Kraft auch ihr Ansehen und ihre Bedeutung.
- Theologen und Philosophen haben, vielfach unbemerkt, die geistigen Grundlagen für eine neue Zeit geschaffen.

Über die zentrale Gestalt des 16. Jahrhunderts sagt K. Bosl:

„Der Exbettelmönch Martin Luther hat nach einem gründlichen Bibelstudium und im Fahrtwind einer innerweltlichen Askese der Laiengesellschaft, aber auch der humanistischen Suche nach einem weltlichen Lebensideal die Reform vollbracht, das anziehende und erlösende Wort gesprochen. Die religiöse Grundstruktur europäisch-christlicher Gesellschaft und Kultur, an der das Mönchtum seit den Übergängen der Spätantike kräftig mitgebaut hatte, ist durch die Reformation nicht berührt oder zerbrochen worden. Sie geriet erst im 18. Jahrhundert durch die 2. Aufklärung ins Wanken und verfiel der Säkularisation des Geistes und der Geister. Es war ein Mönch, der den Durchbruch zu einem neuen religiös-individuellen Engagement und zu einem persönlichen Christentum vollzog oder zumindest das zündende Wort dazu sprach. Die neue Laiengesellschaft gewann ihre religiösen Impulse aus einer innerweltlichen Frömmigkeit. Sie brauchte die Mönche nicht mehr, die damit ihre gesellschaftliche Funktion verloren. Damit die katholische Reform nach dem Konzil von Trient durchgesetzt werden konnte, bedurfte es einer neuen Ordensform, die in der Welt wirkte und von einer kirchlichen Zentrale aus dirigiert wurde"(aus K. Bosl, Des Mönches Leben. . .).

In der älteren Literatur über die Geschichte der Caritas und der Diakonie hat die Frage, welchen Einfluß die Reformation auf sie gehabt hat, eine große Rolle gespielt. Während Uhlhorn behauptet, die Reformation habe auch die Entwicklung der katholischen Kirche und damit die Caritas wesentlich beeinflußt, wird dies von Liese entschieden bestritten. Er meint: Wenn die Reformation überhaupt einen Einfluß auf die katholische Kirche und ihre Caritas gehabt habe, dann habe sich dieser nur negativ ausgewirkt. In den letzten 50 Jahren wurde dieser Abschnitt europäischer Geschichte differenzierter gesehen. Der eigene Standpunkt des Betrachters, ob er evangelischer bzw. katholischer Christ ist oder sich von der christlichen Tradition distanziert, spielt dabei sicherlich immer noch eine wichtige Rolle.

Zweifellos gingen durch die Reformation und die damit verbundene Auflösung der Klöster, der Kirche Einrichtungen, Mitarbeiter und finanzielle Mittel für ihre Wohlfahrtspflege verloren. Die Landesherren übernahmen die Kirchengüter mit der Bestimmung für fromme bzw. mildtätige Zwecke. Inwieweit sie diese wirklich zweckentsprechend verwendet haben, ist schwer nachzuprüfen. Das Almosen für die Armen war in der vorangegangenen Zeit jedoch mehr und mehr zu einem Mittel geworden, mit dem man sein eigenes Leben retten wollte. Luther wies darauf hin, daß durch die „Rechtfertigung aus Gnade" der Mensch vom religiösen Leistungsdruck befreit ist und damit frei und dankbar für den anderen sorgen kann. Außerdem wies er, etwa im Gegensatz zu Thomas von Aquin, darauf hin, daß Arbeit nicht minderwertig, sondern von Gott geboten ist.

Die Auseinandersetzungen in jener Zeit haben die geistige, aber auch soziale Entwicklung Mitteleuropas entscheidend beeinflußt. Drei Persönlichkeiten und ihre Lebensaufgabe sind dabei vor allem zu nennen:

I. Martin Luther

Martin Luthers (1483–1546) Befreiung vom Zwang der guten Werke hatte zunächst keine unmittelbaren Folgen für die Diakonie. So klagte er selbst in einer Predigt im Jahr 1523:

„Es wäre gut, daß man anfinge, wenn Leute entsprechend da wären, daß eine Stadt wie diese geteilt würde in vier oder fünf Bezirke, und man gäbe jeglichem Teil einen Prediger und etliche Diakonen, die da Güter austeilten, kranke Leute besuchten und darauf sehen würden, wer Mangel litte. Wir aber haben nicht die Personen dazu, darum trau ich mir es nicht, anzufangen, bis unser Herrgott Christen macht" (zit. nach Krimm II, S. 27).

Da er für eine unmittelbar von der Kirche verantwortete Diakonie noch keine Möglichkeit sah, wandte er sich an die Fürsten und die Räte der Städte. Durch seine Mitarbeit an den „Kastenordnungen" für das Armenwesen wollte er erreichen, daß die Bürger als Christen ihre Verantwortung so wahrnehmen, wie er selbst es aus dem Neuen Testament entnommen hat.

„Die Verwesung des Gemeinen Kastens soll also bestellt und getan werden. Nämlich, daß alle Jahre jährlich auf den Sonntag nach dem achten Tag der Heiligen Drei Könige, ungefähr um 11 Uhr, eine Pfarrgemeindeversammlung auf dem Rathaus allhier erscheinen wollen und sollen, alldaselbst durch die Gnade Gottes, in wahrem christlichen Glauben, zehn Vormünder oder Vorsteher, zu dem Gemeinen Kasten aus dem ganzen Haufen, ohne Unterschied die Tauglichsten, erwählen; also nämlich: zwei ehrbare Männer, zwei des regierenden Rats, drei aus den gemeinen Bürgern von der Stadt und drei aus den Bauern von dem Lande; diese zehn also Erwählten die Bürde dieser Verwesung und Vormundschaft, alsbald um Gottes und gemeinen Nutzens willen, gutwillig auf sich nehmen und laden sollen, bei gutem christlichen Gewissen, unangesehen Gunst, Neid, Nutz, Furcht oder einigerlei unziemliche Ursache, nach ihrem besten Vermögen, inhalts dieser gegenwärtigen Vereinbarung, die Verwesung, Einnahme und Ausgabe, treu und ungefährlich zu handeln, pflichtbewußt und verbunden zu sein. . ." (aus der Leisniger Kastenordnung um 1523, zit. nach Krimm II, S. 47).

Diese Kastenordnungen haben jedoch keine entscheidenden Anstöße für die freie Wohlfahrtspflege gegeben, zumal in den Städten und an den Fürstenhöfen der Einfluß auf die sozialen Einrichtungen und deren Vermögen nicht an die Kirche abgetreten wurde. Viel mehr Einfluß hatten seine Lehren, die zur Erneuerung der Kirche und zu einem neuen Verständnis des Menschen und seiner persönlichen Verantwortung (vor Gott) führten.

II. Johannes Calvin

Der Schweizer Reformator Johannes Calvin (1509–1564) hat in seinem Entwurf einer Kirchenordnung von 1541 u. a. folgendes vorgesehen:

„Es hat immer zwei Arten von Diakonen in der alten Kirche gegeben. Die einen waren bestimmt, die Mittel für die Armen in Empfang zu nehmen, auszuteilen und aufzubewahren, sowohl die täglich einlaufenden Almosen als auch die Einkünfte aus den Besitzungen, Leibrenten und Pensionen. Die anderen hatten für die Kranken zu sorgen und an sie zu denken und die Beköstigung der Armen zu verwalten. Diesen Brauch halten wir auch in der Gegenwart noch fest. Wir haben nämlich Armenpfleger und Krankenpfleger.

Die Zahl der Armenpfleger (4), die für das Krankenhaus bestimmt sind, scheint uns gut; nur wünschen wir, daß die Einnahmen dort für sich bleiben; einmal, damit die nötigen Vorräte besser zur Zeit beschafft werden können, und damit die, die eine Schenkung machen wollen, größere Sicherheit haben, daß ihr Gut nicht auf andere Weise verwendet wird, als ihre Bestimmung ist. Und wenn die Einkünfte, die die Ratsherren bewilligen, nicht ausreichen oder vielmehr, wenn eine außerordentliche Notlage eintritt, so wird der Rat darauf Bedacht nehmen, das Fehlende zu ergänzen, je nach dem Bedürfnis, das man wahrnimmt.

Die Auswahl der Armenpfleger wie der Krankenpfleger soll wie bei den Ältesten vor sich gehen. Bei der Auswahl soll man die Vorschrift befolgen, die St. Paulus über die Diakonie gibt (1. Tim. 3; Tit.1).

Es ist ihre (der Armenpfleger) Aufgabe, sorgfältig darüber zu wachen, daß das allgemeine Krankenhaus wohl imstande ist, sowohl für die Kranken als für die Alten, die nicht arbeiten können, für die Witwen, für die Waisenkinder und andere Armen. Dauernd ist darauf zu achten, daß man die Kranken in einem

Wohngebäude für sich hält und von den anderen Leuten, die nicht arbeiten können, den Alten, Witwen, Waisenkindern und anderen Armen trennt.

Ebenso soll von dort aus Fürsorge für die Armen, die in der Stadt zerstreut sind, hier getrieben werden, je nachdem die Armenpfleger darüber befinden.

Um außerdem die Bettelei unmöglich zu machen, die zu einem guten Gemeinwesen nicht paßt, so ist es gut und so haben wir angeordnet, daß der eine unserer Kirchendiener am Ausgang der Kirche sich aufstellt, um diejenigen vom Platz abzuhalten, die betteln wollen, und wenn sie unverschämt sind oder sich widersetzen, so soll er sie zu dem einen der Herren Syndici führen. Auf dieselbe Weise sollen für die übrige Zeit die Vorsteher achtgeben, daß das Verbot des Bettelns wohl eingehalten wird“ (zit. nach Krimm II, S. 39).

Auch in den reformierten Landeskirchen haben die Städte weitgehend ihre Vorrechte in den sozialen Einrichtungen zum Teil noch verstärkt. Insgesamt hat der Ansatz von Johannes Calvin zwar dazu geführt, daß in den Kirchengemeinden und in den Bürgergemeinden die Diakonie stärker Fuß gefaßt hat. Die Verantwortung ging jedoch teilweise, wie etwa in den Niederlanden, nach und nach an die „Bürgergemeinde“.

III. Carlo Borromeo

Der Mailänder Bischof Carlo Borromeo (1538– 1584) ist ein Hinweis darauf, daß Kräfte der Erneuerung auch in der „römischen“ Kirche lebendig waren. Das Konzil von Trient (1545 bis 1563) setzte sich vor allem mit den theologischen und politischen Problemen auseinander, die durch die Reformation in Mitteleuropa entstanden waren. Es befaßte sich auch mit Fragen der Caritas.
Borromeo war bereits zu dieser Zeit als ein Mann bekannt, dem die Sorge für Arme, Kranke und Rechtlose besonders am Herzen lag. So wurde auch auf einem Regionalkonzil seiner Diözese 1565 bereits folgendes festgelegt:

„Wer irgend ein Spital (für Fremde, Kranke, Alte oder Arme) in irgend einer Form zur Verwaltung übernommen hat, muß seine Gebäulichkeiten in Ordnung halten, entwendete Güter wieder beschaffen, die vorgeschriebene Armenfürsorge auch wirklich leisten – bei Strafe der Entlassung. Wer den Bruderschaften, Spitälern usw. Geld schuldet, darf keinerlei Amt bei denselben bekleiden.

Alle Verwalter von Spitälern, Leihhäusern, Bruderschaften usw. müssen innerhalb drei Monaten, bei Neuübertragung vor Antritt des Amtes getreue Führung geloben. Die für Arme bestimmten Einkünfte dürfen sie nur an wahrhaft Arme verteilen nach der Not des einzelnen und dem Willen der Stifter. Die Bischöfe sollen Anweisung geben, wonach genau zu verfahren, widrigenfalls Rückerstattung zu leisten ist. Bezüglich des Verkaufs, der Verpachtung usw. der Güter sind die kirchlichen Vorschriften zu beobachten; Schuldner der Häuser sind dabei auszuschließen. Damit genaue Aufsicht möglich ist, sollen die Pfarrer jeden Fall schlechter Verwaltung dem Bischof mitteilen; die staatlichen und städtischen Verwaltungen werden gemahnt, dem Bischof bei Bestrafungen nicht hinderlich, sondern eher dienlich zu sein.

Unnütze Leute, wie Glücksspieler, Landstreicher, Trinker dürfen nicht aufgenommen werden. Bettler, die Krankheit vorschützen (Simulanten), sind zu ermahnen, daß sie ehrliche Arbeit suchen, statt sich auf Straßen und in Kirchen Gaben heischend umherzutreiben; wollen sie das nicht, so haben die Bischöfe für ihre Entfernung zu sorgen. Die wirklich kranken Armen mögen die Fürsten und Städte in besondern Häusern sammeln und mit Gaben der Gläubigen unterhalten.

Für das Almosensammeln bestimmen wir unter Ausschluß der vom Tridentinum verworfenen Quästoren, daß nur für ordentlich verwaltete Häuser gesammelt werden darf und nur in der eigenen Diözese von einem wohlberufenen Mann aus dem Bistum, der jährlich vom Bischof neu zu bevollmächtigen ist und keinerlei Anteil an den Almosen, sondern feste Bezahlung genießt; der Bischof hat auch über die richtige Verwendung der Gaben zu wachen" (zit. nach Liese I, S. 267).

Diese Vorschriften wurden auf einem weiteren Provinzialkonzil 1576 noch verdeutlicht und mit praktischen Anweisungen versehen.

Anmerkung:

Alle Drei haben durch ihren persönlichen Lebenswandel und ihre Opferbereitschaft selbst vorgelebt, was sie mit ihren Erklärungen, Predigten und Briefen gefordert haben – so daß etwa Luthers Frau Käthe einmal sagte, sie wisse gar nicht, woher sie das Essen nehmen solle für all die vielen Menschen, die ihr Mann täglich mit heimschleppe.

Borromeo ist jedoch nicht nur als Pionier der Caritas in die Geschichte eingegangen, sondern (wie Vincent von Paul) auch als Verfechter der Gegenreformation hervorgetreten. Bei aller Kritik, die sich daraus in den reformatorischen Kirchen ergab, ist etwas Entscheidendes dabei vielfach übersehen worden: Erneuerung der Kirche ist offensichtlich nur möglich, wenn auch die tätige Nächstenliebe neu entdeckt wird.

K. Absolutismus und Aufklärung – Untertan und „neuer Mensch"

Politische, wirtschaftliche und kirchliche Interessen haben im 16. und 17. Jahrhundert schier unlösbare Konflikte geschaffen, die zu einem 30jährigen Kriegszustand führten. Innere und äußere Verwüstungen bisher nicht gekannten Ausmaßes haben die sozialen und gesellschaftlichen Ordnungen zerstört, so daß auch von einer Wohlfahrtspflege nicht mehr die Rede sein konnte. Hinzu kam, daß die absolutistischen Herrscher allein auf Macht- und Prachtentfaltung bedacht waren. Die reformatorischen Kirchen waren ganz in der Abhängigkeit der weltlichen Machthaber geraten, die durch den „Summepiskopat" (bis 1918) das landesherrliche Kirchenregiment ausübten. Die katholische Kirche war in vielerlei politische Interessen eingespannt und außerdem bis ins 18. Jahrhundert damit beschäftigt, die reformatorischen Kirchen zu beseitigen bzw. ihre Angehörigen zu unterdrücken und zu vertreiben, wie etwa 1732 der Fürstbischof Firmian von Salzburg.

Handel und Gewerbe der Städte waren ebenso empfindlich getroffen wie die Landwirtschaft. Die gestaltenden Kräfte der Stadt, die das Hochmittelalter geprägt hatten, waren verbraucht. Hinzu kam, daß nach der totalen Erschöpfung des 30jährigen Krieges der äußere Prunk von geistiger und geistlicher Starre begleitet war. Diese löste sich erst allmählich durch die Aufklärung. Sie führte zunächst jedoch vielfach zu einem vordergründigen „Nützlichkeitsdenken", bis schließlich in der Vorstellung vom „neuen Menschen" auch ein neues Leitbild für soziale und gesellschaftliche Aufgaben entstand.

Vor und neben der Aufklärung entwickelte sich in den Gebieten der evangelischen Landeskirchen eine neue individuelle Frömmigkeit (Pietismus), die neue Lebenskräfte und Formen aus dem christlichen Glauben erweckte. Eine Reihe diakonischer Einrichtungen (wie die Herrenhuter Brüdergemeinde und die Francke'schen Anstalten in Halle) gehen auf diese Bewegung zurück.

I. Pioniere der Neubesinnung

Insgesamt blieb die Wohlfahrtspflege auf einzelne Persönlichkeiten und ihren Einfluß beschränkt. Erst allmählich haben dann die „freien Assoziationen" das Interesse der Christen und der Bürger für den Nächsten geweckt und gestärkt. Auf einige jener Persönlichkeiten ist hier wenigstens kurz hinzuweisen:

1. Vincent von Paul

In der katholischen Kirche wurde Vincent von Paul (1581–1660) zum Franziskus des 17. Jahrhunderts. „Als Hausgeistlicher des Grafen Gondi, des Befehlshabers der königlichen Galeere, nimmt er sich zuerst seelsorgerlich und helfend der Galeerensträflinge an und kann ein Hospital für sie gründen. Außerdem gründet er eine priesterliche Missionsgesellschaft zur Erneuerung des Glaubenslebens auf dem Land und nennt sie Lazaristen. In Marseille und Paris werden Krankenhäuser für Strafgefangene gebaut und in Tunis und Algerien Spitäler für Sklaven eingerichtet. Es gelingt den Lazaristen, viele Hunderte von Sklaven freizukaufen.

Andere Gemeinschaften zur Armen- und Krankenpflege entstehen durch die unermüdliche Initiative dieses katholischen Wohltäters. 1617 bilden vornehme Damen in der Nähe von Lyon die Confrérie de la Charité. Als sie aus gesellschaftlichen Rücksichten sich bei der Krankenpflege in den Häusern von ihren Bediensteten vertreten lassen, faßt Vincent von Paul den Plan, geeignete und hilfsbereite Jungfrauen auszubilden und den Vereinen beizugesellen. Er findet eines Tages ein einfaches Mädchen vom Lande, das bereit ist, auf sein Geheiß nach Paris zu gehen und sich zur Krankenpflege anlernen zu lassen.

Dieses Mädchen, die erste der ‚Barmherzigen Schwestern', stirbt schon früh, nachdem es sich bei der Pflege Pestkranker infiziert hat, aber andere eifern ihm nach und werden zu einer kleinen Schwesternschaft der Barmherzigkeit. Doch auch dies erscheint dem eifrigen Pater Vincent noch nicht ausreichend. Er möchte, daß sie noch besser ausgebildet werden und daß sie sich noch enger zusammenschließen, damit sie zu einer echten Gemeinschaft von Nothelferinnen werden" (Vonhoff – Hofmann, S. 80).

Vincent von Paul „hat die Frau wieder voll in die Caritas eingeführt, und zwar in viel selbständigerer und umfassenderer Weise als je zuvor. Er gab ihr die Kraftquelle des früheren Ordenlebens, daß sie sich in erster Linie als Dienerin der Armen und Kranken, dann erst als Religiöse fühlte. Dadurch hat er der Caritas unvergleichliche Kräfte geschenkt. Er hat ihr endlich durch seine confréries ein gutes Teil kirchlicher Gemeinde-Armenpflege in neuartiger Form wieder erweckt. Dabei war entscheidend, daß er eine Schwesterngenossenschaft gründen konnte, die nicht auf eine strenge Klausur verpflichtet war. Er machte damit für zahlreiche andere ähnliche Genossenschaften die Bahn frei" (Liese I, S. 281 und 285).

2. Philipp Jakob Spener und August Hermann Francke

Die reformatorischen Kirchen waren im 17. Jahrhundert nicht nur in der Abhängigkeit der Landesherren gefangen, sondern zugleich in einer leblosen Rechtgläubigkeit erstarrt. Der Berliner Prediger Philipp Jakob Spener (1635–1705) hat 1675 seine „frommen Wünsche" (Pia desideria) veröffentlicht. Er setzte sich dafür ein, daß die Laien in der Kirche zur Geltung kommen sollten. Gegenüber einer toten Rechtgläubigkeit forderte er einen Glauben, der durch die Liebe tätig sei (Beyreuther S. 32). Sein Freund und Schüler August Hermann Francke (1663–1727) war einer von denen, die dies in die Tat umsetzten – zuerst als Gemeindepfarrer in Glauchau, dann als Pfarrer und Professor der neuen Universität Halle. 3000 Kinder sind in den Waisenhäusern und Schulen der Francke'schen Anstalten zeitweise untergebracht gewesen. Die finanziellen Verhältnisse waren ungesichert, so daß immer wieder kritische Zeiten zu überwinden waren. Obwohl das heutige Prinzip der Familienerziehung noch nicht verwirklicht war, hat er doch auf überschaubare Einheiten geachtet. Er hat vor allem das bisherige Bildungsprivileg der höheren Stände prinzipiell durchbrochen und wesentlich zum Ausbau der Mädchenschulen beigetragen. Als Praktiker und Professor hat er einen wesentlichen Einfluß auf seine Studenten ausgeübt, von denen viele in seinen Häusern gearbeitet haben (s. dazu E. Beyreuther, S. 34 ff.).

3. Johann Heinrich Pestalozzi

Neben dem Einfluß, der von christlichen „Einzelgängern" ausging, hatten auch die Bestrebungen der Aufklärung und ihre natürliche Lebensweise wesentlichen Einfluß auf Bildung und Erziehung. Sie lösten die Prinzipien von „Zucht und Furcht" in der Erziehung ab. Ihr klassischer Vertreter war Johann Heinrich Pestalozzi (1746–1827), Erzieher und Sozialreformer. Pestalozzi gilt als geistiger Schöpfer der modernen Volksschule. Die Erziehung suchte er auf die „Anschauung" als den inneren Sinn des Menschen für die Ordnung der Welt, auf „Liebe" und „Glauben" zu gründen. Er betonte die bildende Kraft der Arbeit und des Gemeinschaftslebens. Vorbild aller Erziehung war ihm die Familie (s. dtv.-Lexikon Band 14, S. 94).

In einem Beitrag über seine Anstalt in Stanz schrieb er:

„Wenn von dem Elend des Landes die Rede war, und sie froh waren, und sich glücklich fühlten, dann sagte ich zu ihnen: Ist Gott nicht gut, der das Menschenherz mitleidig erschaffen?

Auch fragte ich sie zu Zeiten: Ist es nicht ein Unterschied zwischen einer Obrigkeit, die die Armen erzieht, daß sie sich für ihr ganzes Leben selber helfen können, und einer, die sie entweder sich selbst überläßt, oder sie mit Bettelbrot und in Spitälern erhält, ohne ihrem Elend wirklich abzuhelfen, und ihrem Laster und Müßiggang ein wirkliches Ende zu machen?

Viel und oft schilderte ich ihnen das Glück einer stillen, friedlichen Haushaltung, die durch Überlegung und Fleiß zu einem sicheren Brot, und in die Lage gekommen, unwissenden, unerzogenen und unglücklichen Menschen zu raten und zu helfen. . ." (zit. nach Krimm II, S. 93).

II. Allgemeine Entwicklung vom 17. ins 19. Jahrhundert

Die öffentliche Wohlfahrtspflege sank immer tiefer ab in Anordnungen und polizeistaatliche Maßnahmen, mit denen die Armut wenn schon nicht bewältigt, so doch zurückgedrängt werden sollte. Mit der Industrialisierung waren neue soziale Fragen entstanden. Die Nutznießer des wirtschaftlichen Aufschwungs waren jedoch nur in Ausnahmefällen bereit, sie (mit)lösen zu helfen. Zur Darstellung dieser Epoche kann auf einen Beitrag von P. Collmer zurückgegriffen werden:

„Die oft zitierten Edikte, die anordneten, daß jede Gemeinde ihre Armen versorgen soll (z. B. Edict des preuß. Kurfürsten Friedrich III. vom 10. 4. 1696), statuierten keineswegs für die Stadt- und Landgemeinden eine obligatorische Armenpflege, sondern grenzten nur die gmeindlichen Möglichkeiten ab und gaben in der Praxis die rechtliche Handhabung für die weitgeübte Abschiebung fremder Bettler. Schließlich muß beachtet werden, daß in der Zeit nach dem Dreißigjährigen Kriege mit der ansteigenden Not die Städte sich weitgehend in den Versuchen erschöpften, mit dem überhandnehmenden Bettel fertig zu werden, eigentlich fürsorgerische Bemühungen aber fast völlig zum Erliegen kamen. In dieser Zeit entstanden in Gegenbewegung gegen dieses Versagen die ersten Vorläufer einer freien Fürsorge; die bedeutendsten waren getragen von den neuen Bewegungen eines tätigen Christentums (vor allem im Pietismus)

– aber selbst August Hermann Francke, den man als den ersten in der langen Reihe der ‚fürsorgerischen Unternehmergestalten' bezeichnen kann, gab seinen fürsorgerischen Einrichtungen noch den überkommenen Anstaltscharakter: er ließ seine Halleschen Anstalten von Friedrich Wilhelm I. von Preußen privilegieren! Die auch in ihrer Organisationsform ganz neuen, langsam den Typus der ‚freien' Fürsorge entwickelnden Bemühungen erwuchsen dann bereits auf dem Boden der Aufklärung – so z. B. die ‚Hamburgische Patriotische Gesellschaft', die als eine freie Vereinigung von Bürgern mit literarisch-kulturellen Zwecken gedacht war, sich dann aber auch der Förderung der Armenpflege zuwandte.

Es ist für die geschichtliche Entwicklung bedeutsam gewesen, daß lange Zeit, nicht zuletzt durch die politischen und soziologischen Gegebenheiten in Deutschland bedingt, althergebrachte Formen der Fürsorge tradiert wurden – und dies oft in einzelnen, hier und dort wieder abgewandelten Formen, so daß in der ersten Hälfte des 19. Jahrhunderts ein überaus vielfältiges und buntes Bild von nicht selten nebeneinander verlaufenden, ganz verschiedenartigen Entwicklungen zu beobachten ist. Die typischen Formen einer behördlichen Armenpflege und einer freien Wohltätigkeit konnten sich nur langsam in diesem Bilde deutlich ausprägen.

Nach der allgemein rückläufigen Bewegung in der Entwicklung der Fürsorge im 18. Jahrhundert setzte auf dem Boden der Aufklärung ein neuer Aufschwung ein. In der Stimmung eines auf die gestaltenden Kräfte der Vernunft bauenden, ungeheuren Optimismus nahm man auch Reformen des Armenwesens in Angriff. Theoretisch versuchte man – befeuert von dem Glauben an die großen Möglichkeiten empirischer Forschung – die Ursachen der Armut erforschen; Praktisch ging man daran, durch Erziehung der Armen, vor allem auch durch Erziehung der Armenkinder, die Armut zu bekämpfen. Die angestrebten Totalreformen des Armenwesens (z. B. in Hamburg groß angelegt) wurden noch einmal getragen von einer brennenden Anteilnahme der gesamten Bürgerschaft, wobei gleichermaßen freie Gesellschaften, kirchliche Gemeinden und politische Organe sich beteiligten. Die praktische Verwirklichung der Reformpläne, die auch ganz modern erscheinende Einrichtungen, wie ein sorgfältig organisiertes Schulwesen, Arbeitsvermittlung, Wohnungsbau, Darlehenskassen, gesundheitsfürsorgerische Maßnahmen u. a. umfaßten, wurde gesichert durch die in reichem Maße aufgebrachten freiwilligen Mittel, aber auch durch den tätigen persönlichen Einsatz der Bürger: Die ständige Beaufsichtigung und Beeinflussung der Armen wurde von den in den ‚Quartieren' eingesetzten ehrenamtlichen Armenpflegern wahrgenommen.

Nach kurzer Blütezeit kam infolge der politischen und wirtschaftlichen Entwicklungen zu Beginn des 19. Jahrhunderts die Verwirklichung der Reformen wieder zum Stillstand; unter dem sich nun bemerkbar machenden Einfluß neuer Gedankengänge trat sogar eine rückläufige Bewegung ein.

Mit der Herausbildung der modernen Staatsorganisation, in der ja auch viele Züge von aufklärerischem Gedankengut bestimmend waren, kam es auch zu den ersten staatlichen Regulierungsversuchen systematischer Natur auf dem Gebiet der Armenpflege. Die Gesetzgebung der Französischen Revolution war dabei mit der Einführung einer absoluten Staatsarmenpflege am konsequentesten, wenn auch der Versuch schließlich nicht zu einer länger dauernden Verwirklichung führte. Das preußische Landrecht (1794) hat mit mehr Erfolg eine gesetzliche Zwangsarmenpflege einführen können – die ja etwas ganz Neues war: die alten Stadtrechte kannten nicht eine obligatorische Armenpflege. Die Gemeinden wurden nun als Organe des Staates zur Armenpflege verpflichtet, zur Beachtung der Grundsätze der Subsidiarität (d. h. zur Berücksichtigung der privatrechtlichen Verpflichtungen) angehalten und die Zuständigkeiten geregelt, wobei das alte Heimatrecht bereits durch modernere Regelungen ersetzt wurde: zuständig für die Armenpflege war diejenige Gemeinde, in die ein Einwohnern ausdrücklich aufgenommen worden war oder in der er längere Zeit seine Steuern entrichtet hatte. Der obligatorische Charakter besagte im übrigen noch nicht, daß die Mittel immer aus allgemeinen oder speziellen Steuermitteln genommen wurden; vor allem standen die Erträge aus milden Stiftungen zur Verfügung. Noch die Diskussionen in der Mitte des 19. Jahrhunderts halten im übrigen daran fest, daß der obligatorische Charakter kein Recht des Armen auf Unterstützung statuiert, sondern sich vielmehr auf die Verpflichtung der Gemeinde gegenüber dem Staat bezieht." (Beiträge zum Verfassungsstreit über das BSHG und JWG, herausgegeben von P. Collmer, S. 110 ff.)

L. Das 19. Jahrhundert – Erste Schritte

Im Übergang vom 18. zum 19. Jahrhundert treten nebeneinander viele geistige, gesellschaftliche, wirtschaftliche und politische Kräfte in den Vordergrund, die die beiden folgenden Jahrhunderte prägen. Die alten Formen der geistigen und sozialen Ordnung sind brüchig und tragen nicht mehr. Freiheit, Gleichheit und Brüderlichkeit für den einzelnen sind kaum mehr als Wunschträume. Die Gefahr, daß sie auf dem Weg in die Wirklichkeit verlorengehen oder in ihr Gegenteil verkehrt werden, ist groß. Von dieser Situation ist auch das Wohlfahrtswesen berührt. – Die einzelnen Linien können hier nicht näher ausgezogen werden. Zum Teil finden sie sich in den folgenden Kapiteln über die verschiedenen Organisationen wieder. Hier können nur ein paar wichtige Stationen aufgezeigt werden, die zum heutigen System der sozialen Sicherung geführt haben:

Bis zum ausgehenden Mittelalter, teilweise bis ins 19. Jahrhundert, wurden durch Großfamilien, Zünfte, geistliche Gemeinschaften und Genossenschaften u. ä. die Risiken des Lebens für den einzelnen weitgehend abgefangen. Wer durch diese genossenschaftlichen oder ständischen Institutionen nicht abgesichert war oder von ihnen ausgestoßen wurde, wurde dem „Stand der Bettler" zugerechnet (arbeitslose Handwerksgesellen, „gezeichnete" Verbrecher, mittellose Kriegsveteranen, Aussätzige u. a.). Sie bildeten die „soziale Frage" jener Jahrhunderte, der mit frommen Almosen, christlicher Nächstenliebe und bürgerlichen Sozialmaßnahmen begegnet oder abgeholfen wurde. Die gesellschaftlichen Institutionen, die das soziale Gleichgewicht erhielten, haben mit der Zeit ihre innere Kraft verloren und wurden durch äußere Umstände beeinträchtigt bzw. vernichtet. Die absolutistischen Herrscher haben den wachsenden politischen, gesellschaftlichen und sozialen Druck mit immer radikaleren Polizeimaßnahmen beantwortet. – So wurde die öffentliche Wohlfahrtspflege fast ausschließlich zu einer Angelegenheit der öffentlichen Sicherheit und Ordnung (noch bis in die fünfziger und sechziger Jahre unseres Jahrhunderts waren die Wohlfahrtsabteilungen weitgehend den Innenministerien zugeordnet). Die Arbeitshäuser (auch Zucht-, Werk- oder Armenhaus bzw. Correctionsanstalt genannt), die bereits im 17. Jahrhundert entstanden waren, wurden allmählich die einzige „soziale" Maßnahme staatlicher Obrigkeit.

„Gegründet wurden sie gegen die Bettelplage, mit der Absicht ihrer Besserung, und weil sie Aussicht auf gute Profite boten. Ihre Insassen waren arbeitsfähige Bettler, Landstreicher, Prostituierte, Verbrecher, bisweilen Arme und Notleidende, Kranke und Irre, Witwen und Waisen. Historisch erfüllen sie mehrere Funktionen: Sie kasernieren einen Teil der Armen, schrecken dadurch die anderen ab und entlasten die Städte und ihre Armenkassen. Sie disziplinieren, schulen und fassen die Insassen zu kooperativer Arbeit zusammen. . ." (Wörterbuch soziale Arbeit, S. 193).

Die soziale Lage und damit die Möglichkeiten der Wohlfahrtspflege waren an der Wende vom 18. zum 19. Jahrhundert vor allem durch folgende Erscheinungen gekennzeichnet:

- Der Staat war in unzählige Teile zerrissen, die sich ständig bekämpften und zugleich durch Prunk und Verschwendung zu übertrumpfen suchten.
- Die Industrialisierung hatte den Handwerkern weitgehend ihre Lebensgrundlage genommen und sie in tiefste Armut und absolute wirtschaftliche Abhängigkeit gebracht.
- Die Lage der Landbevölkerung hatte sich bereits seit dem ausgehenden Mittelalter ständig verschlechtert. Durch Leibeigenschaft und „Bindung an die Scholle" war sie zum Eigentum ihrer „Besitzer" geworden. Mit der Flucht in die Stadt haben diese Menschen nicht den Dienstgeber oder Herrn, sondern den „Verfügungsberechtigten" gewechselt oder fielen ins absolute Nichts.
- Die katholische Kirche war durch die Folgen der Reformation und ihre Gegenmaßnahmen, besonders aber durch die Säkularisation um die Jahrhundertwende, zutiefst getroffen.
- Die reformatorischen Kirchen waren völlig von den Landesherren abhängig und zudem in der Auseinandersetzung mit der „Aufklärung" innerlich zerrissen.
- Das frühkapitalistische Unternehmertum war gefangen von den neuen Möglichkeiten der Technik und des industriellen Aufschwungs. Der Preis der Produkte war entscheidend, nicht aber der, den die Arbeiter in den Fabriken dafür mit Leib und Leben erbrachten.

Entsprechend katastrophal waren die Verhältnisse für die leibeigenen Bauern, die hungernden Handwerker, die rechtlosen Arbeiter, aber auch für Behinderte,

Kranke, Alte – von den Strafgefangenen und Geisteskranken ganz zu schweigen. Dies ist der Hintergrund, auf dem die unbändige Wut und der ungebrochene Kampfgeist derer entstand, die ab der Mitte des 19. Jahrhunderts kompromißlos den Klassenkampf planten und führten – einen Kampf, bei dem sie nichts mehr hatten, was sie noch verlieren konnten. Da ihnen neben der staatlichen und wirtschaftlichen Macht auch die Kirchen zurückhaltend, meist sogar feindlich gegenüberstanden, waren sie nicht nur äußerlich, sondern auch innerlich völlig auf sich gestellt. Die Solidarität der Proletarier gegen alle anderen – dies war etwa ab 1860 das verbindende Element. Erst als sie zu einer unübersehbaren und geschlossenen politischen Kraft wurden, besserte sich ihre Lage schrittweise.

Wie rührselig erscheinen da die vielen Aktivitäten, die „Gesellschaften der Menschenfreunde", kirchliche Einzelgänger oder Sozialromantiker in jener Zeit begannen. Wenn jeder von ihnen nur als einzelner betrachtet wird, stimmt dieser Eindruck. In Wirklichkeit sind sie alle gemeinsam Anzeichen dafür, daß unter den schillernden, verkrusteten und verfaulten äußeren Schalen sich neue Kräfte zu entwickeln begannen:

In den reformatorischen Kirchen war durch den Pietismus eine tiefe Gläubigkeit über die dürren Zeiten der Orthodoxie und der Aufklärung getragen worden. Vor allem von seinen Kräften lebten jene Einzelgänger wie Friedrich Oberlin und Friedrich von Bodelschwingh. Dabei kamen sie, wie etwa Theodor Fliedner, auf diakonische Leitbilder der ersten Christengemeinden zurück oder kamen, wie Wilhelm Löhe, mit einem neuen und tiefen Verständnis christlichen Lebens mit ihrer Kirchenbehörde (die ja eine Staatsbehörde war) in tiefgreifende Spannungen. Da die Kirchen der Reformation nie den Reichtum erlangt hatten, wie die katholische Kirche ihn vor der Reformation und noch bis zur Säkularisation besessen hatte, gehörte es bei den evangelischen Gründerpersönlichkeiten geradezu zu den Grundvoraussetzungen, daß sie mit „Nichts" ihre Arbeit begannen. – Erst Johann Heinrich Wichern wagte den entscheidenden Schritt vorwärts, als er 1848 auf dem Kirchentag in Wittenberg die Kirche als Ganzes an ihre soziale Aufgabe erinnerte.

In der katholischen Kirche war trotz mancher Fehlentwicklungen die christliche Nächstenliebe über Jahrhunderte hinweg in Klöstern, Bruderschaften und auch bei einzelnen Gläubigen erhalten geblieben – obwohl sich nach der Zeit des Aufbruches im 16. Jahrhundert in den darauf folgenden Jahrhunderten vieles wieder zurückgebildet hatte. Für den Neuanfang der Caritas in der katholischen Kirche war in Deutschland vor allem der Einfluß französischer Kräfte (Vincent von Paul) entscheidend. Dazu trat in der Romantik eine neue Gläubigkeit hervor, die sich vor allem in den Caritaskreisen (Koblenz, Aachen, Breslau) und in süddeutschen Kräftezentren wie etwa Regensburg (die Bischöfe Sailer und Wittmann) ausdrückte. Hinzu kamen große Persönlichkeiten wie Adolf Kolping in Köln und der Mainzer Erzbischof Wilhelm Emanuel von Ketteler.

Mit der Ablösung der strengen absolutistischen Herrschaftsformen durch demokratische Bewegungen und Kräfte wurde es überhaupt erst möglich, daß „private" Initiativen maßgeblich am öffentlichen Leben teilnehmen konnten. Während die ersten sozialen Unternehmungen christlicher oder allgemein humanitärer „Menschenfreunde“ noch stark von einzelnen getragen und verantwortet wurden, bildete sich (seit der Liberalisierung des Vereinsrechtes in der Mitte des 19. Jahrhunderts) immer mehr der „Verein“ als Träger sozialer Einrichtungen und Aufgaben heraus. So wie sich die Freiheitsrechte der einzelnen vergrößerten, so konnten Guppen von Bürgern eigenständig Funktionen und Aufgaben wahrnehmen – bis schließlich im Bürgerlichen Gesetzbuch von 1900 hierfür auch eine dauerhafte rechtliche Grundlage geschaffen wurde.

Verbunden mit dieser, wenn auch sehr langsamen Entwicklung zu mehr Freiheit für den einzelnen ist der Gedanke der „kommunalen Selbstverwaltung“. Der preußische Minister Karl Reichsfreiherr vom und zum Stein gilt als einer ihrer Begründer. Mit der Städteordnung vom 19. 11. 1808 wurde in den Städten die Selbstverwaltung begründet (im Jahr zuvor wurde die Erbuntertänigkeit der Bauern aufgehoben!). Dem Bürger in der Stadt und auch auf dem Land sollten Mitgestaltungsmöglichkeiten in seinem unmittelbaren Lebensbereich zugestanden werden. Dies sollte auch seine Verantwortungsfähigkeit und -bereitschaft fördern. Deshalb mußte die öffentliche Gewalt in staatliche Hoheitsrechte und kommunale Selbstverwaltung geteilt werden. – Die ganze bisherige Entwicklung der kommunalen Selbstverwaltung zeigt, daß diese immer dann eingeschränkt war, wenn auch der einzelne in seinen Grundrechten beeinträchtigt war.

Während sich die politischen und wirtschaftlichen Kräfte in der ersten Hälfte des 19. Jahrhunderts hin und her bewegten, bildete sich in Preußen allmählich ein neues Kraft- und Machtzentrum heraus, das in dem Reichskanzler Otto von Bismarck einen kraftvollen Organisator hatte. Von seiner „ordnenden“ Hand wurde auch das Sozialwesen erfaßt, mit dem er der Sozialdemokratie entgegenwirken wollte.

Das Gesetz über die Freizügigkeit vom 1. 11. 1867 stellte einen Zusammenhang zwischen Freizügigkeit und Armenfürsorge her:

„Die Gemeinde ist zur Abweisung eines neu Anziehenden nur dann befugt, wenn sie nachweisen kann, daß derselbe nicht hinreichende Kräfte besitzt, um sich und seinen nicht arbeitsfähigen Angehörigen den notdürftigen Lebensunterhalt zu verschaffen, und wenn er solchen weder aus eigenem Vermögen bestreiten kann, noch von einem dazu verpflichteten Verwandten erhält. Den Landesgesetzen bleibt vorbehalten, diese Befugnis der Gemeinden zu beschränken.

Die Besorgnis vor künftiger Verarmung berechtigt den Gemeindevorstand nicht zur Zurückweisung.

Offenbart sich nach dem Anzuge die Notwendigkeit einer öffentlichen Unterstützung, bevor der neu Anziehende an dem Aufenthaltsort einen Unterstützungswohnsitz (Heimatrecht) erworben hat, und weist die Gemeinde nach, daß die Unterstützung aus anderen Gründen, als wegen einer nur vorübergehenden Arbeitsunfähigkeit notwendig geworden, so kann die Fortsetzung des Aufenthalts versagt werden.

Ist in den Fällen, wo die Aufnahme oder die Fortsetzung des Aufentshalts versagt werden darf, die Pflicht zur Übernahme der Fürsorge zwischen verschiedenen Gemeinden eines und desselben Bundesstaates streitig, so erfolgt die Entscheidung nach den Landesgesetzen.

Die tatsächliche Ausweisung aus einem Orte darf niemals erfolgen, bevor nicht entweder die Annahme-Erklärung der in Anspruch genommenen Gemeinde oder eine wenigstens einstweilen vollstreckbare Entscheidung über die Fürsorgepflicht erfolgt ist.

. . . Bis zur Übernahme seitens des verpflichteten Staates ist der Aufenthaltsstaat zur Fürsorge für den Auszuweisenden am Aufenthaltsorte nach den für die öffentliche Armenpflege in seinem Gebiete gesetzlich bestehenden Grundsätzen verpflichtet. . ." (zit. nach E. Orthbandt, Der Deutsche Verein in der Geschichte der deutschen Fürsorge, S. 13).

Bayern hat nach seinem Eintritt in den „Fürstenbund" des Deutschen Reiches dieses Gesetz nicht übernommen. So blieb dort bis 1916 das Heimatrecht (Gemeindebürgerrecht, das vor allem durch Geburt oder Heirat erworben wurde) bestehen.

Durch das Wahlgesetz für den Reichstag (zunächst ein Gesetz des Norddeutschen Bundes vom 31. 5. 1869) wurde den Empfängern öffentlicher Fürsorge das Wahlrecht entzogen:

§ 3 „Von der Berechtigung zum Wählen sind ausgeschlossen:

1. Personen, welche unter Vormundschaft oder Kuratel stehen;
2. Personen, über deren Vermögen Konkurs- oder Fallitzustand gerichtlich eröffnet worden ist und zwar während der Dauer dieses Konkurs- oder Fallit-Verfahrens;
3. Personen, welche eine Armenunterstützung aus öffentlichen oder Gemeindemitteln beziehen, oder im letzten der Wahl vorhergegangenen Jahre bezogen haben;
4. Personen, denen infolge rechtskräftiger Erkenntnisse der Vollgenuß der staatsbürgerlichen Rechte entzogen ist, für die Zeit der Entziehung, sofern sie nicht in diese Rechte eingesetzt sind.

Ist der Vollgenuß der staatsbürgerlichen Rechte wegen politischer Vergehen oder Verbrechen entzogen, so tritt die Berechtigung zum Wählen wieder ein, sobald die außerdem erkannte Strafe vollstreckt oder durch Begnadigung erlassen ist" (zit. nach E. Orthbandt, S. 22).

Die Empfänger privater Fürsorge waren hiervon nicht betroffen. – Das Reichsgesetz von 1909 schränkte die Regelung zwar ein, im Prinzip blieb sie jedoch bis zum Ende des „2. Deutschen Reiches" im Jahr 1918 bestehen.

„Nach Bismarcks Willen sollte der Arbeiterstand für das neu errichtete Reich gewonnen werden. Die Arbeiter, aus verschiedenen Berufsgruppen hervorgegangen, war zunächst ohne Zusammenhalt und bei Verdienstausfall infolge

Krankheit oft dem wirtschaftlichen Tode ausgeliefert. Es ist das Verdienst der Arbeiterverbrüderungen mit ihren Hilfseinrichtungen in der ersten Hälfte des 19. Jahrhunderts, dem Arbeiter ein Gemeinschaftsgefühl vermittelt zu haben. Hierauf konnte die Reichsversicherung gründen und alle Arbeitnehmer ihrer Versichertengemeinschaft zuführen.

Das Gesetz, betreffend die Krankenversicherung der Arbeiter vom 15. 6. 1883 (RGBl 73), galt nur für gewerbliche Arbeiter und kannte Versicherungspflicht, freie Sachleistungen und Krankengeld. Die sog. Revisionsgesetzgebung der Jahre 1885–1903 zog weitere Personenkreise in die Versicherung ein und verbesserte das Krankengeld.

Am 6. 7. 1884 erging das erste Unfallversicherungsgesetz (RGBl 69), das den Leistungszwang für bestimmte unfallbringende Betriebe einführte. Versichert war der Betrieb und der eintretende Betriebsunfall, mittelbar die darin beschäftigten Personen. Die Ausdehnungsgesetze der Jahre 1885–1900 dehnten den Versicherungsschutz auf weitere, insbesondere auf land- und forstwirtschaftliche Betriebe, das Bauwesen und die Seefahrt aus.

Am 22. 6. 1889 erging das Gesetz betreffend die Invaliditäts- und Altersversicherung (RGBl 97). Es brachte die Versicherungspflicht für alle Lohnarbeiter und untere Betriebsbeamte. Das Invalidenversicherungsgesetz vom 19. 7. 1899 (RGBl 463) erweiterte den Versichertenkreis und legte u. a. den Erwerbsunfähigkeitsbegriff neu fest.

Die Reichsversicherungsordnung (RVO) vom 19. 7. 1911 (RGBl 509) faßte die Gesetze dieser drei Versicherungszweige zusammen. Am 28. 12. 1911 wurde das Angestelltenversicherungsgesetz (AVG) veröffentlicht (RGBl 989)." (Nach A. Richter, Grundlagen des Rechts der Sozialen Sicherheit, S. 45 und 46.)

Daß dabei nicht nur sozial-, sondern auch macht- und parteipolitische Überlegungen eine wichtige Rolle spielten, zeigt ein Zitat aus der „Kaiserlichen Botschaft" vom 15. 2. 1881: „. . . Schon im Februar dieses Jahres haben wir unsere Überzeugung aussprechen lassen, daß die Heilung der sozialen Schäden nicht ausschließlich im Wege der Repression sozialdemokratischer Ausschreitungen, sondern gleichmäßig auf dem der positiven Förderung des Wohles der Arbeiter zu suchen sein werde. . ." (zit. nach E. Orthbandt, S. 43).

Im Jahre 1880 wurde der „Deutsche Verein für Armenpflege und Wohltätigkeit" in Frankfurt am Main gegründet. – Im Zusammenhang mit der Reichsgründung im Jahr 1871 wurde immer stärker gefordert, auch für die Armenfürsorge und Wohltätigkeit reichseinheitliche Regelungen zu erhalten. Da die Gesetzgebungsmöglichkeiten sehr beschränkt waren, lag es nahe, außerhalb der staatlichen Verwaltung eine Plattform für Erfahrungsaustausch und Meinungsbildung zu schaffen. Die private Wohlfahrtspflege wurde daher in den Deutschen Verein mit einbezogen. Das Gesetz über die Freizügigkeit, mit dem der Unterstützungswohnsitz gesetzlich geregelt wurde, bildete die rechtliche und organisatorische Voraussetzung für eine solche Einrichtung der Kooperation.

M. Neubeginn nach 1918

Nach dem Zusammenbruch des Deutschen Reiches in den Jahren 1918 und 1919 wurde eine demokratische Reichsverfassung („Weimarer“) erlassen. Das Reich war nunmehr vorrangig zuständig für die Angelegenheiten des Wohlfahrtswesens (Art. 7 und 10 WRV). Bereits während des ersten Weltkrieges wurde im Deutschen Verein ein Reichsarmengesetz erarbeitet, das dem Bedürfnis Sozialschwacher und Hilfsbedürftiger besser gerecht werden sollte als die alten Regelungen. Der Personenkreis hatte sich in der Zwischenzeit auch gewandelt, nachdem die „Reichsversicherung“ vielen eine, wenn auch minimale, Existenzgrundlage sicherte. Das Vorhaben konnte jedoch in den letzten Kriegsjahren und in den ersten Nachkriegsjahren zunächst nicht weiter betrieben und verwirklicht werden. Danach jedoch wurden rechtliche oder organisatorische Voraussetzungen für den Neuaufbau und die Weiterentwicklung des Wohlfahrtswesens geschaffen:

I. Soziale Leistungsgesetze

1. Bereits im Jahr 1918 (!) hatte der Deutsche Verein mit einigen anderen Organisationen in Berlin einen Jugendfürsorgetag abgehalten, der seinen Vorstand beauftragt hat:
   „Bei den Reichsbehörden und dem Reichstag dahin zu wirken, daß eine verwaltungsmäßige Organisation der öffentlichen Jugendfürsorge so weit wie möglich in die Wege geleitet und die Errichtung von Jugendämtern in Stadt und Land den Bundesstaaten durch Reichsgesetz zur Pflicht gemacht wird; alle weiteren Schritte zu tun, um das Verständnis für die Notwendigkeit einer reichsgesetzlichen Regelung der Errichtung von Jugendämtern in allen Volkskreisen zu wecken“ (zit. nach NDV 5/80, S. 162).
   Am 9. 7. 1922 wurde das Reichsjugendwohlfahrtsgesetz verabschiedet, das (nach verschiedenen Änderungen und Ergänzungen im Jahr 1953 und 1961) bis 1990 galt.
2. Auch die Bemühungen um ein Reichsarmengesetz wurden wieder aufgenommen. Dabei wurde vor allem durch den Deutschen Verein das „Individualisierungsprinzip“ in der Fürsorge hervorgehoben. Einbezogen waren auch die Erfahrungen aus dem sog. „Elberfelder System“ aus dem Jahr 1852 (s. dazu Orthbandt, S. 94 ff. bzw. NDV 5/80, S. 157 ff.).
   „Die Reichsfürsorgepflichtverordnung, erlassen aufgrund des Ermächtigungsgesetzes vom 8. 12. 1923, berücksichtigte sinngemäß alle Vorschläge des Deutschen Vereins. Was vorher einerseits für eine Novellierung des Unterstützungswohnsitzgesetzes geleistet worden war und andererseits für ein Reichswohlfahrtsgesetz, das kam nun in der Fürsorgepflichtverordnung zusammen. Zwar löste sie das Unterstützungswohnsitzgesetz ab (§ 29) und ersetzte den § 5 des Freizügigkeitsgesetzes von 1867 durch neue Bestimmungen (§ 30); jedoch, tatsächlich stellte sie – in Verbindung mit den Reichsgrundsätzen – das umfassende Reichsfürsorgegesetz dar. Insofern stand die Reichsfürsorgepflichtverordnung am Ende eines reichlichen halben Jahrhun-

derts deutscher Fürsorgegeschichte und am Anfang eines neuen Entwicklungsabschnittes“ (zit. nach NDV 5/80, S. 164).
Die dazugehörigen „Reichsgrundsätze“ über Voraussetzung, Art und Maß der öffentlichen Fürsorge wurden am 4. 12. 1924 erlassen.

3. In die Sozialversicherung wurden weitere Kreise einbezogen: 1923 wurde die genossenschaftliche Sicherung der Bergleute durch das Reichsknappschaftsgesetz abgelöst. Am 16. 7. 1927 wurde durch das Gesetz über Arbeitsvermittlung und Arbeitslosenversicherung die Arbeitslosenversicherung eingeführt und eine entsprechende Reichsanstalt geschaffen.

II. Träger der Fürsorge

Durch die Weimarer Verfassung wurde es möglich, für das Wohlfahrtswesen reichseinheitliche Regelungen zu treffen. Damit kamen auch Bestrebungen auf, den Einfluß des Staates in der Wohlfahrtspflege zu stärken. Es setzten sich jedoch schließlich jene Kräfte durch, die in der Gestaltung des Wohlfahrtswesens auf die kommunale Selbstverwaltung und die freie Wohlfahrtspflege bauten und damit eine aktivere und unmittelbarere Mitgestaltung der Bürger ermöglichten.

Die bis dahin bereits gewachsene kommunale Selbstverwaltung, deren Entscheidungsspielräume und Selbstverantwortung jedoch noch weitgehend staatlicher Kontrolle unterlagen, wurde gefestigt und ausgebaut. Sowohl die Aufgaben des Reichsjugendwohlfahrtgesetzes (Jugendamt) als auch die der Fürsorgepflichtverordnung (Fürsorgeverbände) wurden Angelegenheiten der kommunalen Selbstverwaltung.

Die freie Wohlfahrtspflege war bis zu diesem Zeitpunkt außerordentlich zersplittert. Zwar wurden bereits 1848/49 der Centralausschuß für die Innere Mission, 1869 das Deutsche Rote Kreuz, 1897 der Deutsche Caritasverband und 1917 die Zentral-Wohlfahrtsstelle der Deutschen Juden gegründet. Das Deutsche Rote Kreuz wurde 1921 neu gegründet, schließlich entstanden 1919 der Hauptausschuß für Arbeiterwohlfahrt und 1920 bzw. 1924 der fünfte Wohlfahrtsverband (seit 1932 Deutscher Paritätischer Wohlfahrtsverband). Es war notwendig, daß diese Verbände als die wichtigsten Trägerbereiche privater bzw. freier Wohlfahrtspflege sich festigten. Zugleich mußten ihre Aufgaben besser koordiniert werden, damit sie den Beitrag leisten konnten, der nach dem Zusammenbruch des Deutschen Reiches im Jahr 1918 in besonderer Weise von ihnen gefordert wurde. Der Deutsche Verein hat maßgeblich an der Gründung der „Reichsgemeinschaft von Hauptverbänden der freien Wohlfahrtspflege“ im Jahr 1921 mitgewirkt. Nach den Vorstellungen des damaligen Vorsitzenden des Deutschen Vereins Dr. Polligkeit waren „als Mitglieder der neuen Reichsgemeinschaft der Deutschen Wohlfahrtspflege die großen Reichsvereinigungen gedacht, die nicht einzelne Gebiete, sondern das gesamte Gebiet der Wohlfahrtspflege zum Gegenstand ihrer Tätigkeit machen“ (s. NDV 5/80, S. 165). Durch eine reichsgesetzliche Regelung (§ 8 der 3. Verordnung zur Durchführung des Gesetzes über die Ablösung öffentlicher Anleihen vom 4. 12. 1926) wurden sieben Wohlfahrtsverbände öffentlich anerkannt. Neben den genannten sechs Verbänden war noch der Zentralwohlfahrtsausschuß der christlichen Arbeiterschaft aufgeführt. Bereits im Jahr 1924 wurde von den Reichsspitzenverbänden als eigene Arbeitsgemeinschaft die „Deutsche Liga der freien Wohlfahrtspflege" gegründet. Damit hatte die Reichsgemeinschaft ihren Zweck erfüllt. Die Arbeiterwohlfahrt gehörte der Liga jedoch nicht an.

Schon damals stellte sich die Frage, ob und wieweit die gewachsene Vielfalt beseitigt werden darf oder muß, um zu „rationellen Arbeitsmethoden und einer Vervielfältigung der Wirksamkeit" zu kommen.

„Das Bedenklichste für den freien Geist der Wohlfahrtsarbeit wäre der Versuch, die Wohlfahrtsarbeit im ganzen zu kodifizieren, dem Gesundheitsamt eine gesetzlich fest umgrenzte Organisation zu geben und womöglich auch noch den Inhalt der Arbeit in gesetzlichen Richtlinien festlegen zu wollen. Die Gesundheitsfürsorge hat sich aus der freien Initiative verantwortlicher Menschen und Körperschaften in vielfältigster Form jeweils den örtlichen und zeitlichen Bedürfnissen angepaßt. Dabei ist sie in der Entwicklungszeit gut gefahren.

Die Organisation der Wohlfahrtspflege und der Gesundheitsfürsorge steht heute mehr als je unter dem Zeichen der Vereinheitlichung der auseinanderstrebenden einzelnen Fürsorgezweige, und das nicht nur unter dem Drucke schlechter Finanzen, sondern auch aus der inneren Erkenntnis heraus, daß der einzelne Mensch und die einzelne Familie als Objekt der Fürsorge möglichst einheitlich erfaßt werden müssen, weil alle Not, mag sie auch nach der äußeren Erscheinung zunächst verschieden auftreten, als wirtschaftlicher, erziehlicher oder gesundheitlicher Schaden, zumeist aus denselben in Familie und Wohnung erkennbaren Quellen fließt. Es ist das Bestreben erkennbar, durch den Zusammenschluß und durch die äußere Vereinheitlichung auch zu einer inneren Vereinheitlichung, zu rationellen Arbeitsmethoden, zu einer Vervielfältigung der Wirksamkeit und zu der Möglichkeit zu kommen, große, über den Rahmen des Arbeitsbereichs und der Leistungsfähigkeit des einzelnen Arbeitszweiges und des einzelnen Trägers hinausgehende umfassende Aufgaben auf bevölkerungspolitischem und wohlfahrtspflegerischem Gebiete nach großen Gesichtspunkten in Angriff nehmen zu können" (zit. nach Handbuch der Sozialen Hygiene und Gesundheitsfürsorge, S. 443 und 444).

N. Die Zeit des Nationalsozialismus

Die Sozialgesetze der Weimarer Republik blieben auch nach der Machtergreifung der Nationalsozialisten im Jahr 1933 weiter in Kraft. Schon bald zeigte sich aber, daß sie in einem „neuen Geist" vollzogen und dadurch immer mehr in ihr Gegenteil verkehrt wurden.

In einem kurzen Aufriß über die Geschichte der Wohlfahrtspflege kann verständlicherweise kein zusammenfassender Überblick über die Epoche des „Dritten Reiches" gegeben werden. Da sie zum Verständnis der weiteren Entwicklung jedoch unbedingt nötig ist, soll der Versuch gewagt werden, anhand von Gesetzen, Anordnungen, Proklamationen und Lehrbüchern aus jener Zeit Ziele, Aufgaben und Organisationsstrukturen der Wohlfahrtspflege darzustellen. Dabei kann nicht darauf eingegangen werden, inwieweit innerhalb der nationalsozialistischen Organisationen die neuen Ziele wirklich erreicht wurden (weil nicht alle ihre Mitarbeiter sich mit ihnen identifizierten), auch nicht wieweit die gesteckten Ziele gegenüber anderen Organisationen erreicht wurden bzw. welchen aktiven oder passiven Widerstand diese den nationalsozialistischen Organisationen und Bestrebungen leisteten bzw. leisten konnten. Hier gilt für die Wohlfahrtspflege wie für manche anderen gesellschaftlichen Bereiche die Feststellung, mit der Hans-Josef Wollasch die Geschichte der Caritas in jener Zeit beschrieben hat: „Zwischen Anpassung und Gegnerschaft" (H.-J. Wollasch, Beiträge zur Geschichte der Caritas in der Zeit der Weltkriege, S. 154).

I. Ziele und Aufgaben der nationalsozialistischen Wohlfahrtspflege

In einem „Grundriß der Deutschen Wohlfahrtspflege" aus dem Jahr 1939 wird unter der Überschrift „Entartung und Verfall" die Wohlfahrtspflege in der Zeit der Weimarer Republik so beschrieben:

„Am Ende des liberalistischen Zeitalters steht in Deutschland als Folge des Zwischenreichs ein allgemeiner politischer und wirtschaftlicher Zusammenbruch. Die innere Zersplitterung des deutschen Volkes und der Vormarsch des klassenkämpferischen Marxismus führten zu einem Erlahmen jeglichen Gemeinschafts- und Verantwortungsgefühls. Die mit dem Niedergang der Wirtschaft immer mehr zunehmende Arbeitslosigkeit vergrößerte die Not in demselben Maß, in dem die Mittel der Wohlfahrtspflege zu ihrer Bekämpfung dahinschwanden. Diesen Schwierigkeiten war weder die öffentliche noch die freie Wohlfahrtspflege gewachsen, zumal beide durch den liberalistischen Zeitgeist in völlig falsche Bahnen gelenkt waren" (S. 16). Diese Kritik bildet den Hintergrund für die Darstellung der „Wohlfahrtspflege im Dritten Reich":

„Mit der Machtübernahme durch die nationalsozialistische Bewegung trat – wie im gesamten Leben der Nation – so auch in der Entwicklung der Wohlfahrtspflege eine völlige Wandlung ein. Die NSDAP, vom Führer und Reichskanzler auf allen Gebieten des Deutschen Lebens zur Durchsetzung des nationalsozialistischen Gedankengutes berufen, hatte sich in der Nationalsozialistischen Volkswohlfahrt e. V. eine eigene Wohlfahrtsorganisation geschaffen. Nach den von ihr entwickelten Grundgedanken erfolgte von innen her eine allmähliche Umgestaltung des gesamten deutschen Wohlfahrtswesens. Diese zeigte sich:

1. In einer neuen Zielsetzung.
   a) Die Wohlfahrtspflege wird nicht mehr bestimmt durch das Wohl des einzelnen Notleidenden, sondern durch dasjenige der Volksgemeinschaft.

b) Aufgabe der Wohlfahrtspflege ist nicht mehr die Linderung einer augenblicklichen Notlage, sondern die völlige Behebung der Not durch Beseitigung ihrer Ursachen.
c) Für Art und Maß der Unterstützung ist nicht mehr nur der Grad der Bedürftigkeit, sondern auch die Würdigkeit des Notleidenden und seine Leistung für die Volksgemeinschaft maßgebend.

2. In der Art und Weise der Hilfe.
   a) Die Familienunterstützung gewinnt an Bedeutung gegenüber der Einzelunterstützung.
   b) Durch Arbeitsbeschaffung wird der arbeitsfähige Notleidende wieder in das Erwerbsleben eingeschaltet.
   c) Sonderunterstützungen werden bei Leistungen für die Volksgemeinschaft, die wirtschaftliche Belastungen mit sich bringen, gewährt, z. B. Ehestandsdarlehen, Kinderbeihilfen an Kinderreiche, Leistungen des Hilfswerks ‚Mutter und Kind' der NSV, Unterstützung von Familien, deren Ernährer zum Reichsarbeitsdienst oder zum Dienst in der Wehrmacht einberufen ist, usw.
   d) Erhöhte Unterstützungen werden zur Behebung von Krankheiten gewährt, deren Ausbreitung eine Gefahr für die Volksgemeinschaft bedeutet, z. B. Bereitstellung ärztlicher Hilfe und Pflege durch das Tuberkulosehilfswerk der NSV.
   e) Durch erhöhte Unterstützungen während des Winters wird dem Eintritt von Notständen vorgebeugt (WHW).

3. In der Aufbringung der Mittel.
   Sie werden in erster Linie nicht mehr durch Steuern, sondern durch freiwillige Opfer aller Volksgenossen aufgebracht, z. B. WHW-Sammlungen.

4. In einer strafferen Organisation des gesamten Wohlfahrtswesens.
   a) Die freie Wohlfahrtspflege wird unter Leitung der NSDAP (Hauptamt für Volkswohlfahrt) zu einer Arbeitsgemeinschaft der freien Wohlfahrtspflege zusammengeschlossen.
   b) Darüber hinaus werden öffentliche und freie Wohlfahrtspflege im „Reichsausschuß für öffentliche und freie Wohlfahrtspflege und Jugendhilfe" zusammengefaßt.
   c) Die Arbeit der freien wird mit derjenigen der öffentlichen Wohlfahrtspflege besser in Einklang gebracht. Die Leistungen der freien Wohlfahrtspflege werden als zusätzliche Leistungen zu denen der öffentlichen Fürsorge gewährt" (H. E. v. Hausen und H. Rößler, Grundriß der Deutschen Wohlfahrtspflege, S. 17 ff.).

II. Wohlfahrtspflege als Teil der Rassenpflege

1. Ideologische Grundlegung

Daß die neuen Machthaber und ihre geistigen Wegbereiter die Wohlfahrtspflege völlig umgestalten und sofort ihren ideologischen Grundsätzen anpassen wollten, wurde u. a. deutlich an einem Artikel von Prof. Dr. Th. Geiger:

„Die Fürsorge versuchte bisher, ihren Schützling wirtschaftlich zu machen, soweit das für möglich gehalten wurde. Sie hat damit der Gesamtheit im Falle des Erfolges einen Dienst geleistet, aber sie übte ihr Werk im Interesse des Schützlings selbst. Wenn sie sich grundsätzlich darauf umstellt, der Gesamtheit, nicht dem einzelnen Hilfsbedürftigen, zu dienen, so wird sie in ihrer Tätigkeit eine gewisse Schwenkung machen. Es mag für den Unwirtschaftlichen eine Wohltat sein, wenn er sich leidlich nutzbringend betätigen kann. Stellt sich aber die Fürsorge grundsätzlich darauf ein, nicht ihm wohlzutun, sondern der Gesamtheit zu nützen, so wird sie

a) den Versuch hebender Hilfe ganz unterlassen, wo nach unserer Erfahrung der Erfolg sehr unwahrscheinlich ist,
b) sie wird auf hebende Maßnahmen von vornherein verzichten, wo deren Kosten in keinem Verhältnis zum möglichen Erfolg stehen. Sie beschränkt sich dann besser auf bloße Fristung.
In diesem Sinn sind Klagen darüber, daß die Erziehung eines zeitlebens mindertauglich bleibenden Hilfsschülers weit mehr kostet als die eines normal Begabten, durchaus berechtigt. . .
Es ist heute möglich, durch höchste technische Verfeinerungen das Leben armseligster Geschöpfe bedeutend zu erleichtern – die Frage ist nur, ob die Gesamtheit für das Wohlbefinden ewig Unwirtschaftlicher unverhältnismäßig hohe Ausgaben tragen darf, wenn sie gleichzeitig bei Versorgung mittelloser Leistungsfähiger knausern muß“ (zit. nach Orthbandt, S. 287 ff.).

2. Medizinische und rechtstheoretische Grundlagen

Bereits im Jahr 1920 hatten der Strafrechtslehrer K. Binding und der Ordinarius für Psychiatrie an der Universität Freiburg A. Hoche eine Programmschrift über die „Freigabe der Vernichtung lebensunwerten Lebens. Ihr Maß und ihre Form“ veröffentlicht.

„Gerichtet ist die verhängnisvolle Schrift gegen alle nicht mehr zurechnungsfähigen Geisteskranken, insbesondere ‚unheilbaren Blödsinnigen‘. Diese Menschen seien, so beteuerte Hoche, nur noch ‚Ballastexistenzen‘, bloße ‚Viertels- und Achtel-Kräfte‘, ein unerträglicher Dauerschaden der Volkswirtschaft; der Aufwand, der solchen ‚Idioten‘, solchen ‚Defektmenschen‘ in Einrichtungen öffentlicher und privater Fürsorge zugutekomme, fehle anderswo für ‚wertvolle‘ Menschen: ‚Nehmen wir für den Einzelfall die durchschnittliche Lebensdauer von 50 Jahren an, so ist leicht zu ermessen, welches ungeheure Kapital in Form von Nahrungsmitteln, Kleidung und Heizung dem Nationalvermögen für einen unproduktiven Zweck entzogen wird.‘ Daß sie volkswirtschaftlich ‚lebensunwert‘ sind und sie ‚vernichtet‘ werden müssen, um ‚die Volksgemeinschaft, das Vaterland‘ von ihnen zu befreien, das ist für beide Autoren selbstverständlich. Zu beantworten bleibt allein die Frage, wie die Vernichtung juristisch zu begründen sei.

Binding, der Strafrechtler, beantwortet sie. Sein Stichwort hat ihm Hoche, der Psychiater, geliefert: Die unheilbar Geisteskranken sind ‚geistig Tote‘. Falls sie noch geistiges Leben besäßen, wäre es strafbar, sie zu töten, darauf besteht auch Binding; da sie aber schon tot sind, wenn auch nur ‚geistig tot‘, und man einen Toten nicht nochmals töten kann, so verwirft Binding hier den strafrechtlich relevanten Ausdruck ‚Tötung‘ und spricht statt dessen von ‚Vernichtung‘. Bloße ‚Vernichtung‘ erklärt Binding für straffrei“ (s. Orthbandt, S. 290 ff.).

3. *Rechtliche Grundlagen*

Die „rechtlichen“ Grundlagen für die neuen Maßnahmen wurden Zug um Zug in Kraft gesetzt:

a) Das Gesetz zur Verhütung erbkranken Nachwuchses vom 14. 7. 1933 (RGBl I S. 529): „Wer erbkrank ist, kann unfruchtbar gemacht (sterilisiert) werden, wenn nach den Erfahrungen der ärztlichen Wissenschaft mit großer Wahrscheinlichkeit zu erwarten ist, daß seine Nachkommen an schweren körperlichen oder geistigen Erbschäden leiden“ (§ 1 Abs. 1).

b) Das Gesetz zum Schutze des deutschen Blutes und der deutschen Ehre vom 15. 7. 1935 (RGBl I S. 1146).
„Es besagt in dem § 1, daß Eheschließungen zwischen den Juden und Staatsangehörigen deutschen oder artverwandten Blutes verboten sind. Trotzdem geschlossene Ehen sind nichtig, auch wenn sie zur Umgehung des Gesetzes im Ausland geschlossen sind. Ebenso ist nach § 2 der außereheliche Verkehr zwischen Juden und Staatsangehörigen deutschen oder artverwandten Blutes verboten. Weiterhin dürfen weibliche Hausangestellte deutschen oder artverwandten Blutes unter 45 Jahren nach § 3 des Gesetzes nicht in einem Haushalt beschäftigt werden, dem ein jüdischer Mann angehört. Auf Zuwiderhandlungen gegen § 1 steht Zuchthausstrafe. Ein Mann, der dem Verbot des § 2 zuwiderhandelt, wird mit Gefängnis oder mit Zuchthaus bestraft. Auch auf die Zuwiderhandlung gegen § 3 stehen Gefängnis und Geldstrafe oder eine dieser Strafen“ (DRK-Schriftenreihe Band 4/1944, S. 91). Dieses Gesetz zeigt, daß die Diskussion um das lebensunwerte Leben bzw. die Pflege der deutschen Rasse sehr viel weitere Kreise gezogen hat.

c) Vor allem ist hinzuweisen auf die auf die ersten Monate 1939 zurückdatierte Anordnung des Führers über die „Aktion Gnadentod“, die nicht einmal der Form nach eine rechtliche Grundlage hatte: „Reichsleiter Bouhler und Dr. med. Brandt sind unter Verantwortung beauftragt, die Befugnisse namentlich zu bestimmender Ärzte so zu erweitern, daß nach menschlichem Ermessen unheilbar Kranken bei kritischer Beurteilung ihres Krankheitszustandes der Gnadentod gewährt werden kann" (zit. nach Orthbandt, S. 299).

4. Durchführung der Zwangssterilisation

Die Durchführung der Zwangssterilisation hat in der katholischen Kirche entschiedene Proteste ausgelöst. Doch war sie zunächst durch die Verhandlungen über das Reichskonkordat (abgeschlossen am 20. 7. 1933) zu einer gewissen Zurückhaltung veranlaßt. In der evangelischen Kirche wurde die Sterilisation unter ganz bestimmten Bedingungen nicht von vornherein rückhaltlos abgelehnt. Schließlich wurden diese Maßnahmen in weiten Kreisen der Bevölkerung ganz verständnisvoll aufgenommen und auch akzeptiert, so daß ein Widerstand auf breiter Basis nicht zustande kam.

5. Tötung von Behinderten und Kranken

Der „Führer" war sich darüber im klaren, daß bei der Tötung von Behinderten und Kranken mit massiven Reaktionen gerechnet werden mußte. Deshalb mußte eine geheime Weisung an seine Mitarbeiter, auf persönlichem Briefpapier geschrieben, genügen. Die Aktion sollte streng geheim bleiben, wofür entsprechende Strafen sorgen sollten. Sie blieb es aber nicht, weil die Bedeutung der Meldelisten und der Verlegung von Patienten aus Nervenkrankenhäusern und Heimen mit den grauen Omnibussen bald überall bekannt wurden. Die Kirchen und die kirchlichen Wohlfahrtsverbände (die einzigen damals noch funktionsfähigen Organisationen außerhalb von „Partei, Staat und Wehrmacht") formulierten den Protest und bauten den Widerstand auf: In der katholischen Kirche u. a. der Bischof Graf von Gahlen in Münster und der Erzbischof Kardinal von Faulhaber in München. In der evangelischen Kirche waren der designierte Reichsbischof von Bodelschwingh und seine Betheler Anstalten zum Symbol für kompromißlose Ablehnung geworden. Sein engster Mitarbeiter, Pastor P. Braune, Leiter der Betheler Anstalten in Lobetal bei Berlin und Vizepräsident des Central-Ausschusses für die Innere Mission, wagte den offenen Kampf: Im Frühjahr 1940 protestierte er bei vier Reichsministerien, am 9. Juli verfaßte er eine Denkschrift, die er unmittelbar Hitler übergeben wollte, am 12. 8. 1940 wurde er von der Gestapo verhaftet. – Im einzelnen kann hier auf diese Maßnahme nicht eingegangen werden.

1941 wurden die Maßnahmen widerrufen – jedoch nur für die Erwachsenen. Vereinzelt wurden sie jedoch bis 1945 durchgeführt. Die Zahl der Opfer wird auf insgesamt ca. 100 000 geschätzt – etwa ein Drittel aller Patienten von Heimen und Kliniken für Behinderte und Geisteskranke.

6. Wohlfahrtspflege für die Juden

Die Wohlfahrtspflege für die Juden ist als ein Teil der Aussonderungs- und Vernichtungsmaßnahmen gegen diese Bevölkerungsgruppe zu sehen. In dem o. a. „Grundriß" ist sie wie folgt beschrieben:

„Die Juden bilden einen Fremdkörper im deutschen Volke. Die Reinerhaltung des deutschen Blutes als Voraussetzung gesunder Entwicklung des deutschen Volkes und der Schutz der deutschen Kultur vor der zersetzenden Einwirkung des artfremden jüdischen Geistes machen die allmähliche völlige Ausscheidung des Judentums notwendig. Ihre freiwillige Auswanderung ist erwünscht. Aus diesem Grunde ist die öffentliche Fürsorge für Juden besonders geregelt worden; § 35a RGr. eingefügt durch die Verordnung über die öffentliche Fürsorge für Juden vom 19. 11. 1938 – RGBl I S. 1649.

Für die öffentliche Fürsorge für Juden gelten folgende Sondervorschriften:

1. Voraussetzung der öffentlichen Fürsorge
   a) Die öffentliche Fürsorge greift nur ein, soweit die jüdische freie Wohlfahrtspflege nicht helfen kann. Juden sind im Falle Hilfsbedürftigkeit auf die Hilfe der jüdischen freien Wohfahrtspflege zu verweisen,
   b) die Voraussetzungen der Hilfsbedürftigkeit sind streng zu prüfen. Die Zuwendungen der jüdischen freien Wohlfahrtspflege sind voll anzurechnen (im Gegensatz zur allgemeinen Regelung, Anmerkung d. Verf.).
2. Art und Maß der öffentlichen Fürsorge
   a) Juden erhalten grundsätzlich nur Leistungen der allgemeinen öffentlichen Fürsorge,
   b) gehobene und soziale Fürsorge erhalten nur schwerkriegsbeschädigte Juden“ (S. 38 und 39).

7. Heimerziehung

Schließlich soll in diesem Zusammenhang exemplarisch noch auf die Heimerziehung hingewiesen werden, aus der die kirchlichen Wohlfahrtsverbände in jener Zeit bereits verdrängt waren:

„In der Erkenntnis, daß der für die Volksgemeinschaft wertvolle Mensch körperlich kräftig und gesund sein muß und daß gerade im Sport und im Turnen der Gemeinschaftsgedanke in besonderem Maße gepflegt werden kann, vor allem aber auch die Willensbildung stark gefördert wird, legen wir in der Heimerziehung ganz gesteigerten Wert auf eine systematische körperliche Aus- und Durchbildung. Im Vordergrunde dieser Körperschulung stehen Frühsport, Lauf und Gymnastik, straffes Turnen, bei dem Mutübungen eine besondere Rolle spielen, und nicht zuletzt Ordnungsübungen und Geländespiele, die nichts mit militärischen Vorübungen zu tun haben, sondern bestimmt und ganz besonders geeignet sind, Gemeinschaftsgeist und Disziplin zu fördern. Es ist eine Freude, bei der Revision der Heime zu beobachten, wie sich seit dem Sieg der nationalsozialistischen Bewegung in Deutschland auch bei diesen unseren Jugendlichen, ohne daß es besonderen Druckes oder Zwanges bedurfte, die äußere Haltung verändert und wie die frühere betont nachlässige, kommunistische, klassenkämpferische Auflehnung gegen alles Autoritative ausdrückende Haltung der Jugendlichen einem freudig bejahten straffen soldatischen Auftreten Platz gemacht hat.

In den Heimen für schulentlassene Mädchen steht im Vordergrund der beruflichen Erziehung, überhaupt des Gesamterziehungsplans, die Erziehung zur Hausfrau und Mutter, also die Hinführung zu dem Ziel, das sich die Nationalsozialistische Frauenschaft als eine ihrer wichtigsten Aufgaben hinsichtlich aller deutschen Mädchen und Frauen gestellt hat. Gerade unseren Jugendlichen, die vielfach noch der Auffassung waren, sich triebhaft ausleben und nach Belieben über ihren Körper verfügen zu können, und dabei oft genug krank geworden sind, wird es ganz besonders eindringlich gemacht und eingeprägt, daß auch sie berufen sind, einmal Mütter zu sein, daß sie daher Volk und Vaterland gegenüber verpflichtet sind, sich für dieses hohe Amt körperlich und seelisch vorzubereiten, ihren Körper kräftig und stark zu erhalten, ihn zu stählen und zu festigen und sich in den Eigenschaften und Tugenden, die der deutschen Frau von Urväter Zeit her ihr besonderes Gepräge gaben, in Selbstzucht, Sittenreinheit und Opferbereitschaft zu üben“ (Landesrat Koepchen in: Soziale Arbeit und Gemeinschaft, Beitrag zur III. Internationalen Konferenz für soziale Arbeit, London 1936, S. 188 ff.).

III. Die Neuorganisation der Wohlfahrtspflege

Im Mai 1933 wurde die Nationalsozialistische Volkswohlfahrt (NSVW – später NSV) „als führende und zuständige parteiamtliche Organisation für das Gebiet der Wohlfahrtspflege und Fürsorge im Deutschen Reich“ bestimmt.

Die Arbeiterwohlfahrt und der Central-Wohlfahrtsausschuß der christlichen Arbeiterschaft wurden aufgelöst, ihre Einrichtungen weitgehend von der NSV übernommen.

Der DPWV wurde insgesamt in die NSV überführt. Die Central-Wohlfahrtsstelle der deutschen Juden wurde formal nie aufgelöst, de facto wurde sie mit der jüdischen Bevölkerung vernichtet. Mit Hilfe verschiedener Organisationen und Institutionen, die entweder direkt oder indirekt von der Nationalsozialistischen Arbeiterpartei (NSDAP) abhängig waren, sollte die nationalsozialistische Ideologie in der Wohlfahrtspflege der übriggebliebenen Verbände (Innere Mission, Caritas und Rotes Kreuz) durchgesetzt werden. Dabei wurde jedenfalls in den Verlautbarungen und Erklärungen vielfach der Eindruck erweckt, als hätten die betroffenen Spitzenverbände der freien Wohlfahrtspflege den Veränderungen zugestimmt oder sie sogar selbst herbeigeführt.

1. Die Nationalsozialistische Volkswohlfahrt e. V.

„Seit etwa 1930 entstanden unabhänigig voneinander an verschiedene Stellen Deutschlands Hilfsorganisationen der NSDAP. Ihr Zweck war, die Durchführung des Kampfes durch gegenseitige Hilfeleistung der Parteigenossen untereinander zu sichern. Die Arbeit wurde getragen von der SA, der Frauenschaft und den politischen Leitern. Im Jahre 1932 wurde dann als erste kleine Wohlfahrtsorganisation nationalsozialistischer Zielsetzung die ‚NS-Volkswohlfahrt e. V.' (abgekürzt NSV) in das Vereinsregister des Amtsgerichts Berlin-Tempelhof eingetragen.

Die tatsächliche Gründung der heutigen NSV freilich erfolgte erst durch die Verfügung des Führers vom 3. 5. 1933, durch die sie zur Organisation innerhalb der Partei für alle Fragen der Volkswohlfahrt und Fürsorge bestimmt wurde. In kurzer Zeit entwickelte sie sich zum größten Verband der gesamten freien Wohlfahrtspflege, über die sie jedoch schon längst nach Umfang und Aufgabe zu einer öffentlichen Sozialgemeinschaft besonderer Art hinausgewachsen ist. Während die Bezirks- und Landesfürsorgeverbände bei wirtschaftlicher Schwäche großer Gebiete versagen müssen, ist die reichseinheitliche NSV als Hilfsgemeinschaft der ganzen Nation durch einen zentralen Lastenausgleich in der Lage, überall wirksam zu helfen.

Die NSV ist ein der NSDAP angeschlossener Verband. Sie hat die Rechtsform eines eingetragenen Vereins. An der Spitze steht der Reichswalter der NSV. Entsprechend der Gliederung der Partei stehen unter dem Reichswalter der NSV die Gauwalter, Kreiswalter, Ortgruppenwalter, Zellenwalter und Blockwalter.

Die NSDAP ist als Willensträgerin des Deutschen Volkes zu einer politischen Führung berufen. Da eine solche Führung alle Gebiete des Volkslebens umfassen muß, erfolgt durch die NSDAP auch die politische Betreuung der NSV.

Ihr Aufgabengebiet umfaßt die gesamte Wohlfahrt und Fürsorge, soweit sie nicht anderen Organisationen zugewiesen ist. Die Abgrenzung ergibt sich (u. a.) aus dem Aufgabenkreis anderer nationalsozialistischer Organisationen. Sie ist auch zuständig für das Hilfswerk ‚Mutter und Kind', das Tuberkulose-Hilfswerk, das Ernährungs-Hilfswerk und nicht zuletzt für die NS-Schwesternschaft." (Auszug aus Grundriß. . ., S. 87 ff. – Näheres, u. a. auch über die Richtlinien für die Arbeit der NSV, s. Orthbandt.)

Bei der Gründung und Beauftragung wurde zwar nach außen hin betont, daß die NSV neben die anderen verbliebenen Wohlfahrtsverbände als gleichberechtigter Partner treten sollte. Jedoch war in einer Veröffentlichung über den Gesundheitsdienst im neuen Staat im „Nationalsozialistischen Volksdienst" (Heft 2, S. 38) bereits 1933 nachzulesen, daß sehr viel weitergehende Ziele bestanden:

„Der NS-Volkswohlfahrt ist die Aufgabe übertragen worden, eine eigene Schwesternschaft im Krankenhaus- und sozialen Dienst aufzuziehen. In die neu zu bildende Schwesternschaft, über deren Zusammensetzung in den nächsten Wochen nähere Bestimmungen herausgegeben werden, sollen alle die Kranken- und Fürsorgeschwestern hineingenommen werden, die als vollausgebildete Kräfte weder der Caritas noch der Inneren Mission noch dem Roten Kreuz angehören, soweit sie politisch und charakterlich geeignet sind. Die Überproduktion von Krankenpflegepersonal muß durch eine Planwirtschaft im Krankenhauswesen geändert werden. Bei der Bearbeitung dieser Fragen ist die NS-Volkswohlfahrt als führende Organisation im Reichsverband der freien Wohlfahrtspflege stark beteiligt. Zur Erziehung unseres Volkes ist die heranzubildende Schwesternschaft als bedeutungsvoller Faktor mit der nötigen geistigen Schulung zu versehen. Gerade durch Personen aus diesen Berufen besteht die Möglichkeit, unser Gedankengut in breiteste Volkskreise hineinzutragen und damit auf Widerhall und Verständnis der Maßnahmen des nationalsozialistischen Staates, in unserem Volke, zu stoßen."

2. Hauptamt für Volkswohlfahrt

„Es betreut als selbständiges Hauptamt in der Reichsleitung der NSDAP die NS-Volkswohlfahrt e. V.

Das Hauptamt für Volkswohlfahrt ist fachlich zuständig für alle Dienststellen der Partei, deren Gliederungen und angeschlossenen Verbände, die sich mit Fragen der freien Wohlfahrtspflege und Fürsorge befassen; ihm sind unmittelbar unterstellt die Verbände und Vereine der freien Wohlfahrtspflege, wie der Reichsverband der freien gemeinnützigen Kranken- und Pflegeanstalten Deutschlands, der Deutsche Verein für den Fürsorgedienst im Krankenhaus, der reichsdeutsche Blindenverband, die deutsche Zentrale für freie Jugendwohlfahrt, der Reichsbund der deutschen Schwerhörigen sowie die freien Schwestern" (DRK-Schriftenreihe Band 4/1944, S. 34).

3. Arbeitsgemeinschaft (bzw. Reichsgemeinschaft) der freien Wohlfahrtspflege

„Durch Rundschreiben des Reichsarbeitsministers und des Reichsministers des Innern vom 15. 7. 1933 sind die NS-Volkswohlfahrt e. V., der Zentralausschuß für die Innere Mission der Deutschen Evangelischen Kirche e. V., der Deutsche Caritasverband e. V. und das Deutsche Rote Kreuz e. V. als Spitzenverbände der freien Wohlfahrtspflege anerkannt worden. Diese 4 Spitzenverbände haben am 24. 3. 1933 eine Arbeitsgemeinschaft der freien Wohlfahrtspflege gegründet.

Zweck der Arbeitsgemeinschaft ist:
Die Durchsetzung des nationalsozialistischen Gedankenguts auf dem Gebiet der freien Wohlfahrtspflege.
Die einheitliche und planmäßige Gestaltung der freien Wohlfahrtspflege unter Ausschaltung jeglichen Konkurrenzkampfes.

Die Arbeitsgemeinschaft ist, wie folgt, organisiert: Sie besteht aus den 4 Spitzenverbänden der freien Wohlfahrtspflege, deren Selbständigkeit durch die Zugehörigkeit zur Arbeitsgemeinschaft nicht berührt wird.
Sie wird geführt durch den Leiter des Hauptamtes für Volkswohlfahrt bei der Reichsleitung der NSDAP als derjenigen Stelle, die auf dem Gebiet der Wohlfahrtspflege die der NSDAP in Deutschland zustehende politische Führung ausübt. Der Führer der Arbeitsgemeinschaft bekleidet diese Stellung also nicht als Reichswalter der NSV. Diese ist als solche lediglich Mitglied der Arbeitsgemeinschaft wie die anderen 3 Verbände.

Dem Führer der Arbeitsgemeinschaft steht ein Führerrat zur Seite, den er nach seinem Ermessen einberuft. Der Führerrat besteht aus je 2 Vertretern der Spitzenverbände, die auf deren Vorschlag vom Führer der Arbeitsgemeinschaft in den Rat berufen werden.

Bei der Arbeitsgemeinschaft bestehen Fachausschüsse für alle Gebiete der Wohlfahrtspflege, z. B. die Deutsche Zentrale für freie Jugendwohlfahrt. Die Fachausschüsse sind aus Vertretern der Spitzenverbände zusammengesetzt. Ihr Leiter wird vom Führer der Arbeitsgemeinschaft ernannt. – Vor wichtigen Entscheidungen hat der Führerrat den zuständigen Fachausschuß zu hören" (Grundriß . . ., S. 128).

Bei ihrer Gründung wurde besonders betont, daß ihre Hauptaufgabe darin liege, „unwirtschaftliche Anstalten auszumerzen" und „bei größtmöglicher Ausnutzung das Höchste an Leistungen herauszuholen".

4. Reichszusammenschluß der öffentlichen und freien Wohlfahrtspflege

„Der Nationalsozialismus will auf jedem Arbeitsgebiet des Deutschen Lebens unnötige Reibungen ausschalten und die Organisation vereinfachen, um auf diese Weise alle Kräfte auf sachliche Arbeit konzentrieren zu können. So konnte man auch in der Wohlfahrtspflege nicht dabei stehenbleiben, die öffentliche Wohlfahrtspflege in dem Deutschen Gemeindetag und die freie Wohlfahrtspflege in der Arbeitsgemeinschaft der freien Wohlfahrtspflege zu sammeln. Die vielfältige Verflechtung der Arbeitsgebiete der beiden Gruppen, insbesondere die enge Zusammenarbeit der unteren Stellen der öffentlichen und freien Wohlfahrtspflege, erforderte vielmehr eine nochmalige Zusammenfassung. Diese ist in dem Reichszusammenschluß der öffentlichen und freien Wohlfahrtspflege und Jugendhilfe erfolgt.

Der Reichszusammenschluß ist lediglich eine Rahmenorganisation. Die ihm angeschlossenen Organisationen und Verbände behalten ihre Rechtspersönlichkeit und verwaltungsmäßige Selbständigkeit. – Die Träger sind das Hauptamt für Volkswohlfahrt und der Deutsche Gemeindetag (Anm.: Die freien Verbände waren über das Hauptamt vertreten, daneben konnten noch sog. gemischte Verbände berufen werden). Der Vorsitzende ist der Leiter des Hauptamtes für Volkswohlfahrt, der vom Reichsminister des Innern berufen wird. Die Geschäftsführung liegt beim Amt für Wohlfahrtspflege und Jugendhilfe im Hauptamt für Volkswohlfahrt" (Auszug aus: Grundriß . . ., S. 129 ff.).

Insgesamt ist festzustellen, daß dem Leiter des Hauptamtes für Volkswohlfahrt, P. Hilgenfeldt, eine Schlüsselrolle in der freien und öffentlichen Wohlfahrtspflege zukam, zumal er verschiedene andere Aufgaben, wie etwa den Vorsitz der NSV, in der Reichsgemeinschaft der freien Wohlfahrtspflege und anderen Bereichen wahrnahm. Durch die Spannungen zwischen einzelnen Partei-

und Staatsstellen konnte die organisatorische Konstruktion dieser Personalunion nicht voll durchschlagen. Erreicht wurde jedoch, daß die NSV ihre führende Rolle gegenüber den anderen Spitzenverbänden der freien Wohlfahrtspflege immer mehr ausbauen konnte.

5. Organisation der öffentlichen Wohlfahrtspflege

In der Organisation der öffentlichen Wohlfahrtspflege brachte die neue Gemeindeordnung aus dem Jahr 1936 wesentliche Veränderungen. Mit ihr wurde das Führerprinzip auch in der kommunalen Selbstverwaltung eingeführt, nachdem die Gremien und Stellen vorher zielbewußt mit Parteigenossen besetzt worden waren. Soweit kommunale Gremien noch bestanden, hatten sie nur „beratende“ Funktion.

6. Der Deutsche Verein für öffentliche und private Fürsorge

Der Deutsche Verein für öffentliche und private Fürsorge wurde zunächst nicht angetastet, jedoch immer stärker in seinen Wirkungsmöglichkeiten eingeschränkt. 1935 wurde er auch gleichgeschaltet und zugleich reduziert auf eine „wissenschaftliche Forschungsstelle“. Am 14. 8. 1935 wurde in einer Mitgliederversammlung in Berlin, die keine Gelegenheit zur Aussprache hatte, eine neue Satzung angenommen (näheres s. Orthbandt, S. 284 ff.).

IV. Mitarbeiter

Da die Erziehung der Jugend zu den wesentlichen Schwerpunkten nationalsozialistischer Politik zählte, wurden die kirchlichen Ausbildungsstätten entweder gleich geschlossen oder so in ihrer Arbeit behindert, daß die meisten nach und nach ihren Betrieb einstellen mußten. Gleichzeitig begann der Zugriff zu den verschiedenen Berufsgruppen in der Wohlfahrtspflege. Am längsten und wirksamsten konnten sich die Krankenschwestern bzw. ihre Mutterhäuser behaupten. Das lag zunächst am Prinzip der Mutterhäuser von Diakonissen und Ordensfrauen. Da das Krankenpflegepersonal in überwiegender Zahl von ihnen gestellt wurde, hätte zudem ein Generalangriff auf sie das öffentliche Gesundheitswesen, vor allem die Krankenhäuser, gefährdet. – Die Auseinandersetzung vollzog sich vor allem in folgenden Schwerpunkten:

1. Allgemeine Maßnahmen

a) Einzelne Mißstände in kirchlichen Genossenschaften wurden herausgestellt und ihre Mitglieder wegen Sittlichkeitsvergehen oder aus anderen „Gründen“ allgemein diffamiert. Dahin gehört u. a. jener Schauprozeß, der einer Nonne wegen angeblichen Devisenschmuggels gemacht wurde.

b) Auf die Mitglieder von Mutterhäusern und Klöstern wurde durch ihre Familienangehörigen, die nationalsozialistischen Organisationen angehörten, Druck ausgeübt, aus der Gemeinschaft auszutreten.

c) Die Gemeinschaften selbst wurden da und dort von Parteigenossen oder Geheimdienstspitzeln unterwandert. Dabei spielten in der evangelischen Kirche die Deutschen Christen gelegentlich den nationalsozialistischen Interessen direkt in die Hand.

2. *Organisatorische Maßnahmen*

a) Die Schwesternschaften wurden bereits im Juli 1933 in die neugegründete „Reichsfachschaft Deutscher Schwestern und Pflegerinnen“ eingegliedert.

b) Da über diese Organisation nicht der erwartete Erfolg erzielt wurde, wurde 1934 die nationalsozialistische Schwesternschaft („Braune“ Schwestern) gebildet. Ihr Schwerpunkt sollte vor allem in der Gemeindekrankenpflege liegen.
„Die NS-Schwesternschaft ist zwar eine organisatorische Einheit, ist jedoch rechtlich unselbständig und der NSV. eingegliedert, von der sie gerichtlich und außergerichtlich vertreten wird; ihre Generaloberin wird vom Leiter der NSV eingesetzt. Die NS-Schwesternschaft untersteht der Hauptstelle „Schwesternwesen“ bei der Reichswaltung der NSV, deren Abteilungen bei den Gauwaltungen durch Vertrauensschwestern beraten werden.
Der praktische Einsatz der einzelnen Schwester erfolgt so, daß durch Vertrag zwischen Gemeinde und NSV eine Gemeindeschwesternstation mit einer NS-Schwester eingerichtet wird, deren fachliche Arbeit der NSV untersteht. Die Schwester erhält außer freier Verpflegung und Unterkunft ein Bargehalt und hat Anspruch auf 4 Wochen Urlaub. Für ihre Altersversorgung sorgen die NSV und die Gemeinde“ (Grundriß . . . S. 108).
Diese Gründung erfüllte zwar weitgehend die ideologischen Erwartungen, zahlenmäßig ist sie jedoch als Fehlschlag zu werten (sie erreichte kaum 10 000 Mitglieder, während es zur gleichen Zeit etwa allein 70 000 evangelische Schwestern gab).

c) Auch weitere Versuche, etwa über das Deutsche Frauenwerk oder andere organisatorische Maßnahmen, führten nicht zum entscheidenden Durchbruch gegenüber den kirchlichen Mutterhäusern; im Gegenteil: Der Deutsche Caritasverband antwortete auf die ständigen Behinderungen und Bedrängnisse im Jahr 1937 mit der Gründung der „Caritas-Schwesternschaft“.
Insgesamt geben die bisher vorliegenden bzw. ausgewerteten Materialien und Dokumente keinen Hinweis darauf, daß die kirchlichen Schwesternschaften Zug um Zug in die nationalsozialistischen Organisationen eingegliedert bzw. gleichgeschaltet wurden. Dabei ist jedoch nicht zu übersehen, daß einzelne von ihnen durch die herrschende Ideologie und den politischen Druck zeitweise in schwere innere und äußere Bedrängnis gerieten.

V. Die Finanzierung der freien Wohlfahrtspflege

Nach dem Willen der Machthaber sollte die Wohlfahrtspflege nicht vorrangig aus Steuermitteln, sondern von den Volksgenossen unmittelbar in Form von Spenden und Gaben finanziert werden. Von daher hatten die groß angelegten Sammelaktionen für die NSV, das Winterhilfswerk, das Hilfswerk für Mutter und Kind u. ä. für die Staatsfinanzen eine besondere Bedeutung. Es war deshalb zwangsläufig, daß Innere Mission und Caritas von den Sammlungsaktionen ausgeschlossen wurden. Die finanziellen Möglichkeiten, die freien Verbände gleichzuschalten oder auszuschalten, wurden weitgehend ausgeschöpft:

1. Überall dort, wo Kosten für einzelne in Form von Pflegesätzen übernommen wurden (Altenheime, Krankenhäuser u. ä.) wurden die Einwirkungsmöglichkeiten über den goldenen Zügel weitgehend ausgenutzt.
2. Die Kirchenaustrittsbewegungen, die vor allem in den ersten Jahren von der nationalsozialistischen Propaganda geschürt wurden, wirkten sich auch finanziell auf die Kirchen und ihre Wohlfahrtseinrichtungen aus.
3. Da viele Aufgaben der kirchlichen Wohlfahrtspflege (sowohl der ambulanten als auch der stationären Hilfe) aus Spenden finanziert wurden, sollte diese Quelle zum Versiegen gebracht werden. Das Winterhilfswerk wurde schrittweise zu einer staatlichen Angelegenheit. 1934 wurde ein Sammlungsgesetz erlassen, mit dem alle öffentlichen Sammlungen genehmigungspflichtig wurden. Den Kirchen und ihren Wohlfahrtsverbänden wurden nach und nach die Sammlungsgenehmigungen verweigert. Ihnen blieben (ab 1937) nur Sammlungen in den gottesdienstlichen Räumen. Derartige Opfersonntage wurden immer mehr zu Demonstrationen des äußeren und inneren Widerstandes gegen die Herrscher. Wenn auch diese Opfergottesdienste zum Teil unerwartet hohe Summen brachten, gerieten doch viele kirchliche Wohlfahrtseinrichtungen zum Teil in erhebliche Schwierigkeiten (näheres s. u. a. H.-J. Wollasch, Beiträge zur Geschichte. . ., S. 179).
   Dabei ist noch zu berücksichtigen, daß durch Neuregelungen im Kirchensteuerwesen ab 1934 (kein Einzug durch die Finanzämter mehr) die Finanzsituation der Kirchen insgesamt wesentlich verschlechtert wurde.

O. Zweiter Neuanfang nach 1945

I. Alte Bundesländer

In den Trümmern des Zusammenbruchs von 1945 bildeten die Kirchen und bald darauf auch die politischen Gemeinden die Institutionen, die als erste beginnen konnten, sich den Problemen der Flüchtlinge, Vertriebenen, Evakuierten und Heimkehrer zu stellen. Mit dem staatlichen Wiederaufbau wurden dann auch die anderen kommunalen Ebenen allmählich wieder funktionsfähig. Die aufgelösten Verbände der freien Wohlfahrtspflege wurden wieder gegründet, die anderen befreiten sich von den Kräften und Einflüssen, die in sie eingesickert oder ihnen aufgezwungen worden waren.

Durch Bomben, Flucht, Vertreibung und Enteignung hatten Millionen ihre wirtschaftliche Lebensgrundlage verloren. Tiefgreifende Verunsicherung über das künftige Schicksal wurde eigentlich nur durch die unmittelbare existenzielle Not überdeckt oder verdrängt. – Ein trotz aller Schwierigkeiten ungebrochener Lebenswille und die materielle Hilfe der „Care-Aktion" sowie die politische und wirtschaftliche Hilfe des Marshallplanes haben in den ersten Jahren allmählich wieder Lebensraum für die Menschen geschaffen. So konnte dann mit einer „Soforthilfe" zunächst die größte Not der Flüchtlinge und Vertriebenen beseitigt werden. Es zeigte sich aber bald, daß eine umfassende Sozialreform durchgeführt werden mußte, da eigenes „Vermögen" nicht mehr ausreichte oder zu unsicher geworden war für die eigene Daseinsvorsorge. Der damalige Bundespräsident Theodor Heuss formulierte auf dem Deutschen Fürsorgetag 1955 in Frankfurt/Main die Situation wie folgt:

„In meiner Jugend war ein ‚Rentner' ein Mann, den man beneiden mochte. Er lebte von ‚seinen Renten.' Heute ist ein ‚Rentner' ein Mann, den man bemitleiden darf, denn er darbt von seiner Rente" (in: Fürsorge und Sozialreform, S. 17).

Längst hatte sich jedoch gezeigt, daß auch umfassendes Sozialversicherungssystem nicht allen Lebenssituationen gerecht werden kann. Die Fürsorge nahm sich ihrer zwar an, aber ihre Leistungen wurden noch immer als diskriminierend empfunden, weil der Empfänger immer noch auf „öffentliche Gnade" angewiesen war. Bereits 1950 begann die Diskussion über einen Rechtsanspruch auf Fürsorge; sie nahm u. a. Gedanken auf, die schon beim Entwurf des Reichsarmengesetzes um 1915 vorgetragen worden waren. Am 24. 6. 1954 hat das Bundesverwaltungsgericht einen Rechtsanspruch auf Fürsorge aus den geltenden verfassungsrechtlichen und gesetzlichen Bestimmungen abgeleitet. „Soweit das Gesetz dem Träger der Fürsorge zugunsten des Bedürftigen Pflichten auferlegt, hat der Bedürftige entsprechende Rechte."

Diese Entscheidung war ein wichtiger Anstoß für die völlige Neufassung des Fürsorgerechtes im Bundessozialhilfegesetz und in den zum Teil daraus entwikkelten Leistungen für Behinderte nach dem Arbeitsförderungsgesetz und dem-Schwerbehindertengesetz.

In teilweise umfassenden Satzungsreformen in den 60er und 70er Jahren ordneten die Verbände der freien Wohlfahrtspflege ihre Strukturen neu, um sich den Aufgaben als freie Träger in einem sozialen Rechtsstaat besser widmen zu können.

Ebenso wurden die Ansätze für die kommunale Selbstverwaltung aus der Weimarer Republik wieder aufgenommen und die Gemeinden und Gemeindeverbände zu leistungsfähigen und selbstverantwortlichen Trägern, auch in der Daseinsvorsorge, ausgebaut.

II. Neue Bundesländer

Im sozialistischen Staatssystem der ehemaligen Deutschen Demokratischen Republik war für freie Wohlfahrtspflege im eigentlichen Sinn kein Raum. Daß öffentliche Aufgaben wie das Sozial- und Gesundheitswesen oder gar die Jugendhilfe von Institutionen außerhalb der Staatsverwaltung und der Parteiorganisationen wahrgenommen werden, verstieß gegen den Totalitätsanspruch des Staates. Eine eigenverantwortliche Tätigkeit durch bürgerliche Vereinigungen war nach der herrschenden Staatsdoktrin nicht denkbar und wurde daher weitgehend unterbunden oder gemindert. Lediglich Diakonie und Caritas konnten trotz erheblicher Behinderung einen Teil ihrer Aufgaben weiter wahrnehmen. Aufgaben in der Jugendhilfe und im Bildungswesen blieben ihnen jedoch versagt (kirchliche Kindergärten und unmittelbar kirchlichem Zweck dienende Ausbildungsgänge bildeten hiervon eine Ausnahme). Außerdem war ihnen lange Zeit verwehrt, Aufgabengebiete aufzugreifen, die sich (wie etwa die Suchtkrankenhilfe) mit gesellschaftlichen Problemen und Mißständen befaßten, die vom Staat lange Zeit geleugnet wurden.

Nach der Wende im Herbst 1989 kam es sehr bald zur Neugründung der Arbeiterwohlfahrt und des Deutschen Paritätischen Wohlfahrtsverbandes. Das Deutsche Rote Kreuz hat strukturelle und inhaltliche Neuorientierungen eingeleitet. Diakonie und Caritas konnten wieder ihre Funktion als Spitzenverbände und als Träger der freien Wohlfahrtspflege ausbauen. Die freie Wohlfahrtspflege hat damit neben ihrer praktischen Arbeit und den zum Teil schwierigen finanziellen Ausgangssituationen die Aufgabe, in der Gesellschaft (auch zum Teil bei ihren eigenen Mitarbeitern) das Verständnis dafür wachzurufen und zu stärken, daß öffentliche Aufgaben nicht zwangsläufig von der öffentlichen Hand wahrgenommen werden müssen, sondern daß Subsidiarität ein besonderer Ausdruck einer freiheitlich demokratischen Grundordnung ist.

Die kommunale Selbstverwaltung ist vor allem ab 1952 praktisch beseitigt worden. Die kommunalen Ebenen wurden zu „unteren Staatsorganen“, die den Weisungen des von der SED gelenkten Staatsapparates unterstanden.

Damit haben freie und öffentliche Wohlfahrtspflege nach der Wende nicht nur schwierige Aufgaben in der praktischen Arbeit zu bewältigen, sondern müssen zugleich einen wichtigen Beitrag für die Entwicklung eines freiheitlich demokratischen Staatswesens leisten, das im wesentlichen von der Verantwortung seiner Bürger her lebt und gestaltet wird.

Freie und öffentliche Wohlfahrtspflege in den neuen Bundesländern beginnen seit 1990 einen Neuanfang in einer ähnlichen Situation wie in den alten Bundesländern nach dem Zusammenbruch des nationalsozialistischen Regimes. Sie können zwar ein bewährtes System aus einer 40jährigen freiheitlich demokratischen Entwicklung übernehmen. Für eine ernsthafte Prüfung dessen, was trotz allem in der früheren DDR an Positivem entstanden ist, blieb in der Geschwindigkeit des Einigungsprozesses (leider!) keine Zeit. Sie übernehmen damit ein System, dessen Entwicklungsprozeß über viele Jahrzehnte sie weder mitgestalten konnten noch erlebt haben.

KAPITEL 6

Spitzenverbände der freien Wohlfahrtspflege

A. Grundsätzliches

I. Begriff

1. Merkmale eines Spitzenverbandes

In § 1 der Satzung der Bundesarbeitsgemeinschaft der Freien Wohlfahrtspflege sind Merkmale für einen Spitzenverband der freien Wohlfahrtspflege niedergelegt. Zu diesen gehört, daß

- „er seine Tätigkeit über das ganze Bundesgebiet erstreckt; seine unmittelbare tätige Hilfe grundsätzlich das gesamte Gebiet der freien Wohlfahrtspflege umfaßt, nicht nur einzelne Arbeitszweige derselben;
- er den umfassenden Zusammenschluß für die Organisationen und Einrichtungen darstellt, die von derselben Idee getragen werden; zwischen dem Spitzenverband und den ihm zugeordneten Organisationen und Einrichtungen eine organische Verbindung besteht;
- der Spitzenverband insgesamt und durch die Bedeutung der in ihm zusammengeschlossenen Organisationen und Einrichtungen die Gewähr für eine stetige, umfassende und fachlich qualifizierte Arbeit sowie für eine gesicherte Verwaltung bietet.

Hierbei ist Wohlfahrtspflege die planmäßige, zum Wohle der Allgemeinheit und nicht des Erwerbs wegen ausgeübte Hilfe. Die Hilfe erstreckt sich auf das gesundheitliche, sittliche, erzieherische oder wirtschaftliche Wohl und bezweckt Vorbeugung oder Abhilfe.

Freie Wohlfahrtspflege ist die Wohlfahrtspflege solcher Träger, die nicht Gebietskörperschaften sind und auch nicht deren Weisungen in Zweck- und Zielsetzung unterworfen sind."

Diese Kriterien wurden schon im Zusammenhang mit der Neuorganisation des Wohlfahrtswesens in der Weimarer Republik formuliert. Sie waren bereits in der Satzung der „Deutschen Liga der Freien Wohlfahrtspflege" (Vorgängerin der „Bundesarbeitsgemeinschaft der Freien Wohlfahrtspflege") vom 22. 12. 1924 enthalten (s. dazu G. Vöhringer und J. Dünner in: Handwörterbuch der Wohlfahrtspflege, 2. Aufl. 1929, S. 532 bzw. 774).

2. Gesetzliche Grundlagen

Mit der 3. Verordnung zur Durchführung des Gesetzes über die Ablösung öffentlicher Anleihen vom 4. 12. 1926 (RGBl I S. 494 ff.) wurden insgesamt sieben Organisationen als (Reichs-)Spitzenverbände der freien Wohlfahrtspflege anerkannt. Nachdem der Zentralwohlfahrtsausschuß der christlichen Arbeiterschaft nach 1945 nicht wieder gegründet wurde, gelten nunmehr folgende sechs Verbände als anerkannte Spitzenverbände der Freien Wohlfahrtspflege im Sinne dieser Verordnung:

Arbeiterwohlfahrt – Bundesverband
Deutscher Caritasverband
Deutscher Paritätischer Wohlfahrtsverband – Gesamtverband
Deutsches Rotes Kreuz – Präsidium
Diakonisches Werk der Evangelischen Kirche in Deutschland
Zentralwohlfahrtsstelle der Juden in Deutschland.

In der Sozialgesetzgebung der Bundesrepublik Deutschland wurde der Begriff „Spitzenverbände" der freien Wohlfahrtspflege nicht mehr verwendet. In den für das Verhältnis zwischen freier und öffentlicher Wohlfahrtspflege besonders maßgeblichen Bestimmungen des Bundessozialhilfegesetzes (§§ 10 und 93) gibt es nur die Begriffe „Verbände der freien Wohlfahrtspflege" und „Träger der freien Wohlfahrtspflege".

Es findet sich weder im Gesetzestext noch in der amtlichen Begründung ein ausdrücklicher Hinweis darauf, ob der Bundesgesetzgeber mit den „Verbänden" (gewissermaßen stillschweigend) die anerkannten sechs Spitzenverbände gemeint hat. Aus den folgenden Gründen kann jedoch angenommen werden, daß dies zutrifft:

- In der Zeit, in der das BSHG vorbereitet und verabschiedet wurde, war weder in der Praxis der Wohlfahrtspflege noch im Sprachgebrauch ernsthaft bestritten, daß mit Wohlfahrtsverbänden die sechs anerkannten „Spitzen"-Verbände gemeint sind.
- Aus dem Kurzprotokoll der 44. Sitzung des seinerzeit federführenden Bundestagsausschusses für Kommunalpolitik und öffentliche Fürsorge kann im Zusammenhang mit dem Gesetzestext entnommen werden, daß in der Beratung unterschieden wurde zwischen Wohlfahrtsverbänden und anderen „Verbänden, die Hilfesuchende betreuen" (im Zusammenhang mit einer Initiative des VdK). Letztere wurden nicht in den Gesetzestext aufgenommen.
- Auch aus § 95 Abs. 1 Satz 2 BSHG ist zu ersehen, daß in die dort angesprochenen Arbeitsgemeinschaften neben den eigens genannten „Verbänden der freien Wohlfahrtspflege" noch andere Stellen bzw. Organisationen aufgenommen werden können.
- Schließlich sind in den Ausführungsgesetzen der Länder, mit denen die Zusammensetzung der Sozialhilfeausschüsse geregelt wird, neben den Vertretern der Spitzenverbände noch andere Gruppierungen (z. B. Empfänger von Sozialleistungen, Selbsthilfegruppen u. ä.) zusätzlich genannt (siehe z. B.

bayerisches Ausführungsgesetz zum BSHG i. d. F. vom 13. 10. 1976 GVBl S. 455).

Im Steuerrecht wird der Begriff Wohlfahrtspflege an zwei Stellen verwendet:

- Im Zusammenhang mit der Regelung der Gemeinnützigkeit ist in § 66 der AO 77 folgendes bestimmt: „Eine Einrichtung der Wohlfahrtspflege ist ein Zweckbetrieb, wenn sie in besonderem Maße den in § 53 genannten Personen dient. Wohlfahrtspflege ist die planmäßige, zum Wohle der Allgemeinheit und nicht des Erwerbes wegen ausgeübte Sorge für notleidende oder gefährdete Mitmenschen. Die Sorge kann sich auf das gesundheitliche, sittliche, erzieherische oder wirtschaftliche Wohl erstrecken und Vorbeugung oder Abhilfe bezwecken. Eine Einrichtung der Wohlfahrtspflege dient in besonderem Maße den in § 53 genannten Personen, wenn diesen mindestens zwei Drittel ihrer Leistungen zugute kommen. Für Krankenhäuser gilt § 67."
  Auch diese Bestimmung enthält, obwohl sie für die Wohlfahrtspflege von besonderer Bedeutung ist, keine Aussagen darüber, wer anerkannter Spitzenverband ist, sondern definiert nur die Wohlfahrtspflege allgemein – gewissermaßen als Funktion.
- Dagegen sind im Umsatzsteuerrecht ausdrücklich „amtliche anerkannte Verbände der freien Wohlfahrtspflege" genannt (§ 4 Nr. 18 UStG). In § 23 der Umsatzsteuerdurchführungsverordnung vom 21. Dezember 1979 (UStDV 1980 BGBl I S. 2359) sind neben den obengenannten sechs Spitzenverbänden der freien Wohlfahrtspflege noch folgende Organisationen als „amtlich anerkannte Verbände der freien Wohlfahrtspflege" genannt:
  Deutscher Blindenbund e. V.
  Bund der Kriegsblinden Deutschlands e. V.
  Verband Deutscher Wohltätigkeitsstiftungen e. V.
  Bundesarbeitsgemeinschaft Hilfe für Behinderte e. V.
  Diese Bestimmung bezieht sich ausschließlich auf die Befreiung von der Umsatzsteuer, die jedoch in der Wohlfahrtspflege insgesamt nur für untergeordnete Randbereiche oder Nebenaufgaben von Bedeutung ist. Sie kann deshalb zur Klärung der Organisationsstrukturen in der freien Wohlfahrtspflege, insbesondere des Begriffs der Spitzenverbände der freien Wohlfahrtspflege, nicht herangezogen werden. Es wäre auch kaum verständlich, weshalb ausgerechnet die vier genannten Organisationen neben den herkömmlichen sechs Organisationen amtlich anerkannte „Spitzen"-Verbände sein sollten.
- Nach § 17 Abs. 3 SGB I wird der Oberbegriff „gemeinnützige und freie Einrichtungen und Organisationen" verwendet. Dies ist insofern nötig, als im Sozialgesetzbuch auch Aufgaben geregelt werden, die über die der Wohlfahrtspflege (auch im weitesten Sinne des Wortes) hinausgehen. Deshalb ist im letzten Satz der gleichen Bestimmung über die Zusammenarbeit auch auf die besonderen Teile des Sozialgesetzbuches verwiesen. Somit ergibt sich aus dieser Bestimmung kein Hinweis darauf, daß hier eine Änderung im Hinblick auf die Spitzenverbände der freien Wohlfahrtspflege angestrebt oder gar vollzogen wird. Im Gegenteil: Die Begrenzung auf die sechs Verbände wird durch den

Hinweis auf die besonderen Bücher, so insbesondere das Bundessozialhilfegesetz, ausdrücklich bestätigt.

Zusammenfassend muß festgestellt werden, daß die Frage, wer Spitzenverband der freien Wohlfahrtspflege ist und welche Kriterien hierfür gelten, gesetzlich nicht eindeutig geregelt ist. Die allgemeine Praxis und die überwiegend herrschende Meinung, nicht zuletzt aber die aus dem Gesetzgebungsverfahren und dem Text des BSHG selbst zu ziehenden Schlüsse halten die Begrenzung auf die bereits im Jahr 1924 gesetzlich anerkannten Spitzenverbände der freien Wohlfahrtspflege für gerechtfertigt (vgl. u. a. K. Schmitt, Sind Selbsthilfeorganisationen Verbände der freien Wohlfahrtspflege?).

3. Interessenverbände

Zwischen den Zusammenschlüssen, die seit jeher und bis heute allgemein als Verbände der freien Wohlfahrtspflege angesehen werden, und denen, die schon allein zufolge ihrer eigenen Namensgebung unter der Rubrik Interessenverbände, Selbsthilfeverbände, Schutzverbände, Kampfverbände geführt werden und sich selbst auch immer wieder als solche bezeichnen, bestehen fundamentale Unterschiede sowohl in ihrer spezifischen Grundaufgabenstellung und Zielsetzung als auch in der Zusammensetzung ihrer Mitglieder.

Zum ersten liegt ihre Ursprungs- und Grundaufgabenstellung zwar ebenfalls im sozialen Bereich, nicht aber ausschließlich oder hauptsächlich auf wohlfahrtspflegerischem Gebiet. Dies gilt insbesondere für diejenigen Verbände, die als ihre Hauptaufgabe den Kampf um die generelle Verbesserung der wirtschaftlichen und persönlichen Situation derjenigen Interessen- oder Geschädigtengruppen betrachten, deren Vertretung sie sich zur Aufgabe gemacht haben, die für ihre Mitglieder zwar Beratungsstellen unterhalten und ihnen ggf. Rechtshilfe leisten, bei denen aber eine individuelle, speziell wohlfahrtspflegerische Betreuung nicht oder nur am Rande mitläuft. Die Situation ist allerdings insoweit anders bei den sogenannten Selbsthilfeverbänden solcher Geschädigten, deren Notlage in der Hauptsache nur durch wohlfahrtspflegerische Maßnahmen behoben oder gemildert werden kann, wenn der Verband seine Hauptaufgabe in der Durchführung solcher Maßnahmen sieht und sie auch tatsächlich durchführt.

Zum zweiten – und das gilt für beide dieser Gruppen – ist die Mitgliederzusammensetzung eine andere. Die Mitglieder dieser Verbände setzen sich so gut wie ausschließlich aus solchen zusammen, die sich von ihrem Beitritt für sich selbst Hilfe oder auch darüber hinaus durch das stärkere Gewicht eines Zusammenschlusses eine Verbesserung der Situation ihrer Schicksalsgenossen erhoffen und ggf. bereit sind, sich dafür auch aktiv zu betätigen.

Zum dritten erstreckt sich die Tätigkeit dieser Verbände nicht auf die Allgemeinheit, sondern immer nur auf einen durch gleiche Interessen- oder Schädigungslage umrissenen Personenkreis und die für diesen für erforderlich gehaltenen Maßnahmen. Ihre Aktivitäten und Prioritäten richten sich nach dieser Sachlage und nicht nach den Bedürfnissen einer umfassenden, allen Bevölkerungskreisen zugänglichen Wohlfahrtspflege, ganz abgesehen davon, daß sie auch bei der Durchführung nicht speziell auf ihren Personenkreis zugeschnittener wohlfahrtspflegerischer Maßnahmen zumindest ihren Mitgliedern den Vorrang geben werden. Das liegt in der Konstruktion dieser Verbände und ist durchaus verständlich.

Es ist daher festzustellen, daß diesen Organisationen nicht der Status eines Spitzenverbandes der freien Wohlfahrtspflege im Sinne des Bundessozialhilfegesetzes zukommt. Soweit sie wohlfahrtspflegerische Aufgaben wahrnehmen, werden sie daher in der Zusammenarbeit mit anderen öffentlichen Trägern ggf. von § 17 Abs. 3 SGB I und soweit sie Aufgaben der Sozialhilfe wahrnehmen, von § 95 Abs. 1 BSHG erfaßt. Im übrigen ist eine partnerschaftliche Zusammenarbeit zwischen öffentlicher Verwaltung und freien gesellschaftlichen Gruppierungen nicht allein aus den Bestimmungen des Bundessozialhilfegesetzes herauszulesen, sondern ergibt sich aus dem Selbstverständnis eines freiheitlich demokratischen Rechtsstaates und seiner pluralen Gesellschaftsordnung. Sie ist damit nicht prinzipiell von der Anerkennung als „Spitzen“-Verband der freien Wohlfahrtspflege abhängig.

4. Fragen der Abgrenzung

Fragen der Abgrenzung haben sich vor allem in der Behindertenhilfe ergeben, in der sich neue Organisationen gebildet haben (u. a. Lebenshilfe für geistig Behinderte, Bundesverband für spastisch und andere Gelähmte). Sie hatten sich zunächst als Selbsthilfeorganisationen im Sinne früherer „Geschädigtenverbände“ dargestellt, die sozial- und bildungspolitische Forderungen an die staatlichen und öffentlichen Institutionen und Organisationen, aber auch an die Gesamtgesellschaft richteten. Sehr bald kamen aber Aufgaben hinzu, die dem klassischen Bereich der Wohlfahrtspflege zuzurechnen waren (Beratungsstellen, Tagesstätten, Sonderschulen, neue Wohnformen für geistig und körperlich Behinderte, Werkstätten u. a.). Dabei forderten sie, als Spitzenverbände der freien Wohlfahrtspflege anerkannt zu werden. Obwohl die von ihnen inzwischen in großer Zahl geschaffenen Dienste und Einrichtungen nicht mehr allein ihren Mitgliedern offenstanden, sondern auch anderen zugänglich waren, konnte ihnen dieser Status nicht zugestanden werden: Ihre Aufgaben beschränken sich in der Regel auf einen ganz speziellen Personenkreis und dessen Bedürfnisse.

In der Zwischenzeit haben sich in der Praxis gerade mit den beiden genannten typischen Vertretern dieser neuen Selbsthilfeverbände Formen der Zusammenarbeit entwickelt, die deren Selbstverständnis, Zielsetzungen und Aufgaben entsprechen dürften:

- Mit ihren Diensten und Einrichtungen sind sie weitgehend Mitglieder in Spitzenverbänden der freien Wohlfahrtspflege geworden. Sie können damit an deren sozialpolitischen, konzeptionellen, wirtschaftlichen, finanzpolitischen und organisatorischen Erfahrungen teilhaben.

- Soweit auf den verschiedenen Ebenen Angelegenheiten beraten werden, die ihre Aufgaben betreffen, sind sie weitgehend angemessen vertreten (z. B. Werkstätten für Behinderte, Sonderschulwesen u. ä.).

Neben diesen mehr organisatorischen Gesichtspunkten erscheint ein weiterer noch bedeutender:

Ziel jeder Rehabilitationsmaßnahme ist es, den Behinderten soweit als möglich in die Lebensbezüge Nichtbehinderter einzugliedern. So sollten sie u. a. auch die allgemeinen sozialen und medizinischen Dienste sowie Bildungseinrichtungen vorrangig in Anspruch nehmen, bevor spezialisierte Einrichtungen für besondere Zielgruppen geschaffen werden. Das umfassende soziale Dienstleistungssystem, wie es Spitzenverbände der freien Wohlfahrtspflege bereithalten, wirkt in diesem Zusammenhang tendenziell gegen die Absonderung. Damit ist es beinahe eine logische Konsequenz aus dem ursprünglichen Ansatz der Selbsthilfeverbände, der auf die Integration abzielt, wenn sie sich mit eigenen Einrichtungen und Maßnahmen einem Spitzenverband der freien Wohlfahrtspflege anschließen.

II. Aufgaben und Funktionen der Spitzenverbände

Wie die allgemeine Definition für die Spitzenverbände der freien Wohlfahrtspflege zeigt, soll sich ihre Tätigkeit über das ganze Bundesgebiet erstrecken und im Prinzip alle Aufgaben der Wohlfahrtspflege umfassen. Die Bundes- und Landesspitzenverbände haben dabei vor allem folgende Aufgaben:

- Beratung ihrer Mitglieder und angeschlossenen Einrichtungen in fachlichen, finanziellen, rechtlichen und organisatorischen Fragen,
- Entwicklung von Konzepten innerhalb des eigenen Verbandes,
- Vertretung der Interessen der Personenkreise und gesellschaftlichen Gruppen, für die sie Rat und Hilfe anbieten, gegenüber der Öffentlichkeit und den jeweils zuständigen Stellen,
- Vertretung der Interessen ihrer Träger und Einrichtungen gegenüber anderen Organisationen, vor allem kommunalen und staatlichen Institutionen,
- Gesprächspartner für andere Verbände und Organisationen, parlamentarische Gremien und Parteien, für kommunale und staatliche Verwaltung und sonst am Wohlfahrtswesen Beteiligte.

Dabei nehmen sie auf Landes- oder Bundesebene nach innen und außen Beratungs-, Planungs- und Koordinationsaufgaben, in gewissem Umfang auch Aufsichtsfunktionen, wahr. Die Bundesverbände sind dabei vor allem für grundsätzliche Fragen (z. B. im Zusammenhang mit der Gesetzgebung des Bundes) zuständig. Die Landesspitzenverbände befassen sich vor allem mit der unmittelbaren Beratung der Träger, mit Planungs- und Finanzierungsaufgaben für die verschiedenen Arbeitsbereiche und alle sonstigen mit der Praxis unmittelbar zusammenhängenden Fragen auf Landes-, Bezirks- und Ortsebene. – Das Organisationsprinzip der „Spitzenverbände" trägt so wesentlich dazu bei, daß das gegliederte soziale System in einer pluralen Gesellschaft funktionsfähig bleibt – und sich weder in eine Unzahl von Einzelinteressen auflöst, noch durch eine (öffentliche) Großorganisation nivelliert wird. Diese Funktion der Spitzenverbände wird in der sozial- und gesellschaftspolitischen Diskussion jedoch sehr unterschiedlich bewertet:

„Der Zusammenschluß zu Großverbänden hat die freie Wohlfahrtspflege in die Lage versetzt, mit den ständig wachsenden Anforderungen des sozialen Bereichs in quantitativer und qualitativer Hinsicht Schritt zu halten. Die Verbandsorganisation bietet darüber hinaus in erheblichem Ausmaß Macht, Ordnung und Schutz und wirkt auf diese Weise möglichen Absichten des Staates entgegen, unter dem Vorwand der Überforderung der freien Kräfte deren Betätigungsfeld immer mehr einzuschränken, um sich schließlich zu einem totalen Wohlfahrtsstaat zu wandeln“ (D. Ehrlich, Die rechtliche Stellung der freien Wohlfahrtsverbände, S. 70).

Dagegen: „Die Wohlfahrtsverbände haben sich historisch aus ihrer (fürsorgerischen) Tradition heraus zu Großorganisationen entwickelt, die in zunehmendem Maße in gesamtgesellschaftliche Zusammenhänge verflochten sind. Sie können deshalb kaum mehr die Position der sich vom Staat prinzipiell absetzenden autonomen Gruppierungen einnehmen“.

„Die Tendenz der Wohlfahrtsverbände zur immer stärkeren Zentralisierung ihrer Aufgaben zeigt, daß auch bei den kirchlichen Trägern nicht dem eigenen Grundsaz der Stärkung der ‚untersten‘ Glieder gefolgt wird. Bürokratisierung, Vereinheitlichung und Zusammenfassung sind keineswegs an den Wohlfahrtsverbänden vorbeigegangen. Und die kleinen örtlichen Gruppierungen, die Selbsthilfegruppen, die sich keinem Wohlfahrtsverband anschließen, sie haben trotz des gesetzlich verankerten Subsidaritätsprinzips wesentlich geringere Chancen der Entfaltung als die größeren Verbände. Damit wird das Hauptargument vieler Anhänger verbandlicher Sozial- und Jugendhilfe, das Wahlrecht des Klienten, jedoch sehr in Frage gestellt“ (Jahrbuch der Sozialarbeit 1978, S. 256 und 274).

Damit ist zugleich eine noch viel weitergehendere Frage gestellt: Wie weit die Interessen solcher Organisationen und Träger identisch sind mit denen der tatsächlich Betroffenen, d. h. der Rat- und Hilfesuchenden:

„Die von den Wohlfahrtsverbänden vertretenen ‚Betroffenen‘-Interessen sind selbst nicht unmittelbar organisiert zusammengeschlossen, sondern werden stellvertretend repräsentiert. Das aber bedeutet verbändesoziologisch einerseits eine mindere Stoßkraft solcher Zusammenschlüsse, da ihnen die Fähigkeit fehlt, die ‚Betroffenen‘, deren Interessenvertretung zu betreiben sie vorgeben, unmittelbar ins Feld zu führen, um Druck und Einfluß auf die Entscheidung des politischen Systems auszuüben. Die Wohlfahrtsverbände schotten den Staatsapparat gegen Ansprüche und die Militanz von unten ab. Andererseits sind selbst die von ihnen umgeformten und gefilterten Interessen relativ bedeutungslos, da die Wohlfahrtsverbände an der parlamentarischen ‚Börse‘ nicht in Form von organisierter Stimmabgabe oder -verweigerung ihrer ‚Klienten' um ‚Subventionen' handeln können, wie das bei anderen Verbänden – z. B. dem Bauernverband – der Fall ist" (R. Bauer, Wohlfahrtsverbände in der Bundesrepublik, S. 29).

Schon aus der gegliederten Verbandsstruktur ergibt sich, daß die Wohlfahrtsverbände gar nicht so viele Interessen der Betroffenen „abfangen" können, wie hier vermutet wird.

Die Spitzenverbände der freien Wohlfahrtspflege bestehen aus einer Vielzahl von finanziell und rechtlich unabhängigen Gruppen, Vereinigungen und Trägern, die auch innerhalb eines Verbandes und dessen gemeinsamer Zielsetzung eine breitere Vielfalt sichern, als dies gelegentlich angenommen oder nach außen erkennbar wird.

Andererseits ist nicht zu übersehen, daß sie ebenso wie andere Großorganisationen (z. B. Gewerkschaften, Parteien, Kirchen u. ä.) der Gefahr ausgesetzt sind, daß die organisatorischen und verbandlichen Eigengesetzlichkeiten („Sachzwänge"!) die eigentliche Aufgabe überwuchern. Dadurch kann sich eine solche Institution immer mehr von ihrem eigentlichen Zweck entfernen und damit letztlich ihre Aufgabe verfehlen.

Mit dieser allgemeinen Feststellung kann die Frage, welche Interessen sie tatsächlich vertreten, sicher nicht ganz abgetan werden. Wer, wie die Wohlfahrtsverbände, fordert, daß die Lebenssituation von Einzelnen und Gruppen in der Gesellschaft verbessert wird und zugleich selbst entsprechende Maßnahmen bereitstellt, kann sich der Spannung zwischen Wunsch und Wirklichkeit (die für alle politischen Entscheidungen gilt), bzw. zwischen dem Anspruch des einzelnen und den Interessen aller, nicht entziehen. Dabei sind Kompromisse, d. h. Lösungen, die alle Gesichtspunkte berücksichtigen, nicht nur unvermeidlich, sondern notwendig. Deshalb muß ein Spitzenverband der freien Wohlfahrtspflege, der für die „Betroffeneninteressen" ebenso wie für die Bedürfnisse der Dienste und Einrichtungen zugleich verantwortlich ist, die Spannung zwischen dem Wünschenswerten und dem Möglichen teilweise in sich selbst austragen. Es kann und darf aber nicht unterstellt werden, daß er dabei letztlich nur zugunsten eigener Verbandsinteressen oder der Stärkeren in der Gesellschaft entscheidet.

Daß die freie Wohlfahrtspflege ihre Verantwortung nicht zum Nutzen der eigenen Institution mißbraucht, darüber wachen im übrigen nicht nur unzählige öffentliche Stellen, sondern vor allem auch Presse, Rundfunk und Fernsehen – d. h. die öffentliche Meinung, was immer im einzelnen darunter verstanden wird.

Aufgabe der Spitzenverbände der freien Wohlfahrtspflege ist es daher, in verschiedenen gesellschaftlichen und politischen Bereichen die Interessen der Schwachen und Benachteiligten soweit als möglich mit ihnen gemeinsam zu vertreten und wahrzunehmen. Dabei ist an der Tatsache nicht vorbeizukommen, daß viele Gruppen ihre persönlichen, sozialen, wirtschaftlichen und gesellschaftlichen Interessen aus gesundheitlichen, intellektuellen und anderen Gründen nicht selbst vertreten können.

Den Wohlfahrtsverbänden stehen dabei, wie zu Recht festgestellt wird, die Kampfmittel von ausgesprochenen Interessenverbänden nicht zur Verfügung. Ihre Forderungen an die Gesellschaft und ihre Institutionen müssen trotzdem ebenso klar und entschieden sein wie die anderer Gruppen. Sie sind damit jedoch auch auf das Verständnis und die Solidarität der „Stärkeren" angewiesen. Sie können nicht mit der Faust argumentieren, sondern müssen überzeugen und Beispiele geben, um so Vorurteile abzubauen und Haltungen zu ändern.

Sie müssen – im Gegensatz zu Organisationen, die die Interessen spezieller Gruppen vertreten – darauf achten, daß die Bedürfnisse der einen oder anderen Gruppe zu Lasten der noch Schwächeren gelöst werden. So gilt es z. B. nicht nur, die Interessen von Behinderten gegenüber Nichtbehinderten wahrzunehmen, sondern auch darauf zu achten, daß die Leistungen für die einzelnen Behinderungsarten auch untereinander ausgewogen sind. Das gleiche gilt z. B. auch für den Ausgleich der Belange zwischen Kranken, Gefährdeten, Alten und Behinderten.

Durch diese Mittlerfunktion tragen sie, weit über ihre unmittelbaren Aufgaben hinaus, wesentlich zur Humanität in einer industriellen Leistungsgesellschaft bei – mehr jedenfalls, als ein Denkmodell, das mit einem klassenkämpferischen Ansatz die „Militanz von unten" als Mittel zur Verbesserung der Lebenssituation benachteiligter gesellschaftlicher Gruppen fordert.

Im übrigen müssen sich die Kritiker der gegenwärtigen Organisationsform freier Wohlfahrtspflege fragen lassen, ob sie es wirklich ablehnen, daß die Interessen kranker, behinderter, alter und gefährdeter Menschen von (Groß-)Organisationen gegenüber den Interessen anderer Gruppen und gegenüber dem allgewaltigen System öffentlicher Verwaltung vertreten werden – oder ob sie möglicherweise diese Aufgabe nur von anderen Organisationen, die ihnen weltanschaulich und gesellschaftspolitisch näher stehen, wahrgenommen sehen möchten.

Trotz berechtigter Kritik und mancherlei Gefahren, die mit dem historisch gewachsenen System der Spitzenverbände der freien Wohlfahrtspflege verbunden sind, ist es geeignet, wesentlich zur Verbesserung der Lebenssituation jener Mitbürger beizutragen, deren Leben unter besonderen Belastungen steht, wenn

- die Bedürfnisse der Mitmenschen, für die sich die freie Wohlfahrtspflege verantwortlich weiß, in ihren eigenen Diensten und Einrichtungen entsprechend berücksichtigt und gegenüber Dritten angemessen vertreten werden,
- Organisationen, die soziale Aufgaben wahrnehmen und sich trotzdem keinem der Spitzenverbände anschließen wollen, dadurch nicht die Wirkungsmöglichkeiten abgeschnitten werden,
- neben den Interessen der großen und einflußreichen Kräfte innerhalb des Verbandes auch kleinere und spontane Gruppen und Aktionen entsprechend zur Geltung kommen, gefördert und vertreten werden,
- die geistigen und gesellschaftspolitischen Grundrichtungen der einzelnen Verbände erhalten und auch in der Praxis erkennbar bleiben, weil diese wesent-

liche Grundlagen für das Wahlrecht des Hilfesuchenden bilden. Dieses wird durch die fachliche Spezialisierung, durch flächendeckende Planung und Regionalisierung, nicht zuletzt aber auch durch die Grundsätze der Sparsamkeit und Wirtschaftlichkeit beim Einsatz öffentlicher Mittel ohnehin erheblich eingeschränkt.

Das Prinzip der Spitzenverbände der freien Wohlfahrtspflege ist sicherlich nicht die einzige Form, in der freie Sozialarbeit organisiert und koordiniert werden kann. Es sind jedoch keine anderen Strukturmodelle bekannt oder auch nur erkennbar, die diese Aufgaben besser erfüllen und den damit verbundenen Problemen und Gefahren nachhaltiger widerstehen könnten.

III. Umfang der Aufgaben

Vielfach werden die Spitzenverbände der freien Wohlfahrtspflege mit Großkonzernen verglichen, die eine bedeutende wirtschaftliche, politische und gesellschaftliche Macht darstellen und ausüben. Auf den ersten Blick untermauern die Zahlen über die sechs Spitzenverbände der freien Wohlfahrtspflege diese Auffassung:

a) Es gibt keine genauen Zahlen über den „Umsatz“ der freien Wohlfahrtspflege in der Bundesrepublik Deutschland. Im „Bericht über die 5. Amtsperiode (1974–1980) der Selbstverwaltungsorgane der Berufsgenossenschaft für Gesundheitsdienst und Wohlfahrtspflege“ sind folgende Gehalts- und Lohnsummen für 1979 und in den Umlagedaten der BG für 1990 (nicht 1990 veröffentlicht) enthalten:

	1979	1990
Diakonisches Werk	5 174 549 061	10 612 727 421
Deutscher Caritasverband	6 065 576 366	12 682 656 480
Deutsches Rotes Kreuz	633 338 502	1 459 131 103
Arbeiterwohlfahrt	536 135 859	1 666 395 800
Deutscher Paritätischer Wohlfahrtsverband	1 887 896 977	4 395 809 476
Wohlfahrtsverbände insgesamt	14 297 496 765	30 816 720 280

(Zit. nach Caritas-Korrespondenz 4/81, S. 5 ff.).

Nach beispielhaften Hochrechnungen dürften die Personalkosten bei der freien Wohlfahrtspflege etwa 2/3, die Sachkosten etwa 1/3 betragen. Von daher können die Gesamtaufwendungen der freien Wohlfahrtspflege in den ordentlichen Haushalten (u. a. ohne Baumaßnahmen) derzeit realistisch auf ca. 45 Milliarden pro Jahr geschätzt werden (s. auch H. Niedrig, Bemerkungen zur ökonomischen Bedeutung der freien Wohlfahrtspflege, Zeitschrift für öffentliche und gemeinwirtschaftliche Unternehmen, Band 3, Heft 2 1980, S. 237 ff.). Die tatsächliche Zahl dürfte nach oben (bis zu 50 Mrd.) tendieren, da die Mitarbeiter einzelner Träger bei anderen Berufsgenossenschaften versichert sind (z. B. Gemeindeunfallversicherungsverband).

b) Der gleiche Bericht enthält auch folgende Angaben über die bei den Verbänden tätigen und damit bei der Berufsgenossenschaft versicherten Mitarbeiter im Jahr 1979. Die Zahlen für 1990 stammen aus den oben genannten Umlagedaten:

	1979	1990
Diakonisches Werk	242 630	324 910
Deutscher Caritasverband	269 435	365 784
Deutsches Rotes Kreuz	27 489	59 574
Arbeiterwohlfahrt	23 039	44 136
Deutscher Paritätischer Wohlfahrtsverband	100 686	158 315
Wohlfahrtsverbände insgesamt (Vollbeschäftigte)	663 279	952 721

Die folgenden Zahlen aus der „Gesamtstatistik der Einrichtungen der freien Wohlfahrtspflege" zeigen die Größenordnungen und deren Entwicklung vom 1. 1. 1977 bis 1. 1. 1990 (die erste Zahl gibt jeweils den Stand vom 1. 1. 1979, die zweite den vom 1. 1. 1990 wieder):

Krankenhäuser

Einrichtungen	Betten	Vollzeit-beschäftigte	Teilzeit-beschäftigte
1 076	235 495	169 931	38 368
1 086	219 975	194 236	57 683

Heime für Behinderte

Einrichtungen	Betten	Vollzeit-beschäftigte	Teilzeit-beschäftigte
725	76 166	29 438	8 190
1 887	103 229	39 932	12 583

Stationäre Jugendhilfe

Einrichtungen	Betten	Vollzeit-beschäftigte	Teilzeit-beschäftigte
2 501	193 596	33 552	9 543
2 993	191 875	33 052	10 804

Stationäre Einrichtungen der Altenhilfe

Einrichtungen	Betten	Vollzeit-beschäftigte	Teilzeit-beschäftigte
3 736	241 270	50 463	20 994
4 279	335 201	90 205	40 069

Tagesstätten für Kinder und Jugendliche

Einrichtungen	Plätze	Vollzeit-beschäftigte	Teilzeit-beschäftigte
18 422	1 118 394	66 905	12 686
19 742	1 149 317	69 999	28 190

Ambulante sozialpflegerische Dienste

Einrichtungen	Vollzeit-beschäftigte	Teilzeit-beschäftigte
8 293	11 465	10 686
5 788	19 442	20 336

Erziehungsberatungsstellen

Einrichtungen	Vollzeit-beschäftigte	Teilzeit-beschäftigte
242	776	301
1 023	1 932	1 424

Ausbildungs-, Fort- und Weiterbildungsstätten sozialer Berufe

Einrichtungen	Plätze	Vollzeit-beschäftigte	Teilzeit-beschäftigte
1 602	88 942	4 596	4 516
1 441	108 322	6 219	4 406

Diese Zahlen machen deutlich, daß die freie Wohlfahrtspflege auch wirtschafts- und arbeitsmarktpolitisch zu einem bedeutenden Faktor geworden ist, der mit Großbetrieben in der freien Wirtschaft vergleichbar ist. Dies trifft jedoch nur im Hinblick auf die Zahlen, nicht jedoch auf die gesellschaftliche und politische Macht zu, die davon abgeleitet werden könnte. Diese sozialen „Großgruppen“ sind in viele tausende von rechtlich und finanziell selbständige Träger und Einrichtungen gegliedert. Somit bilden sie ein wesentlich differenzierteres Gebilde, als vom Umsatz und den Mitarbeiterzahlen her vergleichbare Wirtschaftsunternehmen. Hinzu kommt, daß die freie Wohlfahrtspflege ihren „Preis“ nicht selbst gestalten kann, sondern daß durch Tarifvereinbarungen im öffentlichen Dienst und durch öffentliche Auflagen für die Dienste und Einrichtungen (Heimaufsicht) u. a. die Kosten entscheidend beeinflußt und bestimmt werden. Wenngleich die freie Wohlfahrtspflege für die Wirtschaft und den Arbeitsmarkt eine immer größere Bedeutung hat, so sind doch ihre Möglichkeiten zur Mitgestaltung außerordentlich beschränkt. Der entscheidende Unterschied liegt jedoch darin, daß in der Wohlfahrtspflege die elementaren Lebensinteressen von Menschen, die auf die Solidarität und die Zuwendung ihrer Mitbürger angewiesen sind, im Vordergrund stehen müssen – und nicht die Möglichkeiten und „Sachzwänge“ eines bestimmten Marktes.

B. Die sechs Spitzenverbände der freien Wohlfahrtspflege

I. Arbeiterwohlfahrt Bundesverband e. V., Marie-Juchacz-Haus, Oppelener Str. 130, 5300 Bonn 1

1. Selbstverständnis und Grundsatz-Programm

„In der Arbeiterwohlfahrt verbindet sich die Hilfe für den einzelnen mit dem Engagement für eine Politik der gesellschaftlichen Reformen und der sozialen Demokratie“ (W. Brandt in: Helfen und Gestalten, Umschlag).

„Sie ist dem demokratischen Sozialismus verpflichtet, d. h. u. a.:

- sie hält eine freiheitlich-demokratische Grundordnung für die unverzichtbare Voraussetzungen ihrer sozialen Arbeit;
- sie will dazu beitragen, eine Gesellschaft zu entwickeln, in der sich jeder Mensch in Verantwortung für sich und für das Gemeinwesen frei entfalten kann;
- sie tritt ein für mehr Freiheit, Gerechtigkeit und Solidarität;
- sie will dem Entstehen sozialen Unrechts entgegenwirken und sich aktiv an der Lösung sozialer Probleme beteiligen;
- sie achtet das religiöse Bekenntnis des einzelnen; ihre Arbeit wird getragen vom Gedanken der Toleranz und dient den Rat- und Hilfesuchenden aller Bevölkerungskreise ohne Rücksicht auf deren politische, rassische, nationale und konfessionelle Zugehörigkeit;
- sie vertritt den Vorrang der kommunalen und staatlichen Verantwortung für die Erfüllung des Anspruchs auf soziale Hilfen, Erziehung und Bildung sowie für die Planung und Entwicklung eines zeitgerechten Systems sozialer Leistungen und Einrichtungen.

Die Arbeiterwohlfahrt strebt eine partnerschaftliche und planvolle Zusammenarbeit zwischen Kommunen, Staat und freien Vereinigungen der sozialen Arbeit an. Dabei muß die Unabhängigkeit der freien Vereinigungen der sozialen Arbeit gewahrt bleiben“ (Richtlinien der AW von 1974, geändert 1989).

In den ersten Richtlinien aus dem Jahr 1919 waren vor allem zwei Grundsätze niedergelegt: „Die Durchdringung der Wohlfahrtspflege mit der sozialen Auffassung der Arbeiterschaft und die Demokratisierung der Wohlfahrtspflege durch die breite ehrenamtliche Mitwirkung der Arbeiterschaft sowohl in Sozialausschüssen wie bei der praktischen Durchführung der öffentlichen Fürsorge. Von der Inangriffnahme praktischer Aufgaben war nicht die Rede. Dennoch entwickelte sich in den Ortsgruppen eine lebhafte soziale Tätigkeit“ (Handbuch der Sozialerziehung, Band III, S. 488).

Von dieser Zielsetzung her wird gelegentlich behauptet, die Arbeiterwohlfahrt sei ein Wohlfahrtsverband „wider Willen“ geworden. Nur wenn die Hilfsaktionen und die vielen Zeichen der Solidarität im Alltag, die es in der Arbeiterschaft vor und während des Ersten Weltkrieges gab, unbeachtet bleiben, könnte dies für die Entstehung allenfalls mit großen Einschränkungen behauptet werden. Die weitere Geschichte zeigt ohnehin, daß zwei Ansätze immer nebeneinander galten:

- Die unmittelbare Hilfeleistung in der praktischen Wohlfahrtspflege und
- die politische Anwaltsfunktion für Benachteiligte gegenüber gesellschaftlichen und politischen Institutionen und Gremien.

Gerade aus dem letztgenannten Ansatz heraus hat die Bundeskonferenz der Arbeiterwohlfahrt im Jahr 1987 ein detailliertes Grundsatzprogramm „Humanitäres Handeln aus politischer Verantwortung" verabschiedet. Darin sind u. a. folgende Aussagen über das Selbstverständnis sowie gesellschaftspolitische Ziele enthalten.

Die Arbeiterwohlfahrt ist Teil der Arbeiterbewegung. Sie bekennt sich zu den Grundsätzen des freiheitlichen und demokratischen Sozialismus. Deshalb erstrebt sie eine Gesellschaftsordnung, die von Freiheit, Gerechtigkeit, Solidarität und Gleichheit geprägt ist. Frieden und ein Leben in Menschenwürde sowie das Recht auf Arbeit, Bildung und soziale Sicherung, die reale Gleichstellung von Frau und Mann leiten sich daraus ab. Die Würde des Menschen begründet den Anspruch des einzelnen auf Chancengleichheit, auf menschenwürdige Lebensbedingungen und einklagbare Rechtsansprüche.

Die Arbeiterwohlfahrt erstrebt die Ausgestaltung und Fortentwicklung des sozialen Rechtsstaates, in dem jeder in Verantwortung für sich und für das Gemeinwesen seine Persönlichkeit frei entfalten und mitverantwortlich für andere leben kann. Kritikfähigkeit, Verantwortungsbewußtsein, Sachkompetenz, Engagement und solidarisches Handeln bestimmen dabei das Menschenbild der Arbeiterwohlfahrt. An diesen Leitbildern orientierte Bildungsarbeit ist deshalb für die Arbeiterwohlfahrt besonders wichtig als Weg zur Mündigkeit und Selbstbestimmung.

In ihrer Arbeit orientiert sich die Arbeiterwohlfahrt an den Bedürfnissen und Fähigkeiten der Betroffenen und Hilfebedürftigen. Sie ist bestimmt von einer ganzheitlichen Sichtweise, die einzelne und Familien nicht ausschließlich in ihrer persönlichen und privaten Existenz sieht, sondern in ihren sozialen Beziehungen und innerhalb bestehender gesellschaftlicher Rahmenbedingungen. Ihre soziale Arbeit begnügt sich nicht mit der Bekämpfung von Symptomen gesellschaftlicher Probleme, die Menschen hindern, ihren Bedürfnissen und Fähigkeiten entsprechend zu leben, sondern will ihre Ursachen aufdecken und wirksame Abhilfe schaffen.

Die Arbeiterwohlfahrt unterstützt Aktivitäten praktischer Solidarität, gegenseitiger Hilfe und Selbsthilfe. Sie fördert neue Formen gemeinsamen Lebens, Wohnens und Arbeitens, die helfen, gesellschaftliche Isolation zu überwinden. Sie arbeitet mit anderen Organisationen ähnlicher Zielsetzung zusammen.

Das Recht auf Teilhabe in allen gesellschaftlichen Bereichen nimmt mit zunehmendem Alter keineswegs ab. Das Ausscheiden aus dem Erwerbsleben bedeutet somit nicht, zum Menschen zweiter Klasse zu werden. „Jugendlichkeit“ als bestimmender Wertmaßstab für alle Altersgruppen widerspricht den Vorstellungen der Arbeiterwohlfahrt von einer Gesellschaft, in der alle Gruppierungen gleichberechtigt und gleich beteiligt zusammenleben. Der Anteil älterer Menschen in der Gesellschaft nimmt weiterhin zu. Die damit verbundenen Konsequenzen und Probleme müssen bewußtgemacht und bewältigt werden. Durch einen stärkeren Austausch zwischen jüngeren und älteren Menschen gewinnen beide, aber auch die gesamte Gesellschaft.

Gleiches gilt für die ausländischen Mitbürger in unserem Land. Wenn sie hier leben und arbeiten, haben sie auch das Recht auf menschenwürdige Behandlung und Eingliederung in die Gesellschaft.
National wie international wendet sich die Arbeiterwohlfahrt aktiv gegen Verletzungen des Sozialstaats und der Menschenrechte.
Fortschrittliche Sozial- und Gesellschaftspolitik sowie zukunftsorientierte Sozialarbeit sind zentrale Inhalte ihrer Arbeit.
Die Arbeiterwohlfahrt strebt eine partnerschaftliche und planvolle Zusammenarbeit zwischen Staat, Kommunen und freien Vereinigungen der sozialen Arbeit an. Sie vertritt den Vorrang der Verantwortung von Staat und Kommunen für die Erfüllung des Anspruchs auf soziale Hilfen, Erziehung und Bildung sowie für die Planung, Entwicklung und Finanzierung eines zeitgerechten Systems sozialer Maßnahmen und Einrichtungen. Damit soziale Dienste und Leistungen bedarfsgerecht ausgebaut und die Lebenslagen benachteiligter Personengruppen wesentlich verbessert werden können, ist ein höherer Anteil des sozialen Bereichs am Sozialprodukt erforderlich.

Die Gleichberechtigung der Frau ist seit dem Bestehen der Bundesrepublik im Grundgesetz verankert. Trotzdem gibt es nach wie vor kaum einen gesellschaftlichen Bereich, in dem Frauen nicht von Benachteiligung betroffen sind. Die Arbeiterwohlfahrt setzt sich für eine eigenständige Frauenpolitik ein, um zu gewährleisten, daß jede politische Entscheidung daraufhin überprüft wird, ob sie dem Ziel der Gleichberechtigung dient. Frauen müssen in allen gesellschaftlichen Bereichen ohne Benachteiligung leben können.

Mit einer Politik, an der Männer und Frauen gleichermaßen beteiligt sind, verbindet die Arbeiterwohlfahrt die Vorstellung einer Weiterentwicklung der Gesellschaft zu mehr Partnerschaftlichkeit und Solidarität, mehr Freiheit und gegenseitiger Rücksichtnahme und weniger Gewalt.

Die Arbeiterwohlfahrt beteiligt sich insbesondere an der Fortentwicklung von Konzeption, Methoden und Praxis der Sozialarbeit. Sie übernimmt dabei auch eine Pionierfunktion, indem sie richtungsweisende Projekte fortschrittlicher sozialer Arbeit praktiziert und neue Wege weist bei gleichzeitig selbstkritischer Überprüfung der eigenen Praxis. Sie leistet damit einen Beitrag zur fachlichen Weiterentwicklung der sozialen Arbeit. Dazu braucht sie die kritische Begleitung und engagierte Mitwirkung ihrer ehrenamtlichen, nebenamtlichen und hauptberuflichen Mitarbeiter/innen.

Die Arbeiterwohlfahrt versteht sich als verläßliche Anwältin der Bedürftigen und Hilfesuchenden. Sie ist nicht bereit, soziales Unrecht und gesellschaftliche Fehlentwicklungen hinzunehmen. Vielmehr will sie als Impulsgeberin und Mahnerin ihren Einfluß geltend machen, soziale Notstände und Ungerechtigkeiten zu überwinden und damit zur Entwicklung einer solidarischen Gesellschaft beizutragen.

Sie versteht sich als Helferin zur Durchsetzung gleicher Chancen sozialer, politischer und kultureller Teilhabe.

Die Fortsetzung einer Hochrüstungspolitik bedeutet nicht nur die Bedrohung des Friedens, sie geht auch zu Lasten der Finanzierung anderer gesellschaftlicher Aufgaben, vor allem im sozialen Bereich. Sie ist außerdem mitverantwortlich für die Armut in der Dritten Welt. Dieses in den Entwicklungsländern entstehende Konfliktpotential und die Zerstörung der Umwelt müssen als existenzbedrohende Gefahren bewußtgemacht und für ihre Veränderung eingetreten werden.

Arbeit für den Frieden und Entwicklung eines Umweltbewußtseins, Solidarität mit unterdrückten und hungernden Menschen in anderen Ländern sind für die Arbeiterwohlfahrt Bestandteile ihrer sozialen Arbeit.

Deshalb setzt sich die Arbeiterwohlfahrt für soziale Projekte in Entwicklungsländern ein und hilft in Notfällen und bei Katastrophen. Sie engagiert sich in der Zusammenarbeit mit internationalen Organisationen, insbesondere im Rahmen des Internationalen Arbeiter-Hilfswerkes.

2. Aufgaben

„Die Arbeiterwohlfahrt (AW) arbeitet mit anderen freien Vereinigungen, Fachverbänden und Selbsthilfeorganisationen im Rahmen ihrer Aufgaben zusammen.

Sie ist solidarisch mit den demokratischen Organisationen der Arbeiterbewegung verbunden und beteiligt sich an Aktionen internationaler Solidarität, insbesondere im Rahmen des Internationalen Arbeiter-Hilfswerks.

Die Arbeiterwohlfahrt ist tätig in allen Bereichen sozialer Arbeit, insbesondere sieht sie als Aufgabe an:

1. Vorbeugende, helfende und heilende Tätigkeit auf allen Gebieten der sozialen Arbeit,
2. Entwicklung und Erprobung neuer Formen und Methoden der sozialen Arbeit,
3. Angebot und Unterhaltung von sozialen Einrichtungen und Diensten,
4. Aufbau und Förderung von Kinder- und Jugendgruppen als Jugendwerk der Arbeiterwohlfahrt,
5. Ausbildung für soziale Berufe,

6. Information und Aufklärung über Fragen der sozialen Arbeit,
7. Fortbildung von Mitarbeitern in der sozialen Arbeit,
8. Mitwirkung an der Durchführung von Aufgaben der öffentlichen Sozial-, Jugend- und Gesundheitshilfe; Mitarbeit in entsprechenden Ausschüssen,
9. Stellungnahme zu Fragen der öffentlichen und freien sozialen Arbeit,
10. Mitwirkung bei der Planung sozialer Leistungen und Einrichtungen, Förderung praxisnaher Forschung." (Richtlinien der AW, 2. Auflage, S. 4.)

Für den Bundesverband kommen noch folgende spezielle Aufgaben hinzu:

- „Stellungnahmen zu Fragen der öffentlichen und freien Wohlfahrtspflege, Mitwirkung an Vorarbeiten zur sozialen Gesetzgebung, enge Zusammenarbeit mit parlamentarischen Vertretungen sowie kommunalen Spitzenverbänden und der staatlichen Verwaltung bei Planung und Durchführung sozialer Aufgaben.
- Zusammenarbeit mit anderen Organisationen der freien Wohlfahrtspflege, Fachverbänden und Selbsthilfe-Organisationen im In- und Ausland und auf internationaler Ebene.
- Beteiligung an Aktionen internationaler Solidarität, insbesondere im Rahmen des Internationalen Arbeiter-Hilfswerks.
- Pflege guter Verbindung zu befreundeten Organisationen.
- Öffentlichkeitsarbeit.
- Förderung des Jugendwerks der Arbeiterwohlfahrt" (§ 2 der Satzung).

Die Größenordnungen und praktischen Aufgaben werden an folgenden Zahlen beispielhaft deutlich:
Arbeiterwohlfahrt in Zahlen (1. 1. 1990)

Die Arbeiterwohlfahrt gliedert sich in:

25 Landes- und Bezirksverbände
365 Kreisverbände
3 812 Ortsvereine.

Die Arbeiterwohlfahrt wird getragen von:

617 000 Mitgliedern
80 000 ehrenamtlichen Mitarbeitern (Helfern)
47 000 hauptberuflichen Mitarbeitern und 6000 Zivildienstleistenden

Die Arbeiterwohlfahrt unterhält 6122 Einrichtungen und Dienste mit insgesamt 146 000 Betten/Plätzen, darunter

986 Heime insgesamt
2 039 Tagesstätten, darunter 972 für Kinder und Jugendliche und 490 für alte Menschen
1 865 Auskunfts- und Beratungsstellen insgesamt, z. B. in den Bereichen Jugendhilfe, Familienhilfe, Ausländerberatung, Arbeitslose, nach § 218, alte Menschen, Übersiedler, Behinderte usw.
644 mobile Dienste insgesamt
643 hauptamtlich besetzte Geschäftsstellen

203 Beratungsstellen, Tagesstätten und Werkstätten für Arbeitslose
170 ambulante sozialpflegerische Dienste, davon 118 anerkannte Sozialstationen.

Von den 986 Heimen der Arbeiterwohlfahrt sind

522 Altenheime, Altenpflegeheime, Altenwohnheime
144 Heime/Wohngemeinschaften für Behinderte
123 Heime/Wohngemeinschaften für Kinder und Jugendliche
84 Wohnheime für Aussiedler/Übersiedler
71 Erholungs- und Kurheime
53 Aus-, Fort- und Weiterbildungsstätten
24 Krankenhäuser, Kliniken, Sanatorien
21 Frauenhäuser
144 sonstige Heime für Erwachsene.

Außerdem sind im Rahmen der AW 2500 Selbsthilfe-, Helfer- und andere Gruppen tätig, darunter

1 500 Altenclubs
440 Schülerhilfen/Hausaufgabenhilfegruppen/Schulsozialarbeit
200 Jugendclubs, Jugendgruppen (bes. AW-Jugendwerk)
100 Eltern-Initiativgruppen
11 Arbeitslosen-Initiativen.

Über 300 selbständige Einrichtungen, Initiativen und Organisationen sind der AW auf allen Ebenen als korporative Mitglieder angeschlossen.

(Theorie und Praxis der sozialen Arbeit, Nr. 2/91.)

3. Organisation und Gliederung

„Die Arbeiterwohlfahrt ist vielleicht der demokratischste von unten nach oben – wie eine politische Partei – aufgebaute Wohlfahrtsverband überhaupt" (H. Niedrig, Theorie und Praxis der sozialen Arbeit 1979, S. 465).

Welche Bedeutung eine solche Aussage für die Aufgaben der AW als Spitzenverband der freien Wohlfahrtspflege hat, ist vom Satzungstext und von der „Satzungswirklichkeit" her zu beurteilen.

Im Jahr 1919 wurde innerhalb der Sozialdemokratischen Partei zunächst eine „Zentralinstanz" gebildet (ein „Hauptausschuß"). Dann sollten die Landes- und örtlichen Organisationen gebildet werden. Der Neubeginn 1945 vollzog sich jedoch von der Orts- und Kreisebene aus nach oben. In der Satzung vom 7. Oktober 1977 sind zwei Prinzipien enthalten:

- Aufbau (und damit Wahl der Vertretungs- und Entscheidungsgremien) von der kleineren zur größeren Einheit und
- Kontrolle und Einflußmöglichkeiten von oben nach unten (vor allem durch Aufsichtsrechte und Aufsichtspflichten sowie durch die Schiedsgerichte, die jeweils auf der nächsthöheren Ebene gebildet werden).

In der Satzung ist dies folgendermaßen formuliert:

Mitgliedschaft

- „Mitglieder des Bundesverbands sind die Bezirksverbände und die Landesverbände bzw. -ausschüsse der Arbeiterwohlfahrt.
- Über die Aufnahme anderer Mitglieder entscheidet der Bundesausschuß.
- Für den Austritt gelten die gesetzlichen Bestimmungen.
- Bei Austritt verliert das Mitglied das Recht, den Namen Arbeiterwohlfahrt zu führen. Ein etwa neu gewählter Name muß sich von dem bisherigen Namen deutlich unterscheiden. Er darf nicht in einem bloßen Zusatz zu dem bisherigen Namen bestehen. Entsprechendes gilt für Kurzbezeichnungen.
- Die Mitglieder sind zur Zahlung von Beiträgen gemäß den Beschlüssen der Bundeskonferenz verpflichtet" (§ 4).

Aufbau

Ortsvereine, Gemeinde- bzw. Stadtverbände, Kreisverbände, Bezirksverbände, Vereinigungen auf Landesebene (Landesverbände, Landesausschüsse, Landesarbeitsgemeinschaften) bilden gemeinsam mit dem Bundesverband die Arbeiterwohlfahrt.

Ziel der Gliederungen muß die Übereinstimmung mit den politischen Grenzen der Gemeinden, Kreise, Länder usw. sein:

- *Ortsvereine*

  Die in einer Gemeinde, einem Ortsteil, einer Großgemeinde, in einem Stadtteil einer kreisangehörigen oder kreisfreien Stadt wohnenden AW-Mitglieder bilden einen Ortsverein. Sofern ein Ortsverein nicht gegründet werden kann, kann ein Stützpunkt errichtet werden.

- *Gemeinde- bzw. Stadtverband*

  Die Ortsvereine, ggf. Stützpunkte einer Großgemeinde bilden den Gemeindeverband, Ortsvereine, ggf. Stützpunkte einer kreisangehörigen Stadt den Stadtverband.

  Sofern Ortsvereine nicht bestehen, erfüllt der Gemeinde- bzw. Stadtverband die Aufgaben eines Ortsvereins bis zu dessen Gründung.

- *Kreisverband*

  Die Ortsvereine, ggf. Stützpunkte, Gemeinde- und Stadtverbände eines Kreises oder einer kreisfreien Stadt bilden den Kreisverband.

- *Bezirksverband*

  Die Bezirksverbände sind die Zusammenfassung der Kreisverbände ihres Bereichs. Die Bereiche der Bezirksverbände werden von der Landesgliederung im Einvernehmen mit den beteiligten Verbandsgliederungen nach Zweckmäßigkeit abgegrenzt. Kommt eine Einigung nicht zustande, entscheidet der Bundesvorstand.

- *Landesgliederungen*
  (Landesverbände, Landesausschüsse, Landesarbeitsgemeinschaften)

  Die Landesgliederungen werden von der Arbeiterwohlfahrt eines Bundeslandes gebildet. Ihre Organisationsform richtet sich nach den Gegebenheiten des einzelnen Landes. Sie vertreten die Arbeiterwohlfahrt auf Landesebene.

- *Bundesverband*

  Der Bundesverband ist die Zusammenfassung aller Landesgliederungen und Bezirksverbände der Arbeiterwohlfahrt. Er repräsentiert den Gesamtverband und vertritt die Arbeiterwohlfahrt auf Bundesebene und international. Seine Organe sind die Bundeskonferenz, der Bundesvorstand, der Bundesausschuß.

  Die Bundeskonferenz ist höchstes Organ der Arbeiterwohlfahrt. Ihre Beschlüsse zu bundespolitischen Aufgaben und zur Wahrung der Einheitlichkeit des Gesamtverbandes sind bindend für alle Gliederungen.

  Die Mitglieder und Beauftragten des Bundesvorstandes haben das Recht, an Zusammenkünften der Verbandsgliederungen beratend teilzunehmen.

Organe

„Organe des Vereins sind:

a) die Bundeskonferenz
b) der Bundesvorstand
c) der Bundesausschuß“ (§ 5).

Bundeskonferenz

- „Die Bundeskonferenz wird gebildet aus:
  a) den Mitgliedern des Bundesvorstandes,
  b) den Vertretern der Bezirks- und Landesverbände im Bundesausschuß,
  c) den auf den Bezirkskonferenzen gewählten Delegierten, deren Anzahl vom Bundesausschuß nach der Zahl der Mitglieder der Ortsvereine auf der Grundlage der abgerechneten Beiträge festgesetzt wird,
  d) den Beauftragten der korporativen Mitglieder, die mit beratender Stimme teilnehmen.

- Die Bundeskonferenz ist vom Bundesvorstand mindestens im Abstand von drei Jahren mit einer Frist von sechs Wochen unter Bekanntgabe der Tagesordnung schriftlich einzuladen.
  Auf Beschluß des Bundesausschusses oder auf Antrag von mindestens der Hälfte der Bezirks- und Landesverbände ist eine außerordentliche Bundeskonferenz unter den in Satz 1 genannten Bedingungen einzuberufen.
- Die Bundeskonferenz faßt Beschlüsse über die Richtlinien der Arbeiterwohlfahrt, die Grundsätze der Arbeit, die Mustersatzungen sowie das Ordnungsverfahren der Arbeiterwohlfahrt.
  Sie setzt die Höhe der Mitgliedsbeiträge fest. Sie beschließt über Änderungen der Satzung des Bundesverbandes sowie dessen Auflösung.

Sie nimmt den zusammenfassenden Geschäftsbericht des Bundesvorstandes für den Berichtszeitraum sowie den Revisionsbericht entgegen und ist zuständig für die Entlastung des Vorstandes. Sie wählt den Bundesvorstand sowie mindestens zwei Revisoren und bestätigt die Mitglieder des Bundesausschusses sowie deren Stellvertreter" (§ 6).

Bundesvorstand

- „Der Bundesvorstand wird von der Bundeskonferenz gewählt.

  Er besteht aus:
  dem Vorsitzenden,
  zwei Stellvertretern und
  zwölf Beisitzern.
- Der Vorstand trägt die Verantwortung für die Wahrnehmung der Aufgaben des Bundesverbandes.
  Zur Führung der laufenden Geschäfte bestellt der Vorstand einen Geschäftsführer, der an den Vorstandssitzungen beratend teilnimmt.
- Der Vorstand kann zu seiner Beratung Fachausschüsse bilden, deren Vorsitzende und Mitglieder von ihm berufen werden. Die Vorsitzenden der Fachausschüsse bedürfen der Bestätigung durch den Bundesausschuß.
- Er nimmt den ihm mindestens einmal jährlich zu erstattenden Bericht des Bundesjugendwerkvorstandes entgegen.
- An den Sitzungen des Vorstandes nimmt ein benanntes, volljähriges Vorstandsmitglied des Bundesjugendwerkes beratend teil" (§ 7).

Bundesausschuß

- „Der Bundesausschuß setzt sich zusammen aus:
  a) den Mitgliedern des Bundesvorstandes,
  b) je einem Vertreter der Bezirks- und Landesverbände, in der Regel den Vorsitzenden oder deren Stellvertretern.

- Scheidet zwischen zwei Bundeskonferenzen ein Mitglied des Bundesausschusses aus seinem Amt aus, so ist der Bundesausschuß zur Bestätigung des Nachfolgers ermächtigt.
- An den Sitzungen des Bundesausschusses nehmen der Geschäftsführer des Bundesverbandes, die Geschäftsführer der Bezirks- und Landesverbände sowie die Vorsitzenden der beim Bundesvorstand bestehenden Fachausschüsse mit beratender Stimme teil.
  An den Sitzungen des Bundesausschusses nimmt ein benanntes, volljähriges Vorstandsmitglied des Bundesjugendwerkes beratend teil.
- Der Bundesausschuß unterstützt die Arbeit des Vorstandes. Er nimmt den jährlichen Geschäfts-, Finanz- und Prüfungsbericht entgegen.
  Der Bundesausschuß beschließt – soweit nicht die Bundeskonferenz zuständig ist – über Angelegenheiten, die für den Gesamtverband bindend sind, insbesondere über:

Maßnahmen zur Wahrung der Einheitlichkeit des Verbandes.
Tariffragen.
Aufnahme korporativer Mitglieder.
Er legt den Delegiertenschlüssel für die Bundeskonferenz fest.
Er berät den Bundesvorstand insbesondere bei Stellungnahmen zur Bundesgesetzgebung und vor der Übernahme neuer Aufgaben" (§ 8).

Aufsichtsrecht und Aufsichtspflicht

„Der Bundesverband ist gegenüber den Bezirks- und Landesverbänden sowie den Bezirks- und Landesjugendwerken und dem Bundesjugendwerk im Rahmen der Richtlinien zur Aufsicht und zur Prüfung verpflichtet" (§ 9).

Das „Ordnungsverfahren" ist in einer eigenen Richtlinie geregelt:

„Allgemeines

Ein Ordnungsverfahren ist durchzuführen, wenn ein Mitglied
a) sich einer ehrlosen Handlung schuldig gemacht hat,
b) einen groben Verstoß gegen die Grundsätze und Richtlinien der Arbeiterwohlfahrt begangen hat,
c) durch sein Verhalten das Ansehen der Organisation schädigt bzw. geschädigt hat.

In einem Ordnungsverfahren kann auf
a) Erteilung einer Rüge,
b) zeitweiliges Ruhen der Rechte und Pflichten des Mitglieds,
c) Ausschluß aus der Arbeiterwohlfahrt
erkannt werden.

Bildung der Schiedsgerichte

Für die Durchführung des Ordnungsverfahrens werden bei den Bezirksvorständen sowie beim Bundesvorstand der Arbeiterwohlfahrt Schiedsgerichte gebildet.

Mitglieder eines Bezirksvorstandes können nicht Mitglied des Schiedsgerichts ihres Bezirksverbandes sein. Mitglieder des Bundesvorstandes können nicht Mitglied des Schiedsgerichts beim Bundesvorstand sein. Die Wahl der Mitglieder dieser Schiedsgerichte sowie ihrer Stellvertreter erfolgt nach den Grundsätzen, die für die Wahl der Vorstandsmitglieder der betreffenden Organisationsgliederungen gelten. Wiederwahl ist zulässig."

Durch Mustersatzungen für die Landes-, Bezirks-, Kreis- und Ortsverbände werden schließlich möglichst einheitliche Strukturen der Arbeiterwohlfahrt auf allen Ebenen für das ganze Bundesgebiet angestrebt.

Landesverbände der Arbeiterwohlfahrt gibt es lediglich in den Stadtstaaten, im Saarland, in Schleswig-Holstein und in Bayern. In letzterem bestehen darüber hinaus noch sieben Bezirksverbände. In den übrigen Bundesländern gibt es nur Bezirksverbände.

4. Beziehungen zu anderen Organisationen

Im Jahr 1919 wurde die Arbeiterwohlfahrt als eine Unterorganisation der SPD gegründet. Bei der Wiedergründung des Spitzenverbandes auf Bundesebene wurde die institutionelle Verbindung zur SPD aufgegeben (damit war im übrigen der Weg frei für den Eintritt in die Liga der Spitzenverbände der freien Wohlfahrtspflege – später Bundesarbeitsgemeinschaft der Freien Wohlfahrtspflege).

Das Verhältnis der AW zur SPD beschrieb H. Niedrig im Jahr 1979 folgendermaßen: „Die AW fühlt sich den Idealen des freiheitlich-demokratischen Sozialismus und damit den Grundwerten Freiheit, Solidarität und Gerechtigkeit verbunden. Sie identifiziert sich jedoch nicht automatisch mit sozialpolitischen Forderungen und Gesetzgebungsvorhaben der SPD oder der Bundesregierung und behält sich als eine auch von der SPD unabhängige Organisation aus ihrem Selbstverständnis das auch praktizierte Recht vor, zu sozialpolitischen Vorstellungen der SPD und der sozialliberalen Bundesregierung kritisch Stellung zu nehmen und ggf. auch Dissenz zu bekunden. Populär gesagt: Die AW versteht sich keineswegs als ein Hofjublerverband der Bundesregierung“ (Theorie und Praxis der sozialen Arbeit 1979, S. 465).

In der Praxis bestehen jedoch auf allen Ebenen stärkere Beziehungen zur SPD als aufgrund der Satzung anzunehmen ist.

Durch seine Untersuchung eines großstädtischen Kreisverbandes kommt K. Zimmermann zu der Erkenntnis, daß für viele Mitglieder der AW (vor allem für die jüngeren) der Anstoß zum Eintritt aus ihrer Verbindung zur SPD kommt („Arbeiterwohlfahrt '80", S. 34 ff.).

Die gemeinsame geistige und gesellschaftspolitische Grundlage der AW und der SPD hat viele Gemeinsamkeiten bewahrt und geschaffen. Darüber hinaus gibt es viele personelle Querverbindungen zwischen Leitungsfunktionen der AW und der SPD. Die rechtliche und organisatorische Unabhängigkeit der AW gegenüber der SPD wird davon nicht berührt.

5. Internationale Beziehungen

„Vorstand und damit die Geschäftsführung nehmen die Federführung im Internationalen Arbeiter-Hilfswerk wahr. Das Internationale Arbeiter-Hilfswerk ist eine Zusammenfassung von 11 gleichgesinnten, aber nicht gleich strukturierten Organisationen aus neun europäischen Ländern. Gesellschaftspolitisches Ziel des Internationalen Arbeiter-Hilfswerkes ist die Verwirklichung und Weiterentwicklung des sozialen Rechtsstaates, in dem sich der Mensch in Verantwortung für sich und das Gemeinwesen frei entfalten kann. Die Mitgliedsorganisationen aus Norwegen, Dänemark, Belgien, Frankreich, Italien, Österreich, Spanien und der Schweiz sowie der Bundesrepublik Deutschland verstehen ihre Arbeit nicht allein als Hilfe unter den gegebenen Bedingungen, sondern ebenso als Beitrag zu gesellschaftspolitischen Reformen. Gemeinsam vertreten sie die Überzeugung, daß der Ausbau des demokratischen und sozialen Rechtsstaates ohne das persönliche Engagement für die schwächeren Mitglieder der Gesellschaft nicht gelingen kann. Die Mitgliedsorganisationen haben – aus dieser Überzeugung heraus – ein Grundsatzprogramm erarbeitet, mit dem sie Denkanstöße für die Entwicklung sozialen Rechts und sozialer Verpflichtung geben wollen. Dies geschieht in der Überzeugung, daß die Sozial- und Wohlfahrtspolitik in Europa im Laufe der Zeit sich harmonisieren und anpassen muß.

Eine weitere Aufgabe des Internationalen Arbeiter-Hilfswerkes liegt in der Koordinierung der Hilfen in Katastrophenfällen sowie in der Hilfe für Flüchtlinge und der Beteiligung an solidarischen Aktionen in Fällen von politischen und sozialen Konflikten. Hier ist besonders hervorzuheben, daß aufgrund gemeinsamer Solidaritätsaktionen verschiedene Wiederaufbauprojekte in Nicaragua, das nach dem Sturz des Somoza-Regimes vor dem Nichts stand, durchgeführt werden.

Angestrebt wird darüber hinaus eine enge Zusammenarbeit bei Projekten der sozialen Entwicklungshilfe. Dieses Vorhaben stößt allerdings noch auf Schwierigkeiten, da die Mitgliedsorganisationen, die Entwicklungshilfe leisten, dies in unterschiedlichen, weit auseinanderliegenden Regionen tun" (Jahrbuch 79/80), S. 147).

6. Geschichte

a) Ausgangssituation

„Die Arbeiterwohlfahrt wurde im Jahre 1919 gegründet. Der Boden für diese Organisation war schon seit langem vorbereitet, da mit der Entstehung der deutschen Arbeiterbewegung auch der Wille zu eigener sozialer Betätigung als Ausdruck der Solidarität gewachsen war. Mit dem sich festigenden persönlichen und politischen Selbstbewußtsein der Arbeiterschaft lehnte diese sich immer schärfer gegen die bedrückenden sozialen Mißstände auf. Ihre soziale Aktivität mußte sich in diesem Anfangsstadium, solange sie von Einzelpersönlichkeiten, örtlich begrenzt und in keiner Weise organisiert, getragen wurde, als eine Form akuter Selbsthilfe äußern. Man wollte jedoch nicht nur individuelle Not lindern, sondern gesellschaftliche Mißstände grundsätzlich beseitigen. Gegenüber dem mehr privaten Charakter der bisherigen Formen christlicher Liebestätigkeit traten hier sozialpolitische Forderungen in den Vordergrund, die auf die Verantwortlichkeit des Staates zielten.

An der in diesem frühen Stadium zu leistenden Aufbauart beteiligten sich Mitglieder der Sozialdemokratischen Partei, indem sie im Rahmen der Kommunalpolitik an der Lösung sozialer Aufgaben, z. B. als Armen- und Waisenpfleger, mitarbeiteten. Sozialdemokratische Frauen begannen mit der Behebung der sozialen Mißstände in ihrer Umgebung. Durch die Gründung von Kinderschutzkommissionen suchten sie in den Städten den Bestimmungen des Kinderschutzgesetzes von 1903 Geltung zu verschaffen. Durch Veranstaltung von Kinderferienspielen und Ferienwanderungen, deren Finanzierung durch Sammlungen innerhalb der organisierten Arbeiterschaft ermöglicht wurde, bemühten sie sich, den Kindern, denen häusliche Verhältnisse einen Erholungsurlaub nicht gestatteten, einen gesundheitlichen und seelischen Ausgleich zu verschaffen. Während des ersten Weltkrieges wurde von den Mitgliedern der Sozialdemokratie die Kriegswohlfahrtsarbeit in ihrer gesamten Breite als ein ebenso verpflichtendes Arbeits- und Einsatzfeld angesehen, wie von allen anderen Organisationen. Gleichzeitig wuchs damit der Kreis derer, die ihre Erfahrungen der neuen Organisation zur Verfügung stellen konnten" (Beiträge und Studien zu einem Sozialatlas, Die freie Wohlfahrtspflege, herausgegeben vom Bundesministerium des Innern 1956, S. 13).

„Dabei muß in Erinnerung gerufen werden, daß zu jener Zeit noch weithin die Ansicht vorherrschte, daß Armut und Not eine Frage von Asozialität, von persönlichem Versagen und damit individueller Schuld sei. Die öffentliche Armenpflege war gekennzeichnet von dem Gedanken der Abschreckung (Kargheit der Leistungen, Minderung der staatsbürgerlichen Rechte, soziale Deklassierung). Die private Liebestätigkeit sah in den Armen ein Objekt der Hilfe, dessen sie sich aus religiöser oder aus humanitärer Verpflichtung annahm. Der Arbeiter aber wollte nicht mehr nur Objekt, sondern Subjekt der Fürsorge sein, d. h. an deren Gestaltung in Gesetzgebung und sozialer Praxis beteiligt sein" (L. Lemke in: Handbuch der Sozialerziehung Band III, S. 487).

„Nach der Auflösung der Kriegsfürsorgeämter gingen zahlreiche Aufgaben wieder auf die alten Armenämter über. Damit war auch die Tätigkeit der Sozialdemokraten in den Kommissionen zunächst beendet. In Fachkreisen wurde die künftige Stellung der privaten Fürsorge im neuen Staat diskutiert, es wurde befürchtet, daß für die Tätigkeit der freien Wohlfahrtspflege weder Raum noch Mittel gewährt würden. Die Einsicht, daß auf die Mitarbeit aller Schichten, insbesondere der organisierten Arbeiterschaft, in der freien Wohlfahrtspflege nicht verzichtet werden könne, wuchs" (A. Oel-Monat in: Theorie und Praxis der sozialen Arbeit 1979, S. 460).

b) Die Gründung – Maria Juchacz

Maria Juchacz (1879 – 1956), die aus eigenem Erleben die Not der unteren sozialen Schichten kannte, ergriff die Initiative zur Gründung eines eigenen „Hauptausschusses für die Arbeiterwohlfahrt" in der SPD. Sie stammte aus einer Handwerkerfamilie, in der das Geld immer knapp war, weil sie ständig mit den Schwierigkeiten zu kämpfen hatte, die durch die Industrialisierung für den handwerklichen Mittelstand entstanden waren. So konnte sie auch nur eine sehr einfache Schulbildung erhalten, die ihrer Begabung in keiner Weise gerecht wurde. Als Fabrikarbeiterin und als Wärterin in einer Irrenanstalt (in ihrer Heimatstadt Landsberg a. d. Warthe) lernte sie die Arbeitsbedingungen von Fabrikarbeiterinnen und die Situation in sozialen Einrichtungen ihrer Zeit kennen. 1906 ging sie nach Berlin. Dort engagierte sie sich, soweit dies Frauen zu jener Zeit überhaupt möglich war, in verschiedenen sozialen und später auch Parteigruppierungen der SPD. Aufgrund ihrer Fähigkeiten und ihrer starken Persönlichkeit wuden ihr immer mehr verantwortliche Aufgaben und Funktionen übertragen, die sie zeitweise ins Rheinland führten. 1917 wurde sie in den Parteivorstand gewählt und als zentrale Frauensekretärin der SPD bestätigt. So war es schon fast eine Selbstverständlichkeit, daß sie 1918 der Verfassunggebenden Nationalversammlung und später dem Reichstag angehörte. (Nach: L. Lemke, Maria Juchacz – Gründerin der Arbeiterwohlfahrt.)

In die erste Zeit der Weimarer Republik fällt auch die Gründung des Hauptausschusses für die Arbeiterwohlfahrt.

Im Protokoll der Sitzung des Parteiausschusses der SPD vom 13. 12. 1919 in Berlin ist darüber folgendes festgehalten:

„Frau Juchacz: Ich habe Ihnen heute auch einen neuen Organisationsvorschlag zu machen. Er geht mit Billigung des Parteivorstandes dahin, daß wir innerhalb der Parteiorganisation eine sozialdemokratische Wohlfahrtspflege konstituieren. Ich schlage vor, daß wir zunächst eine Zentralinstanz schaffen, einen Ausschuß, und daß wir dann im Rahmen unserer Bezirke Landes- und örtliche Organisationen, Wohlfahrtsausschüsse, bilden, zu denen wir alle die Personen hinzuziehen, die in der Wohlfahrtspflege tätig sind, in der kommunalen Wohlfahrtspflege oder in den verschiedensten halbamtlichen und amtlichen Wohlfahrtsvereinen. Ich bitte Sie, in den nächsten Tagen schon zur Gründung solcher Wohlfahrtsausschüsse der Partei zu schreiten. Wenn sie in den Orten konstituiert sind, müssen sie selbstverständlich auch den in Frage kommenden Behörden angemeldet werden, sowie auch die Reichsbehörde von unserer Existenz benachrichtigt werden muß, damit sie Rücksicht nehmen auf die Vertretung der großen Massen der politisch organisierten Arbeiterschaft. Die Vertreter der Gewerkschaften müßten eigentlich bei solchen Sitzungen, wie ich sie erwähnte, hinzugezogen werden; denn sie sind Vertreter sozialer Organisationen, und ihre Zuziehung gibt der Sache deshalb nicht einen parteipolitischen Charakter. . . .

Bromme: Bei uns hat die ganze Sache keinen Zweck. Bei uns ist die ganze Wohlfahrtspflege zusammengefaßt in ein Wohlfahrtsamt, das von einem Genossen geleitet wird. Dieses Amt leitet alle Wohlfahrtseinrichtungen, und wir haben aus dem Grund auch unsere Kinderschutzkommission aufgelöst. Ich glaube nicht, daß es nötig ist, daß wir von Partei wegen besondere Organisationen schaffen.

Heinrich Schulz: Wir müssen unterscheiden zwischen der staatlichen Wohlfahrtspflege, die jetzt organisiert wird, und der privaten. Diese nichtstaatliche Wohlfahrtspflege bedarf auch nichtbeamteter Personen. Dazu bedarf es der Organisationen, die es in bürgerlichen Kreisen in Mengen gibt, während wir sie bisher nicht haben. Es handelt sich dabei aber meist um Fragen, die Arbeiter und Arbeiterkinder angehen. Das wurde bisher geleitet von bürgerlichen Damen, die die Sache als Wohltätigkeit ansahen, während jetzt die Sache zur Wohlfahrtspflege geworden ist“ (Helfen und Gestalten, S. 11 ff.).

c) Der Aufbau in der Weimarer Republik

Dieser Anstoß führte innerhalb kürzester Zeit zur Gründung der entsprechenden Gremien auf den verschiedenen Ebenen. Bereits 1921 konnte der erste Reichskongreß in Görlitz abgehalten werden. Dort trat eine weitere Frau hervor, die die junge Arbeiterwohlfahrt entscheidend mitgeprägt und gefördert hat: Helene Simon. Sie kam, im Gegensatz zu Maria Juchacz, aus einer wohlhabenden Familie im Ruhrgebiet. Ob es auch damit zusammenhängt, daß sich ihre Auffassungen über die Funktion der Wohlfahrtspflege, wenn nicht grundsätzlich, so doch unübersehbar unterschieden: „Die Wohlfahrtspflege ist ihrer Natur nach unpolitisch. Die Art ihrer Ausgestaltung sowie das Tempo der Erfüllung ist jedoch von politischen Voraussetzungen abhängig" (H. Simon, zit. nach „Helfen und Gestalten" S. 15, den gesamten Text der Rede s. in W. Friedländer, Helene Simon). Die Frage, ob und in welchem Umfang die AW unabhängig von der SPD sein kann oder muß, berührt die AW bis in die Gegenwart.

„In der Weimarer Republik gehörte die AW nicht zur damaligen ‚Liga der freien Wohlfahrtspflege', weil sie sich seinerzeit in einer Verteidigungs- und Kampfposition gegenüber den anderen Wohlfahrtsverbänden befand und erklärtermaßen letztendlich sich selber und die freie Wohlfahrtspflege überflüssig machen wollte. Sie war deshalb ursprünglich auch nicht mit dem Ziel angetreten, selbst Träger sozialer Maßnahmen zu sein, sondern sie wollte vorrangig die breite Mitwirkung der Arbeiterschaft für sozialgesetzliche Regelungen und soziale Praxis mobilisieren" (H. Niedrig in: „Arbeiterwohlfahrt ‚80'", S. 20 ff.). Schon bald aber sah sie sich veranlaßt, eigene Maßnahmen und Einrichtungen zu betreiben. Damit konnte und wollte sie selbst darstellen, wie sie soziale Arbeit zu verwirklichen gedachte und zugleich praktische Hilfe und Anleitung bereitstellen. So entwickelte sie sich in den folgenden Jahren zu einer Organisation, die in der Sozial- und Gesellschaftspolitik einen festen Platz erhielt und zugleich konkrete Aufgaben wahrnahm. Als die politischen und wirtschaftlichen Verhältnisse immer schwieriger und die Probleme immer unlösbarer erschienen, mußten sich noch einmal die einfachen, aber wirkungsvollen Formen der Solidarität bewähren, die bereits in der Zeit vor und während des Ersten Weltkrieges den Zusammenhalt Sozialschwacher und Hilfsbedürftiger in der Arbeiterbewegung gestärkt hatten.

d) Das Verbot durch die Nationalsozialisten

„Aber alle Anstrengungen waren vergeblich. Das Naziregime zerschlug auch den hoffnungsvollen Aufschwung der Arbeiterwohlfahrt. Der Hauptausschuß gründete, noch bevor die Arbeiterwohlfahrt verboten wurde, im Januar 1933 eine Tarnorganisation, die unter dem Namen ‚Deutsch-Ausländisches Jugendhilfswerk e. V.' die Hilfsmaßnahmen für Verfolgte und ihre Familien weiterführen sollte und stattete dieses Werk mit einem namhaften Geldbetrag aus. Als Vorsitzende konnte Elsa Brandström gewonnen werden, Mlle, de Morsier von der ‚Union International des Enfants' in Genf trat als 2. Vorsitzende hinzu. Durch diese beiden Persönlichkeiten wurde das ‚Deutsch-Ausländische Jugendhilfswerk' so gut wie unantastbar. Dr. Ruth Weiland und Lotte Lemke wurden als Kassiererin bzw. Schriftführerin dem Vorstand zugeordnet. Bis 1936 war es möglich, vielen Familien durch Paketsendungen zu helfen. Dr. Margot Paazig, die eine Einrichtung der ‚Mathilde-Zimmer-Stiftung' leitete, nahm verfolgte Frauen nach ihrer Entlassung aus Gefängnissen oder Lagern auf; Kindertransporte gingen in ein Heim nach Bad Schwalbach und in Heime in der Schweiz. Bis 1936 wurde in Berlin-Reinickendorf ein Kindergarten unterhalten, in dem fast nur jüdische Kinder waren und der so geschickt getarnt war, daß das Jugendamt ihn finanziell unterstützte.

Am 12. 5. 1933 wurde der Hauptausschuß von einem Beauftragten der Deutschen Arbeitsfront übernommen, der in einem Rundschreiben Anweisungen für die Umorganisation gab. Aber die Verantwortlichen auf allen Ebenen und die 135 000 ehrenamtlichen Helfer versagten sich der Gleichschaltung. Die Deutsche Arbeitsfront griff ins Leere. Die Arbeiterwohlfahrt existierte nicht mehr" (L. Lemke in: Theorie und Praxis der sozialen Arbeit 1979, S. 454).

Die Zeitschrift „Arbeiterwohlfahrt" erschien am 15. 8. 1933 mit dem Hakenkreuz, als Herausgeber fungierte der „Hauptausschuß für Arbeiterwohlfahrt in der Deutschen Arbeitsfront" (Näheres vgl. Helfen und Gestalten, S. 47).

e) Wiedergründung und Ausbau nach 1945

„Der Wiederaufbau nach 1945 vollzog sich zunächst auf der örtlichen Ebene und ohne jeden zentralen Auftrag. Überall da, wo noch Menschen lebten, die früher die Arbeiterwohlfahrt getragen hatten, entstanden Ortsausschüsse, die aktiv wurden in der Hilfe von Mensch zu Mensch. Evakuierung und Flucht hatten Männer und Frauen der ehemaligen Arbeiterwohlfahrt in Gebiete gebracht, die früher dieser Organisation verschlossen waren. Nun entstanden auch hier Ortsausschüsse. Erst allmählich kam es zu Zusammenschlüssen im Rahmen der Länder. Im Frühjahr 1946 wurde der Hauptausschuß der Arbeiterwohlfahrt gebildet, um für den Bereich der drei Westzonen die Arbeit zusammenzufassen und zu koordinieren" (Beiträge und Studien zu einem Sozialatlas Heft 2, S. 15).

1948 wurde die Arbeiterwohlfahrt Mitglied der Liga der Freien Wohlfahrtspflege (heute: Bundesarbeitsgemeinschaft der Freien Wohlfahrtspflege).

Die Bundesgeschäftsstelle wurde zunächst in Hannover errichtet und übersiedelte 1952 nach Bonn. Nach den Jahren des Aufbaus der Organisation und des Ausbaus der Arbeit wurde bei der Bundeskonferenz in Timmendorfer Strand im Jahr 1977 das gesamte Satzungs- und Richtlinienwerk überarbeitet und den Erfordernissen der Aufgaben angepaßt.

Seit 1990 vollzieht sich der Aufbau der AW in den neuen Bundesländern auf allen Ebenen. Die Volkssolidarität wurde dabei nicht übernommen. An einzelnen Orten hat sich diese selbst aufgelöst. Deren Mitarbeiter haben dann meist Ortsvereine der AW gegründet.

Lotte Lemke war eine der (Frauen-)Persönlichkeiten, die die AWO in schwierigen Zeiten mitgetragen und mitgeprägt hat.

Von 1929 bis 1933 war sie Geschäftsführerin, nach dem Verbot durch das NS-Regime arbeitete sie weiter im Untergrund (soweit es möglich war). Von 1946 bis 1965 war sie 1. Vorsitzende. Ab 1971 war sie bis zu ihrem Tod (1988) Ehrenvorsitzende.

7. Spezielle Einrichtungen

a) Jugendwerk der Arbeiterwohlfahrt

Für die Jugendarbeit der Arbeiterwohlfahrt wurde 1969 ein Jugendwerk geschaffen. Bei der Bundeskonferenz 1979 bildete seine organisatorische Weiterentwicklung und Ausprägung einen der Mittelpunkte. Dabei wurden u. a. folgende **„Leitsätze des Jugendwerkes der Arbeiterwohlfahrt“** beschlossen:

„1. Grundsätze

1.1 Das Jugendwerk der Arbeiterwohlfahrt ist ein Jugendverband, der im Rahmen seiner in Satzungen festgelegten Aufgaben selbständig arbeitet.
1.2 Das Jugendwerk ist politisch und konfessionell unabhängig.
1.3 Seine Struktur und die Wahl seiner Vertreter entspricht demokratischen Grundsätzen.
1.4 Das Jugendwerk arbeitet mit anderen demokratischen Jugendorganisationen zusammen und beteiligt sich an der Arbeit der Jugendringe auf allen Ebenen.

2. Ziele

Das Jugendwerk hat das Ziel, junge Menschen mit den Werten des demokratischen Sozialismus vertraut zu machen. Das bedeutet insbesondere:

2.1 Kinder und Jugendliche sollen befähigt werden, ihre rationalen, emotionalen und sozialen Fähigkeiten zu entfalten, um als selbstbestimmte Persönlichkeiten ihre Aufgaben in Familie, Beruf, Staat und Gesellschaft zu erfüllen, an der Gestaltung des gesellschaftlichen Lebens mitzuwirken und ihre Interessen und Rechte wahrzunehmen.
2.2 Junge Menschen sollen zu solidarischem und sozialem Denken und Handeln und zum Erlernen demokratischer Verhaltensweisen geführt werden.
2.3 Das Jugendwerk will Engagement für die Lösung sozialer und politischer Aufgaben entwickeln helfen.
2.4 Junge Menschen sollen befähigt werden, undemokratischen Tendenzen innerhalb der Gesellschaft entgegenzuwirken.

3. Aufgaben

Der Schwerpunkt der Aufgaben des Jugendwerkes der Arbeiterwohlfahrt liegt in der Gruppenarbeit mit Kindern und Jugendlichen. Das Jugendwerk will insbesondere mitwirken bei der Planung, Vorbereitung, Durchführung und Auswertung der Aufgaben im Bereich der außerschulischen Jugendbildung und der

Jugendförderung wie Ferienmaßnahmen, Schularbeitenhilfen, Bildungshilfen für Benachteiligte. Es wird darüber hinaus an der Erfüllung sozialer Aufgaben der Arbeiterwohlfahrt mitarbeiten.

4. Mitgliedschaft

4.1 Mitglieder des Jugendwerkes sind die Mitglieder der Arbeiterwohlfahrt bis zum vollendeten 25. Lebensjahr, die ihre Mitwirkung im Jugendwerk erklären.

4.2 Mitglieder können ferner Kinder und Jugendliche im Alter von 7 bis 18 Jahren sein, die die Grundsätze, Ziele und Aufgaben des Jugendwerkes anerkennen.

5. Organisation, Aufbau

Das Jugendwerk gliedert sich in Orts-, Gemeinde- bzw. Stadt-, Kreis-, Bezirks- und Landesjugendwerke sowie das Bundesjugendwerk.

5.1 Ortsjugendwerk
Die in einer Gemeinde, einem Ortsteil, einer Großgemeinde, in einem Stadtteil einer kreisangehörigen oder kreisfreien Stadt wohnenden Mitglieder bilden das Ortsjugendwerk. Von den Mitgliedern des Ortsjugendwerkes können Kinder- und Jugendgruppen und Jugendklubs gebildet werden, die auch für Nichtmitglieder offen sind. Die Angelegenheiten, die sich aus der Gruppenarbeit oder Jugendklubarbeit ergeben, werden durch eine von der Gruppe selbst beschlossene Ordnung geregelt. Diese Gruppen- bzw. Klubordnung muß den Grundsätzen der Mustersatzung entsprechen.

5.2 Stadt- bzw. Gemeindejugendwerk
Ortsjugendwerke einer kreisangehörigen Stadt bzw. einer Großgemeinde bilden das Stadt- bzw. Gemeindejugendwerk.

5.3 Kreisjugendwerk
Das Kreisjugendwerk wird durch die Orts- bzw. Stadt- oder Gemeindejugendwerke eines Kreises gebildet.

5.4 Bezirksjugendwerk
Das Bezirksjugendwerk wird durch die Kreisjugendwerke seines Bereiches gebildet.

5.5 Landesjugendwerk
Das Landesjugendwerk wird von den Bezirksjugendwerken eines Bundeslandes gebildet.

5.6 Bundesjugendwerk
Das Bundesjugendwerk wird durch die Bezirks- und Landesjugendwerke gebildet.

6. Aufbringung der Mittel

Zur Betreuung der Aufwendungen, die dem Jugendwerk durch die Erfüllung seiner Aufgaben entstehen, dienen

a) Anteile aus den Beiträgen der Mitglieder der Arbeiterwohlfahrt, die das 25. Lebensjahr noch nicht vollendet haben,
b) die Beiträge der minderjährigen Mitglieder des Jugendwerks. Die Höhe der Beiträge der minderjährigen Mitglieder und ihre Aufteilung wird von der Bundesjugendkonferenz festgesetzt.
c) Zuwendungen aus öffentlichen Mitteln, Spenden, Erlöse von Veranstaltungen,
d) zweckgebundene Zuschüsse."

Mit Mustersatzungen für die Orts-, Bezirks- und Landesjugendwerke sowie eine Musterordnung für Gruppen und Klubs der Jugendwerke wird eine einheitliche Entwicklung und Ordnung in den verschiedenen Bereichen angestrebt. (Im einzelnen s. dazu: Richtlinien der Arbeiterwohlfahrt, Stand 1989.)

b) Fortbildung

Die AW betreibt selbst kein eigenes zentrales Fortbildungswerk. Sie arbeitet eng mit dem ihm nahestehenden Institut für Sozialarbeit und Sozialpädagogik e. V. in Frankfurt a. M., Am Stockborn 5–7, zusammen.

„Mitglieder des Vereins können die Mitglieder des Vorstandes der Arbeiterwohlfahrt Bundesverband e. V. sein. Sie müssen ihren Beitritt schriftlich erklären" (§ 4 der Satzung).

„Der Verein hat den Zweck, Entwicklungsarbeit in Wissenschaft und Praxis der sozialen Arbeit zu leisten und Fortbildung anzubieten.

Der Zweck wird u. a. durch innovative Projektarbeit zur Erprobung zeitgemäßer Standards und zur Verbesserung der Fachlichkeit sozialer Arbeit erfüllt. Dies wird durch einen bundesweiten Ergebnistransfer für alle interessierten Organisationen und Gruppen nutzbar gemacht."

„Das ‚Institut für Sozialarbeit und Sozialpädagogik e. V.' will folgende Aufgaben erfüllen:"

a) Mit Praxisforschung wird durch Lebenslagen- und Interventionsforschung in verschiedenen Arbeitsfeldern eine wissenschaftliche Fundierung sozialer Arbeit und ihrer institutionellen Ausprägungen abgesichert.
b) Durch wissenschaftliche Begleitung sowohl der Regelpraxis als auch von Modellversuchen werden Reflexionshilfen und Evaluationstechniken angeboten sowie übertragbare Ergebnisse erarbeitet, die der Herausbildung einer spezifischen Fachlichkeit in der sozialen Arbeit dienen.
c) Durch Organisationsentwicklung und Institutions- und Planungsberatung werden Institutionen und ihre Mitarbeiterinnen/Mitarbeiter in ihren Bemühungen unterstützt, ihre Angebote und Aktivitäten bedürfnis- und bedarfsgerechter für die Adressaten sozialer Arbeit zu gestalten.
d) Durch bundeszentrale und projekt-/institutionsorientierte Fort- und Weiterbildung werden modellhafte didaktische Angebote der Fort- und Weiterbildung entwickelt und realisiert mit den Zielen

- der Steigerung von Handlungskompetenzen der Fachkräfte
- des bundesweiten Ergebnistransfers
  und
- des Aufgreifens neuer Fragestellungen und Anforderungen.

e) Durch Publikationen im ISS-Eigenverlag oder in anderen Publikationsorganen und Medien werden Forschungsdokumentationen, Berichte über Veränderungen in der Regelpraxis oder in Modellversuchen, Tagungsberichte und Stellungnahmen veröffentlicht zur Unterstützung von Fachlichkeit und von Innovationen.

f) Die aus Praxisforschung, wissenschaftlicher Begleitung, Organisationsentwicklung und Institutions- und Planungsberatung gewonnenen Erkenntnisse werden bundesweit und international übertragbar gemacht und der Fachöffentlichkeit zur Verfügung gestellt" (§ 2 der Satzung).

8. Regelmäßige zentrale Veröffentlichungen

a) Fachzeitschrift „Theorie und Praxis der sozialen Arbeit" (monatlich)

b) Mitgliederzeitschrift „sozialprisma" (monatlich)

c) AW-Jahrbuch (jährlich)

d) AW-Pressedienst (wöchentlich)

e) verschiedene Sozial-Infodienste, insbesondere über: Jugendpolitik, Berater ausländischer Arbeitnehmer, Berater asylsuchender Flüchtlinge, Sozialberatung (in der Regel monatlich, aber nicht regelmäßig)

f) Tagungshefte der Bundeskonferenz und sozialen Fachtagungen (in der Regel alle drei Jahre)

g) Schriften der Schriftenreihe der AW

h) Praxishefte.

II. Deutscher Caritasverband e. V., Karlstr. 40, Werthmannhaus, 7800 Freiburg

1. Selbstverständnis

„Der Deutsche Caritasverband ist die von den deutschen Bischöfen anerkannte institutionelle Zusammenfassung und Vertretung der katholischen Caritas in Deutschland. Er ist Verband der freien Wohlfahrtspflege" (§ 1 der Satzung vom 9. 11. 1897 i. d. F. vom 18. 9. 1975).

Im Laiendekret des II. Vaticanums (1962–1965) ist es den Laien aufgegeben, „die Werke der Liebe und die Einrichtungen der Fürsorge, private oder öffentliche, auch die internationalen Hilfswerke, hochzuschätzen und nach Kräften zu fördern und dabei mit allen Menschen guten Willens zusammenzuarbeiten“ (Zit. nach F. Klein, Die Verfassung der Deutschen Caritas, S. 27). Als die wichtigste Entscheidung über die Gemeinschaftscaritas der (römisch-katholischen) Kirche wird die Kirchenkonstitution vom 21. 11. 1964 des II. Vaticanums angesehen. Papst Paul VI. hat sich darauf bezogen, als er zum Abschluß der 7. Generalversammlung der Caritas Internationalis in Rom (10. 9. 1965) u. a. folgende Punkte hervorhob:

„1. Zunächst ist darauf hinzuweisen, daß die Werke christlicher Nächstenliebe in der Rangordnung an erster Stelle stehen und daß sie heute mit einer Dringlichkeit, die keinen Aufschub duldet, abgefordert sind, und zwar als spontanes Angebot, nicht als erzwungene Leistung.

2. Ferner scheint es unumgänglich notwendig, die Organisationsmethoden und technischen Hilfsmittel unserer Zeit in stärkerem Ausmaß als bisher auch für caritative Einrichtungen auszunutzen, um in der Lage zu sein, den großen Notsituationen der modernen Welt, sobald sie sich zeigen, schnell und wirksam zu begegnen. Wir sind überzeugt, daß diese aufgeschlossene Art, wie Caritas sich heute ins Werk setzen muß, ihnen nicht entgangen ist und daß sie besorgt sein wollen, sich ihrer mehr und mehr zu bedienen.

3. Schließlich noch dies: es ist unbedingt notwendig, daß die Gläubigen größere finanzielle Beiträge als bisher für den Dienst an den Armen zur Verfügung stellen. Diese Forderung ist gleichzeitig ein dringender Appell, den Geist der Armut, die Abtötung, das Fasten, die Zurückhaltung in persönlichen Ansprüchen nicht zu vergessen, um mit dem Ertrag, der auf diese Weise eingespart wird, den Brüdern im Elend zu helfen. Wieviel eine großherzige Initiative in dieser Hinsicht zu leisten vermag, dafür gibt es glücklicherweise Beispiele genug. Nun denn, es ist Sache der Caritas Internationalis und der einzelnen Landesverbände, die ihr angeschlossen sind, im Sinne Unserer Ausführungen mit allen verfügbaren Kräften ihr Bestes zu leisten“ (Zit. nach F. Klein, Verfassung der deutschen Caritas, S. 12).

Die Deutsche Bischofskonferenz hat mit einer Stellungnahme im März 1964 den pastoral-theologischen Grund formuliert, von dem aus der Caritasauftrag des einzelnen Christen und der Kirche zu erkennen und in allen Dimensionen christlicher Liebestätigkeit zu vollziehen ist.

„Die Kirche, von Jesus Christus gegründet und beauftragt, allen Menschen und der ganzen Welt das Heil zu bringen, verkündet auch dem Menschen von heute dieses Heil als Antwort auf die Frage nach dem Sinn seines Lebens. Dies ist der Kern der Evangelisierung, das heißt der kirchlich verantworteten Verkündigung der christlichen Frohbotschaft, die alle anderen Sinnentwürfe für das menschliche Leben transzendiert. . . . Die Unterscheidung des Christlichen wird wirksam in der Beurteilung der Wertsysteme und Zielvorstellungen der modernen Gesellschaft, in der Stellungnahme zu den Euphorien unserer Tage, der Planungs-, Machbarkeits- und Fortschrittseuphorie, der Emanzipations- und Befreiungseuphorie, in der Kritik der totalitären und atheistischen Ideologien, die alle unter dem eschatologischen Vorbehalt der letztgültigen Beurteilung Gottes stehen. . . . Das christliche Menschenbild ist geprägt vom Glauben an Jesus Christus, in dem Gott Mensch geworden und der uns Weg, Wahrheit und Leben ist. . . . Die christliche Verkündigung sieht den Menschen im Kreuzpunkt der Bindung an Gott im Glauben und der Zuwendung zu den Mitmenschen in der Haltung helfend-liebender Tat. . . . Sie fordert die Christen auf, motiviert von der Liebe Gottes, Modelle praktischen Verhaltens in den verschiedenen Sachbereichen dieser konkreten Gesellschaft zu entwickeln, die den Zielvorstellungen des Evangeliums, dem Geist der Liebe, der Wahrheit und Gerechtigkeit in unserer Zeit mit ihren vielfältigen Anfragen erst ihre konkrete Gestalt verleihen" (Zit. nach „Unser Standpunkt" Nr. 7, S. 8).

Anläßlich des Besuchs von Papst Johannes Paul II. vom 16. 11. 1980 in der Bundesrepublik Deutschland wurden in einer Dokumentation des Sekretariats der Deutschen Bischofskonferenz folgende Aussagen über die Caritas und ihre Funktion in der Kirche aufgenommen:
„Caritas ist eine der Grundfunktionen der Kirche. Das heißt, sie ist eine wesentliche Form ihres Selbstvollzugs ebenso wie die missionarische Verkündigung, die Feier der Liturgie und die gegliederte Ordnung der Gemeinschaft der Gläubigen. Caritas bestimmt als Zeichen der Liebe Gottes das Erscheingungsbild der Kirche entscheidend mit.

Der Caritasverband ist nicht Organisation neben den Gemeinden, sondern mit deren Leben organisch verbunden. Er ist auch nicht nur Spitzenverband der Freien Wohlfahrtspflege, sondern vor allem Instrument der dienenden Kirche" (Abschnitt 10, S. 1 und 2).

Vor diesem Hintergrund ist die Frage, welche organisatorische, rechtliche, finanzielle und gesellschaftspolitische Selbständigkeit die institutionalisierte Caritas gegenüber der „Amts"-Kirche haben kann und muß, bedeutungsvoll und vielschichtig zugleich (neben der in diesem Kapitel zitierten Literatur s. u. a. auch A. Hierold, Grundlegung und Organisation kirchlicher Caritas).

„Um des gemeinsamen christlichen Dienstes am Menschen willen, weiß (der Deutsche Caritasverband) sich zu ökumenischer Zusammenarbeit verpflichtet. Um einen den Erfordernissen heutiger Sozialarbeit entsprechenden Dienst am Menschen zu gewährleisten, ist darüber hinaus eine Zusammenarbeit der Caritas auch mit nichtkirchlichen, kommunalen und der Freien Wohlfahrtspflege zugehörigen Unternehmungen und Einrichtungen sozialer Hilfe unerläßlich" (Dokumentation des Sekretariats der Bischofskonferenz von 1980, S. 2).

Die Voraussetzungen, die dem Deutschen Caritasverband (DCV) und seinen Mitgliedern selbstverantwortliches Handeln in einer pluralistischen Gesellschaft als Spitzenverband der freien Wohlfahrtspflege sichern sollen, hat er folgendermaßen formuliert:

„Organisation und Trägerform der jeweiligen Einrichtung müssen so gewählt und gestaltet werden, daß der Auftrag der Caritas ausreichend berücksichtigt und abgesichert ist; dazu gehört insbesondere die Prüfung, welche Trägerformen eine ausreichende Gestaltungsmöglichkeit sowohl hinsichtlich der Sicherung der für die Dienste notwendigen Freiheit wie auch der Zuordnung der Dienstleistungen zum Träger und zum Amt bieten. Hierbei ist zu bedenken, daß Organisation und rechtliche Verfassung von Einrichtungen und Diensten nicht so sehr zur Absicherung von Macht und Einfluß, sondern der bestmöglichen Erfüllung der gestellten Aufgabe dienen.

Zum rechten Verständnis von Eigenständigkeit und Freiheit caritativer Träger müssen für diese Aufgabenhoheit, Organisationshoheit, Personalhoheit und die Freiheit in der Gewinnung der Mittel und der Verfügung darüber gesichert sein.

In der Aufgabenhoheit liegt das Recht, eine caritative Aufgabe in Freiheit zu wählen, sie zu gestalten, sie aufzugeben oder abzulehnen. Von daher kann eine Indienstnahme caritativer Träger durch die öffentliche Hand nicht durch Gesetz oder hoheitliches Handeln, sondern nur im Wege gegenseitiger Vereinbarung erfolgen. Mit der Organisationshoheit ist das Recht gegeben, Aufbau und Gestaltung der Dienste und die Struktur der Einrichtung zu bestimmen. In der Personalhoheit ist für den Rechtsträger das Recht gesichert, über die Begründung und Beendigung von Dienstverhältnissen selbst zu entscheiden. In dieser Weise sind Recht und Pflicht des Trägers einbezogen, die Dienstleistung des Mitarbeiters nach innen und außen voll zu verantworten. Zu diesen Rechten gehört schließlich in gewichtigem Maße die Freiheit, die Gewinnung von Mitteln zu planen, Aktivitäten hierzu durchzuführen und über ihre Verwendung zu entscheiden" (Beschluß des Zentralrates des DCV vom 6. 5. 1976, Unser Standpunkt Nr. 7, S. 99 ff.).

2. Aufgaben

a) Die Aufgaben des DCV sind in § 6 der Satzung festgelegt:

„(1) Der Deutsche Caritasverband widmet sich allen Aufgaben sozialer und caritativer Hilfe.

(2) Er soll insbesondere

1. die Werke der Caritas planmäßig fördern und das Zusammenwirken aller auf dem Gebiete der Caritas tätigen Personen und Einrichtungen herbeiführen;
2. zur Förderung und Entwicklung der sozialen und caritativen Facharbeit und ihrer Methoden beitragen;
3. die Ausbildung, Fortbildung und Schulung von Mitarbeitern der sozialen und caritativen Hilfe wahrnehmen und durch Schrifttum und Publikationen die Arbeit wissenschaftlich und praktisch unterstützen;
4. soziale Berufe wecken und fördern und die ehrenamtliche Mitarbeit anregen und vertiefen;

5. Entwicklungen auf dem Gebiet der Wohlfahrtspflege anregen und beeinflussen;
6. die Öffentlichkeit informieren;
7. die Caritas in Angelegenheiten überdiözesaner Bedeutung vertreten und die Zusammenarbeit in und mit Behörden und sonstigen öffentlichen Organen gewährleisten;
8. in Organisationen mitwirken, soweit Aufgabengebiete sozialer und caritativer Hilfe berührt werden;
9. Aktionen und Werke von zentraler Bedeutung im Zusammenwirken mit den Diözesancaritas- und Fachverbänden, insbesondere bei außerordentlichen Notständen, durchführen;
10. bei internationalen Aufgaben mitwirken."

b) In einer Mustersatzung für die Neuordnung der Diözesan-Caritasverbände sind deren Aufgaben in § 5 des entsprechenden Vorschlages beschrieben.

Dabei ist jedoch zu berücksichtigen, daß den einzelnen Bischöfen weitgehende Rechte zustehen, die Aufgaben ihrer Diözese (so auch die Caritas) zu ordnen. Eine einheitliche Regelung kann deshalb nicht von oben her durchgesetzt werden. Es wird dabei auch immer wieder gefragt, ob eine Einheitsstruktur und Aufgabenstellung in der gesamten Bundesrepublik den teilweise sehr unterschiedlichen Gegebenheiten in einzelnen Diözesen tatsächlich gerecht werden kann. Diese Frage haben schon Vertreter der bayerischen Caritas gestellt, als es am Ende des Ersten Weltkrieges darum ging, den „Landescaritasverband für das Königreich Bayern" in den Caritasverband für das katholische Deutschland einzuordnen: Sie wüßten zwar, daß es keine spezielle bayerische Caritas gäbe, aber eine deutsche gäbe es auch nicht.

c) Die Mitglieder des DCV nehmen vor allem folgende Aufgaben wahr (Stand 1. 1. 1990):

	Einrichtungen	Plätze/Betten
1 Gesundheitshilfe		
11 Krankenhäuser und Heime	764	136 487
12 Tageseinrichtungen	20	1 837
13 Einrichtungen der offenen Hilfe	3 513	–
14 Aus- und Fortbildungsstätten	324	19 846
	4 621	158 170
2 Jugendhilfe		
21 Heime	1 089	60 009
22 Tageseinrichtungen	9 503	599 768
23 Einrichtungen der offenen Hilfe	1 145	–
24 Aus- und Fortbildungsstätten	104	10 968
	11 841	670 745
3 Familienhilfe		
31 Heime	136	10 906
33 Einrichtungen der offenen Hilfe	4 352	–
34 Aus- und Fortbildungsstätten	9	225
	4 497	11 131
4 Altenhilfe		
41 Heime	1 526	103 258
42 Tageseinrichtungen	5	80
43 Einrichtungen der offenen Hilfe	3 464	–
44 Aus- und Fortbildungsstätten	46	1 718
	5 041	105 056
5 Behindertenhilfe		
51 Heime	367	31 719
52 Tageseinrichtungen	496	42 106
53 Einrichtungen der offenen Hilfe	402	–
54 Aus- und Fortbildungsstätten	12	954
	1 277	74 779
6 Weitere soziale Hilfen		
61 Heime	529	37 533
62 Tageseinrichtungen	49	1 028
63 Einrichtungen der offenen Hilfe	2 109	–
64 Aus- und Fortbildungsstätten	183	15 542
	2 870	54 103

Die katholischen sozialen Einrichtungen der Caritas im Bereich der Berliner Bischofskonfernez (Stand 1. 1. 1990):
(Die Zentralstelle Berlin des Deutschen Caritasverbandes hat schon bisher Zahlen der Einrichtungsstatistik für das Gebiet der ehemaligen DDR ermittelt. Künftig wird die Einrichtungsstatistik des Deutschen Caritasverbandes auch die Zahlen aus den Caritasverbänden in den neuen Bundesländern enthalten.)

Einrichtungen	Einrichtungen	Plätze/Betten
Krankenhäuser	32	5 065
Kurheime	5	344
Erholungsheime	24	676
Gemeindeambulanzen[1])	98	–
Säuglingsheime (0–3 Jahre)	5	280
Kinderheime (ab 3 Jahre)	12	303
Wohnheime für Jugendliche	2	30
Kinderkrippen	1	15
Kindergärten	140	7 295
Kinderhorte	9	221
Alten-/Pflegeheime	103	3 498
Heime für Körperbehinderte	1	10
Heime für geistig Behinderte	19	922
Tagesstätten für geistig Behinderte	4	96
Bahnhofsmission	1	14
Beratungsstellen	9	–
Caritassekretariate	60	–
Ausbildungsstätten.	47	1 288

(Caritas Korrespondenz, Februar 1991, S. 3 ff.)

3. Mitgliedschaft, Aufbau und Organe

a) Mitgliedschaft

Die Neufassung der Einzelmitgliedschaft und der korporativen Mitgliedschaft stand im Mittelpunkt der Satzungsreform der letzten 20 Jahre. Dabei waren die in einer langen Geschichte gewachsenen Strukturen in Einklang zu bringen mit den Aufgaben eines Spitzenverbandes der freien Wohlfahrtspflege der Gegenwart. § 7 der Satzung:

„(1) Der Deutsche Caritasverband hat persönliche und korporative Mitglieder.

Persönliches Mitglied kann sein, wer an der Erfüllung des Auftrages der Caritas der katholischen Kirche mitwirkt.

[1]) Die Krankenhausambulanzen sind nicht erfaßt.

Korporatives Mitglied kann ein Träger solcher Einrichtungen und Dienste werden, der nach seinen satzungsgemäßen Zwecken Aufgaben der Caritas der katholischen Kirche erfüllt.

(2) Mitglieder des Deutschen Caritasverbandes sind die Mitglieder der Caritasverbände nach § 4 (1) und der angeschlossenen Fachverbände nach § 4 (2). Die angegliederten Vereinigungen nach § 4 (4) haben die Möglichkeit, für ihre Mitglieder die Mitgliedschaft im Deutschen Caritasverband zu erwerben" (§ 4 s. u.).

Der seinerzeitige Justitiar des DCV, Franz Klein, schrieb dazu:

„Das neue Statut kennt nur noch eine Mitgliedschaft und beseitigt die an sich nach dem Vereinsrecht mögliche Aufgliederung der Mitglieder in verschiedene Gruppen mit unterschiedlicher Rechtsstellung. In dieser Weise wird eine grundsätzliche Frage entschieden, die entsprechend auch in den Gliederungen und in den angeschlossenen Fachverbänden und Vereinigungen in der Zukunft durchgeführt werden sollte.

Die persönliche Mitgliedschaft in der institutionellen Caritas wird heute als das umfassende persönliche Engagement in den äußeren Werken und Einrichtungen der kirchlichen Liebestätigkeit verstanden und setzt die persönliche Mittätigkeit geradezu voraus, wie sie in den verschiedenen Entscheidungen des Konzils gefordert wird.

Neben den persönlichen Mitgliedern führt der Verband noch korporative Mitglieder. Aus gutem Grund legt § 7 fest, an welche Voraussetzungen die korporative Mitgliedschaft im Deutschen Caritasverband und damit richtungweisend in den Gliederungen des Verbandes und in den angeschlossenen Fachverbänden und Vereinigungen geknüpft ist. Es können nur solche Einrichtungen, Stiftungen, Vereine, Genossenschaften und Gemeinschaften die korporative Mitgliedschaft erwerben, die nach ihren satzungsgemäßen Zwecken und ihrer entsprechenden Tätigkeit Caritasaufgaben erfüllen. Damit ist eine Grundsatzfrage entschieden. Die korporative Mitgliedschaft steht nicht Interessenverbänden verschiedener Zielsetzung offen. Es können auch nicht Gebietskörperschaften, vor allem auf der Orts- und Kreisebene, die fördernde Mitgliedschaft bei einem Caritasverband erwerben, auch dann nicht, wenn sie durch Subventionen oder sonstige finanzielle Förderung die Werke der Caritas unterstützen. Die heute Stellung der Kirche und ihrer Caritas verlangt eine klare Trennung auch für den vorliegenden Bereich. Im Kern geht es um die Erhaltung der Freiheit, Eigenständigkeit und Eigenart der katholischen Caritas" (F. Klein, Verfassung der deutschen Caritas, S. 64 ff.).

Dabei ist zu berücksichtigen, daß nicht alle Vereinigungen und Genossenschaften im vereinsrechtlichen Sinne Mitglieder sind. Diese sind jedoch zugeordnet im Sinne des umfassenden Selbstverständnisses der römisch-katholischen Kirche. Da die „Religionsgesellschaften ihre Angelegenheiten selbständig und innerhalb der Schranken des für alle geltenden Rechtes ordnen und verwalten", (Art. 140 GG i. V. mit Art. 137 Abs. 2 der Weimarer Reichsverfassung) ist die

Frage, in welcher Weise dies erfolgt, gegenüber Dritten unbedeutend. (Zur Frage der Mitgliedschaft s. u. a. auch H. Kramer, Rahmenmodell zur Neuordnung der Caritasmitgliedschaft, in Caritas-Korrespondenz 12/1971 sowie Leitlinien zur Neuordnung der korporativen Mitgliedschaft im Deutschen Caritasverband in Caritas-Korrespondenz 9/1978.)

b) Aufbau

„(1) Der Deutsche Caritasverband umfaßt Diözesancaritasverbände und innerhalb dieser Dekanats-, Bezirks-, Kreis- bzw. Ortscaritasverbände. Die in den Pfarrgemeinden gebildeten Caritasausschüsse sind den jeweiligen Dekanats-, Bezirks-, Orts- bzw. Kreiscaritasverbänden zugeordnet.

(2) Dem Deutschen Caritasverband sind die anerkannten zentralen katholischen caritativen Fachverbände angeschlossen. Sie ordnen sich auf der jeweiligen Ebene der entsprechenden Gliederung des Deutschen Caritasverbandes zu.

(3) Innerhalb des Deutschen Caritasverbandes gebildete Zusammenschlüsse katholischer caritativer Einrichtungen gleicher Fachrichtung können als zentrale Fachverbände anerkannt werden. Diese Einrichtungen bilden innerhalb des Diözesancaritasverbandes besondere Arbeitsgemeinschaften.

(4) Dem Deutschen Caritasverband können katholische caritative Vereinigungen, die überdiözesan tätig sind, angegliedert werden. Hinsichtlich der Zuordnung dieser Vereinigung gilt (2) Satz 2 sinngemäß.

(5) Die in (1) bis (4) genannten Verbände und Vereinigungen üben ihre satzungsgemäße Tätigkeit selbständig aus“ (§ 4).

Daraus ergibt sich folgender Aufbau:
- Deutscher Caritasverband – Zentrale Freiburg (Lorenz-Werthmann-Haus)
- Hauptvertretungen in Berlin, Bonn, München
- 22 Diözesancaritasverbände
- 444 Dekanats-, Bezirks-, Orts- und Kreiscaritasverbände
- 2 Millionen Mitglieder des DCV und der Fachverbände
- 36 zentrale caritative Fachverbände sind auf der jeweiligen Ebene den entsprechenden Gliederungen des Deutschen Caritasverbandes zugeordnet
- 260 caritative Genossenschaften und Vereinigungen sind mit Einrichtungen dem Deutschen Caritasverband zugeordnet.

Bei den Fachverbänden sind zwei verschiedene Gruppen zu unterscheiden:

aa) Fachverbände, die selbst unmittelbar Träger von Maßnahmen und Einrichtungen sind, so z. B.:

- Die Caritas-Konferenzen Deutschlands (CKD) – Verband ehrenamtlicher Mitarbeiter in den Gemeinden – (früher Gemeinschaft der Elisabeth-Konferenzen) wollen den Auftrag der Kirche zur solidarischen Hilfe in den Gemeinden verwirklichen helfen und zur Befähigung im Helferdienst sowie zur Erfüllung caritativer Aufgaben beitragen.

- Die Gemeinschaft der Vinzenzkonferenzen Deutschlands ist (als Teilgliederung der internationalen Vinzenzgemeinschaft) ein Zusammenschluß pfarrlich gegliederter, brüderlicher Gemeinschaften christlicher Laien (Männer und Frauen), die den Auftrag Christi und der Kirche zu tätiger Caritas zu erfüllen trachten.
- Der Sozialdienst katholischer Frauen (SKF) – 1899 in Dortmund gegründet – ist zentraler Fachverband für Jugend- und Gefährdetenhilfe im Deutschen Caritasverband.
- Der Sozialdienst katholischer Männer (SKM) ist eine Fachorganisation des DCV für Aufgaben der Jugend- und Gefährdetenhilfe. Er wurde 1912 als „Katholischer Männerfürsorgeverein" gegründet und nahm 1961 den heutigen Namen an.
- Der Verband katholischer Mädchensozialarbeit (früher „Mädchenschutz") ist ein Verband katholischer Frauen, die in haupt- und ehrenamtlicher Arbeit auf spezielle, mit dem sozialen Wandel wechselnde Bedürfnisse weiblicher Jugendlicher eine Antwort zu geben versuchen.
- Der Malteser-Hilfsdienst (MHD) steht als Fachverband für Gesundheits- und Betreuungsdienste in Katastrophenfällen dem DCV zur Verfügung. Gegründet wurde der Malteser-Hilfsdienst im Jahre 1953 von den beiden deutschen Assoziationen des Souveränen Malteser-Ritterordens gemeinsam mit dem Deutschen Caritasverband. Der MHD besitzt die Anerkennung der Bundesregierung als nationale Hilfsgesellschaft im Sinne der Genfer Konventionen von 1949 sowie der Deutschen Bischofskonferenz als katholische Hilfsorganisation.
- Das Raphaels-Werk hat den Auftrag der deutschen Bischöfe, allen Beratung und Hilfe anzubieten, die ihren Wohnsitz für die Dauer oder für vorübergehende Zeit ins Ausland verlegen oder eine neue Heimat suchen wollen (aus „Unser Standpunkt" Nr. 7, S. 62 ff.).

bb) Daneben gibt es eine Reihe von Fachverbänden für die verschiedenen Aufgabengebiete und Trägergruppen für Kindergärten und Kinderhorte, Beratungseinrichtungen, Einrichtungen der Jugend-, Behinderten- und Altenhilfe, des Krankenhauswesens u. a., die selbst keine Einrichtungen betreiben. Sie dienen u. a. dem Erfahrungsaustausch, der Weiterentwicklung von Konzepten und der Interessenvertretung.

c) Organe

Präsident

„Der Präsident repräsentiert den DCV in der Kirche und in der außerkirchlichen Öffentlichkeit. Er ist Dienstvorgesetzter für die Mitarbeiter der Zentrale, der Hauptvertretungen und der verbandseigenen Einrichtungen des DCV.

Geschäftsführender Vorstand (Direktion)

Der Geschäftsführende Vorstand setzt sich zusammen aus dem Präsidenten, dem Generalsekretär, dem Finanzdirektor und dem Justitiar, sowie bis zu drei

Abteilungsleitern der Zentrale, die vom Zentralvorstand auf die Dauer von drei Jahren berufen werden.

Dem Geschäftsführenden Vorstand obliegt die laufende Verbandsgeschäftsführung. Dabei hat er die Beschlüsse der Organe des DCV durchzuführen und ihre Empfehlungen zu beachten. Er hat den Jahresvoranschlag und die Jahresrechnung vorzubereiten.

Zentralvorstand

Der Zentralvorstand setzt sich zusammen aus stimmberechtigten und beratenden Mitgliedern.

Stimmberechtigte Mitglieder sind

- die Mitglieder des Geschäftsführenden Vorstandes,
- dreizehn Vorsitzende oder Direktoren der Diözesancaritasverbände und überdiözesanen Landescaritasverbände,
- vier dem Zentralrat mit Stimmrecht angehörende Vertreter der anerkannten zentralen Fachverbände, der caritativen Orden oder katholischen caritativen Schwesterngemeinschaften,
- vier Vertreter der von der Vertreterversammlung in den Zentralrat gewählten Personen.

Der Zentralvorstand hat die Aufgabe, im Rahmen der Beschlüsse des Zentralrates und der Vertreterversammlung das zur Erfüllung der Verbandszwecke Erforderliche zu veranlassen. Er überwacht die Tätigkeit des Geschäftsführenden Vorstandes. Zu diesen Aufgaben gehören insbesondere

- die Festlegung von Richtlinien für die Verbandsgeschäftsführung und die Sorge für ihre Beachtung,
- die Beratung und Entscheidung über wirtschaftliche und finanzpolitische Fragen von besonderem Ausmaß,
- die allgemeine Festlegung der Gehalts- und Versorgungsbezüge für die Mitarbeiter der Zentrale, der Hauptvertretungen und der verbandseigenen Einrichtungen,
- die Berufung von Abteilungsleitern als Mitglieder des Geschäftsführenden Vorstandes,
- die Anerkennung eines Fachverbandes und deren Widerruf.

Der Zentralvorstand entscheidet über die Dienstverhältnisse einschließlich ihrer Entstehung und Beendigung des Generalsekretärs, des Finanzdirektors, des Justitiars, der Abteilungsleiter der Zentrale und der Leiter der Hauptvertretungen.

Zentralrat

Der Zentralrat setzt sich zusammen aus stimmberechtigten und beratenden Mitgliedern.

Stimmberechtigte Mitglieder sind:

- die ersten Vorsitzenden und die Direktoren der Diözesancaritasverbände,
- die Mitglieder des Geschäftsführenden Vorstandes,
- die Leiter der Hauptvertretungen und die dem Geschäftsführenden Vorstand nicht angehörenden Abteilungsleiter der Zentrale, höchstens jedoch bis zu 15 Personen,
- bis zu 14 Vertreter der zentralen caritativen Fachverbände, der caritativen Orden oder katholischen Schwesterngemeinschaften,
- bis zu 15 von der Vertreterversammlung aus ihrer Mitte gewählte Vertreter.

Dem Zentralrat obliegt

- die Wahl des Präsidenten,
- die Wahl der Vizepräsidenten (bis vier) aus den stimmberechtigten Mitgliedern des Zentralvorstandes, soweit diese nicht dem Geschäftsführenden Vorstand angehören,
- die Wahl der zu wählenden Mitglieder des Zentralvorstandes,
- die Beratung und Entscheidung über Fragen grundsätzlicher und allgemeiner Bedeutung,
- die Entgegennahme des Finanzberichtes und des Tätigkeitsberichtes, die Prüfung und Genehmigung der Jahresrechnung und des Voranschlages sowie die Entlastung des Zentralvorstandes und des Geschäftsführenden Vorstandes,
- die Regelung des Beitragswesens,
- die Wahl der Prüfer für die Jahresrechnung,
- die Entscheidung über Widersprüche gegen Entscheidungen des Zentralvorstandes,
- der Erlaß einer Ordnung des Verfahrens für die Anerkennung von Fachverbänden und deren Widerruf.

Vertreterversammlungen

Die Vertreterversammlung setzt sich zusammen aus

- je 20 Vertretern der Diözesancaritasverbände, die gemäß deren Satzung gewählt sind und bei deren Wahl die Mitgliedergruppen des Diözesancaritasverbandes in einem ausgewogenen Verhältnis berücksichtigt werden sollen,
- den Mitgliedern des Zentralrates,
- je 2 Vertretern der Fachverbände,
- 15 Vertretern der caritativen Orden und katholischen caritativen Schwesterngemeinschaften,
- je 1 Vertreter der katholischen caritativen Vereinigungen, die überdiözesan tätig sind.

Der Vertreterversammlung obliegt

- die Entgegennahme des Tätigkeitsberichtes des Zentralrates,
- die Beratung von Grundfragen der Caritas,

- die Wahl der zu wählenden Mitglieder des Zentralrates,
- die Entscheidung über Satzungsänderungen,
- die Entscheidung über Auflösung des Deutschen Caritasverbandes“ (DCV, Aufgaben und Aufbau, Faltblatt).

4. Beziehungen zur amtlichen Kirche

Durch den Beschluß der Fuldaer Bischofskonferenz von 1916 ist der DCV die von den deutschen Bischöfen anerkannte institutionelle Zusammenfassung und Vertretung der katholischen Caritas in Deutschland.

„Der Deutsche Caritasverband steht unter der Aufsicht der deutschen Bischöfe. Sie wird durch den Vorsitzenden der Bischöflichen Kommission ‚Caritas und Fürsorge‘ ausgeübt. Dieser führt den Titel ‚Protektor des Deutschen Caritasverbandes‘.

Der Protektor wacht über Geist und Wirken des Deutschen Caritasverbandes und bildet die Verbindung zwischen dem Deutschen Caritasverband und den zuständigen Stellen des Episkopates. Er hat das Recht, an den Sitzungen der Verbandsorgane teilzunehmen“ (§ 2).

„Der Präsident repräsentiert den Deutschen Caritasverband in der Kirche und in der außerkirchlichen Öffentlichkeit. Er unterhält ständigen Kontakt mit dem Protektor. Er unterrichtet den Protektor über alle wesentlichen Angelegenheiten des Deutschen Caritasverbandes und erfährt von ihm die Auffassung der Bischöfe“ (§ 11).

Die Zuordnung wird in der Wahlordnung (für die Präsidentenwahl) vom 21. 4. 1966 noch näher ausgestaltet:

„Der Vorsitzende der Wahlkommission legt die Liste der Kandidaten in alphabetischer Reihenfolge dem Protektor des Deutschen Caritasverbandes zur Weiterleitung an den Vorsitzenden der Bischofskonferenz mit der Erklärung vor, daß jeder Kandidat im Falle der Wahl zur Übernahme des Amtes bereit ist und erbittet Stellungnahme, ob gegen einen Kandidaten Bedenken bestehen.

Erklärt sich die Bischofskonferenz nur mit einem Kandidaten einverstanden, so kann die Wahlkommission Ergänzungsvorschläge machen.

Nach Eingang der Stellungnahme der Bischofskonferenz teilt der Vorsitzende der Wahlkommission die Kandidaten den Mitgliedern des Zentralrates mit und ersucht gleichzeitig den Präsidenten, im Falle seiner Verhinderung den Generalsekretär, den Zentralrat zu einer innerhalb einer Frist von sechs Wochen stattfindenden Wahl einzuberufen.

Der Präsident wird durch den Protektor des Deutschen Caritasverbandes in sein Amt eingeführt“ (§§ 3, 4 und 7).

„Obwohl der Deutsche Caritasverband nach § 1 Abs. 1 die institutionelle Zusammenfassung und Vertretung der katholischen Caritas in Deutschland ist, ist hieraus, auch im Zusammenhang mit der in § 2 festgelegten Aufsicht der deutschen Bischöfe, nicht die Schlußfolgerung gerechtfertigt, daß er im Sinne der ‚Durchgriffstheorie' unter Hintansetzung seiner Verbandsstruktur nach dem Vereinsrecht des BGB in Wirklichkeit im amtskirchlichen Auftrag tätig ist. Eine solche Annahme wäre mit der Rechtsstellung des Deutschen Caritasverbandes als Spitzenverband der freien Wohlfahrtspflege nicht vereinbar. In der Rechtsform des freien Wohlfahrtsverbandes und in dem Vollzug der im § 6 festgelegten Aufgaben nimmt der Verband vielmehr in Vertretung der gesamten kirchlichen Liebestätigkeit Aufgaben und Funktionen wahr, zu deren eigenständiger und eigenverantwortlicher Wahrnehmung er nach Maßgabe des Statuts legitimiert ist.

Wenn die deutschen Bischöfe hierzu ihre Zustimmung erteilt haben, so heißt das nicht, daß nicht die Kirche als Körperschaft des öffentlichen Rechts in Fragen der Wohlfahrt selbst tätig werden kann. Sie tut dies seit jeher z. B. bei allen Verhandlungen mit Bund und Ländern, soweit es sich um allgemeine kirchenpolitische Fragen und dabei auch um die Stellung der kirchlichen Liebestätigkeit handelt, etwa beim Abschluß von Verträgen zwischen Staat und Kirchen (vgl. Art. 1 des Konkordats zwischen dem Heiligen Stuhl und dem Land Niedersachsen vom 26. 2. 1965). Auch die seit einigen Jahren durchgeführten Kollekten für die beschöflichen Hilfswerke für seelsorgliche, soziale und caritative Zwecke bestätigen dies.

Im Hinblick auf den gesamtkirchlichen Ursprung der Liebestätigkeit ist es somit natürlich und sachgeboten, daß der deutsche Episkopat dem Verband gegenüber eine Aufsichtsfunktion ausübt, die ihren Rechtsgrund und ihre Ausgestaltung durch das Verbandsstatut erhalten hat. Damit ist eine klare Trennung in bezug auf die beteiligten Rechtspersonen, die in Frage stehenden Sachbereiche und die volle Auswirkung der dem körperschaftlich strukturierten Verband zugedachten Funktionen in den Rechtskategorien des bürgerlichen Rechtes einerseits und die von der Sache gebotene Aufsicht der Bischöfe andererseits sichergestellt.

Die in § 2 festgelegte Aufsicht des deutschen Episkopates ist zu trennen von den Aufsichtsbefugnissen der Verbandsorgane, die sich aus dem Gesamtaufbau der ‚bürgerlich-rechtlichen Körperschaft' ergeben und die im Innenverhältnis im Statut im einzelnen festgelegt sind. Hier ist z. B. die Führung der laufenden Verbandsgeschäfte durch den geschäftsführenden Vorstand (§ 13) in der Abhängigkeit von den Kompetenzen der übrigen Verbandsorgane zu sehen, die dem Rechtsgrund nach (§ 27 Abs. 2 BGB) nach Auftragsrecht sich vollziehen (§§ 664 bis 670 BGB). Hierzu gehören die Weisungsbefugnisse übergeordneter Verbandsorgane gegenüber dem geschäftsführenden Vorstand (§ 665 BGB), die Rechenschaftspflicht, das Entlastungsrecht der übergeordneten Organe. Insgesamt stellen diese Befugnisse eine Sachaufsicht dar.

Die Bischöfe als solche üben einmal Rechte aus, die ihnen durch das Statut ausdrücklich eingeräumt sind. Es handelt sich hierbei um die Mitbeteiligung bei der Wahl des Präsidenten (§ 10) und bei bestimmten Beschlüssen nach § 21. Der Beschluß über die Auflösung oder eine Änderung des Grundcharakters des Verbandes wird erst rechtswirksam, wenn der deutsche Episkopat zugestimmt hat.

Jedem deutschen Bischof stehen außerdem gegenüber den Vertretern der Diözesan-Caritasverbände, die im Zentralvorstand und Zentralrat (§§ 15, 17) Sitz und Stimme haben, Rechte zu, deren Ausgestaltung im Statut des einzelnen Diözesancaritasverbandes erfolgt. In der Regel werden der Vorsitzende und der geschäftsführende Direktor des Diözesancaritasverbandes vom Bischof bestellt oder bei der Wahl durch Verbandsorgane vom Bischof bestätigt. Die Ausübung der Organbefugnisse dieser Vertreter innerhalb des deutschen Caritasverbandes unterliegt somit bischöflichem Einfluß.

Die dritte Form beschöflichen Einflusses im Deutschen Caritasverband ist das in § 2 Abs. 1 festgelegte Aufsichtsrecht, das in § 2 Abs. 2 und in § 11 Abs. 1 konkretisiert ist. Die Aufsicht ist Ausfluß der Hirtengewalt" (F. Klein, Verfassung der deutschen Caritas, S. 48 ff.).

In den Diözesen ist die Zuordnung der Caritasverbände zum bischöflichen Stuhl u. a. dadurch sichergestellt, daß der Bischof, der Weihbischof, der Generalvikar oder Mitglieder des Domkapitels Vorsitzende der jeweiligen Diözesancaritasverbände sind.

5. *Internationale Zusammenschlüsse*

a) Die Diözesancaritasverbände bzw. der DCV sind anerkannte (wenn auch keine „amtlichen") Institutionen der Teilkirchen (Bistümer) bzw. Teilkirchenverbände (Bischofskonferenzen). Sie gehören dadurch nicht nur geistlich, sondern auch organisatorisch zur (internationalen) Gesamtkirche.
b) Darüber hinaus haben sich die Caritasverbände aus Ländern aller Erdteile 1962 zur „Caritas Internationalis" zusammengeschlossen:

„Ihr Zweck ist die Ausstrahlung der christlichen Liebestätigkeit in die Welt, d. h.

- die Förderung der Zusammenarbeit und Koordinierung der sozialen und caritativen Tätigkeit auf nationaler Ebene im Hinblick auf ihre bessere Wirkkraft in Aufgaben von internationaler Bedeutung, unter Wahrung der Unabhängigkeit der Mitgliederorganisationen;
- das Studium der sozialen und caritativen Fragen von internationaler Bedeutung unter religiösem, sozialem, rechtlichem und wirtschaftlichem Aspekt und ihrer möglichen Lösung;
- die Vertretung der katholischen Caritasorganisation auf internationaler Ebene;
- die Förderung der Gründung nationaler Caritasorganisationen unter Gutheißung der kirchlichen Obrigkeit in den Ländern, wo eine solche Organisation noch nicht besteht;
- die Koordinierung der Hilfsmaßnahmen der katholischen Organisationen dort, wo besondere Umstände eine solche Koordinierung verlangen, und besonders in den Fällen, in denen keine zuständige und leistungsfähige Organisation besteht."

Mitglieder der Caritas Internationalis sind Organisationen mit nationalem Charakter, die vom Episkopat des jeweiligen Landes approbiert und ausgewiesen sind, alle caritativen Organisationen des Landes zu vertreten. Diese nationalen Caritasorganisationen werden Vollmitglieder mit Stimmrecht nach Aufnahme durch die Generalversammlung (Art. 2 und 3 des Statuts der Caritas Internationalis i. d. F. vom 24. 10. 1962, zit. nach F. Klein, Verfassung der deutschen Caritas, S. 129 ff.).

„Die Caritas Internationalis ist eine Sammelbewegung und nicht, wie manche vielleicht meinen, eines der großen Kollektenwerke. Sie ist auf Verbandsbasis organisiert. Die Mitglieder der Föderation sind 99 nationale Caritas-Organisationen. Diese Organisationen haben die Aufgabe, unter der Letztverantwortung der Bischöfe im Auftrag der Kirche sozial-caritative Initiativen anzuregen, zu koordinieren und durchzuführen. Die Mitgliedsorganisationen haben in den verschiedenen Ländern ihre eigene Struktur. Die Caritas Internationalis selbst ist die Plattform, die die Arbeit dieser Organisation international koordiniert. Alle vier Jahre tritt die Generalversammlung zusammen. Jährlich tagt das Exekutivkomitee und viermal im Jahr trifft sich das Präsidium mit fünf Vize-Präsidenten, je einem pro Kontinent. Als ständige zentrale Einrichtung besteht lediglich ein Sekretariat in Rom mit einem Generalsekretär und einigen Referenten“ (G. Hüssler in: Caritas, ein Weltdienst der Kirche, Herder-Korrespondenz 29/1975, S. 607).

6. Geschichte

a) Ausgangslage

Die Bemühungen, die institutionalisierte Caritas der römisch-katholischen Kirche besser zu organisieren und in einem Verband zusammenzufassen, reichen bis in die erste Hälfte des 19. Jahrhunderts zurück. So hat J. v. Buß 1842 unter dem Decknamen „Eremitus“ zwölf Leitsätze über die Armenpflege verfaßt, die die spätere Entwicklung wesentlich beeinflußt haben (s. Liese I, S. 372).

Daß diese Gedankengänge erst nach 50 Jahren verwirklicht wurden, lag nicht nur an den politischen, gesellschaftlichen und wirtschaftlichen Verhältnissen des 19. Jahrhunderts in Deutschland. Auch die Lage der katholischen Kirche in Europa hat dies entscheidend mitbestimmt: Aufklärung, französische Revolution und Säkularisation hatten die katholische Kirche – die mit den politischen Mächten vielfältig verknüpft und auch selbst (welt)politische Macht war – zu tiefst getroffen. Das Papsttum hatte das ganze 19. Jahrhundert um seine äußere und innere Unabhängigkeit zu kämpfen. Damit waren die Kräfte der Kirche weitgehend gebunden. In Deutschland verschärfte sich diese Situation schließlich noch im sogen. „Kulturkampf“, den das protestantische Preußen unter der Führung Bismarcks gegen die katholische Kirche führte. Auch die inneren Kräfte der Orden und geistlichen Genossenschaften waren vielfach erloschen oder überwuchert. Durch die Säkularisation hatten sie weitgehend ihren Besitz und ihre Einkünfte verloren und wurden aufgelöst.

Diese Existenzkrisen haben jedoch an vielen Stellen zu einer Rückbesinnung auf die Werte und Kräfte christlichen Glaubens und Handelns geführt. Die gefühlsbetonte Bewegung der Romantik hat dazu beigetragen, daß ein sehr stark spiritueller Katholizismus geradezu Mode wurde. In dieser Zeit kam es zur Bildung von sogen. „Caritaskreisen" in verschiedenen Teilen Deutschlands, in denen der Gedanke der christlichen Nächstenliebe neu entdeckt und in die Tat umgesetzt wurde. Die Pflegegenossenschaften, die im 16. und 17. Jahrhundert (vor allem in Frankreich) entstanden waren, haben in Deutschland immer mehr soziale Aufgaben übernommen. Während die Amtskirche in eine starke Frontstellung zur staatlichen Macht geriet, haben sich viele caritative Aktivitäten entwikkelt oder neu entfaltet. (Näheres über die zeitgeschichtlichen Hintergründe zur Geschichte des Deutschen Caritasverbandes s. K. Buchheim in: 75 Jahre Deutscher Caritasverband, S. 24 ff.)

Durch das Selbstverständnis der katholischen Kirche als einer allumfassenden Größe und durch deren größere Unabhängigkeit von den Landesherren standen die Gruppen und Organisationen, die Caritas-Aufgaben wahrnahmen, nicht so abseits von der verfaßten Kirche, wie das in den Anfängen der Inneren Mission gegenüber den evangelischen Landeskirchen der Fall war. Aber trotzdem konnte die institutionalisierte Caritas, wie die Gründung des DCV und sein Ausbau zeigen, zunächst auch nicht mit einer besonderen Förderung rechnen. Die Zusammenarbeit und die Interessenvertretung entwickelte sich zunächst mehr in den einzelnen Fachbereichen, wie Jugendfürsorge, Krankenpflege, Hilfe für Gruppen, die durch die Industrialisierung in äußere und innere Bedrängnis geraten waren oder den Weg in die „Neue Welt" suchten. Parallel dazu entstanden seit der Mitte des 19. Jahrhunderts die katholischen „Verbände" für Gesellen, Arbeiter, religiöse Laiengruppierungen u. a. (E. v. Ketteler, A. Kolping). Die dort vereinten Kräfte trugen die Deutschen Katholikentage, durch die auch die Anliegen der Caritas wachgehalten und gefördert wurden.

Politischer Kampf ums Überleben oder Rückzug in fromme Innerlichkeit – diese Alternativen haben die katholische Kirche des ausgehenden 19. Jahrhunderts sehr bewegt. „Gerade in Freiburg im Breisgau, wo der Gründer des Caritasverbandes (1897) als ‚Hofkaplan' des Erzbischofs lebte, war der Gegensatz zwischen ‚politischem' und ‚religiösem' Katholizismus besonders scharf, weil beide Richtungen sehr selbstbewußte Führer besaßen. Gegen Werthmann und seine Gesinnungsfreunde wandte sich der Professor Franz Xaver Kraus, Kirchen- und Kunsthistoriker an der Universität, der ein grundsätzlicher Gegner des politischen ‚Betriebs' in den katholischen Vereinen und erst recht in der Zentrumspartei war" (K. Buchheim in: 75 Jahre Deutscher Caritasverband, S. 267).

b) Gründung und Anerkennung – Lorenz Werthmann

Als sich der politische Druck auf die katholische Kirche und ihre Einrichtungen in Deutschland gelockert hatte und das Deutsche Reich nach 1870 Sozialgesetze erlassen hatte (1878 das „Gesetz betreffend die Unterbringung verwahrloster Kinder“ und die Sozialversicherungsgesetze der 80er Jahre) erschien es dringend nötig, die caritativen Einrichtungen und Aktivitäten besser zu organisieren. Dabei spielte das Vorbild des Zentralausschusses für die Innere Mission der Deutschen Evangelischen Kirche und der 1890 gegründete „Deutsche Verein für Armenpflege und Wohltätigkeit“ (seit 1919 „Deutscher Verein für öffentliche und private Fürsorge“) eine wichtige Rolle (s. dazu u. a. Liese I. S. 380 ff.). So verfaßte nach intensiver Vorbereitung das von dem erzbischöflichen Hofkaplan Dr. Lorenz Werthmann 1895 in Freiburg gegründete „Charitascomité“ am 2. 2. 1897 den „Aufruf zur Gründung eines Charitasverbandes für das katholische Deutschland“:

„Die auf dem Gebiete der christlichen Wohltätigkeit seit einigen Jahren in Deutschland neu erwachten Bestrebungen zur Erzielung eines engeren Zusammenschlusses und einer zeitgemäßen, planmäßigen Förderung der Werke der Nächstenliebe sind nicht ohne Anerkennung und Erfolge geblieben.

Zeugen dafür sind der glänzend verlaufene Charitastag zu Schwäbisch-Gmünd, wie das wachsende Interesse, welches unserer Zeitschrift ‚Charitas‘ in Deutschlands Gauen und selbst über deren Grenzen hinaus entgegengebracht wird, Zeugen nicht minder die Zustimmungen, welche unsere hochw. Herren Bischöfe und die Vertreter der charitativen Corporationen diesen unseren Veranstaltungen zu theil werden ließen.

Durch dieselben wurden in weiten Kreisen der katholischen Bevölkerung die Wege für unsere Ziele geebnet, so daß nunmehr der Zeitpunkt gekommen scheint zur Verwirklichung eines weiteren Schrittes: der Gründung eines Charitas-Verbandes für das katholische Deutschland.

Aus den vielfach neuen und verwickelten sozialen Verhältnissen und Nöten der Gegenwart sind auch neue Fragen, Bedürfnisse und charitative Aufgaben entstanden, deren Besprechung, Lösung und Förderung durch eine allgemeine freie Vereinigung der Charitasfreunde ersprießlich und wünschenswert erscheint. . . .

Außer diesem Ziel erscheint aber ein gründlicher Gedankenaustausch über charitative Fragen auf allgemeinen Versammlungen (Charitastagen) und Fachconferenzen zur zeitgemäßen Belehrung, Anregung und Ermuthigung der Jünger der Charitas sehr berechtigt. Wie erwünscht ist ferner die Errichtung einer charitativen Auskunftsstelle, um in den mannigfaltigen Zweifeln und Verlegenheiten sich Rath zu holen, und wie günstig würde das charitative Bauwesen durch eine Sammlung mustergiltiger Pläne beeinflußt, wie nothwendig wäre ein ‚Charitasführer‘ zu den verschiedenen katholischen Anstalten und Vereinen Deutschlands! . . .

Diese Erwägungen veranlaßten das Charitas-Comité, . . . den Plan eines Charitas-Verbandes eingehend zu beraten und verschiedenen Vertretern der katholischen Wohlthätigkeit zur Begutachtung vorzulegen. . . .

So senden wir denn diesen Aufruf hinaus in die deutschen Lande mit dem Wunsch und der Hoffnung, daß er werbe und wirke bei den Freunden und Vereinen der katholischen Wohlthätigkeit. Wir sind überzeugt, wenn einmal die katholische Charitas nach planmäßiger Organisation durch die bischöfliche Autorität in den einzelnen Diözesen wie eine geordnete friedliche Schlachtreihe dasteht, nicht um die Wohlthätigkeits-Bestrebungen Andersdenkender zu befehden, sondern um die leibliche und geistige Noth des Nächsten zu bekämpfen, daß alsdann das Bewußtsein vereinter und gesegneter Täthigkeit die Herzen aller Charitasjünger mit immer neuem Muth und Gottvertrauen, mit größerer Nächstenliebe, mit steter Freude und Ausdauer in dem opfer- aber ehrenvollen Dienste der . . . Charitas erfüllen wird.

Für die Mitglieder des Charitasverbandes aber wird es eine große Genugtuung sein, als Bannerträger einer großen Idee in erster Reihe an der Erreichung dieses hohen Zieles mitgewirkt zu haben. Freiburg im Breisgau, am Feste Mariä Lichtmeß, 2. 2. 1897" (Zit. nach: 75 Jahre Deutscher Caritas-Verband, Umschlag).

„Die Gründung erfolgte dann am 9. 11. 1897 gelegentlich des zweiten Caritastages in Köln a. Rh. unter besonderer Beihilfe des Weihbischofs Hermann Josef Schmitz. Der Sitz des Verbandes wurde Freiburg i. Br., wo Werthmann kurz zuvor eine eigene Caritasdruckerei eingerichtet hatte. Die ersten Ortscaritasverbände entstanden 1899 in Straßburg und München, wenn man von der bereits 1897 vor Gründung des Gesamtverbandes ins Leben gerufenen ‚Caritativ-sozialen Vereinigung' in Essen absieht. Der erste Diözesanverband wurde (nach einem vergeblichen Versuch in Limburg) 1903 auf dem ersten badischen Caritastag für das Erzbistum Freiburg i. Br. gegründet; nur sehr langsam folgten weitere bis zum Eingreifen der Bischöfe 1915" (Liese I, S. 385).

„Der Name war angelehnt an den des seit 1890 bestehenden ‚Volksvereins für das katholische Deutschland'. Er wurde nach dem Ersten Weltkrieg umgeändert in ‚Deutscher Caritasverband'. Bemerkenswerter für das Selbstverständnis war aber eine Änderung der Schreibweise, zu der es schon im Herbst 1909 kam. Werthmann selbst setzte in der Verbandszeitschrift auseinander, daß man die Caritas ohne h schreiben müsse, weil sie nicht von dem griechischen Worte ‚Charis' abzuleiten, sondern die lateinische Übersetzung der griechischen ‚Agápe' ist. Agápe aber ist, zum Unterschied von Charis, kein Ausdruck bloßer Spiritualität, sondern auch einer Realität. Diese Realität war im Frühchristentum die Kirche selbst; denn damals war ganz einfach ‚die Liebe' ein Name für die Kirche. An der Agápe soll von außen erkennbar werden, wer ein Jünger Christi ist. Das bedeutet Jesu Gebot: ‚Daran werden alle erkennen, daß ihr meine Jünger seid, wenn ihr Liebe zueinander habt' (Joh. 13,35). Die ‚Caritas' ist also keine bloße Aufwallung gütiger Stimmungen" (K. Buchheim in: 75 Jahre Deutscher Caritasverband, S. 27).

Daß der gemeinsame Verband für die Caritas in Deutschland trotz heftiger, geistlicher, geistiger, politischer und regionaler Widerstände doch langsam vorankam, war vor allem das Verdienst von Lorenz Werthmann. Als im Jahr „1886 Bischof Johann Christian Roos von Limburg zum Nachfolger des verstorbenen Erzbischofs Johann Baptist Orbin in Freiburg gewählt wurde, brachte er seinen

Sekretär und Hofkaplan Lorenz Werthmann mit, gebürtig aus dem rheingauischen Geisenheim. Neben seinem Dienst im Ordinariat beschäftigte sich Werthmann in Studium und Praxis intensiv mit der sozialen Frage, setzte sich unter vielem anderen für die seelsorgliche Betreuung der italienischen Saisonarbeiter in der Erzdiözese ein.

Was führende katholische Sozialpolitiker wie der Freiburger Professor und Landtagsabgeordnete Franz Joseph Ritter von Buß, der bayerische Kapuzinerpater Cyprian Fröhlich, der Düsseldorfer Landesrat Max Brandts und sein Generalsekretär Franz Hitze immer wieder gefordert hatten, nämlich nach dem Beispiel der 1848 gegründeten ‚Inneren Mission‘ eine zusammenfassende Organisation aller katholischen caritativ-sozialen Hilfswerke zu schaffen, war durch die Dynamik und Organisationsfreudigkeit Werthmanns Wirklichkeit geworden" (H.-J. Wollasch, Der Deutsche Caritasverband: Entwicklung und Aufgaben, S. 1).

Bis zum Jahr 1915 waren erst sechs Diözesan- und etwa dreißig Ortsverbände entstanden. In diesem Jahr hat sich die Deutsche Bischofskonferenz von Fulda mit den Fragen des DCV befaßt, ihn durch einen Beschluß im Jahr 1916 anerkannt und für alle Bistümer die Gründung von Diözesanverbänden angeordnet:

„Im Anschlusse an den den Konferenzmitgliedern zugesandten ‚Bericht des Caritasverbandes für das katholische Deutschland über die Organisation der katholischen Caritas in Diözesan- und örtlichen Verbänden und deren Verhältnis zum allgemeinen Caritasverband‘ kam die Konferenz nach einer Besprechung der einschlägigen Fragen zu folgender Entschließung:

1. Die Bischofskonferenz anerkennt den Caritasverband für das katholische Deutschland als die legitime Zusammenfassung der Diözesanverbände zu einer einheitlichen Organisation.
2. Die Konferenz ermächtigt den derzeitigen Vorsitzenden des Caritasverbandes für das katholische Deutschland (Prälat Werthmann in Freiburg), die Vorstände der Diözesanverbände und die Diözesansekretäre zu einer Beratung zusammen zu rufen und mit diesen das Statut einer Revision zu unterziehen und überdies die Satzungen für die Diözesan-Caritasverbände in Einklang mit dem Statut des Zentralverbandes endgültig zu redigieren.
3. Bei dieser Revision sind die Befugnisse des seitherigen Zentralausschusses dahin einzuschränken, daß die Vorstände der Diözesanverbände mit ihren Sekretären eine Unterkommission bilden, deren Aufgabe ist:
   a) Die Überwachung der Geschäftsführung des Zentralvorstandes.
   b) Die Prüfung des auf September jährlich aufzustellenden Jahresbudgets und die Genehmigung der Gehälter der Beamten der Zentralstelle.
   c) Die Vorberatung aller wichtigen Angelegenheiten und neuen Unternehmungen und die Berichterstattung hierüber an die Plenarversammlung des Zentralausschusses, die Ende September stattfinden sollte.
   Den Vorsitz bei den Beratungen führt, soweit nicht seine eigene Person in Frage steht, der Präsident des Caritasverbandes.

Die Bischofskonferenz sieht von der Festlegung jährlicher Kirchenkollekten für die zur Geschäftsführung der Zentrale erforderlichen Geldmittel ab; sie erwartet in dieser Hinsicht neue Vorschläge." (Protokoll der Fuldaer Bischofskonferenz 1916, 6 f. 4. Sitzung vom 23. 8. 1916 – zit. nach H. J. Wollasch, Caritasverband und katholische Kirche in Deutschland, in: Caritas 72, S. 59 ff.)

c) Der bayerisches Caritasverband

Die sieben bayerischen Bistümer gehörten damals jedoch noch nicht zur Fuldaer Bischofskonferenz, sondern waren in der Freisinger Bischofskonferenz zusammengefaßt. Deshalb galt hier der Fuldaer Beschluß von 1916 nicht. Vielmehr kam es 1917 zur Gründung eines „Caritasverbandes für das Königreich Bayern".

„Um die Wende des ersten zum zweiten Halbjahr 1917 wurde in der katholischen Tagespresse Bayerns die Gründung des Katholischen Caritasverbandes für das Königreich Bayern erstmals der Öffentlichkeit bekanntgegeben. Die Publikation erfolgte mit Zustimmung sämtlicher bischöflicher Behörden Bayerns."

Die Gründung geschah in Form eines Aufrufes zum Eintritt in den Caritasverband für das Königreich Bayern. Es hätten hier bereits zahlreiche Wohltätigkeitsvereine und Anstalten bestanden, welche auf ihren Arbeitsgebieten durchaus segensreich wirkten, aber bis zur Stunde hätten sie jenes umfassenden kraftvollen Zusammenschlusses entbehrt, welcher sie erst vor der Zersplitterung schützte, ihnen den gebührenden Einfluß bei der Lösung der Caritasaufgaben sicherte und so eine wirkungsvolle Vertretung nach außen gewährleistete. Es heißt dann wörtlich im Aufruf: „Die vorstehenden Erwägungen führen dazu, die schon seit Jahren geplante Gründung eines katholischen Caritasverbandes für das Königreich Bayern nunmehr zur Tat werden zu lassen. Die vollzogene Gründung wird mit Einwilligung sämtlicher bischöflicher Behörden Bayerns hiermit der Öffentlichkeit bekanntgegeben. München, im Juni 1917".

Nach mancherlei Schwierigkeiten und Mißverständnissen „einigte man sich wohl oder übel auf eine mittlere Linie: Der Bayerische Landes-Caritasverband sollte zwar errichtet werden, aber in ein ‚Kartellverhältnis' mit dem Caritasverband für das katholische Deutschland treten. Durch die neu gewählte Form eines Landes-Caritasverbandes erfahre die Organisation der katholischen Caritas in Deutschland einen zweckdienlichen Ausbau und eine Förderung ihrer Interessen, da der Katholische Caritasverband für das Königreich bereit sei, sich dem Caritasverband für das katholische Deutschland als Mitglied anzuschließen und dessen Arbeiten nach Kräften zu unterstützen. Bis zum Jahr 1921 waren die Verhandlungen schließlich auch so weit gediehen, daß sich die nun bereits bestehenden Diözesan-Caritasverbände als Arbeitsgemeinschaft, aber unter der Bezeichnung ‚Caritasverband für Bayern' dem Deutschen Caritasverband eingliederten. Als Gegenleistung errichtete der Gesamtverband auf seine Kosten ein Landessekretariat in München, die spätere Hauptvertretung München des Deutschen Caritasverbandes. Eine weitere Gegenleistung bestand darin, daß der Deutsche Caritasverband Kardinal Faulhaber die Zusicherung gab, der 2. Vorsitzende bzw. Vizepräsident des Deutschen Caritasverbandes würde jeweils von Bayern gestellt" (L. Penzkofer in: Caritas Dienst 1977, Heft 4, S. 71 ff).

d) Ausbau und Festigung nach 1918

Das Ende des Ersten Weltkrieges 1918 und der Aufbau eines demokratischen Staatswesens stellte auch die Caritas vor viele Probleme und Aufgaben. Auf die Unruhe und Unsicherheit in den Jahren der Revolution folgten die Tendenzen, die Sozialarbeit weitgehend in staatliche oder kommunale Verantwortung zu überführen. Andererseits brachte das Ende der preußisch-protestantischen Vorherrschaft in Deutschland für die katholische Kirche und damit auch für die Caritas neue Entfaltungsmöglichkeiten – ähnlich wie umgekehrt für die evangelische Kirche im ehemaligen Königreich Bayern.

Während des Krieges wurde angeregt, die Zentrale von Freiburg nach Berlin zu verlegen. Nach mehreren Anläufen wurde schließlich 1919 die Berliner Stelle als „ständige Vertretung" des DCV in der Reichshauptstadt eröffnet. Die Leitung übernahm Caritasdirektor Benedikt Kreutz, der 1921 nach dem Tode von Lorenz Werthmann zum 2. Präsidenten gewählt wurde.

Gemeinsam mit den anderen Verbänden der freien Wohlfahrtspflege setzte sich der DCV im nächsten Jahrzehnt dafür ein, daß die Möglichkeiten bürgerlicher Selbstverantwortung in der Wohlfahrtspflege neben (und vor) der öffentlichen Hand erhalten blieben und ausgebaut wurden. Er war darüber hinaus mit den anderen Verbänden beteiligt an der Gründung von Selbsthilfeorganisationen (WiBu und „Hilfskasse", siehe Kap. 9) und an der Gründung der Liga der Spitzenverbände der Freien Wohlfahrtspflege.

Wie die übrigen Verbände schuf sie Ausbildungsstätten für Mitarbeiter in den verschiedenen sozialen Arbeitsfeldern – bis schließlich der äußere und innere Aufbau durch die Weltwirtschaftskrise und die Machtübernahme durch die Nationalsozialisten im Jahr 1933 beendet wurde.

In der Zeit der politischen Wirren wurde 1931 von Papst Pius XI. die Sozial-Enzyklika „Quadrogesimo anno" verkündet, die das Subsidiaritätsprinzip zum obersten Grundsatz der Gesellschafts- und Soziallehre der katholischen Kirche erhob.

e) Der Kampf gegen den Nationalsozialismus

Neben anderen Kräften und Persönlichkeiten hat der Zentrumsabgeordnete Franz v. Papen dazu beigetragen, daß der Reichspräsident Paul v. Hindenburg seinen Widerstand gegen den „böhmischen Gefreiten" aufgab und Adolf Hitler 1933 zum Reichskanzler ernannte. Die Rolle eines maßgeblichen katholischen Abgeordneten bei der Machtübernahme hat das Verhalten der deutschen Katholiken in dieser Zeit nicht unwesentlich beeinflußt – auch wenn Papens tatsächlicher Einfluß dabei oft überbewertet wird. Hinzu kam, daß sich Papen auch intensiv um den Abschluß eines Konkordates mit dem Heiligen Stuhl bemüht hat – das am 20. 7. 1933 abgeschlossen wurde. Schließlich hat sich Hitler in der ersten Zeit bei offiziellen Reden zu einem positiven „Christentum" bekannt und schrieb dabei der Kirche eine wichtige Aufgabe bei der Erhaltung des deutschen Volkstums zu. „Alle diese Tatsachen veranlaßten die deutschen Bischöfe – zur Überraschung und Bestürzung mancher Katholiken –, den offenen Kampf gegen den Nationalsozialismus fast plötzlich abzubrechen und mit dem neuen Regime einen Modus vivendi zu suchen. Nun auf einmal lobten sie in ihren mündlichen und schriftlichen Verlautbarungen alles, was ihnen am Nationalsozialismus irgendwie ‚positiv' zu sein schien: den Kampf gegen die Sittenlosigkeit, Arbeitslosigkeit, Hunger und Kälte, gegen Kommunismus, Bolschewismus und Weimarer Parteienstreit, gegen Liberalismus und Marxismus. Den Kampf gegen diese Mächte und Ideologien, so betonten sie, habe die Kirche schon immer geführt. Und dann versuchten die Bischöfe den ‚Führer' immer wieder auf seine persönlichen Zusagen und Versprechen festzulegen, später vor allem auf das Konkordat.

Manche Leiter der katholischen Vereine und Verbände übertrafen in diesem Bemühen die Bischöfe noch. Der Generalsekretär der katholischen Gesellenvereine, Nattermann, schrieb in einem Aufruf zum Gesellentag in München, er glaube, in Hitler ‚den Mann göttlicher Vorsehung sehen zu dürfen, der dem Herrn hilft, die Zeit neu zu gestalten.'

Andere Vereine und Korporationen äußerten sich ähnlich. Es waren verzweifelte Versuche, um jeden Preis zu überleben und im Konkordat unter die anerkannten und zu schützenden katholischen Vereine und Verbände zu kommen" (K. Borgmann in: 75 Jahre Deutscher Caritasverband, S. 93, s. dazu auch Art. 31 Abs. 2 des Reichskonkordates v. 20. 7. 1933).

Die Haltung der führenden Bischöfe im Deutschen Reich änderte sich jedoch sehr bald und nicht wenige von ihnen (v. Faulhaber, v. Galen, Gröber) haben in den folgenden Jahren entschieden gegen die Gewaltakte des nationalsozialistischen Regimes Stellung genommen.

Die Caritas stand – als eine von der Amtskirche ausdrücklich anerkannte Einrichtung – nicht auf der Seite jener Verbände, die in den „Führer" geradezu religiöse Heilserwartungen setzten. Es war offen, was die Zukunft bringen würde – eine Zukunft, der man sich teilweise ausgeliefert fühlte. „Das Kennzeichen der letzten Monate ist Lähmung, Abwarten und vorsichtiges Abtasten, hervorgerufen durch die Ungewißheit und Unsicherheit der politischen Lage" (Februarheft 1933 der „Caritas", zit. nach Borgmann in: 75 Jahre Deutscher Caritas-Verband, S. 92).

Und doch war ihre Ausgangslage für die kommenden Auseinandersetzungen günstiger als etwa die der Inneren Mission:

- Die Caritas war durch die Bischofskonferenz offiziell als ein Teil der katholischen Kirche anerkannt. So konnte sie sich u. a. immer wieder auf den Text des Konkordates berufen.

- Sie war äußerlich und innerlich wesentlich geschlossener als die evangelische Kirche und ihre Organisationen.
- Durch das hierarchische Prinzip konnte sie sich dem Einheitsstaat wesentlich besser entgegenstellen als gegliederte Organisationen. Vor allem aber besaß sie in Benedikt Kreutz einen Präsidenten, der die Möglichkeiten der gegebenen Organisationsstruktur voll ausschöpfen konnte. Dabei kamen ihm seine persönlichen Beziehungen, u. a. zu Erich Hilgenfeldt, dem Leiter des Hauptamtes für Volkswohlfahrt, sehr zugute.

Das **Konkordat,** das am 20. 7. 1933 zwischen dem Heiligen Stuhl und dem Deutschen Reich abgeschlossen wurde, enthielt u. a. auch Bestimmungen, die für die Aufgaben der Caritas von besonderer Bedeutung sein sollten:

Artikel 1

„Das Deutsche Reich gewährleistet die Freiheit des Bekenntnisses und der öffentlichen Ausübung der katholischen Religion.

Es anerkennt das Recht der katholischen Kirche, innerhalb der Grenzen des für alle geltenden Gesetzes ihre Angelegenheiten selbständig zu ordnen und zu verwalten und im Rahmen ihrer Zuständigkeit für ihre Mitglieder bindende Gesetze und Anordnungen zu erlassen."

Artikel 13

„Die katholischen Kirchengemeinden, Kirchengemeindeverbände und Diözesanverbände, die Bischöflichen Stühle, Bistümer und Kapitel, die Orden und religiösen Genossenschaft, sowie die unter Verwaltung kirchlicher Organe gestellten Anstalten, Stiftungen und Vermögensstücke der katholischen Kirche behalten bzw. erlangen die Rechtsfähigkeit für den staatlichen Bereich nach den allgemeinen Vorschriften des staatlichen Rechts. Sie bleiben Körperschaften des öffentlichen Rechtes, soweit sie solche bisher waren; den anderen können die gleichen Rechte nach Maßgabe des für alle geltenden Gesetzes gewährt werden."

Artikel 17

„Das Eigentum und andere Rechte der öffentlich-rechtlichen Körperschaften, der Anstalten, Stiftungen und Verbände der katholischen Kirche an ihrem Vermögen werden nach Maßgabe der allgemeinen Staatsgesetze gewährleistet."

Artikel 31

„Diejenigen katholischen Organisationen und Verbände, die ausschließlich religiösen, rein kulturellen und karitativen Zwecken dienen und als solche der kirchlichen Behörde unterstellt sind, werden in ihren Einrichtungen und in ihrer Tätigkeit geschützt.

Diejenigen katholischen Organisationen, die außer religiösen, kulturellen oder karitativen Zwecken auch anderen, darunter auch sozialen oder berufsständischen Aufgaben dienen, sollen, unbeschadet einer etwaigen Einordnung in staatliche Verbände, den Schutz des Artikels 31 Absatz 1 genießen, sofern sie Gewähr dafür bieten, ihre Tätigkeit außerhalb jeder politischen Partei zu entfalten.

Die Feststellung der Organisationen und Verbände, die unter die Bestimmung dieses Artikels fallen, bleibt vereinbarlicher Abmachung zwischen der Reichsregierung und dem deutschen Episkopat vorbehalten" (Zit. nach L. Volk, Das Reichskonkordat vom 20. 7. 1933, S. 234 ff.).

Anmerkung: Die in Art. 31 Satz 2 genannten Verbände wurden von den staatlichen Organen darauf hin überwacht, ob sie die dort genannte Gewähr tatsächlich boten. Im übrigen hat die Einteilung in zwei verschiedene Gruppen unter den katholischen Verbänden und in ihrer Beziehung zu den Machthabern zu erheblichen Schwierigkeiten geführt.

Im Jahrgang 1933 erschienen in der „Caritas" zwar noch verschiedene zum Teil außerordentlich kritische Beiträge zu den Maßnahmen der neuen Machthaber, so daß ein mehrmonatiges Verbot angedroht wurde.

„Benedikt Kreutz aber hat in keinem Heft des Jahrgangs 1933 zum NS grundsätzlich Stellung genommen. Sein Rezept hieß: verhandeln. Er stand in ständigem Kontakt mit den maßgebenden Bischöfen, von denen ihm einige als CV-er freundschaftlich verbunden waren. Er hielt enge Verbindung mit den Leitern der wichtigsten katholischen Verbände und Vereine, bei denen er hohes Ansehen genoß. Vor allem standen die verantwortlichen Frauen und Männer der Caritas im ganzen Land fest zu ihm, von dem sie überzeugt waren, daß er die schlimmsten Gefahren schon meistern werde. Er informierte sie mündlich und in vertraulichen Schreiben und bat sie, ohne Absprache mit ihm keine Sonderaktionen zu versuchen.

Gleichzeitig – und das war weit schwieriger – verhandelte Benedikt Kreutz, so oft es nötig und möglich war, mit den zuständigen Ministerien und Parteistellen in Berlin, wo er sich oft länger aufhielt als in Freiburg. Zumal im Arbeitsministerium und beim Oberkommando der Wehrmacht hatte er – hier vom Ersten Weltkrieg her – gute Bekannte und einige Freunde. Wiederholt hat er mit Ministerialdirektor Buttmann konferiert, der auf Regierungsseite der mächtigste Mann für die Konkordatsverhandlungen und -formulierungen war.

Benedikt Kreutz wurde damals – und für die folgenden Jahre – zu einer Schlüsselfigur innerhalb des deutschen Katholizismus. Viele katholische Stellen und Persönlichkeiten, nicht zuletzt die Bischöfe, bedienten sich seiner Erfahrung, seiner Beziehungen und seiner Verhandlungskunst, wobei sie gewiß waren, daß sie sich auf seine Prinzipientreue, seinen Mut und seine Lauterkeit verlassen konnten" (K. Borgmann in: 75 Jahre Deutscher Caritasverband, S. 95).

Hans-Josef Wollasch hat in seinen „Beiträgen zur Geschichte der Deutschen Caritas in der Zeit der Weltkriege" (herausgegeben zum 100. Geburtstag von Benedikt Kreutz) die Zeit von 1933 bis 1945 zusammengefaßt unter der Überschrift „Fragestellungen. Zwischen Anpassung und Gegnerschaft".

Obwohl die deutschen Bischöfe in verschiedenen Hirtenworten und Erklärungen (so z. B. 1933 und 1935) darauf hingewiesen hatten, daß jeder Angriff auf die Caritas zugleich ein Angriff gegen die Kirche sei, blieben die Schwierigkeiten nicht aus. Folgende Beispiele aus den verschiedenen Aufgaben stehen für viele andere:

„Von den über 4000 katholischen Kindergärten konnten rund 70 % in oft zähem und mutigem Kampf gerettet werden. In der 1967 erschienenen Schrift über 50 Jahre des Caritasverbandes für Württemberg heißt es über das Jahr 1941 kurz und bündig: ‚1941 – Versuch, durch Erlaß des Innenminsteriums alle konfessionellen Kindergärten in NSV zu überführen, gescheitert. Durch tapfere Haltung kleiner Landgemeinden und durch mutiges Auftreten von zirka 500 Frauen einer Gemeinde im Kreis Aalen gegen Ortsgruppenleiter (und die von ihm zu Hilfe gerufene SS) nach zwei Wochen Erlaß wieder zurückgezogen.'

Bedrängnis wie Abwehr waren regional und örtlich sehr verschieden. Es ist erstaunlich, daß etwa im Jahr 1943 auch noch neue katholische Anstalten und Einrichtungen geschaffen wurden, z. B. eine Heilstätte für Schwestern in Wangen i. A., ein Altenheim im Kloster Heiligenbronn – und das in einer Diözese, deren Bischof Sproll von den Nazis bereits 1938 aus seinem Bistum verjagt worden war.

Um den freien, nicht klösterlich gebundenen katholischen Schwestern Halt und Heimat zu geben, gründete Benedikt Kreutz, zusammen mit Adelheid Testa und Pater Hubert Reinartz, 1937 die Caritas-Schwesternschaft, die 1939 bereits 5000 Mitglieder zählte. Damit sollte auch der Politik des NS entgegengewirkt werden, der die Ordensschwestern und die Diakonissen in Krankenpflege und Erziehung durch NS-Schwestern, die sogenannten ‚braunen' Schwestern, nach und nach verdrängen wollte.

Zur Unterstützung der Tausende entlassener Beamten und Angestellten wurde nach schwierigsten Verhandlungen durch Benedikt Kreutz im Frühjahr 1934 in Berlin das ‚Caritas-Notwerk' gegründet, dessen Leitung Dr. Heinrich Krone übernahm. Ebenfalls durch Benedikt Kreutz entstand 1939 in Berlin eine weitere zentrale Hilfsstelle, die ‚Caritas-Reichsstelle für nichtarische Katholiken', deren erster Geschäftsführer Dr. Erich Püschel wurde, dem nach seiner Einberufung zur Wehrmacht Ende 1939 Dr. Viktor Engelhardt und 1941 Dr. Margarete Sommer folgten.

Mit viel Erfindungsgabe und oft großem Risiko hat auch der St.-Raphaels-Verein für die Auswanderung der Verfolgten gearbeitet, bis er 1941 geschlossen und enteignet wurde, nachdem sein Generalsekretär Pater Größer SAC bereits 1937 eine Zeitlang verhaftet war.

Ausschließlich für die verfolgten Juden arbeitete seit 1933 Dr. Gertrud Luckner. Ihre ‚Verfolgtenfürsorge' im DCV wurde später dem Erzbischöflichen Stuhl von Freiburg unterstellt, weiter unterstützt vom Caritasverband und – meist ganz persönlich – von einzelnen Bischöfen. Mit einem kleinen Kreis von treuen Helfern vermittelte Gertrud Luckner vielen Verfolgten die Auswanderung. Manche hat sie bei Nacht und Nebel über die nahe Grenze gebracht, oft in Zusammenarbeit mit englischen und amerikanischen Quäkern und Freunden. In Gettos und Sammellagern hat sie viel Trost gespendet und in die Konzentrationslager Pakete und Geld geschickt. Im März 1943 wurde sie von der Gestapo verhaftet und nach langen, peinlichen Verhören ins Konzentrationslager Ravensbrück gebracht, wo sie erst nach Kriegsende befreit wurde.

Es gab noch weitere Freundeskreise, die abwechselnd für Tage oder Wochen Juden in ihren Familien oder in abgelegenen Gasthäusern versteckt hielten. Von den Taten dieser ebenso wagemutigen wie bescheidenen Menschen ist nie viel bekannt geworden.

Fast ebenso schwierig und im ganzen wenig erfolgreich war die Hilfe für die von der Ermordung bedrohten geistig und körperlich Behinderten. Einige Heimleiterinnen haben ihre Sorgenkinder rechtzeitig nach Hause geschickt und dadurch gerettet, andere waren weniger findig, zum Teil auch gänzlich unvorbereitet. Am bekanntesten sind die mutigen Predigten des Bischofs von Münster, Graf von Galen, der am 28. 7. 1941 sogar Anzeige gegen die geplanten Morde erstattete und den Wortlaut seiner Anzeige in einer Predigt öffentlich bekanntgab. Auch Caritaspräsident Kreutz hat wiederholt und energisch interveniert. Schließlich erhielt er den Bescheid, daß es sich bei dieser vom ‚Reichsverteidigungsrat' befohlenen Aktion um eine ‚Geheime Reichssache' handle und daß Außenstehende wie er, die sich mit dieser Sache befaßten, wegen ‚Geheimnisverrat im Kriege' mit der Todesstrafe zu rechnen hätten" (K. Borgmann, S. 98).

Die Situation im Zweiten Weltkrieg hat dazu geführt, daß viele Einrichtungen für Kriegsaufgaben oder für andere Zwecke beschlagnahmt wurden. Gleichzeitig hat der große Krieg die Machthaber daran gehindert, die von ihnen so gehaßten Organisationen wie die Caritas gleichzuschalten oder völlig zu zerschlagen.

„Das größte Verdienst aber an der Rettung des DCV hatte zweifellos sein Präsident, Prälat Dr. Benedikt Kreutz. Er war die Seele des hinhaltenden, nie verzagenden Widerstandes im DCV, Hoffnung und Halt eines Stabes absolut verläßlicher, erfindungsreicher, wagemutiger Mitstreiter.

Er hat seine Losung durchgehalten: Die Caritas hat keine Gegner, die Caritas hat nur Aufgaben" (K. Borgmann in: 75 Jahre Deutscher Caritasverband, S. 99).

f) Aufbau nach 1945

Gemeinsam mit den anderen Verbänden der freien Wohlfahrtspflege, anderen Hilfsorganisationen, nicht zuletzt auch mit den kommunalen Institutionen, hat der DCV geholfen, die Not der großen Katastrophe von 1945 wenigstens zu lindern. Dabei kamen ihm seine vielfältigen internationalen Verbindungen besonders zugute.

1954 wurde – nach den Pionierjahren spontanen Helfens – die Satzung das erste Mal wieder gründlich überarbeitet. Dabei konnten vor allem jene Bestimmungen und Verhältnisse verändert werden, die unter dem Druck des nationalsozialistischen Regimes nötig geworden waren.

Wesentliche Impulse für das Selbstverständnis sowie für die Funktion und Stellung innerhalb der römisch-katholischen Kirche kamen vom II. Vatikanum (1962–1965) und der „Gemeinsamen Synode der Bistümer in der Bundesrepublik Deutschland" (1971–1975 in Würzburg).

Fast gleichzeitig mit dem Konzil begannen die Vorbereitungen für ein neues Satzungswerk für die Caritas in der Bundesrepublik Deutschland, die zu den Satzungsreformen der Jahre 1966, 1973 und 1975 führten. Schwerpunkte waren dabei u. a. die Organe des DCV, Fragen der Mitgliedschaft sowie das Verhältnis zum Episkopat.

Der am 23. 4. 1991 neugewählte Präsident des Deutschen Caritasverbandes, Helmut Puschmann aus Dresden, hat die Zeit des Neubeginns nach 1945 und die weitere Entwicklung in der DDR u. a. wie folgt beschrieben:

„Im allgemeinen Aufbau nach 1945 wurden in der sowjetischen Besatzungszone den Kirchen zunächst relativ weite Arbeitsfelder zugestanden, weil auch sie unter der Naziherrschaft gelitten und viele Einrichtungen eingebüßt hatten. Dennoch war die ideologische Ausrichtung von Anfang an klar. Der Kirche wurde Einfluß im pädagogischen Bereich nur im unvermeidbaren Rahmen gestattet. So durften Caritas und Diakonie die vorhandenen Kindergärten behalten oder wiedereröffnen. Neugründungen waren sehr erschwert und später unmöglich. Die von den Nazis geschlossenen konfessionellen Schulen wurden bis auf eine Ausnahme in Berlin nicht wieder zurückgegeben. Die Eröffnung neuer Kinderheime wurde zunächst zugelassen, weil die Not groß war.

. . . So zeigt schon die Nachkriegsära Konturen dessen, was sich dann bis 1989 immer klarer als Konzept darstellt. Die Hilfe der Kirche wird dort angenommen, wo der Staat nicht in der Lage ist, seinen eigenen umfassenden Anspruch zu realisieren. Sie wird dort abgelehnt, wo die herrschende Partei Sorge hat, daß der Einfluß der Kirche Langzeitwirkung hat. Der Caritas wird dabei eine schwierige Aufgabe zuteil. Da es keine freie Wohlfahrtspflege gibt, wird sie unter den ausdrücklichen Schutz der Bischöfe gestellt und tritt als Teil der Kirche in Bereiche ein, die sonst der Kirche verschlossen sind. Im Laufe der Zeit wird dieser Dienst vom Staat sogar positiv bewertet. Die Caritas ist der Versuchung entgangen, daraus eine Umarmung durch den Staat werden zu lassen" (Caritas 91, S. 37 und S. 41).

7. Spezielle zentrale Einrichtungen

Der DCV unterhält u. a. folgende zentrale Einrichtungen und Unternehmungen:

a) Fortbildungs-Akademie – Fortbildungsinstitute

Rechtsträger der Fortbildungs-Akademie ist der Deutsche Caritasverband e. V. Freiburg i. Br., die Fortbildungs-Akademie befindet sich am Sitz der Zentrale des DCV und ist dieser organisatorisch und baulich zugeordnet. „Als Bundeszentrale Fortbildungseinrichtung des DCV und im Hinblick auf die Fortbildungsveranstaltungen auf diözesaner und regionaler Ebene obliegen der Fortbildungs-Akademie vor allem folgende Aufgaben:

- Kursangebote für sogenannte Multiplikatoren (insbesondere Fortbildungsreferenten, Lehrkräfte, Fach- und Praxisberater)
- Fortbildungsangebote für Leiter und leitende Mitarbeiter von Verbänden und Einrichtungen
- Entwicklung von Modellkursen, die eventuell auch an anderer Stelle übernommen werden können
- Kurse zur Qualifizierung für Spezialaufgaben, sofern es sich von vornherein um kleinere Personengruppen handelt.

Programmschwerpunkte wurden bisher gebildet für die Aufgabengebiete der Kinder- und Jugendhilfe, der Familienhilfe, der Behindertenhilfe, der Arbeit mit ehrenamtlichen Helfern und hier insbesondere unter der Zielrichtung ‚Caritas der Gemeinde' mit dem Arbeitsansatz der Gemeinwesenarbeit; aber auch für die Befähigung von Mitarbeitern für Leitungsaufgaben und in der Aus- und Fortbildung von sozialen Berufen.

Fachgebietsbezogene Fortbildungsangebote werden in der Regel in Zusammenarbeit mit den Fachabteilungen und -referaten der Zentrale oder mit den Fachverbänden durchgeführt.

Fachgebietsübergreifende Angebote entwickelt die Fortbildungs-Akademie in eigener Initiative nach entsprechender Abklärung in den Organen des Deutschen Caritasverbandes. In allen Fällen wird geprüft, ob und wieweit eine Zusammenarbeit mit anderen Institutionen der Wissenschaft und der Praxis förderlich ist.

Dabei wurden folgende Veranstaltungstypen entwickelt:

- Kurse in Abschnitten
- Seminare
- Fachwochen
- Studienwochen" („Fortbildung '81" S. 3 ff.).

Daneben werden noch folgende zentrale Fortbildungsinstitute betrieben:

Akademie für Jugendgruppen e. V., Goldstr. 30, 4400 Münster

Fortbildungsakademie für Gesundheitshilfe Köln-Hohenlind, Werthmannstr. 1, 5000 Köln 41

Katholisches Fortbildungsinstitut für Krankenpflege e. V., Maria-Theresia-Str. 10, 7800 Freiburg

Katholisches Fortbildungsinstitut für Krankenpflege e. V., Obermünsterplatz 7, 8400 Regensburg.

b) Solidaris Treuhand-GmbH, Steuerberatungsgesellschaft (Freiburg–Berlin–Köln–München), Herrenstr. 8, 7800 Freiburg

„Die Solidaris Treuhand-GmbH, Steuerberatungsgesellschaft, wurde 1932 gegründet. Als Tochtergesellschaft des Deutschen Caritasverbandes e. V. berät sie vor allem freigemeinnützige Einrichtungen der Wohlfahrtspflege, wie Verbände, Krankenhäuser, Altenheime.

Der Sitz der Gesellschaft wurde nach Kriegsende von Berlin nach Freiburg i. Br. verlegt. Zweigniederlassungen bestehen in Berlin, Köln und München. Die Niederlassungen in Breslau und Wien gingen nach dem Krieg verloren.

In den ersten Jahren ihres Bestehens war die hauptsächliche Aufgabe die steuerliche Beratung von Wohlfahrtseinrichtungen und Ordensgenossenschaften, die dem Zugriff der NS-Finanzbehörden ausgesetzt waren. Noch bis in die fünfziger Jahre wurden Wiedergutmachungsanträge für die Steuerschäden der damaligen Zeit bearbeitet.

Neben der Erstellung von Jahresabschlüssen und der Steuerberatung spielt heute die wirtschaftliche Beratung eine große Rolle, wie etwa die Selbstkostenermittlung für Krankenhäuser nach der Bundespflegesatzverordnung.

Im Steuerausschuß der Bundesarbeitsgemeinschaft der Freien Wohlfahrtspflege vertritt die Solidaris den Deutschen Caritasverband. 1974 wurde zur Erweiterung des Aufgabenbereichs als Tochtergesellschaft der Solidaris Treuhand-GmbH, Steuerberatungsgesellschaft, die Solidaris Revisions-GmbH, Wirtschaftsprüfungsgesellschaft, Sitz Neuss, gegründet“ (Selbstdarstellung).

c) Lambertus-Verlag GmbH, Postfach 10 26, 7800 Freiburg

„Der Lambertus-Verlag ist eine GmbH, von dem jedoch alle Anteile dem Deutschen Caritasverband als alleinigem Gesellschafter gehören.

Der Lambertus-Verlag geht noch auf Lorenz Werthmann zurück, der für den Caritasverband schon früh die Bedeutung einer guten Organisation, eigener Publikationen und der Mitarbeiterschulung gesehen und herausgestellt hat. Er ließ zunächst die Caritas-Druckerei einrichten, aus der der Caritasverlag hervorging.

Die Aufgaben umfassen vor allem folgende Schwerpunkte:

- Zeitschriften (insbes. ‚Caritas‘, ‚Jugendwohl‘, ‚Krankendienst‘, ‚Caritas-Korrespondenz‘),
- die Buchproduktion umfaßte zunächst vor allem die Sachgebiete Religion, Theologie und die Geschichte der Caritas, aber auch Veröffentlichungen über Sozialarbeit, Pädagogik und Psychologie – seit etwa einem Jahrzehnt verlagerte sich der Schwerpunkt zugunsten der Sozialpädagogik und Sozialarbeit“ (Auszug aus einer Selbstdarstellung).

d) Katholischer Siedlungsdienst e. V., Georgstr. 20, 5000 Köln 1

„Im Katholischen Siedlungsdienst e. V. (KSD) wurden 1930 von der Deutschen Bischofskonferenz vielfältige kirchliche Initiativen zusammengefaßt. Nach seiner Auflösung durch die Nationalsozialisten ist der KSD im Jahre 1947 als Bischöfliche Hauptarbeitsstelle durch Bischof Maximilian Kaller wiedergegründet worden.

Der KSD als Dachverband kirchlicher Wohnungs- und Städtebauunternehmen ist die zentrale Organisation kirchlicher Wohnbauarbeit in der Bundesrepublik Deutschland.

Mitglieder des KSD sind:

22 Diözesen
13 Diözesan-Siedlungswerke mit 21 Zweigstellen
12 örtliche bauende und betreuende Unternehmen
– das Siedlungswerk der Erzdiözese Freiburg, in dem
25 gemeinnützige Wohnungsunternehmen vereinigt sind –
18 überörtliche Einrichtungen, Organisationen und Förderer und 1 Ehrenmitglied.

Der KSD will dazu beitragen, daß gemäß seiner Satzung besonders die sozial schwachen Bevölkerungsschichten zu einem familiengerechten Heim gelangen.

Die nach dem Gemeinnützigkeitsprinzip bauenden Mitgliedsunternehmen des KSD haben nach 1945 über 300 000 Eigenheime, Eigentums- und Mietwohnungen, zahlreiche Sozialbauten sowie Wohnfolgeeinrichtungen erstellt und somit die katholische Soziallehre in die Praxis umgesetzt.

Für den KSD und seine Mitglieder bleibt auch künftig eine bessere Wohnraumversorgung für junge und kinderreiche Familien, Alleinerziehende, Behinderte, Berufsanfänger, ältere und ausländische Mitbürger ein verpflichtendes Anliegen. Hinzugekommen sind Beiträge zur Linderung der Not in der Dritten Welt und für die Weltwohnungshilfe.

Der KSD setzt sich bei Parteien und Parlamenten für eine soziale und familiengerechte Bau- und Wohnungspolitik ein. Er arbeitet mit zielgleichen Organisationen im In- und Ausland zusammen.

Mit dem Evangelischen Siedlungswerk in Deutschland (ESW) besteht eine Arbeitsgemeinschaft (AEK).

Über die Arbeit des Katholischen Siedlungsdienstes sowie das Leistungsbild seiner Mitgliedsunternehmen informiert die vierteljährlich erscheinende Verbandszeitschrift BAUEN UND SIEDELN." (Informationen des KSD vom April 1981; eine detaillierte Zusammenstellung der Mitglieder des KSD s. in „BAUEN UND SIEDELN" Nr. 1/81, S. 46.)

e) Die Bischöflichen Werke MISEREOR und ADVENIAT

Neben der Auslandshilfe in eigener Verantworung arbeitet der DCV mit den Bischöflichen Werken MISEREOR und ADVENIAT zusammen. Dies geschieht in folgenden Institutionen:

- in der „Zentralstelle Weltkirche“ der Kommission 10 der Deutschen Bischofskonferenz
- in dem vom DCV geführten Katholischen Katastrophenrat
- im katholischen Arbeitskreis für Entwicklung und Frieden (KAEF)
- durch die Mitgliedschaft des Geschäftsführers von MISEREOR im Zentralrat des DCV
- durch die Mitgliedschaft des Präsidenten des DCV in den Bischöflichen Kommissionen für MISEREOR und ADVENIAT
- durch die Mitgliedschaft des Leiters der Auslandsabteilung des DCV im Beirat von MISEREOR, in dem die größeren Projekte begutachtet werden.

Grundsätze der MISEREOR-Hilfe (Auszug):

„Die Hilfe soll allen Menschen offenstehen, die ihre Grundbedürfnisse nicht befriedigen können und aus diesem Grund Not leiden.

Die Maßnahmen, die MISEREOR zur Überwindung der Not unterstützt, sollen möglichst dauerhaft sein. Sie sollen die Ursachen der Not beseitigen.

Die Projekte sollen im Entwicklungsland selbst ausgearbeitet und wirkliche, den Verhältnissen angepaßte Lösungen für die Beseitigung der Notlage sein. Die Beteiligung der Menschen an ihren eigenen Entwicklungsprojekten wird für wichtig angesehen.

Die Hilfe soll so gegeben werden, daß sie die Selbsthilfe und den Selbsthilfewillen der Bevölkerung einbezieht.

Bei jeder Hilfe muß sorgfältig darauf geachtet werden, daß das gesteckte Ziel auch erreicht wird und keine negativen Nebenwirkungen entstehen (z. B. Förderung einer passiven Empfängermentalität bei der Bevölkerung)“ (MISEREOR 1978, S. 8).

Es besteht eine enge Zusammenarbeit mit der Aktion Brot für die Welt der Evangelischen Kirche in Deutschland.

„Die Bischöfliche Aktion ADVENIAT ist eine zwischenkirchliche Hilfsaktion. Sie wird seit 1961 von den Katholiken der Bundesrepublik Deutschland für die Kirche in Lateinamerika geleistet. Der Name der Aktion enthält ihren Beweggrund: ‚Adveniat regnum tuum – Dein Reich komme‘. Zum Aufbau des Gottesreiches des Lebens, der Gerechtigkeit, Wahrheit, Liebe und des Friedens in Lateinamerika, sucht Adveniat aus der Haltung christlicher Solidarität beizutragen. Die Aktion unterstützt den Aufbruch der lateinamerikanischen Kirche im Umwandlungsprozeß und in der ganzheitlichen Entwicklung Lateinamerikas, die ohne ein geistiges Grundkonzept undenkbar ist“ (Kirchliches Handbuch Band XXVI: 1962–1968, S. 442).

8. Regelmäßige zentrale Veröffentlichungen

a) Caritas, Zeitschrift für Caritasarbeit und Caritaswissenschaft (erscheint sechsmals jährlich)
b) Caritas Korrespondenz, Informationsblätter für die Caritaspraxis (erscheint monatlich)
c) Jugendwohl, Zeitschrift für Kinder- und Jugendhilfe (erscheint monatlich) Krankendienst, Zeitschrift für katholische Krankenhäuser und Pflegekräfte (erscheint monatlich)
d) Caritas Jahrbuch, herausgegeben vom DCV
e) Caritas aktuell, Zeitschrift für die Mitglieder der Caritas
f) Begegnen und helfen, Zeitschrift für Helfer der Caritas, Herausgeber: Caritas-Konferenzen Deutschlands und Vinzenzkonferenzen Deutschlands (erscheint zweimonatlich)
g) Unser Standpunkt, Denkschriften, Informationen, Gutachten des Deutschen Caritasverbandes.

Diese Schriftenreihe nimmt eine besondere Stellung unter den Veröffentlichungen ein, weil fast alle der bisher erschienenen 15 Nummern formell durch den Zentralrat des Deutschen Caritasverbandes beschlossen wurden. Es handelt sich daher um offizielle Äußerungen bzw. verbindliche Regelungen.

III. Deutscher Paritätischer Wohlfahrtsverband – Gesamtverband e. V., Heinrich-Hoffmann-Str. 3, Frankfurt/ Main

Die „Leitsätze" des DPWV aus dem Jahr 1973 sind zwar offiziell noch in Kraft. Sie erscheinen aber dem Bundesverband selbst überarbeitungs- und ablösungsbedürftig. Sie sind in der konkreten „Verbandspolitik" in weiten Teilen überholt oder ersetzt worden. Der folgenden Darstellung von grundsätzlichen Positionen, Handlungsprinzipien und Aufgaben werden daher die „Grundsätze" der Verbandspolitik des Paritätischen Wohlfahrtsverbandes zugrunde gelegt, die in der Mitgliederversammlung des Gesamtverbandes am 27. 10. 1989 verabschiedet wurden:

1. Grundsätze der Verbandspolitik

Der PARITÄTISCHE ist ein Wohlfahrtsverband von eigenständigen Organisationen, Einrichtungen und Gruppierungen der Wohlfahrtspflege, die soziale Arbeit für andere oder als Selbsthilfe leisten.

Getragen von der Idee der Parität, d. h. der Gleichheit aller in ihrem Ansehen und ihren Möglichkeiten, getragen von den Prinzipien der Toleranz, Offenheit und Vielfalt, will der PARITÄTISCHE Mittler sein zwischen Generationen und zwischen Weltanschauungen, zwischen Ansätzen und Methoden sozialer Arbeit, auch zwischen seinen Mitgliedsorganisationen.

Der PARITÄTISCHE ist der Idee sozialer Gerechtigkeit verpflichtet, verstanden als das Recht eines jeden Menschen auf gleiche Chancen zur Verwirklichung seines Lebens in Würde und der Entfaltung seiner Persönlichkeit.

Der PARITÄTISCHE fördert das soziale Engagement für den anderen und den Einsatz für die eigenen sozialen Belange. Er hilft den Betroffenen, Ihre Interessen zu formulieren, vorzutragen und durchzusetzen.

Der PARITÄTISCHE vertritt mit seinen Mitgliedsorganisationen insbesondere die Belange der sozial Benachteiligten und der von Ungleichheit und Ausgrenzung Betroffenen oder Bedrohten.

Der PARITÄTISCHE wirkt auf eine Sozial- und Gesellschaftspolitik hin, die die Ursachen von Benachteiligung beseitigen, ein selbstbestimmtes Leben ermöglichen und sachgerechte Rahmenbedingungen für eine zeitgemäße soziale Arbeit schaffen.

Angesichts des steten Wandels unserer Gesellschaft sieht der PARITÄTISCHE die Notwendigkeit, soziale Not und dementsprechend „Wohlfahrt“ immer wieder neu zu definieren. Wohlfahrtspflege ist ihrem Charakter nach für den PARITÄTISCHEN dynamisch. Sie fordert eine jeweils zeitgemäße Beschreibung sozialer Probleme und eine unablässige Suche nach Antworten durch soziale Arbeit.

Der PARITÄTISCHE nimmt wahr, daß unsere Gesellschaft trotz ihres Reichtums auch soziale Notlagen erzeugt. Sie entstehen durch biographische Verstrickungen, strukturelle Benachteiligungen, ökonomische Interessen sowie durch soziale und technologische Wandlungsprozesse.

Soziale Notlagen wecken jedoch auch das Engagement von Menschen, die ihr individuelles Schicksal und ihre benachteiligende Lage nicht hinnehmen wollen. Sie schließen sich zum Zweck der Selbsthilfe oder der Hilfe für andere zusammen und tragen so zur Veränderung dieser Gesellschaft bei.

Für den PARITÄTISCHEN gilt es, dieses mitbürgerliche Engagement bei der Suche nach Wegen zu sozialer Gerechtigkeit zu unterstützen und zu fördern. Der PARITÄTISCHE erweitert das System der Angebote und Hilfen um neu entstehendes mitbürgerliches Engagement und entwickelt auf diese Weise das Erscheinungsbild der Wohlfahrtspflege kontiuierlich weiter.

Der PARITÄTISCHE gewinnt mit der Umsetzung dieses dynamischen Wohlfahrtsbegriffs sein Profil, seine Identität und seine besondere Stellung im System der Wohlfahrtspflege.

Im PARITÄTISCHEN stehen verschiedene Ansätze und Methoden der sozialen Arbeit gleichberechtigt nebeneinander. Bereits Bewährtes steht neben Neuem, Ehrenamt neben Professionalität, Selbsthilfe neben Fremdhilfe und ambulante neben stationärer Hilfe – getragen von paritätischer Toleranz, die Gegenseitigkeit, konstruktive Kritik, Ergänzung und Kooperation einschließt.

Der PARITÄTISCHE sieht die Gefahr, daß soziale Arbeit nicht nur helfen, sondern auch kontrollieren und aussondern kann. Er weiß daher um das Erfordernis ständiger Selbstkontrolle und die Notwendigkeit, die von sozialer Benachteiligung Betroffenen darin zu unterstützen, ihre Interessen gegen Bevormundung zu verteidigen.

Aus der Idee der Parität leiten sich die Handlungsprinzipien des Verbandes ab:

Toleranz, Offenheit, Vielfalt

Der PARITÄTISCHE bejaht und fördert die Vielfalt der Ansätze und der Suche nach neuen Lösungen in der Wohlfahrtspflege. Gleiche Möglichkeiten für einen jeden, der um die Lösung der eigenen oder der sozialen Probleme anderer bemüht ist, stellen für den PARITÄTISCHEN eine notwendige Voraussetzung für die Gestaltung einer humanen Gesellschaft dar. Erst dieses „Zulassen-Können" löst gesellschaftliche Bewegungen aus und hält sie in Gang.

Der PARITÄTISCHE ist daher grundsätzlich für alle Gruppierungen offen, die überwiegend soziale Arbeit leisten oder leisten wollen und deren Ziele, Methoden und konkrete Arbeit an den Geboten der Menschlichkeit ausgerichtet sind. Voraussetzung ist, daß sie mit den Zielen und Handlungsprinzipien des Verbandes und seinen Erwartungen an die Mitglieder übereinstimmen.

Selbstbestimmung und Eigenverantwortung

Der PARITÄTISCHE wahrt die Eigenständigkeit seiner Mitgliedsorganisationen. Jede Mitgliedsorganisation hat das Recht auf die Entfaltung ihrer Arbeit und das selbstbestimmte und eigenverantwortliche Suchen nach Lösungsansätzen zur Überwindung oder Milderung sozialer Probleme. Der PARITÄTISCHE hilft und berät, schreibt jedoch nicht vor.

Gegenseitigkeit und Solidarität

Unter Toleranz versteht der PARITÄTISCHE nicht ein unverbindliches Nebeneinander, sondern das aktive Mitwirken für den anderen, damit jede Mitgliedsorganisation gleiche Chancen zur Verwirklichung ihres Anliegens erhält. Nur durch die Grundsätze der Gegenseitigkeit und Solidarität erhalten Eigenständigkeit und Unabhängigkeit innerverbandlich sowie gesellschaftlich eine Chance.

Kritik und Selbstkritik

Der PARITÄTISCHE verbindet Eigenständigkeit und Unabhängigkeit immer auch mit der Verpflichtung zum fachlichen Austausch. Es gilt zu prüfen und sich prüfen zu lassen, konstruktiv zu kritisieren und auf Kritik sachlich und konstruktiv zu reagieren.

Konfliktbereitschaft

Die Selbstverpflichtung des PARITÄTISCHEN, neue Formen sozialer Arbeit zu ermöglichen und den Prinzipien der Toleranz, Offenheit und Vielfalt zu folgen, löst immer wieder Konflikte aus, sei es zwischen Mitgliedsorganisationen im PARITÄTISCHEN selbst, sei es im Verhältnis zu Politik und Verwaltung, sei es im Verhältnis zu den anderen Spitzenverbänden Freier Wohlfahrtspflege. Der PARITÄTISCHE sieht in diesen Konflikten einen notwendigen Bestandteil gesellschaftlicher Weiterentwicklung. Er greift sie auf und wirbt, wo immer es möglich ist, um Verständnis, Toleranz und einen sachgerechten Kompromiß. Er macht seinen Mitgliedern mögliche Rollenkonflikte des PARITÄTISCHEN als Mitgliederorganisation und Spitzenverband deutlich. Er bleibt jedoch im Umgang mit Konflikten gegenüber Außenstehenden dem Willen der Mitglieder, den Belangen der Betroffenen und der Idee sozialer Gerechtigkeit verpflichtet. Er erwartet aber auch von dem einzelnen Mitglied, die Gesamtinteressen des Verbandes zu berücksichtigen.

Anerkennung von Minderheiten

Bei innerverbandlichen Meinungsverschiedenheiten gilt es, den Konsens zu suchen. Der plurale Wettstreit der Ideen gebietet Fairneß sowie das offene, sachliche und verständnisvolle Gespräch.

Der PARITÄTISCHE kommt diesem Gebot nicht nur in der Art und Weise nach, wie er Entscheidungen trifft, sondern er wirkt darüber hinaus auf eine der Toleranz verpflichtete Haltung bei allen seinen Mitgliedern hin.

2. Aufgaben und Ziele

Der PARITÄTISCHE macht es sich zur Aufgabe, bei Sicherung des Bewährten neue Formen der sozialen Arbeit zu schützen, fachlich zu fördern und zusammen mit seinen Mitgliedern die Belange von benachteiligten Menschen zu vertreten. Er fördert die Eigenständigkeit seiner Mitgliedsorganisationen und strebt einen Verband an, der von Solidarität und Toleranz sowie von der Bereitschaft und Fähigkeit seiner Mitglieder zu einem dialogischen Lernen geprägt wird. Er will aus der Vielfalt eine starke vielfältige Einheit entstehen lassen.

In der Zusammenarbeit mit seinen Mitgliedsorganisationen regt der PARITÄTISCHE Hilfestellungen untereinander an und bietet Information, Beratung, Fort- und Weiterbildung. Er bemüht sich vor Ort um einen Verbund der verschiedenen Angebote, Einrichtungen und Selbsthilfebestrebungen mit dem Ziel eines lebendigen, alltags- und adressatenorientierten sozialen Leistungsangebots. Neben seinem Einsatz für die notwendige Ausweitung professioneller sozialer Dienste sieht der PARITÄTISCHE seine besondere Aufgabe darin, das freiwillige soziale Engagement zu fördern und zu qualifizieren. Er trägt sowohl mit seinen Organisationsstrukturen als auch im Umgang miteinander den besonderen Bedürfnissen und Motiven der ehrenamtlichen Mitarbeiterinnen und Mitarbeiter Rechnung.

In seiner Zusammenarbeit mit Politik und Verwaltung setzt sich der PARITÄTISCHE für die Belange seiner Mitgliedsorganisationen ein. In sozialer Anwaltschaft für die Betroffenen wirkt er an der sozialen und sozialpolitischen Entwicklung in unserem Staat mit, indem er auf soziale Probleme aufmerksam macht, auf politische Lösungen drängt und sein Fachwissen zur Verfügung stellt. Der PARITÄTISCHE vertritt das Initiativrecht freier Vereinigungen in der Wohlfahrtspflege sowie den Vorrang des mitbürgerlichen Engagements und der Selbsthilfe. Er achtet auf sozialpolitische Rahmenbedingungen, die mitbürgerliches Engagement und Selbsthilfe ermöglichen und unterstützen.

Auch in der Zusammenarbeit mit anderen gesellschaftlichen Institutionen und Gruppen sowie mit Blick auf die Öffentlichkeit setzt sich der PARITÄTISCHE für die Belange seiner Mitgliedsorganisationen und ihrer Adressaten ein. Er informiert über seine Arbeit und über soziale und sozialpolitische Entwicklungen mit dem Ziel, das Gerechtigkeitsempfinden in unserer Gesellschaft zu schärfen, Betroffenheit über die Situation gesellschaftlich Benachteiligter zu erzeugen und aktives soziales Bürgerengagement zu wecken. Der PARITÄTISCHE wirbt für soziale Lösungen in einer Gesellschaft, die von den Gedanken der Toleranz und Vielfalt geprägt ist. Er bietet sich als Ansprechpartner für Menschen an, die eigenständige soziale Arbeit leisten wollen.

In der Zusammenarbeit mit Wissenschaft und Forschung wünscht sich der PARITÄTISCHE eine bessere Verständigung von Theorie und Praxis. Er ist zum einen darum bemüht, wissenschaftliche Forschungsergebnisse in Politik und Praxis hineinzutragen, zum anderen bringt er der Wissenschaft Fragestellungen aus der Praxis nahe, regt Forschungsvorhaben an und unterstützt sie.

Der internationalen Zusammenarbeit mit sozialen Hilfsorganisationen mißt der PARITÄTISCHE eine zunehmende Bedeutung bei. Dabei steht die Gestaltung des europäischen Sozialraums im Vordergrund.

„Aufgaben des Gesamtverbandes sind insbesondere:

1. Förderung der fachlich-methodischen Sozialarbeit,
2. Ausbildung und Fortbildung von Mitarbeitern,
3. Weckung und Entwicklung wohlfahrtspflegerischer Aktivitäten der Bürgerschaft,
4. Pflege ehrenamtlicher Mitarbeit,
5. wissenschaftliche Untersuchungen für die soziale Praxis,
6. Öffentlichkeitsarbeit und Information der Mitgliedsorganisationen,
7. Zusammenarbeit mit Behörden und Verbänden,
8. Internationale Zusammenarbeit“ (§ 2 der Satzung).

Im Prinzip gilt dies auch für die Landesverbände und ihre Mitgliedsorganisationen. Die folgenden Zahlen sollen beispielhaft den Umfang beschreiben, die von den überregionalen Mitgliedsorganisationen sowie in den Landesverbänden, den Kreis- und Ortsverbänden wahrgenommen werden:

Altenhilfe

430 Wohnheime, Wohnpflegeheime
223 Tagesstätten, -heime, -pflegeheime
747 Beratungsstellen, Mahlzeitendienste, ambulante und mobile Dienste

Behindertenhilfe

672 Heime, Wohngemeinschaften
381 Tagesstätten, Sonderkindergärten
215 Werkstätten für Behinderte
1525 Beratungsstellen, mobile Dienste, Fahrdienste, Hilfsmittelverleihdepots

Familienhilfe

345 Heime und Frauenhäuser
72 Familienbildungsstätten
393 Beratungsstellen

Jugendhilfe

609 Heime, Übergangsheime, Wohngemeinschaften
756 Kindergärten, Kindertagesstätten und Tagesfreizeitstätten
170 Jugendberatungsstellen

Gesundheitshilfe

98 Krankenhäuser
222 Familienerholungsheime
117 Beratungsstellen für Familienplanung und Schwangerschaftskonflikte
162 Ausbildungs-, Fort- und Weiterbildungsstätten für Sozialpflegerische Berufe

Suchtgefährdete und Suchtkranke

353 Beratungs- und Betreuungsstellen
132 Wohngemeinschaften und Übergangswohnheime
7 Krankenhäuser

Psychisch Kranke und seelisch Behinderte

153 Wohngemeinschaften und Übergangsheime
12 Krankenhäuser
306 Heime
159 Telefonseelsorge und -beratungsstellen

Entwicklungszusammenarbeit, Katastrophenhilfe, Rettungsdienste

108 Rettungsdienste
ca. 1100 haupt- und ehrenamtliche Mitarbeiter in der Entwicklungszusammenarbeit

Hilfen für ausländische Mitbürger, Flüchtlings- und Aussiedlerhilfe

62 Eingliederungsdienste für jugendliche Aussiedler
47 Beratungs- und Betreuungsstellen für Aussiedler/Umsiedler

258 Beratungs- und Betreuungsstellen für Ausländer
16 Beratungs- und Betreuungsstellen für Asylbewerber/-berechtigte
(Auszug aus „PARITÄT“ Informationsschrift Herbst 1989)

Veröffentlichte Zahlen über die große Anzahl von Selbsthilfegruppen liegen leider nicht vor.

3. Organisation und Gliederung

Der DPWV hat die Rechtsform eines eingetragenen Vereins mit Sitz in Frankfurt am Main. „Mitglieder des DPWV-Gesamtverbandes sind die Landesverbände sowie Wohlfahrtsorganisationen, die in mehreren Ländern tätig sind. Soweit Wohlfahrtsorganisationen nur in einem Bundesland tätig sind, werden sie Mitglied des jeweiligen Landesverbandes. Ein Vertreter jedes Landesverbandes und ein Vertreter jeder Mitgliedsorganisation, die in mindestens fünf Ländern dem DPWV angehört, bilden den Beirat des Gesamtverbandes. Der Beirat berät den Vorstand in allen grundlegenden Fragen der Verbandsarbeit. Um die fürsorgerischen Notwendigkeiten, die sich oft von Ort zu Ort und Kreis zu Kreis sehr verschieden darstellen, zu erkennen und Wege zu sinnvollen Abhilfen gemeinsam zu erarbeiten, haben sich in den meisten Landesverbänden noch Kreisgruppen des DPWV gebildet. Aus sachlichen Gegebenheiten erwies es sich häufig als unvermeidlich, daß diese Kreisgruppen selbst Aufgaben, überwiegend der offenen Sozialhilfe, übernahmen, z. B. ‚Essen auf Rädern‘, ‚Hauspflege‘, ‚Aktion Silberfisch‘, ‚Peter Pelikan‘.

Die neueste Entwicklung geht dahin, Aufgaben, die der DPWV durch seine Landesverbände oder Kreisgruppen selbst aufgegriffen hat, in Vereinsform rechtlich zu verselbständigen und Bürger einer Gemeinde an der Verantwortung für soziale Aufgaben zu beteiligen. Neben die regionale Gliederung tritt zunehmend eine Gliederung nach fachlichen Gesichtspunkten. Zu Fachgruppen und Arbeitsgemeinschaften finden sich entsprechende Mitgliedsorganisationen in den Landesverbänden zusammen, um Sachgebiete wie Jugendhilfe, Altenhilfe, Eingliederungshilfe und Gefährdete, Erholungsfürsorge, Krankenhausfragen gemeinsam zu beraten. Ähnliche Ausschüsse gibt es beim Gesamtverband, um Erfahrungsaustausch und Information ständig fließen zu lassen. Im DPWV haben sich freie Wohlfahrtsorganisationen zusammengeschlossen, die selbständige Rechtspersönlichkeiten sind (§ 3 der Satzung). Diese Abgrenzung gegenüber der öffentlichen Sozialhilfe wird durch eine andere ergänzt, nach der als Mitglied nur eine Organisation aufgenommen werden kann, die ‚keinem anderen Spitzenverband der Freien Wohlfahrtspflege angehört oder ihrem Selbstverständnis nach angehören sollte‘ (§ 3 der Satzung). Es werden nur Organisationen aufgenommen, die sich der Wohlfahrtspflege widmen; denn Organisationen, die vornehmlich kulturellen, parteipolitischen, landsmannschaftlichen, medizinischen, technischen usw. Zwecken dienen, können nicht aufgenommen werden, selbst dann nicht, wenn sie als ihren Zweck u. a. auch die wohlfahrtspflegerische Arbeit angeben.

Gegenüber den anderen Verbänden der Freien Wohlfahrtspflege ist die Zusammensetzung des DPWV insofern von Bedeutung, als sie die Vielfalt der Ideen und Motivationen zur Sozialarbeit, wie sie für unsere Gesellschaft charakteristisch ist, widerspiegelt. Dabei bleibt im DPWV jedem Mitglied die volle Freiheit, seine individuelle Konzeption unter eigenem Namen und ohne Eingriff seitens der Verbandsspitze zu verwirklichen" (Informationsschrift 1976, S. 11 ff.).

Es bestehen 15 Landesverbände – für Rheinland-Pfalz und das Saarland ist ein gemeinsamer Landesverband gebildet. Über diese sind die Kreis- und Ortsvereinigungen mittelbare Mitglieder des Gesamtverbandes. Daneben gehören dem Gesamtverband als überregionale Mitgliedsorganisationen u. a. folgende Vereinigungen an:

Behindertenhilfe:
- Bundesarbeitsgemeinschaft der Clubs Behinderter und ihrer Freunde
- Bundesverband der Eltern körpergeschädigter Kinder (Conterganinderhilfswerk)
- Bundesverband für spastisch Gelähmte und andere Körperbehinderte
- Sozialwerk der Deutschen MS-Gesellschaft
- Sozialwerk des Deutschen Schwerhörigenbundes

Jugendhilfe:
- Deutscher Kinderschutzbund
- Deutsches Jugendherbergswerk
- Deutsches Studentenwerk
- Internationale Gesellschaft für Heimerziehung
- Internationale Jugendgemeinschaftsdienste
- Verband Deutscher Schullandheime
- Vereinigung der Waldorf-Kindergärten

Altenhilfe:
- Deutsches Sozialwerk
- Lebensabend-Bewegung
- Sozialwerk der Pommern
- Sudetendeutsches Sozialwerk

Familienhilfe:
- Deutscher Familienverband
- Paritätischer Hauspflegeverband
- Pro Familia – Deutsche Gesellschaft für Sexualberatung und Familienplanung

Beratung:
- Advent-Wohlfahrtswerk
- Freimaurerisches Hilfswerk
- Sozialwerk der Heilsarmee
- Sozialwerk des Bundes freireligiöser Gemeinden

Gesundheitshilfe:
- Arbeiter-Samariter-Bund
- Bundeswehr-Sozialwerk
- Deutsche Krebshilfe
- Deutscher Berufsverband für Krankenpflege
- Deutscher Guttempler-Orden
- Erholungswerk der Deutschen Bundespost
- Kneipp-Bund.

Da der DPWV nicht von einer einheitlichen religiösen, weltanschaulichen, geistigen oder sozialpolitischen Grundlage ausgeht, andererseits aber eine gewisse einheitliche Linie bei der Aufnahme von Mitgliedern in den Landesverbänden und überregionalen Mitgliedern beim Bundesverband erforderlich ist, wird in der Satzung folgendes bestimmt:

„Die Landesverbände entscheiden über die Aufnahme von Wohlfahrtsorganisationen, die in ihrer Tätigkeit nicht über den Bereich eines Landesverbandes hinausgehen, im übrigen aber den Bedingungen der §§ 1, 2 und 3 entsprechen. Zuständig für die Aufnahme ist der Landesverband, in dem die Wohlfahrtsorganisation ihren Sitz hat.

Vor der Aufnahme von Mitgliedern durch die Landesverbände soll aus Gründen der Einheitlichkeit dem Gesamtverband Mitteilung gemacht und das Einverständnis seines Vorstandes abgewartet werden.

Gliederungen solcher Wohlfahrtsorganisationen, die bereits in den Gesamtverband aufgenommen sind, sollen auf Antrag in der Regel auch von allen Landesverbänden aufgenommen werden“ (6).

Organe des Verbandes sind: „Vorstand, Beirat, Mitgliederversammlung“ (§ 7).

„Der Vorstand leitet verantwortlich die Verbandsarbeit. Er gibt sich eine Geschäftsordnung und kann besondere Aufgaben unter sich verteilen oder Ausschüsse für deren Bearbeitung oder Vorbereitung einsetzen.

Der Vorstand besteht aus mindestens sieben stimmberechtigten Mitgliedern, und zwar aus:

dem Vorsitzenden, dem ersten stellvertretenden Vorsitzenden, dem zweiten stellvertretenden Vorsitzenden, und den weiteren Mitgliedern.

Die Vorstandsmitglieder werden von der Mitgliederversammlung auf Vorschlag des Beirats jeweils für vier Jahre gewählt, und zwar der Vorsitzende im besonderen Wahlgang. Der Vorstand wählt aus seiner Mitte den ersten und zweiten stellvertretenden Vorsitzenden.
Die Führung der laufenden Geschäfte wird einem Hauptgeschäftsführer übertragen, der insoweit als besonderer Vertreter nach § 30 BGB den Verband vertreten kann. Er gehört dem Vorstand mit beratender Stimme an. Er kann auch zum Vorstandsmitglied mit allen Rechten gewählt werden. Seine Vollmachten sind durch eine Dienstanweisung festzulegen“ (§ 8).

„Der Beirat hat die Aufgabe,

a) Anregungen zur Erfüllung der besonderen Aufgaben des Verbandes (§ 2 Abs. 3) zu geben,
b) die Wahl des Vorstandes gemäß § 8 Abs. 3 vorzubereiten,
c) den Vorstand in allen weitergreifenden Fragen zu beraten und dabei die Einberufung von Fachtagungen und Fachausschüssen vorzuschlagen,
d) die Finanzverwaltung des Verbandes und die Vorlagen für die Mitgliederversammlung zu begutachten.

Der Beirat besteht aus je einem Vertreter der Landesverbände und derjenigen Mitgliedsverbände, die selbst oder mit ihren Untergliederungen mehr als fünf Landesverbänden angeschlossen sind. Dem Beirat gehört außerdem der Vorsitzende des Gesamtverbandes an, der den Vorsitz führt. Für jedes Beiratsmitglied ist ein Stellvertreter zu bestellen.

Der Beirat kann um vier in der freien Wohlfahrtspflege erfahrene Persönlichkeiten erweitert werden, die vom Vorstand des Gesamtverbandes gewählt werden" (§ 9).

„Die Mitgliederversammlung hat insbesondere die Aufgabe,

a) die Jahresberichte entgegenzunehmen,
b) die Mitgliederbeiträge festzusetzen,
c) die Jahresrechnungen abzunehmen und die Entlastung des Vorstandes zu beschließen,
d) über die Änderung der Verbandssatzung und über die Auflösung des Verbandes zu beschließen,
e) den Vorstand zu wählen,
f) über die Berufung nach § 5 Abs. 2 zu entscheiden.

Das Stimmrecht in der Mitgliederversammlung wird von den Mitgliedsverbänden ausgeübt, und zwar durch deren Vorsitzende oder deren schriftlich bevollmächtigte Vertreter.

Die überregionalen Mitgliedsorganisationen (§ 3 Abs. 2, haben je eine Stimme. Die Stimmenzahl der Landesverbände (§ 3 Abs. 1) ergibt sich durch eine Verdoppelung der Stimmenzahl aller überregionalen Mitgliedsorganisationen. Die Gesamtstimmenzahl der Landesverbände wird gleichmäßig auf alle Landesverbände verteilt; Bruchteile von Stimmen entfallen" (§ 10).

4. Beziehung zu nahestehenden Organisationen

Der DPWV ist seiner Aufgabe treu geblieben, die Träger in der freien Wohlfahrtspflege zu sammeln und zu vertreten, die keiner der großen weltanschaulichen gesellschaftspolitischen Gruppierungen zuzurechnen sind. Deshalb steht auch keine der großen gesellschaftlichen Kräfte (wie die Kirchen, einzelne Parteien oder die Arbeiterbewegung) unmittelbar neben oder hinter ihm.

5. Internationale Zusammenschlüsse und Beziehungen

Der DPWV-Gesamtverband gehört keiner internationalen Organisation an; jedoch haben einige der Mitgliederorganisationen „Parität International – DPWV" gegründet. Dabei handelt es sich um einen Zusammenschluß für weltweite Katastrophenhilfe, dem vor allem jene Mitgliedsorganisationen angehören, die bereits im Ausland Kontakte haben.

Weiterhin sind einige überregionale Mitgliedsorganisationen in internationalen Vereinigungen vertreten.

„Mitgliedsorganisationen des DPWV, die schon seit vielen Jahren in der Katastrophenhilfe im In- und Ausland tätig sind und sich bei zahlreichen Einsätzen in aller Welt bewährt haben (zuletzt in Algerien und Italien mit einem Gesamtaufwand von über 6 Millionen DM), haben sich zu einem gemeinsamen Arbeitskreis unter dem Namen ‚Parität International – DPWV' zusammengeschlossen.

Hierzu gehören: das Advent-Wohlfahrtswerk, der Arbeiter-Samariter-Bund, die Deutsche Rettungsflugwacht, der Hermann-Gmeiner-Fond, die Internationalen Jugendgemeinschaftsdienste, die Nothelfergemeinschaft der Freunde und das Sozialwerk der Heilsarmee. Der jetzige Zusammenschluß ermöglicht die gegenseitige Ergänzung von Hilfsmöglichkeiten unter Anwendung und Nutzung der bisherigen Erfahrungen und Kenntnisse.

Das umfangreiche Hilfsangebot der Mitgliedsorganisationen von Parität International – DPWV umfaßt Gesundheits-, Sozial- und Betreuungsdienste sowie medizinische Erstversorgung. Helfer und Ärzte, Transport- und Rettungsgeräte stehen einsatzbereit zur Verfügung. Decken, Bekleidung, Medikamente, Nahrungsmittel, technische Hilfsgeräte, Zelte und sonstige Unterkunftsmöglichkeiten können kurzfristig bereitgestellt werden.

Partnerorganisationen in vielen Ländern der Welt ermöglichen es Parität International – DPWV, schnell Kontakt mit dem betroffenen Katastrophengebiet aufzunehmen und sicherzustellen, daß Hilfeleistungen zweckbestimmt Verwendung finden.

Parität International – DPWV verfügt über einen Initiativstab, der in einem Katastrophenfall sofort zusammentritt, um – in Abstimmung mit der Bundesregierung und anderen Hilfsorganisationen – die notwendigen Entscheidungen über Art und Umfang der Hilfeleistungen zu treffen" (DPWV-Nachrichten 7/81, S. 97).

6. Geschichte

„Der DPWV ist der jüngste der sechs Spitzenverbände der freien Wohlfahrtspflege in Deutschland. Seine Entstehung fällt in die Jahre nach dem ersten Weltkrieg, als die Einrichtungen der freien Wohlfahrtspflege unter der allgemeinen wirtschaftlichen Not besonders litten und befürchten mußten, von der öffentlichen Hand übernommen zu werden, d. h. ihre Selbständigkeit zu verlieren. Um

diese Selbständigkeit zu erhalten, ging 1919 vom Verband der Frankfurter Krankenanstalten die Anregung zu einer Reichsorganisation der nichtstaatlichen und nichtstädtischen Krankenanstalten Deutschlands aus.
Der ursprünglichen Idee nach sollten sich in dieser Organisation lokale Vereinigungen gemeinnütziger Krankenanstalten zusammenschließen. Da die konfessionellen Trägerverbände sowie der Verband Deutscher Krankenpflegeanstalten vom Roten Kreuz und der im Entstehen begriffene Bund der jüdischen Kranken- und Pflegeanstalten jedoch einem derartigen Reichsverband nur geschlossen beizutreten wünschten, fanden sich am 3. 2. 1920 in Berlin die nichtkonfessionellen gemeinnützigen Krankenanstalten zur ‚Vereinigung der freien privaten gemeinnützigen Kranken- und Pflegeanstalten Deutschlands' zusammen.
Die ‚Vereinigung der freien privaten gemeinnützigen Kranken- und Pflegeanstalten Deutschlands' blieb nicht lange ausschließlich Krankenhausverband. Zu ähnlich waren die Lebensfragen in Einrichtungen der Erziehungs- und Wirtschaftsfürsorge, die weder von der öffentlichen Hand noch von einer bestimmten Weltanschauung getragen wurden, als daß nicht auch sie eine gemeinsame Vertretung auf überörtlicher Basis benötigt hätten. So wurde am 3. und 4. Mai in Frankfurt am Main beschlossen, den Fachverband zu einem Spitzenverband auszubauen. Dieser Beschluß wurde am 7. 4. 1924 verwirklicht. Man entschloß sich zu der Bezeichnung ‚Fünfter Wohlfahrtsverband', da dieser Zusammenschluß als fünfter Verband zur ‚Liga der Freien Wohlfahrtspflege' gestoßen war. Aus dieser Zeit stammt auch das Abzeichen des Verbandes, das aus der Abkürzung V. WV. abgeleitet wurde. Im Jahre 1930 übernahm man die Bezeichnung ‚Paritätischer Wohlfahrtsverband'.

Der Paritätische Wohlfahrtsverband umfaßte seinerzeit nur wenig über 700 Organisationen und war damals im gesamten Reichsgebiet wesentlich kleiner als heute im Bundesgebiet. Dennoch konnte er bald erheblichen Einfluß und Bedeutung gewinnen. Zu den führenden Persönlichkeiten der ‚Gründer-Zeit' zählen vor allem:

Leo Langzeit, Wilhelm Polligkeit, Luise Kiesselbach, Anna von Gierke, Carl Hofacker, Arthur Schloßmann, Elisabeth von Harnack, Otto von Holbeck, Emilie Kiep-Altenloh.

Die Machtübernahme durch die Nationalsozialisten führte dazu, daß die ‚Nationalsozialistische Volkswohlfahrt (NSV)' in der Liga der Freien Wohlfahrtspflege die führende Stellung übernahm. Leitende Persönlichkeiten des Paritätischen Wohlfahrtsverbandes legten von sich aus ihre Ämter nieder oder wurden gezwungen, aus ihren Positionen in den Verbandsorganen auszuscheiden. Der Paritätische Wohlfahrtsverband wurde 1934 der ‚Gleichschaltung' unterworfen" (S. 9 ff.).

„Das Vermögen des Spitzenverbandes wurde eingezogen, die Mitgliedseinrichtungen teilweise zweckentfremdet, aufgelöst oder in die Nationalsozialistische Volkswohlfahrt überführt. Nur wenige Spezialeinrichtungen konnten sich mühsam halten. Die offene Fürsorge des DPWV wurde gänzlich zerschlagen.

Die Reorganisation des DPWV setzte 1945 auf Länderebene ein und zwar zunächst in der amerikanisch besetzten, dann in der britisch und schließlich auch in der französisch besetzten Zone. Am 8. 10. 1949 wurde der DPWV als Spitzenverband der Freien Wohlfahrtspflege offiziell wieder gegründet" (Beiträge und Studien zu einem Sozialatlas, Die freie Wohlfahrtspflege, S. 105).

Wilhelm Polligkeit (1876–1960) war daran maßgeblich beteiligt. „Er gehört zu den bedeutendsten Anregern sozialer Arbeit und zu den wichtigsten Gestaltern des Fürsorgerechts des 20. Jahrhunderts. An der Frankfurter Universität las er Jugend- und Fürsorgerecht. Nach dem Zusammenbruch 1945 war er Wohlfahrtsdezernent der Stadt Frankfurt am Main, später viele Jahre Vorsitzender des Deutschen Vereins für öffentliche und private Fürsorge. Er war seit 1949 Ehrenvorsitzender des Verbandes. Die zentrale Fortbildungsstätte des DPWV in Frankfurt am Main ist nach ihm benannt" (S. 39).

Nach den Jahres des Aufbaus wurde die Organisation des Verbandes den geänderten Bedürfnissen angepaßt. Die Satzung wurde im Jahre 1967 neu gefaßt.

In den vergangenen beiden Jahrzehnten hat sich eine große Zahl von Selbsthilfeorganisationen dem DPWV angeschlossen. Er wurde damit zu dem Wohlfahrtsverband, in dem sich die meisten organisierten Träger und Institutionen der Selbsthilfebewegung angeschlossen haben.

Auf dem Gebiet der ehemaligen sowjetisch besetzten Zone bzw. der späteren Deutschen Demokratischen Republik wurde der DPWV nach 1945 nicht wieder gegründet.
Am 13. 5. 1990 schlossen sich folgende in der damaligen DDR bereits tätigen überregionalen Organisationen der freien Wohlfahrtspflege zu einer Paritätischen Arbeitsgemeinschaft zusammen:

Aids-Hilfe DDR
Arbeiter-Samariter-Bund
Arbeitsgemeinschaft Allergiekrankes Kind
Deutsches Sozialwerk
Guttempler-Orden
Hilfswerk der Christengemeinschaft
ILCO
Krebsliga der DDR
PARITÄTISCHER Landesverband Sachsen i. G. (vertreten durch Verein zur Wiedereingliederung psychosozial geschädigter Menschen)
PARITÄTISCHER Landesverband Thüringen i. G. (vertreten durch VdK-Thüringen)
Verband der Kriegs- und Wehrdienstopfer, Behinderten und Sozialrentner Deutschland – VdK Volkssolidarität

Durch die Aufnahme der Volkssolidarität hat sich der DPWV in den neuen Bundesländern eine breite Basisstruktur für ambulante Sozialarbeit geschaffen. Inwieweit es ihm gelingt, in die Strukturen und Mitarbeiter einer offiziellen Einrichtung des ehemalien DDR-Staates Vorstellungen und Handlungsprinzipien einer freien Wohlfahrtspflege zu vermitteln, die einem freiheitlich demokratischen Rechtsstaat entsprechen, wird die Zukunft noch erweisen müssen.

Die Paritätische Arbeitsgemeinschaft wurde nach der Gründung von Landesverbänden 1990 wieder aufgelöst.

7. Spezielle Einrichtungen

a) Wilhelm-Polligkeit-Institut

Der Bundesverband betreibt unmittelbar das Wilhelm-Polligkeit-Institut in Frankfurt am Main, Heinrich-Hoffmann-Str. 3.
„Das Wilhelm-Polligkeit-Institut ist die zentrale Fortbildungsstätte des DPWV, mit dessen Hauptgeschäftsstelle es auch eine räumliche Einheit bildet. Ausgehend von der Funktion des DPWV als Dachverband wurde das Wilhelm-Polligkeit-Institut geplant als Lehr- und Begegnungsstätte. Somit dient es vorrangig der Fortbildungsarbeit für heute mehr als 2600 Mitgliedsorganisationen mit über 7700 Einrichtungen. Darüber hinaus finden zahlreiche Tagungen, zentrale Fachveranstaltungen, Organsitzungen, internationale Begegnungen sowie Zusammenkünfte befreundeter Sozialverbände statt“ (DPWV Lehrgangskalender 1981, S. 1).

b) Paritätisches Bildungswerk e. V.

„Das Paritätische Bildungswerk (PB) ist ein Dachverband der außerschulischen Bildungsarbeit. Es stellt einen Zusammenschluß von Organisationen dar, die sich der Weiterbildung im sozialen Bereich widmen. Das PB ist wie seine Mitgliedsorganisationen parteipolitisch oder konfessionell nicht gebunden und in seiner Willensbildung von öffentlichen Stellen unabhängig. Dem seit 1964 bestehenden Verband gehören juristisch selbständige Institutionen und Organisationen von überregionaler Bedeutung an. Das PB ist aus dem Deutschen Paritätischen Wohlfahrtsverband (DPWV) hervorgegangen und versteht seine Bildungsarbeit als eigenständigen Auftrag.

Das PB sammelt, koordiniert und wertet Erfahrungen sozialer Bildungsarbeit aus.

Das PB betreibt Fortbildung für Mitarbeiter sozialer Einrichtungen.

Das PB hilft seinen Mitgliedseinrichtungen bei der Planung und Durchführung von Bildungsvorhaben in verschiedenen Veranstaltungsformen.

Das PB vertritt die Interessen seiner Mitglieder gegenüber Verbänden und Behörden.

Das PB gibt eine Schriftenreihe ‚Berichte‘, entstanden aus der Lehrgangsarbeit, heraus.

Das PB bietet Einführungslehrgänge für Zivildienstleistende an.

Das Angebot des PB ist offen für jedermann; es richtet sich an Personengruppen mit Weiterbildungsbedürfnissen im sozialen Bereich, besonders aber an Multiplikatoren in so unterschiedlichen Bildungsfeldern wie Erwachsenenbildung einschließlich der emanzipatorischen Bildung von Frauen- und Männer-, Eltern- und Familienbildung, politische Bildung, Jugendhilfen, Bildung von Mitarbeitern im Strafvollzug und internationaler Bildungsarbeit.

Das PB hat die Rechtsform eines eingetragenen Vereins. Dieser dient ausschließlich gemeinnützigen Zwecken. Die Bundesgeschäftsstelle befindet sich in Frankfurt am Main, Heinrich-Hoffmann-Str. 3.

Der Verein gliedert sich in Landesverbände und überregionale Mitgliedsorganisationen.

Die Bildungsarbeit, die das PB selbst betreibt, steht unter den Leitzielen ‚Selbstbestimmung' und ‚Beteiligung'. In der Förderung der Bereitschaft, Formen und Inhalte, die die Fähigkeit zur Selbstbestimmung und Teilhabe verstärken, jeweils neu zu entwickeln und auszubauen, und in der Verbesserung der Fähigkeit, die entwickelten Methoden zu handhaben, sieht das PB eine wichtige Aufgabe" (Selbstdarstellung des PB).

c) Union Versicherungsdienst GmbH Detmold

Der Union Versicherungsdienst ist eine Einrichtung des DPWV, der ausschnittweise satzungsgemäße Aufgaben zu erfüllen hat. Aus diesem Grunde ist der DPWV sowohl Gründer wie auch Gesellschafter des Union Versicherungsdienstes. Die Gesellschaft arbeitet für alle Mitgliedseinrichtungen des DPWV kostenfrei und ist an deren Interesse gebunden. Sie vermittelt erforderlichen Versicherungsschutz, prüft bestehende und verwaltet die Versicherungsverträge von DPWV-Einrichtungen. In diesem Umfang wird auch die Öffentlichkeitsarbeit betrieben. Sie stellt sich dadurch dar, daß der Union Versicherungsdienst jeder DPWV-Einrichtung regelmäßig individuelle Beratung zuteil kommen läßt, daß er regelmäßig den Informationsdienst an alle Mitgliedseinrichtungen übersendet, daß er regelmäßig an Veranstaltungen für Mitgliedseinrichtungen des DPWV, durchgeführt durch die verschiedenen Organisationen, teilnimmt:

a) im Wilhelm-Polligkeit-Institut Frankfurt,
b) bei Veranstaltungen im Rahmen von Landesverbänden,
c) bei Veranstaltungen im Rahmen von Mitgliedseinrichtungen.

Außerdem veranstaltet der Union Versicherungsdienst eigene Seminare, so z. B. für die Versicherungssachbearbeiter der Landesverbände oder für ausgewählte Zielgruppen, wie z. B. Krankenhausverwalter, Heimleiter und Träger von Behinderten-Einrichtungen (s. auch Kap. 9, Ecclesia).

8. Regelmäßige zentrale Veröffentlichungen

a) DPWV-Nachrichten,
Verbandsorgan und Fachzeitschrift für den gesamten Aufgabenbereich (erscheint monatlich),

b) parität aktuell,
Zeitung für Freunde, Förderer und Mitglieder des DPWV (erscheint zweimal jährlich).

IV. Deutsches Rotes Kreuz e. V. Berlin-Charlottenburg (Sitz des Präsidiums und des Generalsekretariats: Bonn, Friedrich-Ebert-Allee 71)

Das Deutsche Rote Kreuz ist

- Nationale Rotkreuz-Gesellschaft („Nationale Hilfsgesellschaft“) und
- anerkannter Spitzenverband der freien Wohlfahrtspflege.

Beide Aufgaben bilden im DRK eine organische Einheit, auch wenn sie organisatorisch getrennt sind. Es ist daher nötig, für das Selbstverständnis, für die Aufgaben, die Organisation und die Geschichte des Roten Kreuzes in Deutschland beide Funktionen und deren gegenseitige Wechselwirkungen zu berücksichtigen.

Die Funktion einer nationalen Rotkreuzgesellschaft, die staatlich anerkannt sein muß, und die Aufgaben im Rettungswesen und Katastrophenschutz haben die Beziehungen des DRK zum Staat und seinen Institutionen in der ganzen Geschichte des Roten Kreuzes in einer besonderen Weise gestaltet. Andererseits gehört es sowohl zum Selbstverständnis einer nationalen Rotkreuzgesellschaft, wie auch zu dem eines Spitzenverbandes der freien Wohlfahrtspflege, daß er in der Zielsetzung und in der Durchführung seiner Aufgaben selbständig (d. h. von staatlichen Weisungen und Eingriffen unabhängig) ist.

1. Selbstverständnis und „Grundsätze“

„Das Rote Kreuz weiß, daß der Mensch die Kraft für alles Handeln, in dem er nicht sich, sondern den Mitmenschen suchte, aus seinem Gewissen, aus seiner inneren Verantwortung schöpft. Um all dieses Letzte, Heiligste im Menschen nicht zu rühren, muß das Rote Kreuz in weltanschaulichen Dingen neutral sein. Seine Neutralität ist Ehrfurcht, nicht Gleichgültigkeit“ (Prof. Huber an die Internationale Konferenz des Roten Kreuzes in Tokio 1934, zit. nach Geist und Gestalt des Roten Kreuzes, S. 3).

„Diese Ehrfurcht führt zur Weite des Denkens und Handelns, zur echten Großmut, die alle berechtigten Verschiedenheiten gelten läßt, ohne sich selbst darin aufzugeben.

Die Neutralität des Deutschen Roten Kreuzes heißt also nicht, daß hier halbe Menschen in indifferenter Gleichgültigkeit oder Angst es nicht mehr wagen, in grundsätzlichen Dingen ja oder nein zu sagen; sie besteht auch nicht in dem selbstüberheblichen Hochmut, als könnte das Rote Kreuz über Kirchen, Weltanschauungen oder politische Meinungen eine vermeintlich übergeordnete ethische Basis finden, mag diese Basis nun als reine Menschlichkeit oder sonstwie bezeichnet werden. Das Rote Kreuz versucht vielmehr, das Verhältnis von Mensch zu Mensch durch die praktische Tat und das vertiefte Verständnis der allgemeinen Gültigkeit dieser Frage in den Mittelpunkt zu stellen. Dabei wird jeder aus seiner Überzeugung, aus seinem Glauben und aus seinem Gewissen heraus diesen Gedanken der Menschlichkeit begründen müssen. Für den Christen liegt die Begründung in dem Gedanken der Gotteskindschaft, für den Hindu kann die Lehre Gandhis von der Gewaltlosigkeit eine tiefe Begründung ergeben; auch der Humanist, der von der menschlichen Würde ausgeht, kommt zu einer Begründung auf seine Weise. Darum legt das Rote Kreuz Wert darauf, daß hier die besten, stärksten und bewußtesten Vertreter der Kirchen, Parteien und Weltanschauungen sich zusammenfinden, daß sie hier ihr Ideal voll verwirklichen können und dadurch für ihr eigenes Tun und Denken viel zu gewinnen vermögen. Aber mag auch der Gedanke der Menschlichkeit von jedem anders angeleuchtet und in seinem Gewissen begründet werden, so wird das Rote Kreuz das gemeinsame Feld, in dem sich diese verschiedenen Menschen in echter brüderlicher und schwesterlicher Harmonie zur gemeinschaftlichen Tat vereinen. Die echte Neutralität ist daher auch nichts Lebloses, keine passive Verneinung, sich mit irgendwelchen Gegensätzen zu identifizieren. Sie ist vielmehr unerhört aktuell und lebendig. Die Neutralität ist kein in sich ruhender Zustand, sondern eine aus zahllosen Quellen ständig sich neu bildende und gestaltende Kraft, über alle Gegensätze hinweg das Verbindende in den Mittelpunkt zu stellen, die Kraft, auch in vermeintlich ausweglosen Lagen Brücken zu schlagen und zu keiner Zeit und an keinem Ort den Gedanken der Menschlichkeit preiszugeben" (Geist und Gestalt des Roten Kreuzes, S. 3 und 4).

Auf dem Hintergrund dieses humanitären Auftrags, der sich im Laufe der Geschichte entfaltet hat, hat die XX. Internationale Rotkreuzkonferenz in Wien (2. bis 9. 10. 1965) folgende **Grundsätze** verkündet, die 1986 überarbeitet wurden (u. a. Aufnahme des roten Halbmondes):

„Menschlichkeit

Die Internationale Rotkreuz- und Rothalbmondbewegung, entstanden aus dem Willen, den Verwundeten der Schlachtfelder unterschiedslos Hilfe zu leisten, bemüht sich in ihrer internationalen und nationalen Tätigkeit, menschliches Leiden überall und jederzeit zu verhüten und zu lindern. Sie ist bestrebt, Leben und Gesundheit zu schützen und der Würde des Menschen Achtung zu verschaffen. Sie fördert gegenseitiges Verständnis, Freundschaft, Zusammenarbeit und einen dauerhaften Frieden unter allen Völkern.

Unparteilichkeit

Die Rotkreuz- und Rothalbmondbewegung unterscheidet nicht nach Nationalität, Rasse, Religion, sozialer Stellung oder politischer Überzeugung. Sie ist einzig bemüht, den Menschen nach dem Maß ihrer Not zu helfen und dabei den dringendsten Fällen den Vorrang zu geben.

Neutralität

Um sich das Vertrauen aller zu bewahren, enthält sich die Rotkreuz- und Rothalbmondbewegung der Teilnahme an Feindseligkeiten wie auch, zu jeder Zeit, an politischen, rassischen, religiösen oder ideologischen Auseinandersetzungen.

Unabhängigkeit

Die Rotkreuz- und Rothalbmondbewegung ist unabhängig. Wenn auch die Nationalen Gesellschaften den Behörden bei ihrer humanitären Tätigkeit als Hilfsgesellschaften zur Seite stehen und den jeweiligen Landesgesetzen unterworfen sind, müssen sie dennoch eine Eigenständigkeit bewahren, die ihnen gestattet, jederzeit nach den Grundsätzen der Rotkreuz- und Rothalbmondbewegung zu handeln.

Freiwilligkeit

Die Rotkreuz- und Rothalbmondbewegung verkörpert freiwillige und uneigennützige Hilfe ohne jedes Gewinnstreben.

Einheit

In jedem Land kann es nur eine einzige Nationale Rotkreuz- oder Rothalbmondgesellschaft geben. Sie muß allen offenstehen und ihre humanitäre Tätigkeit im ganzen Gebiet ausüben.

Universalität

Die Rotkreuz- und Rothalbmondbewegung ist weltumfassend. In ihr haben alle Nationalen Gesellschaften gleiche Rechte und die Pflicht, einander zu helfen" (DRK Jahrbuch 89/90 S. 3).

Die Aufgaben der nationalen (deutschen) Rotkreuzgesellschaft sind in der Satzung (i. d. F. vom 19. 6. 1970, Ausgabe 1979) so festgelegt:

„Das Deutsche Rote Kreuz arbeitet nach den Bestimmungen der Genfer Rotkreuz-Abkommen und nach den Grundsätzen der Internationalen Rotkreuz-Konferenzen im Zusammenwirken mit dem Internationalen Komitee vom Roten Kreuz und der Liga der Rotkreuz-Gesellschaften.

Es führt die durch die Genfer Rotkreuz-Abkommen und durch die Beschlüsse der Internationalen Rotkreuz-Konferenzen übertragenen Angelegenheiten in eigener Verantwortung durch" (§ 2).

Die Aufgaben in der Wohlfahrtspflege haben u. a. in den „Vaterländischen Frauenvereinen“ ihre eigene geschichtliche Wurzel. So gehört „soziale Arbeit“ zum traditionellen Pflichtenkreis des DRK. Im Vordergrund stehen die Stärkung der Familie im Sinne des Grundsatzes, Hilfe zur Selbsthilfe, Aktivierung freiwilliger und ehrenamtlicher Tätigkeit, u. a. durch Aus- und Fortbildung von Helferinnen und Helfern für die Übernahme sozialer Aufgaben, und mit zahlreichen Einrichtungen und Maßnahmen für besonders schutz- und hilfsbedürftige Mitbürger“ (Fachlexikon der sozialen Arbeit, S. 189). Dabei vertreten das DRK und seine Mitgliedsverbände uneingeschränkt die Auffassung, daß diese Aufgaben nicht vom Staat übertragen werden müssen, sondern in eigener Zuständigkeit wahrgenommen werden – z. B. im Rahmen des bedingten Vorrangs freier Wohlfahrtspflege wie er u. a. im Bundessozialhilfegesetz garantiert ist. – Die Funktion eines anerkannten Spitzenverbandes der freien Wohlfahrtspflege und die damit zusammenhängenden Aufgaben sind in § 4 der Satzung geregelt (s. u.).

2. *Aufgaben*

Auf Bundesebene fördert das Deutsche Rote Kreuz die Tätigkeit und die Zusammenarbeit seiner Mitgliedsverbände.

a) „Das Deutsche Rote Kreuz ist ausschließlich zuständig:

- für die Vertretung
  gegenüber dem Internationalen Komitee vom Roten Kreuz und der Liga der Rotkreuz-Gesellschaften,
  gegenüber anderen nationalen Rotkreuz-Gesellschaften und sonstigen internationalen oder ausländischen Organisationen,
  gegenüber der Bundesregierung und gegenüber zentralen Bundesbehörden und Bundesorganisationen;
- für Hilfe bei Notständen außerhalb der Bundesgrenzen. Das Deutsche Rote Kreuz stellt sicher, daß die Pflichten, die in den Genfer Rotkreuz-Abkommen und in den Beschlüssen der Internationalen Rotkreuz-Konferenzen den nationalen Rotkreuz-Gesellschaften auferlegt sind, erfüllt werden.
  Das Deutsche Rote Kreuz kann außerdem tätig werden bei innerdeutschen Katastrophen, die den Bereich oder die Leistungsfähigkeit eines einzelnen Mitgliedsverbandes überschreiten“ (§ 7).

b) Durch seine Doppelfunktion als nationale Rotkreuz-Gesellschaft im Sinne des Genfer Abkommens und als Spitzenverband der freien Wohlfahrtspflege gliedern sich die Aufgaben des Roten Kreuzes in der Bundesrepublik Deutschland in drei Gruppen:

- Aufgaben, die überwiegend das Deutsche Rote Kreuz als nationale Rotkreuz-Gesellschaft berühren:

  Mitwirkung im Zivilschutz und dem Sanitätsdienst der Bundeswehr,
  Suchdienst – Nachforschung nach verschollenen Soldaten und Zivilpersonen,
  Kindersuchdienst, Familienzusammenführung, Auskunftswesen bei Katastrophen und Konflikten,
  Hilfe für Kriegsopfer,
  Unterricht über Genfer Rotkreuz-Abkommen.

- Aufgaben, die in gleicher Weise das Deutsche Rote Kreuz als nationale Rotkreuz-Gesellschaft und als Spitzenverband der freien Wohlfahrtspflege berühren:

  Krankenpflege, Krankentransport und Blutspendedienst
  Katastrophenschutz und Katastrophenhilfe,
  Rettungsdienst auf Straßen, am Wasser (Wasserwacht) und in den Bergen (Bergwacht),
  Erste Hilfe bei Notständen und Unglücksfällen (auch bei Versammlungen, Kundgebungen, Sportveranstaltungen, Demonstrationen u. ä.),
  Ausbildungsprogramme – Grundausbildung in Erster Hilfe, Sofortmaßnahmen am Unfallort, häusliche Krankenpflege und Pflege von Mutter und Kind,
  Gesundheitsdienst (gesundheitsaufklärend und gesundheitserzieherisch),
  Entwicklungshilfeprogramm – Beteiligung am Entwicklungsprogramm der Liga der Rotkreuz-Gesellschaft.

- Aufgaben, die das Deutsche Rote Kreuz überwiegend in seiner Funktion als Spitzenverband der freien Wohlfahrtspflege durchführt:

  Hilfe für Kinder und Jugendliche,
  Jugendsozialarbeit,
  freiwilliges soziales Jahr,
  Hilfe für Behinderte,
  ambulante sozialpflegerische Dienste,
  Krebsnachsorge,
  Hilfe für Mütter,
  soziale Hilfe für die Familie,
  Hilfen für alte Menschen,
  Eingliederungshilfen für Aussiedler aus ost- und südost-europäischen Ländern sowie Flüchtlinge aus anderen Erdteilen,
  Fortbildung,
  Jugendrotkreuz (es handelt sich um einen Jugendverband, der auch Mitglied im Deutschen Bundesjugendring ist, aber wegen des besonderen sozialen Engagements bedeutungsvoll für die Wohlfahrtspflege ist). Näheres über die Aufgaben s. in den jährlichen Taschenkalendern.

c) Ein Auszug aus der Statistik des DRK-Jahrbuches 89/90 ergibt folgenden Überblick:

1. Ambulante sozialpflegerische Dienste	Anzahl	
Sozialstationen	271	
Gemeindepflegestationen	160	
Haus-/Familienpflegestationen	340	
Dorfhelferinnenstationen	33	
2. Altenhilfe	Anzahl	Betten/Plätze
Heime/Einrichtungen	287	23 586
	Anzahl	
Tagesstätten/Tageseinrichtungen	281	
Aus-, Fort- und Weiterbildungsstätten	Anzahl	Plätze
(insbesondere Krankenpflege- und Kinderkrankenpflegeschulen) (ohne Plätze in den Fachschulen für Altenpflege)	111	6 108
3. Behindertenhilfe	Anzahl	Betten/Plätze
Heime/Wohnstätten	16	961
	Anzahl	Besucher
Tagesstätten/Werkstätten	54	71 917
4. Familienhilfe und Hilfe für Personen in besonderen Situationen	Anzahl	Plätze
Heime/Einrichtungen	14	635
	Anzahl	Besucher
Tagesstätten/Werkstätten	180	175 551
5. Hilfen für Flüchtlinge, Auswanderer, Aussiedler und ausländische Familien	Anzahl	Plätze
Heime/Einrichtungen	65	8 671
Beratungsstellen/Betreuungsstellen	527	
6. Jugendhilfe	Anzahl	Plätze
Heime/Einrichtungen	22	907
	Anzahl	Besucher
Tagesstätten (insbesondere Kindergärten)	614	1 792 572
7. Krankenhäuser	Anzahl	
	49	

(Näheres, auch über die Aufgaben im Rettungsdienst sowie im Zivil- und Katastrophenschutz, s. Jahrbuch 89/90, S. 162 ff.)

Diese Aufgaben werden von den Landesverbänden sowie den regionalen und örtlichen Gliederungen durchgeführt.

3. Organisation und Gliederung

Das DRK ist, ebenso wie seine Landesverbände und sonstigen Gliederungen, ein eingetragener gemeinnütziger Verein. Als einziger Landesverband hat jedoch das Bayerische Rote Kreuz den Status einer Körperschaft des öffentlichen Rechts, die auch die regionalen und örtlichen Gliederungen einschließt.

Das DRK ist ein föderativ aufgebauter Verband, der entsprechend der staatlichen bzw. kommunalen Gebietseinteilung in Landes-, und Bezirks-, Kreis- und Ortsverbände gegliedert ist. Es bestehen jedoch in Baden-Württemberg, Niedersachsen und Nordrhein-Westfalen jeweils zwei Landesverbände. Auf Kreis- und Ortsebene sind die durch die kommunale Gebietsreform bedingten Änderungen noch nicht überall vollzogen (s. dazu u. a. „Deutsches Rotes Kreuz", Nr. 3/81 S. 2).

Die Dienste und Aufgaben, aber auch die Vereinsverfassungen sind auf allen Ebenen weitgehend einheitlich gegliedert und organisiert. Das Präsidium hat – verglichen mit anderen Spitzenverbänden der freien Wohlfahrtspflege – eine vergleichsweise starke Position. Durch den Präsidialrat haben jedoch die Landesverbände und der Verband der Schwesternschaften vom Roten Kreuz in größerem Umfange Beratungs- und Mitwirkungsrechte.

Soweit Rechtsstreitigkeiten zwischen den Organisationen nicht durch die Verbandsgremien beigelegt werden können, entscheiden Schiedsgerichte.

Bei Verstößen eines Mitgliedsverbandes des DRK gegen die Satzung oder Beschlüsse der Bundesversammlung bzw. wenn seine Gliederungen die Gefährdung wichtiger Interessen des Roten Kreuzes dulden, ist das Präsidium bzw. der Präsidialrat und in letzter Instanz eine außerordentliche Mitgliederversammlung zuständig.

In der Satzung sind die Mitgliedschaft sowie die Aufgaben und Zuständigkeiten der Verbandsorgane folgendermaßen festgelegt:

„Mitgliedsverbände des Deutschen Roten Kreuzes sind die Landesverbände Baden-Württemberg, Bayerisches Rotes Kreuz, Berlin, Bremen, Hamburg, Hessen, Niedersachsen, Nordrhein, Oldenburg, Rheinland-Pfalz, Saarland, Schleswig-Holstein, Südbaden, Westfalen-Lippe, fünf Landesverbände in den neuen Bundesländern und der Verband der Schwesternschaften vom Deutschen Roten Kreuz.

Gemeinnützige Organisationen, deren Aufgaben denen des Deutschen Roten Kreuzes entsprechen, können durch Beschluß der Bundesversammlung als Mitgliedsverbände aufgenommen werden. Die beiderseitigen Rechte und Pflichten sind in einem Vertrag festzulegen. Die Bundesversammlung beschließt, wie viele Stimmen diesen Mitgliedsverbänden zugeteilt werden.

Die Mitgliedsverbände können ihre Mitgliedschaft auf den Schluß eines Kalenderjahres mit einer Frist von 6 Monaten kündigen.

Ein Verband, dessen Mitgliedschaft erloschen ist, verliert das Recht, sich als Rotkreuz-Verband zu bezeichnen und das Rotkreuz-Zeichen zu führen." (§ 8, Abs. 1–4).

„Im Deutschen Roten Kreuz ist es ausschließlich die Aufgabe des Verbandes der Schwesternschaften und seiner Mitglieder, Frauen und Mädchen in der beruflichen Kranken- und Kinderkrankenpflege aus- und fortzubilden, über die Neugründung von Schwesternschaften zu entscheiden und einheitliche Regelungen für die Berufsausübung der Schwestern zu treffen.

Die Mitgliedsverbände des DRK arbeiten auf allen ihren Ebenen eng zusammen. Dem Geschäftsführenden Vorstand des Verbandes der Schwesternschaften vom DRK gehört der Präsident des DRK als Mitglied an" (§ 9 Abs. 1 und 2).

„Die Selbständigkeit der im Deutschen Roten Kreuz zusammengeschlossenen Mitgliedsverbände wird nur durch diese Satzung eingeschränkt.

Diese Satzung geht den Satzungen der Mitgliedsverbände vor.

Die Mitgliedsverbände führen die satzungsgemäßen Aufgaben des Deutschen Roten Kreuzes für ihren Bereich durch; sie dürfen im Bereich eines anderen Mitgliedsverbandes nur mit dessen Zustimmung tätig werden.

Änderungen des räumlichen Bereiches eines Landesverbandes bedürfen der Zustimmung der Bundesversammlung" (§ 10 Abs. 1–4).

„Organe des Deutschen Roten Kreuzes sind die Bundesversammlung, das Präsidium, der Präsidialrat" (§ 11).

Die Bundesversammlung

„Die Bundesversammlung besteht aus:

1. a) den Vertretern der Landesverbände des Deutschen Roten Kreuzes.
   Sie führen insgesamt 100 Stimmen, wobei jeder Landesverband mindestens 1 Stimme, höchstens 25 Stimmen erhält. Diese Stimmen werden jährlich auf die Landesverbände nach Anzahl der Einzelmitglieder ihres Bereiches verteilt und vom Präsidium festgestellt. Maßgebend sind die bis zum Abschluß des Vorjahres gemeldeten und vom Präsidenten anerkannten Mitgliederzahlen;
   b) den Vertretern des Verbandes der Schwesternschaften vom Deutschen Roten Kreuz mit 4 Stimmen;
   c) dem Präsidenten des Deutschen Roten Kreuzes;
2. den Vertretern der nach § 8 Absatz 2 als Mitglieder aufgenommenen Organisationen mit den ihnen zugeteilten Stimmen.

Die Mitglieder des Präsidiums einschließlich des Generalsekretärs gehören der Bundesversammlung mit beratender Stimme an; sie sind auf Verlangen jederzeit zu hören.

Die Vertreter der Mitgliederverbände werden nach Maßgabe ihrer Satzungen bestellt und führen die ihrem Verband zukommenden Stimmen. Sie sind einheitlich abzugeben" (§ 12 Abs. 1–3).

„Die Bundesversammlung
nimmt den Tätigkeitsbericht des Präsidiums entgegen, beschließt über die Jahresrechnung sowie die Entlastung des Präsidiums, genehmigt den Haushaltsplan, setzt die Beiträge der Mitgliedsverbände fest, entscheidet über Vorlagen des Präsidiums und über Anträge der Mitgliedsverbände;
wählt den Präsidenten, die Mitglieder des Präsidiums sowie die Mitglieder der Fachausschüsse für einen Zeitraum von 3 Jahren. Die Mitglieder des Geschäftsführenden Präsidiums werden schriftlich gewählt. Die Gewählten bleiben bis zur Neuwahl im Amt. Für vorzeitig ausgeschiedene Mitglieder können Ersatzwahlen stattfinden; die Amtsdauer richtet sich nach der des ausgeschiedenen Mitglieds;

bestellt den Generalsekretär auf Vorschlag des Präsidiums für sechs Jahre; entscheidet über Satzungsänderungen und über die Auflösung des Deutschen Rotes Kreuzes.

Die Bundesversammlung kann jedes Mitglied des Präsidiums aus wichtigem Grund abberufen" (§ 16 Abs. 1 und 2).

Das Präsidium

„Das Präsidium besteht aus:
dem Präsidenten oder der Präsidentin,
der Vizepräsidentin und dem Vizepräsidenten,
dem Bundesarzt,
dem Bundesschatzmeister,
der Präsidentin des Verbandes der Schwesternschaften vom Deutschen Roten Kreuz,
je einer Persönlichkeit aus der Frauenarbeit, der Männerarbeit und dem Jugendrotkreuz,
bis zu 9 weiteren Mitgliedern,
dem Generalsekretär mit beratender Stimme.

Das auf diese Weise gebildete Präsidium kann bis zu 5 Persönlichkeiten als weitere Mitglieder hinzuwählen. Außerdem kann das Präsidium für den Bundesarzt einen Stellvertreter wählen. Wenn er im Abwesenheitsfalle die Vertretung ausübt, hat er im Präsidium Stimmrecht.

Der Vorsitzende des Präsidialrates wird zu den Sitzungen des Präsidiums eingeladen" (§ 17 Abs. 1–3).

„Das Präsidium führt die Geschäfte des Deutschen Roten Kreuzes. Das Deutsche Rote Kreuz unterhält eine Geschäftsstelle. Sie wird vom Generalsekretär geleitet. Das Präsidium kann einen ständigen Stellvertreter des Generalsekretärs bestellen. Näheres regelt die Geschäftsordnung" (§ 18).

„Zur Beratung des Präsidiums kann die Bundesversammlung Fachausschüsse, das Präsidium Präsidialausschüsse bilden. Besteht ein Bundesmännerausschuß, ein Bundesfrauenausschuß oder ein Bundesausschuß für das Jugendrotkreuz, so werden in diese Ausschüsse von jedem Mitgliedsverband und vom Präsidium je ein Vertreter entsandt“ (§ 19 Abs. 1).

„Zur Erfüllung seiner Aufgaben kann das Präsidium Berichte und Unterlagen von den Mitgliedsverbänden anfordern.

Die Satzungen der Mitgliedsverbände und deren Änderungen sowie die Zusammensetzung ihrer Vorstände sind dem Präsidium unverzüglich mitzuteilen“ (§ 20 Abs. 1 und 2).

Das Geschäftsführende Präsidium

„Dem Geschäftsführenden Präsidium gehören an:
der Präsident,
die Vizepräsidentin,
der Bundesarzt,
der Bundesschatzmeister,
die Präsidentin des Verbandes der Schwesternschaften vom Deutschen Roten Kreuz,
der Generalsekretär mit beratender Stimme.
Das Geschäftsführende Präsidium ist Vorstand im Sinne von § 26 BGB“ (§ 21 Abs. 1 und 2).

Der Präsidialrat

„Der Präsidialrat besteht aus
den Präsidenten der Landesverbände und
der Präsidentin des Verbandes der Schwesternschaften vom Deutschen Roten Kreuz.
Seine Mitglieder können nur durch ihre Vizepräsidenten vertreten werden“ (§ 22 Abs. 1 und 2).

„Der Präsidialrat wählt seinen Vorsitzenden und dessen Vertreter auf die Dauer von 3 Jahren. Eine anschließende einmalige Wiederwahl ist zulässig. Der Vorsitzende und sein Vertreter können nicht gleichzeitig Mitglieder des Präsidiums sein“ (§ 23 Abs. 1).

„Der Präsidialrat hat die Aufgabe, die Arbeit des Deutschen Roten Kreuzes durch Erfahrungsaustausch und Vorschläge zu fördern. Er berät das Präsidium.

Das Präsidium soll den Präsidialrat bei grundlegenden Fragen, die die Aufgaben des Deutschen Roten Kreuzes berühren, hören.

Hält das Präsidium einheitliche Regelungen im Deutschen Roten Kreuz für angezeigt, so kann es mit Zustimmung des Präsidialrates Bestimmungen erlassen, die für alle Mitgliedsverbände verbindlich sind.

Beschlüsse des Präsidiums bedürfen der Zustimmung des Präsidialrates, wenn sie erhebliche finanzielle Auswirkungen für die Landes- oder Kreisverbände haben, oder wenn sie einheitliche Arbeitsbedingungen des Deutschen Roten Kreuzes betreffen.

Ist in dringenden Fällen eine Anhörung des Präsidialrates nicht möglich, so kann das Präsidium Sofortmaßnahmen treffen, die dem Präsidialrat unverzüglich mitzuteilen sind" (§ 24 Abs. 1–5).

Der Präsident

„Der Präsident vertritt das Deutsche Rote Kreuz, soweit nach dieser Satzung nicht andere Zuständigkeiten bestimmt sind.

Er beruft die Bundesversammlung, das Präsidium und das Geschäftsführende Präsidium ein und führt dort den Vorsitz.

Ihm obliegen weiterhin insbesondere folgende Aufgaben:

1. Einsatz des Deutschen Roten Kreuzes in den Fällen des § 7 Abs. 2 und 4.
2. Weisungen an die Verbände und Organisationen des Deutschen Roten Kreuzes für Aufstellung, Ausbildung und Einsatz von Einheiten sowie für die Bereitstellung von Einrichtungen zum Schutz der Zivilbevölkerung.
3. Ausübung der obersten Dienstaufsicht und der Fachaufsicht über die Geschäftsstelle.

Der Präsident kann die Ausübung einzelner seiner Befugnisse auf andere Präsidiumsmitglieder übertragen. Seine Verantwortung und das Recht zur eigenen Entscheidung werden hierdurch nicht berührt" (§ 25 Abs. 1–3 und 5).

Die Schiedsgerichte

„Rechtsstreitigkeiten zwischen Organisationen oder Einrichtungen des Deutschen Roten Kreuzes werden durch Schiedsgerichte entschieden. Der Rechtsweg ist ausgeschlossen, soweit dies gesetzlich zulässig ist. Das gleiche gilt für Rechtsstreitigkeiten von Einzelmitgliedern mit solchen Organisationen oder mit anderen Einzelmitgliedern, soweit sie sich aus der Mitgliedschaft im Deutschen Roten Kreuz ergeben.

Das Verfahren regelt eine Schiedsordnung, die Bestandteil dieser Satzung ist (§ 28 Abs. 1 und 2).

Schiedsordnung des DRK (Auszug)
„(Umfang der Schiedsgerichtsbarkeit)

Rechtsstreitigkeiten

a) zwischen Organisationen oder Einrichtungen des Deutschen Roten Kreuzes,
b) zwischen Einzelmitgliedern, soweit sie sich aus der Mitgliedschaft im Deutschen Roten Kreuz ergeben,
c) zwischen Einzelmitgliedern und Organisationen oder Einrichtungen des Deutschen Roten Kreuzes

werden durch Schiedsgerichte im Sinne des § 1025 ff. der Zivilprozeßordnung entschieden.

Die Schiedsgerichte entscheiden auch über die Rechtmäßigkeit von Verbandsmaßnahmen gegenüber Mitgliedern.
Der Rechtsweg ist ausgeschlossen, soweit dies gesetzlich zulässig ist (Bundesschiedsgericht – Landesschiedsgerichte).
Für den Bereich des Gesamtverbandes des Deutschen Roten Kreuzes wird in Bonn das Bundesschiedsgericht errichtet.
Für den Bereich jedes Landesverbandes und den Verband der Schwesternschaften sollen Schiedsgerichte errichtet werden.

Erfüllt ein Mitgliedsverband die ihm nach dieser Satzung oder nach den Beschlüssen einer Bundesversammlung obliegenden Pflichten nicht oder duldet er bei seinen Gliederungen die Gefährdung wichtiger Interessen des Roten Kreuzes, so beschließt das Präsidium nach Anhörung des betreffenden Mitgliedsverbandes und des Präsidialrates über die Maßnahmen, die es für erforderlich hält.

Führt der betreffende Mitgliedsverband diese Maßnahmen nicht innerhalb der vom Präsidium gesetzten Frist aus, so kann das Präsidium verlangen, daß binnen einer von ihm zu bestimmenden Frist eine außerordentliche Mitgliederversammlung dieses Verbandes einberufen wird. Bei dieser Versammlung muß einem vom Präsidium bestimmten Mitglied des Präsidiums Gehör gewährt werden."

4. Beziehungen zu anderen Organisationen bzw. Institutionen

Wegen seiner Überparteilichkeit, seiner Neutralität und seiner Unabhängigkeit ist das DRK mit keiner religiös, weltanschaulich oder politisch in einer bestimmten Weise ausgerichteten Institution besonders verbunden.

Als nationale Rotkreuzgesellschaft ist es jedoch durch das Rotkreuzrecht mit dem Völkerrecht eng verknüpft. Es steht damit unter dem internationalen Schutz der Staaten, der jedoch auch eine Anerkennung des jeweils zuständigen Staates für die einzelne nationale Rotkreuzgesellschaft voraussetzt. Vor allem in den Jahrzehnten des Aufbaus, aber auch in der weiteren Entwicklung war das Rote Kreuz daher immer auf „Allerhöchste Protektion" angewiesen. – So hat der preußische Geheime Legationsrat Hepke das Genfer Comité als ein „Kind, welches von uns und von den Regierungen stillschweigend anerkannt wird" bezeichnet (s. Essays über das Rote Kreuz, S. 40). Das internationale Ansehen und die Bedeutung des Roten Kreuzes für die Humanität haben es zwar weitgehend vor Übergriffen einzelner Staaten geschützt, andererseits aber doch sehr intensive und vielschichtige Beziehungen geschaffen, die bis heute in der Besetzung von leitenden Positionen und Gremien des DRK zum Ausdruck kommen. In der Entstehung und in der Aufgabenstellung des Roten Kreuzes liegen trotz seiner Unabhängigkeit auch die Gründe dafür, daß es (wie etwa in der deutschen Geschichte) von politischen Umwälzungen immer besonders betroffen war. Dabei hat sich bisher jedoch jedesmal gezeigt, daß die Idee der Humanität, die das Rote Kreuz bewegt und trägt, stärker ist, als die da und dort eingetretene Abhängigkeit von politischen Systemen.

5. Internationale Zusammenschlüsse

Das Internationale Rote Kreuz ist eine weltweite humanitäre Gemeinschaft, die durch die Genfer Rotkreuz-Abkommen einen völkerrechtlich priviligierten Status hat. Die internationale Rotkreuz-Arbeit geht aus von dem Jahr 1863 von Henri Dunant (1828–1910) gegründeten Genfer Komitee. Als Weltbund der nationalen Rotkreuzgesellschaften kam 1919 die Liga der Rotkreuzgesellschaften hinzu. Zur Zeit besteht das internationale Rote Kreuz aus folgenden Institutionen:

1. 149 nationale Rotkreuzgesellschaften in praktisch allen Staaten der Welt (dazu gehört auch das Deutsche Rote Kreuz). Diese üben als freiwillige Hilfsgesellschaften im Sinne der Genfer Abkommen ihre Tätigkeit nach den grundlegenden Rotkreuz-Prinzipien und den Beschlüssen der internationalen Rotkreuzkonferenz aus. Die internationalen Rotkreuzkonferenzen sind die höchsten beschließenden Instanzen des Roten Kreuzes, ihre Beschlüsse sind für alle Rotkreuzgesellschaften bindend.
2. Die Liga der Rotkreuzgesellschaften in Genf (mit Generalversammlung und Exekutivrat).
   Ihre Aufgabe liegt vor allem in der Hilfe bei Massennotständen, in der Hebung der Volksgesundheit und der Koordinierung der nationalen Rotkreuzgesellschaften, Entwicklung des Jugendrotkreuzes.
3. Das Internationale Komitee vom Roten Kreuz in Genf (bestehend aus höchstens 25 Schweizer Bürgern).
   Dieses wird insbesondere bei bewaffneten Konflikten tätig, seine Delegierten besuchen z. B. die Kriegsgefangenenlager und wachen über die Einhaltung der Genfer Rotkreuzabkommen. Die Einbindung in die Genfer Rotkreuz-Abkommen und die internationalen Gremien ist in § 2 der Satzung festgelegt.

6. Geschichte

a) Die Gründung – Henri Dunant

„Als am 24. Juni des Jahres 1859 die Sonne auf dem Schlachtfeld von Solferino unterging, da tat der Sieger, der Herr des Feldes geblieben war, was die Sieger vor ihm immer getan hatten: er kümmerte sich schlecht und recht um seine Verwundeten und ließ die Verwundeten des geschlagenen Feindes liegen, ja er behielt sogar die Militärärzte des geschlagenen Feindes in seinem Gewahrsam und erlaubte ihnen nicht, ihre verwundeten Kameraden zu versorgen. Das hatten schon vorher viele Tausende Menschen gesehen. Sie hatten diesen Zustand beklagt, sich damit abgefunden, daß nun einmal so der Welt Lauf sei und es im Kriege offenbar immer so zugehen müsse, da es immer schon so zugegangen sei.

Ein Mann, der das auch gesehen hat, hat sich nicht damit abgefunden, daß es in der Welt immer so zugehen müsse, wie es in den Jahrhunderten vorher zugegangen war. Dies ist ein junger Genfer, ein junger Schweizer Bürger gewesen, Henri Dunant. Er hat zugegriffen und sich nicht damit begnügt, einen Protest in die Welt hinauszuschreien. Er hat schon auf dem Schlachtfeld zugegriffen, hat Bauern zusammengerufen und mit ihnen die Verwundeten verbunden und versorgt, die ohne diese Hilfe hätten sterben müssen, wie so viele andere vor ihnen sterben mußten, weil die Sieger glauben durften, der leidende Feind gehe sie nichts an" (C. Schmid in: Essays über das Rote Kreuz, S. 9).

„Im Herbst 1862, drei Jahre nach Solferino, erscheint die kleine Schrift ‚Un Souvenir de Solferino', in der sich Dunant die Bilder des Grauens von der Seele schreibt und zugleich seine Vorschläge des Erbarmens darlegt.

Das Echo auf Dunants Buch ist fast einmütig. Er hat den Weg zu den Herzen der Mächtigen dieser Erde gefunden. Die kühle Haltung Napoleons III. bildet eine Ausnahme und dürfte politische Gründe haben. Aber zur Verwunderung Dunants selbst kommt das entscheidende Echo aus seiner Heimatstadt Genf. Dort gibt es eine ‚Gemeinnützige Gesellschaft', und deren Präsident Gustave Moynier fragt ihn eines Tages, wie er seine Vorschläge in die Wirklichkeit umzusetzen gedenke. Auf einer Tagung der Gesellschaft werden die Vorschläge besprochen, wobei Dunant schweigsam bleibt. Eine Kommission aus fünf Mitgliedern konstituiert sich, in der Dunant als Schriftführer benannt wird. Moynier wird Viezpräsident. Präsident wird der Schweizer General Dufour, der dadurch bekannt wurde, daß er im Schweizer Sonderbundskrieg seinen Soldaten einschärfte, ihr Soldatentum nicht durch Grausamkeiten zu schänden. Schließlich werden noch die beiden Ärzte Maunoir und Appia in die Kommission gewählt.

Die treibenden Kräfte bleiben Dunant und Moynier, temperamentvoll und enthusiastisch der eine, logisch und nüchtern denkend der andere. Aus diesen beiden so gegensätzlichen Charakteren erwächst bald eine gewisse Problematik, zudem beide nicht frei von Eitelkeit sind. Moynier weiß aus seiner juristischen Erfahrung, daß man das Werk nur langsam und stückweise vorantreiben kann, während Dunant gleich zu Anfang Vorschläge unterbreitet, die sich in diesem frühen Stadium niemals verwirklichen ließen. Dennoch tragen ihre vereinten Bemühungen reiche Frucht.

Im Oktober 1863 kommt es zur ersten Genfer Konferenz. Dunant hat sie als eigenmächtiger Botschafter des Internationalen Komitees auf seinen Werbereisen vorbereitet und dabei keine Mühe gescheut, um die Mächtigen der Erde einzeln zu überzeugen und zu gewinnen. So kommt es, daß sich 16 Regierungen bei einer Tagung vertreten lassen, zu der fünf Privatpersonen eingeladen haben, die sich ein Internationales Komitee nennen. Die Vorarbeit ist Dunants Werk, aber die Verhandlungen selbst bezeugen die Klugheit und den Takt Moyniers. Die zehn Artikel der Genfer Konvention werden von den Delegierten angenommen, aber diese Delegierten haben keine Vollmachten, können also nur empfehlen" (Vonhoff-Hofmann, Samariter der Menschheit, S. 166).

„Am 22. August 1864 kam die sog. Genfer Konvention (betreffend die Linderung des Loses der im Felddienste verwundeten Militärpersonen) zustande, die von zwölf Staaten unterzeichnet wurde. Andere traten in den folgenden Jahren hinzu.

Der in diesem Zusammenhang wichtigste Inhalt der zehn Artikel der Genfer Konvention: die Neutralität der Feldlazarette und des Sanitätspersonals und -materials; die Tilgung des Nationalitätsunterschieds bei der Hilfe für die verwundeten und kranken Soldaten; die Bestimmung des Roten Kreuzes auf weißem Grund in Form von Flagge und Armbinde zum internationalen Kenn- und Neutralitätszeichen" (Handwörterbuch der Wohlfahrtspflege, S. 173).

Henri Dunant selbst wurde durch Auseinandersetzungen im „Komitee", letztlich aber durch den Zusammenbruch seiner Firma von der weiteren Mitwirkung in der Rotkreuzbewegung ausgeschaltet (unmittelbar vor der I. Internationalen Rotkreuz-Konferenz 1867 in Paris). Es bedurfte einer aktiven Unterstützung seines Stuttgarter Freundes Rudolf Müller, daß er im Jahre 1901 trotz aller Irrungen und Wirrungen den Friedensnobelpreis erhielt. In mancherlei Hinsicht gibt es bei ihm Parallelen zu Pestalozzi. Beide haben mit glühender Phantasie und grenzenloser Hingabe für die Humanität gelebt. „Die erste Lebenshälfte Dunants zeichnet sich in einem glücklichen und erfolgreichen Zusammenklang von Phantasie und Wirklichkeit aus: Seine entscheidenden Initiativen bei der Gründung des Weltbundes christlicher junger Männer (CVJM) in Paris (1855), bei der Gründung des Roten Kreuzes (1863) und beim Abschluß der Genfer Konvention (1864).

Die zweite Lebenshälfte, in der ihm Ächtung, Not und Krankheit über drei Jahrzehnte nur noch gelegentlich ein öffentliches Auftreten ermöglicht haben, läßt mit frühzeitig auftretenden Alterserscheinungen und mit dem Ausbleiben von Erfolgen zuweilen ein verstärktes Abgleiten in das Irreale erkennen. Oder nur in das Irreale seiner Zeit? – Unbeeinflußt von allen Freundschaften im persönlichen und Gegensätzen im konfessionellen Bereich ist Dunants Leben gekennzeichnet durch seine Demut gegenüber Gott und Christus. Viele Bekundungen hierüber gibt es von ihm selbst und zahlreichen Zeitgenossen. So gesehen ist Dunant, der Enge kirchlicher Dogmen entwachsen, ein gläubiger Christ seiner Zeit gewesen" (W. Heudtlass in: Essays über das Rote Kreuz, S. 24 und 26).

b) Aufgaben in der Wohlfahrtspflege, Schwesternschaften

Die Wurzeln für die Aufgaben der Wohlfahrtspflege des Roten Kreuzes liegen jedoch stärker bei den Frauenverbänden, die zum Teil bereits vorher entstanden waren, auch wenn diese sich zunächst vor allem um die „Unterstützung und Versorgung verwundeter Krieger" kümmerten (1818 Gründung des „Frauenvereins zum Wohle des Vaterlandes in Preußen", später des „Frauenvereins im Großherzogtum Baden zur Unterstützung kranker und verwundeter Krieger", des „Patriotischen Instituts" in Weimar sowie 1858 des „Gesamtvereins bayerischer Frauen und Jungfrauen"). Schließlich ist noch darauf hinzuweisen, daß „es schon vor 1863 öfter Bemühungen um juristische und politische Konventionen, sowie barmherzige Samariter und organisierte Aktionen zur Verbesserung der Verwundeten- und Krankenpflege gegeben hatte. So waren im Krimkrieg (1854–1856) die in Kaiserswerth (Düsseldorf) zur Diakonissin ausgebildete Engländerin Florence Nightingale auf britischer Seite und an der russischen

Front Großfürstin Helena Pawlowna, eine geborene württembergische Prinzessin, als Verantwortliche hervorgetreten. Zu den Geistesmüttern gehörte auch Großherzogin Luise von Baden, einzige Tochter der preußischen Rotkreuz-Schirmherrschaften, König Wilhelm und seiner aus Weimar kommenden Augusta“ (W. Gruber in: Essays über das Rote Kreuz, S. 31).

Es entwickelte sich eine Vielzahl von Männer- und Frauenverbänden und sonstigen Organisationen, die zum Teil nur lose miteinander verbunden waren. – Wenige Jahre nach der Gründung des Roten Kreuzes setzte sich bereits die Auffassung durch, daß sich dessen Aufgaben nicht allein auf Hilfsmaßnahmen im Zusammenhang mit Kriegen beschränken dürfen.

„Schon Dunant hatte darauf hingewiesen, daß die von ihm angeregten Hilfsgesellschaften auch in Friedenszeiten caritative Arbeit zu leisten hätten. Diese Forderung wurde besonders nachdrücklich und konkreter erhoben von Rudolf Virchow bei der Berliner Internationalen Konferenz von 1869. Im gleichen Jahr wurde von den deutschen Vereinen vom Roten Kreuz die ‚Denkschrift, betreffend die Friedenstätigkeit der Vereine zur Pflege im Felde verwundeter und erkrankter Krieger‘ veröffentlicht. Diese Friedensarbeit, zunächst vor allem auf der Tätigkeit der Frauenvereine aufgebaut, galt anfangs vor allem der Krankenpflege und allgemeiner Wohlfahrtsarbeit. Schon 1865 wurde das erste der Mutterhäuser vom Roten Kreuz gegründet, in denen die Schwesternschaften vom Roten Kreuz heranwachsen“ (Handwörterbuch der Wohlfahrtspflege, S. 174).

Die II. Internationale Rotkreuz-Konferenz vom 22. bis 27. 4. 1869 in Berlin hat sich mit der Frage der Schwesternschaften sehr intensiv befaßt. In einer entsprechenden Denkschrift ist u. a. folgendes ausgeführt:

„Möglich ist die Ausführung dieses Gedankens nur dann, wenn die Vereine diesen Frauen und Jungfrauen in gewisser Weise den selben Anhalt und Schutz bieten, wie die Häuser der Barmherzigen Schwestern und Diakonissen ihren Angehörigen, – wenn sie es verstehen, durch eine feste Organisation der Armen-Krankenpflege die Kräfte der Pflegerinnen zu üben und die sittliche Befähigung derselben zu prüfen. . . . Von besonderer Bedeutung werden die, wenn auch noch jungen Erfahrungen derjenigen Vereine sein, denen der Ruhm gebührt, dieser Idee zuerst Gestalt gegeben zu haben“. Die vorgenannte II. Internationale Rotkreuzkonferenz zu Berlin hat denn auch diese Vorschläge sich zu eigen gemacht und ihnen in der Resolution Nr. 13 die Bestätigung verliehen: „Die selbständige Ausbildung von Krankenpflegerinnen entspricht der Aufgabe der Hilfsvereine“ (Jahresbericht 1965/66 des Bayerischen Roten Kreuzes, S. 108.)

c) Neuanfang in Deutschland nach 1918

Das Ende des Ersten Weltkrieges hat auch das Rote Kreuz in den darauffolgenden politischen Strudel mit hineingezogen. Viele Verantwortliche, die zugleich auch leitende Funktionen im Staat ausgeübt hatten, mußten ihre Ämter niederlegen. Joachim von Winterfeldt-Menkin, der bereits jahrzehntelang im

Roten Kreuz tätig war, hat sich bereit gefunden, die Verantwortung für den neuen Aufbau zu übernehmen. „Als wichtigste Aufgabe betrachtete er es, die in eine unübersichtliche Vielfalt von Organisationen gespaltene Rotkreuzbewegung in Deutschland in eine sinnvolle föderalistisch gegliederte Einheit zusammenzuführen, in der alle bisherigen Organisationen noch ihren Platz finden konnten" (A. Schlögel in: Essays über das Rote Kreuz, S. 69).

„Am 21. 10. 1919 trafen sich Männer und Frauen des Roten Kreuzes zu einer ersten vertraulichen Tagung in Weimar mit dem Ziel, die noch bestehenden Landeshilfs- und Frauenvereine in einem gemeinsamen ‚Deutschen Roten Kreuz' zusammenzufassen. In weiteren Besprechungen am 26. 6. 1920 in Berlin und 3. 10. 1920 in Kassel war man sich weitgehend über ein Zusammengehen einig geworden. Die Vereinbarungen fanden am 25. 1. 1921 in Bamberg ihre Bestätigung in der Annahme der neuen Satzung, die das ‚Deutsche Rote Kreuz' als eingetragener Verein deklarierte. Als im Jahre 1924 die ‚Deutsche Liga der Freien Wohlfahrtspflege' gegründet wurde, der das Deutsche Rote Kreuz auf Grund seiner internationalen Verpflichtungen und seines Sonderstatus zunächst nicht beizutreten beabsichtigte, wurde es in monatelangen Verhandlungen durch das Reichsarbeitsministerium gezwungen, sich im Jahre 1925 dieser ‚Liga der Freien Wohlfahrtspflege' anzuschließen. Im Falle einer Weigerung wollte man ihm alle Staatszuschüsse für die Wohlfahrtsarbeit entziehen. Der Beitritt erfolgte mit dem ausdrücklichen Vorbehalt ‚unbeschadet seiner Sonderstellung als Glied der Weltgemeinschaft des Roten Kreuzes und als Organ zur Erfüllung der Aufgaben der Genfer Konventionen'. Das Rote Kreuz, das sich seit seiner Gründung rühmen konnte, maßgeblich die Wohlfahrtsarbeit initiiert und mitgetragen zu haben und damit auf eine jahrzehntelange Erfahrung zurückblicken konnte, hat unbeschadet dieses Vorbehaltes – nicht zuletzt auf Grund der im Jahre 1924 entstandenen Reichsgesetze, des Reichsjugendwohlfahrtsgesetzes und der Fürsorgepflichtverordnung – die Zusammenarbeit mit den übrigen Wohlfahrtsorganisationen gesucht und praktiziert" (100 Jahre Rotes Kreuz in Bayern, S. 39).

Kaum mehr als zehn Jahre standen für den Auf- und Ausbau in den verschiedenen Aufgabengebieten zur Verfügung (1926 Gründung des Jugendrotkreuz).

d) Die Zeit der nationalsozialistischen Herrschaft

In den Jahren des wirtschaftlichen Zusammenbruchs und der zunehmenden politischen Handlungsunfähigkeit des Staates hatte sich auch das DRK einen Neuanfang erhofft – und dabei, wie viele Bürger und Institutionen, die Gefahren dieses „neuen Deutschlands" unterschätzt. „Die Erfüllung des ganzen Volkes mit einer beherrschenden, die Richtung jeder Entwicklung bestimmenden Idee auf völkischer Grundlage mußte grundsätzlich die Gemeinschaft über den einzelnen, das gemeinsame Interesse über das Einzelinteresse stellen. Sie schuf damit einen Sozialismus der Tat auf nationaler Grundlage, der ohne Vorgänger in der Geschichte war" (Hocheisen in: Soziale Arbeit und Gemeinschaft, S. 232).

Im Zusammenhang mit der Machtübernahme durch die Nationalsozialisten im Jahr 1933 mußte von Winterfeldt-Menkin seinen Platz räumen. Carl-Eduard Herzog von Sachsen-Coburg und Gotha übernahm am 29. 11. 1933 neben vielen anderen Ämtern auch das des Präsidenten des Deutschen Roten Kreuzes (Näheres s. Essays über das Rote Kreuz, S. 70).

Das Rote Kreuz konnte zunächst, wenn auch unter mancherlei Auflagen und Schwierigkeiten, seine Selbständigkeit bewahren. Solange der nationalsozialistische Staat noch um internationales Renommee besorgt war, konnte er eine Organisation vom völkerrrechtlichen Status und diplomatischen Rang, wie sie das Deutsche Rote Kreuz darstellte, nicht entscheidend verändern oder gar ausschalten. Als jedoch diese außenpolitischen Rücksichten hinter die Bedürfnisse der allgemeinen Kriegsvorbereitungen zurücktraten, kam der große Schlag: Das „Gesetz über das Deutsche Rote Kreuz“ vom 9. 12. 1937 (RGBl I S. 1330):

„Um die Bereitschaft des Deutschen Roten Kreuzes zur Erfüllung seiner Aufgaben durch eine straffe Zusammenfassung seiner Kräfte zu erhöhen, hat die Reichsregierung das folgende Gesetz beschlossen, das hiermit verkündet wird:

§ 1 Das Deutsche Rote Kreuz e. V., der Reichsfrauenbund und die sonstigen Verbände, Vereine und Untergliederungen des Deutschen Roten Kreuzes werden zu einer Einheit ‚Deutsches Rotes Kreuz‘ zusammengeschlossen.
Das Deutsche Rote Kreuz ist rechtsfähig.

§ 4 Die Mitgliedschaft im Deutschen Roten Kreuz ist freiwillig. Das Deutsche Rote Kreuz hat seinen Sitz in der Reichshauptstadt Berlin.

Das Deutsche Rote Kreuz gibt sich eine Satzung, die der Reichsminister des Innern im Einvernehmen mit dem Reichskriegsminister und Oberbefehlshaber der Wehrmacht sowie dem Stellvertreter des Führers genehmigt. Sie ist im Deutschen Reichsanzeiger und Preußischen Staatsanzeiger zu veröffentlichen.

§ 5 Der Präsident des Deutschen Roten Kreuzes wird vom Führer und Reichskanzler auf gemeinsamen Vorschlag des Reichsministers des Innern, des Reichskriegsministers und Oberbefehlshabers der Wehrmacht sowie des Stellvertreters des Führers berufen und abberufen.
Der Präsident des Deutschen Roten Kreuzes kann mit Zustimmung des Reichsministers des Innern, des Reichskriegsministers und Oberbefehlshabers der Wehrmacht sowie des Stellvertreters des Führers einen ständigen Vertreter (geschäftsführenden Präsidenten) berufen und abberufen. Für die erstmalige Berufung und Abberufung eines geschäftsführenden Präsidenten nach dem Inkrafttreten dieses Gesetzes gilt jedoch Abs. 1.

§ 6 Der Reichsminister des Innern führt die Aufsicht über das Deutsche Rote Kreuz.

§ 7 Die nach § 1 zusammengeschlossenen Verbände, Vereine und sonstigen Untergliederungen werden mit dem Inkrafttreten dieses Gesetzes aufgelöst.

Hierunter fallen insbesondere:

a) das Deutsche Rote Kreuz e. V.,
b) der Reichsfrauenbund des Deutschen Roten Kreuzes,
c) der Frauenverein vom Roten Kreuz für Deutsche über See e. V.,
d) die für die einzelnen Teile des Reichsgebiets errichteten Männer- und Frauenvereine des Deutschen Roten Kreuzes (Landes-, Provinzial-, Kreis- und Ortsvereine),
e) die Schwesternschaften des Deutschen Roten Kreuzes,
f) die Sanitätskolonnen, Pflegerschaften und Samaritervereine des Deutschen Roten Kreuzes,
g) die Stiftungen des Deutschen Roten Kreuzes,
h) die als Träger von Anstalten oder Einrichtungen gebildeten Vereine oder Gesellschaften des Deutschen Roten Kreuzes.

Im Zweifelsfall entscheidet der Reichsminister des Innern im Einvernehmen mit dem Stellvertreter des Führers, ob ein Verband, Verein oder eine sonstige Untergliederung unter die Auflösung nach Absatz 1 fällt. Seine Entscheidung ist endgültig und für die Gerichte bindend.

§ 8 Die Mitglieder der aufgelösten Verbände, Vereine und sonstigen Untergliederungen werden Mitglieder des Deutschen Roten Kreuzes.

§ 9 Das Deutsche Rote Kreuz tritt in die vermögensrechtlichen Pflichten und Rechte der aufgelösten Verbände, Vereine und sonstigen Untergliederungen ein. Eine Liquidation findet nicht statt. Für Verbindlichkeiten der aufgelösten Verbände, Vereine und sonstigen Untergliederungen haftet das Deutsche Rote Kreuz nur mit ihrem Vermögen."

In einer „Vereinbarung" mit dem Hauptamt für Volkswohlfahrt wurde das DRK bereits neun Tage später (am 18. 12. 1937) gezwungen, „die hauptsächlich in den Jahren der Wehrunfreiheit vom Deutschen Roten Kreuz auf dem Gebiet der freien Wohlfahrtspflege geschaffenen Einrichtungen mit Rückführung des Deutschen Roten Kreuzes auf seine Ursprungsaufgabe der NS-Volkswohlfahrt zu überlassen". Dies hatte u. a. folgende Konsequenzen:

- „Übernahme der Gemeindepflegestationen
  Alle Gemeindepflegestationen, deren Träger das Deutsche Rote Kreuz ist, werden am 1. 4 1938 von der NSV übernommen. Das Deutsche Rote Kreuz ist verpflichtet, die Stationen an diesem Tage der NSV zu übergeben und sie in den Besitz einzuweisen.
- Übernahme von Kindertagesstätten
  Alle Kindertagesstätten (Kindergärten und Kinderhorte), deren Träger das DRK ist, werden am 1. 4. 1938 von der NSV nach den gleichen Bestimmungen wie die Gemeindepflegestationen übernommen.
- Einsatz von DRK-Schwestern in die Gemeindepflegestationen der NSV
  Um der DRK-Schwesternschaft die Möglichkeit der Arbeit in der Gemeindepflege zu erhalten, wird die NSV dem DRK ständig eine ausreichende Anzahl von Stellen in Gemeindepflegestationen für die Besetzung mit DRK-Schwe-

stern zur Verfügung stellen. Die für die Gemeindepflege vorgesehenen Schwestern müssen im Besitz des Ausweises für staatlich anerkannte Krankenpflegerinnen sein" (B. Möllers, Das Deutsche Rote Kreuz 1944, S. 66).

e) Neuanfang nach 1945

Diese tiefgreifenden Veränderungen führten dazu, daß nach dem Zusammenbruch 1945 in der französischen und in der sowjetischen Besatzungszone das DRK aufgelöst wurde. Trotzdem entwickelte sich, insbesondere zunächst in der amerikanischen und britischen Besatzungszone, vergleichsweise schnell eine aktive und segensreiche Tätigkeit auf örtlicher oder regionaler Ebene. Bereits 1947 konnten sich die Landes-Rotkreuz-Organisationen in einer Arbeitsgemeinschaft für die britische und amerikanische Besatzungszone zusammenschließen. Im Jahr 1930 haben sich 15 DRK-Landesverbände und der in der Zwischenzeit wieder gegründete Verband Deutscher Mutterhäuser vom Roten Kreuz zum Deutschen Roten Kreuz e. V. zusammengeschlossen. Dieses ist der in der Zwischenzeit wieder gegründeten Liga der Freien Wohlfahrtspflege beigetreten. 1951 folgte die Anerkennung des DRK durch die Bundesregierung und 1952 durch das Internationale Komitee vom Roten Kreuz in Genf. Im gleichen Jahr beschloß schließlich der Deutsche Bundestag den Beitritt der Bundesrepublik Deutschland zu den Genfer Konventionen von 1949. – Die Organisations- und Leitungsstrukturen, die durch die national-sozialistischen Einwirkungen bestimmt waren, wurden durch eine umfassende Satzungsreform wieder auf eine demokratische Basis gestellt.

Das Deutsche Rote Kreuz wurde nach 1945 in der früheren DDR zwar wiedergegründet. In einer gemeinsamen Presseerklärung der Bundesministerin für Familie und Senioren, Frau Hannelore Rönsch, und dem Präsidenten der Verbände der freien Wohlfahrtspflege wurde am 6. 8. 1991 über diese Zeit folgendes festgestellt:

„Das Deutsche Rote Kreuz war kein Wohlfahrtsverband, sondern in die politische Struktur eingebettet und mußte sich nach der Wende auf seine Aufgabe als Wohlfahrtsverband umorientieren".

7. Spezielle Einrichtungen und Maßnahmen

a) Das Deutsche Jugendrotkreuz

„Das Deutsche Jugendrotkreuz ist die Gemeinschaft der Jugend innerhalb des Deutschen Roten Kreuzes, die sich zu den Grundsätzen und Zielen des Roten Kreuzes bekennt und in Schulen und Gruppen nach einer eigenen Ordnung an deren Verwirklichung mitarbeitet" (§ 5 der Satzung).

„Das Jugendrotkreuz will die Jugend anregen, sich für Gesundheit und Leben einzusetzen, gibt ihr Gelegenheit zur gesellschaftlichen Mitverantwortung und trägt zur internationalen Verständigung und Kooperation bei.

Als Jugendverband ist das Jugendrotkreuz in umfassendem Sinne jugendpflegerisch tätig und nimmt Aufgaben wahr, die der Entfaltung der Persönlichkeit dienen, insbesondere durch Förderung des sozialen und demokratischen Verhaltens, der politischen Bildung, der Aus- und Weiterbildung und der Entwicklung kultureller Interessen junger Menschen. Das Deutsche Jugendrotkreuz ist Mitgliedsverband des Deutschen Bundesjugendringes und des Deutschen Nationalkomitees für Internationale Jugendarbeit.

Das Jugendrotkreuz ist im schulischen und außerschulischen Bereich tätig.

Der schulische Bereich
Das Jugendrotkreuz bietet sein Gedankengut und seine Zielvorstellungen durch Bildungsprogramme der Schule und ähnlichen Institutionen an und eröffnet soziale Übungsfelder.

Der außerschulische Bereich
Die JRK-Mitglieder sind in Gruppen zusammengefaßt, die altersmäßig gegliedert sind. Hier wird die Entwicklung von Gemeinschaftsfähigkeit und sozialer Beweglichkeit gefördert. Die Jugendlichen haben die Möglichkeit, Programme, Aktivitäten und Aktionen selbst zu bestimmen und sind persönliche Mitglieder im Jugendrotkreuz.

Die Aufgaben und Aktionen umfassen insbesondere folgende Schwerpunkte:

- persönliche Verantwortung für die Gesundheit
- soziales Engagement
- Frieden, Verständigung zwischen den Völkern und internationale Zusammenarbeit" (Rotkreuzkalender 1981, S. 88).

b) Internationaler Bund für Sozialarbeit – Jugendsozialwerk e. V.

Der Internationale Bund für Sozialarbeit ist Mitglied im DRK. „Unmittelbar nach seiner Gründung am 12. Januar 1949 wandte sich der IB-Jugendsozialwerk zunächst der Arbeit mit heimatloser Jugend zu, später folgte eine 2. Phase der Arbeit mit jugendlichen Flüchtlingen. In der etwa ab 1967 beginnenden 3. Phase differenzierten sich die selbstgewählten Aufgaben. Im Jahre 1979 reichte die breitgefächerte Arbeit von den Förderungslehrgängen und Internaten für arbeitslose Jugendliche, lernbeeinträchtigte Schulabgänger und junge Ausländer bis zur Berufsumschulung und Berufsfortbildung für Erwachsene, von kombinierten Sprach- und Berufsförderungsprogrammen für Spätaussiedler und ausländische Arbeitnehmer bis zu den Wohnheimen, von den Gruppen des Freiwilligen Sozialen Jahres, von denen die erste 1963 ihre Arbeit an den Tübinger Kliniken aufnahm, bis zu den Förderheimen der freiwilligen Erziehungshilfe. Über 30 Jahre hat Carlo Schmid, der bis zu seinem Tod im Dezember 1979 Präsident des Internationalen Bundes war, der sozialpädagogischen Arbeit dieser Einrichtung Ziel und Richtung gegeben" (Jahrbuch 79/80, S. 46).

c) Sterbegeldversicherung

Seit über 50 Jahren besteht im Roten Kreuz eine Sterbegeldversicherung.

Träger der Sterbegeldversicherung ist die Iduna Vereinigte Lebensversicherung aG für Handwerk, Handel und Gewerbe, mit der die Landesverbände des Roten Kreuzes Gruppenversicherungsverträge abgeschlossen haben, und die die Vorteile dieser Verträge nur den Mitgliedern des Roten Kreuzes und deren Angehörigen gewährt.

8. Verband der Schwesternschaften vom Roten Kreuz

Wegen der besonderen Bedeutung, die der Verband der Schwesternschaften vom Roten Kreuz im DRK hat, soll seine Entwicklung und seine Aufgabe im folgenden kurz dargestellt werden: „Die Schwesternschaft ist aus dem 1859 von der Großherzogin Luise ins Leben gerufenen Badischen Frauenverein hervorgegangen. 1866 wurde von ihr eine Schwesternschaft geschaffen. Schon früh überzeugte man sich von der Notwendigkeit, den Schwestern während und nach der Ausbildung nicht nur ein Heim zu bieten, sondern möglichst auch eine mit dem Mutterhaus verbundene eigene Krankenpflegestationen zu errichten, um die Schwesternschülerinnen in Verbindung von Theorie und Praxis ausbilden zu können.

Die wenigen Betten solcher Stationen reichten bald nicht mehr aus. Mittels großzügiger Spenden, Sammlungen und Stiftungen wurden in vielen Städten Rotkreuzkrankenhäuser gebaut. Bei diesen Krankenhausneubauten stand neben den Belangen der Ausbildung des Schwesternnachwuchses das Bestreben im Vordergrund, im Zeitalter der beginnenden Asepsis und Antisepsis ein hygienisch einwandfreies Krankenhaus mit bester ärztlicher und pflegerischer Betreuung zu schaffen.

Die Rotkreuzkrankenhäuser gewannen für die Ausbildung und die Tätigkeit der ‚berufsmäßigen Krankenpflegerinnen unter dem Roten Kreuz' zunehmend an Bedeutung. Ihr Zusammenschluß zu einem Verband ging indessen nur langsam voran. Der erste Versuch in Bremen 1882 gelang nur unvollkommen. Erst die Gründungsversammlung in Kassel 1894 brachte den Durchbruch. In der dort beschlossenen Satzung heißt es: Der Verband führt den Namen: ‚Verband Deutscher Krankenpflegeanstalten vom Roten Kreuz'.

Seine Krankenpflegerinnen sind ‚Schwestern vom Roten Kreuz' und tragen ein von der Verbandssatzung zu bestimmendes besonderes Abzeichen.

Zweck des Verbandes ist die Wahrung der gemeinsamen Interessen aller angeschlossenen Vereine und Anstalten, insbesondere die Fürsorge für Alter und Invalidität der Schwestern vom Roten Kreuz, der Schutz ihrer Abzeichen und die Abhaltung einer jährlichen Verbandssitzung."

Der Verband unterstellte sich dem Zentralkomitee der Deutschen Vereine vom Roten Kreuz. Das Zentralkomitee hatte auch darüber zu entscheiden, ob ein Verein oder eine Anstalt als zum Roten Kreuz gehörig zu betrachten war.

Nach dem Zusammenschluß aller deutschen Rotkreuzverbände erfolgte am 27. 9. 1922 nach Annahme einer neuen Satzung die Umbenennung in „Verband Deutscher Mutterhäuser vom Roten Kreuz“.

Er wurde unmittelbar Mitgliedsverband des Deutschen Roten Kreuzes.

Den Nationalsozialisten war offenbar der religiös gefärbte Begriff des „Mutterhauses“ ein Dorn im Auge. Der Verband mußte sich umbenennen in „Schwesternschaft des Deutschen Roten Kreuzes e. V.“ und nach dem Inkrafttreten des Reichsgesetzes über das Deutsche Rote Kreuz vom 9. 12. 1937 in „Amt für Schwesternschaften“.

Alle Vermögenswerte des Verbandes und der Schwesternschaften mußten auf die Einheitsorganisation „Deutsches Rotes Kreuz“ übertragen werden. Sie gingen nach dem Zusammenbruch zu einem großen Teil verloren, insbesondere Wertpapiere der Schwesternpensionsfonds.

Schon bald nach den letzten Kriegstagen gelang es, die Schwesternschaften in dem verbliebenen Reichsgebiet zunächst auf regionaler Ebene innerhalb der einzelnen Besatzungszonen neu zu gründen und zusammenzuschließen.

Am 3. 12. 1948 konnte erstmals über die Ländergrenzen hinweg der Verband deutscher Mutterhäuser vom Roten Kreuz e. V. für Westdeutschland und Berlin neu gegründet werden. Von den damaligen regionalen Verbandsgründungen besteht heute nur noch der Verband der Schwesternschaften vom Bayerischen Roten Kreuz, der sowohl dem Bayerischen Roten Kreuz wie auch dem Verband der Schwesternschaften vom Deutschen Roten Kreuz als Mitglied angehört mit der Besonderheit, daß den Bayerischen Schwesternschaften das Recht zugestanden ist, in der Mitgliederversammlung des Bundesverbandes unmittelbar ihre Stimme abzugeben. Wenn der Verband durch eine Satzungsänderung im Mai 1967 seinen Namen änderte in „Verband der Schwesternschaften vom Deutschen Roten Kreuz e. V.“, so sollte im Gegensatz zu der ähnlichen Umbenennung nach 1933 damit keine Distanzierung vom Mutterhausgedanken zum Ausdruck gebracht werden. Enscheidend war vielmehr die Tatsache, daß die Mitglieder des Verbandes mit ihren eingetragenen Vereinsnamen „Schwesternschaften“ heißen. Es schien zweckmäßig, zwischen äußerer Rechtsform und Vereinsnamen einerseits und innerer Struktur andererseits zu unterscheiden. Folgerichtig enthält deshalb auch die Schwesternordnung in Art. 1 die Aussage: „Zu jeder Schwesternschaft gehört ein Mutterhaus. Es bildet den Mittelpunkt des Gemeinschaftslebens.“

Nach § 9 der Satzung ist festzustellen: Mit der Ausübung der Krankenpflege können sich alle Landesverbände und ihre Mitglieder befassen. Dagegen ist für die Bereiche der Aus- und Fortbildung des Schwesternnachwuchses, der Neugründung von Schwesternschaften und der Aufstellung der Berufsordnung für die Rotkreuzschwestern der Verband der Schwesternschaften und seine Mitglieder allein zuständig. Ohne diese Satzungsbestimmungen wären die Landesverbände in der Lage, eigene Schwesternschaften zu gründen und selbst die Ausbildung in

Kranken- und Kinderpflegeschulen zu betreiben. Dadurch würde aber die Existenz der Schwesternschaften in Frage gestellt werden.

Von den satzungsmäßigen Aufgaben des Verbandes der Schwesternschaften sind die folgenden besonders hervorzuheben:

„1. Die Zusammenarbeit mit allen Rotkreuz-Organisationen und Mitwirkung bei der einheitlichen Durchführung der gemeinsamen Aufgaben,

2. die Unterhaltung der Werner-Schule vom Roten Kreuz in Göttingen, die der Fortbildung der Schwestern zu Stationsschwestern, Unterrichtsschwestern und Leitenden Schwestern dient,

3. die Förderung aller Maßnahmen, die geeignet sind, die Lebens- und Arbeitsbedingungen der Schwestern während ihrer Berufstätigkeit zu verbessern und sie bei Krankheit, Berufsunfähigkeit und im Alter sicherzustellen,

4. die Aufstellung von Mustersatzungen, die in wesentlichen Angelegenheiten Bestimmungen erhalten, die für alle Schwesternschaften verbindlich sind, sowie die Genehmigung der Schwesternschaftssatzungen und deren Änderungen,

5. die Inkraftsetzung der für alle Schwestern und Schwesternschülerinnen verbindlichen Ordnung“ (Auszug aus: H. Giani, Aufgabe und Struktur der Schwesternschaften im Deutschen Roten Kreuz, Schriftenreihe 47, S. 121 ff.).

9. Regelmäßige zentrale Veröffentlichungen

a) Deutsches Rotes Kreuz, Zentralorgan des DRK in der Bundesrepublik Deutschland (erscheint monatlich)
b) die gute tat, die deutsche Rotkreuz-Illustrierte (erscheint vierteljährlich) Jugendrotkreuz + Erzieher, Zeitschrift des Deutschen Jugendrotkreuzes (erscheint monatlich)
c) JRK-MAGAZIN, Jugendzeitschrift des Deutschen Jugendrotkreuzes (erscheint monatlich)
d) DIE + SCHWESTER, Magazin der Schwesternschaften vom DRK (erscheint zweimonatlich).

V. Diakonisches Werk der Evangelischen Kirche in Deutschland e. V., Stafflenbergstr. 76, 7000 Stuttgart

1. Selbstverständnis

„Die Diakonie ist die Sozialgestalt der Kirche“ (Th. Schober).
Das Diakonische Werk (DW) ist

– auf der Grundlage des Neuen Testaments ein Teil der Kirche und

– durch seine Aufgaben und sein Selbstverständnis zugleich anerkannter Spitzenverband der freien Wohlfahrtspflege.

In der Präambel der Satzung (i. d. F. v. 29. 11. 1978) sind die geistigen und geistlichen Grundlagen und Ziele so beschrieben:

„Die Kirche hat den Auftrag, Gottes Liebe zur Welt in Jesus Christus allen Menschen zu bezeugen. Dakonie ist eine Gestalt dieses Zeugnisses und nimmt sich besonders der Menschen in leiblicher Not, in seelischer Bedrängnis und in sozial ungerechten Verhältnissen an. Sie sucht auch die Ursachen dieser Nöte zu beheben. Sie richtet sich in ökumenischer Weise an einzelne und Gruppen, an Nahe und Ferne, an Christen und Nichtchristen.

Da die Entfremdung von Gott die tiefste Not des Menschen ist und sein Heil und Wohl untrennbar zusammengehören, vollzieht sich Diakonie in Wort und Tat als ganzheitlicher Dienst am Menschen.

Das Diakonische Werk der Evangelischen Kirche in Deutschland weiß sich diesem Auftrag Jesu Christi verpflichtet. Es setzt damit die Tätigkeit des 1848 entstandenen Central-Ausschusses für die Innere Mission und des 1946 gegründeten Hilfswerks der Evangelischen Kirche in Deutschland fort und bringt den 1957 begonnenen Zusammenschluß beider Werke zum Abschluß."

Die kirchenrechtliche Grundlage hierfür ist Art. 15 der Grundordnung der Evangelischen Kirche in Deutschland (i. d. F. v. 13. 7. 1948):

„Die Evangelische Kirche in Deutschland und die Gliedkirchen sind gerufen, Christi Liebe in Wort und Tat zu verkündigen. Diese Liebe verpflichtet alle Glieder der Kirche zum Dienst und gewinnt in besonderer Weise Gestalt im Diakonat der Kirche; demgemäß sind die diakonisch-missionarischen Werke Wesens- und Lebensäußerungen der Kirche.

Die Evangelische Kirche in Deutschland fördert die in ihrem Gesamtbereich arbeitenden Werke der Inneren Mission, ungeachtet deren Rechtsform. Ihre Verbindung mit der Kirche und den Gemeinden sowie die freie Gestaltung ihrer Arbeit werden in Vereinbarungen und entsprechenden Richtlinien gesichert.

Das Hilfswerk der Evangelischen Kirche in Deutschland wird von der Evangelischen Kirche in Deutschland, den Gliedkirchen und ihren Gemeinden getragen. Es dient dem kirchlichen Wiederaufbau sowie der Linderung und Behebung der Notstände der Zeit. Die Ordnung des Hilfswerkes bedarf eines Gesetzes der Evangelischen Kirche in Deutschland."

Als einem Spitzenverband der freien Wohlfahrtspflege „obliegt es der Diakonie dazu beizutragen, daß der gesetzlich abgesicherte Freiraum dem Bürger und den am sozialen Geschehen beteiligten gesellschaftlichen Gruppierungen im sachlich gebotenen Umfang erhalten bleibt. Dieses Ziel ist nicht vorrangig verbandspolitisch zu sehen. Es stellt auf eine angemessene Gewährleistung der Handlungsfreiheit des Bürgers ab. Aus dieser heraus ergibt sich das Selbstverständnis der freien Gruppierungen in dieser Gesellschaft. Diese können nur so frei sein, wie der Bürger in seinem Handeln frei ist. Ihren Freiraum müssen die freien Gruppierungen allerdings auch ausfüllen.

Es muß das Bestreben der Diakonie sein, auf eine angemessene, den Erfordernissen entsprechende Versorgung der Bevölkerung mit entsprechenden sozialen Diensten hinzuwirken und sich daran nach Maßgabe der verfügbaren Mittel zu beteiligen. Dabei muß aber dem Wahlrecht des Hilfesuchenden Rechnung getragen werden. Das bloße flächendeckende Prinzip darf nicht Leitlinie in der Erfüllung sozialer Aufgaben sein. Bereits bei der Abfassung von Förderbestimmungen und Planungsrichtlinien ist hierauf zu achten.

Wenn die Handlungsfreiheit des Bürgers erhalten werden soll, muß ihm Gelegenheit gegeben werden, innerhalb der gesellschaftlichen Gruppierungen tätig zu werden.

Die Diakonie ist gut beraten, wenn sie für das Engagement derer offenbleibt, die in einem kirchlichen Werk in kirchlicher Zielrichtung praktische Nächstenliebe üben wollen. Die Diakonie sollte sich mehr als dies bisher der Fall war, für Bürgerinitiativen und Selbsthilfegruppen öffnen, die aus kirchlichen Gruppierungen entstanden, eine soziale Aufgabe aus kirchlicher Motivation angehen, dazu aber, wenn das Hilfeangebot nachhaltig sein soll, des Beistandes einer Institution bedürfen. Der in der Sozialarbeit aus kirchlicher Motivation engagierte Bürger sollte wissen, daß in der Diakonie seine Zielvorstellungen aufgenommen, weitergeführt und in einem für freie Initiativen offenen Raum verwirklicht werden können. Die Diakonie verdankt ihre Entstehung der Initiative freier Bürger. Diese waren es und nicht die Institution Kirche, die der Sozialarbeit in Deutschland neue Grundlagen gegeben haben. Auf ein solches Potential sozialen Engagements zurückzugreifen, ist schon allein deshalb geboten, weil die enger werdenden Finanzspielräume der Weiterführung institutioneller Sozialarbeit in den nächsten Jahren Grenzen setzen werden. Phantasie, persönliches Engagement, Beweglichkeit und das Wissen um Maß und Ziel werden eine größere Bedeutung erlangen, als dies bisher der Fall war. Es ist eine der vornehmlichsten sozialpolitischen Aufgaben der Diakonie, dazu beizutragen, daß hier ein Aufbruch geschieht, der für das Leben in dieser Gesellschaft nur von Nutzen sein kann" (M. Gutmann, Die Diakonie der Kirche und ihr sozialpolitischer Auftrag).

2. *Aufgaben*

a) Die Aufgaben des DW als Werk der Evangelischen Kirche in Deutschland und als anerkannter Bundes-Spitzenverband der freien Wohlfahrtspflege sind in § 1 der Satzung festgelegt:

„Das Diakonische Werk nimmt als Werk der Evangelischen Kirche in Deutschland (EKD) diakonische und volksmissionarische Aufgaben im Sinne der Grundordnung der Evangelischen Kirche in Deutschland wahr. Es erfüllt zugleich diakonische Aufgaben für die ihm verbundenen Freikirchen und kirchlichen Gemeinschaften. Es sorgt für die Ausrichtung kirchlicher Arbeit in diakonischer und volksmissionarischer Verantwortung.

Das Diakonische Werk fördert die ihm angeschlossenen Werke, Verbände und Einrichtungen. Es dient der Zusammenarbeit der gliedkirchlichen diakonischen Werke, der Fachverbände sowie der Diakonie der Freikirchen und unterstützt die gemeinsame Planung von Aufgaben, die in ihrer Bedeutung über den Bereich eines gliedkirchlichen Diakonischen Werkes hinausgehen. Das Werk unterstützt die Zusammenarbeit und gemeinsame Planung insbesondere in den Arbeitsbereichen der Hilfe für junge Menschen, für Familien, für Kranke, für Behinderte, für alte Menschen, für sozial benachteiligte Personen und Gruppen, für Gefährdete und in der Ausbildung sowie Fort- und Weiterbildung der Mitarbeiter.

Im Verhältnis zu den angeschlossenen Werken, Verbänden und Einrichtungen erfüllt das Werk die Aufgaben, die einer einheitlichen Wahrnehmung und Vertretung bedürfen, wie Aufgaben der ökumenischen Diakonie, der überregionalen Not- und Katastrophenhilfe, der zentralen Fort- und Weiterbildung der Mitarbeiter, der für die Gesamtarbeit des Werkes erforderlichen Grundlagenforschung und der Mitwirkung bei der staatlichen Gesetzgebung. Als anerkannter Spitzenverband der Freien Wohlfahrtspflege arbeitet das Werk mit den anderen Spitzenverbänden der Freien Wohlfahrtspflege zusammen und vertritt die Diakonie der Evangelischen Kirche in Deutschland und der mit dem Werk zusammenarbeitenden Freikirchen gegenüber der Bundesrepublik Deuschland, sonstigen in- und ausländischen zentralen Organisationen und in der Öffentlichkeit."

Dabei hat das DW folgende Befugnisse:
„In Erfüllung seiner Aufgaben kann das Werk für die unmittelbar angeschlossenen Diakonischen Werke und Fachverbände Rahmenbestimmungen auf folgenden Gebieten beschließen:

1. Gegenseitige Information;
2. Mindesterfordernisse für die Rechtsform und Satzung von diakonischen Einrichtungen;
3. Mitarbeitervertretungsrecht;
4. Wirtschaftsführung, insbesondere Rechnungswesen und Rechnungsprüfung;
5. Statistik.

Das gleiche gilt für andere Sachgebiete, wenn dies die Diakonische Konferenz auf Antrag des Diakonischen Rates beschließt.
Im übrigen soll das Werk durch Empfehlungen die notwendige Koordinierung der Arbeit aller angeschlossenen Verbände, Werke und Einrichtungen unterstützen, insbesondere die Anwendung einheitlicher Planungsgrundsätze, die Koordinierung von Planungsvorhaben, die Erarbeitung von Modell- und Strukturvorstellungen für die diakonische Arbeit und die Ausbildung und Fortbildung der Mitarbeiter nach übereinstimmenden Grundsätzen. Zu diesem Zweck sind auch Vereinbarungen mit den unmittelbar angeschlossenen Diakonischen Werken und Fachverbänden anzustreben.

Alle angeschlossenen Werke, Verbände und Einrichtungen können ihre Arbeit selbständig gestalten. Das Werk ist nicht befugt, Weisungen zu geben oder in die Arbeit einzugreifen. Die unmittelbar angeschlossenen Diakonischen Werke und Fachverbände sind jedoch verpflichtet, die nach Absatz 1 und 2 beschlossenen Rahmenbestimmungen zu beachten und in ihrem Bereich auf die Beachtung durch die mittelbar angeschlossenen Werke, Verbände und Einrichtungen hinzuwirken.
Auf öffentlichem Recht beruhende Vereinbarungen gehen den Rahmenbestimmungen des Werkes vor. Das gleiche gilt für das Recht der Evangelischen Kirche in Deutschland, ihrer Gliedkirchen sowie der mit dem Werk zusammenarbeitenden Freikirchen, soweit die angeschlossenen Werke, Verbände oder Einrichtungen es anwenden" (§ 7).

b) Auch die Diakonischen Werke in den einzelnen Landeskirchen nehmen die Doppelfunktion von kirchlichem Werk und Spitzenverband der freien Wohlfahrtspflege wahr. Ihre Aufgaben beziehen sich vor allem auf die Planung und Beratung gegenüber Institutionen und Organisationen auf Landesebene und im regionalen Bereich, sowie gegenüber ihren Mitgliedern.
Die Landesverbände des DW betreiben – im Gegensatz zu den meisten anderen Landesverbänden der freien Wohlfahrtspflege – in der Regel keine oder nur in geringem Umfange eigene Dienste und Einrichtungen. Die Diakonischen Werke in den neuen Bundesländern waren zur Zeit der DDR auf landeskirchlicher Ebene weitgehend Rechtsträger für die Einrichtungen. Im Zuge der Neuordnung werden aber auch dort eigene Rechtsträger (als eingetragene Vereine) für die örtlichen bzw. regionalen Aufgaben gebildet. Allerdings gibt es trotz dieser gemeinsamen Tendenz erhebliche Unterschiede zwischen den einzelnen gliedkirchlichen Werken: Während sich das DW Bayern ausschließlich auf Spitzenverbandsfunktionen beschränkt, erfüllen z. B. die Diakonischen Werke in den Stadtstaaten mehr oder weniger zugleich die Aufgabe eines örtlichen Diakonischen Werkes.

c) Die folgenden Zahlen geben Aufschluß über die Größenordnungen der verschiedenen Arbeitsbereiche bei den Trägern und Mitgliedsorganisationen des Diakonischen Werkes:

aa) Alte Bundesländer:

	Einrichtungen	Betten/ Plätze	Hauptamtl. Mitarbeiter/innen Vollzeit	Teilzeit	Gesamt
Stationäre Einrichtungen					
1.0 Krankenhäuser	278	61 870	59 624	19 379	79 003
1.1 Heime und andere stationäre Einrichtungen der Jugendhilfe (ohne Behindertenhilfe)	829	42 879	14 136	5 055	19 191
1.2 Heime und andere stationäre Einrichtungen der Familienhilfe	343	19 585	2 099	963	3 062
1.3 Heime und andere stationäre Einrichtungen der Altenhilfe	1 572	133 407	34 186	17 325	51 511
1.4 Heime und andere stationäre Einrichtungen der Behindertenhilfe	551	47 669	20 089	6 820	26 909
1.5 Heime und andere stationäre Einrichtungen der Hilfen für Personen in besonderen sozialen Situationen	190	9 340	1 732	689	2 421
1.9 Sonstige Heime und andere stationäre Einrichtungen	191	9 654	367	349	716
insgesamt	3 954	324 404	132 233	50 580	182 813

	Einrichtungen	Betten/ Plätze	Hauptamtl. Mitarbeiter/innen Vollzeit	Teilzeit	Gesamt
2.0 Tageseinrichtungen					
2.1 Jugendhilfe (ohne Behindertenhilfe)	7 490	457 083	24 338	13 996	38 334
2.2 Familienhilfe	40	4 557	84	541	625
2.3 Altenhilfe	234	12 632	396	382	778
2.4 Behindertenhilfe	432	53 416	11 158	3 021	14 179
2.5 Hilfen für Personen in besonderen sozialen Situationen	1 049	20 787	8 788	3 571	12 359
2.9 Sonstige Tageseinrichtungen	12	747	33	25	58
insgesamt	9 257	549 222	44 797	21 536	66 333

Beratungsstelle, sowie ambulante Dienste

	Einrichtungen	Hauptamtl. Mitarbeiter/innen Vollzeit	Teilzeit	Gesamt
3.1 Jugendhilfe	93	125	110	235
3.2 Familienhilfe	2 946	8 704	4 178	12 882
3.3 Altenhilfe	456	256	664	920
3.4 Behindertenhilfe	360	526	345	871
3.5 Hilfen für Personen in besonderen sozialen Situationen	995	1 540	590	2 130
3.9 Sonstige Hilfen	954	4 854	1 533	6 387
insgesamt	5 804	16 005	7 420	23 425

Ausbildungs-, Fort- und Weiterbildungsstätten für soziale und pflegerische Berufe

	Einrichtungen	Plätze	Hauptamtl. Mitarbeiter/innen Vollzeit	Teilzeit	Gesamt
4.0 Ausbildungsstätten an Krankenhäusern	195	10 339	1 027	739	1 766
4.1 Jugendhilfe	78	8 624	560	568	1 128
4.2 Familienhilfe	11	112	14	89	103
4.3 Altenhilfe	53	2 096	91	308	399
4.4 Behindertenhilfe	34	3 297	288	183	471
4.9 Sonstige Ausbildungsstätten	41	5 672	297	342	639
insgesamt	412	30 140	2 277	2 229	4 506

Selbsthilfe- und Helfergruppen sowie sonstige soziale Gruppen unabhängig von Einrichtungen

		Anzahl
5.0	Krankenhilfe	465
5.1	Jugendhilfe	218
5.2	Familienhilfe	598
5.3	Altenhilfe	3 088
5.4	Behindertenhilfe	660
5.5	Hilfen für Personen in besonderen sozialen Situationen	1 873
	insgesamt	6 902

(Stand 1. 1. 1988. Näheres s. Diakonie 188/89 S. 316 ff.)

bb) Neue Bundesländer:

Art der Einrichtung	Zahl der Einr.	Plätze/Betten	Zahl der Mitarbeiter
1. Krankenhäuser	44	6 175	6 013,8
2. Feierabendheime*	187	6 890	2 105,6
3. Alterspflegeheime	47	3 040	1 225,6
4. Förder-, Rehabilitations- und Pflegeheime f. geistig behinderte Kinder, Jugendliche und Erwachsene	97	6 614	3 162,8
5. Sondertagesstätten für geistig behinderte Kinder, Jugendliche und Erwachsene	30	636	207,7
6. Kindergärten und Horte (darunter Betriebskindergärten)	275	12 417	1 077,9
7. Kindergrippen (darunter Betriebskinderkrippen)	15	426	130,4
8. Gemeindepflegestationen	315	–	297,4
9. Erholungsheime	114	3 441	484,7
10. Hospize	7	381	173,9
11. Sonstige Heime	67	1 932	508,0
12. Kreisstellen für Diakonie bzw. Innere Mission sowie Stadtmissionen	141	25	327,2
insgesamt	1 339	41 977	15 715,0

* Unter Feierabendheime fallen auch Heime mit Pflegeeinrichtungen

(Stand 1. 1. 1989. Näheres s. Diakonie 1990, S. 160 ff.)

3. Organisation und Gliederung

Das DW ist ein eingetragener Verein. Auch seine Mitgliedsorganisationen sind weitgehend vereinsrechtlich verfaßt. Als Körperschaften des öffentlichen Rechts gehören zu den Mitgliedern der gliedkirchlichen Diakonischen Werke neben Kirchengemeinden vor allem Mutterhäuser. Darüber hinaus sind auch Stiftungen Mitglied im DW.

„Nach einer Erhebung aus dem Jahr 1966 wurden Krankenhäuser, Anstalten und Heime der Diakonie in folgenden Rechtsformen geführt:

	Anteil in v. H.
Eingetragener Verein	43,2
Körperschaft auf Grund landesherrlicher Verleihung und Gesellschaft bürgerlichen Rechts	10,1
Stiftung	23,4
Körperschaft öffentlichen Rechts (Kirchengemeinde)	19,3
Gesellschaft mit beschränkter Haftung	3,0
Sonstige Rechtsformen	1,0

Der Anteil der gemeinnützigen Gesellschaften mit beschränkter Haftung, der inzwischen auf etwa 5 % gestiegen sein dürfte, ist zwar immer noch gering, doch verbergen sich dahinter zumeist Unternehmen mit einem großen Leistungs- und Finanzvolumen. Krankenhäuser, die zunächst in der Trägerschaft von Kirchengemeinden betrieben wurden, sind verschiedentlich in Gesellschaften mit beschränkter Haftung umgewandelt worden" (G. Thermann, Einrichtungen der Diakonie als gemeinwirtschaftliche Unternehmen – in: Zeitschrift für öffentliche und gemeinwirtschaftliche Unternehmen, Band 2, Heft 4 1979, S. 443 ff.).

Neuere Daten gibt es nicht. In den alten Bundesländern haben sich seit 1979 die Verhältnisse nicht wesentlich geändert.

Das DW ist räumlich weder auf Landes- noch auf Kreis- und Ortsebene nach der staatlichen Gebietseinteilung gegliedert. Vielmehr ist es nach den Gebieten der Gliedkirchen der EKD aufgebaut („Gliedkirchliche Diakonische Werke"). Damit arbeiten die meisten gliedkirchlichen Diakonischen Werke mit mehreren Bundesländern und den sonst auf Landesebene tätigen Institutionen zusammen, während umgekehrt letztere wiederum meist mit mehreren DWs zu tun haben. Nur bei den Stadtstaaten sind die Einzugsbereiche von Staat und Landesverbänden des DW einigermaßen identisch. Allein in Bayern ist das Gebiet der Landeskirche und damit des DW vollkommen deckungsgleich mit dem des Landes.

In der langen und wechselvollen Geschichte der Diakonie haben sich sehr unterschiedliche Trägergruppen und -formen entwickelt:

- Mutterhäuser für Diakonissen und Brüderhäuser für Diakone, deren Arbeitsfelder räumlich oft weit über eine Landeskirche hinausreichen,

- Örtliche Diakonische Werke (in den Dekanatsbezirken, Superintendenturen usw.), die weitgehend Träger diakonischer Einrichtungen in diesen Gebieten sind. In den Kirchen der neuen Bundesländer werden sie Zug um Zug aufgebaut und übernehmen im wesentlichen die Aufgaben, die vorher von den gliedkirchlichen Werken selbst wahrgenommen wurden. Ihnen sind meist auch Koordinationsaufgaben für alle Träger der Diakonie in dem jeweiligen Gebiet zugewachsen oder übertragen worden.
- Örtliche Träger, die vielfach nur eine einzige Aufgabe mit örtlicher Bedeutung (z. B. Kindergarten, Sozialstation u. ä) unterhalten. Hierzu können auch all die Stiftungen gezählt werden, die jeweils nur eine oder wenige Einrichtungen betreiben.
- Träger, die überregional oder im gesamten Bundesgebiet sich einer speziellen Aufgabe widmen (z. B. in der Altenhilfe, in der Jugendsozialarbeit o. ä).
- Besonders hervorzuheben ist darunter die Johanniter-Unfallhilfe, einer der fünf modernen Arbeitszweige des Johanniterordens. Sie nimmt vor allem folgende Aufgaben wahr: Rettungsdienst und Krankentransport, Einsätze bei Veranstaltungen sowie im Katastrophenschutz, Ausbildung in Erster Hilfe sowie Ausbildung von Schwesternhelferinnen.

Neben den Landesverbänden und dem Bundesverband haben sich zum Teil schon vor dem Ersten Weltkrieg „Fachverbände“ als Zusammenschlüsse von Trägern bestimmter Einrichtungen gebildet (für Heimerziehung, Krankenhäuser, Nichtseßhaftenhilfe, Stadtmissionen u. ä.). Die Beziehung dieser mehr als 100 Fachverbände zum Bundesverband, aber auch zu den gliedkirchlichen Diakonischen Werken wurde in den letzten Jahren z. T. neu geregelt. Sie sind unter Beachtung ihrer Aufgaben und ihrer Rechtsstellung in die jeweiligen DW eingebunden. Auf Bundesebene sind sie in Fachgruppen gegliedert, von denen u. a. auch die ihnen zustehenden Vertreter für die Diakonische Konferenz gewählt werden.

Schließlich wird der Aufbau und die Struktur des DW auch wesentlich davon bestimmt, daß es vielerlei Arbeits- und Rechtsbeziehungen zur EKD bzw. zu den einzelnen Landeskirchen gibt.

Die Mitgliedschaft im DW der EKD sowie die Zusammensetzung und die Aufgaben seiner Organe sind in der Satzung festgelegt:

Mitgliedschaft

„Mitglieder des Vereins können die Evangelische Kirche in Deutschland, die im Werk mitarbeitenden Freikirchen, die gliedkirchlichen und freikirchlichen Diakonischen Werke und solche juristischen Personen werden, die überregionale Aufgaben im Sinne des § 1 der Satzung wahrnehmen“ (§ 3).

„Die Mitglieder des Vereins gelten als unmittelbar angeschlossen. Neugebildete gliedkirchliche und freikirchliche Diakonische Werke werden, wenn sie es beantragen, unmittelbar angeschlossen. Darüber hinaus können Zusammenschlüsse von Personen, Anstalten und Einrichtungen, die auf bestimmten Gebieten diakonisch-missionarisch tätig sind und deren Arbeitsbereich über den Bereich einer Landeskirche hinausgeht, auf Antrag durch Beschluß des Diakonischen Rates dem Werk als Fachverbände unmittelbar angeschlossen werden. Voraussetzung ist, daß diese Werke oder Fachverbände ausschließlich gemeinnützige, mildtätige oder kirchliche Zwecke verfolgen und daß die diakonische oder volksmissionarische Tätigkeit einen Bereich ihrer Arbeit bildet.

Dem Werk unmittelbar angeschlossene Diakonische Werke und Fachverbände können durch schriftliche Erklärung gegenüber dem Werk das Anschlußverhältnis jederzeit lösen. Sie können durch Beschluß der Diakonischen Konferenz ausgeschlossen werden, wenn sie nicht mehr in Verbindung zur diakonischen oder volksmissionarischen Arbeit ihrer Kirche stehen, oder den sich aus dieser Satzung ergebenden Verpflichtungen trotz Mahnung nicht nachkommen. Über die Rechtmäßigkeit des Ausschlusses entscheidet auf Antrag das Schiedsgericht unter Ausschluß des Rechtsweges endgültig" (§ 5).

„Mittelbar angeschlossen sind die Werke, Verbände und sonstigen Einrichtungen, die den gliedkirchlichen und freikirchlichen Diakonischen Werken und den Fachverbänden angehören. Über den mittelbaren Anschluß entscheiden die Diakonischen Werke und Fachverbände in eigener Verantwortung. Die Voraussetzungen des § 5 Abs. 1 Satz 4 gelten entsprechend" (§ 6).

Diakonische Konferenz

„Der Diakonischen Konferenz gehören als Mitglieder an:

1. 10 Vertreter der EKD, von denen 6 von der Synode aus ihrer Mitte gewählt, 3 von der Kirchenkonferenz aus ihrer Mitte und einer vom Rat aus seiner Mitte entsandt werden;
2. je ein entsandter Vertreter jeder Freikirche, die im Werk mitarbeitet;
3. je ein entsandter Vertreter jeden gliedkirchlichen Diakonischen Werkes; Diakonische Werke von Gliedkirchen mit mehr als 2 Millionen Kirchenmitgliedern entsenden je einen weiteren Vertreter, der nicht Theologe sein soll;
4. bis zu 25 Vertreter der Fachverbände, die aufgrund einer von der Diakonischen Konferenz beschlossenen Wahlordnung gewählt werden;
5. bis zu 15 vom Diakonischen Rat zu berufende Personen.

Für jedes Mitglied der Diakonischen Konferenz ist ein Stellvertreter zu bestellen.

Die Mitglieder des Diakonischen Rates und die leitenden Mitarbeiter des Werkes nehmen an den Sitzungen mit beratender Stimme teil, soweit sie nicht als Mitglieder der Diakonischen Konferenz Stimmrecht haben. Das Kirchenamt der EKD entsendet einen Vertreter mit beratender Stimme. Durch Beschluß der Konferenz können weitere Personen zu beratender Teilnahme zugezogen werden" (§ 8).

„Die Diakonische Konferenz hat folgende Aufgaben:

1. Sie beschließt allgemeine Grundsätze für die diakonische und volksmissionarische Arbeit;

2. sie beschließt Rahmenbestimmungen gem. § 7;
3. sie beschließt den Wirtschafts- und Stellenplan des Werkes, trifft die Bestimmungen über die Rechnungsprüfung und entlastet den Diakonischen Rat und die Geschäftsführung;
4. sie wählt aus ihrer Mitte einen Vorsitzenden und einen stellvertretenden Vorsitzenden. Der stellvertretende Vorsitzende vertritt den Vorsitzenden im Falle seiner Verhinderung;
5. sie wählt die Mitglieder des Diakonischen Rates gem. § 11 Abs. 1 Ziffer 4 und Abs. 2;
6. sie wählt den Präsidenten des Werkes auf Vorschlag des Diakonischen Rates. Der Vorschlag bedarf der Zustimmung des Rates der EKD. Die kirchliche Einführung erfolgt durch den Vorsitzenden des Rates der EKD;
7. sie beschließt über den Erwerb der Mitgliedschaft in den Fällen des § 3 Abs. 2, 1. Halbsatz;
8. sie beschießt über den Ausschluß angeschlossener Fachverbände oder Diakonischer Werke unter den in dieser Satzung genannten Voraussetzungen (§ 5 Abs. 4) auf Antrag des Diakonischen Rates;
9. sie beschließt die Wahlordnung für die von den Fachverbänden in die Diakonische Konferenz zu wählenden Vertreter und ihrer Stellvertreter;
10. sie beschließt eine Schiedsgerichtsordnung für das Werk gem. § 21;
11. sie beschließt Änderungen dieser Satzung gem. § 18;
12. sie beschließt über die Auflösung des Werkes gem. § 19.

Die Diakonische Konferenz kann über alle für die diakonische oder volksmissionarische Arbeit wichtigen Fragen beraten und hierzu Entschließungen fassen" (§ 9).

Die Geschäftsordnung der Diakonischen Konferenz wurde am 8. 10. 1977 und die Ordnung für die Wahlmitglieder aus den Fachverbänden am 24. 4. 1969 von der Diakonischen Konferenz beschlossen.

Diakonischer Rat

„Dem Diakonischen Rat gehören an:

1. Der Vorsitzende der Diakonischen Konferenz;
2. das vom Rat der EKD entsandte Mitglied der Diakonischen Konferenz;
3. der Präsident des Werkes, der im Verhinderungsfall durch den Vizepräsidenten vertreten wird;
4. bis zu 15 weitere von der Diakonischen Konferenz gem. § 9 Abs. 1 Ziffer 5 gewählte Mitglieder.

Das Wahlverfahren für die von der Diakonischen Konferenz zu wählenden Mitglieder des Diakonischen Rates muß gewährleisten, daß aus den in § 8 Abs. 1 Ziff. 1, 3, 4 und 5 genannten Gruppen von Mitgliedern je drei Vertreter und aus der dort unter Ziff. 2 genannten Gruppe von Mitgliedern ein Vertreter sowie ein Vertreter aus der volksmissionarischen Arbeit Mitglieder des Diakonischen Rates werden. Das Nähere regelt eine Wahlordnung.

Die leitenden Mitarbeiter des Werkes und ein vom Kirchenamt der EKD entsandter Vertreter nehmen an den Sitzungen mit beratender Stimme teil. Der Diakonische Rat kann weitere Personen zur beratenden Teilnahme zuziehen. Er kann zu einer geschlossenen Sitzung zusammentreten" (§ 11).

„Der Diakonische Rat überwacht die Durchführung der Beschlüsse der Diakonischen Konferenz; er berät und beaufsichtigt die Hauptgeschäftsstelle und kann ihr Weisungen erteilen. Er ist für alle Aufgaben zuständig, die nicht der Diakonischen Konferenz vorbehalten oder der Hauptgeschäftsstelle übertragen sind. Er beschließt die Geschäftsordnung für die Hauptgeschäftsstelle.

Der Diakonische Rat ist berechtigt, gegenüber Staat und Gesellschaft im Namen des Werkes Erklärungen zu den das Werk berührenden grundsätzlichen Fragen abzugeben. Vor einer Erklärung soll das Benehmen mit dem Rat der EKD hergestellt werden. Die mit dem Werk zusammenarbeitenden Freikirchen, die unmittelbar angeschlossenen Diakonischen Werke und Fachverbände sowie die Mitglieder der Diakonischen Konferenz sind unverzüglich und vollständig zu unterrichten.

Der Diakonische Rat wählt aus seiner Mitte einen Vorsitzenden und einen stellvertretenden Vorsitzenden. Der stellvertretende Vorsitzende vertritt den Vorsitzenden im Fall seiner Verhinderung.

Auf Vorschlag des Präsidenten beruft der Diakonische Rat die leitenden Mitarbeiter des Werkes und bestellt einen von ihnen zum Vizepräsidenten. Ferner regelt er die Dienstverhältnisse und die Vergütung des Präsidenten und der leitenden Mitarbeiter.

Der Diakonische Rat beruft die Mitglieder der Diakonischen Konferenz nach § 8 Abs. 1 Ziff. 5. Die Berufung erfolgt für die folgende Amtsdauer der Diakonischen Konferenz, sobald die Mitglieder nach § 8 Abs. 1 Ziff. 1 bis 4 bestellt sind. Für die laufende Amtsdauer der Diakonischen Konferenz sind Ergänzungen zulässig.

Der Diakonische Rat legt den Wirtschaftsplan des Werkes der Diakonischen Konferenz zur Beschlußfassung vor.

Die Zustimmung des Diakonischen Rates ist erforderlich für

1. den Erwerb, die Veräußerung und die Belastung von Grundstücken oder grundstücksgleichen Rechten;
2. den Erlaß von Forderungen und die unentgeltliche Überlassung anderer Vermögenswerte, soweit es sich nicht um Verfügungen im Rahmen des Wirtschaftsplanes und um die Verwendung zweckbestimmter Mittel handelt. Der Diakonische Rat kann einen Wert festsetzen, bis zu dessen Höhe die Hauptgeschäftsstelle solche Verfügungen im Rahmen der laufenden Geschäfte ohne seine Zustimmung treffen kann;
3. die Aufnahme von Darlehen, die nicht aus Mitteln des laufenden Haushaltsjahres zurückerstattet werden können, und die Übernahme von Bürgschaften;

4. außerplanmäßige Ausgaben, Ziff. 2 Satz 2 gilt entsprechend;
5. die Beteiligung an wirtschaftlichen Unternehmungen;
6. eine Änderung der Organisation der Hauptgeschäftsstelle, insbesondere ihrer Gliederung in Abteilungen und die Errichtung von Außenstellen.

Der Diakonische Rat setzt einen Geschäftsführenden Ausschuß ein, dem er einzelne Aufgaben zur selbständigen Erledigung übertragen kann. Er kann weitere Ausschüsse bilden.

Der Diakonische Rat gibt sich eine Geschäftsordnung“ (§ 12).

Seine Geschäftsordnung wurde am 4. 3. 1977 und die Wahlordnung am 11. 10. 1977 durch den Diakonischen Rat beschlossen.

Die Hauptgeschäftsstelle

„Die Hauptgeschäftsstelle führt die laufenden Geschäfte des Diakonischen Werkes im Rahmen der von der Diakonischen Konferenz beschlossenen Grundsätze und nach den Weisungen des Diakonischen Rates.

Sie wird von einem Kollegium (Geschäftsführung) geleitet, das aus dem Präsidenten als dem Vorsitzenden, dem Vizepräsidenten als seinem Stellvertreter und den weiteren vom Diakonischen Rat berufenen leitenden Mitarbeitern besteht. Der Präsident führt die Aufsicht über alle Mitarbeiter der Hauptgeschäftsstelle unbeschadet der Befugnisse des Diakonischen Rates.

Die Geschäftsführung ist Vorstand des Werkes im Sinne von § 26 BGB. Zur gerichtlichen und außergerichtlichen Vertretung genügt die übereinstimmende Erklärung zweier Mitglieder der Geschäftsführung, unter denen der Präsident oder der Vizepräsident sein muß. Die Vertretungsmacht ist im Verhältnis zu Dritten nicht beschränkt, auch soweit einzelne Rechtsgeschäfte der Beschlußfassung oder Zustimmung anderer Organe bedürfen.

Nach einer vom Diakonischen Rat zu beschließenden Ordnung wird bei der Hauptgeschäftsstelle die Prüfungsstelle des Werkes eingerichtet. In der Ordnung ist die Unabhängigkeit der Arbeit der Prüfungsstelle zu gewährleisten“ (§ 14). Die Geschäftsordnung für die Hauptgeschäftsstelle wurde am 10. 6. 1976 beschlossen.

Die Arbeitsrechtliche Kommission

„Einer unabhängigen paritätisch besetzten Arbeitsrechtlichen Kommission obliegt es, partnerschaftlich das Arbeitsrecht im Bereich der Diakonie verbindlich auszugestalten und weiterzuentwickeln, soweit nicht die Arbeitsrechtsordnung der jeweiligen Gliedkirche bzw. Freikirche oder des gliedkirchlichen Diakonischen Werkes gilt.“

Das Nähere bestimmt die von der Diakonischen Konferenz beschlossene Ordnung (beschlossen im Okt. 1977 – § 16 a).

Schiedsgerichte

„Es wird ein Schiedsgericht eingesetzt, dessen Besetzung und Verfahren eine von der Diakonischen Konferenz zu beschließende Schiedsgerichtsordnung festlegt. Die Schiedsgerichtsordnung kann auch bestimmen, daß die Aufgaben des Schiedsgerichts durch den Rechtshof der EKD wahrgenommen werden.

Das Schiedsgericht entscheidet unter Ausschluß des Rechtsweges in folgenden Fällen:

1. Bei Meinungsverschiedenheiten über die Auslegung dieser Satzung;
2. über die Rechtmäßigkeit eines Ausschlusses gem. § 5 Abs. 4 oder § 3 Abs. 3;
3. bei Meinungsverschiedenheiten darüber, ob ein Beschluß eines Organes des Werkes rechtmäßig zustandegekommen ist.

Das Schiedsgericht entscheidet ferner bei allen Streitigkeiten zwischen angeschlossenen Verbänden, Werken und Einrichtungen untereinander oder mit dem Werk, sofern sich die Beteiligten bei Anrufung des Schiedsgerichts dem Schiedsspruch unter Ausschluß des Rechtsweges unterwerfen. Ist diese Voraussetzung nicht gegeben, bemüht es sich auf Antrag eines Beteiligten als Schlichtungsstelle um eine gütliche Beilegung der Streitigkeiten" (§ 17).

4. Verhältnis zur Evangelischen Kirche in Deutschland

Die Rechtsträger im DW und ihre Einrichtungen „sind zwar nach staatlichem Recht selbständig, dessen ungeachtet aber infolge ihrer satzungsmäßigen Verzahnung mit der Amtskirche und ihrem Auftrag von dieser anerkannt und in diesem Sinne auch inkorporiert. Sie alle gehören zur Kirche wie sie Art. 140 GG und Art. 137 WRV meint" (aus dem Beschluß des 2. Senats des Bundesverfassungsgerichts vom 25. 3. 1980). Danach ordnet und verwaltet jede Religionsgemeinschaft ihre Angelegenheiten selbständig innerhalb der Schranken des für alle geltenden Gesetzes.

Daß die EKD diese Freiheit nicht nur fordert, sondern auch inhaltlich auszugestalten bestrebt ist, wird besonders dadurch hervorgehoben, daß der oben zitierte Art. 15 aus der Grundordnung der EKD bereits ein Jahr vor der Verkündung des Grundgesetzes in die Verfassung der Evangelischen Kirche in Deutschland aufgenommen wurde.

Bei der Zusammenfassung des „Centralausschusses für die Innere Mission der Deutschen Evangelischen Kirche" und des „Evangelischen Hilfswerkes der Evangelischen Kirche in Deutschland" hat die Synode der EKD am 6. 11. 1975 das folgende Gesetz beschlossen:

§ 1

„(1) Die Evangelische Kirche in Deutschland nimmt ihre diakonischen Aufgaben unter Mitverantwortung ihrer Organe durch das Diakonische Werk wahr. Sie beauftragt das Diakonische Werk, diese Aufgaben für die Evangelische Kirche in Deutschland gegenüber den Gliedkirchen und ihren Werken, Verbänden und Einrichtungen, den anderen Verbänden der freien Wohlfahrtspflege, dem Staat und der Öffentlichkeit und gegenüber ökumenischen Partnern zu vertreten.

(2) Die Evangelische Kirche in Deutschland wirkt an den Aufgaben des Diakonischen Werkes insbesondere dadurch mit, daß

1. Mitglieder der Synode und der Kirchenkonferenz und mindestens ein Mitglied des Rates der Evangelischen Kirche in Deutschland der Diakonischen Konferenz angehören,
2. ein vom Rat der Evangelischen Kirche in Deutschland in die Diakonische Konferenz entsandtes Mitglied auch Sitz und Stimme im Diakonischen Rat hat,
3. Vorschläge zur Wahl des Präsidenten des Diakonischen Werkes der Zustimmung des Rates der Evangelischen Kirche in Deutschland bedürfen,
4. vor öffentlichen Erklärungen des Diakonischen Werkes zu den das Werk berührenden grundsätzlichen Fragen das Benehmen mit dem Rat der Evangelischen Kirche in Deutschland hergestellt werden soll,
5. der jährliche Wirtschaftsplan des Diakonischen Werkes vor seiner Verabschiedung dem Rat der Evangelischen Kirche in Deutschland vorgelegt wird,
6. die Organe der Evangelischen Kirche in Deutschland über die Arbeit und die Planungen des Diakonischen Werkes umfassend unterrichtet werden und erbetene Auskünfte erhalten,
7. Satzungsänderungen der Zustimmung der Evangelischen Kirche in Deutschland bedürfen.

§ 2

(1) Die Satzung des Diakonischen Werkes der Evangelischen Kirche in Deutschland vom 6. 6. 1975 wird in dem in der Anlage wiedergegebenen Wortlaut bestätigt.

(2) Bei Satzungsänderungen erteilt der Rat der Evangelischen Kirche in Deutschland die erforderliche Zustimmung. Der Rat der Evangelischen Kirche in Deutschland soll die Zustimmungserklärung erst abgeben, wenn er dazu von der Synode ermächtigt ist. Satzungsänderungen sind im Amtsblatt der Evangelischen Kirche in Deutschland zu veröffentlichen.

§ 3

(1) Das Hilfswerk der Evangelischen Kirche in Deutschland wird aufgelöst.

(2) Das Vermögen des Hilfswerks ist dem Diakonischen Werk zur Weiterverwendung für diakonische Aufgaben zuzuführen.

§ 4

(1) Zuwendungen, die dem Diakonischen Werk nach Maßgabe des Haushaltsplanes der Evangelischen Kirche in Deutschland gewährt werden, können durch das Haushaltsgesetz auf die Gliedkirchen umgelegt werden.

(2) Die Prüfungsbehörde der Evangelischen Kirche in Deutschland prüft die Wirtschafts- und Kassenführung des Diakonischen Werkes.

§ 5

Der Dienst im Diakonischen Werk gilt als kirchlicher Dienst im Sinne des Dienstrechts der Evangelischen Kirche in Deutschland.

§ 6

(1) Dieses Kirchengesetz tritt am 1. Januar 1976 in Kraft."

Die entsprechenden Regelungen in der Satzung des DW (Wahl von Mitgliedern in die Diakonische Konferenz und in den Diakonischen Rat, Zustimmungsvorbehalt der Synode u. ä.) basieren auf dieser Rechtsgrundlage insbesondere auch der § 17:

„Das Werk hat dem Rat der EKD und auf Anforderung der Kirchenkonferenz auch ihr über die Arbeit des Werkes zu berichten und die erbetenen Auskünfte zu geben. Außerdem erstattet es der Synode der EKD zu jeder ordentlichen Tagung einen Bericht über den Stand der diakonischen Arbeit.

Vor der Übernahme neuer Arbeitsbereiche ist die Zustimmung des Rates der EKD einzuholen.

An den Planungen des Werkes, die zu erheblichen finanziellen Mehrbelastungen der EKD führen können, ist der Rat der EKD rechtzeitig zu beteiligen.

Bestehen Meinungsverschiedenheiten zwischen der Evangelischen Kirche in Deutschland und dem Werk über den Umfang der dem Werk übertragenen Aufgaben, so entscheidet der Rechtshof der Evangelischen Kirche in Deutschland. Das gleiche gilt für sonstige Rechtsstreitigkeiten zwischen der Evangelischen Kirche in Deutschland und dem Werk nach Maßgabe der kirchengesetzlichen Bestimmungen über den Rechtshof."

Mit dieser Zusammenführung von institutionalisierter Diakonie und verfaßter Kirche ist rechtlich jener Schritt vollzogen worden, den Wichern bereits 125 Jahre vorher als unabdingbar für die Diakonie gehalten hatte. Dieser rechtlichen Regelung war ein langer geistlicher, geistiger, politischer und organisatorischer Entwicklungsprozeß vorausgegangen. Neben seiner Gestaltungs- und Entscheidungsfreiheit als eingetragener Verein und als Spitzenverband der freien Wohlfahrtspflege ist das DW damit in vielerlei Weise an Entscheidungen der gewählten Körperschaften der EKD und ihrer Institutionen gebunden bzw. auf eine enge Kooperation mit ihnen angewiesen (s. hierzu auch H. Seifert, Das Diakonische Werk der EKD als kirchliches Werk und als Spitzenverband der freien Wohlfahrtspflege in: Das Recht im Dienst einer diakonischen Kirche, S. 103).

5. *Internationale Zusammenschlüsse*

In seinen verschiedenen Aufgabengebieten ist das DW international tätig und in entsprechende Arbeitsvorhaben eingebunden. Das gilt in besonderer Weise für die Aktion „Brot für die Welt" (s. unter Nr. 7).

Es ist Mitglied des Internationalen Verbandes für Innere Mission und Diakonie:

„Im September 1923 wurde in Wittenberg der ‚Kontinentale Verband für Innere Mission und Diakonie' durch Annahme der Satzung ins Leben gerufen, die Erzbischof Söderblom ein Jahr zuvor mit den Direktoren des ‚Central-Ausschusses für IM der Deutschen ev. Kirche', Steinweg und Füllkrug, auf der ‚Kontinentalen Konferenz für IM und Diakonie' in München entworfen hatte. Damit wurden Gedanken verwirklicht, die schon lange vor dem Kriege lebendig waren im ‚Weltbund für Freundschaftsarbeit der Kirchen', im ‚Central-Ausschuß für IM', in der christlich-sozialen Bewegung. Hilfsaktionen, die durch die Kriegsnöte ausgelöst wurden, hatten die notwendige Fühlungnahme unterstrichen. Der Kontinentale Verband (seit 1927: Internationaler Verband) sollte nach seiner Satzung zwischen den Organisationen der Diakonie und IM eine beständige Beziehung herstellen, die gegenseitige Kenntnis in den Ländern fördern, bei internationalen Tagungen auf dem Gebiet der Wohlfahrtspflege und Liebestätigkeit die ev. Diakonie und IM vertreten, bei besonderen Notständen ein gemeinsames Vorgehen in die Wege leiten.

Mitglieder des Internationalen Verbandes sind diakonische oder missionarische Verbände und Vereinigungen aus west- und osteuropäischen Ländern. Zentrale Veranstaltung ist die alle zwei Jahre stattfindende Konferenz.

Weiterhin werden Verbindungen zu anderen ökumenischen oder europäischen Arbeitsgemeinschaften gepflegt, so zu ‚Diakonia', dem Weltbund von Schwesternschaften und Verbänden der Diakonie, zur Arbeitsgemeinschaft Europäischer Stadtmissionen, zur Europäischen Diakonenkonferenz und zu vielen anderen" (G. Bosinski in: Evangelisches Soziallexikon, 7. Auflage 1980, Spalte 628).

6. Geschichte

a) Der Aufbruch – Johann Hinrich Wichern

„Ich habe mit frischem und fröhlichem Mute diese Versammlung in Wittenberg begrüßt und eine große Hoffnung für unser Volk und Vaterland an sie geknüpft. Es steht in Gottes Hand, ob sie erfüllt werden soll. Es tut eines not, daß die evangelische Kirche in ihrer Gesamtheit anerkenne: ‚Die Arbeit der Inneren Mission ist mein!', daß sie ein großes Siegel auf die Summe dieser Arbeit setze: die Liebe gehört mir wie der Glaube. Die rettende Liebe muß ihr das große Werkzeug, womit sie die Tatsache des Glaubens erweist, werden. Diese Liebe muß in der Kirche als die helle Gottesfackel flammen, die kund macht, daß Christus eine Gestalt in seinem Volk gewonnen hat. Wie der ganze Christus im lebendigen Gotteswort sich offenbart, so muß er auch in den Gottestaten sich predigen, und die höchste, reinste, kirchlichste dieser Taten ist die rettende Liebe" (Zit. nach Th. Schober, Reform von Kirche und Gesellschaft, S. 7).

Das sind die Kernsätze jener Stegreifrede des 40jährigen Kandidaten der Theologie Johann Hinrich Wichern (1808–1881), die zur Geburtsstunde des

„Centralausschusses für die Innere Mission der Deutschen Evangelischen Kirche“ wurden (Kirchentag in Wittenberg am 22. 9. 1848). – Daß der zündende Funke dieser temperamentvollen Rede so schnell und wirkungsvoll übersprang, lag nicht nur am Redner: Die Zeit war reif für eine solche „Sternstunde“. – Die sozialen und politischen Spannungen trieben einer Entscheidung zu. Die Evangelischen Landeskirchen waren organisatorisch und politisch weitgehend in den Staat und seine Institutionen integriert. Innerlich waren sie durch den Rationalismus weithin „geist-los“ geworden. Die negativen Seiten einer ausgeprägten Individualethik verstellten zudem noch den Blick für soziale Fragen. Am Rande jener erstarrten Strukturen – vielfach sogar im Gegensatz zu ihnen – kam es in der ersten Hälfte des 19. Jahrhunderts zu Erweckungsbewegungen in verschiedenen Gebieten Deutschlands. Dabei ist auch das pietistische Erbe aus dem Beginn des 18. Jahrhunderts neu erwacht. In einzelnen Kirchen wuchsen im Stillen auch Kräfte, die auf eine kirchliche Erneuerung drängten. Aber auch die positiven Ansätze der Aufklärung wirkten in den geistigen, sozialen und politischen Verhältnissen jener Zeit.

So entstanden, weitgehend angeregt und bewirkt von Einzelpersönlichkeiten, Mutterhäuser für Diakonissen, Brüderhäuser für Diakone, Rettungsanstalten für verwahrloste Jugendliche, Einrichtungen für gefährdete Frauen und Mädchen, Aktionen zur Verbesserung der Situation Geisteskranker und Anstöße zur Änderung des Strafvollzugs. Es waren dies alles Versuche, christliche Nächstenliebe unter den Bedingungen jener Zeit zu verwirklichen. Jedoch blieb dies alles weitgehend bei Einzelmaßnahmen. Vor allem war kaum bewußt, daß es sich dabei um Lebensäußerungen der Kirche als Ganzes handle. Dies war jedoch eines der Grundanliegen von Wichern, die er nicht nur in der Rede auf dem Kirchentag in Wittenberg formulierte – er wiederholte sie immer wieder. Jedoch zeichneten sich schon in dieser „Gründerzeit“ evangelischer Diakonie im 19. Jahrhundert unterschiedliche strukturelle Ansätze ab, die sich durch ihre ganze weitere Geschichte hindurchzogen: Während führende Männer der Erweckung die Diakonie in Gemeinde und Kirche zu verankern versuchten, gründeten die Kräfte der Erweckungsbewegungen anderswo „freie Assoziationen“ – nicht zuletzt auch deshalb, weil sie in der Kirche jener Zeit gar keinen anderen Ansatz sahen.

Wicherns Vorstellungen von der Inneren Mission als einer Funktion der Kirche waren nicht am Schreibtisch entstanden: Er brachte reiche eigene Erfahrungen aus Hamburg mit. Durch die Sonntagsschularbeit hatte er das trostlose Elend der ärmeren Volksschichten kennengelernt. 1833 hatte er das „Raue Haus“ als Rettungsanstalt für verwahrloste Jugendliche gegründet, bei der das Familienprinzip (weitgehend in Einzelhäusern) angewendet wurde. Aufgrund seiner Hamburger Erlebnisse – die er u. a. in einem umfangreichen Manuskript über „Hamburgs wahres und geheimes Volksleben“ festgehalten hat – war er zur der Auffassung gekommen, daß soziale und wirtschaftliche Maßnahmen allein nicht ausreichen. Er war fest überzeugt, daß ein Neuanfang auch einer geistigen und geistlichen Grundlage im christlichen Glauben bedürfe. Deshalb gehörten für ihn soziale Reformen und Volksmission aufs engste zusammen.

„Es gelang Wichern, was Fliedner nicht gegeben war, eine Gesamtschau der ganzen inneren und äußeren Situation seiner Zeit aus einem Guß hinzustellen. Er wies aber auch ein Programm vor, das ausbaufähig blieb und noch heute in seinem entscheidenden Grundgedanken von einer überraschenden Aktualität ist“ (E. Beyreuther, Geschichte der Diakonie und Inneren Mission in der Neuzeit, S. 88).

In den ersten „Statuten“ wurden der Zweck und die Aufgaben des neugegründeten Centralausschusses festgelegt:

„§ 1 Die innere Mission hat zu ihrem Zweck die Rettung des evangelischen Volkes aus seiner geistigen und leiblichen Not durch die Verkündigung des Evangeliums und die brüderliche Handreichung der christlichen Liebe.

Außer ihrer Aufgabe liegt es, Ungetaufte zu bekehren oder Glieder anderer christlicher Religionsparteien herüberzuziehen. Sie umfaßt nur diejenigen Lebensgebiete, welche die geordneten Ämter der evangelischen Kirche mit ihrer Wirksamkeit ausreichend zu bedienen nicht imstande sind, so daß sie diesen in die Hände arbeitet und in demselben Maße ihre Aufgabe für gelöst ansieht, als die Wirksamkeit des kirchlichen Amtes sich erweitert.

§ 3 Die Aufgabe des Centralausschusses besteht:

1. in Förderung der bereits vorhandenen Anstalten der inneren Mission, indem er ihnen Rat und Hilfe gewährt und seine Vermittlung anbietet zur Herstellung einer organischen Verbindung unter ihnen;
2. in Anregung zur Gründung neuer Anstalten der inneren Mission;
3. in selbständigen Unternehmungen, und zwar vorzugsweise solchen, die sich auf das gesamte Arbeitsfeld der deutschen inneren Mission beziehen, z. B. die Sorge für die in Deutschland selbst wandernde Bevölkerung, als Handwerksgesellen, Wegearbeiter und dergleichen; für die im Ausland zerstreute, ab- und zufließende Bevölkerung (Diaspora) und die Auswanderer nach transatlantischen Regionen; ferner die Herausgabe und Verbreitung von Schriften, die Gründung von Bildungsanstalten für Arbeiter der inneren Mission oder von Alumnaten in bereits vorhandenen Anstalten dieser Art usw.“ (Zit. nach Krimm II, S. 255).

b) Widerstände und Stagnation

Wichern und seine Freunde haben durch unzählige Vorträge und lange Reisen quer durch ganz Deutschland für ihr kirchliches und soziales Anliegen geworben. Überall wurden sie begeistert aufgenommen. Aber auch der Widerstand meldete sich, so etwa in der Person W. Löhes.

Löhe gab, wie mancher Kritiker Wicherns, seinen Widerstand auf. Auch die Kirchenbehörden haben sich für die Sache der Inneren Mission eingesetzt und die Gemeinden zur Mitarbeit aufgefordert. So bildeten sich überall Landes- oder Provinzialvereine der Inneren Mission. Trotz allem bekam Wichern zu spüren, wie langsam die Wandlung der Kirche aus einer obrigkeitlichen Anstalt in eine brüderliche Gemeinschaft vor sich ging, zumal die Regenten überall in Deutschland am Summepiskopat festhielten.

In der weiteren Entwicklung waren für die IM die Angriffe aus dem liberalistischen Bürgertum und (seit den 60er Jahren) auch aus der Arbeiterbewegung ebenso schwer wie die innerkirchlichen Widerstände. Weiter hat sich auch die Tatsache, daß die demokratischen Errungenschaftn der Revolution von 1848 allmählich wieder abgebaut wurden, auf das Verhältnis zur staatlichen Obrigkeit nachteilig ausgewirkt. Schließlich haben die Sozialistengesetze Bismarcks die „soziale Frage" immer mehr ins Abseits gebracht und diskrimiert. Das satte Bürgertum konnte andererseits für Wicherns Volksmission und die damit verbundene Rückbesinnung auf die wirklichen Grundlagen christlichen Lebens immer weniger gewonnen werden.

Trotz einer allmählichen Erstarrung hat der Centralausschuß immer wieder aktuelle geistige und gesellschaftliche Probleme aufgegriffen. Dabei trat der Begründer von Bethel, Friedrich von Bodelschwingh, als Sozialpolitiker immer stärker hervor. Kinderarbeit, Sonntagsruhe und vor allem die Frage nach menschenwürdigen Wohnungen für Arbeiterfamilien waren ständige Themen des Centralausschusses in der Zeit bis zur Jahrhundertwende.

E. Beyreuther beurteilt die Entwicklung bis zum Ersten Weltkrieg so:

„An der (notwendigen) Tatkraft und verbissenen Energie fehlte es dem Centralausschuß. Er wollte nach allen Seiten anregend wirken, aber nicht dafür mit unerschrockener Zähigkeit kämpfen und eventuell leiden. Er war zuletzt nicht unabhängig genug und wie die Staatskirche zu sehr an den Staatswagen angehängt.

Hier enthüllte sich die eigentliche Tragik der ganzen Bemühungen des Centralausschusses und der Inneren Mission bis zum Zusammenbruch des deutschen Kaiserreiches 1918. Man nahm warmherzig und umsichtig zu den brennenden Fragen der Zeit Stellung und wich ihnen durchaus nicht aus. Doch nachdem man sie geklärt und entsprechende Richtlinien erlassen hatte, ließ man die Zügel, die man eben herzhaft angefaßt hatte, wieder schleifen" (E. Beyreuther, Geschichte der Inneren Mission, S. 132 und 133).

Trotzdem wurden neue Aufgaben und Probleme angefaßt: Hilfen für Flußschiffer, Auswanderer, Wanderarbeiter, Nichtseßhafte, Alkoholiker wurden organisiert und geleistet. In insgesamt 37 Fachverbände waren die verschiedenen Aufgabengebiete gegliedert, die sich inzwischen entfaltet hatten.

Zwei evangelische Theologen, die mit Wichern eng in Verbindung standen, haben am Ende des vorigen Jahrhunderts nochmals versucht, die Grenzen kirchlicher und staatlicher Sozialpolitik aufzubrechen und neue Perspektiven zu eröffnen:

Adolf Stöcker, ab 1874 Hofprediger in Berlin und Mitarbeiter und Leiter der Berliner Stadtmission sowie
Friedrich Naumann, ab 1890 Vereinsgeistlicher der Inneren Mission in Frankfurt am Main.

„Friedrich Naumann (1860–1919) ist in seinem Werdegang beispielhaft für christliche Auseinandersetzung mit der sozialen und politischen Welt um die Jahrhundertwende. Aus konservativ-lutherischem Pfarrhaus in Sachsen, Theologiestudent in Leipzig und Erlangen, in der studentischen Bewegung der Bismarckzeit früh in politische Fragen gestellt, begegnet er Adolf Stöcker. Vor dem Pfarramt mehrere Jahre Oberhelfer im Rauen Haus (Wichern). Durch die Innere Mission zur Sozialreform geführt, erkennt er: ‚Die Liebe im größten Stil ist und bleibt das barmherzige Staatsgesetz'; er sieht die Innere Mission unter dem Gesichtspunkt sozialer Neugestaltung; christlicher Dienst, der nur den Opfern der sozialen Entwicklung nachgeht, aber diese Entwicklung selbst nicht zu wandeln versucht, ist zu wenig. Der Versuch eigener Parteibildung scheitert.

Naumann schließt sich dem ‚linken' Liberalismus an, in dem er Raum zur Vertretung seiner Ideen findet und mit dem er in der Bejahung der Entwicklung Deutschlands zum Industriestaat und in der Bejahung des Menschen in den neuen Wirtschaftsgewalten einig ist. Kurz nach Abschluß des Weimarer Verfassungswerkes und soeben zum Vorsitzenden der Deutschen Demokratischen Partei gewählt und zur Einschaltung in staatliche Führungsaufgaben bestimmt, stirbt er" (Evangelisches Soziallexikon, Spalte 948).

Adolf Stöcker (1835–1909) hatte bei seinen Predigten und Vorträgen nicht nur in Berlin einen ungeheuren Zulauf. Seine Reden und Aktionen haben ihn und seine Absichten jedoch immer wieder ins Zwielicht gebracht. „So hat er seine großen Ziele, die politische Rückgewinnung der sozialdemokratischen Arbeiter für die Monarchie, die Evangelisierung des ganzen Volkes in allen Ständen und den Aufbau der Kirche als sozialaktiver Volkskirche nicht erreichen können. Sein Kampf gegen die ‚Kinder der Aufklärung' Liberalismus, Atheismus, Materialismus, Demokratismus und Sozialismus war am Ende ein hoffnungsloser Kampf gegen neuzeitliche säkulare Emanzipation. Seine Antithesen Glaube oder Unglaube, christlicher Staat oder Auflösung von Ordnung und Ethos, haben keine Brücken zum Dialog mit anderen weltanschaulichen und politischen Wertentscheidungen schlagen können" (Evangelisches Soziallexikon, Spalte 1286).

Bereits 1885 zwang ihn Kaiser Wilhelm I., auf jede öffentliche politische Tätigkeit zu verzichten. 1896 wurde er schließlich aus dem Amt des Hofpredigers entlassen. Bezeichnend für die Umstände ist dabei ein Telegramm, das Wilhelm II. am 28. 2. 1896 an Geheimrat Hinzpeter in Bielefeld gerichtet hat: „Stöcker hat geendigt, wie ich es vor Jahren vorausgesagt habe. Politische Pastoren sind ein Unding. Wer Christ ist, der ist auch sozial; christlich-sozial ist Unsinn und führt zur Selbstüberhebung und Unduldsamkeit, beides dem Christentum schnurstracks zuwiderlaufend. Die Herren Pastoren sollen sich um die Seelen ihrer Gemeinden kümmern, die Nächstenliebe pflegen, aber die Politik aus dem Spiele lassen, dieweil sie das gar nichts angeht" (Zit. nach Krimm II, S. 471).

Dieses Dokument macht mehr als viele grundsätzlichen Erörterungen deutlich, wie schwierig der Weg aus dieser Abhängigkeit in eine Demokratie sein mußte, den die Evangelische Kirche und die Innere Mission nach 1919 gehen konnte und wie wenig sie durch ihre jüngere Geschichte auf die spätere Auseinandersetzung mit einem totalitären Staat vorbereitet sein konnte.

c) Der Weg in einen sozialen Rechtsstaat

Nach dem Ende des Krieges und der Revolution im Jahr 1919 war die Ausgangslage für die Innere Mission günstiger als für die Kirche, da erstere durch ihr vielfältiges Vereinsleben bereits vorher rechtlich selbständig und an eigenen Initiative gewöhnt war.

„Der neue Staat verstand sich selbst als Sozial- und Wohlfahrtsstaat und gründete ein eigenes neues Wohlfahrtsministerium. Aus grundsätzlichen politischen Überlegungen heraus war er zuerst dazu geneigt, die ganze Sozialarbeit an sich zu ziehen und die freie Wohlfahrtspflege empfindlich einzuschränken. Zur Behebung sozialer Notstände enthielt der Reichshaushalt in manchen Rechnungsjahren erstaunlich hohe Summen.

Es ergab sich eine durchwegs gute Partnerschaft zwischen Anstaltsdiakonie und öffentlicher Fürsorge.

Es kam dann im Weimarer Staat zu einer Zusammenarbeit zwischen staatlicher und freier Wohlfahrtspflege. Die Folgen der Hungerblockade, die sich in den Nachkriegsjahren erst richtig zeigten, die bürgerkriegsähnlichen Zustände, die in manchen Teilen der Republik überwunden werden mußten, die sinnlos harten Bedingungen des Friedensvertrages zu Versailles, der Verlust der Sparguthaben in der Inflation, die ersten Anzeichen einer kommenden schweren Arbeitslosigkeit ließen es dem Staat angeraten sein, jede nur mögliche Mitarbeit und Verteilung der Lasten auf viele Schultern zu begrüßen.

Im Rheinland und in Berlin begann man zuerst mit der Bildung von evangelischen Wohlfahrtsämtern. Es kam zur Bildung von evangelischen Landes- und Provinzialwohlfahrtsdiensten. Diese evangelischen Jugend- und Wohlfahrtsdienste, die sich wesentlich auf die größeren Städte konzentrierten, leisteten eine sehr sorgfältige und ausgedehnte Fürsorge.

Innere Mission und verfaßte Kirche fanden zueinander, enger als je zuvor. Der Zusammenschluß aller evangelischen Landeskirchen im Deutsch-Evangelischen Kirchenbund im Jahr 1922 erfüllte ein wichtiges Ziel im Programm Wicherns. Der Central-Ausschuß setzte sich als beglaubigte Vertretung der gesamten Inneren Mission der in dem Kirchenbund zusammengeschlossenen Landeskirchen durch. Seine Leistungen wurden einhellig anerkannt, so daß er auf seinen Arbeitsgebieten die Kirche dem Staat, den freien Wohlfahrtsverbänden, der katholischen Caritas, überhaupt der Öffentlichkeit gegenüber zu vertreten hatte“ (E. Beyreuther, Geschichte der Inneren Mission, S. 190 ff.).

d) 1933–1945 – Der Kampf ums Leben und ums Überleben

Die Ausgangslage für die Innere Mission bei der Machtübernahme durch die Nationalsozialisten im Jahr 1933 läßt sich folgendermaßen skizzieren: 14 Jahre hatten Innere Mission und Evangelische Kirche Zeit, um sich auf die neugewonnene Eigenständigkeit und auf die Partnerschaft mit dem Staat einzustellen. Das Reichsjugendwohlfahrtsgesetz und die Fürsorgerechtsregelungen waren dabei entscheidende Wegzeichen. Diese Entwicklung wurde jedoch nicht nur durch die Inflation Anfang der 20er Jahre gestört, sondern vor allem durch die zunehmenden wirtschaftlichen Schwierigkeiten ab 1929 immer mehr belastet. Dazu kamen schließlich noch die Folgen aus dem Zusammenbruch einer Wohnbaugesellschaft und den mit ihr verbundenen Finanzierungsgesellschaften und Genossenschaften. Der Centralausschuß wurde in den Gerichtsverfahren für schuldlos erklärt. Da die Wohnbaugesellschaft jedoch auf Initiative des Centralausschusses entstanden war, wurden er und die Kirche in die damit verbundene öffentliche Diskussion hineingezogen.

So stand der Centralausschuß in dieser so dramatischen politischen Entwicklung unter äußeren und inneren Spannungen, als er durch die Nationalsozialisten herausgefordert und bedrängt wurde.

Für die Schilderung der nächsten 12 Jahre kann u. a. ein Bericht verwendet werden, den der damalige Präsident des Centralausschusses C. Frick nach dem Zusammenbruch verfaßt hat. Die Anfangszeit beschreibt er so:

„Es hat lange gedauert, bis wir einwandfrei aus Hitlers Worten und Handlungen feststellen konnten, daß Hitler bewußt antichristlich und antireligiös eingestellt und von vornherein der Anschauung war, daß seine Weltanschauung dem Christentum überlegen, Christentum und Kirche völlig verdrängt haben würde, und daß er sein Ziel in nicht allzuferner Zeit erreicht haben würde, wenn es ihm gelungen wäre, die Jugend radikal zu entchristlichen. Da er sich in der ersten Zeit bis zur Erreichung seiner großen wirtschaftlichen Ziele die Hände möglichst von den mit konfessionellen Kämpfen immer verbundenen Schwierigkeiten freihalten wollte, tarnte er seine gegen Kirche und Christentum ablehnende Haltung nicht selten auch durch gelegentliche freundliche Worte und Handlungen gegenüber den christlichen Konfessionen, hielt seine Mitarbeiter, die genau über seine christliche Stellung Bescheid wußten, von christentums- und kirchenfeindlichen Äußerungen und Handlungen zurück, ja, nahm auch keinen Anstand, durch tatsächliches oder vorgetäuschtes Einschreiten gegen allzu eifrige Gegner von Christentum und Kirche den Anschein zu erwecken, als wünsche er Ruhe und Ordnung auf kirchlichem Gebiet. Seine Mahnung an die Kirche, sich auf Wortverkündigung und Seelsorge im Raum der Kirche zu beschränken, und auf alles in den weltlichen Raum Hineinreichende zu verzichten, mußte den Anschein erwecken, als läge es ihm wirklich daran, der Kirche ihr Heiligtum zu bewahren. Nehmen wir dazu, daß in den Anfangszeiten nach der Machtübernahme SA und SS offiziell Kirchgang hielten, dann war es durchaus verständlich, daß nicht nur oberflächliche Menschen, sondern auch ernste, für ihr Volk und seine Zukunft besorgte Christen der Hoffnung sein konnten, daß mit Adolf Hitler der von Gott gesandte Retter des Volkes erschienen sei. Auch die Bewegung der Deutschen Christen ist nur so verständlich, wenn wir von den oberflächlichen Naturen absehen, die sich aus kirchenfremden oder kirchenfeindlichen Beweggründen ihr angeschlossen hatten.

Die Erkenntnis über den wahren Sachverhalt nahm nur langsam zu. Und zwar in demselben Maß, wie die Menschen mit den Auswirkungen der wahren Anschauung Hitlers in Berührung kamen durch seine Anhänger. Man kann sagen, daß die Berührungen in engstem Kreis der ländlichen oder Kleinstadt-Gemeinden intensiver und offenkundiger waren als in den Großstädten und in Berlin. Und daß das Benehmen der Parteifunktionäre, je höher sie standen, um so verdeckter und vorsichtiger war, von wenigen Ausnahmen, etwa den Gauleitern von Sachsen, Mecklenburg und Weser-Ems, abgesehen."

Die weitere Entwicklung hat jedoch sehr schnell gezeigt, daß Entscheidungen von größter Tragweite im großen wie im kleinen notwendig sein würden. Für den Centralausschuß stellten sich dabei vor allem folgende Aufgaben:

„Die erste Aufgabe des Centralausschusses blieb unter den völlig veränderten Umständen die, den Dienst der Liebe in Christi Sinn und Geist in und an unserem Deutschen Volk, koste es was es wolle, durchzuführen. Die alten bewährten Bahnen so lange wie möglich zu benutzen, neue Mittel und Wege ausfindig zu machen und alte und neue Mitarbeiter für den Dienst zu gewinnen.

Die zweite Aufgabe war die, den volksmissionarischen Charakter unseres Dienstes mit Wort und Tat zu erhalten und zu vertiefen.

Die dritte Aufgabe war die, die für die Innere Mission geschaffenen Verbände, Vereine und Anstalten und Einrichtungen und ihren Besitzstand nach jeder Richtung hin zu verteidigen und ihrer ursprünglichen Bestimmung zu erhalten.

Unsere vierte Aufgabe bestand in dem Eintreten für die durch Partei und Staat gefährdeten Mitarbeiter und Mitarbeiterinnen, Pastoren, Diakone und Diakonissen, vor allem wenn sie ihres Dienstes entsetzt, an Leib und Leben gefährdet waren.

Als fünfte Aufgabe ergab sich die Sorge für die Mittelbeschaffung für alle Dienstzweige vom Centralausschuß und seinen Abteilungen, für die Landes-, Provinzial- und Fachverbände wie auch für die kleinste Anstalt und Einrichtung.

Und endlich als sechste und wichtigste Aufgabe der Kampf gegen alle Versuche, die Verkündigung des Wortes zu verhindern und den Glauben an den Gekreuzigten und Auferstandenen vor allem auch in der Jugend radikal auszurotten, der Kampf gegen die satanischen Mächte, deren Gewalt sich immer mehr offenbarte" (C. Frick).

Es zeigte sich bald, daß die Verbände und Organisationen im kirchlichen Raum, die kirchenrechtlich nicht eindeutig ein Teil der verfaßten Kirche waren, in ihrer Arbeit und in ihrem Bestand am meisten gefährdet waren. Deshalb schlossen sie sich 1934 zusammen zur Arbeitsgemeinschaft der missionarischen und diakonischen Werke in der Deutschen Evangelischen Kirche: „Unser Auftrag gilt aber auch weiterhin unterschiedslos allen. In selbständiger Verantwortung für die Erfüllung dieses Auftrages wollen wir allen, die sich unseren Dienst gefallen lassen, helfen, das lebendige Wort der Schrift zu hören und nicht vom Bekenntnis der Väter zu weichen.

Aus dieser Grundhaltung ergeben sich folgende Richtlinien:

1. Die unterzeichneten Verbände und Einzelpersonen schließen sich zusammen zur ‚Arbeitsgemeinschaft der missionarischen und diakonischen Werke in der Deutschen Evangelischen Kirche'.
2. Zweck der Arbeitsgemeinschaft ist die Wahrung der lebensnotwendigen Grundlage und der ebenso lebensnotwendigen Freiheit der zu ihr gehörenden Verbände und Werke. Die Arbeitsgemeinschaft soll die zur Erfüllung ihres Zweckes notwendigen Maßnahmen treffen.
3. Die Leitung der Arbeitsgemeinschaft wird zunächst einem aus drei Mitgliedern bestehenden Bruderrat übertragen. Es sind dieses die Brüder: P. v. Bodelschwingh, Missionsdirektor D. Knak und P. Graf von Lüttichau.
4. Der Bruderrat wird vor Entscheidungen hinsichtlich der Stellung der Arbeitsgemeinschaft innerhalb der Deutschen Evang. Kirche – wenn möglich – die Mitglieder der Arbeitsgemeinschaft hören.

In die inneren Verhältnisse und in die Selbständigkeit der Werke und Verbände greift die Arbeitsgemeinschaft nicht ein" (G. Schröder in: Die Innere Mission 1934, S. 266 ff.).

Als ein weiterer Schritt in dieser Richtung ist ein Beschluß des „Reichskirchenausschusses" (der zwischen den verschiedenen Gruppen und Kräften der Evangelischen Kirche vermitteln wollte) vom 18. 4. 1936 anzusehen:

„In ihrer durch Reichsgesetz bestätigten Verfassung vom 11. Juli 1933 erklärt die Deusche Evangelische Kirche, daß sie die freie kirchliche Arbeit von gesamtkirchlicher Bedeutung, insbesondere auf dem Gebiete der Inneren und Äußeren Mission unter ihre fördernde Obhut nimmt. Demgemäß wird vom Reichskirchenausschuß erklärt: der Centralausschuß für Innere Mission und seine Gliederungen sind die Innere Mission der Deutschen Evangelischen Kirche. Diese Mission steht in engster Verbindung mit der Leitung der Deutschen Evangelischen Kirche. Sie ist beauftragt, die kirchlichen Interessen auf ihren Arbeitsgebieten wahrzunehmen" (Zit. nach Krimm III, S. 126).

Diese zaghaften Versuche reichten vor allem für die kleineren und mittleren Träger nicht aus, um die ständigen Angriffe und Übergriffe des nationalsozialistischen Staates abzuwehren. Deshalb haben einzelne Landeskirchen, z. B. Bayern, formell bzw. durch entsprechende Kirchengesetze erklärt, daß die Innere Mission ein Teil der verfassungsrechtlich geschützten Kirche sei. Große Träger und Einrichtungen, wie z. B. Bethel, konnten die Eingriffe gegen ihre Einrichtungen und Bewohner teilweise abwehren.

Als erstes begann gleich nach der Machtübernahme der Kampf um die Kindergärten und Horte sowie die Ausbildungsstätten für pädagogische Mitarbeiter. Mit verschiedenen Mitteln, z. T. auch mit „Kompensationsgeschäften", versuchte die NSV die evangelischen Kindergärten unter ihren Einfluß bzw. in ihre Hand zu bekommen. „Die immer wieder angebahnten Verhandlungen verliefen für die NSV ergebnislos. Zwei Umstände waren aber für uns (noch) besonders günstig, einmal die Tatsache, die uns auch bei anderen zentralen Verhandlungen sehr half, daß wir als Centralausschuß gar keine Verfügungsgewalt über die uns angeschlossenen Verbände, Vereine, Anstalten und Einrichtungen hatten und sodann der glückliche Umstand, daß in den süddeutschen Kirchen die Kindergartensache so eng mit den Kirchen und Gemeinden verbunden war, daß jeder Eingriff in die Substanz der Kindergärten als vitaler Eingriff in die Lebensrechte der Kirchen und Gemeinden angesehen wurde. Die süddeutschen Gauleiter merkten sehr bald, da sie ebenso wie ein großer Teil der Parteifunktionäre die konfessionellen Kindergärten sehr schätzen gelernt hatten, daß Angriffe gegen die Kindergärten höchst bedenkliche Beunruhigungen der Gaue und der Kreise im Gefolge haben würden und zeigten darum wenig Neigung, für die NSV, die sie sowieso nicht so erheblich schätzten, die Kastanien aus dem Feuer zu holen.

Der Kampf zu Gunsten der gefährdeten Kindergärten war in den norddeutschen Bezirken sehr viel schwieriger und meist auch ergebnislos für uns, weil dort die Zahl der evangelischen Kindergärten sehr gering war" (C. Frick).

Bald begann auch der Kampf um die Mitarbeiter. Dabei wurde zunächst (vor allem durch die NSV) versucht, einzelne Berufsgruppen oder Gemeinschaften (wie Mutterhäuser) in die nationalsozialistischen Organisationen einzubeziehen und sie damit gleichzuschalten. Insgesamt kann festgestellt werden, daß dies nicht erreicht werden konnte, obwohl es in einzelnen Gemeinschaften zu heftigen Auseinandersetzungen kam. Vielfach wurde auch durch Familienangehörige, die der Partei oder der SS angehörten, auf die Mitglieder dieser Gemeinschaften erheblicher Druck ausgeübt. Gleichzeitig konnte gemeinsam mit dem Deutschen Caritas-Verband erreicht werden, daß die Arbeitsfelder der Gemeindeschwestern, auch als sie unter die Oberherrschaft der NSV kamen, wenn auch unter vielen Anfeindungen und Angriffen, weitergeführt werden konnten.

Zu einem Kampf auf Leben und Tod – für die Betroffenen und für die Verantwortlichen – wurde die Anordnung des Führers zur „Vernichtung lebensunwerten Lebens". Sobald sich die Vermutungen bestätigten, daß die „verlegten" Behinderten und psychisch Kranken mit den grauen Omnibussen eine Fahrt in den Tod antreten mußten, formierte sich der Widerstand: Paul Braune, Leiter der Hoffnungsthaler Anstalten bei Berlin, verfaßte 1940 ein umfangreiches und ungeschminktes Memorandum, das er persönlich in die Reichskanzlei brachte. Obwohl er gewarnt und verwarnt wurde, vertrat er seinen Standpunkt offen und unbeugsam. Dies brachte ihn in Gestapohaft. Pastor Friedrich von Bodelschwingh kämpfte mit grenzenlosem persönlichem Einsatz für die Kranken, Behinderten in Bethel. Auch als der verantwortliche Leibarzt des Führers, Dr. Brand, wegen der Angelegenheit persönlich nach Bethel kam, hat von Bodelschwingh mit ihm stundenlang um das Leben der ihm anvertrauten Menschen gerungen – und gewonnen. Bei seinen Auseinandersetzungen suchte er jedoch nicht den Weg in die Öffentlichkeit.

In der gleichen Zeit haben viele Leiter, Schwestern und Pfleger in Heimen der Inneren Mission mit allen Mitteln versucht, so viele wie nur möglich zu retten. In vielen Fällen war jedoch ihr ganz persönlicher Einsatz vergebens.

Die Auseinandersetzungen mit den Nationalsozialisten waren auf Reichsebene für den Centralausschuß wesentlich dadurch erschwert, daß er gezwungen wurde, parteitreue Mitglieder in seine Gremien aufzunehmen. Schließlich wurde auch die Vermutung immer stärker, daß sich in seiner Mitte ein Spitzel der Gestapo befand. Nur die Konzentration aller Kräfte auf den Krieg und die Rivalitäten unter den verschiedenen Partei- und Regierungsstellen haben die Innere Mission davor bewahrt, daß der begonnene Kampf mit allen Konsequenzen bis zum bitteren Ende geführt werden mußte.

e) Neuaufbau nach 1945 – Innere Mission und Evangelisches Hilfswerk

Während alle übrigen Spitzenverbände der freien Wohlfahrtspflege nach dem Zusammenbruch 1945 entweder an die abgebrochene Entwicklung vor 1933 anknüpfen oder ihren geretteten Restbestand neu sichern und gestalten konnten, begann für die Diakonie in der Evangelischen Kirche Deutschlands noch einmal ein neuer Abschnitt.

„Im August 1945 wurde das Hilfswerk der Evangelischen Kirche in Deutschland auf der Kirchenkonferenz in Treysa als ein Organ der Kirche gegründet. Das von der Synode der EKD am 5. 4. 1951 in Hamburg verabschiedete Gesetz hat ihm eine neue Basis gegeben. Danach ist das Hilfswerk eine Einrichtung der Kirche in der Erfüllung ihres diakonischen Auftrages. Es dient dem kirchlichen Wiederaufbau sowie der Linderung und Behebung der Notstände der Zeit. Am Hilfswerk sind alle evangelischen Landeskirchen (28) und alle evangelischen Freikirchen (9) Deutschlands beteiligt.

Das Hilfswerk hat sich von Anfang an einer doppelten Aufgabe gewidmet: der Mobilisierung der Hilfstätigkeit in den deutschen Landeskirchen und Gemeinden sowie der Vertretung der Evangelischen Kirche Deutschlands bei den großen Hilfsorganisationen des Auslandes. Die Verbindung von Selbsthilfe und Auslandshilfe ist so das Prinzip seiner Arbeit geworden. Das Hilfswerk wurde der deutsche Zweig der bereits während des Krieges vorbereiteten und später im Weltrat der Kirchen in Genf zusammengefaßten Hilfsorganisationen der Evangelischen Kirchen der Welt. Als Mittler zu diesen kirchlichen und den weltlichen Hilfsorganisationen des Auslandes hat das Hilfswerk die Spenden entgegenzunehmen, in Deutschland zu verteilen und Vorschläge für die weitere Hilfstätigkeit zu bearbeiten. Seine Aufgaben werden in einer zweckmäßigen Organisationsform geleistet, bei der die Hilfswerke der Landeskirchen in ihrer Arbeit selbständig sind und dem sogenannten Gesamtwerk mit dem Zentralbüro in Stuttgart, dem Zentralbüro Ost in Berlin, der Außenstelle Hamburg und der Transportleitstelle in Bremen die zentral zu bearbeitenden Aufgaben übertragen wurden.

Die dringendsten Aufgaben der Nothilfe haben zunächst im Vordergrund der Hilfswerkarbeit gestanden“ (Selbstdarstellung 1952).

Die Diakonie der Evangelischen Kirche entwickelte sich beim Wiederaufbau einerseits in der weitgehend auf vereinsrechtlicher Basis organisierten Inneren Mission, und andererseits in dem von der Kirche unmittelbar verantworteten Hilfswerk. Teilweise entstanden hier Konkurrenzen, meist jedoch ergänzten sich die beiden und arbeiteten partnerschaftlich zusammen. In den Landeskirchen, in denen in den Leitungsfunktionen Querverbindungen oder Personalunion bestanden, war die spätere organisatorische Zusammenführung nur die Bestätigung der tatsächlichen Situation.

Im Jahr 1951 hat die Synode der Evangelischen Kirche in Deutschland in Hamburg einen Diakonischen Beirat gebildet, der u. a. die Vereinigung der beiden Werke vorbereiten sollte. „Die Synode der Evangelischen Kirche in Deutschland, die vom 3. bis 8. 3. 1957 in Berlin-Spandau tagte, hat einmütig das ‚Kirchengesetz über den Zusammenschluß von Innerer Mission und Hilfswerk der Evangelischen Kirche in Deutschland vom 8. 3. 1957' beschlossen, das am 1. 4. 1957 in Kraft getreten ist. Es ist ein weiter Weg gewesen, der von 1951 an, als von der Synode in Hamburg der ‚Diakonische Beirat' gebildet wurde, zu diesem Ziel geführt hat. Auf ihm sind die grundsätzlichen und organisatorischen Fragen des Zusammenschlusses durchdacht, untersucht und beantwortet worden" (Jahresbericht des Hilfswerks der EKD 1956/57, S. 69).

Nach einer fast 20jährigen Übergangsphase waren der Centralausschuß und das Hilfswerk am 23. 10. 1976 endgültig in dem Diakonischen Werk der Evangelischen Kirche in Deutschland vereinigt. Über 100 Jahre hatte ihre Initiatoren die Frage beschäftigt, in welcher Weise die verfaßte Kirche für die instituionalisierte Diakonie verantwortlich ist und wieviel Freiheit und Unabhängigkeit diese andererseits von den festgefügten Ordnungen kirchlicher Institutionen braucht, um ihren Auftrag in der Gesellschaft zu erfüllen. Die neue Satzung berücksichtigt diese beiden Gesichtspunkte.

Welche Bedeutung und Eigenverantwortung die Bundesrepublik Deutschland dem Diakonischen Werk beimißt, hat der damalige Bundespräsident Walter Scheel bei der Festveranstaltung anläßlich des Zusammenschlusses in Stuttgart zum Ausdruck gebracht: „Diakonie ist der Welt zugewandte Arbeit der christlichen Kirchen. Ich wünsche dem Diakonischen Werk, daß es im Geiste christlicher Nächstenliebe und in Verantwortung für die Gemeinschaft unseres Volkes heute und morgen die Aufgaben erfüllt, die es sich selbst gestellt hat" (Diakonie 77, S. 237).

Aufgrund des politischen Drucks und um die ohnehin sehr begrenzten Arbeitsmöglichkeiten nicht noch mehr zu gefährden, wurde das Diakonische Werk – Innere Mission und Hilfswerk – der evangelischen Kirchen in der Deutschen Demokratischen Republik 1969 verselbständigt. Um die Diakonie stärker gegen Eingriffe des Staates zu schützen, wurden deren Träger in die Organisation der verfaßten Kirche integriert (seit 1990 erhalten die Träger wieder ihre organisatorische Selbständigkeit, in der Regel als eingetragene Vereine).

Auf vielerlei Weise wurde aber (wie auch in der verfaßten evangelischen Kirche) die „besondere Gemeinschaft" zwischen den beiden Teilen des Gesamtwerkes weiter gepflegt und gefördert. Im Oktober 1990 erfolgte der Grundsatzbeschluß über die Zusammenführung der beiden Teile. Im März 1991 wurden die sieben kirchlichen Diakonischen Werke in den neuen Bundesländern formell in das Diakonische Werk der EKD aufgenommen (s. dazu u. a. Karl Heinz Neukamm und Ernst Petzold in: Diakonie 90).

7. Spezielle Dienste und Einrichtungen

a) Diakonische Akademie

Die Diakonische Akademie ist die zentrale Fortbildungsstätte des Diakonischen Werkes der Evangelischen Kirche in Deutschland. Sie bietet leitenden Mitarbeitern, Fortbildern, Praxisberatern (Supervisoren) und Spezialisten des Diakonischen Werkes, der freien und öffentlichen Jugend- und Sozialhilfe in verschiedenen Fach- und Arbeitsbereichen Fort- und Weiterbildungsprogramme lang-, mittel- und kurzfristiger Art an.

Die Diakonische Akademie will Mitarbeitern helfen, ihre Arbeit im sozialen Bezugsfeld sachgerecht und dem Evangelium gemäß zu gestalten. Ihre Ziele sind deshalb:

1. Förderung der Qualifikation von Mitarbeitern für den Umgang mit Klienten durch Fortbildung.
2. Ermutigung der Mitarbeiter durch Hilfen zur Klärung persönlicher Probleme, beruflicher und gesellschaftlicher Rollen.
3. Förderung von Einrichtungen, regionalen und fachlichen Organisationen, insbesondere des Diakonischen Werkes, bei ihrem Bemühen, sich weiterzuentwickeln und ihre Organisations- und Arbeitsweisen aufeinander abzustimmen.

Diese Ziele werden angestrebt durch Befähigung zu problembewußter und zielgerichteter Arbeit, zur Entwicklung und Verwirklichung von Konzeptionen, zu phantasievollerem Eingehen auf die Bedürfnisse der Klienten, zu persönlicher und fachlicher Auseinandersetzung mit Fragen des beruflichen Alltags, zur Veränderung des eigenen Verhaltens, zu schöpferischem Handeln, zu besserer Planung und Abstimmung in den verschiedenen Arbeitsbereichen, zur Durchführung besserer Ausbildungen“ (Evangelisches Soziallexikon, Spalte 248/49).

b) Brot für die Welt

„Brot für die Welt (BfdW) ist eine Aktion der evangelischen Landes- und Freikirchen in Deutschland. Die Geschäftsführung für die Bundesrepublik und Berlin (West) liegt beim Diakonischen Werk der EKD. Die Aktion bittet die evangelischen Gemeinden und darüber hinaus die Öffentlichkeit jährlich um Spenden, die für Entwicklungsprojekte zur Linderung der Not in der Dritten Welt und zur Behebung ihrer Ursachen verwandt werden. Außerdem führt sie informations- und bewußtseinsbildende Arbeit durch, um die Probleme der Menschen in Asien, Afrika und Lateinamerika darzustellen und um in unserem

Lande solche Verhaltensmuster zu ändern, die mit dazu beitragen, daß den Ärmsten der Armen in der Dritten Welt ein Leben in Menschenwürde vorenthalten bleibt. BfdW will als eine Aktion der ökumenischen Diakonie ein Zeugnis von Christus und Gottes Liebe ablegen. Träger der Aktion BfdW ist die ,Diakonische Arbeitsgemeinschaft evangelischer Kirchen', die sich 1959 bildete. Zu dieser Arbeitsgemeinschaft gehören heute: alle evangelischen Landeskirchen, der Bund Evangelisch-Freikirchlicher Gemeinden, der Bund Freier evangelischer Gemeinden, die Heilsarmee, die Europäisch-Festländische Brüder-Unität, die Selbständige Evangelisch-Lutherische Kirche, das Katholische Bistum der Alt-Katholiken, die Evangelisch-methodistische Kirche und Vereinigung der Deutschen Mennonitengemeinden.

Über die Vergabe der Spendenmittel von BfdW und über die Kriterien, nach denen dies geschieht, entscheidet der von der Diakonischen Konferenz im Einvernehmen mit dem Rat der EKD und mit den Leitungen der Freikirchen benannte ,Ausschuß für Ökumenische Diakonie – zugleich Verteilungsausschuß BfdW'.

BfdW unterhält in Übersee keine eigenen Entwicklungsprojekte, sondern unterstützt solche von eigenständigen Partnern, vorwiegend von Kirchen, kirchlichen Gruppen, aber auch von nicht-christlichen Organisationen.

Die Kriterien für die Mittelvergabe von BfdW orientieren sich an dem Ziel einer ganzheitlichen menschlichen Entwicklung, die ,Hilfe zur Selbsthilfe' für die Ärmsten der Armen bedeutet. Es werden daher Hilfsmaßnahmen gefördert, die der sozialen Gerechtigkeit, der Eigenständigkeit und dem wirtschaftlichen Wachstum dienen. Dabei soll an die Eigeninitiativen der Zielgruppe (,Empfänger') angeknüpft, diese gefördert und ein Höchstmaß des am Ort verfügbaren materiellen und personellen Potentials eingesetzt werden. Vorrangig werden solche Entwicklungsprojekte unterstützt, die im ländlichen Raum und in besonders gefährdeten Ballungsräumen (Slums der Großstädte) durchgeführt werden. Neben der Katastrophenhilfe fördert BfdW Wirtschafts- und Sozialmaßnahmen, Berufsausbildung, Genossenschaften, Gesundheitsfürsorge, Vermittlung deutscher und Ausbildung überseeischer Fachkräfte" (Evangelisches Soziallexikon, Spalte 197). BfdW arbeitet eng mit „Misereor" zusammen.

c) Evangelisches Siedlungswerk in Deutschland e. V. (ESW)

„Im ESW sind die diakonischen Maßnahmen der evangelischen Kirchen in der Bundesrepublik und in Westberlin auf dem Gebiet des Wohnungs- und Siedlungswesens zusammengefaßt. Seine Träger sind im wesentlichen kircheneigene Wohnungs- und Siedlungsunternehmen sowie Einzelpersönlichkeiten des kirchlichen Lebens. 1952 mit dem Ziel gegründet, an der Beseitigung der Wohnungsnot mitzuarbeiten und die verschiedenen kircheneigenen Siedlungsunternehmen zusammenzufassen, hat sich das ESW im besonderen der Förderung der Eigentumsbildung für sozial schwächere Bevölkerungsschichten und ihrer Versorgung mit angemessenem Wohnraum zugewandt. Das ESW fördert alle Bestrebungen, kinderreiche Familien zu unterstützen und einer vernünftigen Raumordnung zu dienen. Das ESW tritt nicht selber als Wohnungsbauträger auf. Die Siedlungsarbeit im ESW wird von sieben rechtlich selbständigen Siedlungsträgern durchgeführt:

1. Dem ESW in Bayern, Gemeinnützige Bau- und Siedlungsgesellschaft in Bayern m. b. H., Nürnberg.
2. Gemeinnützige Siedlungsgesellschaft für Wohnungs- und Städtebau m. b. H., Frankfurt/M.
3. Gemeinnützige Siedlungsgesellschaft m. b. H. des Ev. Siedlungswerks in Deutschland und der Leonberger Bausparkasse (GSG) Stuttgart.
4. Hilfswerk-Siedlung Berlin.
5. Wichern-Baugesellschaft Hamburg.
6. ASG-Antoniter Siedlungsgesellschaft m. b. H., Köln.
7. Gemeindliche Bau- und Verwaltungsgesellschaft m. b. H, Frankfurt/M.

75 % dieser Wohnungen sind Eigenheime, Kleinsiedlungen und Eigentumswohnungen, die in das Eigentum der einzelnen Familien übergegangen sind. Die evangelischen Landeskirchen in der Bundesrepublik und Westberlin haben durch wesentliche Kapitalbeteiligungen bei den Siedlungsträgern, durch besonders günstige Darlehen und durch die Bereitstellung von kircheneigenem Bauland das kirchliche Wohn- und Siedlungswesen gefördert. Seit 1977 verbindet das ESW eine Arbeitsgemeinschaft mit dem Katholischen Siedlungsdienst (AEK)“ (Evangelisches Soziallexikon, Spalte 1136/37).

d) Verlagswerk der Diakonie GmbH

Zu Beginn des Jahres 1981 wurde durch den Diakonischen Rat der EKD die Gründung eines eigenen Verlagswerkes beschlossen, mit dem die verschiedenen publizistischen Aktivitäten gebündelt werden sollen. „In der Rechtsform einer GmbH errichtet, ist das Verlagswerk der Diakonie mit Sitz in Stuttgart seit Sommer 1981 unternehmerisch tätig. Zu seinen Aufgaben gehört die Produktion publizistischer Materialien kirchlichen, diakonischen, missionarischen, ökumenischen und sozialen Inhalts, die diakoniespezifische Fachberatung der Gesellschafter und der Organe des Diakonischen Werkes der EKD in Medienfragen, die planerische Zuarbeit zu medienpolitischen Entscheidungen sowie die Ausführung verlegerischer, publizistischer und werblicher Maßnahmen im Sinne des satzungsmäßigen Antrags des Diakonischen Werkes der EKD e. V. Alleiniger Gesellschafter des Verlagswerks der Diakonie ist das Diakonische Werk der EKD, das mit diesem jüngsten Unternehmen unter seinem Dach im literarischen Bereich auch Brücken in die Ökumene schlägt. Damit wird eine Tradition fortgeführt, zu der nach dem Zusammenbruch im Jahre 1945 und der Folgezeit das Evangelische Hilfswerk und die Innere Mission den Grund gelegt haben“ (Selbstdarstellung).

8. Regelmäßige zentrale Veröffentlichungen

„Diakonie (Theorien. Impulse. Erfahrungen), Zeitschrift des Diakonischen Werkes der Evangelischen Kirche in Deutschland und des Internationalen Ver-

bandes für Innere Mission und Diakonie (erscheint zweimonatlich)
„diakonie report", Informationen aus dem Diakonischen Werk der Evangelischen Kirche in Deutschland
„danken und dienen", Arbeitshilfen für Verkündigung, Gemeindearbeit und Unterricht (erscheint jährlich)
Jahrbücher mit Schwerpunktthemen und Jahresbericht der Hauptgeschäftsstelle (erscheint jährlich oder im 2jährigen Abstand)
Broschüren für Aufgaben und Zielgruppen für die Praxis der Diakonie (Schriftenreihe).
Darüber hinaus werden von verschiedenen Fachorganisationen und für einzelne Aufgabengebiete besondere Zeitschriften und Publikationen herausgegeben.

VI. Zentralwohlfahrtsstelle der Juden in Deutschland e. V., Hebelstr. 6, 6000 Frankfurt/Main 1

Im Jahr 1987 ist eine Selbstdarstellung der Zentralwohlfahrtsstelle der Juden in Deutschland erschienen. Die folgende Darstellung ist eine kurze, auszugsweise Wiedergabe (Seitenzahlen sind in Klammern angegeben):

1. Von der Armenhilfe zur Fürsorge

Armenhilfe – eine „Mizwa"

Jüdische Sozialarbeit hat ihre Wurzeln in der jahrtausendealten Sozialethik des Judentums. Schon im ersten Stadium seiner Geschichte galt das Gebot: „Wenn ein Armer in deiner Mitte ist, so verhärte nicht dein Herz und verschließe nicht deine Hand vor deinem armen Bruder. Geben sollst du ihm wiederholt und dein Herz sei nicht böse, wenn du ihm gibst" (Deut. 15.7 ff.). Solche ethischen Handlungsanweisungen sind in religiösen Gesetzen verankert, also nicht ins Belieben des einzelnen gestellt. Dazu gehören die Gesetze über die Nachlese (Pea) auf den Feldern, über die Brotabgabe (Challa), die Zehntabgabe von Vieh und Getreide (Ma'asser und Teruma), über den Schuldenerlaß im siebten Jahre (Schemitta) und noch viele andere Vorschriften, die alle der Verarmung größerer Bevölkerungsteile entgegenwirken.

So erklärt es sich, daß es im alten Palästina nie einen eigentlichen Bettlerstand gab. Auch Sklavenausbeutung nach antikem Muster gab es nicht. Nach dem Untergang des jüdischen Staates verstanden es die Weisen des Talmuds, diese religiösen Gebote den veränderten Zeitverhältnissen anzupassen. Sehr modern klingen die Lehren des Rabbi Aschi, wonach jeder Bedürftige Anspruch auf Unterstützung hat, auch der nichtjüdische. Man solle mit freundlicher Miene und willigem Herzen geben, damit der Arme nicht beschämt werde und verwende von seinem Hab und Gut stets den besseren Teil für wohltätige Zwecke. Rabbi Akiba pflegte Almosen auszuteilen, in dem er sich selbst als Armer verkleidete und das Geld in einem Tuch, mitten unter den Armen, unbemerkt fallen ließ. So konnte er vermeiden, daß der Empfänger der Hilfe sich seiner Bedürftigkeit schämte. Die Befolgung sozialethischer Vorschriften war eine „Mizwa“. Dieses hebräische Wort für Gebot geht über den deutschen Begriff hinaus. Indem man einem Armen hilft, tut man nicht nur ihm etwas Gutes, sondern auch sich selbst. Hier ist frühzeitig erkannt worden, daß Helfen in psychologischer Hinsicht auch der Hebung des eigenen Selbstgefühls dient.

Lange bevor es Fürsorgevereine und Hilfsorganisationen gab, entstanden in den jüdischen Ghettos des Mittelalters auf der Grundlage dieser sozialreligiösen Einstellung sogenannten „Chewrot”, religiös inspirierte Gruppen, die sich selbstlos und ohne Aufhebens der Liebestätigkeit von Mensch zu Mensch widmeten. Neben der Betreuung im ursprünglichen Sinn dieses Wortes war in den Augen dieser Chewrot der Besuch des Sterbenden und seine würdige Bestattung eine „Mizwa“ (19).

Emanzipation und Armenhilfe

Die Neuzeit brach für die Juden in Deutschland erst im 19. Jahrhundert an. Die Parolen der französischen Revolution: Freiheit, Gleichheit und Brüderlichkeit, erhielten für die Juden in Frankreich schon 1791 Gesetzeskraft. Deutschland, das in zahlreiche Kleinstaaten und Fürstentümer aufgespalten war, schirmte sich gegenüber den Ideen der Französischen Revolution ab. Hier fielen die Mauern des jüdischen Ghettos erst nach jahrzehntelanger Verzögerung. Mit der Reichsgründung 1871 war die gesetzliche Emanzipation der Juden auch in Deutschland nicht mehr aufzuhalten. Ihre Entfaltung fiel mit dem Durchbruch freiheitlicher und humanistischer Ideen zusammen. Liberal denkende Künstler waren die ersten, die gesellschaftliche Kontakte mit Juden pflegten. Die Berliner Salons, Treffpunkte aufgeschlossener Persönlichkeiten der jüdischen und nichtjüdischen Intelligenz, kündeten den Anbruch neuer Umgangsformen mit den bislang gemiedenen Juden an.

Die Aufhebung der Diskriminierung eröffnete auch einen neuen Abschnitt in der Geschichte der jüdischen Armenpflege in Deutschland. Mit der rechtlich verbürgten Zulassung zu allen wirtschaftlichen Tätigkeiten wurde eine soziale Dynamik in Gang gesetzt. Die stürmische Industrialisierung begünstigte den sozialen Aufstieg breiter Schichten in der jüdischen Gemeinschaft. Innerhalb weniger Jahrzehnte entwickelte sich ein jüdischer Mittelstand, der Handwerker, Gewerbetreibende und Angehörige freier Berufe umfaßte. Gleichzeitig bildeten aber all jene eine Unterschicht, die unter dem Schutz des Ghettos ihren sozialen Status gehabt hatten, sich aber in der neuen Umwelt einer Ellenbogengesellschaft nicht mehr zurechtfanden. Im letzten Drittel des 19. Jahrhunderts gehörte bereits die Mehrheit der deutschen Juden zum Mittelstand. 6,5 % Almosenempfänger blieben immerhin von der Hilfe ihrer Mitmenschen abhängig, zuzüglich Hausierer und Kleingewerbetreibende, deren Einkommen knapp über dem Existenzminimum lag. Die Verklammerung durch das Ghetto war gelöst. Eine kleine privilegierte Oberschicht entfernte sich materiell und ideell von den einstigen Ghettobewohnern, aber das Bewußtsein sozialer Verantwortung der reichen Juden gegenüber den „Zu-Kurz-Gekommenen“ blieb bestehen. Hier trat neben die traditionelle sozialreligiöse Motivation die Philantropie, die häufig von der Sorge bestimmt war, die Armut der jüdischen Unterschicht könnte als Makel der ganzen jüdischen Gemeinschaft angelastet werden.

Stiftungen und Vereine

Vor diesem Hintergrund entstanden mit philantropischer Hilfe Heime und Anstalten in allen größeren jüdischen Gemeinden Deutschlands. Zu den Armen-, Obdachlosen- und Waisenhäusern aus dem 18. Jahrhundert gesellten sich jetzt im 19. Jahrhundert Häuser der Gesundheits-, Alten- und Jugendfürsorge. Um 1890 entstanden die ersten Mütter- und Säuglingsheime. Nicht immer war – wie sich später herausstellen sollte – die Bautätigkeit bedarfsbezogen. Träger dieser Vielfalt von Einrichtungen waren private Stiftungen und Wohltätigkeitsvereinigungen.

Paul Goodman kommentiert diese neue Situation: „Da die alte jüdische Lebensweise manche neue Formen angenommen hat, mußte auch die jüdische Wohlfahrtspflege andere Bahnen einschlagen. . . . Die Entwurzelung des jüdischen Lebens durch die Massenemigration (aus Anlaß der Pogrome in Rußland), die Schwächung des religiösen Gefühls sowie des Familienlebens haben Zustände geschaffen, zu deren Bekämpfung unzählige Vereine und Anstalten ins Leben gerufen worden sind. Einst genügte das jüdische Lehrhaus den geistigen Anforderungen, aber auch da hat die Zeit vieles geändert, und die jüdische Liebestätigkeit hat sich alldem in hochherziger Weise durch die Gründung von Jugend- und Gesellschaftsvereinen, Klubs, Mädchenheimen, Lese- und Toynbeehallen, Fortbildungs- und Abendschulen angepaßt."

1909 wurde in einem Artikel von Bernhard Breslauer in der „Zeitschrift für Demographie und Statistik der Juden" die Vielfalt der Wohlfahrtspflege in nüchternen Zahlen dargestellt. 3010 Wohlfahrtsvereine existierten nach dem Stand von 1909 in 1014 Gemeinden in Deutschland. Nur 188 Gemeinden mit mehr als 20 Mitgliedern hatten keine Wohlfahrtsvereine. Als Kuriosum wird die Gemeinde Fellheim bei Augsburg aufgeführt, die bei 28 Mitgliedern 3 Wohltätigkeitsvereine unterhielt. Jakob Segall ergänzt diese Aufzählung für das Jahr 1917, das Gründungsjahr der ZWST.

Die jüdische Bevölkerung in Deutschland betrug damals ungefähr 615 000 Seelen und machte knapp ein Prozent der gesamten Reichsbevölkerung aus. Die Zahl ihrer Wohlfahrtseinrichtungen aber, der geschlossenen, halboffenen und offenen, stand in keinem Verhältnis zur Seelenschaft. Daß fast jede, auch die kleinste Gemeinde, eine „Heilige Bruderschaft" besaß, deren Aufgabe es war, Liebesdienst den Toten zu erweisen, Frauenvereine, Armenvereine, Durchwanderfürsorge, war jahrhundertealte Tradition. Jede Gemeinde stellte in ihrem Etat einen besonderen Betrag für Unterstützungsfälle ein. So weit die offene Wohlfahrtspflege.

Die geschlossene war außerordentlich reich gegliedert. Es gab im Jahre 1917 40 Anstalten der Jugendwohlfahrt, 38 Alters- und Siechenheime, 14 Einrichtungen für Kranke, 5 Anstalten für Blinde, Taubstumme und Geistesschwache, 20 Erholungsheime für Kinder und noch viele andere Institutionen, die Sonderzweige der Wohlfahrtspflege umfaßten. Nur ein Teil waren Einrichtungen der Gemeinden. Viele verdankten ihre Existenz besonderen Vereinen, die sich die Schaffung ganz bestimmter Anstalten zur Aufgabe gemacht hatten, und eine große Anzahl war das Werk einzelner großzügiger Spender, die durch Stiftungen die Erhaltung von Einrichtungen, insbesondere von Waisenheimen, für immer gesichert glaubten.

Paul Goodman erwähnt in der Beschreibung des Vereinswesens auch die jüdischen Frauenvereine: „Sie waren aus der früheren Reserve herausgetreten und befaßten sich mit allen ökonomischen, sozialen, wohltätigen und religiösen Problemen, die das Leben der Gegenwart an das weibliche Geschlecht stellt."

Als diese Zeilen 1913 geschrieben wurden, waren die ersten Schritte eingeleitet worden, um die Vielfalt privater Aktivitäten oder Gemeindeprogramme auf sozialem Gebiet in einem Verband zu bündeln. Eine der Vorkämpferinnen für diese Bündelung sozialer Aufgaben war Bertha Pappenheim. Jakob Segall, der erste Geschäftsführer der ZWST, berichtet darüber: „Den äußeren Anstoß zur Schaffung einer Wohlfahrtszentrale für das gesamte deutsche Judentum bildete der Weckruf von Bertha Pappenheim, der Führerin des Jüdischen Frauenbundes".

„Wehe dem, dessen Gewissen schläft", so lautete der Aufruf, der im Sommer 1917 in der jüdischen Presse erschien und dahin zielte, der Zersplitterung innerhalb der reich entwickelten jüdischen Wohlfahrtspflege in Deutschland ein Ende zu machen und alle Kräfte der Konzentration und der größtmöglichen Ausnutzung der vorhandenen Einrichtungen zuzuwenden (20–22).

Bertha Pappenheim (1859–1936)

Bertha Pappenheim wurde am 27. 2. 1859 in Wien geboren. Aus einem kultivierten wohlhabenden Elternhaus stammend, beschloß sie als junges Mädchen bereits dem „Höhere-Töchter"-Dasein zu entsagen. Mit 22 Jahren übersiedelte sie nach Frankfurt am Main. Hier engagierte sie sich in der Sozialarbeit, von der sie überzeugt war, daß sie ein entscheidender Hebel zur Gleichberechtigung von Frauen sein könne. Ihr ausgeprägter Sinn für soziale Gerechtigkeit motivierte sie, gerade auch für die Frauenemanzipation im jüdischen Bereich einzutreten, was ihr nicht nur Sympathien einbrachte. Während dieser frühen Jahre in Frankfurt organisierte sie einen jüdischen Kindergarten, einen Mädchenklub, sogenannte Flickschulen sowie einen Frauenverein „Weibliche Fürsorge". Auch im nichtjüdischen Bereich war sie aktiv. Sie gehörte dem Armenamt der Stadt als Mitglied an. Später arbeitete sie auch in anderen städtischen Sozialausschüssen mit. In einem Handbuch der Stadt Frankfurt von 1908 wurde sie als bekannte Armenpflegerin aufgeführt. 1904 gründete Bertha Pappenheim den Jüdischen Frauenbund in Deutschland, dessen Vorsitzende sie 20 Jahre lang blieb. In dieser Eigenschaft gab sie den Anstoß zur Gründung der ZWST. Der Frauenbund wurde der mitgliederstärkste Trägerverband der ZWST. In seiner besten Zeit zählte der Frauenbund 50 000 Mitglieder. Gemeinsam mit den engagierten Frauen des Jüdischen Frauenbundes schuf Bertha Pappenheim das Mädchenerziehungsheim in Neu Isenburg, dessen „Seele" sie bis an ihr Lebensende blieb.

Bertha Pappenheims Geschichte wäre unvollständig, ohne ihre Nachfolgerin in der Heimarbeit und im Frauenbund zu erwähnen, „ihre Tochter im Geiste", Hanna Karminski. Was Bertha Pappenheim erspart blieb, mußte ihre engste Freundin mitansehen: den Untergang des Heims und des Jüdischen Frauenbundes 1939. Hanna Karminski konnte zwar danach noch Menschen vor der Deportation retten. Sie selbst aber starb den Märtyrertod inmitten der ihr anvertrauten Zöglinge (23).

2. Professionalisierung der Jüdischen Wohlfahrtspflege

Fluchtbewegung aus dem Osten

Die Aufsplitterung sozialer Aktivitäten in den Gemeinde-, Vereins- und Stiftungszuständigkeiten und die Unüberschaubarkeit privater Mildtätigkeit entsprachen nicht mehr den Hilfeerfordernissen, die sich vor dem 1. Weltkrieg – und mehr noch danach – der jüdischen Gemeinschaft in Deutschland stellten. Zwar hatten die deutschen Juden in Wirtschaft und Gesellschaft ihren Platz gefunden, eine breite Mittelschicht war entstanden und die Gemeinden verfügten zum Teil über beträchtliche Hilfsfonds. Aber die unstabilen Lebensverhältnisse der Juden Osteuropas stellten eine ständige Herausforderung für die Jüdischen Gemeinden in Deutschland dar.

In Rußland hatte das Attentat auf den Zaren Alexander II. im Jahr 1881 eine Welle blutiger Pogrome ausgelöst, die Leib und Leben der Juden in Rußland bedrohte. Die Welle der Pogrome schwappte nach Südosteuropa über und ebbte selbst dann nicht ab, als das Zarenregime liberalere Züge annahm. Mit den notdürftigsten Habseligkeiten flohen die Juden in den Westen. Ihr Traumziel waren die Vereinigten Staaten von Amerika, die für sie ein Synonym für Freiheit und sozialen Aufstieg waren. Bis 1914 hatten 3,7 Mill. Juden ihr Heim in Ost- und Südosteuropa verlassen. Der überwiegenden Mehrheit gelang es, sich nach Amerika durchzuschlagen. Das Deutsche Reich sollte nur eine Durchgangsstation sein. Hier wurde auch von jüdischen Organisationen die Weiterwanderung in die Wege geleitet. Aber die Einwanderungsbedingungen der USA bis hin zu einschneidender Bremsung der Zuwanderer bewirkten, daß viele Juden aus dem Osten in Deutschland verblieben. Nach der Volkszählung von 1925 betrug die Zahl der sogenannten „Ostjuden" in Deutschland 107 000, ein Sechstel etwa der gesamten jüdischen Bevölkerung in Deutschland.

Der 1. Weltkrieg unterbrach die Zuwanderung aus dem Osten nur unwesentlich, zumal die deutschen Besatzungstruppen in Polen jüdische Zwangsarbeiter an die Rüstungsindustrie im Reich abkommandierten (25).

Berlin – ein Zentrum jüdischer Wohlfahrtspflege

Diese Wanderungsbewegung veränderte erheblich die Mitgliederstruktur der jüdischen Gemeinden hierzulande. Besonders betroffen war die Jüdische Gemeinde zu Berlin. In den 50 Jahren der Ost-Westwanderung waren in Berlin neue Zentren jüdischen Lebens entstanden. Das „Scheunenviertel" mit der legendären „Grenadierstraße" mitten in Berlin bot das Bild eines polnischen „Schtetl". Der Schlesische Bahnhof im Osten der Stadt, wo die meisten polnischen und russischen Juden mit dem ankamen, was sie am Leibe trugen, wurde ein Symbol für jüdische Massennot.

Da die Jüdische Gemeinde zu Berlin – ohnehin die größte Gemeinde in Deutschland – auch den größten Zuzug verzeichnete, lag es nahe, daß die ersten zentralen Hilfsmaßnahmen auch hier unternommen wurden. Das „Arbeiterfürsorgeamt", eine Mischung aus Arbeitsnachweis, Berufsberatung und Fürsorge für „Ostjuden", konstituierte sich 1920 in Berlin. „Das Arbeiterfürsorgeamt stellte einen neuen Typus der Wohlfahrtspflege dar, insofern als hier Vorbeugungsmaßnahmen unter aktiver Beteiligung der Betroffenen selbst in die Wege geleitet wurden."

Ebenfalls in Berlin residierte seit ihrer Gründung am 9. 9. 1917 die zentrale Koordinierungsstelle für jüdische Wohlfahrtspflege im ganzen Reichsgebiet: die „Zentralwohlfahrtsstelle der deutschen Juden" (ZWST).

Koordinierung der Vielfalt: Die ZWST

Zunächst war die ZWST nur ein „Dach" verschiedener jüdischer Organisationen, die bereits zuvor eine weitläufige soziale Tätigkeit entfaltet hatten: die „B'nei Brith-Loge", der „Deutsch-Israelitische-Gemeindebund", der „Jüdische Frauenbund", später die „Zentralstelle für jüdische Wanderarmenfürsorge" und die „Zionistische Organisation in Deutschland". Diese Mitgliedsorganisationen wachten über ihre Autonomie und hielten die Koordinierungsfunktionen des neuen zentralen Verbandes in engen Grenzen. Danach waren bis 1919 71 jüdische Gemeinden im Reichsgebiet, bis 1927 200 Gemeinden unmittelbare Mitglieder der ZWST. Andere Gemeinden wurden über ihre Landesorganisationen mittelbare Mitglieder. In über 70 Gemeinden existierten im Jahre 1927 örtliche Zentralen für jüdische Wohlfahrtspflege, denen die Koordinierung der gemeindlichen Sozialarbeit mit der der Vereine und Anstalten am Ort oblag. Die anfängliche Reserviertheit der Mitgliedsorganisationen veränderte sich Anfang der 20er Jahre, weniger dank ihrer tieferen Einsicht als vielmehr wegen der sich rapide verschlechternden wirtschaftlichen Lage. Die Geldentwertung, die Firmenzusammenbrüche und die angespannte Finanzsituation jüdischer Einrichtungen brachten es mit sich, daß der wirtschaftliche Nutzen eines Verbandes mit zentralisierter Finanzkraft nicht mehr bezweifelt werden konnte.

Internationale Hilfsorganisationen wie das „American Joint Distribution Commitee" (Joint) zogen es vor, mit einem zentralen Verband – und nicht mit lokalen Stellen – Hilfsmaßnahmen für die notleidende jüdische Bevölkerung in

Deutschland einzuleiten. Die Spenden, die die ZWST vom Joint in den Jahren 1922–24 erhielt, waren um so wirkungsvoller, als sie in Dollar gewährt wurden – in der deutschen Inflationszeit eine Hilfe von unschätzbarem Wert.

Zur gleichen Zeit hatte auch die Reichsregierung Geldmittel für die jüdischen Anstalten und Einrichtungen zur Verfügung gestellt und auch diese gingen an die ZWST mit entsprechenden Verteilungsauflagen.

In den ersten Nachkriegsjahren baute der Verband seine Organisation aus. Landes- und Provinzialverbände entstanden. 1922 gründete die ZWST im Bestreben, die eigenen Ressourcen zu mobilisieren, den Fonds „Jüdische Not", der zentrale Sammlungsaktionen bei privaten Sendern durchführte und monatlich das Aufkommen an Träger sozialer Einrichtungen in Berlin verteilte. Ähnliche Fonds zur Hilfe für notleidende Einrichtungen initiierte die ZWST auch in anderen Großstädten (27–28).

Traditionelle und moderne Sozialarbeit im Konflikt

Nach dem 1. Weltkrieg weitete sich die staatliche und kommunale Wohlfahrtspflege erheblich aus. Massenarbeitslosigkeit, Inflation und der Einfluß von Sozialreformen veränderten die Einstellung zur Armut. Während früher das Individuum selbst an seinem „Versagen" schuld war, wurde nun mit dem Ende der Monarchie die Gesellschaft für verantwortlich an der wirtschaftlichen Misere erklärt. Diese neue Orientierung führte zu einer Sozialgesetzgebung (1923), die allen Bedürftigen ein Recht auf öffentliche Hilfe einräumte. Damit schuf die Weimarer Republik die Grundlagen für einen Wohlfahrtsstaat – ein Konzept, das später von anderen Staaten übernommen wurde. Nach dem Gleichheitsgrundsatz der Weimarer Verfassung stand auch jüdischen Hilfsbedürftigen öffentliche Hilfe zu. Demzufolge konnten jüdische Hilfsorganisationen ihre finanzielle Unterstützung reduzieren und sich auf Hilfen beschränken, die von öffentlichen Stellen nicht wahrgenommen wurden.

An der theoretischen Erarbeitung und politischen Durchsetzung dieser Sozialreformen waren auch jüdische Wissenschaftler, Sozialpolitiker und Sozialarbeiter an prominenter Stelle beteiligt. Frieda Wunderlich, Alice Salomon, Siddi Wronsky, Friedrich Ollendorff und andere, also auch Mitarbeiter der jungen Zentralwohlfahrtsstelle, halfen, diese neuen Ideen zu formulieren und sie einer neuen Generation von Sozialarbeitern zu vermitteln.

Giora Lotan weist darauf hin, daß die Umorientierung der staatlichen Sozialpolitik auf die Förderung zentraler Spitzenverbände – so auch der ZWST – die Bedeutung privater Initiativen und Vereine minderte. Hinzu kam, daß die ehrenamtlichen Hilfen tendenziell von hauptamtlichen Helfern der ZWST übernommen wurden.

So überrascht es nicht, daß in vielen jüdischen Gemeinden die Reformideen auf Widerstand stießen. Nicht zu Unrecht wurde von ihnen die ZWST mit diesen Neuerungen in Verbindung gebracht. Hier fühlte sich die religiös fundierte Mildtätigkeit vieler Gemeinden herausgefordert. Die Gemeinden warfen den Neuerern Professionalisierung einer in Jahrtausenden eingeübten karitativen Zuwendung vor. Sie argumentierten weiterhin, daß der Bestand der jüdischen Gemeinschaft in der Diaspora nur den Religionsgesetzen und der Solidargemeinschaft von Arm und Reich im Rahmen der Religionsgemeinde zu verdanken sei. Bei diesen Auseinandersetzungen spielte auch der gemeindepolitische Aspekt hinein, daß Gemeindepolitik und Armenhilfe eine organisatorische Einheit darstellen und das eine das andere fördere. Dies müsse auch weiterhin so bleiben (28–30).

Disproportionen

Ein eindrucksvolles Bild bot am Ende der Weimarer Republik das Netzwerk sozialer Einrichtungen im jüdischen Sektor. Die folgende Tabelle wurde nach dem von der ZWST herausgegebenen „Führer durch die jüdische Wohlfahrtspflege“, 1932 erstellt.

Art der Einrichtung	Zahl	Bettenzahl
Altersheime	58	2489
Obdachlosenheime	3	95
Erwerbslosenunterkünfte	3	105
Allg. Krankenhäuser	8	1333
Krankenhäuser im Vbd mit Altenheim	6	439
Krankenhäuser für chronisch Kranke	7	283
Anstalten f. Blinde, Taubstumme und Geistesschwache	9	350
Sanatorien u. Rekonvalenszenzheime für Kinder	26	1600
für Erwachsene	26	1420
Tbc-Sanatorien	2	96
Kinder- und Jugendheime	36	1655
Erholungsheime	28	730

Als die Weltwirtschaftskrise mit dem Ruin unzähliger Existenzen hereinbrach, mußte sich erweisen, ob die zahlreichen sozialen Einrichtungen der Jüdischen Gemeinden in der Lage waren, den auftretenden Massennöten zu begegnen. G. Lotan verweist darauf, daß trotz imponierender Zahlen die institutionellen Hilfsangebote nicht den realen Nöten in den verschiedenen Schichten der jüdischen Bevölkerung entsprach. So gab es mehr Altersheime als Jugendheime und Einrichtungen für Lehrlinge und Berufsförderung. Gerade in einer Zeit der Jugendarbeitslosigkeit waren aber solche berufserzieherischen Einrichtungen viel stärker gefragt. Unter den aufgeführten Kinderheimen rangiert eine Anzahl Waisenhäuser, die zum Teil leerstanden. Das älteste war die Israelitische Waisenanstalt in Fürth, im Jahr 1763 erbaut. Die Zahl der Waisenkinder war jedoch allgemein zurückgegangen – nicht zuletzt dank medizinischer Fortschritte. Die ungenutzte Bettenkapazität konnte den wachsenden Bedarf an institutioneller Jugendfürsorge in der Krise nicht abdecken, weil diese Häuser zu alt waren, um konzeptionell und baulich modernisiert zu werden.

Bis 1933 konnte die ZWST ihren „Mittelbau" stabilisieren. Zu diesem Zeitpunkt hatte sie 6 Landesverbände und 13 Provinzialverbände, die die Kontakte zu den örtlichen Wohlfahrtsstellen wahrnahmen. 5 Fachverbände und 3 Facharbeitsgemeinschaften kooperierten mit der ZWST und konnten sie auf fachlichem Gebiet erheblich entlasten. Auch der Ausbau der halboffenen und offenen Fürsorge ging zügig voran (33–34).

„Heimatlos – Hilflos"

Die „Wanderfürsorge" war eine der immer dringlicher werdenden Aufgaben ambulanter Hilfe in den Krisenjahren. Obwohl die Zuwanderung der Juden aus dem Osten ab 1924 zurückging, waren – nach einem Aufruf von Max Kreuzberger – „Tausende jüdischer Menschen alljährlich auf der Wanderschaft von Stadt zu Stadt, von Land zu Land – heimlos, heimatlos, hilflos". Dieses Phänomen der Nichtseßhaftigkeit war in diesen Jahren der Arbeitslosigkeit, der Wohnungsnot und der politischen Instabilität natürlich nicht auf jüdische Menschen beschränkt.

Um dieser Herausforderung gerecht werden zu können, wurde 1930 eine weitere Zusammenfassung der sozialen Dienste vorgenommen. Die bislang für nichtseßhafte Juden tätige „Hauptstelle für Jüdische Wanderfürsorge und Arbeitsnachweise" trat in eine enge Arbeitsgemeinschaft mit der ZWST (35).

3. Jüdische Wohlfahrtspflege im Dritten Reich

Der Anfang vom Ende

Bereits innerhalb weniger Monate nach der sogenannten „Machtergreifung" waren ihre Auswirkungen auf das soziale und wirtschaftliche Leben der Juden verheerend. Tausende von Juden verloren ihre Existenz. Jüdische Beamte des Öffentlichen Dienstes wurden kraft Gesetzes ihrer Ämter enthoben, jüdische Geschäfte wurden zur Schließung gezwungen, jüdische Ärzte, Juristen und Künstler hatten angesichts der antisemitischen Massenhysterie kaum noch eine berufliche Chance. Hans Lamm verweist darauf, daß die Ausschaltung der Juden aus allen gesellschaftlichen Bereichen ein ungleichzeitiger Prozeß war. In ländlichen Gegenden und Kleinstädten ging er rascher voran als in Großstädten. Das Endergebnis war jedoch überall das gleiche.

Diese neue Lage schuf für die jüdische Wohlfahrtspflege neue Arbeitsfelder. Begüterte Juden verließen noch in diesen ersten Monaten das Dritte Reich – weniger aus wirtschaftlichen Gründen als aus Furcht für Leib und Leben. Da sie ihre Auswanderung selbst finanzierten, nahmen sie die jüdische Wohlfahrt nicht in Anspruch. Anders lag es bei den Tausenden, die durch die Wirtschaftskrise und Boykottmaßnahmen verarmt waren. Sie drängten ebenfalls zur Emigration. Ihnen war jedoch nicht allein damit zu helfen, daß sie aus Wohlfahrtsmitteln die Reisekosten für die Emigration erhielten. Wer keine eigenen Ersparnisse hatte, um im Ausland eine neue Existenz zu gründen, mußte irgend ein Handwerk oder andere Fertigkeiten erlernen, um in der Emigration seinen Lebensunterhalt verdienen zu können (38).

Soziale Hilfen unter der Diktatur

Die jüdische Winterhilfe war ein weiteres Stück Neuland für die ZWST. Lotan berichtet darüber: „Das ‚Winterhilfswerk des deutschen Volkes' verlangte von allen Steuerzahlern und Firmenbesitzern zusätzliche Abgaben je nach Höhe des Einkommens. Das so aufgebrachte Geld wurde an Bedürftige verteilt, um Winterkleidung und Heizmaterial für die Wintermonate sicherzustellen. In den ersten beiden Jahren waren die Juden ‚gleichgestellt' und zwar als Beitragszahler ebenso wie als Empfänger. Ab 1935 wurden jüdische Beitragszahler und Empfänger gleichermaßen aus dem Winterhilfswerk des deutschen Volkes ausgegliedert mit der Auflage, ein eigenes Winterhilfswerk ins Leben zu rufen. Diese Ausgrenzung wurde von den jüdischen Gemeinden –im Gegensatz zu anderen diskriminierenden Maßnahmen – begrüßt, da durch die Winterhilfe in eigener Regie ein höherer Anteil den Bedürftigen zugute kam.

Die neuen Aufgaben, wie die Berufsfürsorge, die Kinder- und Winterhilfe, konnten nur mit einem einsatzfähigen Apparat bewältigt werden. Es ist eine List der Geschichte, daß eben die durch das Berufsbeamtengesetz amtsenthobenen Sozialexperten jüdischen Glaubens aus dem Öffentlichen Dienst in die Dienste der ZWST aufgenommen werden konnten, wo sie dringend benötigt wurden. Mit diesem qualifizierten Apparat konnte eine weitere organisatorische Straffung des Verbands vorgenommen werden.

1933 wurde die „Zentralstelle für jüdische Wirtschaftshilfe" geschaffen. Diese Stelle war für alle wirtschaftlichen Hilfsaktionen im jüdischen Bereich – mit der Ausnahme der Auswanderungshilfe – federführend. Im gleichen Jahr wurde der „Zentralausschuß für Hilfe und Aufbau" ins Leben gerufen. Mit finanzieller Unterstützung des „American Joint" und aller jüdischen Organisationen in Deutschland entwickelte sich der „Zentralausschuß" rasch zum finanziellen Stützpfeiler aller sozialen Aktivitäten eines in der Auflösung befindlichen deutschen Judentums.

Unter dem Druck des Nazi-Regimes war die Zentralisierung jüdischer Organisationen eine unumgängliche Notwendigkeit. Im Herbst 1933 entstand eine zentrale politische Repräsentanz: die „Reichsvertretung der deutschen Juden", die bis zu ihrer Auflösung durch die Nazis im Jahre 1939 die einzige Stelle im Reich war, die die Belange der Juden gegenüber der Reichsregierung – schlecht und recht – vertreten konnte. Im Interesse einer Stärkung dieser Repräsentanz wurde 1934 die Zentralwohlfahrtsstelle zusammen mit allen ihr verbundenen Ausschüssen für Jugendpflege, -hilfe, Berufsumschichtung, Wirtschaftshilfe, Wanderfürsorge usw. der Rechtsvertretung angeschlossen.

Auch die Auswanderungsorganisationen, der „Hilfsverein der deutschen Juden" und das „Palästina-Amt", die bislang unabhängig voneinander und gelegentlich auch gegeneinander operierten, vereinigten sich unter diesem gemeinsamen Dach. So konnte der „Zentralausschuß für Hilfe und Aufbau" feststellen, daß sich „zum erstenmal die geeinte Kraft des deutschen Judentums, durch Sonderinteressen ungehemmt, zu praktischer Arbeit zusammengefunden hat" (39–40).

4. Die Jahre der Improvisation

Der Neubeginn

Als die Waffen schwiegen und Deutschland in Trümmern lag, glaubte keiner der überlebenden Juden, daß es in Deutschland jemals wieder eine jüdische Gemeinschaft geben würde. Aber erst einmal mußten sie das gerettete Leben erhalten, und einige verstanden darunter nicht nur das eigene Leben. Wer von ihnen noch Lebenswillen und Tatkraft besaß, begab sich ans Werk und fragte nicht nach langfristigen Perspektiven. „Schon wenige Stunden oder Tage nach dem Verschwinden der Gestapoverbrecher inmitten der noch rauchenden Bombentrümmer" – so schildert Harry Goldstein, einer der Neubegründer der Jüdischen Gemeinde Hamburg, die Situation – begann eine Handvoll Unverzagter die alt-neue Gemeinde wieder aufzubauen. „Alle diese Männer beseelte ein Wille. Sie wollten in dem Chaos retten, was noch zu retten war und helfen, wo zu helfen war. . . . aber sie begnügten sich nicht damit, denn die Probleme häuften sich von Tag zu Tag: die Rückführung der Überlebenden aus dem KZ Theresienstadt, die Unterbringung der Alten und Kranken, Hilfe für die Untergetauchten, für die Flüchtlinge, die aus den Ländern des Ostens kamen, Einrichtungen von Krankenhäusern, Altenhäusern, Öffnung der verschlossen gewesenen und verwahrlosten oder gar zerstörten Friedhöfe, Hilfe und Beratung für alle Juden, die mittel- und ratlos vor ihren zertrümmerten Wohnstätten und Existenzen standen. . . ."

So wie hier geschildert, schlossen sich 1945 in fast allen größeren Städten Deutschlands „die Männer der ersten Stunde" – wie sie später heißen sollten – zusammen, um zu retten, was zu retten war. Alles stand im Zeichen des Provisorischen. Die Linderung akuter Nöte konnte nicht aufgeschoben werden, bis man sehen würde, ob Juden hier noch leben können. So entstanden spontan und unabhängig voneinander neue Keimzellen eines jüdischen Lebens in Deutschland.

Die Gründer gehörten weitgehend der deutsch-jüdischen Restgruppe an, die der „Endlösung" entgehen konnten. Die Zahl der deutschen Juden unmittelbar nach der Befreiung wird auf 15 000 geschätzt (44).

„Displaced Persons" (DP's)

Die deutschen Juden waren jedoch nur eine kleine Minderheit der in Deutschland lebenden Juden. Mehreren Zahlenangaben zufolge betrug die Zahl der gesamten jüdischen Bevölkerung in den Jahren 1945–1946 180 000–200 000. Hiervon waren über 90 % sogenannte Displaced Persons, die im Krieg aus ihrer

Heimat in Osteuropa verschleppt worden waren und die dahin nicht mehr zurückkehren konnten oder wollten. Deutschland war für sie alles andere als eine neue Heimat. Dieses Land war ihnen verhaßt. Es waren Menschen, die jahrelanger Verfolgung und Terror ausgesetzt und deren Angehörige zumeist in den Gaskammern umgekommen waren. Im Nachkriegsdeutschland war das Verhältnis zur deutschen Bevölkerung belastet, und sie fühlten sich als Fremde.

Die DP's gründeten unmittelbar nach der Befreiung Komitees in den drei Besatzungszonen. Diese Komitees hatten zunächst keine organisatorischen Verbindungen zu den neugegründeten Gemeinden der deutschen Juden. Sie wählten in geheimer Wahl die Vorstände der Zentralkomitees auf Zonenebene. Diese waren die Ansprechpartner ausländischer Hilfsorganisationen und leiteten deren Hilfe an die örtlichen Komitees weiter. So entstand unversehens ein organisatorisches Netz von Hilfskomitees für die DP's in vielen Lagern und Großstädten. Sie waren unter Anleitung von Experten des „Joint" (American Joint Distribution Comitee) auf sozialem und kulturellem Gebiet tätig und führten mit Hilfe von Juristen Rechtsberatung für die DP's durch. Diese organisatorische Leistung war um so beachtlicher, als ihre Initiatoren im Grunde nur ein Ziel hatten: möglichst schnell Deutschland zu verlassen. Das mochte einer der Gründe gewesen sein, weshalb der Aufbau der Jüdischen Gemeinde und der der DP-Komitees zunächst völlig separat voneinander vor sich ging. Aber schon 1946 begannen die ersten Komitees sich mit den Jüdischen Gemeinden zu vereinigen (45–46).

Hilfe vom Ausland

Wenn vom Aufbau der Gemeinden und der Komitees die Rede ist, muß die Rolle der ausländischen jüdischen Organisationen hervorgehoben werden. Ohne deren Unterstützung wäre die Aufbauarbeit gar nicht oder nur sehr schleppend vorangegangen. Die kühne Entschlossenheit der aufbauwilligen Kräfte genügte nicht. Es fehlte am Know-how und vor allem an Geld. Die Besatzungsbehörden der Siegermächte hatten mit der Installierung einer neuen deutschen Verwaltung mehr als genug zu tun. Ein deutsches Staatswesen gab es zu dieser Zeit nicht. Die jüdischen Gemeinwesen, oder was davon im Entstehen begriffen war, waren also ganz auf die Hilfe aus dem Ausland angewiesen.

Als das ganze Ausmaß des Grauens in Übersee bekannt wurde, setzt eine großangelegte Spendenaktion der Juden zugunsten der Überlebenden des Holocaust ein. Das ermöglichte es der stärksten jüdischen Hilfsorganisation der USA, dem „Joint", ein ebenso großzügiges Hilfsprogramm in Deutschland durchzuführen. Der „Joint" war der erste Wohlfahrtsverband, der 1945 in Berlin, Frankfurt und München seine Geschäftsstellen eröffnete. Mit etwa 700 Mitarbeitern half der „Joint" den Juden auszuwandern und bot den Verbleibenden Hilfe zum Lebensunterhalt sowie medizinische Hilfe. Über die Tätigkeit des „Joint" in Deutschland wird noch später zu berichten sein.

Da die Tätigkeit des „Joint" als amerikanische Organisation nach damals in Deutschland herrschendem Zonenrecht formal auf die US-Zone beschränkt war, wurde für die Juden in der britischen Zone die „Jewish Relief Unit" geschaffen.

Sie verfügte über das Spendenaufkommen britischer Juden für die Soforthilfe in Deutschland. Das finanzielle Aufkommen dieser Organisation blieb weit unter dem des Joint, was sich aus dem Zahlenvergleich der jüdischen Bevölkerung in USA und Großbritannien leicht erklärt. Dennoch leistete die „Jewish Relief" in der britischen Zone eine Arbeit, die den Vergleich mit der des „Joint" nicht zu scheuen brauchte (46–47).

Der Ruf nach zentraler Repräsentanz

In den Besatzungszonen waren bereits 1946 und 1947 die ersten zonalen Zusammenschlüsse örtlicher Gemeinden vollzogen worden. Die waren in der Regel die Vorläufer der späteren Landesverbände der jüdischen Gemeinden. Seit der Entstehung der Bundesrepublik Deutschland war der Ruf nach einer zentralen politischen Repräsentanz der Juden nicht mehr zu überhören. Harry Maor verweist darauf, daß bereits 1948 der Herausgeber der „Allgemeinen Wochenzeitung der Juden in Deutschland", Karl Marx, die Forderung nach einer Dachorganisation und nach Zusammenschluß erhob. Kurz vorher wurde in Frankfurt eine lose „Arbeitsgemeinschaft der jüdischen Gemeinden in Deutschland" gebildet. Nach der gleichen Quelle wurden wesentliche Anstöße zur Gründung des „Zentralrats", eben dieser zentralen Repräsentanz, vom damaligen israelischen Konsul und vom Beauftragten des Jüdischen Weltkongresses gegeben. Im Jahre 1950 wurde schließlich aus der Mitte der Landesverbände und Gemeinden der „Zentralrat der Juden in Deutschland" mit Sitz in Düsseldorf gegründet. Dieses Gremium bestand aus 6 Direktoriumsmitgliedern, von denen 3 die Exekutive bildeten. Der Zentralrat war von seiner Gründung ab die zentrale politische Instanz der jüdischen Gemeinschaft in der Bundesrepublik und in Westberlin.

Mit der Entstehung des Zentralrats konnte das organisatorische Gerüst des Gemeindeaufbaus als errichtet gelten. Die örtliche Basis waren die Gemeinden in fast allen größeren Städten. Den regionalen Mittelbau bildeten entsprechend der Gliederung der Bundesländer die Landesverbände. Die Belange auf Bundesebene wurden vom Zentralrat wahrgenommen. Diese Struktur schuf gleichzeitig die organisatorische Voraussetzung für einen zentralen Wohlfahrtsverband (49–50).

5. Das erste Jahrzehnt

Die Neugründung der Zentralwohlfahrtsstelle

Am 20. 8. 1951 beschloß die Mitgliederversammlung des Zentralrats in Berlin die Neugründung der ZWST. Ihre Rechtsform eines eingetragenen Vereins erlangte sie mit der Eintragung ins Vereinsregister 1952. Sitz der neuen ZWST war Hamburg.

Die Situation, mit der die ZWST in den 50er Jahren konfrontiert war, eignete sich nicht mehr für Amateure. Sachverstand, Organisationsausbau und Finanzplanung waren gefragt. Inzwischen waren die Gemeindestrukturen gefestigt und überschaubar. Zu der Gruppe der KZ-Überlebenden und untergetauchten deutschen Juden und der etwa gleichgroßen Gruppe von DP's kam anfangs der 50er Jahre eine Gruppe von Rückwanderern hinzu, auch sie vorwiegend ehemals deutsche Juden. Diese drei Bevölkerungsgruppen bestimmten die Zusammensetzung der Gemeinden. Sie stellten auch, jede für sich, ein bestimmtes Kontingent von Hilfesuchenden mit unterschiedlicher Symptomatik. Allen gemeinsam war der Anspruch auf eine angemessene Entschädigung für die NS-Verfolgung. Nur eine kleine Minderheit der 3 Gruppen hatte sich damals bereits wirtschaftlich konsolidiert.

Bei der Gruppe der deutsch-jüdischen KZ-Überlebenden standen im Vordergrund medizinische Probleme. Bei den Rückwanderern waren es Engpässe in der beruflichen und wohnraummäßigen Eingliederung. Und bei den DP's kam zu all diesen Problemen noch die Entwurzelungssymptomatik hinzu. All diese mehr oder weniger manifesten Appelle um Hilfe duldeten keinen Aufschub. Der neue Verband war gefordert.

Im Sozialbudget der ZWST wurde der Ansatz „Reisekosten" von Jahr zu Jahr höher. Dies war der Preis, den die ZWST für das neue Konzept der Fachberatung bezahlen mußte. Um den Gemeindehelfern zu ermöglichen, mit ihren Problemfällen und ihren Sachproblemen selbst fertig zu werden, mußte ein „In-Service-Trainingsprogramm" entwickelt werden. Danach mußte der Sozialreferent der ZWST nach einem vorher bekannten Plan die Sozialabteilungen der Gemeinden regelmäßig aufsuchen, um die örtlichen Helfer „am Fall" zu schulen. Diese Schulung fand im 2- bis 3-monatigen Rhythmus statt.

Von der Mitte der 50er Jahre ab wurden regionale und zentrale Seminare sowie interdisziplinäre Facharbeitertagungen in größeren Gemeinden veranstaltet. Diese Schulungsveranstaltungen dienten der Abrundung des „In-Service-Trainings". Eine reguläre Ausbildung einer Anzahl jüdischer Sozialarbeiter konnte erst 1959 begonnen werden, als Eleonore Lipschitz von der Arbeiterwohlfahrt Berlin der ZWST Ausbildungsplätze an der Schule für soziale Berufe anbot. Aus dem „In-Service-Trainingsprogramm" entwickelte sich später ein Supervisionsprogramm, das ebenfalls von der Zentrale durchgeführt wurde (51–53).

Im Sommer 1955 zog die Hauptgeschäftsstelle nach Frankfurt am Main um. Es war höchste Zeit; denn die Übernahme der Geschäfte vom „Joint" in der früheren US-Zone, vor allem in Bayern, vollzog sich zur gleichen Zeit. Sie erforderte eine geographische Nähe zum Schauplatz des Geschehens. Schwerpunkt der Arbeit in Bayern war das DP-Lager Föhrenwald bei Wolfratshausen. Dies war das einzige noch verbliebene DP-Lager. Seine Auflösung und die damit verbundene Integration der Lagerinsassen in Großstädten wie München, Frankfurt am Main, Düsseldorf und Köln nahm die Geschäftsstelle in Frankfurt voll in Anspruch.

Im „Philantropin", dem Monumentalbau einer jüdischen Schule aus dem 19. Jahrhundert, der einigermaßen glimpflich die Nazizeit überstanden hatte, waren mehrere jüdische Organisationen untergebracht. Neben der ZWST hatte der Landesverband der Jüdischen Gemeinden in Hessen seine Räume in diesem Haus (58).

6. Die Gegenwart (1980–1987)

Am Ende der langen Konjukturphase bot die ZWST das Bild einer kleinen, aber gefestigten Organisation. Ihre Geschäftsstelle stützte sich auf 3 Pfeiler der Verbandsarbeit: den Verwaltungsbereich, das Sozialreferat und das Jugendreferat. Die Verwaltung befaßte sich schwerpunktmäßig mit Haushalts-, Finanz- und Personalfragen. Der Leiter der ZWST war nicht nur für den Verwaltungsbereich verantwortlich, sondern auch für die Ausführung der Vorstandsbeschlüsse und die Repräsentation des Verbandes nach außen. Der Sozialreferent war schwerpunktmäßig für die Zusammenarbeit von Mitgliedsverbänden und Zentrale auf dem Gebiet sozialer Hilfen zuständig und schließlich der Jugendreferent für den Aufbau und die Vertiefung der Jugendarbeit in den Gemeinden und in den Ferienheimen. Die grafische Darstellung veranschaulicht die Schwerpunkte der Verbandsarbeit.

Die Struktur ist in sich geschlossen. Die Mitglieder des Verbandes, die Landesverbände und Gemeinden, bedienen sich der ZWST als fachberatende und ihre sozialen Belange in der Öffentlichkeit vertretende Organisation, was wiederum den jüdischen Gemeinden bundesweit zur Bewältigung ihrer Sozialprobleme verhilft. Diese Geschlossenheit gilt nicht hinsichtlich der Einrichtungen und Maßnahmen, die aus kommunalen oder Landesmitteln gefördert werden. Diese sind gehalten, sich auch nichtjüdischen Bewerbern gegenüber zu öffnen.

Die Hilfeangebote verteilten sich wie folgt

	Einrichtungen	Betten/Plätze
in der geschlossenen Fürsorge, dazu gehören Heime und Anstalten, insbesondere Altenheime	14	mit 1250 Betten
in der halboffenen Fürsorge, dazu gehören Kindergärten, Jugendzentren, Altenklubs	26	mit 1960 Plätzen
in der offenen Fürsorge, dazu gehören Beratungsstellen, Sozialabteilungen etc.	81 Stellen	
Zahl der Mitarbeiter in der offenen Sozial- und Jugendarbeit	165 hauptamtlich	700 ehrenamtlich

(89).

In den neuen Bundesländern werden 2 neue Landesverbände geschaffen (für Mecklenburg-Vorpommern, Brandenburg sowie Sachsen, Sachsen-Anhalt, Thüringen).

7. Grafische Darstellung der Struktur der ZWST 1990

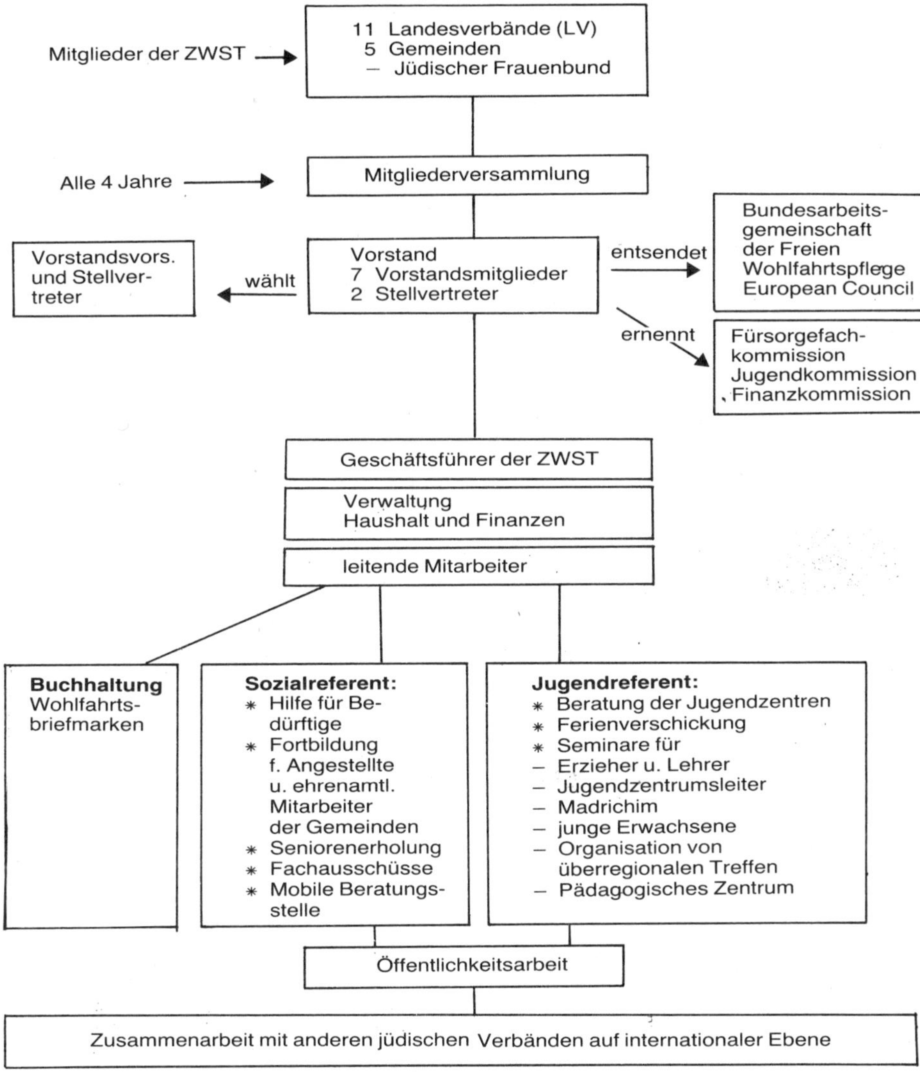

8. Zeittafel

Sommer 1917:	Aufruf Bertha Pappenheims, „der Zersplitterung innerhalb der jüdischen Wohlfahrtspflege ein Ende zu machen“.
9. 9. 1917:	Gründung der ZWST in Berlin.
1922:	ZWST gründet eigenen Fonds „Jüdische Not“.
1922:	Herausgabe der Zeitschrift „Nachrichten“ (bis 1928).
1924:	Gründung des Reichsausschusses der jüdischen Jugendverbände.
1925:	Herausgabe der Zeitschrift „Zedaka“ als Fachzeitschrift der ZWST (ebenfalls bis 1928).
1924–1926:	initiiert die ZWST eine Reihe von „Arbeitsgemeinschaften“ mit privaten Vereinen der jüdischen Wohlfahrtspflege.
1924–1926:	Schaffung örtlicher Wohlfahrtszentralen, zusammengefaßt in Provinzial- und Landesverbände.
1926:	Die ZWST tritt der „Liga“ der Spitzenverbände der Freien Wohlfahrtspflege bei.
1930:	Bürogemeinschaft der ZWST mit „Hauptstelle für jüdische Wanderfürsorge und Arbeitsnachweise“ in der Kantstraße in Berlin. Herausgabe eines gemeinsamen Fachorgans „Zeitschrift für jüdische Wohlfahrtspflege“.
1933:	Die nach der „Machtergreifung“ geänderte „Zentralstelle für jüdische Wirtschaftshilfe“ koordiniert alle wirtschaftlichen Hilfsaktionen – mit Ausnahme der Auswanderungshilfe. Der ebenfalls neugegründete „Zentralausschuß für Hilfe und Aufbau“ koordiniert das Sammlungswesen.
Herbst 1933:	Gründung der „Reichsvertretung der deutschen Juden“ als alle jüd. Organisationen umfassende Repräsentanz.
1935:	Ausgliederung der ZWST aus dem „Winterhilfswerk des Deutschen Volkes“. Die ZWST gründet ein jüdisches Winterhilfswerk.
Ende 1938:	Die „Jüdische Wohlfahrtspflege und Sozialpolitik“, das Fachorgan der ZWST, stellt ihr Erscheinen ein.
1939:	Die „Reichsvertretung der deutschen Juden“, wird aufgelöst. Auf staatliches Betreiben entsteht die „Reichsvereinigung der Juden in Deutschland“.
1939:	Mit Zwangsauflösung der „Reichsvertretung“ endet die Tätigkeit der ZWST als freier Wohlfahrtsverband. Sie geht als eine „Abteilung Fürsorge“ in die „Reichsvereinigung“ ein.
1943:	Die „Reichsvereinigung“ und ihre Abt. Fürsorge werden aufgelöst. Die letzten Mitarbeiter der ZWST werden deportiert.

1945: Die ersten jüdischen Gemeinden werden von den Überlebenden des KZ neugegründet. Unabhängig davon entstehen jüdische Komitees in den DP-Lagern.

1946: Erste Schritte zur Vereinigung von Gemeinden und Komitees.

1947: Regionale Zusammenschlüsse der Gemeinden als Vorläufer der späteren Landesverbände.

1950: Der „Zentralrat der Juden in Deutschland“ mit Sitz in Düsseldorf entsteht als zentrale politische Repräsentanz der jüdischen Gemeinden.

20. 8. 1951: Die Mitgliederversammlung des „Zentralrats“ beschließt die Neugründung der ZWST.

1952: Die „Zentralwohlfahrtsstelle der Juden in Deutschland e. V.“ mit Sitz in Hamburg wird in das Vereinsregister eingetragen.

1953: Die ZWST richtet ein Sozialreferat ein.

1953: Die „zentralisierte“ Sozialarbeit der ZWST erstreckt sich zunächst auf Nord- und Westdeutschland sowie Berlin-(West).

1955: Beendet der „Joint“ die Betreuungsarbeit in Süddeutschland. Die ZWST übernimmt die volle Zuständigkeit für die Bundesrepublik Deutschland und Westberlin.

1955: Die Hauptgeschäftsstelle der ZWST übersiedelt von Hamburg nach Frankfurt am Main. Zweigstellen der ZWST entstehen in München, Berlin und Frankfurt/M.

1955: Die ZWST richtet ein Jugendreferat ein.

1956: Die ZWST wird in die „Arbeitsgemeinschaft der Spitzenverbände der Freien Wohlfahrtspflege“, später „Bundesarbeitsgemeinschaft“ (BAG) aufgenommen.

1956: Die ZWST gibt das Mitteilungsblatt „Jüdische Sozialarbeit“ heraus.

1956: Das erste jüdische Kindererholungsheim in Deutschland wird in Wembach bei Schönau (südl. Schwarzwald) eröffnet.

1961: Heinz Galinski wird Vorsitzender der ZWST.

1962: Die ZWST erwirbt das Belegungsrecht für ein Haus im Albert-Schweitzer-Kinderdorf bei Waldenburg.

1968: Das heilpädagogische Kinderheim „Wartheim“ in der Schweiz nimmt heimbedürftige jüdische Kinder aus Deutschland auf. Die ZWST erwirbt Belegungsrecht.

1970: Die ZWST richtet ein Flüchtlingsreferat ein.

1976: Jeanette Wolff (MdB), die Ehrenvorsitzender der ZWST, stirbt im Alter von 88 Jahren.

1980: Die ZWST startet eine Hilfsaktion für die Juden in Polen.

1981: Die ZWST beginnt eine Serie internationaler Seminare über die „Nachgeborenen des Holocaust".

1982: Die ZWST eröffnet das neugebaute Reha-Zentrum in Sobernheim an der Nahe.

1984: Alfred Weichselbaum, Direktor der ZWST, stirbt im Alter von 61 Jahren. Günter Singer, Hamburg, wird kommissarischer Nachfolger.

1984: Die Geschäftsstelle der ZWST zieht vom Philantropin in die Hebelstraße 6 um (103–104).

C. Neue Herausforderungen

Die freie Wohlfahrtspflege muß sich (wie auch die öffentliche) ihrer Natur nach den jeweiligen gesellschaftlichen und sozialen Veränderungen stellen und daran ihre Aufgaben orientieren. Ihre vorbeugenden und helfenden Maßnahmen sind daher einem ständigen Wandel unterworfen. Zu diesen ständigen Veränderungsprozessen kommen jedoch in diesem Jahr zwei sehr grundsätzliche Aufgaben und Herausforderungen:

Die Deutsche Einigung im Jahr 1990 und der gemeinsame Europäische Markt ab 1. 1. 1993 bringen weitreichende strukturelle und inhaltliche Anforderungen, die mit den Umwandlungsprozessen der 20er Jahre dieses Jahrhunderts vergleichbar sind:

I. Die Deutsche Einigung

Freie Wohlfahrtspflege, als eine von Bürgern organisierte und getragene Institution, die in eigener Verantwortung öffentliche Aufgaben wahrnimmt, hat es in der ehemaligen Deutschen Demokratischen Republik nicht gegeben. Nur Diakonie und Caritas hatten die Möglichkeit, innerhalb ihrer – vom Staat sehr eng begrenzten Möglichkeiten – soziale Aufgaben wahrzunehmen. Soziale Aufgaben wurden vor allem durch die Volkssolidarität und den Staat unmittelbar wahrgenommen.

Nach der „Wende" wurde im Einigungsvertrag vom 31. 8. 1990 folgendes vereinbart: „Die Verbände der Freien Wohlfahrtspflege und die Träger der Freien Jugendhilfe leisten mit ihren Einrichtungen und Diensten einen unverzichtbaren Beitrag zur Sozialstaatlichkeit des Grundgesetzes. Der Auf- und Ausbau einer Freien Wohlfahrtspflege und einer Freien Jugendhilfe in dem in Art. 3 genannten Gebiet (in den Ländern Brandenburg, Mecklenburg-Vorpommern, Sachsen, Sachsen-Anhalt und Thüringen sowie in dem Teil des Landes Berlin, in dem es bisher nicht galt; Anmerkung des Verfassers) wird im Rahmen der grundgesetz-

lichen Zuständigkeiten gefördert“ (Art. 32).
§ 17 SGB I sowie §§ 4 und 5 KJHG und §§ 10 und 93 BSHG gelten als Rechtsgrundlage für das eigenverantwortliche Gestaltungsrecht freier Träger und ihr Verhältnis zu den öffentlichen Trägern für das gesamte Bundesgebiet.

In einer gemeinsamen Presseerklärung der zuständigen Bundesministerin für Familie und Senioren und den Präsidenten der Verbände der freien Wohlfahrtspflege wurde am 6. 8. 1991 u. a. folgendes festgestellt:

„Der Aufbau eines effizienten Systems Freier Wohlfahrtspflege ist eines der vordringlichen sozialpolitischen Ziele nach der deutschen Einigung. Es ist das gemeinsame Ziel der Bundesregierung und der Spitzenverbände der Freien Wohlfahrtspflege, auch in den neuen Ländern ein plurales Angebot von sozialen Einrichtungen und sozialen Diensten zu schaffen. Die Bürgerinnen und Bürger müssen Wahlfreiheit haben, wenn sie – oft in schwieriger persönlicher Situation – sozialer und gesundheitlicher Betreuung bedürfen. Ohne ein ausreichendes Angebot sozialer Einrichtungen und Dienste in der Trägerschaft freigemeinnütziger Verbände gibt es keine freiheitlich soziale Ordnung. Wir wollen nicht, daß die Menschen von der Wiege bis zur Bahre in betreuungsbedürftiger Situation ausschließlich auf staatliche Einrichtungen angewiesen sind.

Deshalb hat der Einigungsvertrag in Artikel 32 klar gesagt, daß die Verbände der Freien Wohlfahrtspflege mit ihren Einrichtungen und Diensten einen unverzichtbaren Beitrag zur Sozialstaatlichkeit leisten. Der Auf- und Ausbau der Freien Wohlfahrtspflege in den neuen Ländern soll im Rahmen der grundgesetzlichen Zuständigkeiten gefördert werden.

Die Bundesregierung stellt als Anschubfinanzierung für diese wichtige Aufgabe 30 Mio. DM im Haushaltsjahr 1991 zur Verfügung. Dies geht auf ein Gespräch von Bundeskanzler Dr. Helmut Kohl mit den Präsidenten der Verbände der Freien Wohlfahrtspflege zurück. In einer Vereinbarung zwischen dem Bundesministerium für Familie und Senioren und den Bundesverbänden der Freien Wohlfahrtspflege ist niedergelegt, daß diese Mittel in den neuen Ländern und nicht lediglich für die neuen Länder eingesetzt werden. Sie sollen annähernd entsprechend den Bevölkerungszahlen der neuen Länder vergeben werden. Dies bedeutet:

Berlin	rund 2 Mio. DM
Brandenburg	rund 5 Mio. DM
Mecklenburg-Vorpommern	rund 3,5 Mio. DM
Sachsen	rund 9 Mio. DM
Sachsen-Anhalt	rund 5,5 Mio. DM
Thüringen	rund 5 Mio. DM.

Wichtiger Bestandteil dieser Vereinbarung ist, daß Bestellungen und Aufträge soweit irgendmöglich an Firmen in den neuen Ländern vergeben werden sollen. Die Mittel sollen für die Einrichtung der Geschäftsstellen und die dringend notwendige Fortbildung verwendet werden. Ohne ein leistungsfähiges, fachlich qualifiziertes Netz solcher verbandlicher Strukturen ist eine wirkungsvolle Arbeit der freigemeinnützigen Einrichtungen selbst nicht möglich. Sie bedürfen der Beratung und Unterstützung durch die Verbände. Dabei stehen fachliche, betriebswirtschaftliche und Management-Beratung gleichberechtigt nebeneinander. Moderne Sozialarbeit muß fachlich und wirtschaftlich fundiert sein.

Ein großes Problem stellt gegenwärtig noch die Beschaffung von Räumlichkeiten für Geschäftsstellen und Fortbildungseinrichtungen dar. Teilweise bestehen die bekannten Unsicherheiten über die Eigentumsverhältnisse, die einem Kauf- und Mietvertrag im Wege stehen. Erschwerend kommt hinzu, daß Gebäude über Jahrzehnte hinweg nicht renoviert und modernisiert worden sind, so daß erhebliche Investitionen getätigt werden müssen. Darüber hinaus fehlen Bürokommunikationsmittel, die erst angeschafft werden müssen.

Erfreulich ist, daß die neuen Bundesländer ebenfalls mit einer Förderung der Landesorganisationen der Freien Wohlfahrtspflege begonnen haben. Dies geschieht in unterschiedlichem Umfang. Da die Anschubfinanzierung durch die Bundesregierung voraussichtlich noch bis Ende 1992 fortgesetzt werden kann, stehen die neuen Länder ab 1993 in der alleinigen Verantwortung für die notwendige Unterstützung der Freien Wohlfahrtsorganisationen. Sie sollten sich auf die Übernahme dieser wichtigen Aufgabe frühzeitig vorbereiten und ihre mittelfristigen Finanzplanungen darauf einstellen.

Das alte politische System hatte die Felder sozialer Arbeit derart vernachlässigt, daß soziale Probleme ungeahnten Ausmaßes zurückblieben. Die Freie Wohlfahrtspflege war minimiert, diskriminiert oder gar verboten. Die Verbände hatten am 3. 10. 1990 unterschiedliche Startbedingungen – jedoch alle auf niedrigem Niveau.

Konkret bedeutet dies, daß mit Ausnahme der kirchlichen Einrichtungen im Bereich der Behindertenarbeit, der Altenarbeit und einiger weniger Krankenhäuser alle Einrichtungen zum Zeitpunkt der Vereinigung in staatlicher Hand waren. Sie sind zwischenzeitlich auf die Kommunen und Kreise übergegangen. Das gilt für alle Bereiche der Jugendhilfe, der Behindertenhilfe, der Altenhilfe und der Krankenversorgung. In bestimmten Sektoren der Seniorenarbeit (hauswirtschaftliche Dienste, fahrbarer Mittagstisch, Altenclubs) bestand ein monopolartiges Reservat für die Volkssolidarität – eine selbständige Organisation, die jedoch vom Staatshaushalt subventioniert wurde.

Viele Gespräche in den neuen Ländern haben ergeben, daß die Gemeinden teilweise beim Trägerwechsel von sozialen Einrichtungen zu den Wohlfahrtsverbänden sehr zögerlich sind. Bundesministerin Rönsch und die Präsidenten der Verbände appellieren daher an die kommunalen Entscheidungsträger, soziale Einrichtungen an die Freien Verbände zu übertragen. Dabei dürfen die Kommunen nicht davon ausgehen, daß nach einer Übertragung für sie keine Kosten mehr anfallen. Die Wohlfahrtsverbände, ihre hauptamtlichen Mitarbeiterinnen und Mitarbeiter können ihren Dienst nicht umsonst tun, auch wenn wir für die

Mitarbeit vieler Ehrenamtlicher sehr dankbar sein müssen. Ein unterschiedliches Angebot an Wohlfahrtseinrichtungen gewährleistet den Bürgern die Wahlfreiheit. Dies ist ein Grundpfeiler unseres freiheitlichen Systems, für das die Kommunen mit eintreten sollten.

Gewisse Sorgen der freien Träger gelten der Umsetzung des Kommunalteils des Gemeinschaftswerkes ‚Aufschwung Ost', der sich auf 5 Mrd. DM in 1991 beläuft und aus dem insbesondere auch soziale Einrichtungen finanziert werden sollen. In den Vereinbarungen zwischen dem Bund und den neuen Ländern ist zwar vorgesehen, daß in diesem Programm die freien Träger den Kommunen gleichgestellt sind, de facto besteht aber zwischen ihnen keine Chancengleichheit.

Gemeinsames Ziel der Bundesregierung und der Verbände ist es, in zwei bis drei Jahren die Träger-Pluralität bei den sozialen Einrichtungen in den neuen Ländern herzustellen; anderenfalls besteht die Gefahr, daß die alten Strukturen erhalten bleiben, was nicht im Sinne der hilfesuchenden Bürgerinnen und Bürger sein kann. Es gehört zur Schaffung einheitlicher Lebensverhältnisse in ganz Deutschland, daß in den neuen Ländern der Anteil von Einrichtungen in freier Trägerschaft dem bestehenden Anteil in den alten Bundesländern ungefähr entspricht.

Bundesministerin Rönsch und die Präsidenten der Wohlfahrtsverbände sind sich darüber einig, daß sie im Interesse der Menschen in den neuen Bundesländern alles tun werden, um Benachteiligungen Betroffener zu vermeiden, soziale Spannungen abzubauen und ein hohes Maß sozialen Friedens herzustellen. Sie sind zuversichtlich, daß bald weitere erfolgversprechende Schritte beim Aufbau der freien Wohlfahrtspflege in den neuen Ländern folgen werden" (Veröffentlicht durch die Bundesarbeitsgemeinschaft der freien Wohlfahrtspflege).

Damit stehen die freien Träger (in hoffentlich partnerschaftlicher Zusammenarbeit) vor einer Jahrhundertaufgabe, die in wenigen Jahren geleistet werden muß.

II. Der gemeinsame Europäische Markt

1987 wurde in den EWG-Vertrag ein neuer Artikel 8a eingefügt, aufgrund dessen ein Europäischer Raum ohne Binnengrenzen geschaffen werden soll, in dem „der freie Verkehr von Waren, Personen, Dienstleistungen und Kapital" gesichert wird. Dazu ist eine Fülle von gesetzgeberischen Maßnahmen nötig, die zum Teil schon in Angriff genommen sind. Das gemeinsame Europa ist daher von den Bedürfnissen des Marktes, d. h. von der Wirtschaftspolitik her bestimmt und strukturiert. Für soziale Fragen bleiben prinzipiell weiterhin die Mitgliedsstaaten zuständig. Verbindliche Entscheidungen der Europäischen Gemeinschaft sind im sozialen Bereich nur möglich, soweit sie unmittelbar mit der Wirtschaft bzw. dem Arbeitsmarkt zusammenhängen, wie etwa die Anerkennung von Berufsabschlüssen (selbstverständlich auch für Berufe im Sozialwesen). Dasselbe gilt für die Beseitigung von Regelungen, die der Freizügigkeit von Personen (etwa auch als Arbeitnehmer) entgegenstehen. So sind Wanderungen zwischen den einzelnen EG-Mitgliedsstaaten nur noch Binnenwanderungen, d. h. daß etwa Portugiesen und Griechen in Deutschland nicht mehr als Ausländer gelten. Nur die nicht am Arbeitsprozeß Beteiligten (wie etwa Hausfrauen, Behinderte oder Nichtseßhafte) sind überhaupt nicht im Blick der Gemeinschaft.

Andererseits haben andere, zunächst nur unmittelbar auf die Wirtschaft ausgerichtete, Regelungen weitreichende Folgen für die Wohlfahrtspflege, wie etwa die Öffnung des sozialen Angebotes für ausländische Anbieter und deren mögliche Konsequenzen auch für die innerstaatliche Konkurrenz zwischen freigemeinnützigen und privaten Trägern bzw. Interessenten. Allein von den Regelungen, die konkurrenzhemmende Bestimmungen beseitigen, wird der durch das Subsidiaritätsprinzip geschützte Gestaltungsraum freier Wohlfahrtspflege aufgebrochen. Daß damit verläßliche Sozialplanung noch weitaus schwieriger wird als bisher, wird von den Befürwortern einer solchen Entwicklung (mit höchst unterschiedlicher partei- und sozialpolitischer Ausrichtung) derzeit offensichtlich noch wenig bedacht.

Mit Vereinheitlichungstendenzen im Steuerrecht stehen zwei weitere wichtige Fragen an:

Durch eine Gefährdung des Gemeinnützigkeitsrechtes bundesdeutscher Prägung und durch eine mögliche Verlagerung der Steuerfindung von der Einkommensteuer auf Verbrauchsteuern würden zwei wichtige Grundpfeiler der Arbeit der freien Wohlfahrtspflege betroffen (sowohl das Spendenaufkommen als auch das Kirchensteueraufkommen, aus dem bisher in großem Umfange soziale Maßnahmen finanziert wurden).

Schließlich ist noch darauf hinzuweisen, daß es in keinem der Mitgliedsländer eine Struktur freier Wohlfahrtspflege gibt, die der in der Bundesrepublik Deutschland auch nur annähernd vergleichbar ist (das gleiche gilt im übrigen auch für die kommunale Selbstverwaltung). Es ist daher schwierig, gleichgesinnte Partner in diesen Fragen in anderen Ländern zu finden.

Die freie Wohlfahrtspflege hat unverantwortlich lange gebraucht, bis sie diese Herausforderungen erkannt hat. Ein Jahr vor so grundlegenden Veränderungen muß festgestellt werden, daß sie dies weder in ihrer politischen Strategie noch in der Struktur ihres Managements auf allen Ebenen deutlich und energisch genug angeht. Noch 1990 mußten Veranstaltungen von Spitzenverbänden der freien Wohlfahrtspflege, die sich mit Europa befassen sollten, mangels Interesse abgesagt werden.

Nun hat zwar die Bundesarbeitsgemeinschaft der Spitzenverbände der freien Wohlfahrtspflege einen Vertreter in Brüssel. Auch die einzelnen Verbände haben mehr oder weniger gut ausgebaute Büros in Brüssel (international organisierte Verbände wie die Caritas und das Rote Kreuz sind sowohl über die internationale Ebene wie durch nationale Vertretungen präsent). Es erscheint unverantwortlich, wie sich die Spitzenverbände der freien Wohlfahrtspflege und ihre Träger in den vergangenen Jahren immer stärker in Detailprobleme bundespolitischer Prägung verwickelt haben, statt gezielt und kraftvoll einen freiheitlich demokratischen Gestaltungsraum in Europa mit zu formen. Die deutsche Einigung hat sicher von dieser Aufgabe abgelenkt. Bedeutsamer erscheint jedoch die Tatsache, daß es hier um politische und wirtschaftliche Dimensionen geht, die bisher wenig Raum in der freien (wie in der öffentlichen) Wohlfahrtspflege hatten. Im übrigen ist die Finanzierung ihrer konkreten Aufgaben vor Ort in den letzten Jahren ständig schwieriger und komplizierter geworden. Von Europa war für diese Situation nicht viel zu erwarten, weil Deutschland zu den reichen Ländern in Europa gehört und im übrigen der Zugang zu den verschiedenen Förderprogrammen in Brüssel auch für erfahrene Finanziers unüberschaubar und unberechenbar blieb.

So wurde das gemeinsame Europa für die Wohlfahrtspflege zu einem angstbesetzten Thema, das gemieden wurde. Dieses Gefühl von Unsicherheit und Gefährdung wird dadurch verstärkt, daß bisher von den Europapolitikern und den Technokraten einer parlamentarisch nicht kontrollierten Superbehörde kaum deutlich gemacht wurde, was der größere Markt im kleineren Europa für den hilfsbedürftigen und ratsuchenden Bürger wirklich an Verbesserung bringen könnte.

Im Auftrag der Bank für Sozialwirtschaft hat die Prognos AG 1991 eine Studie erstellt, die sich mit der freien Wohlfahrtspflege im zukünftigen Europa befaßt. Sie kommt u. a. zu folgenden Ergebnissen:

Auf längere Sicht wird der europäische Einigungsprozeß die Freie Wohlfahrtspflege in ihren Grundlagen herausfordern:

- Mit der fortschreitenden wirtschaftlichen, gesellschaftlichen und politischen Integration sind auch soziale Angleichungen unausweichlich.
- Bei allen Prozessen werden die europäischen Grundmaximen des offenen Wettbewerbs und der Nichtdiskriminierung wirksam werden.
- Damit wird aus dem wachsenden Wettbewerb innerhalb der nationalen Systeme ein Wettbewerb zwischen den Systemen.
- Für diesen Wettbewerb ist die Freie Wohlfahrtspflege aufgrund ihrer bisherigen „privilegierten und geschützten“ Stellung nur bedingt gerüstet. Ein Subsidiaritätsprinzip im deutschen Sinne wird es in Europa nicht geben.
- Bestehende und bisher ungelöste Probleme auf nationaler Ebene im Spannungsfeld zwischen sozialer Zuwendung und Anforderungen an Organisation, Management und Flexibilität erschweren die Ausgangslage der Freien Wohlfahrtspflege zusätzlich.
- Dennoch muß sich die Freie Wohlfahrtspflege auch dem „großen Wettbewerb“ stellen. Sie hat seit Jahrzehnten wesentlichen Anteil am hohen Niveau, an der Leistungsvielfalt und -qualität der sozialen Dienste in Deutschland. Sie ist – mit ihren Partnern auf nationaler Ebene – herausgefordert, diese Leistungsfähigkeit auch auf europäischer Ebene zu behaupten.

Gleichzeitig und in enger Verknüpfung mit den inneren Reformen muß die Freie Wohlfahrtspflege ihre Chancen in einem sich verändernden, doch noch nicht bis ins letzte fixierten zukünftigen Europa zu nutzen suchen.

Als Orientierung für diese nach außen gerichteten Aktivitäten kann das Vorgehen von Unternehmen dienen, die sich ebenfalls auf den gemeinsamen Markt in Europa vorbereiten und dafür gezielte, strategische Planungen durchführen.

Danach könnte die strategische Planung der Freien Wohlfahrtspflege im Hinblick auf Europa aus vier Schritten bestehen:

1. Als Grundlage sind intensive Informations- und Kommunikationskontakte sowohl mit den Stellen der europäischen Politik und Verwaltung als auch mit vergleichbaren Organisationen in anderen Ländern zu etablieren. Dabei steht die Informationsgewinnung über die Situation in anderen Ländern und über das Geschehen in Brüssel gleichberechtigt neben der Verbreitung von Informationen über das deutsche soziale System im übrigen Europa. Ein erster wichtiger Teilschritt ist durch die Eröffnung eines Verbindungsbüros der Bundesarbeitsgemeinschaft der Freien Wohlfahrtspflege (BAG) in Brüssel getan worden. Allerdings kann es dabei nicht bleiben: Als (gemessen an der Mitarbeiterzahl) gleichsam größtes privates Unternehmen im größten EG-Mitgliedsland kann die Freie Wohlfahrtspflege ihre Interessenvertretung bei der EG nicht auf ein „Ein-Mann-Büro" beschränken.

   Die Hauptergebnisse dieser ersten Informationsphase (die natürlich kontinuierlich weitergeführt wird) sind

   - zum einen eine detaillierte und begründete Einschätzung der eigenen Position im europäischen Vergleich im Hinblick auf Aufgaben, Ziele, Organisationsformen, Rechtsstatus usw. (wofür diese Studie erste Anhaltspunkte liefert),
   - die Begründung von Kontakten und – wo es geht – Kooperations- bzw. Mitwirkungsmöglichkeiten bei europäischen Stellen ebenso wie bei möglichen Partnern in anderen Ländern.

2. Der zweite Schritt der strategischen Planung gilt der (mit dieser Studie ebenfalls im Ansatz begonnenen) systematischen prognostischen Analyse der möglichen bzw. zu erwartenden Entwicklungen in Europa mit Bedeutung für die Freie Wohlfahrtspflege. Dazu können die im ersten Schritt erschlossenen Informationsquellen auf EG-Ebene und in den anderen Ländern intensiv genutzt werden. Die – naturgemäß nicht eindeutigen – Zukunftsaussagen selbst erfolgen dann sinnvollerweise in Form alternativer Szenarien, die die Spannweite der möglichen Zukünfte abgrenzen. Dabei enthält jedes Szenario auch Aussagen über die Rolle der Freien Wohlfahrtspflege darin. So ist beispielsweise ein Szenario, in dem die Durchführung öffentlich finanzierter sozialer Dienste europaweit ausgeschrieben werden, ebenso denkbar (was nichts über die Wahrscheinlichkeit aussagt) wie ein Szenario, in dem eine zentrale EG-Bürokratie überall bis auf die kommunale Ebene durchgreift.

3. Die genaue Kenntnis der eigenen Position sowie der möglichen Zukunftsalternativen mit ihren Konsequenzen für die Freie Wohlfahrtspflege bilden im dritten Schritt die Grundlage für die Ableitung von „strategischen" Zielen, mit denen die gewünschte zukünftige Position der Freien Wohlfahrtspflege in Europa formuliert wird. Dafür sind neben inhaltlichen Kriterien wie das Selbstverständnis und bestehende „Oberziele" der Freien Wohlfahrtspflege auch „pragmatische" Aspekte wie die Wahrscheinlichkeit oder Beeinflußbarkeit bestimmter Entwicklungen heranzuziehen.

Auch die Festlegung von Zielen liefert keine Garantie für eine zukünftige Position, doch sie liefert Motivation und Orientierung für zukunftsgerichtetes Handeln.

4. Dieses Handeln ist Gegenstand des letzten (Prozeß-)Schrittes der strategischen Planung. Die zur Realisierung der formulierten Ziele erforderlichen Maßnahmen betreffen mehrere Ebenen:
   - Auf der eigentlichen europäischen Ebene muß die Freie Wohlfahrtspflege darauf drängen, „. . . in die Informations- und Entscheidungsprozesse frühzeitig und umfassend einbezogen und insbesondere an der Entwicklung, Durchsetzung und Durchführung sozial-politischer Maßnahmen und Programme beteiligt zu werden" (Brauns 1990). Ein Ansatzpunkt kann beispielsweise die – über nationale Wege zu erreichende – Mitgliedschaft im Wirtschafts- und Sozialausschuß sein.
   - Im Hinblick auf die Partner in den anderen europäischen Ländern geht es darum, die begonnenen Kontakte zu anderen Verbänden zu pflegen und zu intensivieren, um gemeinsame Interessen zu ermitteln, gemeinsam Einfluß zu nehmen und gegebenenfalls im Wettbewerb auch gemeinsam aufzutreten.
   - Schließlich muß die „Europaarbeit" der Freien Wohlfahrtspflege neben den nach außen gerichteten Aktivitäten auch nach innen in die Verbände und Organisationen hineingetragen – und auf diesem Wege mit den „inneren Reformen" verknüpft – werden. Ein soziales Europa ist in erster Linie eine Frage des Wollens und des Bewußtseins und dann erst der Organisation. Hauptansatzpunkt ist hier die Fortbildung, für die es zwar bei den Verbänden spezielle Werke gibt, in denen aber „Sozialpolitik und Verbandspolitik – von übergreifenden Fragen der Freien Wohlfahrtspflege ganz zu schweigen – eine ganz untergeordnete Rolle spielen" (Brauns 1990). Dagegen sind Kenntnisse der sozialen Verhältnisse und Strukturen in den anderen Ländern ebenso wie Kontakte mit Organisationen in anderen Ländern nicht nur wichtig für Politiker, sondern ebenso für Sachbearbeiter beim örtlichen Sozialhilfeträger oder für ehrenamtliche Helfer der Wohlfahrtsverbände. Konkrete Schritte dazu sind beispielsweise auf der Basis bestehender Städtepartnerschaften leicht einzuleiten.

Die Herausforderungen durch die europäischen Entwicklungen gelten allen Wohlfahrtsverbänden in Deutschland. Sie sollten sich ihnen auch gemeinsam stellen. Gemeinsames Handeln ist unumgänglich, wenn es darum geht, auch nach dem zu erwartenden Verlust der bisherigen gesetzlich verankerten besonderen Stellung in Deutschland auf europäischer Ebene eine ebenfalls herausragende Position zu gewinnen. Gemeinsames Handeln ist auch angezeigt bei Verhandlungen mit staatlichen Stellen sowohl auf nationaler Ebene (z. B. im Hinblick auf Reformen der Finanzierungsmodalitäten) als auch in Brüssel oder aber im Kontakt mit möglichen „Verbündeten" und „Wettbewerbern" aus anderen Ländern.

Gemeinsames Handeln setzt voraus, daß die Freie Wohlfahrtspflege „mit einer Stimme spricht". Ohne die für die soziale Arbeit bisher fruchtbare Vielfalt der verbandlichen und regionalen Gliederungen zu stark einzuengen oder gar zu zerstören, muß es gelingen, im Hinblick auf Europa gemeinsame Vorstellungen und gemeinsames Vorgehen zu erreichen.

Voraussetzung dafür ist, daß das Engagement für Europa auch von den Führungsebenen der Verbände und Organisationen mitgetragen wird, besser sogar hiervon ausgeht. Europabeauftragte sind wichtig und unverzichtbar, um Kontakte zu knüpfen und zu pflegen; sie müssen aber ergänzt werden einerseits um eine möglichst breite Mitwirkung auf allen Ebenen, andererseits um den Rückhalt „von oben".

Die vorangegangenen Überlegungen und Darstellungen haben deutlich gemacht: Die schon bestehenden und zukünftigen Herausforderungen an die Freie Wohlfahrtspflege verlangen grundlegende und weitreichende Entscheidungen und konsequentes Handeln. Dies kann nur gelingen, wenn das Thema Europa in allen Verbänden und Gliederungen „zur Chefsache" gemacht wird.

Bisher ist die Freie Wohlfahrtspflege von diesem Zustand noch beträchtlich entfernt. Doch die Zeit drängt. Zumindest die erste Entscheidung, sich ernsthaft der Zukunft in Europa zuzuwenden, um sie und damit die eigene Zukunfte aktiv mitzugestalten, muß jetzt gefällt werden (Prognos AG Köln/Berlin 1991, Herausforderungen und Chancen im Europäischen Markt).

Selbst wenn diese strategische Planung für Europa gelingt, bleibt immer noch die unsichere Frage, wie wird der Schwache und Abhängige vor dem unerbittlichen Gesetz des Marktes geschützt, auf dem sich immer der Stärkere behauptet. Auch im gemeinsamen Markt wird man nicht zwangsläufig davon ausgehen können, daß das Interesse der Träger und ihrer Verbände selbstverständlich identisch ist mit den Bedürfnissen hilfebedürftiger Bürger. Es wird zweifellos neuer, wenn vielleicht auch anderer Sicherungen bedürfen, damit das gemeinsame Europa auch ein soziales Europa und nicht nur ein einträglicher Markt für die Habenden wird. „Die Hausordnung im Europäischen Haus muß sich an der sozialen Gerechtigkeit orientieren" (Präsident Haack bei der Synode der Evang.-Luth. Kirche in Bayern im März 1991).

KAPITEL 7

Verfassung der Kommunalen Selbstverwaltung, kommunale Spitzenverbände

Eine freiheitlich-demokratische Verfassung und das Recht der kleineren politischen Einheiten, die Angelegenheiten der örtlichen oder überörtlichen Gemeinschaft in eigener Verantwortung wahrzunehmen, sind untrennbar miteinander verbunden. Damit kann der Ausbau und der Umfang kommunaler Selbstverwaltung geradezu als Gradmesser für die staatsbürgerlichen Freiheiten des einzelnen angesehen werden. Wie eng bürgerliche Freiheit und kommunale Selbstverwaltung zusammenhängen, zeigen Geschichte und Gegenwart in gleicher Weise:

- In den Herrschaftsbereichen absolutistischer Regenten wurden die bürgerlichen Freiheiten und Rechte der Städte und Stände weitgehend beseitigt.
- Der Reichsfreiherr vom und zum Stein hat am Übergang vom 18. ins 19. Jahrhundert nicht nur die Grundlagen für die moderne kommunale Selbstverwaltung geschaffen – gleichzeitig hat er sich dafür eingesetzt, daß die Leibeigenschaft im preußischen Staat aufgehoben wurde.
- In allen Staaten, in denen im 20. Jahrhundert diktatorische bzw. von Parteidoktrinen geprägte Systeme die Macht übernommen haben, wurde die kommunale Selbstverwaltung entweder „gleichgeschaltet“ oder beseitigt, weil obrigkeitsstaatliche Gewalt – in welchem ideologischen Gewand sie auch immer auftritt – zentralistisch ist.

Viele unmittelbare Lebensbedürfnisse von einzelnen oder Gruppen können am besten von überschaubaren Organisationen und Institutionen erfüllt werden. Obwohl in der kommunalen Gebietsreform diese Tatsache nicht immer genügend berücksichtigt wurde, sind die Gemeinden, Städte und Landkreise der unmittelbare Lebensraum des Bürgers geblieben. Deshalb sind soziale, kulturelle und gesundheitliche Aufgaben in der kommunalen Selbstverwaltung besonders bedeutsam. Die Kommunen sind deshalb u. a. auch Träger der Sozial- und Jugendhilfe. Wo diese Aufgaben größeren Einheiten wie höheren Kommunalverbänden oder Bundesländern übertragen wurden, werden die Gemeinden und Kreise beteiligt, vielfach damit diese Aufgaben sachgerechter – d. h. unmittelbarer auf die Situation des Bürgers bezogen – erfüllt werden können.

Der Inhalt und die Aufgaben der kommunalen Selbstverwaltung haben sich in den einzelnen Bundesländern vergleichsweise einheitlich entwickelt. Dagegen weicht die „kommunale Verfassung“ der einzelnen Bundesländer erheblich voneinander ab. Dies hängt vor allem mit der geschichtlichen Entwicklung in den einzelnen Ländern und Landesteilen zusammen. Auch ihre gesellschaftliche und wirtschaftliche Struktur und die Siedlungsdichte haben dabei eine entscheidende

Rolle gespielt. Schließlich wurde der Neubeginn nach 1945 in den Besatzungszonen sehr stark von den Vorstellungen der Besatzungsmächte geprägt. – Daß auch in den folgenden Jahren die sehr unterschiedlichen Strukturen einander nicht angenähert wurden, liegt gar nicht so sehr am Starrsinn und am Beharrungsvermögen einzelner Länder oder politischer Kräfte. Ein wichtiger Grund liegt zweifellos darin, daß es keine ideale Kommunalverfassung gibt, die allen anderen Lösungsmöglichkeiten deutlich überlegen und deshalb überall durchzusetzen wäre.

So muß sich der Staatsbürger, vor allem aber der Mitarbeiter in der öffentlichen Verwaltung und damit auch in der (freien und öffentlichen) Wohlfahrtspflege vertraut machen mit den Kräften und Entwicklungen, die die gegenwärtige Situation gestaltet haben. Er muß die Situation in anderen Bundesländern wenigstens so weit kennen, daß er strukturelle sozialpolitische Entscheidungen verstehen und sich mit Kollegen aus anderen Bundesländern leichter verständigen kann. Dieser Aufgabe soll die folgende Übersicht über die Geschichte der Gemeinde- und Kreisordnungen und die unterschiedlichen Modelle für kommunale Verfassungen in der Bundesrepublik Deutschland dienen, die höheren Kommunalverbände werden wegen ihrer Sonderstellung eigens behandelt. Dabei kann auf die Einleitung zu der Sammlung über die „Gemeindeordnungen und Kreisordnungen in der Bundesrepublik Deutschland“ (Schriften des Deutschen Instituts für Urbanistik, Band 47) zurückgegriffen werden, die hier in Auszügen wiedergegeben wird:

A. Organe und Geschichte der Gemeinden und Kreise

I. Systematik der Gemeinde- und Kreisordnungen

„Nach Art. 28 Abs. 1 Satz 1 müssen Kreis und Gemeinden als oberstes Organ eine Volksvertretung besitzen, die aus allgemeinen, unmittelbaren, freien, gleichen und geheimen Wahlen hervorgegangen sein muß. Von der Erlaubnis des Art. 28 Abs. 1 Satz 3, wonach bei kleinen Gemeinden die Volksvertretung auch aus der Vollversammlung der wahlberechtigten Bürger bestehen darf, macht nach der Vergrößerung der Gemeinden durch die kommunale Gebietsreform der Jahre 1970–1978 nur noch Schleswig-Holstein Gebrauch.

Ausgehend von der zwingenden Voraussetzung einer Volksvertretung ergeben sich in abstrakter Reinheit zwei Organisationsmodelle für die Verteilung der kommunalverfassungsrechtlichen Kompetenzen. Entweder man bündelt alle Entscheidungskompetenzen bei der Volksvertretung; das sind die monistischen Systeme. Oder man verteilt Kompetenzen auf Parlament und Verwaltung; das sind die dualistischen Systeme.

Das monistische System möchte in seiner reinen Form die Verwaltung einschließlich der Verwaltungsspitze zu einem ‚unpolitischen‘, nur ausführenden Organ machen. Die Verwaltung besitzt in diesem System konsequenterweise immer nur vorläufige Zuständigkeiten, die jederzeit von der Volksvertretung wieder an sich gezogen werden können. Zur besseren Kontrolle der Verwaltung ist es außerdem im monistischen System üblich, daß aus der Volksvertretung heraus ein ständiger Ausschuß gebildet wird (der Verwaltungsausschuß, der Hauptausschuß), der die laufende Verwaltung mit unterschiedlichen Zuständigkeiten überwachen und lenken soll.

Das entgegengesetzte dualistische System führt bereits auf der kommunalen Ebene eine Art von Gewaltenteilung durch. Zuständigkeiten von Volksvertretung und Verwaltungsspitze sind hier, unbeschadet der Tatsache, daß die wesentlichen Kompetenzen bei der Volksvertretung liegen, klar gegeneinander abgegrenzt. Gegenseitige Hemmungsrechte ergänzen das Bild einer Gewaltenteilung.

Neben die beschriebene Unterscheidung von monistischen und dualistischen Gemeindeverfassungsformen treten die Unterschiede in der personellen Besetzung und in der organisatorischen Einbindung der Verwaltungsspitze. In personeller Hinsicht können als Verwaltungsspitze entweder eine Person (der Oberbürgermeister/Bürgermeister) oder zwei Personen (der Oberstadt- oder Gemeindedirektor und der Oberbürgermeister/Bürgermeister) oder ein Kollegium (der Magistrat, der Stadt- oder Gemeindevorstand) fungieren.

Diese ‚monokratisch' oder ‚doppelt' oder ‚kollegial' besetzte Verwaltungsspitze kann organisatorisch entweder in die Volksvertretung eingegliedert sein, dann besteht in der Regel Personalunion zwischen dem Vorsitzenden der Volksvertretung und dem leitenden Beamten; oder die Verwaltungsspitze kann ganz oder teilweise auch als Person (Oberstadtdirektor, Gemeindedirektor) oder Kollegium (Magistrat, Gemeindevorstand) neben der Volksvertretung angesiedelt sein, die dann einen anderweitigen Vorsitzenden hat.

Erhebliche Begriffsverwirrung besteht dadurch, daß von manchen Betrachtern die Kennzeichnung als monistische oder dualistische Gemeindeverfassung anhand des Kriteriums eingegliederte (monistisch) oder ausgegliederte (dualistisch) Verwaltungsspitze vergeben wird. Diese Verwirrung ist gefährlich, weil auch Systeme mit eingegliederter Verwaltungsspitze deutlich dualistisch organisiert sein können. Als Beispiel mag die süddeutsche Ratsverfassung dienen.

Folgt man der hier vertretenen Klassifizierung, so ergeben sich daraus in zusammenfassender, vereinfachender Wiederholung folgende möglichen Gemeindeverfassungstypen:

- Monistische Gemeindeverfassung
  Die monistische Gemeindeverfassung beruht auf einer Zentralisierung der Kompetenzen bei der kommunalen Vertretungskörperschaft. Die theoretische andere Möglichkeit, nämlich die Übertragung aller Zuständigkeiten auf die Verwaltungsspitze, war durch das Führerprinzip der deutschen Gemeindeordnung von 1935 verwirklicht; hier lag die alleinige Verantwortung beim Bürgermeister bzw. Oberbürgermeister.

- Dualistische Gemeindeverfassung
  Die dualistischen Gemeindeverfassungen stellen neben den Rat eine mit selbständigen Kompetenzen versehene Gemeindespitze. Diese Gemeindespitze kann entweder aus einem Kollegium von untereinander gleichberechtigten Mitgliedern (Senatoren, Magistratsmitgliedern) oder einem monokratisch herrschenden Bürgermeister/Oberbürgermeister mit seinen Mitarbeitern (Beigeordneten, Stadträten) bestehen.
- Monokratisch oder kollegial zusammengesetzte Verwaltungsspitze
  Sowohl in der monistischen wie in der dualistischen Kommunalverfassung kann die Verwaltungsspitze bestehen aus
- einem Oberbürgermeister/Bürgermeister als leitendem Beamten
- dem Oberbürgermeister/Bürgermeister als Vorsitzendem der gemeindlichen Volksvertretung und dem Oberstadtdirektor/Gemeindedirektor als Leiter des Verwaltungsapparates
- einem Kollegium mit dem Oberbürgermeister/Bürgermeister als Vorsitzendem (Magistrat, Stadt- oder Gemeindevorstand).
- Eingegliederte oder ausgegliederte Verwaltungsspitze

Sämtliche soeben genannten Arten von Verwaltungsspitzen können entweder in die Gemeindevertretung integriert oder aus ihr ausgegliedert sein.“

II. Organe der Gemeinden und Kreise

Diese abstrakten Modelle für die Kommunalverfassung haben sich in den einzelnen alten Bundesländern folgendermaßen ausgeprägt. (Ob und in welcher Weise das Kommunalverfassungsrecht der neuen Bundesländer, das unmittelbar nach der Wende verlassen wurde, weiterentwickelt wird, ist gegenwärtig noch offen):

a) „Gemeinsamkeiten der inneren Verfassung von Kreisen und Gemeinden

Für alle Bundesländer gilt, daß das organisatorische Leitbild von Gemeinde- und Kreisverfassung übereinstimmt:

- in Baden-Württemberg und Bayern besteht Parallelität zwischen dualistischer Kreisverfassung und dualistischer süddeutscher Ratsverfassung im Gemeinderecht, weil der Aufteilung der Kompetenzen zwischen dem Gemeinderat und der Gemeindevertretung im Gemeinderecht eine ähnliche Aufgabenverteilung zwischen dem Kreistag und dem Landrat im Kreisrecht gegenübersteht.
  Parallel ist auch die direkte Volkswahl von Landräten und Bürgermeistern in Bayern; in Baden-Württemberg werden nur die Bürgermeister direkt vom Volk gewählt;
- in Nordrhein-Westfalen und Niedersachsen ist die dem angelsächsischen Rechtskreis entlehnte Einrichtung einer doppelten Verwaltungsspitze mit dem (Ober-)Stadt- bzw. Gemeindedirektor als leitendem Verwaltungsbeamten im Gemeinderecht die Direktorialverfassung der Kreise vergleichbar, weil der Oberkreisdirektor als nicht dem Kreistag angehörender Hauptverwaltungsbeamter wie die Direktoren in den Gemeinden die Verwaltungsge-

schäfte führt, während der Bürgermeister bzw. Landrat „nur" der Gemeindevertretung bzw. dem Kreistag vorsitzt;
- in Schleswig-Holstein und in Hessen gleicht die Kreisausschußverfassung der Kreise der Magistratsverfassung der Städte, indem hier der Kreisausschuß, dort der Magistrat als Regierungsorgan mit wesentlichen selbständigen Kompetenzen ausgestattet ist;
- in Rheinland-Pfalz und im Saarland schließlich könnte man in Parallelität zur Bürgermeisterverfassung der Gemeinden von einer Landratsverfassung der Kreise sprechen, weil der dem Kreisausschuß vorsitzende staatliche Landrat ebenso kompetenzstark ist wie die Bürgermeister, die in der Gemeindevertretung und in deren Ausschüssen den Vorsitz innehaben.

b) Bemerkungen zur inneren Verfassung der Stadtstaaten Berlin, Bremen und Hamburg

Berlin

Berlin ist als Stadtstaat nicht in selbständige Gemeinden unterteilt. Nach Art. 3 seiner Verfassung nehmen Abgeordnetenhaus, Senat und Verwaltung die Aufgaben Berlins „als Gemeinde, Gemeindeverband und Land wahr". Dessen ungeachtet weist Berlin eine Gliederung in nicht rechtsfähige Bezirke auf, wobei die Bezirke, ähnlich wie selbständige Gemeinden, eine in direkter Wahl zustandegekommene Bezirksverordnetenversammlung besitzen und einen Bezirksbürgermeister, der durch die Bezirksverordnetenversammlung gewählt wird. Die Bezirksverordnetenversammlung ist nach Art. 56 der Verfassung das „Organ der bezirklichen Selbstverwaltung; sie übt die Kontrolle über die Verwaltung des Bezirks aus und stellt den jährlichen Finanzbedarf als Unterlage für den Haushaltsplan fest."

§ 2 des Bezirksverwaltungsgesetzes von Berlin definiert die Bezirksfassung als eine dualistische Einkammerverfassung mit ausgegliederter Verwaltung, indem es als Organe des Bezirks die Bezirksverordnetenversammlung und das Bezirksamt bestimmt. Die Bezirksverordnetenversammlung bildet aus ihrer Mitte heraus Ausschüsse. Für eine Reihe dieser Ausschüsse sind zusätzliche ehrenamtliche Mitglieder aus der Bürgerschaft, sogenannte Bürgerdeputierte, zu wählen, die vollstimmberechtigte Mitglieder der Ausschüsse werden. Die Bezirksverordneten müssen jedoch die Mehrheit im Ausschuß bilden.

Bremen und Bremerhaven

Nach Art. 143 der Landesverfassung der Freien Hansestadt Bremen bilden die Stadt Bremen und die Stadt Bremerhaven jede für sich eine Gemeinde des bremischen Staates. Die Freie Hansestadt Bremen bildet einen aus den Gemeinden Bremen und Bremerhaven zusammengesetzten Gemeindeverband höherer Ordnung.

Die gesetzlichen Organe der Stadtgemeinde Bremen sind identisch mit den Organen der Freien Hansestadt Bremen, nämlich der Bürgerschaft als dem gewählten Landtag Bremens und dem Senat als der Landesregierung der Freien Hansestadt.

Die Stadtverwaltung von Bremen hat für einen Teil der Stadtgemeinde sogenannte Ortsämter eingerichtet. Die Ortsämter nehmen die Verwaltungsaufgaben wahr, die ihnen durch Rechts- und Verwaltungsvorschriften und von den Fachbehörden übertragen werden. Bei jedem Ortsamt ist ein Beirat zu bilden. Dieser wählt aus seiner Mitte einen Sprecher und seinen Stellvertreter. Der Beirat ist zur Beratung über alle wichtigen Angelegenheiten des Ortsamtes einzuberufen. Die Beiratsmitglieder werden auf Vorschlag der Parteien und Wählervereinigungen von der Bürgerschaft (dem Landtag) für die Dauer ihrer Wahlperiode gewählt. Die Mitglieder des Beirates sollen sachkundige Bürger sein, die ihren Wohnsitz im Ortsamtsbereich haben.

Für diejenigen Ortsteile der Stadtgemeinde Bremen, die kein Ortsamt besitzen, sind sogenannte Stadtteilbeiräte und Ämter für Beiratsangelegenheiten zu bilden. Die Ämter für Beiratsangelegenheiten haben die Aufgabe, die bei ihnen wirkenden Stadtteilbeiräte in deren Arbeit zu unterstützen und so den Kontakt der Bürger zu den stadtbremischen Behörden zu stärken.

Für Bremerhaven bestimmt die Verfassung für die Stadt Bremerhaven als Organe der Stadt die Stadtverordnetenversammlung und den Magistrat. Analog der Verfassung der Stadtgemeinde Bremen handelt es sich um eine dualistische Einkammerverfassung mit ausgegliederter, kollegial organisierter Verwaltungsspitze.

Hamburg

Nach Art. 4 der Verfassung der Freien und Hansestadt Hamburg werden in Hamburg staatliche und gemeindliche Tätigkeit nicht getrennt. Hamburg weist eine in Bezirke eingeteilte Verwaltungsgliederung auf. Die Bezirke sind jedoch nicht mit Selbstverwaltungskörperschaften zu vergleichen, weil die Mitglieder der Bezirksämter als der örtlich zuständigen Verwaltungsbehörden nicht von der direkt gewählten Bezirksversammlung, sondern vom Senat bestimmt werden. Nur bei der Bestellung des Bezirksamtsleiters hat der Senat Einvernehmen mit der Bezirksversammlung herzustellen. Der Bezirksamtsleiter nimmt an den Sitzungen der Bezirksversammlung mit beratender Stimme teil.

III. Zur Rechtsgeschichte der Gemeinde- und Kreisordnungen

1. Geschichte der Gemeindeordnungen

Die soeben geschilderten Organisationstypen sind in den deutschen Ländern sowohl im Gemeinde- als auch im Kreisverfassungsrecht in bunter Vielfalt und Mischung vertreten. Bei den Gemeindeordnungen entspricht diese Vielfalt dem Bild, das die deutschen Gemeindeordnungen bis zum Jahre 1935, nämlich bis zur Einführung der Deutschen Gemeindeordnung, boten. In der Zeit vor 1933 liegen auch die Wurzeln für die in ihrer Bedeutung recht unklaren traditionellen Bezeichnungen der unterschiedlichen deutschen Gemeindeverfassungen, die sich in der Rechtswissenschaft eingebürgert haben. Man spricht im wesentlichen von der echten und der unechten Magistratsverfassung, von der rheinischen Bürgermeisterverfassung und von der süddeutschen und der norddeutschen Ratsverfassung.

Die Bezeichnung Magistratsverfassung geht auf die preußische Städteordnung vom 19. 11. 1808 zurück, in der erstmals durch Staatsgesetz ein Magistrat als von der Stadtverordnetenversammlung gewähltes, kollegiales Führungsorgan an die Spitze einer Stadt berufen wurde. Die Magistratsverfassung ist bis heute im wesentlichen eine Verfassung der Städte geblieben, die das Verfassungsbild der norddeutschen, insbesondere der schleswig-holsteinischen Städte bestimmt.

Die heute noch in Rheinland-Pfalz anzutreffende rheinische Bürgermeisterverfassung ist unter dem Einfluß französischer Verwaltungsordnung, die durch die napoleonischen Eroberungen nach Deutschland hereingetragen wurde, im Rahmen der rheinischen Gemeindeordnung vom 23. 7. 1845 und der rheinischen Städteordnung vom 15. 5. 1856 erstmals kodifiziert. Sie ist geprägt von dem mit starken eigenen Kompetenzen ausgestatteten, der Gemeindevertretung vorsitzenden Bürgermeister bzw. Oberbürgermeister. Im Sinne der obigen Einteilung ist die rheinische Bürgermeisterverfassung als ein dualistisches System mit monokratisch organisierter Verwaltungsspitze zu bezeichnen.

Die Bezeichnung „Ratsverfassung“ war ursprünglich der sogenannten süddeutschen Stadtratsverfassung vorbehalten. Diese durch die bayerische Gemeindeordnung vom 17. 10. 1927 und durch die württembergische Gemeindeordnung vom 19. 3. 1930 eingeführte Verfassung zeichnet sich durch die konsequente Eingliederung der Verwaltungsspitze in die Gemeindevertretung aus. In dieser Verfassung gibt es als beschließendes und ausführendes Kollegium nur ein Organ, nämlich den Stadt- bzw. Gemeinderat; der ihr angehörende, direkt gewählte Bürgermeister bzw. Oberbürgermeister hat den Vorsitz. Der Oberbürgermeister bzw. Bürgermeister wird bei der Führung der Verwaltung durch die berufsmäßigen und ehrenamtlichen Stadträte unterstützt. Da der (Ober-)Bürgermeister mit eigenen Kompetenzen gegenüber dem Gemeinderat als Kollegium versehen ist, handelt es sich aber trotz des Einkammersystems um einen dualistischen Gemeindeverfassungstyp.

Diese Nuance führt insbesondere deswegen zu begrifflicher Verwirrung, weil die sogenannte norddeutsche Ratsverfassung zu den monistischen Gemeindeverfassungen zu rechnen ist.

Die Einführung dieses monistischen Systems in Niedersachsen und in Nordrhein-Westfalen ist auf den Einfluß der britischen Besatzungsmacht nach 1945 zurückzuführen. Als die Alliierten 1945 das westdeutsche Staatsgebiet besetzten, galt für alle Gemeinden die Deutsche Gemeindeordnung von 1935, die vor allem in ihrem organisationsrechtlichen Teil nationalsozialistische Gedanken enthielt. Zur Beseitigung des nationalsozialistischen Führerprinzips nahmen die Besatzungsmächte in unterschiedlicher Weise auf die Neugestaltung der deutschen Gemeindeordnungen Einfluß.

In der britischen Zone, also in den Ländern Nordrhein-Westfalen, Niedersachsen und Schleswig-Holstein, ergriff die Besatzungsmacht selbst die Initiative. Auf der Grundlage der nichtveröffentlichten Richtlinien der Militärregierung für Verwaltung, Selbstverwaltung der Gemeinden und Gemeindeverbände und die öffentlichen Dienste erschien im Frühjahr 1946 die Verordnung Nr. 21.

Die Verordnung enthielt in der Anlage eine Neufassung der Deutschen Gemeindeordnung, die am 1. 4. 1946 in Kraft getreten ist. Der Vorspruch legte die Ziele dieser Neuordnung fest, nämlich „. . . das Naziwesen auszutilgen, . . . das Führerprinzip in allen Sphären der öffentlichen Verwaltung auszumerzen; die Befugnisse der öffentlichen Verwaltung, die bisher in einer einzelnen Person vereinigt waren, auf Personengruppen zu übertragen, die die verschiedenartigen Interessen der Bevölkerung vertreten. Die Deutsche Gemeindeordnung ist daher dergestalt abgeändert, daß das Führungsprinzip durch das Prinzip gemeinschaftlicher Verantwortung ersetzt ist. . . .“.

Das Bemühen der Engländer, die politische Gewalt in den Gemeinden von der Verwaltung auf die Gemeindevertretung zu verlagern, kommt sinnbildhaft darin zum Ausdruck, daß sie die traditionellen Bezeichnungen für den Hauptverwaltungsbeamten in Deutschland, nämlich Bürgermeister oder Oberbürgermeister, nun an den Vorsitzenden des Rates übertrugen, während der Leiter der Verwaltung zum Gemeindedirektor, Stadtdirektor oder Oberstadtdirektor ernannt wurde. Dieses System hat sich in Niedersachen und Nordrhein-Westfalen bis heute gehalten, während Schleswig-Holstein nach einer Übergangszeit zu Weimarer Vorbildern zurückgekehrt ist.

Im süddeutschen Raum der amerikanischen Zone waren es die vorläufigen Landesgesetzgeber, die auf Grund der ihnen von der Militärregierung gegebenen Ermächtigungen tätig wurden. So hat sich Bayern als das größte Land durch das Gesetz Nr. 31 vom 18. 12. 1945 eine vom Text der Deutschen Gemeindeordnung unabhängige neue Gemeindeordnung gegeben, die allerdings nur eine Übergangslösung darstellen sollte und in vielen Teilen auf das bisherige Gemeinderecht zurückverweisen mußte. Dagegen gingen Württemberg-Baden und Hessen bei ihren gesetzgeberischen Maßnahmen einen anderen Weg; sie legten die Deutsche Gemeindeordnung zugrunde, deren Vorschriften insoweit geändert wurden, als es die Beseitigung des Führerprinzips erforderte. Diese Anpassung geschah in Württemberg-Baden durch das sogenannte Anwendungsgesetz vom 20. 12. 1945 und vom 10. 1. 1946, dem kurz darauf im Februar 1946 eine Bekanntmachung der neugefaßten Gemeindeordnung folgte. Hessen erließ seine neue Gemeindeordnung am 21. 12. 1945.

Bayern (1952) und Baden-Württemberg (1955) kehrten bei ihren Neuregelungen zurück zur süddeutschen Stadtratsverfassung mit monokratisch organisierter Verwaltungsspitze, während in Hessen (1952) die Verwaltungsspitze durch ein kollegiales Organ, den Magistrat (Gemeindevorstand), gebildet wurde.

Rheinland-Pfalz schließlich als Land der französischen Besatzungszone konnte an die Vorkriegstradition der rheinischen Bürgermeisterverfassung anknüpfen, deren Gehalt ohnehin von französischem Gedankengut beeinflußt war. Die Franzosen nahmen hier auf die Rechtsgestaltung nur insofern Einfluß, als sie eine einheitliche Gemeindeverfassung für die Westzonen insgesamt nicht dulden wollten.

In der sowjetischen Besatzungszone war mit der Demokratischen Gemeindeordnung für die sowjetische Besatzungszone Deutschlands vom 14. 9. 1946 zunächst formal an das Kommunalrecht der Weimarer Republik angeknüpft worden. Die als solche durchaus akzeptable „demokratische Gemeindeordnung" betonte die Stellung der Gemeindevertretung als des alleinigen Beschlußorgans. Der von der Gemeindevertretung gewählte Rat wurde rechtlich auf den bloßen Verwaltungsvollzug festgelegt. Im übrigen handelte es sich bei der Organisationsform um eine stark parlamentarisierte Form der unechten Magistratsverfassung. Schon bald darauf setzte sich aber auf Betreiben der SED zunehmend die Vorstellung durch, daß in einem „sozialistischen Staat" kein Raum mehr für eine Selbstverwaltung sei, vielmehr äußere sich der Gesamtwille der Gesellschaft in einer ungeteilten politischen und staatlichen Gewalt. Unter diesem Blickwinkel wurden in den Jahren 1952 bis 1958 sämtliche staatlichen Ebenen nach dem Vorbild des von der Sowjetunion übernommenen „demokratischen Zentralismus" umgestaltet. Dies fand seinen organisationsrechtlichen Ausdruck vor allem darin, daß die Volksvertretungen jeder staatlichen Ebene (Städte und Gemeinden, Kreise, Bezirke, Zentralstaat) der Volksvertretung der jeweils höheren Ebene unterstellt wurden (Auszug aus S. 5–8).

2. *Geschichte der Kreisordnungen*

In aller Vereinfachung kann gesagt werden, daß das Kreisrecht als Organisationsform des bäuerlich besiedelten Landes seinen Anfang genommen hat, während das Gemeindeverfassungsrecht seine Ursprünge im Stadtrecht zu suchen hat.

In dieser unterschiedlichen Entwicklung liegt begründet, daß das Kreisverfassungsrecht sowohl in seinen Ursprüngen als auch bei Betrachtung der ersten positiven Regelungen viel stärker den Einflüssen einer ständischen Gesellschaftsordnung unterworfen gewesen ist als das im Bannkreis städtischer Freiheitsrechte sich entfaltende Gemeinderecht.

Als eine Keimzelle des Kreisverfassungsrechts können die preußischen „Creyßversammlungen" des 17. und 18. Jahrhunderts bezeichnet werden. Dabei handelte es sich um Zusammenkünfte der preußischen „Landstände", d. h. der adeligen Rittergutsbesitzer zur Wahl ihrer Vertreter in die ständischen Körperschaften. Daraus entwickelte sich allmählich der Kreistag als ständiges Organ mit dem Landrat als führendem Beamten.

Der Kreis als ländlich-ständische Organisationseinheit darf nicht verwechselt werden mit den 10 Reichskreisen, in die Kaiser Maximilian I. um das Jahr 1500 das Heilige Römische Reich Deutscher Nation einteilte. Der Reichstag von 1512 übertrug diesen Reichskreisen, an deren Spitze der von den Reichsständen gewählte Kreishauptmann stand, die Wahrung und Sicherung des Landfriedens und die Vollstreckung der Urteile des Reichskammergerichts. Die Reichskreise entsprachen in ihrer Größenordnung etwa den heutigen deutschen Bundesländern, so daß sie mit den hier in Rede stehenden Landkreisen nicht vergleichbar sind – nur die Bezeichnung ist das einende Element.

Der „Kreis" als Synonym für eine in sich geschlossene und übersichtliche ortsübergreifende Verwaltungseinheit findet sich als Bezeichnung erstmals in brandenburgischen Urkunden des 16. Jahrhunderts. Zuvor kannte man als kleine Verwaltungseinheiten Vogteien oder Ämter im Sinne von Amtsbezirken.

Die Kreise als kleinere Verwaltungseinheiten gewannen speziell in ihrer preußischen Ausprägung schon in den Zeiten ständischer Gesellschaftsordnung einen Zug, der sie bis heute auszeichnet: Sie wurden, zumeist verkörpert durch das dem Kreis vorstehende Landratsamt, zu Mittlern zwischen der Staatsverwaltung und den örtlichen Belangen.

Diese Mittlerrolle zeigte sich in besonderer Weise sowohl am Aufgabenkreis als auch am Ernennungsverfahren für den preußischen Landrat, dessen Status als der im Kreis führende Beamte und dessen einheitliche Bezeichnung in Preußen schon durch königliches Reskript vom 27. 12. 1701 festgelegt wurden. Die amtlichen Angelegenheiten des preußischen Landrats umfaßten von vornherein sowohl staatliche Obliegenheiten, nämlich insbesondere die Steuererhebung im Interesse des Staates, als auch die Sorge um das Wohl der Kreiseinwohner etwa durch die Organisation direkter Hilfeleistung, durch Steuernachlässe, durch die Vertretung örtlicher Argumente gegenüber staatlichen Anordnungen.

Die besonders durch den Freiherrn vom Stein und seine Mitarbeiter wiedererweckten Selbstverwaltungsideale in den Landkreisordnungen zur Geltung zu bringen, bereitete allerdings die größten Schwierigkeiten. Der Freiherr vom Stein wurde gestürzt, ohne daß die von ihm im Sinne der preußischen Städteordnung von 1808 geplante Neuordnung der Kreisorganisation erfolgt war.

Die in den Zeiten der Restauration zwischen 1825 und 1828 in Preußen erlassenen Kreisordnungen fußten allerdings weithin auf ständischen Vorstellungen, d. h. der Großgrundbesitz wurde bevorzugt, die Landgemeinden und das städtische Bürgertum benachteiligt.

Nachdem Artikel 105 der preußischen Verfassungsurkunde von 1850 unter dem Eindruck der Revolution von 1848 ein neues Kreisrecht mit voller Selbstverwaltung angekündigt hatte, erging am 11. 3. 1850 eine neue Kreis-, Bezirks- und Provinzialordnung. Hier erschien neben dem Landrat und der Kreisversammlung zum ersten Mal der eigentliche Kreisausschuß, für den vier von der Kreisversammlung gewählte Mitglieder vorgesehen waren. Er sollte das Selbstverwaltungsorgan des Kreises sein und auch das Aufsichtsrecht über die Gemeinden haben. Der Landrat wurde einseitig vom König ernannt; er hatte nicht den Vorsitz in der Kreisversammlung, war aber stimmberechtigter Vorsitzender des Kreisausschusses. Die Mitglieder der Kreisversammlung gingen aus Wahlen der Gemeinderäte hervor.

Das Reformgesetz von 1850 wurde jedoch nicht durchgeführt. Nachdem bereits eine Kabinettsorder vom 19. 6. 1852 seine Anwendung untersagt hatte, wurde es durch Gesetz vom 24. 5. 1853 am gleichen Tag wie der Artikel 105 der Verfassungsurkunde außer Kraft gesetzt. Es dauerte 20 Jahre, bis dieser erneute Rückschlag in den Reformbestrebungen um die preußische Kreisordnung überwunden wurde.

Die preußischen Kreisordnungen der Jahre 1872 bis 1888 sind weniger in ihrem Gehalt als vielmehr in ihren Anstößen epochemachend gewesen: Anstöße in Richtung auf die Einführung der Verwaltungsgerichtsbarkeit, in Richtung auf die Einführung gewählter Volksvertretungen in den Kreisen, in Richtung auf die Beteiligung von Bürgern an der Kreisverwaltung durch Ehrenämter. In den Kreisordnungen selbst waren diese Anliegen überwiegend nur halbwegs verwirklicht: Die Verwaltungsgerichtsbarkeit war von der Verwaltung noch nicht getrennt, die Wahl der Kreisverordneten geschah nach einem Dreiklassenwahlrecht und indirekt, die ehrenamtliche Beteiligung an der Verwaltung wurde nur in sehr geringem Umfang durchgeführt.

Das preußische Oberverwaltungsgericht, das 1875 als erstes aus der Verwaltung ausgegliedertes höheres Verwaltungsgericht in Preußen entstand, wurde mit zum Ausgangspunkt der deutschen Verwaltungsgerichtsbarkeit. Am 3. 12. 1920 wurde für die preußischen Kreistage das allgemeine, geheime und unmittelbare Wahlrecht eingeführt. Die Beteiligung der Bürger durch das Ehrenamt an der kommunalen Verwaltung ist seither in Deutschland wesentlicher Bestandteil des Organisationsgefüges der kommunalen Selbstverwaltung.

In der gleichen Zeit, in der in Preußen ein modernes Kreisverfassungsrecht seinen Anfang und Fortgang nahm, wurde auch in den meisten übrigen deutschen Ländern ein fortschrittliches Kreisverfassungsrecht eingeführt.

Die Weimarer Epoche brachte, neben der Stärkung demokratischer Verfahrensweisen in den Kreisen, die erstmalige Zuweisung einer „Kompetenz-Kompetenz" an die Kreise durch das Einführungsgesetz zu dem Gesetz über die kommunale Neugliederung des rheinisch-westfälischen Industriegebiets vom 29. 7. 1929. Den Kreisen wurde darin unter bestimmten Voraussetzungen das Recht zugestanden, Selbstverwaltungsangelegenheiten der Gemeinden auf sich selbst zur ausschließlichen Zuständigkeit zu überführen. Um diese Kompetenz-Kompetenz rankte sich ein nicht enden wollender Streit um die zuträgliche Aufgabenverteilung zwischen Kreis und Gemeinden, der bis heute nicht ganz verstummt ist. Das Problem der Aufgabenverteilung zwischen Kreisen und Gemeinden ist auch heute ein Thema von besonderer Aktualität, weil einerseits die Gemeinde der bürgernächste Verwaltungsträger ist, andererseits aber die technische Entwicklung und die steigenden Ansprüche des Bürgers dazu geführt haben, daß zahlreiche Aufgaben aus dem örtlichen Bereich herausgewachsen sind.

Die Zersplitterung, die das Kreisrecht aus den Zeiten der Monarchie bis in die Zeit der Weimarer Republik bewahrt hatte, wurde bis 1933 und auch danach nicht beseitigt. Die einzige inhaltliche Angleichung fand durch die dritte Verordnung über den Neuaufbau des Reiches vom 28. 11. 1938 statt, durch die einheitlich im Reich die Bezeichnung „Landrat“ für den im Kreis führenden Beamten und „Landkreis“ für den entsprechenden Verwaltungsbezirk eingeführt wurde. Eine Vereinheitlichung, wie sie das Gemeinderecht durch die deutsche Gemeindeordnung vom 30. 1. 1935 erfahren hat, ist für die deutschen Kreisordnungen nicht zustande gekommen. So ist die Verschiedenheit von Land zu Land, die die deutschen Kreisordnungen bis heute kennzeichnet, nicht nur auf den Einfluß der Besatzungsmächte nach 1945 zurückzuführen, die in ihren Besatzungszonen sehr unterschiedlichen Einfluß auf diese gerade in den Zeiten des Neuaufbaus sehr wichtige Rechtsmaterie nahmen.

Nach dem Zusammenbruch im Jahre 1945 waren von der allgemeinen Verwaltung nur die Gemeinde- und Landkreisverwaltungen übriggeblieben. Ihnen ist es zu verdanken, daß in Deutschland nicht das völlige Verwaltungschaos hereinbrach, sondern daß die Hauptprobleme einer geordneten Unterbringung und Ernährung der Bevölkerung wenigstens notdürftig gelöst werden konnten. Die Besatzungsbehörden bedienten sich von Anfang an dieses Restes an Verwaltungsorganisation.

Zur Beseitigung der Spuren des nationalsozialistischen Staatssystems setzten sie allerdings das geltende Recht großteils außer Kraft, ohne das frühere Recht der Weimarer Republik automatisch wieder aufleben zu lassen. Das führte anfangs zu nicht unbeträchtlicher Rechtsunsicherheit.

Auf Druck der Besatzungsmacht hin mußten die Länder ein neues Kreisrecht erlassen. In der amerikanisch besetzten Zone wurden bei den Kreisen Ausschüsse als Vertretungsorgane mit unterschiedlichen Aufgaben gebildet. Bayern erließ eine Kreisordnung vom 18. 2. 1946, das neue, vergrößerte Hessen eine Kreisordnung vom 24. 1. 1946 und Württemberg-Baden eine Kreisordnung vom 7. 3. 1946. Alle drei Kreisordnungen versuchten, zu alten Grundsätzen in Verfassung und Organisation der Kreisverwaltung zurückzukehren oder sie aufrecht zu erhalten. So blieb z. B. die Doppelfunktion der Kreisverwaltung als Einrichtung der Staats- und Selbstverwaltung erhalten. Jedoch wurde der Landrat nicht mehr vom Staat ernannt, sondern vom Kreistag auf Zeit gewählt und darüber hinaus – in Bayern und Württemberg-Baden – auch noch kommunaler Beamter, während er in Hessen Staatsbeamter blieb.

In der französischen Besatzungszone wurde am wenigsten in das bisherige (ehemals preußische) Recht eingegriffen. Die Verordnung Nr. 60 des französischen Oberkommandierenden veränderte den Rechtsstatus des Kreises und die Stellung seiner Organe, des Kreistags, des Kreisausschusses und des Landrats nur geringfügig. Statt des Kreistags wurde eine Kreisversammlung eingeführt, deren Angehörige nach den Grundsätzen der Zeit vor 1933 gewählt wurden. Der Landrat war Vorsitzender dieser Kreisversammlung, deren Aufgaben denen des früheren Kreistages glichen. Der Kreisausschuß wurde durch den Kreisversammlungsausschuß ersetzt. Auch hier führte der Landrat, allerdings ohne Stimmrecht, den Vorsitz. Der Kreisversammlungsausschuß war seinem Charakter nach etwa mit dem sogenannten Hauptausschuß im Gemeinderecht der britisch besetzten Zone zu vergleichen.

Zur Ablösung der Verordnung Nr. 60 erließ das Land Rheinland-Pfalz am 27. 9. 1948 ein – im Laufe der Jahre verschiedentlich geändertes – „Selbstverwaltungsgesetz", das auch die Landkreisordnung enthielt. Danach blieb der Kreis wie bisher Selbstverwaltungskörperschaft und staatlicher Verwaltungsbezirk. Er behielt die Universalität der Aufgaben und auch die Kompetenz-Kompetenz. Seine Organe waren der Kreistag, der Kreisausschuß und der Landrat, der Staatsbeamter blieb und für dessen Vertretung Kreisdeputierte eingesetzt wurden.

Württemberg-Hohenzollern erließ eine Kreisordnung am 22. 12. 1948. Auch hier blieb der Kreis kommunale Gebietskörperschaft und staatlicher Verwaltungsbezirk. Er behielt als Organe den Kreisrat (dem Kreisausschuß vergleichbar) und den Landrat, einen Staatsbeamten. Das Land Baden erließ keine Kreisordnung. Hier galt die Verordnung Nr. 60 des französischen Oberkommandierenden zunächst weiter. In der britisch besetzten Zone wich die neue Organisation vom früheren deutschen Recht am weitesten ab. Zunächst setzte die Besatzungsmacht überall Landräte ein. Sie trugen nach Weisung der Besatzungsmacht die alleinige Verantwortung für ihren Kreis. Verschiedene Instruktionen folgten, beratende Ausschüsse wurden eingesetzt, dann durch die Verordnung Nr. 50 vom 15. 2. 1946 ausführende Ausschüsse. Den Abschluß dieser Entwicklung brachte die Verordnung Nr. 21 vom 1. 4. 1946. Die Verordnung Nr. 21 galt gleichzeitig für die Gemeinden und Landkreise. Sie enthielt eine Übersetzung und Überarbeitung der deutschen Gemeindeordnung von 1935, jedoch in sehr wesentlichen Teilen verändert. Am stärksten fiel die von den Briten eingeführte Organisationsform in die Augen, nämlich die Einführung einer doppelten Verwaltungsspitze. Diese Verwaltungsspitze bestand aus einem politischen Repräsentanten und aus einem Hauptverwaltungsbeamten als Berufsbeamten. Der politische Repräsentant erhielt die Bezeichnung Landrat (er war der Vorsitzende des Kreistages), während der Hauptverwaltungsbeamte die Bezeichnung „Kreisdirektor", später „Oberkreisdirektor" erhielt.

Die allmählich sich in den Westzonen konstituierenden deutschen Länderregierungen versuchten zwar, der sich abzeichnenden Zersplitterung des Kreisverfassungsrechts durch einen einheitlichen Entwurf Herr zu werden. Erfolg war diesem Unterfangen jedoch nicht beschieden.

In der Bundesrepublik Deutschland wurden in den fünfziger Jahren die z. T. provisorischen Regelungen der Nachkriegszeit durch neue Landkreisordnungen ersetzt. Es gelang den deutschen Landesregierungen trotz mancherlei verbaler Ansätze jedoch weiterhin nicht, eine Vereinheitlichung des Kreisverfassungsrechts zu erreichen (Auszug aus S. 8–12).

Zusammenfassend ist festzustellen, daß jeweils nur folgende Bundesländer annähernd vergleichbare Kommunalverfassungen haben, obwohl auch bei ihnen noch wesentliche Unterschiede zu beachten sind:

Niedersachsen und Nordrhein-Westfalen
Hessen und Schleswig-Holstein
Rheinland-Pfalz und Saarland
Baden-Württemberg und Bayern
die Stadtstaaten nur insoweit, als bei ihnen die kommunalen Ebenen entweder nicht vorhanden oder nur in Ansätzen ausgebildet sind.

IV. Zur Entwicklung der Kommunen im Osten Deutschlands nach 1945

„Im Zuge der antifaschistisch-demokratischen Umgestaltung entstanden schon bald nach Beendigung des 2. Weltkrieges neue Verwaltungsorgane in den Städten und Gemeinden der sowjetischen Besatzungszone (SBZ). Bereits im Juli 1945 bestätigte die sowjetische Militäradministration (SMAD) die vom Block der antifaschistisch-demokratischen Parteien unterbreiteten Vorschläge zur Bildung von Landes- und Provinzialverwaltungen.

Die SMAD beschloß am 14. 6. 1946 eine Gemeindeverfassung für die Länder und Provinzen der SBZ. Durch Gesetze der Präsidenten der Landesverwaltungen bzw. durch Gesetze der Landtage wurde diese Gemeindeverfassung nachfolgend in Kraft gesetzt. Sie knüpfte in wichtigen Punkten an die Traditionen der deutschen Kommunalverfassung an:

- Fixierung des Status der Gemeinden als Selbstverwaltungskörperschaften
- Unterscheidung von Selbstverwaltungs- und Auftragsangelegenheiten
- Satzungsrecht
- Haushalts- und Finanzautonomie
- Beschränkung der Aufsichtsrechte der übergeordneten Kreis- und Landtage auf eine Rechtsaufsicht
- Beschwerderecht der Gemeinden gegen Anordnungen übergeordneter Behörden.

Neben diesen herkömmlichen Merkmalen der kommunalen Selbstverwaltung fanden in den Gemeindeordnungen und späteren Kreisordnungen Ideen ihren Niederschlag, die auf dem stalinistischen Staatsmodell beruhten. Das äußerte sich insbesondere in der Hervorhebung der Stellung der Gemeindevertretung als oberstes Willens- und Beschlußorgan der Gemeinde, das zugleich die Richtlinien für die Gemeindeverwaltung vorgab und deren ordnungsgemäße Durchführung überwacht.

Die Erfahrungen, die die Kommunen bei der Leitung der gesellschaftlichen Prozesse sammelten, flossen ein in die 1946 bis 1949 geführte Verwaltungsdebatte. Sowohl die Länderverfassungen der fünf Länder der SBZ, als auch die Verfassung der DDR von 1949 verankerten dementsprechend das Selbstverwaltungsrecht der Kommunen als Verfassungssatz.

Mit der Schaffung eines umfangreichen volkseigenen Sektors verstärkten sich Ende der vierziger – Anfang der fünziger Jahre die Zentralisierungsbestrebungen im Bereich der Wirtschaft und der Staatsorganisation. Das blieb nicht ohne Auswirkungen auf die Kommunen. In wachsendem Maße rückten Fragen der Planung und Bilanzierung, der Arbeitskräftelenkung, der Schaffung entsprechender Infrastrukturen für die Industrie in das Blickfeld der örtlichen staatlichen Organe.

Die stärkere organisatorische und sachliche Einbindung der Städte und Gemeinden in das einheitliche Steuergefüge ging einher mit einer Stabilisierung ihrer finanziellen und wirtschaftlichen Lage. Dafür wurden durch eine Reihe von rechtlichen Maßnahmen die Bedingungen geschaffen. Seinen wohl markantesten Ausdruck fand der Zentralisierungsprozeß dieser Zeit im Gesetz über die weitere Demokratisierung des Aufbaus und der Arbeitsweise der staatlichen Organe in den Ländern der DDR vom 23. 7. 1952. Es statuierte einen neuen Verwaltungsaufbau der DDR entsprechend den neuen wirtschaftsverwaltenden Aufgaben des Staates. Die auf föderativen Prinzipien beruhende Länderstruktur wurde beseitigt. Anstelle der bisherigen Landtage und Landesregierungen traten 14 Bezirkstage und -räte. Die bestehenden 132 Kreise wurden neu formiert zu 217 Kreisen. Rechtliche Grundlage für die neugebildeten örtlichen Staatsorgane waren die vom Ministerrat beschlossenen Ordnungen für den Aufbau und die Arbeitsweise der staatlichen Organe in den Bezirken, Kreisen und Stadtbezirken. Für die Gemeinden und Städte blieben vorerst die 1946 erlassenen Gemeindeordnungen in Kraft. Erst mit dem Gesetz vom 18. 7. 1957 über die örtlichen Organe der Staatsmacht wurde eine einheitliche Rechtsgrundlage für alle örtlichen Staatsorgane geschaffen und die noch geltenden Gemeindeordnungen außer Kraft gesetzt. Damit nahm man auch von den letzten Resten des kommunalen Selbstverwaltungsrechts Abschied.

Die strenge Zentralisierung in Wirtschaft, Politik und Verwaltung verlief indes nicht reibungslos. Bereits ein Jahr nach der Annahme des Gesetzes über die örtlichen Organe der Staatsmacht wurde die Forderung nach einer generellen Überprüfung der Struktur und Arbeitsweise des Staatsapparates laut. Die örtlichen Volksvertretungen bis hin zu den Gemeinden sollten die volle Verantwortung für die Durchführung aller in ihrem Tätigkeitsbereich anfallenden staatlichen und wirtschaftlichen Aufgaben erhalten. Diesem Anliegen war das Gesetz über die Vervollkommnung und Vereinfachung der Arbeit des Staatsapparates in der DDR vom 11. 2. 1958 verpflichtet.

Die Metamorphose der Städte und Gemeinden von Selbstverwaltungskörperschaften zu Gliedern einer zentralen Staatsverwaltung fand schließlich ihren Ausdruck in der Verfassung der DDR von 1968, die die Städte und Gemeinden als eigenverantwortliche Gemeinschaften im Rahmen der zentralen staatlichen Planung und Leitung charakterisierte. Die weitere detaillierte Regelung der Aufgaben und Befugnisse erfolgte durch das Gesetz vom 12. 7. 1973 über die örtlichen Volksvertretungen und ihre Organe in der DDR. Durch eine genauere Bestimmung und Abgrenzung der Zuständigkeitsbereiche der Volksvertretungen der einzelnen Ebenen bewirkte das Gesetz eine Aufwertung der örtlichen staatlichen Organe. Eine grundlegende Dezentralisierung der Entscheidungsmacht sah das Gesetz allerdings nicht vor.

Infolge wesentlich veränderter ungünstiger innerer und äußerer ökonomischer Rahmenbedingungen sah man sich in der DDR Anfang der achtziger Jahre veranlaßt, neue Reserven für das Leistungs- und Effektivitätswachstum in der Wirtschaft zu erschließen. Mit dem Gesetz über die örtlichen Volksvertretungen vom 4. 7. 1985 wurde der Versuch unternommen, die höhere Verantwortung der örtlichen Staatsorgane für die Verbesserung der territorialen Reproduktionsbedingungen der Wirtschaftseinheiten mit der Forderung nach mehr Eigenständigkeit und Flexibilität der örtlichen Staatsorgane zu verbinden.

Dennoch konnte dieses Gesetz, ebenso wie sein Vorgänger aus dem Jahre 1973, keine tiefgreifenden Reformabsichten für sich in Anspruch nehmen. Zwar wurde die direkte Verantwortung der Abgeordneten in den Kommunalparlamenten weiter ausgeschaltet, die Rechte klarer fixiert; das änderte aber nichts an dem praktischen Zustand, daß Vertreterkörperschaften vorrangig über verbindliche Vorgaben und Sachzwänge entscheiden mußten. Die von den Bürgern geforderten Ergebnisse mußten folglich ausbleiben" (Dt. Städtetag, Das schwere Erbe. . ., 1990 S. 30–33).

V. Die DDR-Kommunen im Jahre 1989

1. Die Kommunen im Staatsaufbau – administrative Einordnung

„Das Staatsgebiet der DDR gliederte sich in 15 Bezirke, die wiederum in 38 Stadtkreise und 189 Landkreise unterteilt sind. Die unterste administrativ-territoriale Ebene bilden die 7563 kreisangehörigen Städte und Gemeinden. Verteilt auf die Bezirke ergibt sich folgendes Bild (Stand 31. 12. 1988):

Bezirk	Zahl der Stadt- und Landkreise		Zahl der kreisangehörigen Städte und Gemeinden	Wohnbevölkerung insgesamt
1 Berlin	11	–	1	1 284 535
2 Cottbus	1	14	569	884 744
3 Dresden	2	15	594	1 757 363
4 Erfurt	2	13	718	1 240 394
5 Frankfurt a.d.O.	3	9	438	713 764
6 Gera	2	11	528	742 023
7 Halle	3	20	684	1 776 458
8 K.-Marx-Stadt (Chemnitz)	3	21	601	1 859 525
9 Leipzig	1	12	421	1 112 100
10 Magdeburg	1	17	655	902 500
11 Neubrandenburg	1	14	492	620 467
12 Potsdam	2	15	755	1 123 759
13 Rostock	4	10	360	916 541
14 Schwerin	1	10	389	595 176
15 Suhl	1	8	358	549 442
DDR	38	189	7 563	16 674 632

Städte, die in keinem Landkreis eingeordnet sind und deren Stadtgrenzen die Kompetenzen von Staatsorganen eines Kreises besitzen, werden als Stadtkreise definiert. Zu ihnen gehörten insbesondere alle Zentren der Bezirke. Ein Teil der Stadtkreise, z. B. die Städte Leipzig, Dresden, Chemnitz, Magdeburg, Halle und Erfurt wurden in Stadtbezirke gegliedert.

Die Bezeichnung einer Ortschaft als ‚Stadt' oder ‚Gemeinde' hängt oftmals von ihrer überkommenen historischen Stellung, wie auch von der Größe der Ortschaft ab. So gibt es Städte mit weniger als 1000 Einwohnern, weil ihnen als frühere Marktflecken das Stadtrecht zugesprochen wurde. Andererseits gibt es Orte mit 10 000 und mehr Einwohnern, die lediglich als Gemeinden bezeichnet werden.

Den größten Anteil an der Gesamtzahl der Gemeinden haben die Gemeinden mit weniger als 500 Einwohnern (47,3%). Trotz absoluter Verringerung der Zahl der Gemeinden dieser Größe nahm ihr Anteil an den Gemeinden insgesamt in den letzten Jahrzehnten stetig zu. Der Anteil der Gemeinden mit mehr als 500 Einwohnern sank dagegen. Ein vergleichbares Bild bieten die kreisangehörigen Städte. Dort dominieren Städte mit einer Einwohnerzahl von 2000–3000 Einwohnern, auch wenn die Zahl der Städte mit mehr als 10 000 Einwohnern in den letzten 10 Jahren geringfügig gestiegen bzw. unverändert geblieben ist.

2. Die staatsrechtlichen Grundlagen für die Stellung der DDR-Kommunen

Soll die tatsächliche Situation der DDR-Kommunen im zentralistischen Einheitsstaat annähernd beschrieben und begriffen werden, so muß zumindest die politisch-ideologische Determination des Staates, die ihren Ausdruck gerade auch in der staatsrechtlichen Ausgestaltung gefunden hat, in ihren Wurzeln grob umrissen werden.

Bereits § 1 des GöV (Gesetz über die örtlichen Volksvertretungen der DDR) weist auf folgende Zusammenhänge hin (auszugsweise):

‚Die örtlichen Volksvertretungen . . . (als Souverän deklariert)
verwirklichen unter Führung der Sozialistischen Einheitspartei Deutschlands (SED) die Politik der Arbeiter- und Bauern-Macht . . .
sind . . . Organe der sozialistischen Staatsmacht
entscheiden gemäß der Verfassung, den Gesetzen und anderen Rechtsvorschriften . . .'

Im Artikel 1 der Verfassung der DDR war übereinstimmend der gleiche Führungsanspruch verankert:

‚Die DDR ist ein sozialistischer Staat der Arbeiter und Bauern. Sie ist die politische Organisation der Werktätigen in Stadt und Land unter Führung der Arbeiterklasse und ihrer marxistisch-leninistischen Partei . . .'

Im seit 1976 bis 1989 gültigen Programm der SED wurde bezüglich der Aufgaben für die Staatsentwicklung folgendes festgelegt:

‚Die Politik der Sozialistischen Einheitspartei Deutschlands ist auf die weitere allseitige Stärkung des sozialistischen Staates der Arbeiter und Bauern als einer Form der Diktatur des Proletariats gerichtet, die die Interessen des ganzen Volkes der Deutschen Demokratischen Republik vertritt.'
Er ist das Hauptinstrument der von der Arbeiterklasse geführten Werktätigen . . . (wobei es an vorderster Stelle des Programms heißt, daß die SED ‚der bewußte und organisierte Vortrupp der Arbeiterklasse ist') . . . bei der Gestaltung der entwickelten sozialistischen Gesellschaft und auf dem Weg zum Kommunismus. Das Leninsche Prinzip des demokratischen Zentralismus ist die bewährte Grundlage für den Aufbau, das Zusammenwirken und die Tätigkeit aller Organe der sozialistischen Staatsmacht.'

Unter dieser Diktion waren die örtlichen Volksvertretungen als Moment des zentralistischen Einheitsstaates im totalitären Parteistaat verankert und ihre Organisation sowie Arbeitsweise vorbestimmt.

Damit wird deutlich, daß mit dem Scheitern dieses Gesellschaftsmodells auch alle Teile dieses Systems, einschließlich der bisherigen Kommunalverwaltungen alten Stils, ihre Berechtigung und Existenz verloren haben.

Die SED installierte zur Erhaltung ihres Machtanspruchs ein weitverzweigtes einheitliches System staatlicher Organe als ihr selbstbestimmtes ‚Hauptinstrument'. Zu diesem System gehörten:

- die durch Wahlfarce gewählten Volksvertretungen, die – von der Volkskammer über die Bezirkstage, Kreistage, Stadtverordneten- und Stadtbezirksversammlungen bis hin zu den Gemeindevertretungen – die Grundlage des einheitlichen Systems der Staatsorgane bildeten;
- der Ministerrat, die Ministerien und anderen zentralen Staatsorgane sowie die Räte der Bezirke, Kreise, Städte, Stadtbezirke und Gemeinden mit ihren Fachorganen[1]), die im Auftrage ihrer Volksvertretungen handelten und ihnen für die Leitung der politisch-staatlichen, wirtschaftlichen, sozialen und kulturellen Entwicklung verantwortlich waren;
- die Gerichte und die Staatsanwaltschaft als staatliche Organe, die für den Schutz der sozialistischen Gesetzlichkeit und der Rechte der Bürger verantwortlich waren;
- die Nationale Volksarmee, die Grenztruppen der DDR, die Organe des Ministeriums des Innern und des Ministeriums für Staatssicherheit und die Kräfte der Zivilverteidigung, die die innere und äußere Sicherheit des sozialistischen Staates gewährleisten sollten;
- die Leitungsorgane der Wirtschaft und der anderen gesellschaftlichen Bereiche, die – den jeweiligen Erfordernissen entsprechend – den zentralen Staatsorganen oder den örtlichen Räten unterstellt waren.

Das diesem System immanente Struktur-, Leitungs- und Organisationsprinzip des demokratischen Zentralismus wurde deklariert bzw. staatsrechtlich ausgestaltet in der ‚Einheit von zentraler Leitung und Planung der Grundfragen der gesellschaftlichen Entwicklung und der Eigenverantwortung der örtlichen Staatsorgane und Betriebe sowie der Initiative der Werktätigen‘. Selbst in dieses Prinzip des demokratischen Zentralismus hinein wurde zur ‚Sicherung der Einheitlichkeit der staatlichen Leitung‘, als weiterer Eckpfeiler des zentralistischen Einheitsstaates, ein weiteres Prinzip subordiniert – das Prinzip der doppelten Unterstellung.

Das Wesentliche dieses Prinzips bestand darin, daß die Räte ihrer Volksvertretung und dem übergeordneten Rat verantwortlich und rechenschaftspflichtig, die Fachorgane der örtlichen Räte ihrem Rat und dem zuständigen Fachorgan des übergeordneten Rates bzw. dem zuständigen Ministerium oder einem anderen zentralen Staatsorgan unterstellt waren. Es schloß das Recht der jeweils übergeordneten Volksvertretung ein, Beschlüsse der Volksvertretungen der Städte und Gemeinden im Falle ihres Verstoßes gegen Gesetze, andere Rechtsvorschriften oder Beschlüsse übergeordneter Volksvertretungen aufzuheben. Bis zur Entscheidung darüber konnte der Rat der übergeordneten Volksvertretung die Durchführung des umstrittenen Beschlusses aussetzen. Ein Beschwerdeverfahren für die nachgeordneten Volksvertretungen sah das Gesetz nicht vor. Ebensowenig existierte ein rechtsstaatliches Verfahren für die Inanspruchnahme des im Artikel 41 der Verfassung der DDR gewährten Schutzes für die Städte und Gemeinden. Ein Verfassungsrecht gab es in der DDR nicht“ (Auszug aus: Dt. Städtetag 1990, Das schwere Erbe . . ., S. 8–15).

---

[1]) „Räte der . . . mit ihren Fachorganen“ in etwa synonym zu den Verwaltungsbehörden des Landes, Regierungsbezirkes, Landtages usw.

B. Die kommunalen Spitzenverbände

I. Aufgaben

Um die vielfältigen Aufgaben der einzelnen kommunalen Ebenen besser zu gestalten, Erfahrungen auszutauschen und die Interessen gegenüber dem Gesetzgeber und der staatlichen Verwaltung wirksam zu vertreten, entstand schon am Ende des 19. Jahrhunderts der Gedanke, entsprechende Vereinigungen und Verbände zu gründen. Aus diesen Ansätzen heraus haben sich folgende kommunale Spitzenverbände entwickelt:

Deutscher Städte- und Gemeindebund
Deutscher Städtetag
Deutscher Landkreistag.

Die Arbeitsgemeinschaft der höheren Kommunalverbände ist auf Bundesebene nicht als kommunaler Spitzenverband anerkannt.

Die kommunalen Spitzenverbände werden auf Landes- und auf Bundesebene in allen wichtigen kommunalpolitischen Angelegenheiten, insbesondere bei Gesetzesvorlagen und Verwaltungsvorschriften gehört. Die Bundesminister sind verpflichtet, Gesetzentwürfe den kommunalen Spitzenverbänden zuzuleiten. In der Geschäftsordnung des Deutschen Bundestages (gültig ab 1. 10. 1980) ist über die Anhörung von Interessenvertretern im allgemeinen und speziell über die Beteiligung der kommunalen Spitzenverbände am Gesetzgebungsverfahren folgendes bestimmt:

„Zur Information über einen Gegenstand seiner Beratung kann ein Ausschuß öffentliche Anhörungen von Sachverständigen, Interessenvertretern und anderen Auskunftspersonen vornehmen. Bei überwiesenen Vorlagen ist der federführende Ausschuß auf Verlangen eines Viertels seiner Mitglieder dazu verpflichtet; bei nicht überwiesenen Verhandlungsgegenständen im Rahmen des § 62 Abs. 1 Satz 3 erfolgt eine Anhörung auf Beschluß des Ausschusses. Die Beschlußfassung ist nur zulässig, wenn ein entsprechender Antrag auf der Tagesordnung des Ausschusses steht“ (§ 70 Abs. 1).

„Berät der Ausschuß eine ihm überwiesene Vorlage, durch die wesentliche Belange von Gemeinden und Gemeindeverbänden berührt werden, soll den auf Bundesebene bestehenden kommunalen Spitzenverbänden vor Beschlußfassung im Ausschuß Gelegenheit zur Stellungnahme gegeben werden. Dies gilt insbesondere bei Entwürfen von Gesetzen, die ganz oder teilweise von den Gemeinden oder Gemeindeverbänden auszuführen sind, ihre öffentlichen Finanzen unmittelbar betreffen oder auf ihre Verwaltungsorganisation einwirken. Von der Bestimmung des Satzes 1 kann bei Regierungsvorlagen abgesehen werden, wenn aus der Begründung der Vorlagen die Auffassungen der kommunalen Spitzenverbände ersichtlich sind. Die Rechte des Ausschusses aus § 70 Abs. 1 bleiben unberührt“ (§ 69 Abs. 5).

„Ausschußberichte an den Bundestag über Vorlagen sind in der Regel schriftlich zu erstatten. Sie können mündlich ergänzt werden.

Die Berichte müssen die Beschlußempfehlung des federführenden Ausschusses mit Begründung sowie die Ansicht der Minderheit und die Stellungnahmen der beteiligten Ausschüsse enthalten. Wenn kommunale Spitzenverbände im Rahmen des § 69 Abs. 5 Stellung genommen haben, müssen, sofern Informationssitzungen nach § 70 Abs. 1 stattgefunden haben, sollen die dargelegten Auffassungen in ihren wesentlichen Punkten im Bericht wiedergegeben werden" (§ 66).

Die Zusammenarbeit zwischen der Bundesregierung und den kommunalen Spitzenverbänden ist in der gemeinsamen Geschäftsordnung der Bundesministerien geregelt.

In den einzelnen Bundesländern gibt es ähnliche Regelungen für die Beteiligung oder Anhörung der kommunalen Spitzenverbände durch die Parlamente bzw. Regierungen.

„Die Aufgaben der kommunalen Spitzenverbände erfassen die ganze Breite kommunaler Funktionen. Sie werden daher u. a. auf folgenden Gebieten tätig:

- Staats- und Kommunales Verfassungsrecht
- Verwaltungsverfahrensrecht, Verwaltungsorganisation, Rationalisierung und Datenverarbeitung
- Öffentliches Dienstrecht
- Öffentliche Sicherheit und Ordnung
- Schul- und Bildungswesen
- Kulturelle Angelegenheiten einschließlich Erwachsenenbildung
- Sozialwesen und Jugendhilfe
- Krankenhauswesen und öffentliche Gesundheitsfürsorge
- Sport- und Freizeitgestaltung
- Straßen-, unterirdischer Bahn- und öffentlicher Hochbau
- Verkehrswesen einschließlich Nahverkehr
- Städtebau, Siedlungs- und Wohnungswesen
- Stadtentwicklung
- Bau- und Bodenrecht, Raumordnung und Landesplanung
- Einrichtung der Daseinsvorsorge und der Entsorgung (Energie, Wasser, Abwasser, Abfallbeseitigung, Schlachthöfe und Märkte)
- Umweltschutz
- Öffentliches Auftragswesen
- Industrie- und Gewerbeförderung
- Agrarstrukturverbesserung
- Finanzwesen (Steuer und Abgaben), insbesondere allgemeine Wirtschafts- und Konjunkturpolitik, Finanzplanung, Finanzausgleich, Haushaltsrecht
- Sparkassenwesen
- Statistik" (aus: Selbstdarstellung des Deutschen Landkreistages).

II. Deutscher Städte- und Gemeindebund e. V., Düsseldorf, Kaiserwertherstr. 199/201

Die kreisangehörigen Gemeinden und Städte wurden in der allgemeinen sozial- und gesundheitspolitischen Diskussion der letzten Jahre vielfach übersehen, weil sie nur in geringem Umfang Träger der Sozial- und Jugendhilfe sind. Im Krankenhauswesen wurden sie durch den Trend zu größeren zentralen Einrichtungen teilweise zurückgedrängt. Wie dies zu bewerten ist, muß hier offenbleiben, ebenso die Frage, ob sie in der Sozial- und Jugendhilfe mehr Verantwortung übernehmen könnten. Nicht übersehen werden darf jedoch, daß sie für ca. 32 Millionen Bürger der unmittelbare Lebensraum sind. Deren soziale, gesundheitliche und kulturelle Bedürfnisse gehen weit über das hinaus, was Bundessozialhilfegesetz, Jugendwohlfahrtsgesetz und Krankenhausfinanzierungsgesetz regeln. Kräfte und Aktivitäten für Eigeninitiative, Selbstverantwortung und Gemeinsinn anzuregen und zu fördern, gehört zu den Grundanliegen der Selbstverwaltung in einem demokratischen Rechtsstaat – auch ohne ausdrücklich gesetzliche Vorschrift. Dies allein ist Grund genug, auch den Spitzenverband kreisangehöriger Gemeinden und Städte hier darzustellen.

1. Aufgaben

„Der Deutsche Städte- und Gemeindebund ist kommunaler Spitzenverband, weil er die allgemeinen Interessen der Mitglieds-Gemeinden ohne territoriale oder fachliche Beschränkung vertritt. Damit dient er im modernen demokratischen Staat des Grundgesetzes der Entwicklung und der Selbstverwaltung der Städte und Gemeinden: diese sind die politisch neben Bund und Ländern eigenständige, gleichrangige und gleichwertig legitimierte dritte Willens- und Handlungsebenen des demokratischen Staates, wenn sie auch verfassungsrechtlich der Ebene der Länder zugehören.

Aufgrund dieser Verfassungsstellung seiner Mitglieder als eines Teils der öffentlichen Gewalt, ihrer umfassenden demokratischen Legitimation und politischen Verantwortung steht auch der DStGB in der allgemeinen und politischen Verantwortung, die seine Mitglieder als Gebietskörperschaften aller Bürger im Staat mittragen. Dadurch ist er in der Vertretung der allgemeinen Interessen der Gemeinden, ihrer Erfahrungen und Vorstellungen in Bund und Ländern qualitativ von Verbänden unterschieden, die Teil- oder Fachinteressen und -kenntnisse an den Staat herantragen“ (Selbstdarstellung, Stand 1980, S. 1).

In § 2 Abs. 1 der Satzung sind seine *Aufgaben* zusammenfassend formuliert:

- Die gemeinsamen Belange seiner Mitglieder zu wahren und insbesondere gegenüber gesetzgebenden Körperschaften und Verwaltungsbehörden zu vertreten;
- seine Mitglieder auf allen Gebieten des öffentlichen Lebens, insbesondere der öffentlichen Verwaltung, zu beraten und zu betreuen;
- den Erfahrungsaustausch unter den Mitgliedern zu pflegen und das Verständnis für kommunale Fragen in der Öffentlichkeit zu fördern.

2. Mitgliedschaft und Organe

„Dem Deutschen Städte- und Gemeindebund können angehören: Vereinigungen von kreisangehörigen Städten und Gemeinden als ordentliche Mitglieder; juristische Personen des öffentlichen Rechts als außerordentliche Mitglieder" (§ 3).

„Die ordentlichen Mitglieder haben das Recht, die Einrichtungen des Deutschen Städte- und Gemeindebundes in Anspruch zu nehmen sowie zu den Mitgliederversammlungen Vertreter zu entsenden. Sie wirken nach Maßgabe dieser Satzung in den Organen des Deutschen Städte- und Gemeindebundes an der Willensbildung mit.

In die Mitgliederversammlung entsenden ordentliche Mitglieder zehn und für je volle 100 000 Einwohner der ihnen angehörenden kreisangehörigen Städte und Gemeinden einen weiteren Vertreter. Für die Berechnung der Einwohnerzahl ist die der letzten Beitragsberechnung zugrunde gelegte Einwohnerzahl maßgebend. In der Mitgliederversammlung haben die Mitglieder des Präsidiums Sitz und Stimme" (§ 5).

„Organe des Deutschen Städte- und Gemeindebundes sind:

die Mitgliederversammlung
der Hauptausschuß
das Präsidium
der Präsident
der Hauptgeschäftsführer" (§ 6).

„Die Mitgliederversammlung ist das oberste Organ des DStGB. Sie tritt alle 2 Jahre zu einem politischen Kongreß zusammen. Der Kongreß dient der Erarbeitung politischer Impulse für die Politik in Bund, Ländern und Gemeinden. Ihm gegenüber legen Präsidium und Hauptgeschäftsführung ferner Rechenschaft über ihre Arbeit ab. Der Mitgliederversammlung gehören 442 Vertreter der Mitgliedsverbände an.

Das Präsidium beschließt die wesentlichen politischen Stellungnahmen und die Aufträge an die Hauptgeschäftsführung. Ihm gehören an von den Mitgliedsverbänden entsandte Vertreter, der Hauptgeschäftsführer und kooptierte Persönlichkeiten, die auf der Bundesebene tätig und mit der kommunalen Selbstverwaltung vertraut sind – 1980 insgesamt 43 Personen. Die Geschäftsführer der Landesverbände nehmen mit beratender Stimme teil. Der Hauptausschuß tagt jährlich zur Verabschiedung des Haushaltsplans und zur Erörterung grundsätzlicher politischer Probleme. Ihm gehören an die von den Landesverbänden entsandten Mitglieder und die Mitglieder des Präsidiums, insgesamt 114 Personen. Die Geschäftsführer der Landesverbände nehmen mit beratender Stimme teil.

Der Präsident ist Organ des DStGB. Er vertritt den DStGB gemeinsam mit dem Hauptgeschäftsführer nach außen.

Der Hauptgeschäftsführer ist Organ des DStGB und stimmberechtigtes Mitglied des Präsidiums. Zu seiner Geschäftsführung bedient sich der DStGB aufgrund eines Personalgestellungsvertrags der Geschäftsführung seines Landesverbandes Nordrhein-Westfalen; Geschäftsführer und Geschäftsführung nehmen also in Personalunion zugleich die Geschäfte des Landes- und des Bundesverbandes wahr. Bei der Auswahl des für die Verbände tätigen Personals wird von den beteiligten Präsidien nach Möglichkeit Einigung erstrebt; zu diesem Zweck fungiert eine ‚Gemeinsame Personalkommission'. Der Hauptgeschäftsführer ist gleichzeitig in Personalunion Hauptgeschäftsführer des Rates der Gemeinden Europas, Deutsche Sektion“ (Selbstdarstellung, S. 8 und 9).

3. Geschichte

Der DStGB, Sitz Düsseldorf, ist zum 1. 1. 1973 entstanden aus der Fusion der Vorgängerverbände Deutscher Städtebund (Düsseldorf) und Deutscher Gemeindetag (Bonn). Dieser Umstand erfordert einen Blick auf die Vorgängerverbände:

Reichsverband Deutscher Städte – Deutscher Städtebund (1910–1972)

Am 1. 3. 1910 wurde der „Reichsverband Deutscher Städte“ mit dem Sitz in Berlin gegründet, und zwar von 40 bis dahin mittelbaren Mitgliedstädten des 1905 gegründeten Deutschen Städtetages. Anlaß zu dieser Gründung gaben die speziellen Sorgen dieser Städte, die von den großen Städten nicht berücksichtigt werden konnten.

1933 wurde der Reichsstädtebund mit den anderen Kommunalen Spitzenverbänden zwangsweise vereinigt; Personal und Vermögen wurden in den politisch der Reichsregierung gleichgeschalteten Einheitsverband „Deutscher Gemeindetag“ zwangseingegliedert. Am 28. 11. 1945 rief der langjährige letzte Vizepräsident des Reichsstädtebundes, Bürgermeister Breuer, Essen-Werden, zur Neugründung des Städtebundes auf. Die Militärregierung in Düsseldorf erteilte im Juli 1946 die vorläufige Arbeitserlaubnis für den „Deutschen Städtebund“, allerdings zunächst nur für die Britische Besatzungszone.

Deutscher Landgemeindetag – Deutscher Gemeindetag (1922–1972)

Nach vorbereitenden Gesprächen zwischen den Verbänden in den Ländern trat die 1. Mitgliederversammlung des Reichsverbandes der Deutschen Landgemeinden am 24. 5. 1922 in Essen an die Öffentlichkeit. Sie repräsentierte mehr als 50 000 Landgemeinden.

1933 wurde der Verband mit den anderen kommunalen Spitzenverbänden zwangsweise vereinigt; Personal und Vermögen wurden in den neuen Verband zwangseingegliedert. Politisch wurde der Verband der Reichsregierung gleichgeschaltet, wenn auch die Landes- und Provinzialdienststellen, zum Teil mit Arbeitsgemeinschaften für einzelne Sparten von Mitgliedern, eine gewisse Selbständigkeit bewahren konnten.

Nachdem dieser Zwangsverband 1945 durch die Alliierten aufgelöst war, faßten die Gemeinden auf sich gestellt mit neuem Personal die vielfältigen schweren Aufgaben der Nachkriegszeit in den Ländern der Bundesrepublik Deutschland an. 1947 schon begannen Gespräche unter den bis dahin in den Ländern neugegründeten Kommunalverbänden mit dem Ziel, einen neuen Gemeindetag auf Bundesebene zu schaffen. Am 3. 11. 1947 nahm der „Deutsche Gemeindeverband" in Heppenheim als lose Arbeitsgemeinschaft der Verbände in den Ländern seine Arbeit auf.

Am 27. 1. 1950 fand dann in Marl die Gründungssitzung des „Deutschen Gemeindetages" statt, der 1951 eine Satzung als Verband erhielt.

Deutscher Städte- und Gemeindebund (seit 1973)

Der Deutsche Städtebund und der Deutsche Gemeindetag schlossen sich mit Wirkung vom 1. 1. 1973 zum Deutschen Städte- und Gemeindebund zusammen. Der erste Präsident des DStGB, Bundestagsvizepräsident Dr. Hermann Schmitt-Vockenhausen, Bad Soden, führte in der konstituierenden Sitzung des Präsidiums am 12. 1. 1973 in Düsseldorf u. a. aus: „Der Zusammenschluß des Deutschen Städte- und Gemeindebundes bekundet einen Wendepunkt in der kommunalen Geschichte. Lange Jahre sprach der kreisangehörige Raum mit mehreren Zungen. Mit der Bildung des Deutschen Städte- und Gemeindebundes, der Städte und Gemeinden des kreisangehörigen Raumes mit rund 33 Millionen Bürgern zusammenfaßt, dokumentieren wir jetzt kommunale Einheit" (Auszug aus Selbstdarstellung, S. 4–7).

In den neuen Bundesländern sind im Unterschied zu den alten für die Städte Einheitsverbände gegründet worden. Das bedeutet, daß deren Städte- und Gemeindetage (bzw. -bünde) die Interessen der kreisangehörigen Städte wie der Großstädte vertreten.

4. *Internationale Zusammenarbeit*

Der Verband arbeitet mit dem internationalen Gemeindeverband und dem Rat der Gemeinden und Regionen Europas zusammen.

5. *Regelmäßige zentrale Veröffentlichungen*

„Der DStGB gibt die monatliche Fachzeitschrift ‚Städte- und Gemeindebund' heraus. Sie dient kommunalpolitisch relevanten Abhandlungen aus dem gesamten Bereich der Bundesrepublik. Außerdem wird die ‚Schriftenreihe des Deutschen Städte- und Gemeindebundes' publiziert, in welche größere kommunalwissenschaftliche Arbeiten von wissenschaftlichem Rang aufgenommen werden, welche Impulse zur Förderung und Kräftigung des kreisangehörigen Raumes geben und für die Rechtsstellung der kreisangehörigen Städte und Gemeinden, ihre finanzwirtschaftliche Ausstattung und ihre Würdigung im Gesamtrahmen der Politik der Bundesrepublik bedeutungsvoll sind" (Selbstdarstellung, S. 10).

III. Deutscher Städtetag e. V. Köln-Marienburg, Lindenallee 13–17

„Im Deutschen Städtetag haben sich rund 500 Städte der Bundesrepublik Deutschland mit insgesamt 31 Millionen Einwohnern freiwillig zusmmengeschlossen. Dem Deutschen Städtetag gehören die Stadtstaaten Berlin (West), Bremen und Hamburg, alle kreisfreien Städte und rund 430 kreisangehörige Städte an. Sie sind teils unmittelbare, teils – über die Städteverbände in den Bundesländern – mittelbare Mitglieder der Organisation. Hinzu kommen acht Regional- und Fachverbände als außerordentliche Mitglieder. Die größte Stadt im Deutschen Städtetag ist Berlin (West) mit 2 000 000, die kleinste Hohenberg a.d. Eger mit 1500 Einwohnern" (Selbstdarstellung).

1. Aufgaben

- „Die Gemeindeselbstverwaltung, wie sie in Artikel 28 Absatz 2 des Grundgesetzes garantiert ist, generell und die Städte im besonderen gegenüber Bundesregierung, Bundestag, Bundesrat und zahlreichen Organisationen zu vertreten, vor allem dabei mitzuwirken, daß die entstehenden Gesetze und Verordnungen gemeindliche Notwendigkeiten berücksichtigen und so praxisgerechte sowie bürgernahe Verwaltung möglich wird.
- Seine Mitgliedstädte zu beraten und über alle kommunalbedeutsamen Vorgänge und Entwicklungen zu informieren.
- Den Erfahrungsaustausch zwischen seinen Mitgliedstädten herzustellen und in zahlreichen Gremien zu fördern" (Selbstdarstellung).

2. Mitgliedschaft und Organisation

Die Organisation des Deutschen Städtetages stützt sich auf die ehrenamtliche Mitarbeit zahlreicher Vertreter der Städte in der Hauptversammlung, im Hauptausschuß und im Präsidium.

„Der Deutsche Städtetag hat folgende Arten von Mitgliedern:

1. unmittelbare Mitgliedstädte,
2. Mitgliedverbände,
3. mittelbare Mitglieder,
4. außerordentliche Mitglieder.

Unmittelbare Mitgliedstädte können alle deutschen Städte werden. Mitgliedverbände können die Landesstädteverbände und solche kommunalen Spitzenverbände werden, denen auch Städte angehören. Mittelbare Mitglieder sind ohne weiteres diejenigen Mitgliedgemeinden der Mitgliedverbände, die nicht unmittelbare Mitgliedstädte des Deutschen Städtetages sind, es sei denn, daß der Mitgliedverband sie ausdrücklich von der mittelbaren Mitgliedschaft im Deutschen Städtetag ausnimmt. Außerordentliche Mitglieder können solche Gemeindeverbände sowie Vereinigungen von Gemeinden und Gemeindeverbänden werden, die weder Mitgliedverbände noch mittelbare Mitglieder des Deutschen Städtetages sind.

Über die Aufnahme von unmittelbaren Mitgliedstädten, Mitgliedverbänden und außerordentlichen Mitgliedern entscheidet das Präsidium; gegen diese Entscheidung steht dem Betroffenen und jedem Mitglied des Deutschen Städtetages Einspruch beim Hauptausschuß offen.

Personen, die sich um die Selbstverwaltung und insbesondere um den Deutschen Städtetag hervorragende Verdienste erworben haben, können durch Beschluß der Hauptversammlung zu Ehrenmitgliedern berufen werden. Die Ehrenmitglieder können auf Beschluß des Präsidiums in die Organe und Ausschüsse zu grundlegenden Fragen mit beratender Stimme eingeladen werden" (§ 2 Abs. 1–3 und 7).

„Organe des Deutschen Städtetages sind:

Hauptversammlung
Hauptausschuß
Präsidium
Präsident
Hauptgeschäftsführer" (§ 5 Abs. 1 der Satzung).

Hauptversammlung

„Die Hauptversammlung ist das oberste Organ des Deutschen Städtetages. Die ordentliche Hauptversammlung wird vom Präsidium alle zwei Jahre einberufen. Außerordentliche Hauptversammlungen sind einzuberufen, wenn der Hauptausschuß oder das Präsidium es beschließen oder wenn ein Viertel der unmittelbaren Mitgliedstädte es unter Angabe der auf die Tagesordnung zu setzenden Punkte verlangen. Die Hauptversammlung beschließt über die ihr vom Hauptausschuß unterbreiteten Angelegenheiten von besonderer Bedeutung; ihr obliegen insbesondere nach der Satzung:

a) die Beschlußfassung über Satzungsänderungen (§ 6 Abs. 5),
b) die Beschlußfassung über den Ausschluß von Mitgliedern (§ 2 Abs. 5),
c) die Berufung von Ehrenmitgliedern (§ 2 Abs. 7),
d) die Wahl des Präsidenten, des Vizepräsidenten und weiterer Stellvertreter (§ 9 Abs. 1).
e) Die Hauptversammlung beschließt ferner über Anträge, die von mindestens zwanzig stimmberechtigten Abgeordneten der Hauptversammlung oder von einem Mitgliedverband gestellt werden.

Zur Hauptversammlung können mit Stimmrecht entsenden:

a) jede unmittelbare Mitgliedstadt

bis	250 000 Einwohner	2 Abgeordnete
250 000 bis	500 000 Einwohner	4 Abgeordnete
500 000 bis	2 000 000 Einwohner	6 Abgeordnete
über	2 000 000 Einwohner	12 Abgeordnete,

b) jeder Mitgliedverband aus dem Kreise seiner Mitgliedgemeinden, die mittelbare Mitglieder des Deutschen Städtetages sind, 4 Abgeordnete, statt dessen der Bayerische Städteverband 12, und der Städteverband Baden-Württemberg 8 Abgeordnete,
c) jedes außerordentliche Mitglied zwei Abgeordnete.

Die Hälfte der Abgeordneten soll aus vom Volk gewählten Gemeindevertretern (Stadtverordneten, Ratsherren, Gemeinderäten) bestehen. Die Mitglieder des Hauptausschusses (§ 7 Abs. 2) müssen unter den Abgeordneten sein.

Die Beigeordneten des Deutschen Städtetages, die Geschäftsführer der Mitgliedverbände sowie die Vorsitzenden von Fachausschüssen, die nicht Abgeordnete sind, nehmen an der Hauptversammlung mit beratender Stimme teil" (§ 6 Abs. 1–3).

Hauptausschuß

„Der Hauptausschuß wird vom Präsidium einberufen. Er beschließt über die Angelegenheiten, die ihm die Satzung zuweist oder die Hauptversammlung überweist, sowie über die Angelegenheiten von erheblicher finanzieller Bedeutung, die den Deutschen Städtetag für länger als ein Jahr verpflichten.

Der Hauptausschuß besteht aus

a) dem Präsidenten, dem Vizepräsidenten und den weiteren Stellvertretern des Präsidenten,
b) den von den Mitgliedverbänden zu entsendenden Hauptausschußmitgliedern,
c) den vom Hauptausschuß selbst zuzuwählenden Hauptausschußmitgliedern und
d) dem Hauptgeschäftsführer" (§ 7).

Präsidium

„Das Präsidium tritt zu den von ihm selbst bestimmten Zeitpunkten zusammen. Es bereitet die Sitzungen des Hauptausschusses vor und beschließt über die ihm vom Hauptausschuß überwiesenen Angelegenheiten, sowie über solche Angelegenheiten, mit denen ihrer geringeren Bedeutung wegen der Hauptausschuß nicht befaßt zu werden braucht.

Die Mitglieder des Präsidiums werden vom Hauptausschuß gewählt und abberufen; ein Mitglied des Präsidiums kann nicht gewählt werden, wenn dreiviertel derjenigen Hauptausschußmitglieder, die demselben Mitgliedverband wie das zu wählende Mitglied des Präsidiums angehören, gegen die Wahl stimmen. Ein Drittel der Gewählten scheidet jährlich aus; Wiederwahl ist zulässig" (§ 8 Abs. 1 und 2).

„Auf Vorschlag des Hauptausschusses wählt die Hauptversammlung aus der Mitte des Präsidiums für die Zeit bis zum Ende der nächsten ordentlichen Hauptversammlung den Präsidenten, einen Vizepräsidenten und weitere Stellvertreter" (§ 9 Abs. 1).

Hauptgeschäftsstelle

„Die Hauptgeschäftsstelle erfüllt die aus § 1 sich ergebenden Aufgaben nach Weisung der beschließenden Organe; sie führt insbesondere die laufenden Geschäfte.

Der Hauptgeschäftsführer ist kraft Amtes Mitglied des Präsidiums. Er leitet die Hauptgeschäftsstelle und ist Dienstvorgesetzter der in ihr tätigen Dienstkräfte“ (§ 11 Abs. 1 und 2).

3. Geschichte

„Der Deutsche Städtetag wurde 1905 in Berlin gegründet. Damit wurde eine Entwicklung auf Reichsebene abgeschlossen, die seit den vierziger Jahren des 19. Jahrhunderts durch spontane Schaffung von losen Städteverbindungen auf Provinzial- und Landesebene vorbereitet worden war. Damals galt es, die mit den Steinschen Reformen gewachsene Idee der Selbstverwaltung in das Staatsgefüge hineinzutragen und zu festigen – eine Aufgabe, die bis in unsere Tage aktuell geblieben ist. 1933 zwangsweise mit anderen kommunalen Spitzenverbänden zum Deutschen Gemeindetag zusammengeschlossen, entstand der Städtetag bereits 1945 aufs neue“ (Selbstdarstellung).

„Seit Ende 1946 konnte der Deutsche Städtetag also wieder unter seinem alten Namen arbeiten; eine Zeitlang gab es zwar noch ‚Zonenausschüsse‘ und einen ‚Zonenvorstand‘ speziell für die Britische Zone, doch gingen sie zumeist noch im Verlaufe des Jahres 1947 in den umfassenden Gremien auf. Basierend auf ‚Ländergruppen‘, das hieß auf den werdenden Landesverbänden in der Britischen Zone, nahm der Deutsche Städtetag somit an der Schwelle des Jahres 1947 die Arbeit für den größten Teil des Bereiches der späteren Bundesrepublik Deutschland auf“ (O. Ziebill, Geschichte des Deutschen Städtetages, S. 73).

4. Internationale Beziehungen

„Der Deutsche Städtetag unterhält umfangreiche internationale Beziehungen. Er ist Mitglied des 1913 gegründeten Internationalen Gemeindeverbandes (IULA) und besorgt die Geschäftsführung von dessen deutscher Sektion. Der Deutsche Städtetag gehört ferner dem Rat der Gemeinden Europas (RGE) an. Die wichtigsten internationalen Aufgabenbereiche sind die Mitarbeit in der Europäischen Kommunalkonferenz beim Europarat in Straßburg, Kontakte zur Europäischen Gemeinschaft in Brüssel und die Verbindung mit zahlreichen befreundeten Städteverbänden in anderen Ländern. Darüber hinaus pflegen Mitgliedstädte des Deutschen Städtetages rund 800 Partnerschaften mit Städten in 36 Ländern der Welt“ (Selbstdarstellung).

5. Regelmäßige zentrale Veröffentlichungen

„Bei der Erfüllung seiner Aufgaben bedient sich der Deutsche Städtetag zahlreicher eigener Veröffentlichungen. Die wichtigsten sind die Monatszeitschrift für kommunale Praxis und Wissenschaft ‚der städtetag'; der Pressedienst ‚Kommunale Korrespondenz'; die vierzehntägig erscheinenden ‚Mitteilungen des Deutschen Städtetages'; die monatlichen ‚Literatur-Mitteilungen'; die ‚Neuen Schriften des Deutschen Städtetages' mit bislang 38 Bänden; die ‚DST-Beiträge' zur Kommunalpolitik, Bildungspolitik, Sozialpolitik, Stadtentwicklung, Wirtschafts- und Verkehrspolitik, Finanzpolitik, Statistik, Stadtforschung und Datenverarbeitung; das ‚Statistische Jahrbuch Deutscher Gemeinden'; der alle zwei Jahre zur Hauptversammlung erscheinende Geschäftsbericht des Deutschen Städtetages" (Selbstdarstellung).

IV. Deutscher Landkreistag
Adenauer Allee 136, 5300 Bonn 1

1. Aufgaben

„Der Deutsche Landkreistag hat die Aufgabe, den demokratischen Gedanken und die Selbstverwaltung im Rahmen der republikanischen Staatsform zu fördern und die Stellung der deutschen Landkreise und seiner sonstigen Mitglieder zu wahren. Er vertritt insbesondere die gemeinsamen Belange der Landkreise, er berät die zuständigen Stellen bei der Vorbereitung und Durchführung von Gesetzen, Verordnungen, Erlassen und sonstigen, die Landkreise berührenden Bestimmungen und fördert das Verständnis der Öffentlichkeit für die Aufgaben und Einrichtungen der Landkreise" (§ 1 Abs. 1 der Satzung vom Oktober 1972).

2. Mitgliedschaft und Organisation

„Der Deutsche Landkreistag hat unmittelbare und mittelbare Mitglieder.

Als unmittelbare Mitglieder können dem Deutschen Landkreistag beitreten:

a) die Landkreisverbände in den Ländern der Bundesrepublik (Landesverbände);
b) Landkreise in den Ländern oder Landesteilen, für die keine Landesverbände bestehen (Einzelmitglieder). Bilden sich in solchen Fällen Landkreisverbände (Landesverbände) und treten diese dem Deutschen Landkreistag bei, so scheiden die Landkreise als Einzelmitglieder aus und werden mittelbare Mitglieder durch ihre Verbände;
c) für bestimmte Zwecke gebildete Vereinigungen von Landkreisen oder von Landkreisen mit anderen kommunalen Gebietskörperschaften oder sonstige kommunale Gemeinwesen.

Mittelbare Mitglieder sind die den Landkreisverbänden (Landesverbänden) angehörenden Landkreise" (§ 2 Abs. 1–3).

Als außerordentliche Mitglieder im Sinne von Buchstabe c gehören dem Deutschen Landkreistag an: Der Raumordnungsverband Rhein-Neckar, der

Landeswohlfahrtsverband Hessen, der Landschaftsverband Rheinland, der Landschaftsverband Westfalen-Lippe und der Kommunalverband Ruhrgebiet und der Verband der Bayerischen Bezirke.

„Organe des Deutschen Landkreistages sind:

a) die Landkreisversammlung
b) der Hauptausschuß
c) das Präsidium“ (§ 4).

Landkreisversammlung

„Die Landkreisversammlung wird vom Präsidium einberufen, wenn es die Geschäftslage erfordert oder ein Drittel der nach Absatz 3 stimmberechtigten Vertreter dies beantragt.

Die Landkreisversammlung hat

a) die Grundsätze für die Verbandsarbeit festzulegen,
b) Berichte über die Tätigkeit des Deutschen Landkreistages entgegenzunehmen,
c) über die ihr vom Präsidium unterbreiteten oder andere auf der Tagesordnung stehende Angelegenheiten Beschluß zu fassen,
d) über die Auflösung des Deutschen Landkreistages zu beschließen.

Die Landkreisversammlung wird aus stimmberechtigten Vertretern der unmittelbaren Mitglieder gebildet. Die unmittelbaren Mitglieder im Sinne des § 2 Abs. 2a) entsenden für jeden ihnen angehörenden Landkreis mit bis 100 000 Einwohnern zwei, mit über 100 000 Einwohnern drei vom Landkreis benannte Vertreter. Das gleiche gilt für die Einzelmitglieder im Sinne des § 2 Abs. 2b). Die Vereinigungen sowie sonstige kommunale Gemeinwesen im Sinne des § 2 Abs. 2c) entsenden je drei Vertreter. Für die Einwohnerzahl ist die letzte amtliche Volkszählung maßgebend“ (§ 5 Abs. 1–3).

Hauptausschuß

„Der Hauptausschuß besteht aus Verwaltungsleitern oder Mitgliedern der Vertretungs- oder Verwaltungskörperschaften der den unmittelbaren Mitgliedern im Sinne des § 2 Abs. 2a) angehörenden Landkreise sowie der Einzelmitglieder im Sinne von § 2 Abs. 2b) und c).

In den Hauptausschuß entsendet jedes unmittelbare Mitglied im Sinne des § 2 Abs. 2a) zwei Vertreter und zusätzlich für jede angefangene Million Einwohner je einen weiteren Vertreter. Am Erscheinen verhinderte Vertreter können ihre Stimme durch schriftliche Vollmacht auf einen anderen Vertreter ihres Landesverbandes übertragen. Die Geschäftsführer der unmittelbaren Mitglieder im Sinne des § 2 Abs. 2a) nehmen an den Tagungen des Hauptausschusses mit beratender Stimme teil.

Die Einzelmitglieder im Sinne des § 2 Abs. 2b) und c) entsenden in den Hauptausschuß je einen Vertreter.

Dem Hauptausschuß gehören ferner als stimmberechtigte Mitglieder die Mitglieder des Präsidiums an sowie der Hauptgeschäftsführer, an dessen Stelle bei Verhinderung sein Stellvertreter tritt" (§ 6 Abs. 1–4).

„Der Hauptausschuß hat in allen grundsätzlichen Angelegenheiten sowie solchen zu entscheiden, über die er seine Beschlußfassung mit entsprechenden Weisungen an das Präsidium für erforderlich hält, insbesondere

a) den Präsidenten des Deutschen Landkreistages und aus dem Präsidium zwei Vizepräsidenten jeweils auf die Dauer von zwei Jahren zu wählen,
b) die Satzung und Änderungen der Satzung zu beschließen,
c) den jährlichen Haushaltsplan und den Jahresbeitrag festzusetzen sowie dem Hauptgeschäftsführer Entlastung über die Jahresrechnung zu erteilen,
d) den Stellenplan zu beschließen und die Anstellungsbedingungen für die leitenden Dienstkräfte und Referenten der Hauptgeschäftsstelle im Rahmen des Haushaltsplanes zu regeln,
e) bei Bedürfnis Fachausschüsse für einzelne Sachgebiete einzusetzen,
f) über Erwerb und Veräußerung von Grundstücken, Aufnahme und Hergabe von Darlehen sowie Übernahme von Bürgschaften zu beschließen" (§ 7 Abs. 1).

Präsidium

Das Präsidium vertritt den Deutschen Landkreistag. Vorstand im Sinne des § 26 BGB ist der Präsident.

Das Präsidium besteht aus dem Präsidenten und den Vorsitzenden der Landesverbände. Bei Verhinderung wird der Präsident durch einen Vizepräsidenten, die Vorsitzenden der Landesverbände durch deren stellvertretende Vorsitzende oder ein sonstiges Vorstandsmitglied vertreten. Der Landesverband mit der größten Anzahl Landkreise entsendet einen zweiten Vertreter (Stellvertreter) in das Präsidium. Ferner gehört der Hauptgeschäftsführer (bei seiner Verhinderung sein Stellvertreter) dem Präsidium als Mitglied an.

Das Präsidium hat alle nicht dem Hauptausschuß oder der Landkreisversammlung obliegenden Aufgaben wahrzunehmen, insbesondere die ihm vom Hauptausschuß übertragenen Aufgaben zu erledigen, die Landkreisversammlung und die Tagungen des Hauptausschusses vorzubereiten und deren Tagesordnung festzusetzen, Entscheidungen über die Einstellung von Dienstkräften bei der Hauptgeschäftsstelle zu treffen, soweit solche nicht dem Präsidenten oder dem Hauptgeschäftsführer überlassen werden sowie über die Vorschläge der Fachausschüsse Beschluß zu fassen" (§ 8).

Präsident

„Der Präsident hat das Präsidium des Deutschen Landkreises nach außen und innen zu vertreten und für dieses zu zeichnen.

In den Sitzungen des Präsidiums und den Tagungen führt der Präsident den Vorsitz. Stimmengleichheit bedeutet Ablehnung.

In dringenden Fällen kann der Präsident entscheiden; er hat nachträglich dem Präsidium darüber zu berichten“ (§ 9 Abs. 1–3).

Hauptgeschäftsführer

„Der Hauptgeschäftsführer hat die Geschäfte des Deutschen Landkreistages zur Unterstützung und nach Weisung des Präsidiums zu führen. Er hat insbesondere die Aufgabe, alle die gemeinsamen Belange der deutschen Landkreise berührenden Vorkommnisse sorgfältig zu verfolgen, Wünsche und Anträge der Mitglieder zu bearbeiten und zur Beschlußfassung vorzubereiten sowie für Ausführung der Beschlüsse zu sorgen. Zu seinen Aufgaben gehört auch die Leitung der Hauptgeschäftsstelle sowie die Erstattung eines jährlichen Geschäftsberichts.

Der Hauptgeschäftsführer wird vom Hauptausschuß gewählt. Seinen Stellvertreter bestimmt das Präsidium“ (§ 11 Abs. 1 und 2).

3. *Geschichte*

„Der Deutsche Landkreistag geht auf die Gründung des Preußischen Landkreistages im Jahre 1916 zurück. Mitten im Ersten Weltkrieg schlossen sich wegen der schlechten Versorgungslage in den Kriegswintern zunächst die um Berlin gelegenen Landkreise und später alle preußischen Landkreise zu einem Landkreisverband zusammen, fast 60 Jahre später, nachdem die ersten Städteverbände in den preußischen Provinzen entstanden waren. Bis dahin hatten die Innenminister Preußens gegen alle Wünsche der Landräte, sich auch zu einem Verband zusammenschließen zu können, Bedenken geltend gemacht, weil sie meinten, daß ein solcher Zusammenschluß mit dem Amt des staatlichen Landrates nicht recht vereinbar sei.

1921 schlossen sich die in Preußen und nachfolgend in anderen Reichsländern entstandenen Landesverbände zum Deutschen Landkreistag zusammen. Er hatte bis 1933 Bestand. So wie der Deutsche Städtetag und die anderen gemeindlichen kommunalen Spitzenverbände wurde auch der Deutsche Landkreistag 1933 aufgelöst und seine Aufgaben in den Deutschen Gemeindetag überführt, der zugleich auch geschlossen das Personal in der Reichsgeschäftsstelle des früheren Deutschen Landkreistages und in den Landesdienststellen übernahm.

1947 wurde der Verband wiedergegründet. Dabei lassen sich drei unterschiedliche Linien erkennen. Frühere Mitarbeiter der alten Reichsgeschäftsstelle in Berlin fanden sich unter dem Vizepräsidenten des Deutschen Gemeindetages, Schlüter, mit Unterstützung der Wibera (Wirtschaftsberatung AG) in Bad Godesberg zusammen und betrieben die Gründung eines neuen Verbandes. Gleiche Anstrengungen unternahm der Landrat von Ziegenhain, Heinrich Treibert. Schließlich fanden in einzelnen Ländern Bemühungen statt, hier neue Verbände zu schaffen. Diese Bemühungen liefen in den Jahren 1947 und 1948 zusammen und führten zur Konzeption eines neuen Deutschen Landkreistages.

Bis zur Kreisreform in den 70er Jahren gehörten in 8 Bundesländern (ausgenommen die drei Stadtstaaten) 425 deutsche Kreise 8 Landkreistagen bzw. Landkreisverbänden an, die ihrerseits den Deutschen Landkreistag bilden. Nach der Kommunalreform sind es nicht mehr 425, sondern 237 Kreise" (Angaben des Deutschen Landkreistages).

4. Regelmäßige zentrale Veröffentlichungen

„der landkreis" (erscheint monatlich).

C. Bundesvereinigung der kommunalen Spitzenverbände

„Zur Erleichterung und Koordinierung der verbandlichen Zusammenarbeit haben sich die kommunalen Spitzenverbände auf Bundesebene zu einer Arbeitsgemeinschaft, nämlich zur Bundesvereinigung der kommunalen Spitzenverbände, zusammengeschlossen. Die Federführung in dieser Vereinigung liegt beim Deutschen Städtetag.

Zur besseren Durchsetzung gemeinsamer kommunaler Anliegen bemühen sich die drei kommunalen Spitzenverbände von vornherein um übereinstimmende Auffassungen, ungeachtet der Schwierigkeiten, die sich aus den Größen- und Funktionsunterschieden ihrer Mitglieder und des unterschiedlichen Rechts in den Ländern ergeben. In den großen gesetzgeberischen Vorhaben des Bundes haben die gemeinsamen kommunalen Stellungnahmen oft entscheidend zur praktikablen Handhabung der Gesetze beigetragen.

Entsprechende Arbeitsgemeinschaften der kommunalen Spitzenverbände auf Landesebene bestehen auch in den Ländern" (Selbstdarstellung des Deutschen Landkreistages.)

D. Höhere Kommunalverbände

I. Grundsätzliches

Die Höheren Kommunalverbände sind die kommunale Selbstverwaltung auf der Mittelstufe (dritte kommunale Ebene). Sie bestehen nur in Baden-Württemberg, Bayern, Hessen und Nordrhein-Westfalen, in Rheinland-Pfalz und Niedersachsen nur in einzelnen Landesteilen. Ihre Eigenständigkeit gegenüber den Landkreisen und kreisfreien Städten bzw. der staatlichen Verwaltung auf der mittleren Ebene ist sehr unterschiedlich ausgestaltet. Obwohl im Zuge der Landesplanung die Region als überörtliche Planungseinheit erst geschaffen oder wesentlich gestärkt wurde, hat diese Situation die höheren Kommunalverbände insgesamt nicht wesentlich gestärkt. Teilweise waren sie sogar in ihrer Existenz gefährdet. Sie erfüllen in den einzelnen Bundesländern unterschiedliche Aufgaben. Schwerpunkte sind dabei insbesondere

- Leistungen, Dienste und Einrichtungen für Behinderte und Personen mit besonderen sozialen Schwierigkeiten
- Überörtliche Träger der Sozialhilfe
- Schwerbehindertenwesen und Kriegsopferfürsorge
- Träger von psychiatrischen Kliniken
- Landesjugendamt bzw. Mitwirkung in der Durchführung der Erziehungshilfen nach dem JWG
- Pflege der Kultur und des Brauchtums, Denkmalpflege und Museen
- Aufgaben im Straßenbau, Gewässerschutz
- Beteiligung an der Landesplanung.

Der räumliche Einzugsbereich ist nur in Bayern identisch mit den Regierungsbezirken. In Hessen gibt es nur einen höheren Kommunalverband, der das ganze Bundesland umfaßt. In Baden-Württemberg sind jeweils zwei Regierungsbezirke zusammengefaßt. In Nordrhein-Westfalen weichen die Grenzen der Landschaftsverbände erheblich von denen der Regierungspräsidien ab. In Niedersachsen und Rheinland-Pfalz erstrecken sie sich jeweils nur auf Teile des Bundeslandes.

Der Gebietsstand wurde vor allem durch die staatliche Gebietseinteilung im 19. Jahrhundert bestimmt (preußische Westprovinzen in Nordrhein-Westfalen, Vorbild der französischen Departements in süddeutschen Ländern). Teilweise wurden dabei auch landsmannschaftliche stammesmäßige Gesichtspunkte berücksichtgt (z. B. Bayern).

Die Verantwortung für die Aufgaben der höheren Kommunalverbände wird – mit Ausnahme der bayerischen Bezirke – von folgenden Organen wahrgenommen:

Verbandsversammlung: Die Kommunalparlamente der Landkreise und kreisfreien Städte wählen aus ihrer Mitte die Vertreter für die Verbandsversammlung. Sie ist für den Erlaß von Satzungen und sonstige wichtige Grundsatzangelegenheiten zuständig.

Verbandsausschuß: Er ist zuständig für alle Aufgaben, die nicht der Verbandsversammlung vorbehalten sind oder als Geschäfte der laufenden Verwaltung vom Verbandsdirektor wahrgenommen werden.

Verbandsdirektor: Er vollzieht die Beschlüsse der Verbandsgremien und führt die Geschäfte der laufenden Verwaltung.

In Hessen besteht neben der Verbandsversammlung lediglich ein Verwaltungsausschuß als kollegiales Verwaltungsorgan.

In Bayern werden die Mitglieder des Bezirkes unmittelbar vom Volk gewählt. Die Bezirksordnung orientiert sich an der Landkreisordnung.

Die höheren Kommunalverbände finanzieren ihre Aufgaben vor allem aus Umlagen, die bei den Landkreisen und kreisfreien Städten erhoben werden, aus Mitteln des staatlichen Finanzausgleiches sowie aus Pflegesätzen und Gebühren für die Benutzung ihrer Einrichtungen.

II. Die höheren Kommunalverbände in den einzelnen Bundesländern

1. *Baden-Württemberg*
Landeswohlfahrtsverband Baden, Karlsruhe 1, Ernst-Frey-Str. 9
Landeswohlfahrtsverband Württemberg-Hohenzollern, Stuttgart 1, Lindenspürstr. 39

1850 wurde der Kommunalverband Hohenzollerische Lande als preußischer Provinzialverband gegründet. Er blieb bis 1971 bestehen. Jedoch wurden für das Land Baden-Württemberg bereits 1963 die Landeswohlfahrtsverbände Baden und Württemberg-Hohenzollern errichtet, die das gesamte Staatsgebiet umfaßten (Gesetz über die Landeswohlfahrtsverbände vom 23. 4. 1963).

Sie nehmen *folgende Aufgaben* wahr:

- Überörtlicher Träger der Sozialhilfe bzw. Landessozialamt
- Hauptfürsorgestelle
- Landesjugendamt
- Träger von Einrichtungen der Jugendhilfe, Behindertenhilfe und Spezialkliniken.

2. *Bayern*
Bezirk Oberbayern, München 22, Maximilianstr. 39
Bezirk Niederbayern, Landshut, Regierungsplatz 540
Bezirk Oberpfalz, Regensburg, Emmeramsplatz 8
Bezirk Oberfranken, Bayreuth, Ludwigstr. 20
Bezirk Mittelfranken, Ansbach, Promenade 27
Bezirk Unterfranken, Würzburg, Peterplatz 9
Bezirk Schwaben, Augsburg, Hafnerberg 14

1818 wurden nach dem zentralistischen Vorbild der französischen Departements die Kreisgemeinden errichtet (zu denen auch der heutige linksrheinische Bezirksverband Pfalz gehörte). Ihnen wurde jedoch kein Selbstverwaltungsrecht zugestanden.

1852 wurde ihnen durch das „Gesetz die Landräthe betreffend“ die Eigenschaft einer Körperschaft des öffentlichen Rechts zugestanden. Ihre Aufgaben und Finanzen wurden näher geregelt.
1919 erhielten sie durch das Gesetz über die Selbstverwaltung eine demokratische Verfassung und das Selbstverwaltungsrecht.
1933 wurden sie, wie die anderen kommunalen Gebietskörperschaften, weitgehend gleichgeschaltet.
1938 wurden die damaligen „Kreise“ in „Bezirke“ umbenannt.
1953 wurde die Bezirksordnung erlassen, die nach langen Diskussionen ihren Bestand wieder sicherte.
1979 hat die neugefaßte Bayerische Bezirksordnung ihre Selbstverwaltung gestärkt und ihnen größere Unabhängigkeit von der staatlichen Verwaltung der Regierungsbezirke gewährt.

Sie nehmen vor allem *folgende Aufgaben* wahr:

- Überörtlicher Träger der Sozialhilfe und Kriegsopferfürsorge
- Träger von speziellen Einrichtungen für sinnesbehinderte Kinder und Jugendliche
- Träger der psychiatrischen Kliniken
- Heimatpflege, Brauchtum und kulturelle Angelegenheiten, Museen
- überörtliche Berufsausbildungsstätten für Bildhauer, in der Landwirtschaft u. a.
- Einrichtungen zur Förderung der Landwirtschaft, der Teichwirtschaft, des Obst- und Gartenbaues
- Aufgaben im Gewässerschutz.

Selbstverwaltungsorgane:

- Bezirkstag
- Bezirksausschuß
- Bezirkstagspräsident

Durch die Bezirksordnung von 1953 waren die bayerischen Bezirke weitgehend von der staatlichen Verwaltung abhängig, der Regierungspräsident vertrat den Bezirk nach außen, die Haushaltssatzungen bedurften der Genehmigung durch das Innenministerium.

Die Bezirksordnung in der Fassung vom 31. 5. 1978 hat diese Beschränkungen der kommunalen Selbstverwaltung weitgehend beseitigt und damit die Verfassung der Bezirke weiter an die der Gemeinden und Landkreise angeglichen. So bestehen jedoch weiterhin Querverbindungen zur staatlichen Verwaltung (der Leiter der Sozialhilfeverwaltung ist weiterhin Staatsbeamter, der Regierungspräsident wird im Benehmen mit dem Bezirkstag von der Staatsregierung ernannt, er hat seinerseits zu allen Sitzungen des Bezirkstages und seiner Ausschüsse Zutritt. Diese wiederum können sein Erscheinen verlangen). Eigene Steuereinnahmen wurden den Bezirken jedoch nicht zugestanden. Die Mitglieder des Bezirkstages werden in direkter Wahl von den Bürgern gewählt. Der Bezirkstag wählt den Bezirksausschuß und den Präsidenten aus seinen Mitgliedern.

Im Hinblick darauf, daß die kommunale Selbstverwaltung der Bezirke in Bayern durch die genannte Novelle der Bezirksordnung von 1978 entscheidend gestärkt wurde, ist der „Verband der bayerischen Bezirke" (München 22, Knöbelstr. 12) als kommunaler Spitzenverband auf Landesebene und als Körperschaft des öffentlichen Rechts anerkannt.

3. Hessen
Landeswohlfahrtsverband Hessen, Kassel, Ständeplatz 6–10
Zweigverwaltungen in Darmstadt, Postfach 10 07 31, und Wiesbaden, Frankfurter Str. 44

1866 wurden in Hessen die beiden Verwaltungsbezirke Kassel und Wiesbaden geschaffen. Nach dem Vorbild der alten preußischen Provinzialverbände wurden zwei ständische Kommunalverbände gebildet (bis 1885 ohne Frankfurt).

1933 wurden die Bezirksversammlungen und der Landesausschuß aufgelöst.

1947 nach der Auflösung des preußischen Staates blieben die beiden Bezirksverbände bestehen. Ihre Aufgaben wurden jedoch von den Regierungspräsidenten übernommen.

1953 wurde durch das Mittelstufengesetz der Landeswohlfahrtsverband Hessen gegründet und gleichzeitig die beiden Bezirksverbände aufgelöst.

Aufgaben:
- Überörtlicher Träger der Sozialhilfe
- Aufgaben des Landesjugendamtes
- Hauptfürsorgestelle und überörtlicher Träger der Kriegsopferfürsorge
- Träger von psychiatrischen Kliniken und überregionalen Einrichtungen für Sonderschüler.

4. Nordrhein-Westfalen
Landschaftsverband Rheinland, 5000 Köln 21, Kennedy-Ufer 2, Landeshaus
Landschaftsverband Westfalen-Lippe, 4400 Münster, Freiherr-vom-Stein-Platz 1, Landeshaus

1815 Auf dem Wiener Kongreß wird durch die „Verordnung wegen verbesserter Einrichtung der Provinzialbehörden" das stark vergrößerte preußische Staatsgebiet in zehn Provinzen, darunter die Provinz Westfalen und die Rheinprovinz gegliedert und die Verwaltung geregelt.
Die „Verordnung über die zu bildende Repräsentation des Volkes" verspricht für den Gesamtstaat eine repräsentative Verfassung und ordnet in den Provinzen eine ständische Verfassung als erste Verwirklichung landschaftlicher Selbstverwaltung im modernen Sinne an.

1823 Das „Allgemeine Gesetz wegen Anordnung der Provinzialstände" und das Gesetz wegen Anordnung der Provinzialstände für die Provinz Westfalen bzw. die Rheinprovinz vollenden die gesetzliche Fundierung der landschaftlichen Selbstverwaltung.

1842 Die „Verordnung über die Bildung eines Ausschusses der Stände der Provinz Westfalen“ eröffnet den Provinzialständen durch diesen ständischen Ausschuß, den Vorläufer des Landschaftsausschusses, dauernde Wirkungsmöglichkeiten.
1865 Neuordnung des Irrenwesens in der Rheinprovinz und Bau von fünf großen Nervenkrankenhäusern.
1871 Das „Regulativ für die Organisation der Verwaltung des Provinzialvermögens und der Provinzialanstalten in der Provinz Westfalen“ und die „Verordnung über die Einrichtung und Verwaltung des Landarmen- und Korrigendenwesens in der Provinz Westfalen“ erweitern die Zuständigkeiten der Provinzialstände, besonders auf dem Gebiet der Sozialhilfe.
Die Provinziallandtage erhalten das Recht, Leistungen zum Teil durch Umlagen der zugehörigen Kreise zu finanzieren.
1886 Neue Provinzialordnungen verändern die Rechtsnatur der Provinzen: Aus den ständischen Einrichtungen werden kommunale Verbände bzw. Gebietskörperschaften, denen die Landkreise und Städte angehören. Die ständischen Vertretungen werden durch gewählte Abgeordnete aus Städten und Landkreisen ersetzt.
1919 Die „Weimarer Verfassung“ und die „Verfassung des Freistaates Preußen“ bauen die Provinzialverbände in die Gesamtstaatsverfassung ein und geben ihnen bedeutende politische Mitwirkungsmöglichkeiten.
1933 Das „Gesetz über die Erweiterung der Befugnisse des Oberpräsidenten“ schränkt die Selbständigkeit der Provinzialverbände erheblich ein, läßt sie aber als solche mit ihren Aufgaben bestehen.
1946 Bildung des Landes Nordrhein-Westfalen durch die britische Besatzungsmacht. Dabei kam es bei den Provinzen bzw. Landschaftsverbänden zu wesentlichen Änderungen: Das Rheinland verlor die Regierungsbezirke Koblenz und Trier; zu Westfalen kam der frühere Freistaat Lippe.
1953 Die Landschaftsverbandsordnung tritt in Kraft.
(Daten, Fakten, Trends – Landschaftsverband Westfalen-Lippe 1953–1978, S. 28 sowie: im blickpunkt, Landschaftsverband Rheinland, S. 7 ff.)

Aufgaben der Landschaftsverbände:

- Überörtlicher Träger der Sozialhilfe
- Landesjugendamt
- Hauptfürsorgestelle und überörtlicher Träger der Kriegsopferfürsorge
- Träger von psychiatrischen Kliniken und Schulen für Behinderte
- Kultur- und Denkmalpflege, Museen
- Aufgaben im Straßenwesen
- Kommunalwirtschaft (u. a. kommunale Versorgungskassen)
- Auftragsangelegenheiten für Bund und Land (z. B. Bau und Unterhaltung von Bundesautobahnen und Bundestraßen)

- Heimaufsicht im Jugendbereich auf Weisung des Landesministers
- Mitwirkung in der Landesplanung.

Innerhalb der Gebiete der beiden Landschaftsverbände gibt es in NRW zwei weitere höhere Kommunalverbände mit eigenständigen Aufgaben:

Kommunalverband Ruhrgebiet, 4300 Essen, Kronprinzenstr. 35

1920 als „Siedlungsverband Ruhrkohlebezirk" gegründet
1979 Überprüfung seiner bisherigen Aufgaben und nunmehr „Kommunalverband Ruhrkohlebezirk."

Aufgaben:

- Freiflächensicherung
- Beteiligung an Freizeitanlagen
- Öffentlichkeitsarbeit
- vermessungstechnische und kartographische Aufgaben
- Mitwirkung an der Landesplanung.

Landesverband Lippe, 4930 Detmold, Bismarckstr. 8

1848 wurde für das Gebiet des ehemals selbständigen Landes Lippe ein Landesverband gegründet. Er ist Gesamtrechtsnachfolger des Dominial- und Stiftungsvermögens des früheren Landes Lippe.

Aufgaben:

- Aufgaben im Sozial-, Gesundheits- und Wohlfahrtswesen
- Kommunalwirtschaft (Brandversicherungsanstalt und Wohnungskreditanstalt)
- auf Antrag auch landschaftliche Kulturpflege.

5. *Niedersachsen*
Ostfriesische Landschaft, 2950 Leer, Mörkenstr. 9

Nur in den nordwestlichen Landesteilen sind aufgrund alter Tradition höhere Kommunalverbände vorhanden.

1744 wurde der Vorläufer der Ostfriesischen Landschaft von Preußen bestätigt.
1846 erhielt sie durch den König von Hannover eine eigene Verfassung.
1867 wurde ihre Stellung bei der Anbindung an das Preußische Reich wesentlich eingeschränkt und die Aufgaben weitgehend genommen.
1942 Auflösung durch die nationalsozialistischen Herrscher.
1949 Neuverfassung der Ostfriesischen Landschaft.

Aufgaben:

- Heimatpflege, Brauchtum, Pflege der Überlieferung
- Förderung der Wissenschaft in heimatgebundenen Arbeitsbereichen
- Brandversicherungen.

Bezirksverband Oldenburg, 2900 Oldenburg, Blumenstr. 1

Er ist der Rechtsnachfolger des 1933 gegründeten „Landesfürsorgeverbandes Oldenburg“.

1974 wurden ihm die Aufgaben des überörtlichen Trägers der Sozialhilfe durch das Land entzogen. Er wurde in „Bezirksverband Oldenburg“ umbenannt. Kommunale Aufgaben im eigentlichen Sinne hat er seit dieser Zeit nicht mehr.

Oldenburgische Landschaft, 2900 Oldenburg, Blumenstr. 1

1974 als Nachfolgerin der „Oldenburg-Stiftung“ gegründet. Sie ist eine Körperschaft des öffentlichen Rechts, die kulturelle und historische Belange des früheren Landes Oldenburg sichern soll.
Ihre Eigenschaft als Höherer Kommunalverband ist umstritten.

6. *Rheinland-Pfalz*
Bezirksverband Pfalz, Anschrift des derzeitigen Vorsitzenden
6700 Ludwigshafen, Rathaus

1816 wurde durch „Allerhöchstes Reskript“ des Königs von Bayern (zu dem die Pfalz seit 1. 5. 1816 gehörte) das erste „Landratskollegium“ ernannt. Für die weitere Entwicklung bis 1945 siehe bayerische Bezirke.

1946 wurde durch die Besatzungsmächte das Land Rheinland-Pfalz gebildet. Dadurch wurde die Pfalz vom rechtsrheinischen Bayern getrennt.

1949 wurde die Bezirksordnung als Teil D des Selbstverwaltungsgesetzes von Rheinland-Pfalz erlassen, durch die dem Bezirksverband Pfalz nur noch die Verwaltung der von ihm unterhaltenen Einrichtungen und Anstalten sowie sein sonstiges Vermögen zugestanden wurde.

Aufgaben:

- Die Pfälzische Nervenklinik und die Schule für Hörgeschädigte,
- Einrichtungen für Landwirtschaft und Gartenbau, kulturelle Einrichtungen und Aufgaben.

Kommunale Selbstverwaltungsangelegenheiten im eigentlichen Sinn hat er nicht mehr.

Die Organe des Bezirksverbandes Pfalz sind der Bezirkstag und der Bezirksausschuß. Die Geschäfte werden von der Bezirksregierung der Pfalz geführt.

7. *Neue Bundesländer*

Die höheren Kommunalverbände in den neuen Bundesländern sind z. Zt. noch im Aufbau begriffen. Ob und mit welcher Struktur sie entstehen werden, wird nachhaltig von den sie beratenden „Partner-Ländern“ aus der alten Bundesrepublik abhängen. Ob sie z. B. Funktionen des überörtlichen Trägers der Sozialhilfe übernehmen werden, ist daher auch noch offen.

E. Bundesarbeitsgemeinschaft der höheren Kommunalverbände

(Geschäftsstelle derzeit: 7000 Stuttgart, Postfach 26 13)

„Die Bundesarbeitsgemeinschaft der höheren Kommunalverbände in der Bundesrepublik Deutschland wurde im Jahr 1962 auf Anregung des seinerzeitigen Präsidenten des Bezirkstags Oberbayern und Vorsitzenden der Arbeitsgemeinschaft der bayerischen Bezirkstagspräsidenten P. Hecker, München, gegründet.

Mitglieder der Bundesarbeitsgemeinschaft sind die höheren Kommunalverbände:

Landschaftsverband Rheinland
Landschaftsverband Westfalen-Lippe
Kommunalverband Ruhrgebiet
Bezirk Oberbayern
Bezirk Niederbayern
Bezirk Oberpfalz
Bezirk Oberfranken
Bezirk Mittelfranken
Bezirk Unterfranken
Bezirk Schwaben
Landeswohlfahrtsverband Hessen
Landeswohlfahrtsverband Württemberg-Hohenzollern
Landeswohlfahrtsverband Baden
Bezirksverband Pfalz
Ostfriesische Landschaft
Landesverband Lippe.

Für die Geschäfte der Bundesarbeitsgemeinschaft besteht eine Geschäftsstelle, die beim jeweiligen Vorsitzenden angesiedelt ist. Die laufenden Geschäfte des Arbeitsausschusses werden von dem Verband geführt, dem der Vorsitzende des Arbeitsausschusses angehört.

Die Bundesarbeitsgemeinschaft kommt alljährlich zu einer zweitägigen Sitzung zusammen. Der Arbeitsausschuß tagt zweimal im Jahr. Es war im übrigen von Anfang an der Wunsch der Bundesarbeitsgemeinschaft, daß an ihren Plenartagungen auch möglichst zahlreich Mitglieder der Vertretungskörperschaften der einzelnen höheren Kommunalverbände teilnehmen sollten.

Die Bundesarbeitsgemeinschaft hat die Aufgabe der notwendigen Selbstdarstellung der höheren Kommunalverbände im Bundesgebiet, d. h., sie will einen Beitrag dazu leisten, daß die höheren Kommunalverbände mit ihren vielfältigen

Aufgaben stärker in das Bewußtsein der Öffentlichkeit gebracht werden. U. a. hat hierzu die Bundesarbeitsgemeinschaft im Jahr 1972 die Broschüre „Der höhere Kommunalverband – die leistungsfähige und fortschrittliche Organisationsform in der Region“ herausgegeben. Weiter hat sie 1974 bei der Tagung der Bundesarbeitsgemeinschaft in München im Beisein des damaligen Staatsministers des Innern, Herrn Dr. Bruno Merk, der Öffentlichkeit die Denkschrift „Der höhere Kommunalverband – Organisationsform zur Neuordnung der mittleren Verwaltungsebene in der Bundesrepublik Deutschland“ vorgestellt. Beide Veröffentlichungen sollten zur Erhaltung und Stärkung der höheren Kommunalverbände im Rahmen einer sinnvollen Verwaltungsreform einen Beitrag leisten.

Die wichtigste Aufgabe der Bundesarbeitsgemeinschaft ist aber im notwendigen Gedankenaustausch unter den Verbänden zu sehen. Eine weitere Aufgabe der Bundesarbeitsgemeinschaft ist die Kontaktpflege zu den kommunalen Spitzenverbänden auf Bundesebene. Sowohl an den Sitzungen des Arbeitsausschusses als auch an den Plenarsitzungen nehmen regelmäßig Vertreter des Deutschen Landkreistages und des Deutschen Städtetages teil.

In der 1974 verabschiedeten Denkschrift haben die höheren Kommunalverbände ihre Zielvorstellungen und Forderungen für den Ausbau der kommunalen Selbstverwaltung in der Region folgendermaßen formuliert:

Den höheren Kommunalverbänden wären alle regionalen Leistungsaufgaben zu übertragen. Die staatliche Verwaltung dagegen hätte auf der mittleren Ebene grundsätzlich nur Aufsichts- und Ordnungsaufgaben wahrzunehmen. Die Leistungsaufgaben unterscheiden sich von den Aufsichts- und Ordnungsaufgaben durch einen relativ großen Ermessensspielraum, der die Möglichkeit für eine bürgerschaftliche Mitwirkung eröffnet.

Im Verhältnis zu den Kreisen und kreisfreien Städten gilt als allgemeingültiger Maßstab für die Aufgabenzuteilung in jedem Fall das Subsidiaritätsprinzip. Nur diejenigen Aufgaben des kommunalen Bereichs, die auf der Ebene der Kreise und kreisfreien Städte nicht sinnvoll erfüllt werden können, sollten in den Zuständigkeitsbereich der höheren Kommunalverbände fallen.

Nicht zum Aufgabenbestand der höheren Kommunalverbände gehören teilräumlich bedingte Sonderaufgaben, die häufig von kleinräumigen Zweckverbänden wahrgenommen werden. Solche Aufgaben übersteigen zwar auch die Leistungsfähigkeit des einzelnen Kreises, haben jedoch keinen so weitreichenden räumlichen Bezug, daß sich ihre Erfüllung durch eine regionale Mittelstufenverwaltung anbieten könnte. Sie sind keine regionalen Leistungsaufgaben.

Die Übertragung aller regionalen Leistungsaufgaben auf höhere Kommunalverbände bietet neben den schon genannten positiven Aspekten den Vorteil, daß sich die Schaffung einer Vielzahl von Zweckverbänden als Verlegenheitslösung zur Aufgabenerfüllung im regionalen Maßstab erübrigt und sich die Gründung von Zweckverbänden auf die Lösung von Aufgaben beschränken kann, die lediglich für Teilräume des regionalen Verwaltungsgebietes Bedeutung haben. Die hierdurch bewirkte Aufgabenbündelung oberhalb der Kreisebene erhöht die Effektivität der kommunalen Aufgabenerfüllung und trägt wesentlich zur Vereinfachung der kommunalen Verwaltungsorganisation bei.

Im Verhältnis zur Staatsverwaltung sollten, ausgehend von dem Grundsatz „soviel Staatsverwaltung wie nötig – soviel Selbstverwaltung wie möglich", die unterhalb der Regierungsebene und oberhalb der Kreisebene zu erfüllenden Aufgaben der Leistungsverwaltung – im Gegensatz zu den Aufsichts- und Ordnungsaufgaben – den höheren Kommunalverbänden übertragen werden.

Bei Wahrung der genannten Grundsätze der Aufgabenzuteilung würden die höheren Kommunalverbände zunächst einmal die Obliegenheiten wahrnehmen, die heute schon als typisch für eine regionale kommunale Verwaltungskörperschaft angesehen werden können, nämlich

- überörtliche Trägerschaft der Sozialhilfe, der Jugendhilfe, der Schwerbehinderten- und Kriegsopferfürsorge,
- im Zusammenhang damit die Trägerschaft von Schulen und anderen Einrichtungen für Behinderte sowie von Jugendheimen,
- regionale Aufgaben der Gesundheitspflege, einschließlich der Trägerschaft für Krankenhäuser von regionaler Bedeutung,
- Aufgaben der regionalen Kulturpflege,
- spezielle Gebiete des Bildungswesens,
- Straßenbauverwaltung (bei entsprechendem Größenzuschnitt und ausreichender Leistungskraft – ohne die Straßen, deren Bau und Unterhaltung schon auf Kreisebene möglich ist),
- regionale Landschaftspflege,
- Förderung von Einrichtungen der Gemeinden und Kreise auf den obengenannten Gebieten, einschließlich der Förderung von Gemeinde- und Kreisstraßen,
- regionale Wirtschaftspflege.

Die höheren Kommunalverbände bedürfen darüber hinaus noch ergänzender Zuständigkeiten, damit sich das abgerundete Bild einer regionalen kommunalen Verwaltungskörperschaft ergibt, die für alle auf dieser Ebene anfallenden Leistungsaufgaben zuständig ist. Die erwünschte Folge wäre, daß ihrer Natur nach zusammengehörende Sachgebiete künftig an derselben Stelle in kommunaler Selbstverwaltung bearbeitet würden" („Der höhere Kommunalverband" – Organisationsform zur Neuordnung der mittleren Verwaltungsebene in der Bundesrepublik Deutschland, S. 9 ff.).

Unter dem Stichwort „Europäischer Regionalismus" haben die höheren Kommunalverbände auch in anderen europäischen Ländern Bundesgenossen für ihre Anliegen bekommen (s. u. a.: F. Knöpfle, Europäischer Regionalismus und die bayerischen Bezirke).

Über die Bedeutung der höheren Kommunalverbände im Verfassungsaufbau der Bundesrepublik Deutschland s. K. Meyer-Schwickerath in „der landkreis“, 8–9/80.

F. Kommunale Selbstverwaltung und der gemeinsame Markt

Die bundesdeutschen Gemeinden, Städte und Regionen haben in den vergangenen Jahrzehnten auf unterschiedliche Weise zu einzelnen (einigermaßen vergleichbaren) Institutionen partnerschaftliche Beziehungen in anderen europäischen Ländern aufgenommen. Diese haben wesentlich zum besseren Kennenlernen und zu einer Vertiefung der kulturellen Beziehungen beigetragen. Dabei wurde aber auch erkannt, wie unterschiedlich auch die Strukturen der öffentlichen Institutionen ausgestaltet sind. Besonders intensiv wurden dabei die Beziehungen zu Frankreich, Italien (insbesondere Südtirol) und Großbritannien gepflegt.

Vertragliche Grundlagen des Binnenmarktzieles

„Mit den Verträgen zur Gründung der Europäischen Gemeinschaften – Europäische Gemeinschaft für Kohle und Stahl (EGKS), Europäische Wirtschaftsgemeinschaft (EWG), Europäische Atomgemeinschaft (EAG) – und der Einheitlichen Europäischen Akte vom 29. 6. 1987 hat die Bundesrepublik Deutschland in verfassungsrechtlich zulässiger Weise einen Teil ihrer Souveränität übertragen und damit zugelassen, daß die Organe der Europäischen Gemeinschaften in der Bundesrepublik unmittelbar geltendes Recht setzen, die in der Bundesrepublik jeweils zuständigen Rechtsetzungsorgane zum Erlaß bestimmter Rechtsvorschriften verpflichten können und auch sonst in der Bundesrepublik wie Staatsorgane handeln können, z. B. durch Erlaß von Verwaltungsakten oder Gewährung öffentlicher Mittel.
Ein Europäischer Gerichtshof (EUGH) übt rechtsprechende Gewalt mit Vorrang vor der deutschen Gerichtsbarkeit in der Bundesrepublik aus.

Neben Bund und Ländern sehen sich natürliche wie juristische Personen und damit auch kommunale Gebietskörperschaften jetzt einer weiteren ‚staatlichen‘ Ebene unterworfen. Diese ‚Europäische Ebene‘ hat aber nur bestimmte, in den Verträgen selektiv festgelegte Aufgaben und Befugnisse, und sie ist über die Zusammensetzung ihrer Organe und die ihr vorgeschriebenen Wege der Entscheidungsfindung mit den Staatsorganen ihrer 12 Mitgliedstaaten verflochten. Es ergeben sich viele Ähnlichkeiten zum Bund-Länder-Verhältnis in der Bundesrepublik Deutschland mit dem wesentlichen Unterschied, daß das Schwergewicht der Souveränität (noch) bei den einzelnen Mitgliedstaaten liegt. Ausdrückliches Ziel der EWG (und für Kohle und Stahl auch bereits der EGKS) ist es, ‚durch die Errichtung eines gemeinsamen Marktes und die schrittweise Annäherung der Politik der Mitgliedstaaten eine harmonische Entwicklung des Wirtschaftslebens innerhalb der Gemeinschaft, eine beständige und ausgewogene Wirtschaftsausweitung, eine größere Stabilität, eine beschleunigte Hebung der Lebenshaltung und engere Beziehungen zwischen den Staaten zu fördern, die in dieser Gemeinschaft zusammengeschlossen sind‘ (Art. 2 EWG-Vertrag). Bereits der EWG-Vertrag sah vor, daß dieser gemeinsame Markt während einer Übergangszeit von zwölf Jahren schrittweise verwirklicht wird (Art. 8). Mit der Einheitlichen Europäischen Akte wurde ein Artikel 8a in den EWG-Vertrag eingefügt, nach dem die Gemeinschaft ‚die erforderlichen Maßnahmen (trifft), um bis zum 31. 12. 1992 . . . den Binnenmarkt schrittweise zu verwirklichen‘. Dabei wird der Begriff noch einmal neu definiert:

‚Der Binnenmarkt umfaßt einen Raum ohne Binnengrenzen, in dem der freie Verkehr von Waren, Pesonen, Dienstleistungen und Kapital gemäß den Bestimmungen dieses Vertrages gewährleistet ist‘ (Art. 8a Abs. 2)“ (Deutscher Städtetag 1989, Der europäische Binnenmarkt und die Städte, S. 10 und 11).

Bis heute gibt es, ebenso wie für die Institutionen der Sozialarbeit und der freien Wohlfahrtspflege, keine zusammenfassende Darstellung der staatlichen und kommunalen Organisationen der einzelnen europäischen Länder. Es zeigt sich aber schon jetzt, daß im Rahmen der schrittweisen Vereinigung der Mitgliedstaaten für die kommunale Selbstverwaltung eine Reihe schwieriger Fragen entstehen, auch wenn diese nicht von heute auf morgen in ihrer ganzen Breite und Tiefe aktuell werden.

So zum Beispiel:

- „Beseitigung materieller Schranken; damit sind die an den Binnengrenzen bestehenden Kontrollen von Waren und Personen unter den verschiedensten rechtlichen Gesichtspunkten gemeint,
- die Beseitigung technischer Schranken; damit sind rechtliche und tatsächliche Hindernisse eines freien Waren- und Personenverkehrs innerhalb der Gemeinschaft gemeint,
- die Beseitigung der Steuerschranken, insbesondere die Harmonisierung der Mehrwertsteuer und der Verbrauchssteuern. . . .
- Maßnahmen, die bis in den Kern des Selbstverwaltungsrechts vorstoßen, z. B. die Durchsetzung des Kommunalwahlrechts für Ausländer; die Regelung der internen Abläufe des Verfahrens zur Vergabe von öffentlichen Aufträgen; die Beihilfekontrolle, d. h. die Kontrolle (mit Eingriffs- und Untersagungsmöglichkeit) der Gewährung von wirtschaftlich relevanten Förderleistungen (etwa beim Verkauf und der Erschließung von Grundstücken, bei der Altlastensanierung oder der wirtschaftsbezogenen Städtebauförderung); oder eine mögliche Einschränkung der wirtschaftlichen Betätigung, gestützt auf die Wettbewerbsvorschriften der Verträge, z. B. durch einen Zwang zur öffentlichen Ausschreibung und damit (möglicherweise) Privatisierung kommunaler Leistungen der Daseinsvorsorge. . . .
- Regelungen, die die Städte, vor allem im übertragenen Wirkungskreis gegenüber Dritten zu vollziehen haben. Hier sind das Bauaufsichtsrecht, das Um-

weltrecht, das Lebensmittelrecht, das Naturschutzrecht und das Straßenverkehrsrecht sowie die mit diesem Rechtssystem zusammenhängenden Normen, technischen Anleitungen und allgemeinen Verwaltungsvorschriften besonders zu nennen. ...

- Regelungen, die allgemein gelten, aber die Städte in besonderer Weise treffen oder von ihnen zu beachten sind, obwohl die Städte nicht die eigentlichen Normadressaten sind; zu nennen sind z. B. das System der gegenseitigen Anerkennung von beruflichen Abschlüssen, Berechtigungen und Zulassungen, die Bauvorlageberechtigung ausländischer Architekten, die Diskriminierungsverbote bei der Anstellung zum kommunalen Dienst, bei der Vergabe von Aufträgen aller Art u. ä. ...
- Auswirkungen der Steuerharmonisierung auf das Steuersystem und die Finanzverfassung in der Bundesrepublik. Hier ist indessen darauf hinzuweisen, daß nach Auffassung der EG-Kommission zur Vollendung des Binnenmarktes lediglich eine annähernde Harmonisierung bei der Umsatzsteuer und den Verbrauchssteuern erforderlich ist". ... (Deutscher Städtetag 1989, Der europäische Binnenmarkt und die Städte, S. 11 bis 14).

Das zentrale Problem für die deutsche kommunale Selbstverwaltung besteht darin, daß es kommunale Selbstverwaltung, wie sie in der Bundesrepublik Deutschland seit dem 19. Jahrhundert entstanden ist, in nur wenigen anderen europäischen Ländern und auch dort nur ansatzweise gibt. Die eigenen Rechte von Gemeinden, Städten, Regionen, Provinzen und Ländern sind weitgehend nur abgeleitetes oder übertragenes Recht mehr oder minder zentralistisch organisierter Staatswesen. Das zunehmende Bedürfnis nach einem überschaubaren Lebensraum, das soziale und kulturelle Identität sichert, ist in dem Staatsgefüge der übrigen Mitgliedsländer der europäischen Gemeinschaft nur sehr begrenzt verwirklicht. Dabei sind hier die Fragen noch gar nicht einbezogen, die die neue Entwicklung in den osteuropäischen Ländern mit einem mindestens 40jährigen staatlichen Zentralismus mit sich bringen. Es wird noch vieler Gespräche und zäher Verhandlungen bedürfen, um auch andere davon zu überzeugen, daß bei der Organisation und der politischen Struktur des größeren Europa die Vermutung für die Zuständigkeit der kleineren Einheit den Vorrang haben sollte. Das Prinzip der kommunalen Selbstverwaltung und des Förderalismus sind daher wichtige und lebensnotwendige Kräfte gegen einen zunehmenden Hang zu bürokratischem Zentralismus, der auf europäischer Ebene noch nicht einmal parlamentarisch kontrolliert wird.

G. Spezialeinrichtungen der kommunalen Selbstverwaltung

„Für einzelne kommunale Aufgabenbereiche bestehen Spezialeinrichtungen, etwa der ‚Verband kommunaler Unternehmen (VKU)', der ‚Verband öffentlicher Verkehrsbetriebe (VÖV)', die ‚Kommunale Gemeinschaftsstelle für Verwaltungsvereinfachung (KGSt)', der ‚Verband kommunaler Fuhrparks- und Stadtreinigungsbetriebe (VKS)', die ‚Vereinigung kommunaler Arbeitgeberverbände (VKA)‘, und der ‚Deutsche Sparkassen- und Giroverband e.V. (DSGV)‘. Sie arbeiten eng mit den kommunalen Spitzenverbänden zusammen und werden von diesen bei Bedarf auch in die Ausarbeitung von Stellungnahmen eingeschaltet“ (aus: Selbstdarstellung des Deutschen Landkreistages).

KAPITEL 8

Ebenen der Zusammenarbeit

A. Einführung

Der Aufbau und die Organisationsstruktur vor allem der freien Wohlfahrtspflege ist durch zwei unterschiedliche Tendenzen gekennzeichnet:

I. Zusammenfassung aller Aufgaben und Träger

Durch die „Allzuständigkeit" der kommunalen Selbstverwaltung soll sichergestellt werden, daß die Aufgaben der örtlichen Gemeinschaft grundsätzlich von ihr wahrgenommen werden, soweit sie nicht ausdrücklich anderen Stellen übertragen sind. Das Prinzip der Spitzenverbände in der freien Wohlfahrtspflege soll dazu beitragen, daß sich bestimmte soziale Fachinteressen nicht zu sehr auf Kosten anderer sozialer Belange in den Vordergrund schieben.

Die Organisationsprinzipien der Allzuständigkeit der Kommunen bzw. der Spitzenverbände in der freien Wohlfahrtspflege (die in ihrer äußeren Form zwar sehr unterschiedlich sind), sollen damit gewährleisten, daß trotz unterschiedlicher Detailinteressen für die einzelnen Bereiche die Lebensinteressen aller Bürger bzw. Rat- und Hilfesuchenden aufeinander abgestimmt werden. Sie bilden daher ein wichtiges Element im System der sozialen Sicherung.

II. Aufgliederung in Fachbereiche

Schon bevor die Spitzenverbände der freien Wohlfahrtspflege gebildet wurden, hatten sich verschiedene ihrer Arbeitsbereiche in Fachverbänden zusammengeschlossen. Sie wollten ihre Erfahrungen austauschen und ihre Interessen wirkungsvoller vertreten. So ließen sich Interessen einzelner sozialer Problemgruppen eindrücklicher darstellen und durchsetzen.

Durch die wissenschaftliche Fundierung sozialer Arbeit, insbesondere auch durch die Ausbildung der Mitarbeiter, haben Spezialisierung und Differenzierung in den vergangenen 20 Jahren noch wesentlich an Bedeutung gewonnen.

Die jeweiligen Fachorganisationen haben dazu beigetragen, daß konkrete Bedürfnisse und Interessen einzelner sozialer Gruppen und Aufgaben (wie z. B. Kindergärten, Heimerziehung, Maßnahmen und Einrichtungen für Suchtkranke, Nichtseßhafte u. a.) nicht vorschnell einem undifferenzierten „Gesamtinteresse" untergeordnet, sondern deutlich artikuliert wurden. Dabei spielten neben den Besonderheiten der verschiedenen Arbeitsbereiche aber auch Interessen einzelner Fachdisziplinen und Fachbehörden sowie berufspolitische Interessen der Mitarbeiter eine nicht unbedeutende Rolle.

Die Spitzenverbände der freien Wohlfahrtspflege haben in den vergangenen Jahrzehnten gemeinsam mit den Fachverbänden ihres Bereiches Lösungen entwickelt, mit denen das natürliche Gegeneinander der beiden Organisationsprinzipien in Kooperation und gegenseitige Anregung und Förderung umgestaltet wurde. Ebenso bemüht sich die kommunale Selbstverwaltung, daß „vertikale Fachbruderschaften" (F. Wagener) – d. h. Fachinteressen der staatlichen Ebenen, der Kommunen und der freien Träger – auch in der spezialisierten Daseinsvorsorge in die Gesamtverantwortung für alle kommunalen Aufgaben eingebunden bleiben.

Nachdem in den beiden vorangegangenen Kapiteln das kooperative Prinzip der einzelnen Spitzenverbände sowie der verschiedenen kommunalen Ebenen dargestellt wurde, sollen im folgenden die verschiedenen Ebenen der Zusammenarbeit zwischen einzelnen Trägergruppen sowie die der einzelnen Fachbereiche dargestellt werden. Auf die Fachorganisationen bzw. -verbände innerhalb einzelner Spitzenverbände kann dabei jedoch nicht eingegangen werden.

B. Ausschüsse und Gremien auf gesetzlicher Grundlage

I. Jugendhilfe

Im Kinder- und Jugendhilfegesetz ist festgelegt, daß sowohl beim örtlichen Jugendamt als auch beim Landesjugendamt Jugend- bzw. Landesjugendhilfeausschüsse einzurichten sind. Sie bilden gemeinsam mit der Verwaltung des Jugendamtes bzw. des Landesjugendamtes das (Landes-)Jugendamt (§ 70 bzw. § 71 KJHG). Schließlich wurde auf Bundesebene als Beratungsorgan für die Bundesregierung das Bundesjugendkuratorium geschaffen.

1. Jugendhilfeausschuß, Landesjugendhilfeausschuß

„(1) Dem Jugendhilfeausschuß gehören als stimmberechtigte Mitglieder an

1. mit drei Fünfteln des Anteils der Stimmen Mitglieder der Vertretungskörperschaft des Trägers der öffentlichen Jugendhilfe oder von ihr gewählte Frauen und Männer, die in der Jugendhilfe erfahren sind,
2. mit zwei Fünfteln des Anteils der Stimmen Frauen und Männer, die auf Vorschlag der im Bereich des öffentlichen Trägers wirkenden und anerkannten Träger der freien Jugendhilfe von der Vertretungskörperschaft gewählt werden; Vorschläge der Jugendverbände und der Wohlfahrtsverbände sind angemessen zu berücksichtigen.

(2) Der Jugendhilfeausschuß befaßt sich mit allen Angelegenheiten der Jugendhilfe, insbesondere mit

1. der Erörterung aktueller Problemlagen junger Menschen und ihrer Familien sowie mit Anregungen und Vorschlägen für die Weiterentwicklung der Jugendhilfe,

2. der Jugendhilfeplanung und
3. der Förderung der freien Jugendhilfe.

(3) Er hat Beschlußrecht in Angelegenheiten der Jugendhilfe im Rahmen der von der Vertretungskörperschaft bereitgestellten Mittel, der von ihr erlassenen Satzung und der von ihr gefaßten Beschlüsse. Er soll vor jeder Beschlußfassung der Vertretungskörperschaft in Fragen der Jugendhilfe und vor der Berufung eines Leiters des Jugendamts gehört werden und hat das Recht, an die Vertretungskörperschaft Anträge zu stellen. Er tritt nach Bedarf zusammen und ist auf Antrag von mindestens einem Fünftel der Stimmberechtigten einzuberufen. Seine Sitzungen sind öffentlich, soweit nicht das Wohl der Allgemeinheit, berechtigte Interessen einzelner Personen oder schutzbedürftiger Gruppen entgegenstehen.

(4) Dem Landesjugendhilfeausschuß gehören mit zwei Fünfteln des Anteils der Stimmen Frauen und Männer an, die auf Vorschlag der im Bereich des Landesjugendamts wirkenden und anerkannten Träger der freien Jugendhilfe von der obersten Landesjugendbehörde zu berufen sind. Die übrigen Mitglieder werden durch Landesrecht bestimmt. Absatz 2 gilt entsprechend.

(5) Das Nähere regelt das Landesrecht. Es regelt die Zugehörigkeit beratender Mitglieder zum Jugendhilfeausschuß. Es kann bestimmen, daß der Leiter der Verwaltung der Gebietskörperschaft oder der Leiter der Verwaltung des Jugendamts nach Absatz 1 Nr. 1 stimmberechtigt ist“ (§ 71 KJHG).

2. *Arbeitsgemeinschaften*

„Die Träger der öffentlichen Jugendhilfe sollen die Bildung von Arbeitsgemeinschaften anstreben, in denen neben ihnen die anerkannten Träger der freien Jugendhilfe sowie die Träger geförderter Maßnahmen vertreten sind. In den Arbeitsgemeinschaften soll darauf hingewirkt werden, daß die geplanten Maßnahmen aufeinander abgestimmt werden und sich gegenseitig ergänzen“ (§ 78 KJHG).

3. *Bundesjugendkuratorium*

„Die Bundesregierung wird in grundsätzlichen Fragen der Jugendhilfe von einem Sachverständigengremium (Bundesjugendkuratorium) beraten. Das Nähere regelt die Bundesregierung durch Verwaltungsvorschriften“ (§ 83 Abs. 2 KJHG).

II. Sozialhilfe

Das Bundessozialhilfegesetz enthält keine zwingenden Vorschriften über Sozialhilfeausschüsse. § 114 Abs. 1 BSHG verpflichtet die Träger der Sozialhilfe nur, vor dem Erlaß allgemeiner Verwaltungsvorschriften und der Festsetzung der Regelsätze sozial erfahrene Personen zu hören, besonders aus Vereinigungen, die Bedürftige betreuen, oder aus Vereinigungen von Sozialleistungsempfängern.

Durch Landesrecht wurden jedoch teilweise Sozialhilfeausschüsse gebildet: „In Bayern (Art. 2, 23 AGBSHG), Hessen (§ 19 AGBSHG), Rheinland-Pfalz (§ 19 AGBSHG) und im Saarland (VO vom 8. 5. 1963) ist vorgesehen, daß sozial erfahrene Personen in die zu bildenden Sozialhilfeausschüsse (Beiräte für Sozialhilfe) zu berufen und daß die Gremien vor Erlaß allgemeiner Verwaltungsvorschriften zu hören sind. In Baden-Württemberg (§ 8 AGBSHG) und Bremen (§ 4 Abs. 2 AGBSHG) ist die nähere Regelung der Beteiligung sozial erfahrener Personen an die Träger der Sozialhilfe (bzw. den zuständigen Senator) weitergegeben worden“ (Schellhorn/Jirasek/Seipp, BSHG, 9. Auflage, S. 400/401). Diese Ausschüsse sind jedoch zu unterscheiden von den Arbeitsgemeinschaften nach § 95 BSHG (s. u.).

III. Rehabilitation Behinderter

Im Schwerbehindertengesetz (i. d. F. vom 26. 8. 1986) ist bestimmt, daß bei den Hauptfürsorgestellen, bei der Bundesanstalt für Arbeit und beim Bundesminister für Arbeit und Sozialordnung beratende Ausschüsse bzw. Beiräte zu bilden sind, denen auch Verbände und Organisationen der Wohlfahrtspflege angehören:

1. Beratender Ausschuß für Behinderte bei der Hauptfürsorgestelle

„(1) Bei jeder Hauptfürsorgestelle wird ein Beratender Ausschuß für Behinderte gebildet, der die Eingliederung der Behinderten in das Arbeitsleben zu fördern, die Hauptfürsorgestelle bei der Durchführung dieses Gesetzes zu unterstützen und bei der Vergabe der Mittel der Ausgleichsabgabe mitzuwirken hat. Soweit die Mittel der Ausgleichsabgabe zur instituionellen Förderung verwendet werden, hat der Beratende Ausschuß Vorschläge für die Entscheidungen der Hauptfürsorgestelle zu unterbreiten.

(2) Der Ausschuß besteht aus 10 Mitgliedern, und zwar aus

2 Vertretern der Arbeitnehmer,
2 Vertretern der Arbeitgeber, davon 1 Vertreter der öffentlichen Hand,
4 Vertretern der Organisation der Behinderten,
1 Vertreter des Landes,
1 Vertreter des Landesarbeitsamtes.

Für jedes Mitglied ist ein Stellvertreter zu berufen. Mitglieder und Stellvertreter sollen im Bezirk der Hauptfürsorgestelle ihren Wohnsitz haben.

(3) Die Hauptfürsorgestelle beruft
die Arbeitnehmervertreter auf Vorschlag der Gewerkschaften des jeweiligen Landes,

einen Vertreter der privaten Arbeitgeber auf Vorschlag der Arbeitgeberverbände des jeweiligen Landes,
einen Vertreter der Arbeitgeber der öffentlichen Hand auf Vorschlag der Regierung des jeweiligen Landes,
die Vertreter der Organisation der Behinderten auf Vorschlag der Behindertenverbände des jeweiligen Landes, die nach der Zusammensetzung ihrer Mitglieder dazu berufen sind, die Behinderten in ihrer Gesamtheit zu vertreten.
Die zuständige oberste Landesbehörde beruft den Vertreter des Landes.
Der Präsident des Landesarbeitsamtes beruft den Vertreter des Landesarbeitsamtes" (§ 32 Schwerbehindertengesetz).

2. *Beratender Ausschuß für Behinderte bei der Bundesanstalt für Arbeit*

„(1) Bei der Hauptstelle der Bundesanstalt für Arbeit wird ein Beratender Ausschuß für Behinderte gebildet, der die Eingliederung der Behinderten in das Arbeitsleben durch Vorschläge zu fördern und die Bundesanstalt für Arbeit bei der Durchführung dieses Gesetzes und der Arbeits- und Berufsförderung Behinderter nach dem Arbeitsförderungsgesetz zu unterstützen hat.

(2) Der Ausschuß besteht aus 11 Mitgliedern, und zwar aus

2 Vertretern der Arbeitnehmer,
2 Vertretern der Arbeitgeber, davon 1 Vertreter der öffentlichen Hand,
5 Vertretern der Organisation der Behinderten,
1 Vertreter der Hauptfürsorgestellen,
1 Vertreter des Bundesministers für Arbeit und Sozialordnung.

Für jedes Mitglied ist ein Stellvertreter zu berufen.

(3) Der Präsident der Bundesanstalt für Arbeit beruft die Vertreter der Arbeitnehmer und der Arbeitgeber auf Vorschlag ihrer Gruppenvertreter im Verwaltungsrat der Bundesanstalt für Arbeit,
die Vertreter der Organisationen der Behinderten auf Vorschlag der Behindertenverbände, die nach der Zusammensetzung ihrer Mitglieder dazu berufen sind, die Behinderten in ihrer Gesamtheit auf Bundesebene zu vertreten, den Vertreter der Hauptfürsorgestellen auf Vorschlag der Deutschen Hauptfürsorgestellen,
den Vertreter des Bundesministers für Arbeit und Sozialordnung auf dessen Vorschlag" (§ 34 Schwerbehindertengesetz).

3. *Beirat für die Rehabilitation der Behinderten*

„(1) Bei dem Bundesminister für Arbeit und Sozialordnung wird ein Beirat für die Rehabilitation der Behinderten gebildet, der ihn in Fragen der Arbeits- und Berufsförderung der Behinderten berät, ihn bei den Aufgaben der Koordinierung nach § 62 des Arbeitsförderungsgesetzes unterstützt, insbesondere auch bei der Förderung von Rehabilitationseinrichtungen, und bei der Vergabe der Mittel des Ausgleichsfonds mitwirkt. Der Bundesminister für Arbeit und Sozialordnung trifft Entscheidungen über die Vergabe der Mittel des Ausgleichsfonds nur auf Grund von Vorschlägen des Beirates.

(2) Der Beirat besteht aus 38 Mitgliedern, und zwar aus

2 Vertretern der Arbeitnehmer,
2 Vertretern der Arbeitgeber,
6 Vertretern der Organisationen der Behinderten,
16 Vertretern der Länder,
1 Vertreter der kommunalen Selbstverwaltungskörperschaften,
1 Vertreter der Hauptfürsorgestellen,
1 Vertreter der Bundesanstalt für Arbeit,
3 Vertretern der gesetzlichen Rentenversicherungen,
1 Vertreter der gesetzlichen Unfallversicherung,
1 Vertreter der Sozialhilfe,
1 Vertreter der freien Wohlfahrtspflege,
3 Vertretern der Einrichtungen der beruflichen Rehabilitation.

Für jedes Mitglied ist ein Stellvertreter zu berufen.

(3) Der Bundesminister für Arbeit und Sozialordnung beruft
die Vertreter der Arbeitnehmer und Arbeitgeber auf Vorschlag ihrer Gruppenvertreter im Verwaltungsrat der Bundesanstalt für Arbeit,
die Vertreter der Organisationen der Behinderten auf Vorschlag der Behindertenverbände, die nach der Zusammensetzung ihrer Mitglieder dazu berufen sind, die Behinderten in ihrer Gesamtheit auf Bundesebene zu vertreten,
die Vertreter der Länder auf deren Vorschlag,
den Vertreter der kommunalen Selbstverwaltungskörperschaften auf Vorschlag der Bundesvereinigung der kommunalen Spitzenverbände,
den Vertreter der Hauptfürsorgestellen auf Vorschlag der Arbeitsgemeinschaft der Deutschen Hauptfürsorgestellen,
den Vertreter der Bundesanstalt für Arbeit auf Vorschlag ihres Präsidenten,
die Vertreter der gesetzlichen Rentenversicherungen auf Vorschlag des Verbandes Deutscher Rentenversicherungsträger,
den Vertreter der gesetzlichen Unfallversicherung auf Vorschlag der Spitzenvereinigungen der Träger der gesetzlichen Unfallversicherung,
den Vertreter der Sozialhilfe auf Vorschlag der Bundesarbeitsgemeinschaft der überörtlichen Träger der Sozialhilfe,
den Vertreter der freien Wohlfahrtspflege auf Vorschlag der Bundesarbeitsgemeinschaft der Freien Wohlfahrtspflege,
die Vertreter der Einrichtungen der beruflichen Rehabilitation auf Vorschlag der Arbeitsgemeinschaften der Berufsförderungswerke, der Berufsbildungswerke und der Werkstätten für Behinderte.

(4) Der Bundesminister für Arbeit und Sozialordnung wird ermächtigt, durch Rechtsverordnung mit Zustimmung des Bundesrates Vorschriften über die Geschäftsführung und das Verfahren des Beirates zu erlassen" (§ 34 Schwerbehindertengesetz).

C. Fachübergreifende Arbeitsgemeinschaften

Die Spitzenverbände der freien Wohlfahrtspflege haben bereits 1924 ein Arbeitsgemeinschaft gebildet. In diese Zeit reichen auch die Anfänge einer institutionalisierten Zusammenarbeit zwischen der freien und öffentlichen Wohlfahrtspflege zurück. Das Reichsjugendwohlfahrtsgesetz und die Fürsorgepflicht-Verordnung gaben hierzu wichtige Anstöße und Grundlagen.

I. Arbeitsgemeinschaften der öffentlichen und freien Wohlfahrtspflege

Obwohl mit der Sozialgesetzgebung der Weimarer Republik eine intensive Zusammenarbeit begann, haben sich doch Arbeitsgemeinschaften der öffentlichen und freien Wohlfahrtspflege in dieser Zeit nicht sehr durchgesetzt. Auch nach dem 2. Weltkrieg hat die institutionalisierte Zusammenarbeit in diesem Bereich nur in wenigen Bundesländern Gestalt gewonnen. Ausnahmen hiervon bilden Baden-Württemberg und Nordrhein-Westfalen, insbesondere aber die bereits 1948 gegründete Landesarbeitsgemeinschaft für öffentliche und freie Wohlfahrtspflege in Bayern.

§ 95 BSHG hat die Kooperation auf eine gesetzliche Grundlage gestellt:

„Die Träger der Sozialhilfe sollen die Bildung von Arbeitsgemeinschaften anstreben, wenn es geboten ist, die gleichmäßige oder gemeinsame Durchführung von Maßnahmen zu beraten oder zu sichern. In den Arbeitsgemeinschaften sollen vor allem die Stellen vertreten sein, deren gesetzliche Aufgaben dem gleichen Ziel dienen oder die an der Durchführung der Maßnahmen beteiligt sind, besonderes die Verbände der freien Wohlfahrtspflege."

Trotz dieser Rechtsgrundlage erfolgt auch jetzt die Zusammenarbeit meist formlos (s. die o. a. Ausnahmen). Dabei sind dann insbesondere die Regelungen über Zusammenarbeit zwischen freien und öffentlichen Trägern der Sozial- und Jugendhilfe zu beachten (§ 17 Abs. 3 SGB I, §§ 10 und 93 BSHG, §§ 3 und 4 KJHG).

Auf Bundesebene gibt es keine Arbeitsgemeinschaft der öffentlichen und freien Wohlfahrtspflege. In den Bundesländern, in denen die Landesarbeitsgemeinschaften ausgebaut sind, bestehen meist auch regionale und örtliche Arbeitsgemeinschaften.

II. Arbeitsgemeinschaften der freien Wohlfahrtspflege

Nach dem 1. Weltkrieg gab es starke Tendenzen, die freie Wohlfahrtspflege zu kommunalisieren bzw. zu sozialisieren. Hinzu kamen wirtschaftliche Existenzprobleme in der Inflationszeit. Bereits 1921 wurde die „Reichsgemeinschaft der Hauptverbände der freien Wohlfahrtspflege" gegründet. Dabei war der

„Deutsche Verein“ wesentlich beteiligt. Als 1924 die „Liga der Spitzenverbände der Freien Wohlfahrtspflege“ gegründet wurde, löste sich die Reichsgemeinschaft auf. Der „Liga“ gehörten folgende Verbände an:

- Central-Ausschuß für die Innere Mission der deutschen evangelischen Kirche
- Deutscher Caritasverband
- Zentralwohlfahrtsstelle der deutschen Juden
- Deutsches Rotes Kreuz
- Fünfter Wohlfahrtsverband (ab 1932 Deutscher Paritätischer Wohlfahrtsverband)
- Zentralwohlfahrtsausschuß der christlichen Arbeiterschaft.

Der Hauptausschuß für Arbeiterwohlfahrt gehörte dieser Arbeitsgemeinschaft nicht an. Er war jedoch durch § 8 der dritten Verordnung zur Durchführung des Gesetzes über die Ablösung öffentlicher Anleihe gemeinsam mit den anderen sechs Verbänden als Spitzenverband der freien Wohlfahrtspflege anerkannt worden. Nur in Bayern gehörte schon damals die Arbeiterwohlfahrt der „Landesliga“ an.

1933 wurde die Liga der Spitzenverbände aufgelöst. Als Arbeitsgemeinschaft der Spitzenverbände der freien Wohlfahrtspflege Deutschlands wurde sie 1949 wieder gegründet. 1961 nahm sie die heutige Bezeichnung „Bundesarbeitsgemeinschaft der Freien Wohlfahrtspflege“ an (Sitz: 5300 Bonn 1, Franz-Lohe-Str. 19).

„Im Juni 1966 konstituierte sich diese Arbeitsgemeinschaft der sechs Spitzenverbände der freien Wohlfahrtspflege zu einem gerichtlich eingetragenen Verein.

Der Bundesarbeitsgemeinschaft gehören an:

1. Arbeiterwohlfahrt – Bundesverband –, Bonn
2. Diakonisches Werk der EKD, Stuttgart
3. Deutscher Caritasverband, Freiburg
4. Deutscher Paritätischer Wohlfahrtsverband – Gesamtverband –, Frankfurt/M.
5. Deutsches Rotes Kreuz – Präsidium –, Bonn
6. Zentralwohlfahrtsstelle der Juden in Deutschland, Frankfurt/M.

Die Satzung der Bundesarbeitsgemeinschaft sieht folgende Aufgaben vor:

- Planmäßige Beratung und Abstimmung in allen Aufgabenbereichen der freien Wohlfahrtspflege, insbesondere bei neu auftretenden Fragen auf dem Gebiet der Sozial- und Jugendhilfe;
- Pflege und Stärkung der sozialen Verantwortung in der Bevölkerung;
- Mitwirkung an der Gesetzgebung;
- Wahrung und Stellung der freien Wohlfahrtspflege in der Öffentlichkeit;
- Zusammenarbeit in zentralen Angelegenheiten mit Bund, Ländern und Kommunen und sonstigen Organen der öffentlichen Selbstverwaltung;
- Kontakte mit den Landesarbeitsgemeinschaften der freien Wohlfahrtspflege;

- Mitwirkung in Fachorganisationen und Verbänden, soweit Aufgabengebiete der freien Wohlfahrtspflege berührt werden;
- Zusammenwirken der Verbände bei besonderen Notständen" (K.-H. Thiel in: Das Recht im Dienst einer Diakonischen Kirche, und Satzung i. d. F. v. 8. 6. 1966).

Auf Landesebene ist die Zusammenarbeit der Spitzenverbände der freien Wohlfahrtspflege untereinander in der Regel besser ausgebaut und stärker institutionalisiert als die zwischen der freien und den kommunalen Verbänden. Neben den Landesarbeitsgemeinschaften bestehen in vielen Bundesländern auch Bezirksarbeitsgemeinschaften oder ähnliche regionale Gliederungen. Auf örtlicher Ebene gibt es derartige Arbeitsgemeinschaften meist nur in größeren Städten oder Ballungsräumen.

1990 hat die Bundesarbeitsgemeinschaft in Brüssel ein Verbindungsbüro zu den Stellen der Europäischen Gemeinschaft eröffnet (avenue de la Renaissance 1 B. 8, B-1040 Bruxelles).

III. Bundesarbeitsgemeinschaft der überörtlichen Träger der Sozialhilfe 7500 Karlsruhe 1, Ernst-Frey-Straße 9

„1. Zweck der Bundesarbeitsgemeinschaft ist die Zusammenarbeit aller überörtlichen Träger der Sozialhilfe mit dem Ziel, durch einheitliche Rechtsanwendung zu einer wirksameren Gestaltung der Hilfen und zur Gleichbehandlung des betreuten Personenkreises zu gelangen und zu einer Weiterentwicklung lebensnaher und praxisgerechter Sozialgesetze beizutragen. Dazu gehört auch die Mitarbeit in anderen Institutionen.

2. Gremien. In der Mitgliederversammlung hat jeder überörtliche Sozialhilfeträger eine Stimme.

Die Mitgliederversammlung beschließt über grundsätzliche Fragen der Organisation der Bundesarbeitsgemeinschaft und über Fachfragen, soweit diese nicht in Fachausschüssen abschließend behandelt werden. Die Mitgliederversammlung kann durch Beschluß jede Angelegenheit in jedem Stadium an sich ziehen.

Der Vorstand besteht aus dem Vorsitzenden, dem ersten und dem zweiten stellvertretenden Vorsitzenden.

Der Vorsitzende der Bundesarbeitsgemeinschaft führt die laufenden Geschäfte der Bundesarbeitsgemeinschaft.

Er wird von der Mitgliederversammlung gewählt. Stellvertretende Vorsitzende der Bundesarbeitsgemeinschaft sind die von den Fachausschüssen II und III gewählten Vorsitzenden dieser Fachausschüsse. Die Mitgliederversammlung wählt aus diesen beiden Vorsitzenden der Fachausschüsse den ersten und zweiten stellvertretenden Vorsitzenden der Bundesarbeitsgemeinschaft.

Es werden folgende ständige Fachausschüsse gebildet:

Fachausschuß für Grundsatz- und allgemeine Fragen der Sozialhilfe (Fachausschuß I)
Fachausschuß für Behinderte einschließlich Suchtkranker (Fachauschuß II)
Fachausschuß für Tuberkulosehilfe, Deutsche im Ausland, Gefährdete und Nichtseßhafte (Fachausschuß III).

Durch Beschluß der Mitgliederversammlung können bei Bedarf weitere ständige oder mit bestimmten Einzelaufgaben betraute Ausschüsse gebildet werden.

Die Fachausschüsse beraten über die ihnen von der Mitgliederversammlung oder dem Vorsitzenden der Bundesarbeitsgemeinschaft zugewiesenen Angelegenheiten. Sie können Sachfragen auch von sich aus aufgreifen und behandeln.

Beschlüsse der Mitgliederversammlung und der Fachausschüsse stellen Empfehlungen dar, deren Anwendung im Ermessen der einzelnen überörtlichen Träger der Sozialhilfe liegt.

Die Bundesarbeitsgemeinschaft unterhält eine Geschäftsstelle. Diese hat ihren Sitz bei dem überörtlichen Träger, dem der Vorsitzende der Bundesarbeitsgemeinschaft angehört" (Auszug aus der Arbeitsordnung).

Verzeichnis der Mitglieder:

Sächsisches Landesamt für Sozialhilfe
Thomasiusstraße 1, O-7010 Leipzig
Landesamt für Jugend und Soziales Rheinland-Pfalz
Postfach 29 64, Rheinallee 97–101, 6500 Mainz
Ministerium für Arbeit und Soziales des Landes Sachsen-Anhalt
Wilhelm-Höpfner-Ring 4, O-3037 Magdeburg
Bezirk Oberbayern, Sozialhilfeverwaltung
Postfach 22 00 15, Maximilianstr. 39, 8000 München 22
Landschaftsverband Westfalen-Lippe – Abteilung Sozialhilfe und Sonderschulen –
Postfach 61 25, Warendorfer Str. 26, 4400 Münster
Ministerium für Arbeit, Soziales, Gesundheit und Frauen des Landes Brandenburg
Heinrich-Mann-Allee 107, O-1561 Potsdam
Bezirk Oberpfalz, Sozialhilfeverwaltung
Postfach 10 03 22, Ägidienplatz 1, 8400 Regensburg 1
Ministerium für Gesundheit und Soziales – überörtlicher Träger der Sozialhilfe Saarland –
Postfach 10 10, Franz-Josef-Röder-Str. 23, 6600 Saarbrücken 1
Ministerium für Arbeit, Gesundheit und Soziales des Landes Mecklenburg-Vorpommern
Werderstraße 124, O-2750 Schwerin
Landeswohlfahrtsverband Württemberg-Hohenzollern – Landessozialamt –
Postfach 10 60 22, Lindenspürstraße 39, 7000 Stuttgart 10

Landeswohfahrtsverband Hessen, Zweigverwaltung
Frankfurter Straße 44, 6200 Wiesbaden
Bezirk Unterfranken, Sozialhilfeverwaltung
Postfach 63 49, Fichtestraße 9, 8700 Würzburg 1
Bezirk Mittelfranken, Sozialhilfeverwaltung
Postfach 6 17, Eyberstraße 2, 8800 Ansbach
Bezirk Schwaben, Sozialhilfeverwaltung
Postfach 11 02 40, Hafnerberg 10, 8900 Augsburg 11
Bezirk Oberfranken, Sozialhilfeverwaltung
Postfach 11 01 48, Wittelsbacherring 3, 8580 Bayreuth
Senatsverwaltung für Soziales, Abt. VII
An der Urania 12, 1000 Berlin 30
Der Senator für Jugend und Soziales, Ref. 42
Postfach 10 78 67, Bahnhofsplatz 29, 2800 Bremen 1
Landeswohlfahrtsverband Hessen, Zweigverwaltung
Steubenplatz 16, 6100 Darmstadt
Ministerium für Soziales und Gesundheit des Landes Thüringen
Johann-Sebastian-Bach-Str. 1, O-5085 Erfurt
Freie und Hansestadt Hamburg, Behörde für Arbeit, Gesundheit und Soziales – Landessozialamt –, Hamburger Str. 47, 2000 Hamburg 76
Landessozialamt Niedersachsen
Postfach 10 08 44, Domhof 1, 3200 Hildesheim
Landeswohlfahrtsverband Baden, Landessozialamt
Postfach 41 09, Ernst-Frey-Str. 9, 7500 Karlsruhe 1
Landeswohlfahrtsverband Hessen, Landessozialamt
Postfach 10 24 07, Kölnische Str. 30, 3500 Kassel
Der Minister für Soziales, Gesundheit und Energie des Landes Schleswig-Holstein, Amt für Wohlfahrt und Sozialhilfe
Postfach 11 21, Brunswiker Str. 16 – 22, 2300 Kiel 1
Landschaftsverband Rheinland – überörtlicher Träger der Sozialhilfe –
Postfach 21 07 20, Kennedy-Ufer 2, 5000 Köln 21
Bezirk Niederbayern, Sozialhilfeverwaltung
Postfach der Regierung von Niederbayern
Gestütstraße 10, 8300 Landshut.

Ob in den neuen Bundesländern die Länder oder die im Aufbau befindlichen Höheren Kommunalen Verbände diese Aufgaben übernehmen, wird die weitere Entwicklung zeigen.

D. Deutscher Verein für öffentliche und private Fürsorge e. V. (Sitz: 6000 Frankfurt/Main 50, Am Stockborn 1–3)

Der „Deutsche Verein“ ist nicht nur die älteste, sondern zugleich auch die bedeutendste Ebene der Zusammenarbeit und Meinungsbildung für alle Aufgaben der freien und öffentlichen Wohlfahrtspflege auf Bundesebene.

Der zentrale Zusammenschluß der öffentlichen und freien Träger sozialer Arbeit ist der Deutsche Verein für öffentliche und private Fürsorge in Frankfurt am Main. Er ist ein eingetragener, gemeinnütziger Verein, der nach seiner heutigen Satzung vom 25. 11. 1975 und 2. 10. 1991 einen Mittelpunkt für alle Bestrebungen auf dem Gebiet der sozialen Arbeit, insbesondere der öffentlichen und freien Sozialhilfe, der Jugendhilfe und der Gesundheitshilfe in der Bundesrepublik Deutschland bildet. Praktische soziale Arbeit ist nicht Aufgabe des Vereins, sondern die seiner Mitglieder.

Seine Hauptaufgaben sind:
- Anregung und Beeinflussung von Entwicklungen in der Sozialpolitik
- Erarbeitung von Empfehlungen für die Praxis der öffentlichen und freien sozialen Arbeit
- gutachtliche Tätigkeit auf dem Gebiet des Sozialrechts
- ständige Information der auf diesem Gebiet tätigen Personen und die Förderung des Erfahrungsaustausches
- Fort- und Weiterbildung von Führungskräften und Mitarbeitern des sozialen Bereiches
- Förderung der für die soziale Arbeit bedeutsamen Wissenschaften
- Beobachtung und Auswertung der Entwicklung der sozialen Arbeit in anderen Ländern und Förderung der internationalen Zusammenarbeit
- Herausgabe von Schriften und sonstigen Veröffentlichungen zu Fragen der sozialen Arbeit.

Ein großer Teil der Arbeit des Deutschen Vereins tritt nach außen nicht als seine Leistung in Erscheinung. Ein mit der sozialen Arbeit unvertrauter Bundesbürger erfährt oft nicht viel davon, obwohl diese Arbeit direkten Einfluß auf das soziale Geschehen hat. Es gibt kaum ein Sozialgesetz, an dem der Deutsche Verein nicht beratend mitgewirkt hat.

An die Öffentlichkeit wendet er sich alle drei Jahre mit dem Deutschen Fürsorgetag. Seine beiden Fachzeitschriften „NACHRICHTENDIENST“ und „ARCHIV FÜR WISSENSCHAFT UND PRAXIS DER SOZIALEN ARBEIT“ und die im Eigenverlag erschienenen und heute im Buchhandel erhältlichen Schriften und Bücher sind in der Regel an die Fachleute der sozialen Arbeit gerichtet.

Gegründet wurde der Verein 1880 in Berlin auf Initiative des Deutschen Armenpflegerkongresses als „Deutscher Verein für Armenpflege und Wohltätigkeit“. Die Vereinsgründer, Vertreter von Städten und Gemeinden, aus Wohltätigkeitseinrichtungen, Universitäten, Unternehmen, Politik, Literatur und Kirchen waren aufgrund politischer und sozialer Verantwortung mit den Problemen des Armenwesens vertraut. Sie forderten eine vorbeugende Armenhilfe, die sich nicht darauf beschränken sollte, den Bedürftigen das Unentbehrliche an Nahrung, Kleidung und Obdach zu geben. Ihr Ziel war es, die Fragen der Armenpflege und der Wohltätigkeit genauer und systematischer Prüfung zu unterziehen und für die öffentliche Wohlfahrt gesetzlich gesicherte, gerechtere und angemessenere Maßstäbe als bisher zu schaffen. Neben der Sicherung des Lebensunterhaltes sollte die Armenpflege auch die Fragen der wirtschaftlichen Selbständigkeit und der Erwerbsbefähigung berühren. Dieser für die damalige Zeit völlig neue Ansatz konnte nur gelingen, wenn die verstreuten Reformbestrebungen privater Wohltätigkeit und öffentlicher Hilfen zuammengefaßt und die Kräfte und Erfahrungen aller für die Weiterentwicklung genutzt wurden. Diese Aufgabe der Zusammenführung aller Kräfte kam dem Deutschen Verein zu.

Seiner Grundidee ist der Deutsche Verein bis heute treu geblieben. Die Umbenennung 1919 in „Deutscher Verein für öffentliche und private Fürsorge" entsprach der neuen Einstellung zu sozialen Fragen und den schon erkennbaren sozialpolitischen Entwicklungen.

Seit 1880 begleitet und gestaltet der Deutsche Verein für öffentliche und private Fürsorge den Weg und die Entwicklung der sozialen Arbeit von der Armenpflege über die Fürsorge bis zum ausgebauten, modernen Sozialleistungssystem. Er hat sich in dieser Zeit konsequent und erfolgreich um die Entwicklung aller Möglichkeiten sozialer Sicherung und um ein harmonisches und planvolles Zusammenwirken der staatlichen und privaten Bestrebungen im sozialen Bereich bemüht.

Vereinsstrukturen

Beschlußorgane des Deutschen Vereins sind die Mitgliederversammlung, der Hauptausschuß und der Vorstand.

Die Mitgliederversammlung:

Sie tritt alle zwei Jahre zusammen. Sie wählt die Hauptausschußmitglieder, trifft die Beschlußfassung über die Satzung und nimmt den Geschäftsbericht entgegen.

Die Mitgliederversammlung berät im öffentlichen Teil ein aktuelles sozialpolitisches Fachthema.

Der Hauptausschuß:

Er bestimmt die Grundsätze der Vereinstätigkeiten, wählt den Vorsitzenden und seine vier Stellvertreter sowie die übrigen Vorstandsmitglieder, beschließt den Haushaltsplan und nimmt die Jahresrechnung ab. Dem Hauptausschuß gehören bis zu 220 Mitglieder an, die die Mitgliederversammlung auf vier Jahre wählt. Der Hauptausschuß tagt mindestens einmal im Jahr; er berät im öffentlichen Teil – ebenso wie die Mitgliederversammlung – ein Fachthema.

Der Vorstand:

Er leitet die Geschäfte des Vereins und bestellt den Geschäftsführer. Er stellt den Haushaltsplan auf, gibt die Stellungnahmen des Vereins ab und nimmt Mitglieder auf oder schließt sie aus. Der Vorstand setzt sich zusammen aus dem Vorsitzenden des Vereins und seinen vier Stellvertretern, dem Geschäftsführer des Deutschen Vereins und 30 weiteren Mitgliedern. Die Vorstandsmitglieder werden für vier Jahre vom Hauptausschuß gewählt.

Die besonderen Vorstandsausschüsse

Zu seiner Unterstützung auf Einzelgebieten hat der Vorstand des Deutschen Vereins die zwei folgenden besonderen Vorstandsausschüsse gebildet und ihnen Teilaufgaben des Vorstandes übertragen:

- Vorstandsausschuß für Fragen der Fort- und Weiterbildung
- Vorstandsausschuß für den Deutschen Landesausschuß des Internationalen Rates für soziale Wohlfahrt (ICSW).

Der Eigenverlag:

Im Eigenverlag des Deutschen Vereins erscheinen die Zeitschriften „Nachrichtendienst des Deutschen Vereins“ und „Archiv für Wissenschaft und Praxis der sozialen Arbeit“, außerdem Bücher und Broschüren der Reihen „Allgemeine Schriften“, „Kleinere Schriften“, „Arbeitshilfen“ und „Große Reihe“ sowie Loseblattsammlungen. Bis auf den Nachrichtendienst sind alle Veröffentlichungen im Buchhandel erhältlich; sämtliche Verlagswerke sind aber auch über die Geschäftsstelle des Deutschen Vereins zu beziehen.

Die Abteilung Fachreferate/Gutachtenerstattung

Sie ist zuständig für die Fachausschüsse, Arbeitskreise und sonstigen Arbeitsgremien des Deutschen Vereins.

In den Fachreferaten werden die Arbeitsgremien des Deutschen Vereins organisatorisch und fachlich betreut und vom Abteilungsleiter im Benehmen mit dem Geschäftsführer übergreifend beraten. Die Fachreferenten haben die Aufgaben, sich auf dem Stand der Entwicklung ihres Fachgebietes zu halten, Stellungnahmen zu erarbeiten, besondere Fachveranstaltungen vorzubereiten und durchzuführen sowie an der einschlägigen Arbeit anderer Fachgremien – auch außerhalb des Deutschen Vereins – mitzuwirken. Die juristischen Mitarbeiter der Fachabteilung erstellen im Rahmen der Gutachtenerstattung der Geschäftsstelle des Deutschen Vereins Gutachten in ihrem Fachgebiet.

Die Abteilung umfaßt 10 Fachreferate. Diesen Fachreferaten sind jeweils spezifische Fachausschüsse bzw. Arbeitskreise und Arbeitsgruppen zugeordnet.

In diesen Arbeitsgremien werden im wesentlichen Stellungnahmen und Empfehlungen des Deutschen Vereins erarbeitet. Diese werden anschließend dem Vorstand in beschlußreifer Form vorgelegt und im Falle der Verabschiedung durch den Vorstand veröffentlicht.

Die Gutachtenerstattung auf dem Gebiet des Sozialrechts gehört gemäß § 2 Abs. 2 der Satzung zu den Hauptaufgaben des Deutschen Vereins. Die Bearbeitung der entsprechenden Vorgänge erfolgt insbesondere durch die juristischen Fachreferenten der Abteilung.

Das dem Geschäftsführer unmittelbar zugeordnete Hauptreferat Gutachten hat die Aufgabe, diese Gutachtenerstattung zu koordinieren und Widerspruchsfreiheit untereinander und mit der bisherigen Gutachtenerstattung des Deutschen Vereins sicherzustellen sowie Rechtsgutachten von referatsübergreifender oder allgemeiner Bedeutung unmittelbar zu erstatten.

Die Rechtsgutachtenerstattung des Deutschen Vereins ist im wesentlichen darauf ausgerichtet, Zweifelsfragen in Verständnis und Anwendung von sozialrechtlichen Normen auf der Grundlage der besonderen Erfahrungen des Deutschen Vereins bei der Entstehung von Sozialrecht mit wissenschaftlichen Mitteln aufzuhellen. Demgemäß steht ihrer Bedeutung nach die Klärung von Zweifelsfragen bei der Anwendung neuen Rechts sowie seines Verhältnisses zum bisherigen Recht im Vordergrund.

Die Abteilung Fort- und Weiterbildung

Sie ist die einzige länder- und trägerübergreifende bundeszentrale Fort- und Weiterbildungsinstitution. Sie führt ein- und mehrwöchige Fortbildungslehrgänge, berufsbegleitende Weiterbildungskurse, Studientagungen und Sonderveranstaltungen für alle in der sozialen Arbeit tätigen Mitarbeiter, insbesondere für Sozialarbeiter/Sozialpädagogen, Verwaltungsfachkräfte, Erzieher und Lehrkräfte aus dem gesamten Bundesgebiet durch. Jährlich nehmen etwa 2000 Teilnehmer die Bildungsangebote wahr.

Die Fort- und Weiterbildungsarbeit wird in drei Fachbereichen und dem Arbeitsschwerpunkt Altenhilfe geplant, durchgeführt und ausgewertet.

Fortbildungswerk für Sozialarbeiter und Verwaltungsfachkräfte:

Im Fortbildungswerk für Sozialarbeiter und Verwaltungsfachkräfte, das sich 1962 aus den zehn Jahre zuvor gegründeten Arbeitstagungen für leitende Kräfte von Sozialverwaltungen herausgebildet hat, finden ein- bis mehrwöchige Lehrgänge und Tagungen zu Grundfragen der Sozialarbeit mit übergreifender Themenstellung, zur Sozial- und Jugendhilfe, zu methodischen Arbeitsweisen und zu Fragen der Aus- und Fortbildung statt.

Akademie für Jugendarbeit und Sozialarbeit:

Die Akademie, 1963 gegründet, bietet leitenden Mitarbeitern der sozialen Arbeit langfristige Weiterbildungskurse an. Sie sprechen leitende Mitarbeiter in der Sozial- und Jugendhilfe, Leiter von Mitarbeitergruppen und Praxisberater in den sozialen Diensten sowie leitende Mitarbeiter von sozialen Institutionen an. Während der in der Regel zweijährigen Akademiekurse wird der enge Verbund zwischen Praxis und Theorie didaktisch genutzt. Eine eigenes Referat in der Akademie führt Arbeits- und Fortbildungstagungen für Fachhochschullehrer, lehrende Sozialarbeiter/Sozialpädagogen und Anleiter in der Praxis durch.

Fortbildungswerk für sozialpädagogische Fachkräfte:

1974 entstand auf Initiative des Bundesministeriums für Jugend, Familie und Gesundheit das Fortbildungswerk mit der Aufgabe, in enger Zusammenarbeit mit den öffentlichen und freien Trägern bundeszentrale Fortbildung für Mitarbeiter des Elementarbereichs durchzuführen. An den ein- bis mehrwöchigen Lehrgängen und Tagungen nehmen schwerpunktmäßig Erzieher/innen und Leitungskräfte aus Krippe, Kindergarten und Hort, Fach-/Praxisberater und Dozenten an Fachschulen/Fachakademien für Sozialpädagogik sowie Fortbilder teil.

Arbeitsschwerpunkt Altenhilfe:

Als trägerübergreifende und bundeszentrale Institution erweitert der Arbeitsschwerpunkt die Angebotspalette der Fort- und Weiterbildung im Deutschen Verein im Hinblick auf die spezifischen Themen der Altenhilfe.

Das Angebot richtet sich an alle Berufsgruppen, die im Bereich der Altenhilfe tätig sind, also an Pflegekräfte ebenso wie an Sozialarbeiter, Verwaltungsfachkräfte oder an Ausbilder, aber auch an Ehrenamtliche. Multiplikator/innen bekommen Gelegenheit zur Fort- und Weiterbildung. Der Arbeitsschwerpunkt will insbesondere Innovationen für den gesamten Bereich der Altenhilfe fördern. Er soll ein Forum bilden für die notwendige Diskussion zu allen Themen und Problemen in den verschiedenen Institutionen, Trägern, Berufsgruppen, nicht zuletzt zwischen Wissenschaft, Praxis und Politik.

Der Arbeitsschwerpunkt Altenhilfe wird während seiner Aufbauphase durch einen fachlichen Beirat beraten und unterstützt, dem Experten aus Wissenschaft und Praxis im Bereich der Altenhilfe angehören.

Die Abteilung Deutscher Landesausschuß

Im Zuge einer politischen, wirtschaftlichen und kulturellen Entwicklung, die nationale Grenzen immer mehr überschreitet, wird die Einbeziehung internationaler Erfahrungen auch für die Sozialpolitik, die Sozialarbeit und die Sozialadministration zunehmend wichtiger. Der Deutsche Landesausschuß des Internationalen Rates für soziale Wohlfahrt (ICSW) pflegt die Auslandsbeziehungen und internationalen Kontakte des Deutschen Vereins.

(Auszug aus: Deutscher Verein, Forum sozialer Arbeit, 1988.)

E. Zusammenarbeit der Länder auf Bundesebene

Nach Artikel 83 GG führen die Länder die Bundesgesetze als eigene Angelegenheiten aus, soweit dieses Grundgesetz nichts anderes bestimmt oder zuläßt. Die Länder sind für diese Aufgaben nicht Vollzugsorgane des Bundes, sondern haben eigene (inhaltliche, finanzielle und organisatorische) Entscheidungs- und Gestaltungsrechte. Zur gegenseitigen Information, für den Erfahrungsaustausch und die Abstimmung unter den Ländern wurden für verschiedene Ressorts Länderministerkonferenzen auf Bundesebene gebildet. Das gleiche gilt für verschiedene oberste Landesbehörden. – Diese Kooperation der Exekutive darf nicht verwechselt werden mit den Aufgaben des Bundesrates, durch den die Länder an der Bundes-Gesetzgebung mitwirken.

I. Kultusministerkonferenz Ständige Konferenz der Kultusminister der Länder in der Bundesrepublik Deutschland (Kultusministerkonferenz), 5300 Bonn 1, Nassestr. 8

Eine besondere Stellung unter den Länderministerkonferenzen hat die Kultusministerkonferenz (KMK), da die Kulturhoheit in der Bundesrepublik bei den Ländern liegt.

Sie ist „eine auf freiwilliger Grundlage bestehende Arbeitsgemeinschaft der für Bildung und Erziehung, für Wissenschaft und Forschung sowie für allgemeine Kunst- und Kulturpflege zuständigen Minister bzw. Senatoren der Länder in der Bundesrepublik einschließlich West-Berlin. Nach ihrer Geschäftsordnung soll die Kultusministerkonferenz ‚Angelegenheiten der Kulturpolitik von überregionaler Bedeutung mit dem Ziel einer gemeinsamen Willensbildung und der Vertretung gemeinsamer Anliegen' behandeln.

Gemäß der Grundstruktur der Kultusministerkonferenz, die ein Instrument der freiwilligen Zusammenarbeit der Länder ist, kommen Beschlüsse zur Sache in der Kultusministerkonferenz nur bei Einstimmigkeit zustande. Die Beschlüsse sind, soweit es sich nicht um – unter den Bedingungen des jeweiligen Landesrechts – verbindliche Abmachungen zwischen den Kultusverwaltungen im Rahmen ihrer Entscheidungsvollmacht handelt, in der Regel gemeinsame politische Willenskundgebungen, die sich überwiegend als Empfehlungen an die Länder richten, deren verfassungsrechtliche Zuständigkeit unberührt bleibt. Das bedeutet, daß diese Beschlüsse – unbeschadet ihrer politischen Relevanz – erst dadurch ggf. zu verbindlichem Landesrecht werden, daß sie von den jeweils zuständigen Landesorganen, die in ihrer Entscheidung frei bleiben, in Gesetze, Verordnungen etc. transformiert werden.

Die Kultusministerkonferenz tritt im Durchschnitt etwa alle zwei Monate zu Plenarsitzungen zusammen; gelegentlich werden neben den numerierten Plenarsitzungen auch noch Sondersitzungen aus bestimmten Anlässen abgehalten.

Neben den Ministern kommen die Ministerstellvertreter regelmäßig zu sog. Amtschefskonferenzen zusammen, auf denen einesteils Angelegenheiten der Koordination zwischen den Kultusverwaltungen der Länder von mehr routinemäßiger Bedeutung erledigt werden, zum anderen aber auch Materien für die Beschlußfassung der Ministerkonferenz vorbereitet oder, bei genügender Beschlußreife, als Beschlüsse der Kultusministerkonferenz verabschiedet werden.

Sachbeschlüsse, die auf der Minister- oder Ministerstellvertreterkonferenz beschlossen werden, erlangen nach Ablauf einer Einspruchsfrist von drei Wochen (Verfahrensbeschlüsse nach zwei Wochen) Gültigkeit, Beschlüsse, die im schriftlichen Umlaufverfahren beschlossen werden, mit der letzten Unterschrift" (Handbuch für die Kultusministerkonferenz 1977, S. 15).

Ausschüsse und Kommissionen bereiten Entscheidungen des Plenums bzw. der Amtschefkonferenzen vor. Die KMK unterhält ein ständiges Sekretariat.

Im Zusammenhang mit der Wohlfahrtspflege ist u. a. auf folgende Beschlüsse und Vereinbarungen hinzuweisen:

- Rahmenvereinbarung über die Fachoberschule (1969)
- Rahmenvereinbarung über die Zusammenarbeit von Schule und Berufsberatung (1971)
- Empfehlung zur Ordnung des Sonderschulwesens (1972)
- Rahmenvereinbarung über das Berufsgrundbildungsjahr (1973)
- Bezeichnungen zur Gliederung des beruflichen Schulwesens (1975)
- Neufassung der Vereinbarung „Unterricht für Kinder ausländischer Arbeitnehmer" (1976). Näheres s. Handbuch für die Kultusministerkonferenz 1977.

II. Jugendministerkonferenz

Die Geschäftsstelle wechselt turnusmäßig unter den obersten Landesjugendbehörden.

Aufgabe:

Die Jugendminister und -senatoren der Länder treffen jedes Jahr einmal an einem Tag zusammen, um sich mit aktuellen, politisch bedeutsamen Themen aus ihrem Bereich zu befassen. Die Durchführung erfolgt durch die Arbeitsgemeinschaft der obersten Landesjugendbehörden – Geschäftsstelle –, die dort bestehenden Kommissionen und durch die obersten Landesjugendbehörden.

III. Konferenz der Minister für Arbeit und Soziales

Die Geschäftsstelle wechselt jährlich unter den obersten Landesbehörden.

Aufgabe:

Die Minister und Senatoren für Arbeit und Soziales der Länder treffen jedes Jahr in der Regel einmal zusammen. Es werden dabei die den Bereich berührenden aktuellen, politisch bedeutsamen Themen erörtert.

IV. Gesundheitsministerkonferenz

Die Geschäftsstelle wechselt turnusmäßig.

Aufgabe:

Die Gesundheitsminister und -senatoren der Länder treffen jedes Jahr zwei- bis dreimal an einem Tag zusammen, um sich mit aktuellen gesundheitspolitischen Problemen bzw. mit Problemen im Gesundheitswesen, die der Länderabstimmung bedürfen, zu befassen.

V. Arbeitsgemeinschaft der obersten Landesjugendbehörden

Die federführende Stelle wechselt turnusmäßig unter den obersten Landesjugendbehörden.

Aufgabe:

Erfahrungsaustausch unter den Ländern und Abstimmung bei Durchführung von Gesetzen.

Die Tagungen der Arbeitsgemeinschaft finden in der Regel jährlich zweimal statt. Die auf der Tagung zu behandelnden Themen werden entweder durch die obersten Landesbehörden eingebracht bzw. in den Kommissionen der Arbeitsgemeinschaft erarbeitet.

Bei der Arbeitsgemeinschaft bestehen derzeit insbesondere folgende Kommissionen:

Jugendpflegekommission
Juristenkommission
Filmauswahlkommission
Kommission „Kindertagesstätten"
Kommission „Sozialberufe"
Kommission „Heimerziehung".

VI. Konferenz der obersten Landessozialbehörden

Ihr gehören die für Sozialhilfe und verwandte Aufgabenbereiche zuständigen Referenten der Arbeits- und Sozialministerien der Länder an.

Die Konferenz tritt in der Regel zweimal im Jahr in einem Bundesland zusammen; die Reihenfolge wird nach dem Alphabet bestimmt. Das jeweilige Land übernimmt Vorbereitung und Durchführung der Tagung; eine eigene Geschäftsstelle gibt es nicht.

Hauptaufgabe der Konferenz ist es, die in die Zuständigkeit der Sozialabteilungen der Landessozialministerien fallenden Aufgaben, insbesondere die Sozialhilfe, zu koordinieren sowie die Konferenzen der Arbeits- und Sozialminister der Länder vorzubereiten und beim Vollzug der Beschlüsse mitzuwirken.

Die Konferenz der obersten Landessozialbehörden hat u. a. einen „Arbeitskreis Heimgesetz“ gebildet:

Aufgaben des Arbeitskreises sind die Vorbereitung der Verordnungen zum Heimgesetz in Zusammenarbeit mit dem Bundesminister für Jugend, Familie und Gesundheit, die Erarbeitung von möglichst gleichlautenden Verwaltungsvorschriften in allen Bundesländern sowie die Klärung von Einzelfragen, die beim Vollzug des Heimgesetzes auftreten. Es gibt keine Geschäftsstelle. Die Tagungen bereiten die einzelnen Bundesländer in alphabetischer Reihenfolge vor und führen diese durch.

VII. Bundesarbeitsgemeinschaft der Landesjugendämter und überörtlichen Erziehungsbehörden

Die Bundesarbeitsgemeinschaft ist ein Zusammenschluß der Landesjugendämter und überörtlichen Erziehungsbehörden im Bundesgebiet. Ihre Aufgabe ist es, bundesweit zu gemeinsamen Verfahrensweisen und Grundsätzen in der Jugendhilfe zu kommen. Dies geschieht durch regelmäßigen Erfahrungsaustausch während der Frühjahrs- und Herbsttagungen, durch gegenseitige Unterrichtung über grundsätzliche Angelegenheiten der Jugendhilfe in den Ländern und durch Mitarbeit in Fachgremien auf Bundesebene.

Die Bundesarbeitsgemeinschaft erhält regelmäßig Gelegenheit, zu Gesetzentwürfen im Bereich der Jugendhilfe auf Bundesebene Stellung zu nehmen, und kann in diesem Rahmen Gesichtspunkte aus der Sicht der überörtlichen Träger der Jugendhilfe in das Gesetzgebungsverfahren einbringen. Ihre Stellungnahmen zu Einzelproblemen publiziert die Bundesarbeitsgemeinschaft vor einer größeren Öffentlichkeit, stellt aber auch gleichzeitig Arbeitshilfen für die Basis in den Stadt- und Kreisjugendämtern bereit.

Die Bundesarbeitsgemeinschaft der Landesjugendämter ist aus einer Arbeitsgruppe der Landesjugendämter in Nordrhein-Westfalen hervorgegangen und besteht seit 1960.

VIII. Arbeitsgemeinschaft der Deutschen Hauptfürsorgestellen

Die Arbeitsgemeinschaft sieht es als ihre Aufgaben an,

1. bei der Erfüllung der den Hauptfürsorgestellen obliegenden Aufgaben nach dem Bundesversorgungsgesetz und dem Schwerbehindertengesetz eine weitgehend einheitliche Rechtsanwendung und verwaltungsmäßige Durchführung sicherzustellen,
2. die alle Hauptfürsorgestellen betreffenden Fragen zentral zu bearbeiten und die Ergebnisse den Hauptfürsorgestellen zugänglich zu machen,

3. aus den Erkenntnissen der Praxis bei der Fortentwicklung der Rechtsvorschriften, die der Arbeit der Hauptfürsorgestellen zugrunde liegen, mitzuwirken.

Die Arbeitsgemeinschaft hat derzeit drei Arbeitsausschüsse, nämlich „Kriegsopferfürsorge", „Schwerbehindertengesetz" und „Schulung und Öffentlichkeitsarbeit".

Die Mitgliederversammlung findet in der Regel einmal im Jahr statt, die Neuwahl des Vorsitzenden alle drei Jahre.

Die Arbeitsgemeinschaft wird sowohl zu Fragen der Fortentwicklung des Rechts wie zu solchen der Durchführung vom Bundesminister für Arbeit und Sozialordnung und von den Sozialministerien der Länder gehört. Sie schlägt auch den Vertreter der Hauptfürsorgestellen im Beirat für die Rehabilitation der Behinderten vor (§ 32 Abs. 2 und 3 SchwbG).

F. Verbandsübergreifende Facharbeitsgemeinschaften

I. Jugend und Familie

1. Arbeitsgemeinschaft für Jugendhilfe
5300 Bonn 1, Haager Weg 44

Die AGJ ist ein Zusammenschluß der bundeszentralen Jugendverbände, der Spitzenverbände der freien Wohlfahrtspflege, zentraler Fachorganisationen, der obersten Jugendbehörden der Länder (Ministerien) und der Landesjugendämter, die in der Verwaltung und den Praxisfeldern der Jugendhilfe überregional wirken und/oder deren Arbeit für die Jugendhilfe von bundesweiter Bedeutung ist.

Die AGJ wurde im Mai 1949 unter dem Namen Arbeitsgemeinschaft für Jugendpflege und Jugendfürsorge (AGJJ) gegründet. Im September 1971 erhielt sie im Zuge einer Satzungsänderung, mit der auch ihre organisatorische Struktur reformiert wurde, ihren heutigen Namen. Mit ihrem neuen Namen dokumentiert die AGJ, daß sie die verschiedenen Praxisfelder der Jugendhilfe als eine Einheit im Gesamtbereich von Erziehung und Bildung versteht.

Die Arbeitsgemeinschaft stellt ein Forum für das Fachgespräch, für die Kooperation ihrer Mitglieder und für die Vertreter gemeinsamer Interessen in der Jugendhilfe dar. Dazu nennt die Satzung folgende Aufgabenstellungen:

- Darstellung der Meinung der Mitglieder durch Dokumentation, Erarbeitung und Abgabe von Empfehlungen und Gutachten,
- Förderung fachlicher Information und Diskussion,
- Förderung der Zusammenarbeit unter den Mitgliedern,
- Durchführung von Tagungen und Kongressen sowie des
- Deutschen Jugendhilfetages.

- Mitwirkung bei Fragen der Bildungsplanung,
- Förderung der fachlichen Bildung der Mitarbeiter in der Jugendhilfe,
- Zusammenarbeit mit entsprechenden in- und ausländischen sowie mit internationalen Fachorganisationen,
- Anregungen für die Jugendforschung,
- Vergabe des Deutschen Jugendhilfepreises – Hermine-Albers-Preis.

Der Vorstand der AGJ bzw. die Mitgliederversammlung des Vereins „Vorstand der AGJ e. V." setzt sich aus Einzelmitgliedern sowie drei Mitgliedern der einzelnen Gruppierungen und zwei Vertretern der BAG der Landesjugendämter zusammen. Der geschäftsführende Vorstand besteht aus dem 1. Vorsitzenden und zwei stellvertretenden Vorsitzenden (nach einer Selbstdarstellung).

2. *Bundeskonferenz für Erziehungsberatung e. V. 8510 Fürth, Amalienstr. 6*

„Die Landesgemeinschaften für Erziehungsberatung haben sich 1962 zur Bundeskonferenz für Erziehungsberatung zusammengeschlossen. Mitglieder der einzelnen Landesarbeitsgemeinschaften sind die in den Erziehungs- und Familienberatungsstellen tätigen Fachkräfte. Die Bundeskonferenz für Erziehungsberatung (BKfE) versteht sich als Fachverband für die Angelegenheiten der Erziehungs- und Familienberatung.

Zu den *wesentlichen Aufgaben* der Bundeskonferenz für Erziehungsberatung gehören:

- Erfahrungsaustausch und Vermittlung neuer Erkenntnisse auf dem Gebiet der Erziehungs- und Familienberatung
- Sammlung von Feststellungen und Ergebnissen über die Tätigkeit von Erziehungs- und Familienberatungsstellen
- Fort- und Weiterbildung für die Mitarbeiter der Erziehungs- und Familienberatungsstellen
- Veranstaltung von Fachtagungen
- Aufklärung über Notwendigkeit und Möglichkeit der Erziehungs- und Familienberatung
- Aufklärung über Entstehungs- und Verfestigungszusammenhänge bei Gefährdungen und Störungen der seelischen und geistigen Entwicklung
- Stellungnahmen und Vorschläge in Angelegenheiten der Erziehungs- und Familienberatung.

Die Mitgliederversammlung tritt jährlich zusammen. Jede Landesarbeitsgemeinschaft für Erziehungsberatung entsendet drei Delegierte in die Mitgliederversammlung.

Die Vorsitzenden der Landesarbeitsgemeinschaften für Erziehungsberatung bilden zusammen mit 4 Fachrichtungsvertretern (Psychologen, Sozialarbeiter/Sozialpädagogen, Ärzte, Kinder- und Jugendlichenpsychotherapeuten) und dem Geschäftsführer den Vorstand der Bundeskonferenz für Erziehungsberatung.

– Der Vorstand bildet für bestimmte Angelegenheiten ständige Ausschüsse und setzt für besondere Aufgaben Kommissionen ein.

Die Mitarbeiter der Geschäftsstelle führen unter Leitung des Geschäftsführers die Vorhaben der Bundeskonferenz aus. Die Geschäftsstelle ist in die Abteilungen Verwaltung und Zentrale Weiterbildung gegliedert.

Ständige Einrichtungen
- Zentrale Weiterbildung
- Erhebungen auf dem Gebiet der Erziehungs- und Familienberatung
- Verzeichnis der Erziehungs- und Familienberatungsstellen
- Schriftenreihe: Neue Beiträge zur Erziehungs- und Familienberatung" (Selbstdarstellung).

3. Bundesarbeitsgemeinschaft Jugendsozialarbeit 5300 Bonn 1, Haager Weg 44

Die Bundesarbeitsgemeinschaft Jugendsozialarbeit (BAG JAW) ist der Zusammenschluß von Trägergruppen und Landesarbeitsgemeinschaften der Jugendsozialarbeit freier Träger in Deutschland.
Die BAG JAW formuliert und vertritt die gemeinsamen und übergreifenden Anliegen und Interessen der Jugendsozialarbeit gegenüber Staat und Gesellschaft und strebt deshalb die Zusammenarbeit auch mit all den relevanten Trägern der Jugendsozialarbeit an, die bisher noch nicht Mitglied der BAG JAW bzw. einer ihrer Trägergruppen sind.

Die Bundesarbeitsgemeinschaft Jugendsozialarbeit ist ein gemeinnütziger Verein, der 1949 als „Bundesarbeitsgemeinschaft Jugendaufbauwerk" gegründet wurde. Die Namensänderung beschloß der Vorstand der BAG JAW im November 1990.

Fach- und Arbeitstagungen zu aktuellen Themen der Jugendsozialarbeit dienen der Darstellung von Arbeitsschwerpunkten der Jugendsozialarbeit in der Fachöffentlichkeit und gegenüber Parlament, Ministerien und Arbeitsverwaltung sowie dem Erfahrungsaustausch der Mitarbeiter/innen in den Maßnahmen und Einrichtungen der Mitglieder.

Veröffentlichungen
In ihrer Vierteljahreszeitschrift „Jugend, Beruf, Gesellschaft", in Beiheften zu „Jugend, Beruf, Gesellschaft", Arbeitsdrucken, Buchpublikationen und Info-Diensten informiert und berichtet die BAG JAW über alle für die Jugendsozialarbeit relevanten Themen und beteiligt sich an der Fachdiskussion zu Fragen der personalen, sozialen und beruflichen Förderung junger Menschen.

Anschriftenverzeichnisse der Jugendwohnheime, der Beratungsstellen für junge Aussiedler/innen und der berufsbildenden Einrichtungen werden in regelmäßigen Abständen veröffentlicht.

Mitglieder der BAG JAW sind *zur Zeit:*

Evangelische Trägergruppe: Bundesarbeitsgemeinschaft Evangelischer Jugendaufbaudienst,
Gerokstraße 8, 7000 Stuttgart 1,

Freie Trägergruppe: Bundesarbeitsgemeinschaft Freier Jugendsozialarbeit, Friedrich-Ebert-Allee 71, 5300 Bonn 1,

Katholische Trägergruppe: Katholische Arbeitsgemeinschaft für Jugendsozialarbeit, Carl-Mosterts-Platz 1, 4000 Düsseldorf 30,

Kommunal-staatliche Trägergruppe: p.A.: Jugendaufbauwerk Berlin, Brunsbütteler Damm 143-147, 1000 Berlin 20,

Sozialistische Trägergruppe: Arbeiterwohlfahrt Bundesverband e. V., Oppelner Straße 130, 5300 Bonn 1.

Am Jahresbeginn 1991 sind Landesarbeitsgemeinschaften der Jugendsozialarbeit in Baden-Württemberg, Bayern, Hessen, Niedersachsen, Nordrhein-Westfalen und Rheinland-Pfalz tätig.

Der Vorstand der Bundesarbeitsgemeinschaft Jugendsozialarbeit setzt sich zusammen aus Vertreter/innen der Trägergruppen und den Vorsitzenden der Landesarbeitsgemeinschaften.

Der erste und der zweite Vorsitzende werden i.d.R. für zwei Jahre gewählt. Zu seiner fachlichen Beratung, Unterstützung und Entscheidungsvorbereitung setzt der Vorstand Fachausschüsse, Fachkommissionen oder ad-hoc-Kommissionen ein, in denen Expert/innen aus den Trägergruppen arbeiten.

Zur Erledigung der laufenden Geschäfte unterhält der Vorstand in Bonn eine Geschäftsstelle unter Leitung eines/einer Geschäftsführers/Geschäftsführerin (aus einer Selbstdarstellung).

4. *Arbeitsgemeinschaft für Erziehungshilfe (AFET) e. V. – Bundesvereinigung –, 3000 Hannover 71, Gandhistr. 2*

„Die Arbeitsgemeinschaft für Erziehungshilfe (AFET) e. V. – Bundesvereinigung – ist ein überkonfessioneller und überparteilicher Fachverband, der unter dem Namen ‚Allgemeiner Fürsorgeerziehungstag‘ im Jahre 1906 seine Arbeit aufgenommen hat. Vorläufer war eine Fachkonferenz von Leitern evangelischer und katholischer Erziehungsheime, die zum ersten Male im Jahre 1889 zusammentrat.

Aufgabe der Arbeitsgemeinschaft für Erziehungshilfe ist es, die öffentliche Erziehungshilfe zu fördern, insbesondere wissenschaftliche Erkenntnisse für die Praxis der öffentlichen Erziehung zu vermitteln, Vorschläge für die Gesetzgebung, Richtlinien, Denkschriften und Empfehlungen auszuarbeiten, gutachtlich Stellung zu nehmen.

Sie befaßt sich als Fachorganisation mit den Problemen der Jugendhilfe, insbesondere des ganzen Spektrums der Hilfen zur Erziehung, also Hilfeformen wie: Erziehungsberatung, offene pädagogische und therapeutische Hilfen, Übungs- und Erfahrungskurse, Erziehungsbeistandschaft, Erziehung in der Pflegefamilie, Heimerziehung, Erziehung in einer pädagogisch betreuten Wohngruppe.

Darüber hinaus vermittelt sie zwischen ihren Mitgliedern einen ständigen Erfahrungsaustausch, führt auf deren Vorschläge Umfragen und Untersuchungen durch, regt Forschungsaufträge an und wahrt den Zusammenhang der öffentlichen Erziehung mit dem gesamten Gebiet der Jugendhilfe.

Die Arbeitsgemeinschaft für Erziehungshilfe hat sowohl korporative als auch Einzelmitglieder. Korporative Mitglieder sind die für die öffentliche Erziehung in Bund und Ländern zuständigen Fachministerien, Fürsorgebehörden und Landesjugendämter, die Spitzenverbände sowie örtliche Verbände der freien Wohlfahrtspflege, Erziehungsheime und andere Einrichtungen der Jugendhilfe, Stadt- und Kreisjugendämter sowie Ausbildungsstätten für Sozialpädagogen und Sozialarbeiter.

Organe der Arbeitsgemeinschaft für Erziehungshilfe sind die Mitgliederversammlung, der Vorstand und der Beirat.

Die Zusammensetzung des Vorstandes und des Beirates entspricht derjenigen der Mitglieder des Verbandes. Neben den Spitzenverbänden der freien Wohlfahrtspflege, den Fachministerien und obersten Jugendbehörden sowie Fachverbänden und Ausbildungsstätten sind Erziehungsheime, Jugendämter und Fachexperten in Vorstand und Beirat vertreten“ (Selbstdarstellung; s. auch: 75 Jahre AFET – Erziehungshilfen und Gesellschaft).

Veröffentlichungen

Mitgliederrundbrief
Neue Schriftenreihe des AFET
Wissenschaftliche Informationsschriften des AFET
Fachwörterverzeichnis für Jugendhilfe und Jugendrecht
Verzeichnis der Erziehungsheime und Sondereinrichtungen für Minderjährige in der Bundesrepublik Deutschland.

5. *Deutsche Vereinigung für Jugendgerichte und Jugendgerichtshilfen e. V. 8000 München 22, Veterinärstr. 1*

„Die Deutsche Vereinigung für Jugendgerichte und Jugendgerichtshilfen e. V. wurde anläßlich des 4. Jugendgerichtstages im Jahre 1917 in Berlin als Zusammenschluß von sachkundigen Einzelpersönlichkeiten der Jugendgerichtsbarkeit gegründet. Sie wirkte bis zum Jahre 1945; in der Zeit von 1935 bis 1945 entging sie dem Schicksal der nationalsozialistischen Gleichschaltung; allerdings durfte sie öffentlich nicht mehr hervortreten, sondern konnte nur durch ihren Geschäftsführenden Ausschuß unter Leitung von Prof. Kohlrausch im Stillen wirken.

Nach der Kapitulation wurde die Vereinigung zunächst durch besatzungsrechtliche Bestimmungen stillgelegt. Als das Vereinsrecht von den Besatzungsmächten im Westen wieder mehr Freizügigkeit erhielt, konnte im November 1952 eine erste Versammlung der alten Mitglieder nach Königswinter einberufen werden. An dieser Versammlung nahmen auch Vertreter der Berliner Mitgliedergruppe teil, die ihre Arbeit schon im Jahre 1951 wieder aufgenommen hatte. Auf dieser Mitgliederversammlung wurde die Deutsche Vereinigung für Jugendgerichte und Jugendgerichtshilfen e. V. rechtskräftig neu konstituiert.

Die Organe der Vereinigung sind: Vorstand, Geschäftsführender Ausschuß und Mitgliederversammlung. Der Vorstand wird von dem Geschäftsführenden Ausschuß beraten, in dem Vertreter aller Berufssparten und Fachgebiete der Jugendkriminalrechtspflege vertreten sind: Vertreter der Jugendgerichte, der Jugendstaatsanwaltschaft, des Jugendstrafvollzuges, der Rechtsanwaltschaft, der Jugendgerichtshilfe, der Bewährungshilfe, der Freien Jugendwohlfahrt, der Heimerziehung, der Jugendkriminalpolizei, der Rechtswissenschaft, der Jugendpsychiatrie und der Jugendpsychologie.

Die Aufgabe der Vereinigung ist es, alle mit der Jugendkriminalität zusammenhängenden Fragen wissenschaftlich zu erörtern und praktisch zu fördern. Sie befaßt sich ständig mit der Erforschung des Umfangs, der Erscheinungsformen und der verschiedenen Ursachen der Jugendkriminalität sowie mit der Kriminologie des jungen Rechtsbrechers; ferner mit den Problemen des Jugendstrafrechts, des Justizvollzuges und der praktischen Jugendgerichtsbarkeit, der Jugendgerichts- und Bewährungshilfe, der Kriminalpolizei sowie der Entlassungsfürsorge an jungen Inhaftierten“ (Selbstdarstellung).

6. *Elly-Heuss-Knapp-Stiftung*
Deutsches Müttergenesungswerk (MGW)
Hauptstr. 22–24, 8504 Stein/Mfr.

1950 gründete Elly Heuss-Knapp, die Frau des ersten Bundespräsidenten, Theodor Heuss, die nach ihr benannte Stiftung als „Deutsches Mütter-Genesungswerk“, in dem sich die fünf Trägergruppen – Evangelische und Katholische Arbeitsgemeinschaft für Müttergenesung, Arbeiterwohlfahrt, Deutsches Rotes Kreuz und Der Paritätische Wohlfahrtsverband zusammenfanden. Die unmittelbare Not der Nachkriegszeit wurde in den folgenden Jahren abgelöst von den häufig belastenden Auswirkungen sozialer und wirtschaftlicher Veränderungen. Heute, wie zu Zeiten seiner Gründung, wendet sich das Müttergenesungswerk mit seinem Kurangebot an Mütter aller Altersstufen, die in besonderem Maße überfordert und dadurch gesundheitlich gefährdet sind. Aus diesem Grunde wurde z. B. in den 70er Jahren der Prävention besondere Aufmerksamkeit zugewandt. Mütterkuren sollten vorbeugende Gesundheitshilfe leisten.

Das Therapiekonzept der Kuren von heute ist auf die speziellen Bedürfnisse von Müttern abgestimmt. Frauen in extrem belastenden Lebenssituationen können auch an einer Schwerpunktkur teilnehmen, die sich jeweils einer besonderen

Problematik annimmt (z. B. Mütter mit behinderten Kindern, alleinerziehende Mütter, Frauen aus Familien mit pflegebedürftigen Angehörigen u.a.m.)

Durch die Vermittlungstätigkeit im Vorfeld der Kur, dem Kur- und Nachsorgeangebot leistet die Elly-Heuss-Knapp-Stiftung einen wichtigen Beitrag zur Gesunderhaltung von Frauen und damit zu einer zukunftsorientierten Frauen-, Gesundheits- und Sozialpolitik.

An einigen Zahlen läßt sich die Wirksamkeit der vierzigjährigen Arbeit des Müttergenesungswerkes ablesen: So nahmen seit 1950 über 2,2 Millionen Mütter an einer Kur teil. Die Sammlungen und Spenden in diesem Zeitraum erbrachten 277 Millionen DM, die zur Mitfinanzierung von Kuren verwandt wurden.

Um sich den Anforderungen unserer Zeit auch weiterhin sachgerecht stellen zu können, wird die Satzung der Elly-Heuss-Knapp-Stiftung, Deutsches Müttergenesungswerk, zur Zeit überarbeitet.

Auch künftig gilt jedoch, dem Stiftungszweck zu entsprechen durch

- finanzielle Zuwendungen an kur- und genesungsbedürftige Mütter
- Förderung kurbegleitender Maßnahmen, wie z. B. Kurvorbereitung und Kurnacharbeit
- Öffentlichkeitsarbeit
- Unterstützung der fünf Trägerverbände (s. o.) bei der Erfüllung ihrer Aufgaben im Rahmen des Müttergenesungswerkes.

Das Müttergenesungswerk setzt sich – dem Stiftungsauftrag gemäß – ein für Gesundheitsvorsorge und Erhaltung der Gesundheit von Müttern. In Zusammenarbeit mit den Trägergruppen wird dieser Auftrag umgesetzt in ein differenziertes Angebot von Mütterkuren und Mutter-Kind-Kuren in derzeit 106 Mütterkurheimen.

II. Behinderte

1. Arbeitsgemeinschaften der Rehabilitationseinrichtungen

Die im Zusammenhang mit dem Arbeitsförderungsgesetz konzipierten Rehabilitationseinrichtungen (Berufsbildungswerke, Berufsförderungswerke, Werkstätten für Behinderte) haben Anfang der 70er Jahre eigene Arbeitsgemeinschaften gebildet. Ihre Träger hatten nicht nur neue konzeptionelle Aufgaben zu bewältigen, auch die Tatsache, daß sie durch das Arbeitsförderungsgesetz und das Schwerbehindertengesetz Partner der Arbeitsverwaltung wurden, hat dazu beigetragen. Schließlich ist in § 35 Abs. 2 des Schwerbehindertengesetzes festgelegt, daß dem „Beirat für die Rehabilitation Behinderter" beim Bundesminister für Arbeit und Sozialordnung u. a. drei Vertreter der Einrichtungen der beruflichen Rehabilitation angehören. Diese Bestimmung hat wesentlich zur Konstituierung und zum Ausbau der folgenden Arbeitsgemeinschaften beigetragen:

a) Arbeitsgemeinschaft der Berufsbildungswerke

Der Sitz der Arbeitsgemeinschaft und ihrer Geschäftsstelle ist der Ort, an dem das Mitglied seinen Sitz hat, das den jeweiligen Vorsitzenden stellt.

Zweck

„1. Der Zweck der Arbeitsgemeinschaft der Berufsbildungswerke besteht darin, die Bemühungen in der Bundesrepublik Deutschland um die Eingliederung Behinderter in das berufliche und soziale Leben unter Beachtung neuer Erkenntnisse und zeitgerechter Methoden für eine umfassende und zukunftsorientierte Rehabilitation zu fördern und zu verwirklichen. Sie leistet damit in ihrem Bereich einen Beitrag zur Rehabilitation.
2. Die Berufsbildungswerke sind Einrichtungen der beruflichen Bildung (Erstausbildung) Behinderter unter ausbildungsbegleitendem Einsatz medizinischer, psychologischer, sozialer und sozialpädagogischer Fachdienste" (§ 2 der Satzung).

Aufgaben und Ziele

„1. Die Arbeitsgemeinschaft soll die Zusammenarbeit und den Erfahrungsaustausch der Berufsbildungswerke untereinander in allen Arbeitsbereichen fördern und eine gemeinsame Öffentlichkeitsarbeit betreiben.
2. Die Interessen der Arbeitsgemeinschaft sollen unbeschadet der Selbständigkeit der Mitglieder in Zusammenarbeit mit allen beteiligten staatlichen Stellen, allen sonstigen Trägern der Rehabilitation sowie ihren Verbänden und Institutionen wahrgenommen werden.
3. Stellungnahmen zu grundsätzlichen sozialpolitischen Fragen der Rehabilitation wird sie nur nach entsprechender Abklärung mit den betroffenen Spitzenverbänden der freien Wohlfahrtspflege, Bundesträgerverbänden oder öffentlichen Trägern abgeben" (§ 3).

„Organe der Arbeitsgemeinschaft (des Vereins) sind:
a) die Mitgliederversammlung,
b) der Vorstand" (§ 8).

„Der Vorstand besteht aus gewählten und entsandten Mitgliedern, mindestens aber aus acht Mitgliedern. Die Spitzenverbände der freien Wohlfahrtspflege, Bundesträgerverbände sowie öffentliche Träger können je einen Vertreter entsenden, soweit ein Berufsbildungswerk zu ihnen gehört. Die Mitgliederversammlung wählt eine entsprechende Zahl aus dem Kreis der bevollmächtigten Vertreter auf die Dauer von drei Jahren. Wenn die Mindestzahl von acht Mitgliedern dadurch nicht erreicht wird, werden die freien Stellen durch Wahl aus der Mitgliederversammlung besetzt" (§ 11).

b) Arbeitsgemeinschaft deutscher Berufsförderungswerke
2000 Hamburg 72, August-Krogmann-Str. 52

„Berufsförderungswerke sind Einrichtungen der beruflichen Rehabilitation erwachsener Behinderter im Sinne des im Jahre 1970 verkündeten Aktionsprogramms Rehabilitation, die mit öffentlichen Mitteln gefördert sind, ausschließlich und unmittelbar gemeinnützigen Zwecken dienen und die Voraussetzungen der ‚Grundsätze für die Eignung von Einrichtungen zur beruflichen Eingliederung behinderter Erwachsener' erfüllen. Sie führen die Ausbildung in zukunftsorientierten Berufen auf der Grundlage moderner Methoden der Erwachsenenbildung unter Einsatz ausbildungsbegleitender medizinischer, psychologischer und sozialer Fachdienste zur Eingliederung in die Arbeitswelt durch.

Die Berufsförderungswerke vollziehen diesen Zusammenschluß ohne Aufgabe ihrer Selbständigkeit und stellen sich in der Arbeitsgemeinschaft folgende Aufgaben und Ziele:

Zusammenarbeit und Erfahrungsaustausch der Berufsförderungswerke untereinander, unter Berücksichtigung struktureller Besonderheiten, insbesondere:

a) Abstimmung in Fragen der Ausbildung und Koordinierung der Ausbildungsprogramme
b) Empfehlungen von Mindestforderungen für ausbildungsbegleitende Dienste
c) Erarbeitung von Empfehlungen zu einem einheitlichen Verfahren der betriebswirtschaftlichen Organisation
d) Zusammenarbeit bei der Weiterentwicklung von Ausbildungsprogrammen, der Ausbildungsmethoden, der Ausbildungsdidaktik, der Forschung und der Dokumentation.

Wahrnehmung gemeinschaftlicher Interessen, insbesondere:

a) Zusammenarbeit mit den Trägern der Rehabilitation
b) Zusammenarbeit mit dem Bundesministerium für Arbeit und Sozialordnung im Rahmen seines gesetzlichen Auftrages zur Koordinierung der beruflichen Rehabilitation
c) Zusammenarbeit mit den zuständigen Ministerien und Behörden der Länder
d) Zusammenarbeit mit den zuständigen Institutionen auf Bundesebene, die an der Rehabilitierung beteiligt sind.

Die Arbeitsgemeinschaft ist ein nicht rechtsfähiger Verein. Organe des Vereins sind die Mitgliederversammlung und der Vorstand (§ 3).

Mitgliederversammlung

1. Die Mitgliederversammlung wird nach Bedarf – mindestens aber zweimal jährlich – vom Vorsitzenden einberufen. Sie ist einzuberufen, wenn wenigstens drei Berufsförderungswerke es verlangen. Der Vorsitzende des Vorstandes leitet die Mitgliederversammlung.
2. Die Mitgliederversammlung beschließt über alle Angelegenheiten der Arbeitsgemeinschaft.
3. In der Mitgliederversammlung wird jedes Berufsförderungswerk durch einen Bevollmächtigten vertreten. Ist der hauptamtliche Leiter des Berufsförderungswerkes nicht als bevollmächtigter Vertreter bestellt, nimmt er mit beratender Stimme an der Sitzung teil.

4. Jedes Berufsförderungswerk hat in der Mitgliederversammlung eine Stimme.

Beschlüsse der Arbeitsgemeinschaft bedürfen der Zustimmung dreiviertel der Mitglieder.

Ausschüsse

Für bestimmte Aufgaben können von der Mitgliederversammlung ständige oder zeitlich befristete Ausschüsse eingerichtet werden. Über die Arbeit der Ausschüsse ist der Mitgliederversammlung zu berichten, die über die Arbeitsergebnisse beschließt.

Vorstand

1. Der Vorstand besteht aus dem Vorsitzenden und zwei Stellvertretern; er wird aus dem Kreis der bevollmächtigten Vertreter der Mitglieder auf die Dauer von zwei Jahren gewählt.
2. Der Vorstand vertritt die Arbeitsgemeinschaft nach außen, führt die laufenden Geschäfte und erledigt die ihm durch die Mitgliederversammlung übertragenen Aufgaben. Der Sitz der Arbeitsgemeinschaft und ihrer Geschäftsstelle ist das Berufsförderungswerk, das den Vorsitzenden stellt.

Mitgliedschaft

1. Die Aufnahme neuer Berufsförderungswerke ist nur möglich, wenn die Berufsförderungwerke die Voraussetzungen des § 1 erfüllen.
2. Der Austritt aus der Arbeitsgemeinschaft ist jederzeit möglich und ist gegenüber dem Vorstand schriftlich zu erklären.
3. Ein Berufsförderungswerk, das die Voraussetzungen des § 1 nicht mehr erfüllt oder trotz Abmachung wiederholt gegen die Satzungen oder die Interessen der Arbeitsgemeinschaft verstößt, kann aus der Arbeitsgemeinschaft ausgeschlossen werden“ (§§ 1–9 der Satzung vom 26. 1. 1978 i. d. F. vom 27. 11. 1980).

c) Bundesarbeitsgemeinschaft der Werkstätten für Behinderte in der Bundesrepublik Deutschland e. V.
8000 Frankfurt a. M. 1, Sonnemannstr. 5

„1. Der Verein fördert die Zusammenarbeit vor allem der anerkannten Werkstätten für Behinderte. Er stimmt auf der Grundlage fachlicher Erfordernisse und der einschlägigen gesetzlichen Vorschriften die Aufgaben und Leistungen der Werkstätten aufeinander ab und verbessert ihre Leistungsfähigkeit im Interesse der Behinderten.

2. Aufgaben des Vereins sind die Vertretung, Beratung und Koordinierung seiner Mitglieder, insbesondere durch Wahrnehmung folgender Angelegenheiten:
   a) Sammlung und Austausch von Erfahrungen,
   b) Einflußnahme auf die Entwicklung von Werkstattkonzeptionen, Erarbeitung von Richtlinien und Einsatz zu deren Verwirklichung,

c) Zusammenarbeit auf Bundesebene mit Ministerien, Sozialleistungsträgern, Berufsorganisationen, anderen Verbänden und Einrichtungen,
d) Einwirkung auf die Gesetzgebung,
e) Vermittlung von Hilfen bei Gründung, Planung, Errichtung, Ausstattung, Organisation, Betriebsführung der Werkstätten sowie Arbeitsbeschaffung,
f) Entwicklung von Ausbildungsplänen und Berufsbildern für Mitarbeiter,
g) Anregungen zur Fortbildung der Mitarbeiter in Werkstätten für Behinderte,
h) Anregung von Marktuntersuchungen (z. B. Anregung, Zusammenfassung und Vermittlung von Marktanalysen für Fremd- und Eigenproduktion),
i) Vorbereitung und Veranlassung von Forschungsvorhaben,
j) Anregung zur Einrichtung von begleitenden Diensten und ergänzenden Hilfen,
k) Öffentlichkeitsarbeit.

3. Der Verein führt alle erforderlichen Maßnahmen und Veranstaltungen durch, die geeignet sind, die obigen Aufgaben zu erfüllen.
4. Die Trägerverbände der Mitglieder erhalten alle Informationen zur Kenntnis bzw. Stellungnahme“ (§ 2 der Satzung).

„Mitglieder des Vereins können Rechtsträger von Werkstätten für Behinderte in der Bundesrepublik und in Westberlin sein“ (§ 5).

Landesarbeitsgemeinschaften

„1. Die Mitglieder des Vereins bilden auf Landesebene Landesarbeitsgemeinschaften.
2. In begründeten Fällen sind auf der Ebene mehrerer Bundesländer Regionalarbeitsgemeinschaften möglich.
3. Die Landes- bzw. Regionalarbeitsgemeinschaften nehmen die Aufgaben der Vertretung, Beratung und Koordinierung der in ihr zusammengeschlossenen Mitglieder in Verbindung mit den entsprechenden Trägerverbänden wahr.
4. Sie wählen die Delegierten für die Delegiertenversammlung für die Amtszeit von vier Jahren“ (§ 6).

Delegiertenversammlung

„1. Die Mitglieder werden in der Delegiertenversammlung durch gewählte Delegierte vertreten“ (§ 9).
2. Die Zahl der zunächst 62 Stimmberechtigten Delegierten wurde nach der deutschen Einigung auf 81 erhöht.
3. „Die Präsidiumsmitglieder können an der Delegiertenversammlung mit beratender Stimme teilnehmen“ (§ 9).

Präsidium

„Das Präsidium besteht aus 16 Mitgliedern und deren Stellvertretern. Es setzt sich zusammen je zur Hälfte aus Vertretern der Delegiertenversammlung und Vertretern der unter a–c genannten Organisationen.

Acht Präsidiumsmitglieder und deren Stellvertreter werden aus der Delegiertenversammlung gewählt.

Acht Präsidiumsmitglieder und deren Stellvertreter werden für die Dauer einer Wahlperiode benannt, und zwar entsenden

a) die Spitzenverbände der freien Wohlfahrtspflege, soweit sie Träger von Werkstätten sind, drei Vertreter und deren Stellvertreter,
b) die Bundesfachorganisationen von Werkstätten für Behinderte drei Vertreter und deren Stellvertreter,
c) die Bundesorganisation von Werkstätten für Behinderte in öffentlich-rechtlicher Trägerschaft, zwei Vertreter und deren Stellvertreter" (§ 11).

2. Bundesarbeitsgemeinschaft für Rehabilitation, 6000 Frankfurt/Main 1, Eysseneckstr. 55

„Auf Initiative der Sozialpartner haben die Spitzenverbände der Sozialversicherung, die Bundesanstalt für Arbeit und die Spitzenverbände der Sozialpartner auf der Grundlage der Selbstverwaltung gemeinsam mit den Ländern unter Wahrung der Selbständigkeit der Rehabilitationsträger und ihren Vereinigungen die Bundesarbeitsgemeinschaft für Rehabilitation gebildet.

Sie ist als Ebene des Erfahrungsaustausches der Träger der Rehabilitation anzusehen. Darüber hinaus dient sie der Kooperation zwischen Rehabilitationsträgern, Fachverbänden sowie Verbänden der Freien Wohlfahrtspflege und Organisationen der Behinderten" (Selbstdarstellung).

„Mitglieder der Bundesarbeitsgemeinschaft für Rehabilitation können sein:

1. Bundesverband der Ortskrankenkassen,
   Bundesverband der Betriebskrankenkassen,
   Bundesverband der Innungskrankenkassen,
   Bundesverband der landwirtschaftlichen Krankenkassen,
   Verband der Angestellten-Krankenkassen,
   Verband der Arbeiter-Ersatzkassen,
   Bundesknappschaft,
   Seekasse (See-Krankenkasse)
   (Gruppe Krankenversicherung),
2. Hauptverband der gewerblichen Berufsgenossenschaften,
   Bundesverband der landwirtschaftlichen Berufsgenossenschaften,
   Bundesarbeitsgemeinschaft der Unfallversicherungsträger der öffentlichen Hand (Gruppe Unfallversicherung)
3. Verband Deutscher Rentenversicherungsträger (als Zusammenschluß der Träger der Arbeiterrentenversicherung, der Angestelltenversicherung und der knappschaftlichen Rentenversicherung),
   Gesamtverband der landwirtschaftlichen Alterskassen (Gruppe Rentenversicherung),
4. Bundesanstalt für Arbeit (Bundesanstalt),

5. Bund,
   Länder,
   Arbeitsgemeinschaft der Deutschen Hauptfürsorgestellen,
   Bundesarbeitsgemeinschaft der überörtlichen Träger der Sozialhilfe,
   Kassenärztliche Bundesvereinigung,
6. Bundesvereinigung der Deutschen Arbeitgeberverbände,
7. Deutscher Gewerkschaftsbund und Deutsche Angestellten-Gewerkschaft" (§ 2 der Satzung).

Aufgaben

„(1) Die Bundesarbeitsgemeinschaft für Rehabilitation hat den Zweck, die Maßnahmen der medizinischen, schulischen (pädagogischen), beruflichen und sozialen Rehabilitation im Rahmen des geltenden Rechts nach Maßgabe dieser Satzung zu koordinieren und zu fördern.

(2) In der Bundesarbeitsgemeinschaft für Rehabilitation arbeiten die Mitglieder zur Förderung der Rehabilitation eng zusammen. Die Bundesarbeitsgemeinschaft für Rehabilitation hat insbesondere

a) darauf hinzuwirken, daß die Maßnahmen der Rehabilitationsträger nach gleichen Grundsätzen zum Wohle der Behinderten durchgeführt werden,
b) darauf hinzuwirken, daß die zu betreuenden Personenkreise über die verschiedenen Möglichkeiten der Rehabilitation sachgemäß unterrichtet werden,
c) darauf hinzuwirken, daß
   die Mitglieder die bei der Durchführung der Rehabilitation gesammelten Erfahrungen austauschen und sich gegenseitig unterrichten
   sowie die Entwicklung der Wissenschaft und Technik im gesamten Bereich der Rehabilitation beobachten, auswerten und die Ergebnisse der Bundesarbeitsgemeinschaft für Rehabilitation und deren Mitgliedern zugänglich machen,
d) die Mitglieder in allen Fragen der Rehabilitation zu beraten
   sowie die Erteilung von Forschungsaufträgen und anderer wissenschaftlicher Arbeiten durch die Mitglieder anzuregen und zu fördern und sie gegebenenfalls selbst zu erteilen,
e) den Bedarf an Rehabilitationseinrichtungen zu ermitteln und Vorschläge zur Befriedigung dieses Bedarfs zu entwickeln,
f) bei der Beschaffung der Mittel öffentlicher oder privater Stellen, der fachlichen Begutachtung der Anträge und der Verwendung öffentlicher Mittel sowie bei der Errichtung und dem Ausbau von Rehabilitationseinrichtungen beratend und unterstützend mitzuwirken,
g) das Verständnis und Interesse für die Probleme der Behinderten und der Rehabilitation in der Öffentlichkeit zu wecken und zu fördern sowie die Durchführung der Öffentlichkeitsarbeit der Mitglieder auf dem Gebiet der Rehabilitation aufeinander abzustimmen.

(3) Die Bundesarbeitsgemeinschaft für Rehabilitation hat für die nachstehenden Aufgaben den Abschluß von Verwaltungs-Vereinbarungen, Absprachen oder -Richtlinien anzuregen, zu fördern oder zu empfehlen, damit
a) die Maßnahmen der Rehabilitation in jedem Einzelfall so früh wie möglich aufgrund eines detaillierten Planes eingeleitet und durchgeführt werden,
b) die rechtzeitige Einleitung von Rehabilitationsmaßnahmen nicht durch die Klärung der Kostenträgerschaft verzögert wird, vielmehr die Übernahme der Kosten durch einen vorläufigen Kostenträger gesichert ist,
c) die einzelnen Rehabilitationsmaßnahmen des Rehabilitationsplanes sinnvoll ineinander greifen (von der medizinischen Rehabilitation über die berufliche und soziale Rehabilitation bis zur Arbeitsvermittlung und zur nachgehenden Fürsorge),
d) eine ständige Unterrichtung der Planung, der Errichtung und des Ausbaues von Rehabilitationseinrichtungen stattfindet,
e) gemeinsam zu belegende Rehabilitationseinrichtungen geplant, ausgebaut, errichtet und betrieben werden einschließlich von Rehabilitationseinrichtungen anderer öffentlicher oder privater Träger,
f) die in der Beratung tätigen Personen der Rehabilitationsträger bei der Betreuung der Behinderten zusammenarbeiten und die Voraussetzungen für ihre sachgemäße Aus- und Fortbildung geschaffen werden und
g) die Maßnahmen zur gesellschaftlichen Eingliederung Behinderter gefördert werden.

(4) Zur unverzüglichen Einleitung der notwendigen Rehabilitationsmaßnahmen im Sinne von Absatz 3 Buchst. a werden die Mitglieder darauf hinwirken, daß die Rehabilitationsträger im Einzelfall jeden Behinderten über Art, Umfang und Durchführung der verschiedenen Rehabilitationsmöglichkeiten und über deren Träger sachgerecht unterrichten. Die Rehabilitationsträger nehmen dabei Anträge auf Einleitung von Rehabilitationsmaßnahmen auch von solchen Personen, für die sie nicht zuständig sind, entgegen und leiten sie an die zuständige Stelle weiter. Sind Rehabilitationsmaßnahmen von Amts wegen zu gewähren, soll entsprechend verfahren werden. Zu diesem Zweck werden entsprechende Merkblätter über die verschiedenen Rehabilitationsmöglichkeiten und ihre Träger sowie die erforderlichen Vordrucke ausgearbeitet.

(5) Die Bundesarbeitsgemeinschaft für Rehabilitation repräsentiert diejenigen ihrer Mitglieder, die damit einverstanden sind, im nationalen oder internationalen sozialpolitischen Bereich in Grundsatzfragen der Rehabilitation.

(6) Die Bundesarbeitsgemeinschaft für Rehabilitation übernimmt diejenigen weiteren Aufgaben, die ihr die Mitgliederversammlung durch Beschlüsse zuweist; diese Beschlüsse bedürfen einer Mehrheit von mindestens 75 v. H. ihrer in der Sitzung anwesenden oder vertretenen Mitglieder sowie der Zustimmung des Haushaltsausschusses" (§ 3).

„Bei der Bundesarbeitsgemeinschaft für Rehabilitation werden als Organe eine Mitgliederversammlung und ein Vorstand gebildet. Die Bundesarbeitsgemeinschaft für Rehabilitation hat einen Geschäftsführer, der dem Vorstand mit beratender Stimme angehört" (§ 4).

*3. Bundesarbeitsgemeinschaft Hilfe für Behinderte (BAG)
4000 Düsseldorf 1, Kirchfeldstr. 149*

„Die Bundesarbeitsgemeinschaft ‚Hilfe für Behinderte' ist die Dachorganisation von Eltern-, Behindertenselbsthilfe- und Fachverbänden auf Bundesebene. Sie hat sich zur Aufgabe gemacht, in Übereinstimmung mit der Sozialpolitik der Bundesregierung für die bestmögliche Eingliederung des behinderten Menschen einzutreten und die Erfolge der einzelnen Verbände in gemeinsamer Arbeit fortzusetzen" (Selbstdarstellung).

„Aufgabe der BAG ist die planmäßige, bereits im frühesten Kindesalter beginnende Hilfe für Behinderte. Diese umfaßt das gesundheitliche, erzieherische, berufliche, soziale und wirtschaftliche Wohl des Behinderten, insbesondere

1. Vertretung der Anliegen der Behinderten in der Öffentlichkeit,
2. Pflege und Stärkung der sozialen Verantwortung in der Bevölkerung,
3. Erfahrungsaustausch, Koordinierung gleichartiger Bestrebungen und Durchführung gemeinsamer Aktionen,
4. Förderung gleichartiger Zusammenschlüsse auf Landes- und Ortsebene,
5. Mitwirkung an der Gesetzgebung und Zusammenarbeit in zentralen Angelegenheiten mit Bund, Ländern und Kommunen,
6. Zusammenarbeit mit allen öffentlichen und privaten, kirchlichen und wissenschaftlichen Organisationen mit vergleichbarer Zielsetzung, Mitwirkung in Fachorganisationen sowie Anregung und Unterstützung von Wissenschaft und Forschung" (§ 3 der Satzung).

Die Bundesarbeitsgemeinschaft Hilfe für Behinderte „besteht aus Verbänden, die Behinderte, deren Eltern, Förderer oder Fachleute aus Praxis und Wissenschaft auf Bundesebene zusammenschließen. Die BAG ist kirchlich und parteipolitisch nicht gebunden" (§ 2). – Die Spitzenverbände der freien Wohlfahrtspflege und der VdK gehören ihr nicht an.

„Organe der BAG sind die Mitgliederversammlung und der Vorstand" (§ 8).

„Der Vorstand besteht aus dem Vorsitzenden und höchstens acht weiteren Vorstandsmitgliedern. Mindestens zwei Vorstandsmitglieder müssen aus dem Kreis der Behinderten oder der Eltern behinderter Kinder gewählt werden" (§ 10).

III. Bildungswesen

*Arbeitsgemeinschaft Freier Schulen
1000 Berlin 37, Am Schlachtensee 2*

„Die Arbeitsgemeinschaft Freier Schulen ist der 1952 gegründete Zusammenschluß von Verbänden gemeinnütziger Schulen in freier Trägerschaft (Privatschulen). Heute sind dies die durch die Bildungszentrale der katholischen Bischofskonferenz in Bonn vertretenen katholischen Schulen (einschließlich der Ordensschulen), die Arbeitsgemeinschaft evangelischer Schulbünde (für alle allgemeinbildenden und teilweise auch berufsbildenden evangelischen Schulen), der Bund der Freien Waldorfschulen, die Vereinigung Deutscher Landerziehungsheime und der Verband Deutscher Privatschulen. Die Arbeitsgemeinschaft vertritt die Interessen der deutschen Schulen in freier Trägerschaft auf Bundesebene (KMK, Bund-Länder-Kommission, Bundestag) und äußert sich durch Stellungnahmen und Veröffentlichungen zu aktuellen Problemen (s. ‚Freie Schule I–III', Stuttgart; Materialien zur Schulpolitik). Die Auffassung der Arbeitsgemeinschaft zur Funktion der Schulen in freier Trägerschaft im Rahmen eines öffentlichen Bildungswesens und heute gültiger pädagogischer Auffassungen ist in ‚Handbuch Freie Schulen', Reinbek 1988, nachzulesen; dort finden sich auch die Charakteristika der einzelnen Verbände.

Die Arbeitsgemeinschaft hat keine Rechtsform und deshalb auch keine Satzung im Rechtssinne. Die Geschäfte führt ein 9köpfiger Vorstand mit rotierendem Vorsitzenden. Es gibt jedoch einen Geschäftsführer.

Auf Landesebene gibt es entsprechende Arbeitsgemeinschaften in Baden-Württemberg, Bayern, Hessen, Niedersachsen und Nordrhein-Westfalen.

Sonderschulen werden von der Arbeitsgemeinschaft nur insofern vertreten, als sie dem Bund der Freien Waldorfschulen angegliedert sind (anthroposophische heiltherapeutische Heime und Schulen). Die evangelischen und katholischen Sonderschulen sind außerhalb der Arbeitsgemeinschaft im Diakonischen Werk und in der Caritas organisiert" (Selbstdarstellung).

IV. Gesundheitswesen

1. Deutsche Krankenhausgesellschaft e. V., 4000 Düsseldorf 30, Tersteegenstr. 9

Die (1949 gegründete) Deutsche Krankenhausgesellschaft (DKG) „ist der Bundesverband der Krankenhausträger, die in der Bundesrepublik Deutschland Krankenhäuser unterhalten und betreiben. Mitglieder der DKG sind elf Spitzenverbände der Krankenhausträger und ebenso viele Landeskrankenhausgesellschaften.

Die Deutsche Krankenhausgesellschaft unterstützt diese Verbände bei der Erfüllung ihrer Aufgaben auf dem Gebiet des Krankenhauswesens. Im Zusammenwirken mit staatlichen und nichtstaatlichen Institutionen des Gesundheitswesens sorgt sie für die Erhaltung und Verbesserung der Leistungsfähigkeit der Krankenhäuser.

In der Satzung der Deutschen Krankenhausgesellschaft ist festgelegt, daß die DKG den Erfahrungsaustausch auf allen Gebieten des Krankenhauswesens pflegt und fördert.

Eine der Hauptaufgaben ist die Unterstützung der Ministerien, Körperschaften und Behörden bei der Vorbereitung von Gesetzen“ (Selbstdarstellung „Zahlen, Daten, Fakten“, S. 7).

„Organe der Deutschen Krankenhausgesellschaft sind die Mitgliederversammlung, der Vorstand und das Präsidium.

Jedes Mitglied entsendet in die Mitgliederversammlung einen stimmberechtigten Vertreter auf je angefangene 10 000 Krankenbetten, für die Beiträge gezahlt werden, und stattet ihn mit einer unter Beachtung der Verbandssatzung des Mitglieds unterschriebenen Vollmacht aus. Stimmberechtigte Vertreter können ihre Stimme schriftlich auf einen anderen Stimmberechtigten übertragen. Präsident und Vizepräsident haben in der Mitgliederversammlung keine Stimme.

Jedes Mitglied bestellt durch schriftliche Mitteilung an die Geschäftsstelle einen Vertreter für den Vorstand und für den Fall der Verhinderung einen Stellvertreter. Die Bestellung gilt bis auf schriftlichen Widerruf. Präsident und Vizepräsident haben im Vorstand keine Stimme. Die Vorsitzenden der Fachausschüsse und ein Vertreter des Deutschen Krankenhausinstitutes gehören dem Vorstand mit beratender Stimme an.

Dem Präsidium gehören der Präsident, der Vizepräsident und vier vom Vorstand aus dessen Mitte zu berufende Beisitzer an.

Der Hauptgeschäftsführer leitet die Geschäftsstelle“ (§§ 6, 7, 8 und 9 der Satzung).

2. *Deutsche Hauptstelle gegen die Suchtgefahren e. V., 4700 Hamm, Bahnhofstr. 2*

„Aufgabe der Deutschen Hauptstelle (DHS) ist es, auf dem Gebiet der Abwehr der Suchtgefahren (Alkohol, Nikotin, Medikamente, illegale Drogen) alle Maßnahmen durchzuführen, die der wissenschaftlich-praktischen Erforschung der Suchtgefahren, Suchtschäden und Suchtmittel im weitesten Sinne, einer umfassenden vorbeugenden Aufklärung der breiten Öffentlichkeit und der unmittelbaren Suchtkrankenhilfe dienen.

Neben den zentralen Mitgliedsverbänden, den katholischen, evangelischen und interkonfessionellen Hauptträgergruppen, ist ein wissenschaftliches Kuratorium bei der Deutschen Hauptstelle berufen worden. Fachbereiche sind die stationäre und ambulante Suchtkrankenhilfe. Diese Hauptträgergruppen, das Kuratorium, die Fachbereiche und die Bundesarbeitsgemeinschaft der Landesstellen gegen die Suchtgefahren, sind im Vorstand der DHS vertreten.

Zur Erarbeitung der notwendigen Arbeitsgrundlagen sind Fachausschüsse eingerichtet.

Jährlich im Herbst führt die DHS eine wissenschaftlich-praktische Fachkonferenz und jedes zweite Jahr ein wissenschaftliches Symposium durch.

Die Deutsche Hauptstelle stellt ferner im Rahmen ihrer Möglichkeiten zeitgemäß informierendes Schriftenmaterial zur Verfügung, besonders für Schulen, Eltern- und Erzieherversammlungen, Gesundheitswochen, Jugendleiterlehrgänge u. a.

Die Deutsche Hauptstelle steht in engem Kontakt mit den zuständigen Bundesministerien für Jugend, Familie und Gesundheit, der Bundeszentrale für gesundheitliche Aufklärung und anderen Dienststellen und Einrichtungen.

Der notwendige internationale Kontakt und Erfahrungsaustausch ist durch die Mitgliedschaft im Internationalen Rat gegen Alkoholismus und Suchtgefahren in Lausanne gewährleistet.

Darüber hinaus besteht eine enge Arbeitsverbundenheit mit den Spitzenverbänden der freien Wohlfahrtspflege, soweit diese durch ihre Fachbereiche bzw. Fachverbände nicht schon einer Hauptträgergruppe der DHS unmittelbar angehören."

Veröffentlichungen

Fachzeitschrift „Suchtgefahren", Informationsdienst der Deutschen Hauptstelle gegen Suchtgefahren
Schriftenreihe zum Problem der Suchtgefahren
Jahrbuch zur Frage der Suchtgefahren
Presse- und Informationsdienst der DHS (Auszug aus: Jahrbuch 1981, S. 61 ff.).

V. Personen mit besonderen sozialen Schwierigkeiten

1. Bundesarbeitsgemeinschaft Wohnungslosenhilfe e. V. 4800 Bielefeld, Postfach 13 01 48, Quellenhofweg 25

„Der Verein will die Hilfe zur Überwindung besonderer sozialer Schwierigkeiten der Menschen, die von Wohnungslosigkeit und dem Verlust des Wohnsitzes, von Armut und sozialer Isolation betroffen und bedroht sind, durch die enge Zusammenarbeit der zuständigen öffentlichen und freien Träger, Vereinigungen und Behörden nachhaltig fördern. Er will vor allem der sozialen Ausgrenzung der Betroffenen entgegenwirken, indem er Regierung und Öffentlichkeit über die soziale Lage der Betroffenen und die notwendigen Hilfeangebote und vorbeugenden Maßnahmen aufklärt und mit vereinten Kräften darauf hinwirkt, daß soziale Benachteiligung und Unterversorgung, die der Teilnahme am Leben in der Gemeinschaft entgegenstehen und von den Betroffenen nicht aus eigenen Mitteln und Möglichkeiten überwunden werden können, beseitigt werden. Weil Wohnungslosigkeit nur durch die Bereitstellung von Wohnungen überwunden werden kann, tritt er für die Teilhabe von Wohnungslosen an den Sozialen Wohnungsbauprogrammen von Bund, Ländern und Gemeinden ein. In diesem Sinne will er die gemeinsamen Anliegen seiner Mitglieder auf Bundesebene vertreten.

Der Verein fördert und koordiniert die Arbeit seiner Mitgliedsorganisationen, insbesondere durch folgende Aufgaben:

1. Zusammenführung und gegenseitige Verständigung der zuständigen freien und öffentlichen Träger, Vereinigungen und Behörden gemäß § 1 Abs. 4 und § 2 zur Lösung gemeinsamer Fragen der Hilfe und zur gegenseitigen Anregung, die Hilfe für die Betroffenen zu verbessern;
2. Mitwirkung an Gesetzgebung und den einschlägigen sozialrechtlichen Bestimmungen und Regelungen durch Stellungnahmen und Anregungen;
3. Erarbeitung und Vertretung verbandsübergreifender sozialpolitischer Forderungen und Programme zur Verbesserung der Lage der Betroffenen;
4. Entwicklung, Förderung und Herstellung verbandsübergreifender fachlicher, rechtmäßiger und bedarfsgerechter Konzepte der kommunalen und regionalen Versorgung, einschließlich der Versorgung mit Wohnungen sowie der Hilfeangebote durch Beratung, Sozialplanung, Empfehlungen, Stellungnahmen, geeignete Modellvorschläge, Arbeits- und Informationsmaterialien unter Anwendung und Umsetzung der gemeinsamen fachlichen, ethischen und sozialstaatlichen Grundsätze der Hilfe;
5. Anregung, Förderung oder Durchführung wissenschaftlicher Forschungsprogramme, Studien und Gutachten zur Ermittlung des Hilfebedarfs und zur Fortentwicklung von Hilfekonzepten sowie zur Herstellung und Entwicklung von Rechtmäßigkeit und Rechtssicherheit der Hilfepraxis;
6. Sammlung, Auswertung und Veröffentlichung von verbandsübergreifenden Daten zum Zweck der quantitativen und qualitativen Dokumentation des Ausmaßes und der Entwicklung von Wohnungslosigkeit in der Bundesrepublik Deutschland;
7. Zusammenarbeit mit anderen Bundesvereinigungen in der Hilfe zur Überwindung besonderer sozialer Schwierigkeiten im Sinne des Bundessozialhilfegesetzes und anderer den Zielen und der Aufgabenstellung des Vereins förderlicher und nahestehender Fachorganisationen und Verbände auf Bundesebene;
8. Durchführung von Fachtagungen zu verbandsübergreifenden und grundsätzlichen fach- und sozialpolitischen Fragen der Hilfe sowie die Unterstützung und Bereitstellung von Fachpublikationen zum Zweck der Förderung und Entwicklung der Fachlichkeit der Hilfe und zur Herstellung von Fachöffentlichkeit;
9. Aus- und Fortbildung für den Bereich der Sozialarbeit und Sozialhilfe für Menschen ohne Wohnung, soweit dies nicht von den Träger- und Fachverbänden abgedeckt werden kann;
10. Unterrichtung und Aufklärung der Öffentlichkeit über das Problem der Wohnungslosigkeit und der sozialen Lage der Betroffenen und die Bereitstellung von Materialien für die Öffentlichkeitsarbeit zur Unterstützung der Hilfepraxis;
11. Verbindung mit entsprechenden Organisationen des Auslands, insbesondere Zusammenarbeit mit den anderen Organisationen in der Europäischen Gemeinschaft.

Mitglieder des Vereins können sein:

1. Die bundesweit zuständigen Träger- und Fachverbände der Freien Wohlfahrtspflege und andere Bundesvereinigungen des öffentlichen und privaten Rechts im Sinne des § 1 Abs. 4, die dem in § 2 genannten Zweck dienen und die ihre Mitgliedschaft erklärt haben (erklärte Verbandsmitglieder); und
2. die Anstalt Bethel, die den erklärten Mitgliedern gleichgestellt ist; und
3. sonstige juristische Personen des privaten und öffentlichen Rechts, die dem in § 2 genannten Zweck dienen.
4. Über die Aufnahme neuer Mitglieder entscheidet nach Antrag der Gesamtvorstand.
5. Die Mitglieder sind zur Zahlung eines jährlichen Beitrags verpflichtet.
6. Über die Höhe des Mitgliedbeitrages der erklärten Verbandsmitglieder entscheiden diese selbst auf Empfehlung des Gesamtvorstands; über die Höhe des Mitgliedsbeitrags der nach 2. aufgenommenen Mitglieder entscheidet die Mitgliederversammlung.
7. Die Mitgliedschaft erlischt durch schriftliche Kündigung gegenüber dem Gesamtvorstand zum Ende des Kalenderjahres" (§§ 2, 3 und 5 der Satzung).

2. *Bundeszusammenschluß für Straffälligenhilfe, 5300 Bonn-Bad Godesberg, Friedrich-Ebert-Str. 11a*

„Der Bundeszusammenschluß für Straffälligenhilfe hat das Ziel, die bei der Straffälligenhilfe gemachten Erfahrungen des In- und Auslandes unter den Verbänden, Vereinen und sonstigen Gruppen auszutauschen, die sich um den straffälligen Menschen bemühen.

Er will für gemeinsame Fragen Lösungsvorschläge vorbereiten und durch gegenseitige Anregungen die Hilfe für den straffällig gewordenen Mitmenschen fördern. Die Öffentlichkeit soll durch geeignete Aufklärung zur Mitwirkung an diesen für die Gesellschaft wichtigen Aufgaben gewonnen und die öffentliche Meinung in diesem Sinne beeinflußt werden.

Wissenschaftliche Forschungen, die der Straffälligenhilfe dienlich sind, sollen gefördert werden" (§ 1 der Satzung).

„Die Mitgliedschaft können erwerben:

a) die auf Landesebene bestehenden gleichartigen Zusammenschlüsse,
b) die Spitzenverbände der freien Wohlfahrtspflege und sonstige auf Bundesebene bestehende Zusammenschlüsse, die sich entweder unmittelbar mit der Straffälligenhilfe befassen oder bei ihrer sonstigen Zielsetzung besonders auch der Straffälligenhilfe dienen,
c) auf Bundesebene bestehende Personenvereinigungen mit gleicher Zielsetzung" (§ 3).

„Die Organe des Zusammenschlusses sind die Mitgliederversammlung sowie der engere und der erweiterte Vorstand" (§ 4).

„Die dem Bundeszusammenschluß angehörenden Organisationen und Gruppen entsenden jeweils einen Vertreter oder einen Stellvertreter zur Mitgliederversammlung. Stimmberechtigt ist ein Vertreter. Beschlüsse über grundsätzliche Fragen sollen nur gefaßt werden, wenn eine einmütige Auffassung über die zur Diskussion stehenden Fragen erzielt werden kann. Im übrigen faßt die Mitgliederversammlung ihre Beschlüsse mit einfacher Mehrheit. Eine Mitgliederversammlung soll mindestens alle drei Jahre stattfinden. Für Tagungen und Mitgliederversammlungen bestimmt der Vorsitzende einen Protokollführer. Zur Mitgliederversammlung können Fachkräfte, insbesondere auch Vertreter der Behörden, als Gäste geladen werden" (§ 5 Abs. 1).

Der Bundeszusammenschluß für Straffälligenhilfe gibt eine Schriftenreihe zu der Gesamtthematik der Straffälligenhilfe und des Strafvollzugs heraus.

VI. Stiftungen

1. Arbeitsgemeinschaft Deutscher Stiftungen e. V.
5300 Bonn 1, Adenauerallee 15

Der Bundesverband nimmt die Interessen von Stiftungen wahr, die gemeinnützigen, mildtätigen oder kirchlichen Zwecken im Sinne des Abschnitts „Steuerbegünstigte Zwecke" der Abgabenordnung dienen. Der Zweck wird erfüllt insbesondere durch

1. Wissenschaftliche Vorhaben auf dem Gebiete des Stiftungswesens;
2. Information und Beratung;
3. Pflege der Verbindung zu Verwaltungen und gesetzgebenden Körperschaften durch Information, Beratung, Vorschläge und Anträge;
4. Öffentlichkeitsarbeit;
5. Ehrung von Persönlichkeiten, die sich um das Stiftungswesen besonders verdient gemacht haben.

Mitglieder des Bundesverbandes können insbesondere Stiftungen des bürgerlichen und des öffentlichen Rechts sowie kirchliche Stiftungen sein.

Stiftungsverwaltungen von Kommunen sowie von kirchlichen und anderen Institutionen können für die von verwalteten Stiftungen und stiftungsähnlichen Vermögen die Mitgliedschaft erwerben.

1948 gegründet als Arbeitsgemeinschaft Deutscher Stiftungen, Augsburg, Fuggerei 56.

Die Mitglieder des Verbandes Deutscher Wohltätigkeitsstiftungen e.V. sind zugleich Mitglieder des Bundesverbandes.

Als Freunde des Stiftungswesens können auch andere juristische und natürliche Personen Mitglieder werden, die die Ziele des Bundesverbandes bejahen und seinen Zweck unterstützen wollen.

Organe des Bundesverbandes sind:

- die Mitgliederversammlung;
- der Vorstand (1. Vorsitzender, 2. Vorsitzender, bis zu drei weiteren Vorstandsmitgliedern);
- der Beirat (20 Mitglieder).

2. *Verband Deutscher Wohltätigkeits-Stiftungen e. V., 5300 Bonn 1, Adenauerallee 15*

Der Verband umfaßt die Mitglieder des Bundesverbandes Deutscher Stiftungen e. V., die der Wohlfahrtspflege dienen.

Der Verband nimmt die Interessen dieser Stiftungen wahr. Mitglied kann jede deutsche Wohltätigkeitsstiftung sein. Er gehört zu den anerkannten Verbänden der freien Wohlfahrtspflege.

Organe des Verbandes sind:

- die Mitgliederversammlung;
- der Vorstand (1. Vorsitzender, 2. Vorsitzender, bis zu drei weiteren Vorstandsmitgliedern);
- der Beirat (5 Mitglieder).

KAPITEL 9

Institutionen zur Förderung der Wohlfahrtspflege

Als sich die freie Wohlfahrtspflege nach dem ersten Weltkrieg in Spitzenverbänden organisiert hatte, schuf sie verschiedene Selbsthilfeeinrichtungen. Im Verlauf der weiteren Entwicklung wurden von ihr bzw. in Zusammenarbeit mit ihr, weitere Institute und Einrichtungen geschaffen, die, obwohl sie rechtlich und organisatorisch weitgehend unabhängig sind, u. a. die Aufgaben der Wohlfahrtspflege fördern. Von den wichtigsten sollen die folgenden hier kurz näher beschrieben werden; außerdem sind einige Institute berücksichtigt, die zwar nicht direkt von den Verbänden der Wohlfahrtspflege geschaffen wurden bzw. getragen werden, deren Tätigkeit jedoch wesentliche Aufgaben der Wohlfahrtspflege erfaßt:

A. Deutsches Zentralinstitut für Soziale Fragen (DZI),

(Archiv für Wohlfahrtspflege), 1000 Berlin 33, Miquelstr. 83

Das Deutsche Zentralinstitut für soziale Fragen wurde im Jahre 1893 in Berlin durch die Deutsche Gesellschaft für ethische Kultur als Archiv der Wohlfahrtseinrichtungen gegründet. Es hat seine Ursprünge damit in der bürgerlichen Frauenbewegung und Wohlfahrtspflege des ausgehenden 19. Jahrhunderts und gleichzeitig intensiven Anteil an der entstehenden professionellen sozialen Arbeit. Als Zweck des Archivs wurde damals wie heute die Mittlerfunktion zwischen Wohlhabenden und Bedürftigen gesehen. Für die damalige Zeit bedeutete das konkret, Hilfesuchende an die zu verweisen, die helfen wollten, und umgekehrt. Eine Vielzahl von Stiftungen und Hilfsvereinen versuchte in Berlin zielgruppenbezogen die Not zu lindern. Um dabei Übersicht zu schaffen, legte das Archiv 1896 das Auskunftsbuch „Die Wohlfahrtseinrichtungen Berlins“ vor, das aufgrund seiner Einbandfarbe schnell als „Graubuch“ bekannt wurde. Bereits die dritte Auflage (1904) nannte 1362 Institutionen. Die 15. Auflage erschien 1989 als Loseblatt-Sammlung als „Der Führer durch das soziale Berlin“ mit über 6000 Adressen im Westteil der Stadt.

Seit dem Jahre 1957 ist das DZI eine Stiftung bürgerlichen Rechts, deren Träger der Senat von Berlin, das Bundesministerium für Familie und Senioren, die Industrie- und Handelskammer zu Berlin, der Deutsche Städtetag und die Bundesarbeitsgemeinschaft der Freien Wohlfahrtspflege sind. Zweck und Aufgaben des DZI haben sich im Laufe von nahezu hundert Jahren gewandelt und erweitert, stets orientiert an den Bedürfnissen der Zeit. Die Umbenennung von Archiv für Wohlfahrtspflege in DZI erfolgte 1964 und war kennzeichnend dafür, daß die Institution in der aktuellen Wahrnehmung ihrer Aufgaben tatsächlich mit der Zeit gegangen war.

Heute ist das DZI eine zentrale wissenschaftliche Informations- und Dokumentationsstelle für den Bereich der theoretischen und praktischen sozialen Arbeit. Seine drei Arbeitsgebiete sind die Literaturdokumentation mit der Fachbibliothek (Sigelnr. B 249) für das Gebiet Sozialarbeit/Sozialpädagogik, der Verlag und die Organisationendokumentation für die Spenderberatung.

In der Literaturdokumentation werden regelmäßig ca. 350 Fachzeitschriften sowie monographische Neuerscheinungen und Graue Literatur ausgewertet, seit Sommer 1979 EDV-gestützt für die DZI-Datenbank SOLIT.

Im Eigenverlag des DZI erscheint seit 1951 die Fachzeitschrift „Soziale Arbeit", von Ernst Reuter, dem damaligen Vorstandsvorsitzenden, als Fortführung der seit 1926 vom Archiv herausgegebenen „Deutschen Zeitschrift für Wohlfahrtspflege" wiederbegründet. Eine weitere regelmäßige Publikation ist das bereits erwähnte „Graubuch".

Ein in der breiten Öffentlichkeit sehr bekanntes Arbeitsgebiet ist die Spenderberatung. Hier gilt der alte Auftrag des Archivs, daß Helfenwollende und Hilfesuchende zusammengebracht werden. Verunsicherte Bürger, denen Zweifel an der Seriosität so mancher Hilfsorganisation gekommen sind, aber auch Wirtschaftsunternehmen und Behörden, wenden sich an das DZI, um eine Einschätzung eines bestimmten Hilfswerkes zu bekommen. Grundlage dafür ist die Organisationendokumentation.

Der Vorstand des DZI besteht aus den von den Stiftungsträgern entsandten Vertretern, der Vorsitz liegt immer beim Senat von Berlin. In einem Stiftungsbeirat sind die Sozialministerien der Bundesländer vertreten sowie die Spitzenverbände der Freien Wohlfahrtspflege, Wirtschaftsunternehmen, Wissenschaftsinstitutionen, Fachorganisationen und einzelne Persönlichkeiten. Hauptzuwendungsgeber sind der Senat von Berlin und das Bundesministerium für Familie und Senioren. Der Verein zur Förderung der Stiftung Deutsches Zentralinstitut für soziale Fragen e. V. hat gerade in den letzten Jahren eine Reihe von wesentlichen Innovationen ermöglicht (Selbstdarstellung).

B. Bank für Sozialwirtschaft GmbH

Keithstraße 2, 1000 Berlin 30, und Wörthstraße 15–17, 5000 Köln 1

Die Bank für Sozialwirtschaft (kurz: Sozialbank oder BFS) wurde 1923 als „Hilfskasse gemeinnütziger Wohlfahrtseinrichtungen Deutschlands GmbH" von den Spitzenverbänden der Freien Wohlfahrtspflege sowie dem Wirtschaftsbund gemeinnütziger Wohlfahrtseinrichtungen Deutschlands eG (WIBU) in Berlin gegründet. Bis heute ist sie die einzige Spezialbank der Freien Wohlfahrtspflege in Deutschland und Hausbank vieler ihr angeschlossener Sozialeinrichtungen und Organisationen. Ihre Gesellschafter sind seit 1924 die sechs Spitzenverbände der Freien Wohlfahrtspflege mit folgenden Anteilen:

33 % Deutscher Caritasverband e. V., Freiburg i. Br.
33 % Diakonisches Werk der Evangelischen Kirche in Deutschland e. V., Stuttgart
11 % Arbeiterwohlfahrt Bundesverband e. V., Bonn
11 % Deutscher Paritätischer Wohlfahrtsverband – Gesamtverband e. V. –, Frankfurt am Main
11 % Deutsches Rotes Kreuz e. V., Bonn
1 % Zentralwohlfahrtsstelle der Juden in Deutschland e. V., Frankfurt am Main.

Von den Gesellschaftern berufene Vertreter aller Spitzenverbände der Freien Wohlfahrtspflege in Deutschland bilden den Aufsichtsrat der BFS, führende Persönlichkeiten aus den Regionalbereichen der Freien Wohlfahrtspflege ihren Zentralbeirat.

Die BFS-Geschäftsstellen in Berlin und Köln sind zugleich gleichberechtigter Geschäftssitz der Bank. Daneben hat die Bank für Sozialwirtschaft fünf weitere Geschäftsstellen in Essen, Hannover, Karlsruhe, München und Stuttgart (Stand Anfang 1991). Anfang 1991 werden die regionalen Geschäftsbereiche West und Ost neu geschaffen. Die Bilanzsumme der Bank beläuft sich auf rund 1,7 Mrd. DM.

1956 wurde mit dem Bundesinnenministerium ein Vertrag über die Verwaltung eines Fonds aus Bundesmitteln zur Förderung der Einrichtungen der Freien Wohlfahrtspflege abgeschlossen, der 1974 in einen revolvierenden Fonds mit Treuhandmitteln des Bundes überging. Dieser Fonds hat noch heute eine Höhe von 237 Mio. DM.

Seit 1975 ist die BFS Mitglied beim Berliner Genossenschaftsverband (Schulze-Delitzsch) e. V. und beim Bundesverband der Deutschen Volksbanken und Raiffeisenbanken e. V., Bonn. Diese Garantieeinrichtungen schützen die Bank und ihre Einlagen in jeder Art und Höhe.

Von ihren Gesellschaftern hat die BFS seit über 60 Jahren den Auftrag, gemeinnützigen Einrichtungen und Organisationen in allen finanziellen und wirtschaftlichen Fragen zu helfen, um diese in ihren sozialen Aufgaben zu unterstützen. Ihre Angebote umfassen heute nicht nur die – auf die speziellen Erfordernisse solcher Institutionen abgestimmten – Bankleistungen einer Universalbank, sondern auch umfangreiche Beratungs- und Dienstleistungen, z. B. Seminare, Vortragsveranstaltungen und schriftliche Arbeitshilfen. Viele dieser Angebote sind kostenlos oder kostengünstig, denn das Ziel, den Kunden vorteilhafte Lösungen anzubieten, hat Vorrang vor der eigenen Gewinnmaximierung.

Die BFS-Tochtergesellschaft „BFS Betriebs- und Finanzwirtschaftlicher Service GMBH" ergänzt die Beratungsleistungen der Bank vor allem durch das Angebot PC-gestützter Informations-, Planungs- und Steuerungsinstrumente, die auf die Fragestellungen gemeinnütziger Einrichtungen zugeschnitten sind sowie durch Schulungen zum sinnvollen und wirtschaftlichen Einsatz moderner Kommunikationsmittel in sozialen Institutionen (Selbstdarstellung, Stand: Dezember 1990).

C. WIBU – Wirtschaftsbund sozialer Einrichtungen e. G.

2000 Hamburg 70, Damm 111

Der WIBU wurde 1920 von den Verbänden der Freien Wohlfahrtspflege gegründet mit der Aufgabe, die wirtschaftlichen Belange der Krankenhäuser, Heime und anderen sozialen Einrichtungen zu fördern.

Der WIBU berät produktneutral in den Fachbereichen
- Einrichtung
- Medizintechnik
- Textilien.

Träger sind die Verbände der Freien Wohlfahrtspflege und die ihnen angeschlossenen sozialen Einrichtungen.

Mitglieder der Genossenschaft sind Rechtsträger von Krankenhäusern, Alten- und Kinderheimen, Behinderteneinrichtungen und anderen Sozialeinrichtungen.

Zu den ständigen Kunden zählen die Sozialeinrichtungen der Freien Wohlfahrtspflege, der Kirchen, der öffentlichen Hand und der freien Wirtschaft, wie Krankenhäuser, Altenheime, Pflegeheime, Kinder- und Jugendheime, Behinderteneinrichtungen, Studentenwohnheime, Erholungsheime, Sanatorien, Kommunikationszentren, Gemeinde- und Kirchenzentren, Begegnungs-, Tagungs- und Schulungsstätten, Sozialstationen.

Der Geschäftsbetrieb in der Bundesrepublik wird abgewickelt durch fünf regionale Vertriebsgesellschaften, deren Alleingesellschafterin die WIBU-Genossenschaft ist.

Es sind WIBU Nord GmbH, Hamburg
WIBU West GmbH, Essen
WIBU Mitte GmbH, Frankfurt
WIBU Baden-Württemberg GmbH, Renningen
WIBU Bayern GmbH, München.

In deren neun Verkaufsbüros sorgen 50 Außendienstmitarbeiter – Fachberater für Einrichtung, Medizinischen Bedarf und Textilien – für kundennahe Beratung, Planung und Verkauf.

Die Verkaufsorganisation wird unterstützt durch die Spezialisten der produktorientierten Fachabteilungen in der WIBU-Zentrale (Selbstdarstellung).

D. ECCLESIA Versicherungsdienst GmbH

4930 Detmold, Postfach 133

Die ECCLESIA Versicherungsdienst GmbH wurde 1909 für die Einrichtungen der Inneren Mission gegründet. Seit 1974 wird dieser Dienst vom Diakonischen Werk der Evangelischen Kirche in Deutschland und dem Deutschen Caritasverband gemeinsam getragen:

„Die ECCLESIA ist kein Versicherer und betreibt keine eigenen Versicherungsgeschäfte. Ihre Dienstleistungen können in Anspruch genommen werden, ohne daß der bisherige Versicherer gewechselt werden muß oder Mehrkosten für die Einrichtungen entstehen.

Das Dienstleistungsangebot umfaßt:

- Überprüfung des Versicherungsbedarfes, Feststellung von Doppelversicherungen und Lücken im Versicherungsschutz, Hinweise auf die zukünftige Gestaltung des Versicherungsschutzes unter Berücksichtigung der vorhandenen Verträge und Risiken.
- Vermittlung des notwendigen betriebsgerechten Versicherungsschutzes zur Beseitigung der Lücken/Deckungsmängel, Durchführung von Neuordnungen, Verwaltung von Versicherungsverträgen sowie Überwachung im Blick auf ausreichende Versicherungssummen und moderne Versicherungsbedingungen.
- Bearbeitung aller anfallenden Schäden und Unterstützung in der Regulierung.
- Laufende Information durch persönliche Betreuung, aktuelle schriftliche Hinweise und einen speziellen ‚Informationsdienst'.

Sie hat maßgebend an der Entwicklung und Gestaltung folgender Versicherungsmöglichkeiten mitgewirkt:

- Feuer-Betriebsunterbrechungs-Versicherung für Krankenhäuser, Heim- und Werkstattbetriebe.
- Betriebsschließungs-Versicherung wegen Seuchengefahr für Krankenhäuser, Heim- und Werkstattbetriebe.
- Versicherungsschutz für Schäden an privateigenen Fahrzeugen während Dienstfahrten.
- Versicherungsschutz für Generalschlüsselanlagen.
- Haftungs-Versicherungen für schuldhaft an gemieteten Gebäuden verursachte Feuer- und Leitungswasserschäden.
- Versicherungsschutz für Zivildienstleistende.
- Betriebs-Haftpflicht-Versicherung für Einrichtungen der Caritas und der Diakonie unter Berücksichtigung ausreichender Deckungssummen, der Mitversicherung von Umweltschäden, von Abwasserschäden und von Schäden nach dem Datenschutzgesetz.
- Versicherungsschutz für Mündel und Vormünder" (nach Caritas-Korrespondenz 1981/5, S. 23).

Die Geschäftsstelle und ihre Vertretungen nehmen gleichzeitig die Aufgaben der „Union-Versicherungsdienst GmbH" des DPWV wahr (s. dazu Kap. 6).

E. Deutsches Jugendinstitut e. V.

8000 München 90, Freibadstr. 90

Das Deutsche Jugendinstitut (DJI) ist ein unabhängiges Forschungsinstitut, das folgende satzungsgemäße Aufgaben hat:

- die Sammlung und Dokumentation von Fakten über die Situation von Kindern und Jugendlichen und der Familien, in denen diese aufwachsen sowie über einschlägige Ergebnisse der Jugend-, Familien-, Sozial- und Bildungsforschung im In- und Ausland;
- die Beratung bei der Initiierung und Beurteilung von Forschungsvorhaben, bei der Auswertung und Umsetzung von Forschungsergebnissen und der Prioritätenfindung im gesellschaftspolitischen Handlungsfeld;
- die Durchführung von Auftragsforschung in den Bereichen Jugend-, Familien-, Sozial- und Bildungsforschung sowie die Initiierung und Durchführung eigener Forschungsvorhaben zur Weiterentwicklung von Forschungsansätzen und zur Verbreiterung der wissenschaftlichen Grundlagen. Die Forschung soll grundsätzlich praxisbezogen sein und auch Erfolgskontrollen einbeziehen;
- die Verbreitung der dokumentierten Fakten und der Informationen über Forschungsvorhaben an interessierte Stellen sowie die fortlaufende Veröffentlichung von Forschungsergebnissen.

Zur Erfüllung des sozialpädagogischen/sozialpolitischen Forschungsauftrages unterhält das DJI folgende Abteilungen:

Jugendhilfe, Jugend und Arbeit, Jugend und Politik, Mädchen- und Frauenforschung, Familie/Familienpolitik, Kinder und Kinderbetreuung, Medien und neue Informationstechnologien, Sozialberichterstattung sowie Dokumentation.

Das DJI geht auf das „Studienbüro für Jugendfragen" zurück, das im Jahr 1956 in Bonn eingerichtet wurde. Im Zusammenhang mit dem ersten Jugendbericht der Bundesregierung wurde dieses Büro gemeinsam mit dem 1949 gegründeten Jugendarchiv in München zum „Deutschen Jugendinstitut e. V." in München vereinigt. Der Träger hat 1978 eine neue, den Verhältnissen angepaßte Satzung erhalten.

Die Organe des Deutschen Jugendinstituts e. V. sind die Mitgliederversammlung, das Kuratorium und der Vorstand (der gleichzeitig der Direktor des Forschungsinstituts ist). Mitglieder des Vereins sind Persönlichkeiten von zentralen Organen und Verbänden aus Wissenschaft und Praxis, die selbst in den Arbeitsgebieten des Instituts tätig sind. Das DJI hatte 1990 rund 140 Mitarbeiter. Es sind zum überwiegenden Teil Sozialwissenschaftler: Soziologen, Psychologen, Erziehungswissenschaftler. Die Finanzierung erfolgt überwiegend aus Mitteln des Bundesministeriums für Frauen und Jugend und im Rahmen von Projektförderung aus Mitteln des Bundesministeriums für Bildung und Wissenschaft. Weitere Zuwendungen erhält das DJI von den Bundesländern und Institutionen der Wissenschaftsförderung.

F. Deutsches Institut für das Vormundschaftswesen e. V.

6900 Heidelberg 1, Zähringer Str. 10

Es wurde gegründet
im Jahre 1906 von Prof. Dr. Klumker in Frankfurt/Main

mit dem Ziel
die rechtliche und tatsächliche Situation unehelicher Kinder und ihrer Mütter zu verbessern,

durch den Ausbau
der berufsvormundschaftlichen Einrichtung und um damit zugleich der gesamten Entwicklung der Kinderfürsorge zu dienen.

Nach dem Inkrafttreten des RJWG von 1922/24
richtete sich diese Zielsetzung auf die Beratung und Unterstützung der Amtsvormünder, denen kraft Gesetzes die Betreuung jedes unehelichen Kindes oblag. Neben dieser Beratung und Unterstützung der Amtsvormünder umfaßte die Arbeit des Instituts in ihrem archivarischen Teil Materialsammlung und -verarbeitung sowie Auskunftstätigkeit in rechtlichen, fürsorgerischen und organisatorischen Fragen.

Die Geschäftsstelle des Instituts
siedelte unter ihrem Direktor Dr. Heinrich Webler im Jahre 1933 von Frankfurt nach Berlin über und wurde nach 1945 zunächst in Hildesheim, sodann ab 1955/56 in Heidelberg wieder aufgebaut. Seit 1966 befindet sie sich mit ihren ca. 25 Mitarbeitern in Heidelberg, Zähringer Str. 10, unter der Leitung von Dir. W.H. Zarbock.

Ein neuer Abschnitt
begann mit dem Inkrafttreten des Nichtehelichenrechts am 1. 7. 1970 und der Umwandlung der bisherigen Amtsvormundschaft in die Amtspflegschaft.

Nach der Satzung (§ 2)
verfolgt das Insititut folgende Ziele und Aufgaben:

„1. Der Verein hat den Zweck, die Jugendhilfe, insbesondere die Hilfe für nichteheliche Kinder und für Kinder Alleinerziehender, zu fördern.
2. Er verfolgt seine Zwecke insbesondere durch:
   a) Beratung und Unterstützung der fachlichen Arbeit der Jugendämter, der Landesjugendämter, der kommunalen Spitzenverbände und der zuständigen Ministerien;
   b) Beratung der Mitglieder in Fragen des Status, der Personen- und der Vermögenssorge von Minderjährigen;
   c) Gewährung von Rechtshilfe in Vaterschafts- und Unterhaltsverfahren einschließlich der Einziehung von Unterhaltsgeldern für eheliche und nichteheliche Kinder in Auslandsfällen;
   d) Erfahrungsaustausch, Arbeitstagungen und fachliche Fortbildung auf dem Gebiet der Amtsvormundschaft und -pflegschaft sowie der Beistandschaft;

e) Förderung internationaler Kontakte mit amtlichen und freien Organisationen seines Fachgebiets;
f) Mitarbeit an einschlägigen Gesetzesvorhaben;
g) Wirken in der Öffentlichkeit durch Vorträge, Schriften und Herausgabe von Fachzeitschriften."

Das Schwergewicht der Arbeit

liegt in der Abwicklung von Vaterschafts- und Unterhaltsverfahren mit Auslandsberührung. Innerhalb eines Jahres werden ca. 1000 neue Fälle in die Bearbeitung genommen, ca. 4,5 Mill. Mündelgelder transferiert und den Kindern bzw. ihren Müttern zur Verfügung gestellt. Es werden sowohl Verfahren für Kinder gegen ihre im Ausland lebenden Väter als auch umgekehrt für Kinder, deren Väter sich in der Bundesrepublik Deutschland befinden, abgewickelt.

Unter den Publikationen

kommt den Monatsschriften „Der Amtsvormund" und „Zentralblatt für Jugendrecht" eine besondere Bedeutung zu. Außerdem werden praxisbezogene Bücher und Broschüren veröffentlicht (Auszug aus einer Selbstdarstellung).

G. Deutsches Krankenhausinstitut e. V.

4000 Düsseldorf 30, Tersteegenstr. 9

„Das DKI ist ein in das Vereinsregister eingetragener Verein, gegründet von den Verbänden der Krankenhausselbstverwaltung. Die interdisziplinäre Tätigkeit des DKI im Bereich der Forschung und Lehre führte 1969 zur Assoziierung an die Hochschule als ‚Institut in Zusammenarbeit mit der Universität Düsseldorf'. Seit dieser Zeit sind Institutionsträger die Verbände der Krankenhausselbstverwaltung sowie die Hochschule" (Selbstdarstellung).

„Der Verein hat ausschließlich die Aufgabe, durch unabhängige und objektive wissenschaftliche Arbeit zur Hebung des ärztlichen, pflegerischen, sozial- und volkswirtschaftlichen Wirkungsgrades der deutschen Krankenhäuser beizutragen. Zu diesem Zwecke will das DKI insbesondere

1. wissenschaftliche Grundlagen für eine Krankenhaussoziologie und für eine spezifische Krankenhausorganisation erarbeiten;
2. eigene Untersuchungen anstellen
   über einschlägige Fragen der Raumforschung und Landesplanung (Bettenbedarf, Verkehrsnetz, Einzugsgebiete, Standorte),
   über die Einzelplanung und deren Voraussetzungen (Lage, Größe, Form, Gliederung der Krankenhäuser und ihrer Abteilungen, Zueinanderordnung der Abteilungsgruppen, günstige Baulösungen),
   über Einrichtung und Ausstattung,
   über die Zusammenhänge zwischen Bau- und Einzelraumgestaltung, Personalbedarf und Personalzusammensetzung,
   über die Zusammenhänge zwischen Bau- und Betriebskosten,
   über die Nutzbarmachung und Weiterentwicklung der Mittel und Methoden

rationeller Arbeits- und Betriebsgestaltung und Betriebskontrolle einschließlich Selbstkostenrechnung und Statistik;
3. das verfügbare in- und ausländische Forschungs- und Erfahrungsgut sammeln, auswerten und zum Gemeingebrauch bereitstellen;
4. seine Arbeitsergebnisse in Kursen, Vorträgen und Einzelberatungen nutzbar machen" (§ 2 Abs. 1 der Satzung).

„Mitglieder des Vereins sind

1. folgende Verbände und Vereinigungen von Krankenhausträgern und leitenden Krankenhausberufen:

   a) Deutsche Krankenhausgesellschaft e. V., Düsseldorf
   b) Verband der leitenden Krankenhausärzte Deutschlands e. V., Düsseldorf
   c) Vertretung der deutschen Schwesternverbände, Bonn und Frankfurt
   d) Fachvereinigung der Verwaltungsleiter deutscher Krankenanstalten e. V.,
2. die in der Anlage zu dieser Satzung aufgeführten Einzelpersönlichkeiten (Gründungsmitglieder)" (§ 5).
3. „Der Vorstand kann
   a) Krankenhausträgern,
   b) natürlichen und juristischen Personen, die Gewähr dafür bieten, daß sie sich im Sinne der Zielsetzung des Vereins einsetzen werden,
   c) Verbänden und Vereinigungen von Krankenhauszulieferindustrien den Erwerb der korrespondierenden Mitgliedschaft des Vereins antragen" (§ 10 Abs. 1).

H. Stiftung Rehabilitation Heidelberg

Heidelberg 1, Bonhoefferstraße

„Die Stiftung Rehabilitation Heidelberg gehört zu den Institutionen der Daseinsfürsorge und der sozialen Sicherheit in der Bundesrepublik Deutschland. Als Träger großer Behinderten-Einrichtungen, Forschungszentren und Institute für Rehabilitation und Prävention leistet sie seit den 50er Jahren ihren Beitrag zur Weiterentwicklung der Bemühungen, Schwerbehinderten und insbesondere benachteiligten Behindertengruppen den Weg zur selbständigen Existenz zu ebnen und sie voll in die Gesellschaft einzugliedern. Sie nimmt teil an der Aufklärung über die Situation der Behinderten und am Kampf um den Abbau von Vorurteilen. Dabei weiß sie sich mit allen gesellschaftlich relevanten Kräften einig, die das gleiche Ziel verfolgen und dabei auch vor Barrieren nicht Halt machen. Im Senat der Stiftung Rehabilitation wirken Bund, Länder, Bundesanstalt für Arbeit, Sozialversicherungsträger, Behindertenverbände sowie Repräsentanten der Gewerkschaften, der Wirtschaft, der Wissenschaft, des sozialen, kirchlichen und kulturellen Lebens zusammen. Zu den Einrichtungen der Stiftung Rehabilitation gehören die Zentren des Berufsförderungswerkes Heidelberg, das Rehabilitationszentrum für Kinder und Jugendliche in Neckargemünd bei Heidelberg und das Rehabilitationskrankenhaus Karlsbad-Langensteinbach bei Karlsruhe. Hinzu kommen das Forschungszentrum für Rehabilitation und Prävention, Zentralinstitute, ein Therapiezentrum für Kinder und Jugendliche und eine Reihe von Beteiligungsgesellschaften zur Entwicklung neuer Rehabilitationsmodelle.

Das Zentralinstitut für Rehabilitationsförderung stellt seine Fachkräfte (Architekten, Ärzte, Psychologen, Pädagogen, Berufsausbilder, Physio-, Ergo-, Berufstherapeuten, Rehabilitationsberater u. a.) für folgende Aufgaben zur Verfügung:

Beratung, Planung und Entwicklung von Rehabilitationseinrichtungen;

praktische Hilfen für alle, die sich mit der Eingliederung Behinderter befassen (z. B. Entwicklung neuer Ausbildungsmethoden oder neuer technischer Hilfen für Behinderte usw.); Durchführung von Seminaren für Fachkräfte der Rehabilitation; Einarbeitung, Aus- und Fortbildung von Fach- und Führungskräften der Rehabilitation; Informationsveranstaltungen" (Selbstdarstellung).

I. Kuratorium Deutsche Altershilfe Wilhelmine-Lübke-Stiftung e. V.

5000 Köln 1, An der Paulskirche 3

„Das Kuratorium Deutsche Altershilfe (KDA) wurde 1962 gegründet. Die damals gesetzten Leitlinien und Hauptziele gelten für die Arbeit des KDA auch heute noch:

- zeitgemäße Modelle der Altenhilfe fördern und zu ihrer Verwirklichung beitragen
- bestehenden Mängeln und Schwierigkeiten entgegenwirken
- die Öffentlichkeit auf die Lebenssituation der alten und alternden Menschen aufmerksam machen.

Die Förderungspolitik des KDA folgt dem Prinzip, durch Starthilfen Impulse zu geben, neue Wege und Modelle in der Altenhilfe zu erproben und dann private und öffentliche Träger zu bewegen, erfolgversprechende Ansätze weiterzuentwickeln und auszubauen.

So wurde am Anfang insbesondere der Bau von Altenwohnungen gefördert. Um älteren Menschen so lange wie möglich ein selbständiges Wohnen in der eigenen Wohnung zu sichern, folgte dann die Finanzierung von ambulanten Diensten, insbesondere Essen auf Rädern und Haus- und Krankenpflege, Wäsche und Einkaufsdienste sowie Fuß- und Haarpflege. Der Integration und Aktivierung älterer Menschen dienten Erholungsmaßnahmen und die Errichtung von Altentagesstätten. Den Schwerpunkt gegenwärtiger Fördermaßnahmen bildet die Fort- und Weiterbildung von Mitarbeitern in der Altenhilfe.

Das Institut für Altenwohnbau, 1970 gegründet, ist mit seinen beiden Abteilungen Architektur und Sozialwirtschaft fester Bestandteil des KDA. Die Gründung ging von der Idee aus, für den Altenhilfebereich ein spezielles Instrument der Planungsberatung zu schaffen – vergleichbar etwa mit dem Deutschen Krankenhausinstitut auf anderem Gebiet.

Dieser Grundgedanke bestimmt nach wie vor die Arbeit des Instituts. Seine Beratung wird insbesondere Sozialplanern, Architekten und Trägern von Altenhilfemaßnahmen angeboten. In der Praxis des Instituts verbindet sich die auf konkrete einzelne Projekte und Objekte bezogene Beratung mit der Bündelung und Weiterentwicklung dieser sehr praxisnahen Erfahrungen zu projektunabhängigen Planungenshilfen. Hinzu kommen die Ergebnisse vielfältiger Grundlagenarbeit zu architektonischen, betriebswirtschaftlichen, organisationswissenschaftlichen und haushaltswissenschaftlichen Fragestellungen. Im übrigen ergänzen enge Kooperationsbeziehungen mit Wissenschaftlern einschlägiger Disziplinen und mit anderen Institutionen diese Arbeit.

Das so gesammelte Planungswissen wird über die angebotene interdisziplinäre Einzelfallberatung (eine ausführliche Erstberatung im Institut ist grundsätzlich kostenlos) hinaus auch durch eine Reihe von Informationsschriften, Planungshilfen und Schulungsveranstaltungen aus den verschiedenen Institutionsbereichen vermittelt.

Zu den Aufgaben der Abteilung Architektur im Institut für Altenwohnbau zählen sowohl die projektspezifische Beratung als auch die Vermittlung projektunabhängiger Informationen. Die Architektengruppe arbeitet nicht in Konkurrenz zur Freien Architektenschaft, sondern – von der Konzeptentwicklung bis zur konkreten Bauaufgabe – ausschließlich ergänzend. Für diese Leistungen werden keine Urheberrechte beansprucht. Honorare werden auf Selbstkostenbasis erhoben.

Die Abteilung Sozialwirtschaft arbeitet vor allem an der Verbesserung der Grundlagen für die Altenhilfeplanung, der Personalbemessung und der Organisation pflegerischer und hauswirtschaftlicher Dienste. Während in der Vergangenheit die Gestaltung angemessener Wohn-, Lebens- und Arbeitsbedingungen im Pflegebereich stationärer Alteneinrichtungen ganz im Vordergrund stand, rücken nunmehr die Versorgung zu Hause lebender Hilfebedürftiger durch ambulante Dienste/Sozialstationen, Tagespflege, Kurzzeitpflege, betreutes Wohnen und der Verbund all dieser Dienste auf Stadtteilebene immer stärker in den Mittelpunkt der Grundlagenarbeit und der Beratung.

Zum Aufgabengebiet der Abteilung Information und Öffentlichkeitsarbeit zählt die Sammlung und Aufbereitung von Informationen zu einer Vielzahl von Sachgebieten und Einzelthemen. Über mehrere Schriftenreihen werden Arbeitsergebnisse des KDA, Untersuchungs- und Praxisberichte verbreitet. Ein 20 Seiten umfassender Presse- und Informationsdienst mit einer bunten Vielfalt von aktuellen Themen und Basisinformationen erscheint achtmal jährlich. Hauptzielgruppen dieser Arbeit sind zum einen die im Bereich der Altenarbeit und Altenhilfe haupt- oder ehrenamtlich Tätigen, zum anderen die Multiplikatoren vor allem in den Medien (Selbstdarstellung – Auszug).

J. Deutsches Zentrum für Altersfragen e. V.

1000 Berlin 42, Manfred-von-Richthofen-Str. 2

„Das Deutsche Zentrum für Altersfragen (DZA) ist ein durch den Bund und das Land Berlin gegründetes wissenschaftliches Institut, das den Zweck verfolgt, Erkenntnisse über die Lebenslage alternder und alter Menschen zu erweitern, zu sammeln, auszuwerten, aufzubereiten und zu verbreiten.

Zur Zeit seiner Gründung 1974 hatte das DZA 16 Mitarbeiter, darunter 8 Wissenschaftler. Diese Zahl hat sich 1978 auf 18 insgesamt erhöht. 1990 erfolgte eine Aufstockung auf 20,5 Stellen mit insgesamt 9 Wissenschaftlern. Das Ausmaß der institutionellen öffentlichen Förderung bestimmt und begrenzt die Arbeitskapazität. Nur in Ausnahmefällen werden aus Drittmitteln finanzierte Forschungsvorhaben durchgeführt.

Wichtiges Arbeitsgebiet ist die systematische Sammlung und Auswertung des für die soziale Gerontologie relevanten Schrifttums aus Wissenschaft und Praxis. Das Institut verfügt über eine Spezialbibliothek und eine Materialsammlung, in die die sogenannte graue Literatur eingeht. Verfügbar ist eine Literaturdatenbank mit rund 40 000 Dokumentationseinheiten 1990.

Ergebnisse der Literaturdokumentation sind fortlaufend veröffentlichte Bibliographien zur sozialen Gerontologie. Auf ausgewählten Gebieten erfolgen Literaturzusammenstellungen, Ausarbeitungen von Inhaltsangaben etc. Hinzu tritt die Daten-/Faktendokumentation, die systematische Zusammenstellungen von Statistiken, Veranstaltungen, Informationen sonstiger Art zum Gegenstand hat, einschließlich der Dokumentation der für das Arbeitsgebiet relevanten Forschungsvorhaben.

Das Deutsche Zentrum für Altersfragen betreibt angewandte sozial-gerontologische Forschung mit dem Ziel, für die Praxis der Altenhilfe wichtige Fragestellungen zu klären oder wichtige Daten zu ermitteln. Die Schwerpunkte dieser Forschung wechseln im Zeitlauf. Bezogen auf die bisherige Arbeit sind zu nennen: Personalprobleme in der Altenhilfe, Fragen der Aus- und Fortbildung des Personals und der Weiterbildung älterer Menschen, Probleme älterer Arbeitnehmer, Sozial- und Gesundheitsdienste mit Relevanz für ältere Menschen, Integration und Selbsthilfe, Altenhilfepolitik, Soziale Sicherungspolitik.

Der Informationsverbreitung dienen gezielte Informationen für Interessenten ebenso wie Arbeitstagungen und Kongresse. Außerdem werden Forschungs- und Tagungsberichte in der Schriftenreihe ‚Beiträge zur Gerontologie und Altenarbeit', die im Eigenverlag erscheint, veröffentlicht. Das Informationsblatt ‚altenhilfe' erscheint monatlich und bietet Kurzinformationen zur Altenhilfe und Altenhilfepolitik.

Träger des DZA, das am 2. 11. 1974 in Berlin gegründet wurde, ist ein eingetragener Verein, dem die Gemeinnützigkeit zuerkannt worden ist. Seine Mitglieder sind Wissenschaftler aus dem Bereich der Gerontologie sowie Vertreter der beiden institutionellen Zuwendungsgeber des Instituts – des Bundesministeriums für Jugend, Familie und Gesundheit, Bonn, und der Senatsverwaltung für Arbeit und Soziales, Berlin.

Organe des Vereins sind gemäß der Satzung die Mitgliederversammlung und der Vorstand.

1. Die Mitgliederversammlung

Die Zahl der Mitglieder des Vereins beläuft sich auf zehn Personen. Unter ihnen befinden sich Wissenschaftler aus der gerontologischen Forschung und Lehre sowie Vertreter der Zuwendungsgeber des DZA, des Bundesministeriums für Familie und Senioren, Bonn, und der Senatsverwaltung für Soziales, Berlin (nach der Ressortverteilung von 1991).

Die Mitgliederversammlung tritt mindestens einmal im Jahr zusammen. Außer der Wahl des Vorstands aus ihrer Mitte obliegt ihr besonders die Entscheidung über wichtige Angelegenheiten organisatorischer, personeller, finanzieller und fachlicher Art.

2. Der Vorstand

Der Vorstand des Vereins besteht aus dem Vorsitzenden und zwei weiteren Mitgliedern. Er wird jeweils für zwei Jahre gewählt, Wiederwahl ist zulässig. Gemäß der Institutsordnung werden von ihm die Arbeitsaufträge und Arbeitsrichtlinien festgelegt. Der Vorstand übt seine Tätigkeit ehrenamtlich aus“ (Selbstdarstellung).

K. Internationaler Sozialdienst Deutscher Zweig e. V.

6000 Frankfurt/Main 50, Am Stockborn 5–7

Der Vereinszweck ist:

Durch Zusammenarbeit in mehreren Ländern solchen Menschen zu helfen, die infolge freiwilliger oder erzwungener Wanderung in persönliche oder familiäre Schwierigkeiten geraten sind.

Vom internationalen Gesichtspunkt die Voraussetzungen und Folgen grenzüberschreitender Wanderung und ihre Wirkung auf Einzelpersonen und das Familienleben zu prüfen und gegenüber den verantwortlichen Stellen geeignete Empfehlungen zu geben (Art. II der Satzung).

Der Verein arbeitet ohne religiöse oder politische Tendenz.

Vereinsmitglieder sind natürliche und juristische Personen. Die kommunalen Spitzenverbände sowie die Spitzenverbände der freien Wohlfahrtspflege, die selbst nicht Mitglied sind, sind berechtigt, je einen Mitarbeiter in die Mitgliederversammlung zu entsenden.

„Der internationale Sozialdienst (ISD), deutsche Zweigstelle des Gesamtverbandes International Social Service, arbeitet in der sozialen Einzelfallhilfe, die über die nationalen Grenzen hinausreicht. Diese internationale soziale Organisation wurde vor mehr als 50 Jahren mit dem Ziel der Behebung sozialer Einzelnot infolge von Auswanderung gegründet. Als Folge der heutigen gewaltigen Migration der Menschen über die nationalen Grenzen hinaus hat der ISD eine hervorragende praktische Bedeutung für die Betroffenen, die Hilfeträger sowie die Gerichte gewonnen, die ihn in allen Sozialfällen mit Auslandsberührung einschalten können. Über den ISD ist es möglich, mit sozialen Fachstellen auch in entfernten Ländern zusammenzuarbeiten. Es werden Sozialberichte aus dem Ausland eingeholt und die Probleme, die sich aus der Überschneidung verschiedener Rechtsordnungen ergeben, werden gelöst.

So ist zwischenstaatliche Zusammenarbeit und Hilfe im Ausland vielfach erforderlich bei Familientrennungen durch Auswanderung oder Flucht; für Kinder bei Regelungen der elterlichen Sorge nach Trennung oder Scheidung der Eltern, bei Auslandsadoptionen, bei Vormundschafts- und Pflegschaftssachen, bei Einschränkungen des elterlichen Sorgerechts, bei der Erziehungs- und Jugendgerichtshilfe sowie bei Problemen der Eheschließung mit Ausländern und anderen Fragen der Ein- und Auswanderung.

Aufgrund seiner Erfahrungen in der Bearbeitung von Einzelfällen gibt der ISD Empfehlungen für Weiterentwicklungen im sozialen Bereich ab. Der Gesamtverband hat beratenden Status beim Europarat und bei den Vereinten Nationen.

Das Generalsekretariat des ISD ist in Genf, in rund 15 Ländern unterhält der Verband eigene Zweigstellen, in mehr als 100 Ländern arbeitet er mit ständigen Korrespondenten“ (Selbstdarstellung).

L. Bibliotheken, wissenschaftliche Institute

1. Die Spitzenverbände der freien Wohlfahrtspflege unterhalten, ebenso wie die kommunalen Spitzenverbände, z. T. umfangreiche Spezialbibliotheken zu Fragen der Wohlfahrtspflege. Darüber hinaus sind insbesondere die Bibliotheken des Deutschen Zentralinstituts für soziale Fragen sowie des Deutschen Vereins für öffentliche und private Fürsorge zu nennen.
2. Neben den o. a. Instituten zur Förderung von Aufgaben der Wohlfahrtspflege bestehen an einzelnen deutschen Universitäten und Hochschulen wissenschaftliche Institute, die sich speziell mit Fragen der Wohlfahrtspflege bzw. der kommunalen Selbstverwaltung befassen.
3. Durch den Ausleihverkehr unter den deutschen Bibliotheken können auch Fachbücher über (fast) alle Büchereien bezogen werden (z. B. auch Volksbüchereien).

Literaturverzeichnis

Vorbemerkung:

Das folgende Literaturverzeichnis enthält neben den im Text aufgeführten Fundstellen eine Reihe von Veröffentlichungen, die bei der Vorbereitung des Buches verwendet wurden, ohne daß daraus zitiert wird.

André, Achim: Das Verwaltungsverfahren im Sozialgesetzbuch, in: NDV 1/81

Althaus, Hermann (Hrsg.): Soziale Arbeit und Gemeinschaft, 1936

Arbeiterwohlfahrt Bundesverband e. V. (Hrsg.): Helfen und Gestalten, Beiträge und Daten zur Geschichte der Arbeiterwohlfahrt 1979

Arbeiterwohlfahrt (Hrsg.): Jahrbuch 1972

Arbeiterwohlfahrt Bundesverband e. V. (Hrsg.): Humanitäres Handeln aus politischer Verantwortung, 1989

Arbeiterwohlfahrt Bundesverband e. V. (Hrsg.): Richtlinien der Arbeiterwohlfahrt 1989

Arbeiterwohlfahrt (Hrsg.): Verband für soziale Arbeit

Arbeitsgemeinschaft der bayer. Bezirkstagspräsidenten, München (Hrsg.): Die Bezirke in Bayern – Stellung und Aufgaben, 1971

Arbeitsgemeinschaft für Erziehungshilfe (AFET) e. V. (Hrsg.): 75 Jahre AFET Erziehungshilfen und Gesellschaft, Quellen und Materialien Zusammengestellt von Martin Scherpner und Christian Schrapper

Auerbach, Walter: Kommunale Verantwortung im sozialen Bereich

Bank für Sozialwirtschaft GmbH Berlin und Köln (Hrsg.): Bericht über das 57. Geschäftsjahr, 1979

Barabas/Blanke/Sachße/Stascheit: Jahrbuch der Sozialarbeit 1976 – Projekte, Konflikte, Recht –, 1976

Barabas/Blanke/Sachße/Stascheit (Hrsg.): Jahrbuch der Sozialarbeit, 1978

Bauer, Rudolf: Wohlfahrtsverbände in der Bundesrepublik, 1978

Blass, Wolf, in: „Objektivität“ als Voraussetzung wissenschaftlichen Handelns Archiv für Wissenschaft und Praxis der sozialen Arbeit Nr. 3/80

Benker, E.: Gemeindliche Selbstverwaltung, 1. Teil, 1941

Berkenhoff, Hans Albert: Deutscher Städte- und Gemeindebund
2. überarbeitete Auflage, 1975

Bethlen/Graf/Sing/Spanhel (Hrsg.): Möglichkeiten und Grenzen der Sozialarbeit im sozialen Rechtsstaat, 1980

Beyreuther, Erich: Geschichte der Diakonie und Inneren Mission in der Neuzeit, 1962

Bezirksverband Pfalz (Hrsg.): 150 Jahre Bezirksverband Pfalz, 1966

Bodenbender, Wolfgang: Zur Finanzierungsproblematik der freigemeinnützigen sozialen Einrichtungen („Anstalten"), 1970
Inaugural-Dissertation, Wirtschafts- und Sozialwissenschaftliche Fakultät der Johann-Wolfgang-Goethe-Universität Frankfurt/Main

Borgmann, Karl: Der Deutsche Caritasverband im „Dritten Reich", in: 75 Jahre Deutscher Caritasverband, 1972

Bornemann/v. Mann-Tiechler (Hrsg.): Handbuch der Sozialerziehung Band III, 1964

Bosl, Karl: Des Mönches Leben am Rande der Gesellschaft und sein Wirken in ihr 1980 (nicht veröffentlicht)

Bosl, Karl: Europa im Mittelalter, Sonderausgabe 1975

Buchheim, Karl: Zeitgeschichtliche Hintergründe zur Geschichte des Deutschen Caritasverbandes, in: 75 Jahre Deutscher Caritasverband, 1972

Bundesarbeitsgemeinschaft der Freien Wohlfahrtspflege (Hrsg.):
Die Spitzenverbände der freien Wohlfahrtspflege – Aufgaben und Finanzierung – 1985

Bundesarbeitsgemeinschaft der Freien Wohlfahrtspflege (Hrsg.): Freie soziale Arbeit 1979

Bundesarbeitsgemeinschaft der Freien Wohlfahrtspflege (Hrsg.): Gesamtstatistik der Einrichtungen der freien Wohlfahrtspflege, Stand: 1. 1. 1990

Bundesarbeitsgemeinschaft der Freien Wohlfahrtspflege (Hrsg.): Leitfaden zum Gemeinnützigkeitsrecht der Abgabenordnung 1977, 1977

Bundesarbeitsgemeinschaft der höheren Kommunalverbände (Hrsg.): Der höhere Kommunalverband – die leistungsfähige und fortschrittliche demokratische Organisationsform in der Region, 1972

Bundesarbeitsgemeinschaft der höheren Kommunalverbände (Hrsg.): Der höhere Kommunalverband – Organisationsform zur Neuordnung der mittleren Verwaltungsebene in der Bundesrepublik Deutschland, 1974

Bundesarbeitsgemeinschaft für Rehabilitation und ihre Mitglieder, Stand 1980

Bundesarbeitsgemeinschaft Hilfe für Behinderte: Jahresspiegel der Bundesarbeitsgemeinschaft, Hilfe für Behinderte und ihre Mitgliedsverbände, 1979–1980

Bundesarbeitsgemeinschaft Jugendaufbauwerk (Hrsg.): Ziele Arbeitsfelder Strukturen 1978

Bundesminister für Arbeit und Sozialordnung (Hrsg.): Übersicht über die Soziale Sicherung, 1972

Bundesregierung: Der Staatsvertrag, Grundlage der deutschen Einheit, Berlin/Bonn, Juni 1990

Bundesregierung: Einigungsvertrag (Vertrag zwischen der Bundesrepublik Deutschland und der Deutschen Demokratischen Republik über die Herstellung der Einheit Deutschlands), 1990

Bundesregierung: Sozialbericht 1990, Bundestagsdrucksache 11/7527

Burdenski/v. Maydell/Schellhorn: Kommentar zum Sozialgesetzbuch Allgemeiner Teil, 1976

Burghart, Heinz: Kommunalpolitik der Reformzeit 1970–1980, 1981

Collmer, Paul (Hrsg.): Beiträge zum Verfassungsstreit über das Bundessozialhilfegesetz und das Jugendwohlfahrtsgesetz, 1963

Collmer, Paul: Sozialhilfe, Diakonie, Sozialpolitik, Gesammelte Aufsätze, 1969

Creifelds Carl (Hrsg.): Rechtswörterbuch, 5. Auflage

Deutsche Krankenhausgesellschaft (Hrsg.): Zahlen, Daten, Fakten, '90, 1990

Deutsche Krankenhausgesellschaft, Bundesverband deutscher Privatkrankenanstalten e. V., Fachvereinigung der Verwaltungsleiter deutscher Krankenanstalten e. V., Arbeitsgemeinschaft Deutscher Krankenhausapotheker, Berlin (Hrsg.)
Deutsches Krankenhaus Adreßbuch, 18. Ausgabe 1980

Deutsche Hauptstelle gegen die Suchtgefahren (Hrsg.): Jahrbuch Sucht '91, 1990

Deutscher Bundestag: Sozialbericht 1980, Drucksache 8/4327 vom 26. 6. 1980

Deutscher Caritasverband (Hrsg.): 1897–1972, 75 Jahre Deutscher Caritasverband
Auslieferung: Deutscher Caritasverband Freiburg, 1972

Deutscher Caritasverband (Hrsg.): Caritas '91

Deutscher Caritasverband: Caritas – Aufgaben und Aufbau, Faltblatt

Deutscher Caritasverband (Hrsg.): Caritas Korrespondenz, Heft 2, 1991

Deutscher Caritasverband (Hrsg.): Caritas und kommunale Wohlfahrtspflege, 1962

Deutscher Caritasverband: Caritasverband in Kirche, Staat und Gesellschaft, 1983

Deutscher Caritasverband: Caritasverband, zentrale Fachverbände und Caritas der Gemeinde, unser Standpunkt Nr. 14
Auslieferung: Deutscher Caritasverband Referat Caritas und Pastoral, 1979

Deutscher Caritasverband (Hrsg.): Ehrenamt und Selbsthilfe, 1986

Deutscher Caritasverband: Fortbildung '81, Fortbildungs-Akademie

Deutscher Caritasverband: Ökumenische Zusammenarbeit und Zusammenarbeit mit nichtkirchlichen Trägern im Bereich sozialer Einrichtungen und Maßnahmen, unser Standpunkt Nr. 4, Auslieferung: Deutscher Caritasverband Referat Caritas und Pastoral, 1975

Deutscher Caritasverband: Satzung vom 5. 5. 1987

Deutscher Caritasverband: Studie über Trägerformen sozial-caritativer Einrichtungen und Dienste, unser Standpunkt Nr. 7, Auslieferung: Rechtsabteilung des Deutschen Caritasverbands, 1976

Deutscher Landkreistag: Deutscher Landkreistag '90

Der Paritätische Wohlfahrtsverband: Grundsätze der Verbandspolitik, 1989

Der Paritätische Wohlfahrtsverband: Informationsschrift, 1989

Deutscher Paritätischer Wohlfahrtsverband (Hrsg.): Die Ziele bleiben – die Wege können sich ändern, 1980

Deutscher Paritätischer Wohlfahrtsverband – Vorstand (Hrsg.): Menschlichkeit in der sozialen Arbeit, DPWV-Nachrichten 30. Jahrgang 1980

Deutscher Städtetag: Aufgaben, Organisation, Mitglieder (ohne Jahresangabe)

Deutscher Städtetag: Das schwere Erbe des Zentralismus, DDR-Städte im Rückblick, DST-Beiträge zur Kommunalpolitik, Reihe A, Heft 11, 1990

Deutscher Städtetag: Der europäische Binnenmarkt und die Städte, DST-Beiträge zur städtischen Europaarbeit, Reihe K, Heft 1, 1989

Deutscher Verein für öffentliche und private Fürsorge: Die Fürsorge im sozialen Rechtsstaat, 1970

Deutscher Verein für öffentliche und private Fürsorge (Hrsg.): Fachlexikon der sozialen Arbeit, 1980

Deutscher Verein für öffentliche und private Fürsorge: Forum sozialer Arbeit, 1988

Deutscher Verein für öffentliche und private Fürsorge (Hrsg.): Zur Verfassungsmäßigkeit von Bestimmungen des JWG und des BSHG, Urteil des Bundesverfassungsgerichts vom 18. 7. 1967, Kleinere Schriften Heft 27, 1967

Deutsches Rotes Kreuz (Hrsg.): Das Rote Kreuz

Deutsches Rotes Kreuz: Essays über das Rote Kreuz, 1980

Deutsches Rotes Kreuz: Geist und Gestalt des Roten Kreuzes, Schriftenreihe Nr. 1/1951

Deutsches Rotes Kreuz: Jahrbuch 1989/90, 1990

Deutsches Rotes Kreuz: Soziale Arbeit im Deutschen Roten Kreuz, 1989

Deutsches Rotes Kreuz, Präsidium (Hrsg.): DRK-Taschenkalender 1980

Deutsches Rotes Kreuz Bonn, Präsidium (Hrsg.): Das Rote Kreuz 1981

Deutsches Zentralinstitut für soziale Fragen (Hrsg.): Soziale Arbeit in Deutschland 1978

Deutsches Zentralinstitut für Soziale Fragen (Hrsg.): Arbeitsbericht, 1979

Deutsches Zentrum für Altersfragen e. V. Arbeitsbericht – Beiträge zur Gerontologie und Altenarbeit für die Jahre 1978 und 1979, Ausblick auf 1980, 1980

Diakonisches Werk der Evangelischen Kirche in Deutschland e. V. Sammlung von Gesetzen, Satzungen und Ordnungen, 2. erweiterte Ausgabe 1980

Diakonisches Werk (Hrsg.): Diakonie 88/89, Jahrbuch, 1989

Diakonisches Werk (Hrsg.): Diakonie 90, Jahrbuch, 1990

dtv-Lexikon, Band 14: Pao-Pyx, 1978

Dünner, Julia (Hrsg.): Handwörterbuch der Wohlfahrtspflege 2. neubearbeitete Auflage, 1929

Farthmann, Friedhelm: Aufgaben moderner Sozialpolitik in: Helfen und Gestalten Hrsg. Arbeiterwohlfahrt Bundesverband e. V., Bonn, 1979

Fichtner, Otto: Die Arbeit des Deutschen Vereins gestern, heute und morgen in: NDV 5/1980

Flamm, Franz: Koordination und Kooperation als Arbeitsprinzip beim Vollzug der öffentlichen Hilfen – Schriften des Deutschen Vereins für öffentliche und private Fürsorge, Schrift 241, 1967

Flamm, Franz: Die Regelung des Verhältnisses öffentlicher und freier Träger der Jugendhilfe in einem neuen Jugendhilferecht, Deutscher Verein für öffentliche und private Fürsorge (Hrsg.), 1975

Flamm, Franz: Sozialwesen und soziale Arbeit in der Bundesrepublik Deutschland 3. neubearbeitete und erweiterte Auflage 1980

Friedländer, Walter/Simon, Helene: Schriften der Arbeiterwohlfahrt Nr. 15 Arbeiterwohlfahrt Hauptausschuß e. V., Bonn (Hrsg.), 1962

Gallwas, Hans-Ulrich: Freiheit unter Vorbehalt in: zur Debatte, Themen der Katholischen Akademie in Bayern 4/80

Gottschick, Hermann/Giese, Dieter: Das Bundessozialhilfegesetz, 6. neubearbeitete Auflage

Gerhard, Martin: Ein Jahrhundert Innere Mission, 1. und 2. Teil, 1948

Gottstein, A./Schlossmann, A./Teleky, L. (Hrsg.): Handbuch der Sozialen Hygiene und Gesundheitsfürsorge 1. Band, 1925

Groner, Franz: Kirchliches Handbuch Band XXVI, 1962–1968

Gutmann, Manfred: Grundsatzfragen der Pflegesatzvereinbarung, 1980 (nicht veröffentlicht)

Gutmann, Manfred: Unterliegen die Selbstkostenblätter der Nachschau nach dem Heimgesetz? in: Bayerischer Wohlfahrtsdienst 10/80

Haar, Richard: Sozialstaat, Hilfeansprüche und freie Wohlfahrtspflege in: Theorie und Praxis der sozialen Arbeit Nr. 10/74, Hrsg.: Arbeiterwohlfahrt Bundesverband e. V.

Haar, Richard: Sozialstaat, Hilfeansprüche und freie Wohlfahrtspflege in: Helfen und Gestalten, Hrsg. Arbeiterwohlfahrt Bundesverband e. V., Bonn, 1979

Hansen, Eckhard: Wohlfahrtspolitik im NS-Staat, 1991

v. Hase, Hans Christoph/Meinhold Peter (Hrsg.): Reform von Kirche und Gesellschaft, 1898–1973, Studien zum 125. Gründungstag des Centralausschusses für die Innere Mission der Deutschen Evangelischen Kirche, 1973

v. Hausen, H.-E./Rößler H.: Neugestaltung von Recht und Wirtschaft C. Schaeffer (Hrsg.), Grundriß der Deutschen Wohlfahrtspflege, 1. Auflage 1939

Helwig, Gisela/Urban, Detlef (Hrsg.): Kirchen und Gesellschaft in beiden deutschen Staaten – Edition Deutschland-Archiv, 1986

Hierold, Alfred E.: Grundlegung und Organisation Kirchlicher Caritas, Münchener theologische Studien, II. Kanonistische Abteilung, EOS Verlag St. Ottilien 1979

Hilfswerk der Evangelischen Kirche in Deutschland, Zentralbüro in Stuttgart (Hrsg.): Jahresbericht 1956/57

Holzbauer, Karl, SJ: Wie frei sind die freigemeinnützigen Wohlfahrtsverbände heute in: Bayerischer Wohlfahrtsdienst 4/80

Stiftung Hospitäler zum Heiligen Geist und St. Georg (Berlin), 1278–1978

Jäger, Alfred: Diakonie als christliches Unternehmen, 1986

Keller, Franz (Hrsg.): Jahrbuch der Caritaswissenschaft 1934 Institut für Caritaswissenschaft an der Universität Freiburg i. Br.

Klein, Franz: Gewährte Freiheit bei gewährter Hilfe, Deutscher Caritasverband Freiburg (Hrsg.), 1973

Klein, Franz: Die Verfassung der deutschen Caritas als Manuskript gedruckt, 1966

Kramer, Hannes: Rahmenmodell zur Neuordnung der Caritasmitgliedschaft in: Caritas Korrespondenz 12/71

Kreft, Dieter/Mielenz, Ingrid (Hrsg.): Wörterbuch Soziale Arbeit, 1980

Krimm, Herbert (Hrsg.): Quellen zur Geschichte der Diakonie, Band I–III, 1963

Kroll, Fritz: Italienisches Kommunalrecht, 1985

Kunz, Eduard/Ruf, Franz/Wiedemann, Edgar: Heimgesetz, 1976

Kunz, Eduard: Unterliegen die Selbstkostenblätter der Nachschau nach dem Heimgesetz? in: Bayerischer Wohlfahrtsdienst 10/80

Landesregierung Schleswig-Holstein (Hrsg.): Sozialplanung für Schleswig-Holstein – Schriftenreihe der Landesregierung Schleswig-Holstein –

Landeswohlfahrtsverband Baden (Hrsg.): Organisation Aufgaben Leistungen 1977

Landeswohlfahrtsverband Hessen (Hrsg.): 25 Jahre Sozialarbeit in Hessen 1978

Landeswohlfahrtsverband Württemberg-Hohenzollern (Hrsg.): 1964–1979, 15 Jahre 1979

Landeswohlfahrtswerk für Baden-Württemberg (Hrsg.): 150 Jahre Wohlfahrtspflege in Baden-Württemberg, 1966

Landkreisverband Bayern (Hrsg.): Die bayerischen Landkreise und ihr Verband 2. Auflage 1980

Landschaftsverband Rheinland (LVR): Aufbau & Leistung – Daten & Fakten 1978/79

Landschaftsverband Rheinland: Geschichte der Rheinischen Selbstverwaltung in: „im Blickpunkt" 6/80

Landschaftsverband Westfalen-Lippe (Hrsg.): Daten – Fakten – Trends 1978

Landschaftsverband Westfalen-Lippe (Hrsg.): Die regionalen Gemeindeverbände in der Bundesrepublik Deutschland, 1964

Leipziger, Karl: Der Stellenwert der Sozialarbeit in Bayern in: Bayerischer Wohlfahrtsdienst Nr. 5/1973

Lemke/Juchacz: Aus dem Buch „Kampf ohne Waffen – Helfer der Menschen", Band 2, Grassl Erich (Hrsg.)

Lemke, Lotte: 50 Jahre Arbeiterwohlfahrt, in: Helfen und Gestalten, Arbeiterwohlfahrt Bundesverband e. V., Bonn 1979 (Hrsg.)

Lemke, Lotte: 60 Jahre Arbeiterwohlfahrt, in: Theorie und Praxis der sozialen Arbeit Nr. 12/7, Arbeiterwohlfahrt Bundesverband e. V. (Hrsg.)

Liermann, Hans: Handbuch des Stiftungsrechts I. Band, 1963

Liese, Wilhelm: Geschichte der Caritas Band I + II, 1922

Merchel, Joachim: Der Deutsche Paritätische Wohlfahrtsverband, 1989

Meyer-Schwickerath, Klaus: Die Bedeutung der höheren Kommunalverbände im Verfassungsaufbau der Bundesrepublik, in: der Landkreis 8–9/80, Deutscher Landkreistag Bonn (Hrsg.)

Misereor 1978: Jahresbericht 1978 und Rechenschaftsbericht 1959–1978 Bericht des Bischöflichen Hilfswerks Misereor e. V. und der Zentralstelle für Entwicklungshilfe e. V.

Moeller, Michael Lukas: Selbsthilfegruppen, 1. Auflage 1978

Möllers, Bernhard: Das Deutsche Rote Kreuz im Gesundheitswesen des Großdeutschen Reiches, Band 4 der DRK-Schriftenreihe, 1944

Mosdorf, Siegmar: Die sozialpolitische Herausforderung Schriftenreihe der Otto-Brenner-Stiftung 16, 1980

Muthesius, Hans: Fürsorge und Sozialreform
– Schriften des Deutschen Vereins für öffentliche und private Fürsorge –, 1956

Niedrig, Heinz: Arbeiterwohlfahrt und freie Wohlfahrtspflege, – Kritische Fragen an die freie Wohlfahrtspflege, in: Theorie und Praxis der sozialen Arbeit Nr. 10/74, Arbeiterwohlfahrt Bundesverband e. V. (Hrsg.)

Niedrig, Heinz: Die Sozialpolitik der Arbeiterwohlfahrt, in: Theorie und Praxis der sozialen Arbeit Nr. 12/79, Arbeiterwohlfahrt Bundesverband e. V. (Hrsg.)

Oel-Monat, Anneliese: Vorläufer der Arbeiterwohlfahrt, in: Theorie und Praxis der sozialen Arbeit Nr. 12/79, Arbeiterwohlfahrt Bundesverband e. V. (Hrsg.)

Oliva/Oppl/Schmid: Rolle und Stellenwert freier Wohlfahrtspflege, Caritas 1991, Heft 8

Oppl, Hubert/Tomaschek, Arnold (Hrsg.): Soziale Arbeit 2000, Band 1, Soziale Probleme und Handlungsflexibilität, 1986

Oppl/Tomaschek (Hrsg.): Soziale Arbeit 2000
Band 2, Modernisierungskrise und soziale Dienste, 1986

Orthbandt, Eberhard: Der Deutsche Verein in der Geschichte der Deutschen Fürsorge 1980

Partzsch/Lemke: Freie Wohlfahrtspflege im System sozialer Sicherung
Unsere Verantwortung heute für morgen, Arbeiterwohlfahrt Bundesverband e. V., Bonn 1972 (Hrsg.)

Pflegesatzvereinbarungen:

Baden-Württemberg	Pflegesatzvereinbarung vom 14. 10. 1965 i. d. F. v. 11. 5. 1970 und v. 19. 3. 1974 Stand: Februar 1991
Bayern	Pflegesatzvereinbarung 1983
Berlin	Krankenheimbetriebs- und -pflegeentgelt-vereinbarung, Bek. vom 1. 2. 1978
Bremen	Grundsätze für Pflegesatzvereinbarungen für gemeinnützige Einrichtungen der Sozial- und Jugendhilfe vom 1. 10. 1968
Hamburg	Grundsätze für die Vereinbarung von Pflegesätzen für die Heime der Freien Wohlfahrtspflege in Hamburg (Stand 1. 3. 1979)
Hessen	Richtlinien für die Gestaltung der Pflegesätze in den sozialen Einrichtungen im Lande Hessen i. d. F. vom 1. 3. 1978

Niedersachsen	Vereinbarung über die Pflegesatzgestaltung in freigemeinnützigen, sozialen Einrichtungen in Niedersachsen, Bek. vom 31. 7. 1980 (Nieders. GVGl S. 1135 ff.)
Nordrhein-Westfalen	Allgemeine Vereinbarung vom 1. 6. 1979
Rheinland-Pfalz	Allgemeine Vereinbarung über die Pflegesatzgestaltung in Rheinland-Pfalz vom 1. 4. 1971
Saarland	Pflegekostentarif für Heime vom 1. 4. 1974
Schleswig-Holstein	Vereinbarung i. d. F. vom 1. 11. 1975

Finanzielle Beziehungen zwischen freier Wohlfahrtspflege und öffentlichen Sozialleistungsträgern, mit Hinweisen und Grundsätzen zur Pflegesatzgestaltung; Veröffentlichung durch die Bundesarbeitsgemeinschaft der freien Wohlfahrtspflege (1981).

Penzkofer, Ludwig: 60 Jahre Landes-Caritasverband, in: in Mitteilungen des Katholischen Caritasverbandes der Erzdiözese München und Freising Nr. 2/1980

Pörtner, Rudolf: Mit dem Fahrstuhl in die Römerzeit, 1978

Prandl/Zimmermann: Bezirksordnung für den Freistaat Bayern (BezO), 1. Auflage 1978

Prognos AG (im Auftrag der Bank für Sozialwirtschaft GmbH), Freie Wohlfahrtspflege im zukünftigen Europa – Herausforderungen und Chancen im Europäischen Binnenmarkt –, 1991

Prognos AG (im Auftrag der Bank für Sozialwirtschaft GmbH), Freie Wohlfahrtspflege im zukünftigen Europa – Soziale Sicherung und Versorgung im internationalen Vergleich –, 1991

Richter, Arnt: Grundlagen des Rechts der Sozialen Sicherheit, 1979

Reinke-Dieker, Heinrich: Die Illusion methodischer „Objektivität", in: Archiv für Wissenschaft und Praxis der sozialen Arbeit Nr. 3/79

Room, Graham J./Henningsen, Bernd (Hrsg.): Neue Armut in der Europäischen Gemeinschaft, 1990

Rückert, Markus: Diakonie und Ökonomie, Verantwortung – Finanzierung – Wirtschaftlichkeit, 1990

Sachße/Tennstedt: Geschichte der Armenfürsorge in Deutschland, 1980

Schäfer, Dieter: Die Rolle der Fürsorge im System sozialer Sicherung, 1966

Schellhorn, Walter/Jirasek, Hans/Seipp, Paul: Das Bundessozialhilfegesetz 9. ergänzte und überarbeitete Auflage 1977

Schellhorn, Walter: Das Sozialgesetz, in: NDV 5/80

Schelter, Kurt: Europa 1992/93, Europa und die Auswirkungen auf Kirche und Diakonie, 1991

Schmid-Eichstaedt, Gerd/Stade, Isabell/Borchmann, Michael: Wibera Wirtschaftsberatung AG, Düsseldorf, Die Gemeindeordnungen und die Kreisordnungen i. d. Bundesrepublik Deutschland, 1979

Schnorr, G.: Öffentliches Vereinsrecht, 1965

Schober, Theodor/Honecker, Martin/Dahlhaus, Horst (Hrsg.): Evangelisches Soziallexikon, 7. Auflage 1980

Schober, Theodor (Hrsg.): Das Recht im Dienst einer diakonischen Kirche, 1980

Schober, Theodor (Hrsg.): Gesellschaft als Wirkungsfeld der Diakonie, 1981

Scholz, Rainer: Entstehungsgeschichte und Grundzüge des Sozialgesetzbuches – Verwaltungsverfahren – in: Zeitschrift für Sozialhilfe 1/81

Seele, Günter: Die Kreise im Staatsgefüge der DDR, Der Landkreis 1990

Seifert, Helmut: Das Diakonische Werk der Evangelischen Kirche in Deutschland als kirchliches Werk und als Spitzenverband der Freien Wohlfahrtspflege in: Das Recht im Dienst einer diakonischen Kirche, Theodor Schober (Hrsg.)

Sekretariat der Ständigen Konferenz der Kultusminister der Länder i. d. Bundesrepublik Deutschland (Hrsg.): Ständige Konferenz der Kultusminister

Spiegelhalter, Franz: Der dritte Sozialpartner, Die Freie Wohlfahrtspflege – ihr finanzieller und ideeller Beitrag zum Sozialstaat 1990

Stadler, Klemens: Der Weg zur Selbstverwaltung der Bayerischen Landkreise Landkreisverband Bayern (Hrsg.), 1962

Stiftung Deutsche Jugendmarke e. V., Jahresbericht 1989

Stolleis, Michael: Behindertenwerkstätten zwischen freier Wohlfahrtspflege und staatlicher Arbeitsverwaltung, 1980

Stolleis, Michael: Werkstättenverordnung und Staatskirchenrecht, Universität Frankfurt/Main, in: NDV 10/81

Strang, Heinz: Grundwerte in der Sozialarbeit in: Archiv für Wissenschaft und Praxis der sozialen Arbeit Nr. 3/80

Strube, F.: Soziale Sicherung bei den Handwerkszünften in Bremen Inaugural-Dissertation, Rechtswissenschaftliche Fakultät der Christen – Albrechts-Universität zu Kiel

Talazko, Helmut: Neubeginn des Central-Ausschusses für die Innere Mission der Deutschen Evangelischen Kirche nach dem Kriege, in: Das Recht im Dienst einer diakonischen Kirche, Theodor Schober (Hrsg.)

Thiel, Karl-Heinz: Zusammenarbeit der Spitzenverbände der Freien Wohlfahrtspflege e. V., in: Das Recht im Dienst einer diakonischen Kirche, Theodor Schober (Hrsg.), 1980

Tiedeken, Hans: Der Deutsche Landkreistag und seine Landesverbände in: Landkreisnachrichten Baden-Württemberg, 19. Jahrgang, Heft 4

Tiedeken, Hans: Die Stellung der Kreise im kommunalen Finanzsystem und die finanziellen Beziehungen zwischen den Kreisen und den Gemeinden, in: der Landkreis 8–9/80, Deutscher Landkreistag Bonn (Hrsg.)

Treffer, Gerd: Kommunalrecht des Auslands – Französisches Kommunalrecht, Band 1, 1982

Treffer, Gerd: Kommunalrecht des Auslands – Britisches Kommunalrecht, Band 4, 1988

Uhlhorn, Gerhard: Die christliche Liebestätigkeit, 1959 (Hrsg.), Nachdruck der 2. verbesserten Auflage von 1895

Ulrich, Heinrich-Hermann (Hrsg.): Diakonie in den Spannungsfeldern der Gegenwart 1978

Verband evangelischer Einrichtungen für geistig und seelisch Behinderte e. V., Verlagswerk der Diakonie in Stuttgart, 1. Auflage 1987 (Hrsg.) Das sogenannte Dreiecksverhältnis zwischen Sozialhilfeträger, Sozialhilfeempfänger, Einrichtungsträger, Dokumentation eines Kolloquiums 1986

v. Unruh, Georg-Christoph: Der Kreisordnungsentwurf des Freiherrn vom Stein in: der Landkreis 8–9/80, Deutscher Landkreistag Bonn (Hrsg.), 1980

Völkl, Richard: Diakonie und Caritas in den Dokumenten der deutschsprachigen Synoden, 1977

Völkl, Richard: Kirche und „caritas" nach den Dokumenten des Zweiten Vatikanischen Konzils, Sonderdruck aus Caritas, Zeitschrift für Caritasarbeit und Caritaswissenschaft, Mai/Juni 1966 und Juli 1966

Vonhoff, Heinz/Hofmann, Hans-Jürgen: Samariter der Menschheit, 1. Auflage 1977

Wagener, Frido: Gefährdung des Förderalismus und der kommunalen Selbstverwaltung in: Der Bayerische Bürgermeister 9/81

Wachenheim, Hedwig: Vom Großbürgertum zur Sozialdemokratie, Memoiren einer Reformistin, Skrzypczak, Henryk (Hrsg.), 1973

v. Wallthor, A.-H. (Hrsg.): Geschichte und Funktion regionaler Selbstverwaltung in Westfalen, Veröffentlichungen des Provinzialinstituts für westfälische Landes- und Volksforschung des Landschaftsverbandes Westfalen-Lippe, Reihe 1 – Heft 22 1978

Wegener, Roland: Staatskirchenrechtliche Abhandlungen, Band 8, Staat und Verbände im Sachbereich Wohlfahrtspflege, 1978

Wehr, Gerhard: Herausforderung der Liebe – Johann Hinrich Wichern und die Innere Mission, 1983

Wolfensberger, Wolf: Reflexionen zur Geschichte des Wohlfahrtswesens unter besonderer Berücksichtigung seiner früheren christlichen Anfänge und seiner späteren Fehlentwicklungen (nicht veröffentlicht)

Wollasch, Hans-Josef: Beiträge zur Geschichte der Deutschen Caritas in der Zeit der Weltkriege, Deutscher Caritasverband e. V., Freiburg/Br. (Hrsg.), 1978

Die Zentralwohlfahrtsstelle: Der jüdische Wohlfahrtsverband in Deutschland – Eine Selbstdarstellung –, Zentralwohlfahrtsstelle der Juden in Deutschland e. V., Frankfurt 1987

Ziebill, Otto: Geschichte des Deutschen Städtetages – 50 Jahre deutsche Kommunalpolitik, 1955

Zieger, Hans-Joachim: Wohlfahrtslotterien und Stiftungen im Dienst der Diakonie in: Das Recht im Dienst einer diakonischen Kirche, Theodor Schober (Hrsg.), 1980

Stichwortverzeichnis

Die Zahlen verweisen auf die Seiten.